pnc
publishing and culture
피앤씨미디어

경제학 입문

Introduction to Economics

김일태·조병철 저

머리말

경제학을 전공하지 않는 대다수 독자들은 경제학이 현실 생활에서 부딪히는 다양한 경제문제를 보다 지혜롭게 해결하고 의사결정을 하는 데 도움이 되는 사고방식을 제공하는 것을 알고는 있지만 여전히 힘들고 난해한 학문으로 생각하고 있다. 본서는 많은 독자들에게 경제학적 사고방식을 함양하는 데 조금이라도 도움을 주기 위해 입문서로 집필되었다. 이런 상황에 부합하기 위해 경제학의 새로운 시각에 대한 독자들의 이해를 높이고자 작업을 하게 되었다.

최근 글로벌 경제과 한국경제 상황은 좀처럼 풀리지 않고 있다. 미국경제가 완만하게 회복되는 조짐이 있지만 그리스를 비롯한 유로경제, 그리고 중국경제의 더딘 성장, 그리고 일본의 엔저현상 등으로 우리 경제의 버팀목인 수출경쟁력에 경고음이 울리고 있다. 이런 경제상황에 대한 진단을 저자의 칼럼 "회복하라, 경제야"로 대신하고자 한다.

'회복하라, 경제야'

'회복하라, 경제야'를 힘차게 응원하지만 한국경제는 부진하고 지역경제는 침체이며 서민의 살림살이는 팍팍함으로 응답하는 상황이다. 한국경제는 지난해 경제성장률 2.6%로 2012년 2.3% 이래로 최저치를 기록하며 지속적인 저성장에 허덕이고 있다. 한국은행에 의하면 공장에서 생산되어 팔리지 않거나 유통 창고에 쌓인 재고분의 성장 기여도를 제외하면 성장률은 1.5% 증가에 불과하다. 지역경제는 주력업종의 수출 부진과 더불어 기업의 비용 절감을 위한 구조조정의 차원에서 생산라인의 해외 이전이라는 이중의 고통에 신음하고 있다. 서민의 살림살이는 치솟는 공공요금과 제세공과금, 금융비용의 상승으로 넉넉할 기미가 희박하다.

특히 한국 경제성장의 엔진 역할을 해왔던 수출은 부진을 면치 못하고 수입도 하락하여 2011년 이후 이어오고 있는 교역규모 1조 달러 달성도 물거품이 되어버렸다. 올 1월의 수출 실적은 367억 4,000만 달러로 전년 동월대비 18.5%가 감소하여 6년 5개월 만에 최저치를 기록하였고 수입도 20.1%가 감소한 314억 달러이다. 한국경제는 수출 실적도 악화되고 내수 침체로 유효 수요도 부족하여 수입 감소가 더 큰 상황을 만들어 불편한 '불황형 흑자'를 지속하고 있다.

지역경제의 주력업종은 가전과 자동차로 광주 지역경제에서 차지하는 비중이 18%와 40%의 수준으로 지역경제의 의존도가 심각하다. 최근 삼성전자 광주공장의 냉장고 생산라인 중 일부가 베트남 이전으로 지역경제에 타격이 불가피한 가전산업의 경우 생산액이 4조 7,000억원(2015년 기준)에 이른다. 이전에도 삼성전자 광주공장은 청소기 생산라인과 세탁기 일부 라인을 베트남과 멕시코로 이전하였다. 또한 동부 대우전자도 2014년 소형가전 생산라인과 2015년 냉장고 일부와 세탁기 일부 라인도 중국으로 이전하였다.

기업의 입장에서 가전 산업이 내구재 특성을 지니고 있으며 내수 시장의 포화로 성장의 한계에 다다르고 비용 상승으로 개발도상국으로 이전하는 것은 가격경쟁력을 강화하기 위해 불가피한 상황일 것이다. 그러나 지역경제는 생산라인의 해외 이전으로 직접적인 고용의 감소뿐만 아니라 지역에 소재하는 협력업체의 심각한 타격으로 성장률이 하향하고 산업의 공동화 현상을 초래하여 장기적인 침체가 지속될 조짐이 우려되는 것이다.

정부는 그동안 지속적인 금리 인하를 통한 1.5%대의 저금리로 기업 투자를 독려하여 가계소득을 늘려 총수요를 부양하고 가계대출을 통해서 부동산 시장의 활성화를 유도하였지만 괄목한 성과를 보여 주지 못하다. 또한 정부의 보조금지급이나 실업수당 등의 이전소득이 유효 수요의 창출에 미흡하고 부당 지급되는 사례도 발생하고 있다.

여야 정치권과 정치 지망생들은 경제활성화를 촉진하고 경제혁신을 달성하려는 사회 전반의 구조조정을 위한 개혁적 입법에 충실하기보다는 총선과 대권에 목매어 공천권 보장을 위해 계파를 옮겨 다니거나 탈당과 창당의 이합집산에 몰두하고 있다. 그들에게는 당선만이 있을 뿐 국민의 안전과 행복은 안중에도 없다.

지방정부도 그동안 집중적으로 투자된 지역특화산업과 주력업종의 고도화와 신성장 동력 산업의 발굴을 통해 생산라인으로 연결하여 제품화하여 지역기업이 실질적인 수익을 낼 수 있는 노력을 소홀히 하였다. 마찬가지로 지역업체도 협력업체로서 손쉬운 하청의 지위만을 누리는 데 집중하고 판로의 다변화와 업종의 다양화 등을 통한 경쟁력 확보에 미흡하게 대처함으로써 생산라인의 해외 이전에 무기력하게 행동하고 있다. 이런 각 경제주체들의 행동이 민주적이고 공정한 정치시스템과 경제시스템을 망가뜨리고 소수의 이익집단에 부가 편중되는 경제적 불평등을 낳게 되고 성장을 방해한 것이다.

노벨 경제학상 수상자 스티글리츠 교수가 "금융시장의 효과적인 규제를 위해 적절한 상벌 시스템을 도입하고 탄소세와 같은 환경세와 독점세 부과로 재원을 마련하여 인프라, 교육, 기술 등의 공공투자정책을 통해서 지속가능하고 포괄적인 경제성장을 유도하고 경제적 불평등을 해소할 수 있다"는 제언처럼 각 경제주체의 각성이 필요한 시점이다. 이제 각 경제주체들은 불합리하고 왜곡된 행동을 바로잡고 합리성과 공정성을 발휘하는 것만이 한국경제도 지역경제도 서민의 생활경제도 회복할 수 있는 첫 걸음이다(김일태, 시대정신: 시론에 담다(2016), 마인드탭).

본서를 집필하면서 저자는 독자 모두가 경제학의 원리를 쉽게 이해할 수 있도록 최대한 문맥을 가다듬으려 노력하였다. 또한 본서의 예시 자료는 최근의 통계 자료를 활용하였으며, 폭넓은 경제학적 사고방식 함양을 위해 「읽을거리」에 심혈을 기울였다.

각 장 말미의 「읽을거리」에 인용된 작품을 집필한 분들에게 심심한 감사를 드린다. 또한 문맥을 수정하고 「읽을거리」를 보완해 준 전남대학교 대학원 경제학과 BK21플러스에 참여하고 있는 최지혜 박사에게 고마움을 전한다. 더불어 언제나 한결같은 사랑으로 저자를 격려해 주시는 많은 분들과 이 책이 출간되기까지 큰 도움을 주신 피앤씨미디어 사장님께 깊은 감사를 드린다.

2017년 6월

지은이 씀

차 례

제 5 장 생산자 행동

제 6 장 시장구조와 산업조직

제 9 장 국민소득의 측정과 순환적 흐름

제10장 가계, 기업, 정부의 경제활동

제13장 총산출량과 물가수준의 결정

제14장 경제위기와 경제안정화정책

제15장 경기변동, 경제성장과 경제발전

단축과정을 위한 안내

교재(17개장)	단축과정용(13개장)
제 1 장 경제적 사고와 경제학의 학습방법	○
제 2 장 자본주의와 경제학자	
제 3 장 시장균형	○
제 4 장 소비자 행동	○
제 5 장 생산자 행동	○
제 6 장 시장구조와 산업조직	○
제 7 장 생산요소시장과 소득분배	○
제 8 장 시장의 실패와 정부의 실패	○
제 9 장 국민소득의 측정과 순환적 흐름	○
제10장 가계, 기업, 정부의 경제활동	○
제11장 화폐와 금융	○
제12장 국제무역과 환율제도	○
제13장 총산출량과 물가의 결정: 총수요와 총공급 모형	
제14장 경제위기와 경제안정화정책	○
제15장 경기변동, 경제성장과 경제발전	
제16장 세계경제환경의 변화와 국제경제기구	
제17장 경제학의 위기와 새로운 경제원리의 탐색	

Chapter 01

경제적 사고와 경제학의 학습방법

1. 새로운 경제사회로의 변화와 신지식인 운동을 어떻게 받아들일 것인가?
2. 경제학이란 어떤 학문인가?
3. 경제교육의 목적과 경제학 학습의 의의는 무엇인가?
4. 경제적 사고방식의 본질은 무엇인가?
5. 경제적 사고능력 증진을 위한 최소한의 내용표준과 기준은?
6. 경제학을 어떻게 공부할 것인가?

개관

인간은 아름답고 보람 있는 생활을 유지하기 위하여 의식주를 비롯하여 수많은 재화와 서비스, 그리고 환경이 필요하다. 또한 인간은 무한한 욕망을 가지고 있으며 이 욕망을 충족시키기 위하여 부단히 노력하고 있다. 그러나 인간의 노력과는 상관없이 무한한 욕망을 충족시켜 줄 자원은 한정되어 있기 때문에 아름답고 보람된 세상을 창조하려는 인간사회에는 여러 가지 문제, 즉 경제문제가 발생한다. 이러한 상황에서 오늘을 살아가는 우리에게 필수적으로 요구되는 것 중의 하나가 경제문제에 대한 올바른 이해와 실천이다.

경제적 사고와 경제적 논리는 경제학자나 경제관료 또는 기업인에게만 필요한 것이 아니라 모든 생활인에게 두루 필요하다. 최근 우리의 경제사회에 주어진 과제는 국가경쟁력 회복을 통한 지속적인 경제성장과 이를 바탕으로 한 선진국으로의 진입이라고 할 수 있다. 이러한 과제를 성취하기 위해서는 무엇보다도 국민들의 합리적인 문제해결능력과 올바른 경제의식의 확립 및 태도의 함양이 필요한데, 이는 학교에서 경제교육이 담당하여야 할 과제이다.

제1장은 우리가 일상생활에서 접하는 경제문제가 왜 생기는지 그리고 그러한 경제문제를 바탕으로 형성된 경제학이 어떤 학문인지에 대해 알아본다. 또 경제학적 사고방식이란 어떤 것이며, 경제학을 학습하는 방법에 대하여 살펴보고자 한다.

내용표준과 기준

제1장은 효율적인 의사결정자로서의 시민의 자질함양을 위하여 미국 경제교육협의회(NCEE)가 권고하고 있는 20가지의 내용표준과 기준을 제시하고 있다. 따라서 이를 근거로 하여 앞으로 경제교육을 통하여 무엇을 교육하여야 할 것인지에 대한 준거로 삼아야 할 것이며, 부족한 내용과 기준을 보충할 수 있는 기회를 확보할 수 있도록 지혜를 모아야 할 것이다.

1. 새로운 경제사회로의 변화와 신지식인 운동을 어떻게 받아들일 것인가?

우리 사회는 1960년대부터 산업사회에 진입한 이래 55년의 짧은 기간에 놀라운 경제성장을 이루었고, 지식·정보화 사회로 진입하여 새로운 발전을 모색하고 있는 시점이다. 이러한 시대적 경제 환경의 변화와 함께 우리의 경제교육도 많은 변혁을 요구받고 있다. 그렇다면 경제학에서는 이러한 시대적 변화를 어떻게 받아들여야 할까? 무엇보다도 경제학이 지식·정보화 사회에서 합리적인 선택을 위한 사고의 도구로서의 역할을 하기 위해서는 가치 창출의 원천이 되는 지식에 대한 패러다임의 변화가 선행되어야 한다.

오늘날은 게으른 베짱이가 노래 부르고 놀다가 음반을 내서 큰 돈을 버는 세상이다. 타이거 우즈나 류현진 선수가 고시에 합격했거나 박사학위를 받은 사람보다 훨씬 더 많은 돈을 벌고 있는 것은 이러한 변화를 반영하는 것이다. 개인이나 국가가 번영을 누리기 위해서는 이러한 패러다임의 변화를 읽어내고 수용해야 한다.

21세기를 살아가야 할 시민은 이제 하나의 국가 내에서, 하나의 문화 속에서, 하나의 권력의 지배 아래서, 자신의 정체성을 누리던 시대의 시민이 아니다. 새로운 인간, 즉 세계시민으로서 재등장이 요구되고 있다. 이러한 시대적 상황에 능동적으로 대처하기 위해, 세계 각국은 세계화된 미래사회를 슬기롭게 살아갈 수 있는 글로벌 시민성을 함양하기 위한 교육마련에 심혈을 기울이고 있다. 세계화 시대에 우리가 배워야 할 것과 지켜야 할 것을 잘 구분하는 전략이 필요한 시점이다.

산업사회는 소품종 대량생산체제에 기반을 두고 있지만 미래의 지식·정보화 사회에서는 다품종 소량생산체제로의 변모를 요구받고 있기 때문에 이에 부응할 수 있는 교육체제로의 변화가 요구되고 있다. 이는 모든 것을 골고루 잘하는 르네상스적인 이상체가 아니라 내가 아니면 할 수 없는 그리고 사회가 원하는 종목에서의 다양한 인간의 창출인 것이다.

이는 신지식인이라는 개념과도 일맥상통한다고 볼 수 있다. 최근의 '신지식인'은 과거의 지식인 개념과는 사뭇 다른 의미를 갖고 있다. 지식을 그냥 존재하는 것이 아니라 무엇인가를 할 수 있는 능력으로서, 가치창출의 원천으로서 보는 새로운 시각에 기초하고 있기 때문이다. 사회구성요소로서 '지식인계층'이라고 할 때의 지식인과는 출발부터가 다르다. 현실비판과 개혁의식을 지닌 그래서 사회변화를 이끌어 가는 사람들로서의 전통적 의미의 지식인은 그들이 창출하는 경제적 가치와는 무관하게 존재할 수 있었다. 하지만 지식경제, 지식사회라는 개념에서 출발한 신지식인은 실은 지성인이라 표현하기도 하는 'intellectual'과는 전혀 다른 뜻을 가지고 있으며, 피터 드러커Peter F. Drucker가 말하는 'knowledge worker' 또는 'knowledge people'에 더 가깝다. 21세기를 지식사회라고 할 때, 그 사회에서의 승자는 인간과 사회가 필요로 하는 가치를 더 많이 창출하는, 창출할 수 있는 사람과 기업이 될 것이다.

우리 사회의 신지식인 운동에 대한 많은 우려와 반발은 지식을 직접 경제적 가치와 연결시키는 데 기인하는 것으로 보인다. 시장이 없는 지식을 가치 없는 지식이라 폄하하거나 잘못된 가격을 형성하는 시장을 무조건 믿어서는 안 되겠지만 지식을 그것이 창출하는 가치에 따라 평가하지 않는다면 21세기 지식기반사회에서 우리 경제의 성공도 그만큼 멀어지게 되리라는 생각이다. 이러한 지식에 대한 새로운 패러다임이 생성되고 있는 가운데 우리의 경제교육은 국제사회에서 우리 국가의 사활을 걸 만한 가치가 있다. 오늘날의 경제교육은 경제학 자체가 학문적 공리공박이 아닌 살아있는 사회의 변화를 주시하고 있는 학문이라는 점에서 그 중요성을 부여받는다.

흔히들 경제학을 배우기 어려운 학문이라고 여겨 우리 생활과 동떨어진 것으로 생각하지만, 현대사회에서 경제학이 가지는 중요성은 부인할 수 없을 것이다. 이는 신문지상이나 뉴스에서 볼 수 있듯이 국내외를 막론하고 경제여건이 시시각각으로 변하고, 각종 경제문제가 일상생활과 밀접히 연관되어 있기 때문일 것이다. 사실 경제를 체계적으로 이해하고 이를 실생활에 응용할 수 있도록 하는 시민교육으로서 경제학의 중요성은 아무리 강조되어도 지나침이 없다고 하겠다.

2. 경제학이란 어떤 학문인가?

지구상의 모든 국가와 사회가 불완전한 사회를 보다 좋은 사회로 탈바꿈시키기 위해 노력하고 있다. 개인들도 개인적 위치를 개선하고자 부단히 노력해 왔으며, 그것이 인류발전의 동기로 크게 작용하였다고 말할 수 있다. 그러나 오늘날 이 지구상에는 굶주린 배를 움켜쥐고 새우잠에 빠지는 어린이들이 수천만 명에 이르고 있으며, 매년 수만 명씩 굶주림으로 죽어 가는 경제를 운용하고 있는 나라도 있다. 그들에게 정치체제와 경제사상, 그리고 정치적 자유가 얼마나 의미가 있겠는가.

2.1 경제학의 어원

문자로 기록된 예만 보더라도 기원전 6세기 중국에서, 기원전 5세기 그리스에서 경제에 관한 언급이 있었다고 한다. 영어로 경제를 뜻하는 Economics라는 말은 그리스어의 오이코노미아oikonomia에서 따온 것인데, 이 말은 가계household를 뜻하는 "오이코스oikos"와 '경영한다. 또는 규정한다'는 뜻의 "노미아nomia"라는 말의 합성어이다. 즉 집안 살림살이를 가리켜 경제라고 본 것이다. 우리가 쓰는 '경제'라는 말은 "세상을 다스리고 백성을 보살핀다"는 경세제민經世濟民의 준말이다. 어원상으로만 본다면 우리나라는 경제라는 개념을 서양보다는 국가적으로 파악하고 있는 듯하다.

2.2 경제학의 정의

경제학은 경제행위의 이면에 흐르는 논리를 밝혀냄으로써 경제행위가 빚어내는 다양한 경제문제를 해결해 보기 위한 사고체계로서, 불완전한 세상에서 자기의 위치와 상황을 개선해 보려는 인간의 행동과 그 결과를 연구대상으로 하여, 개인의 행동원리를 파악하고 시장이라는 사회질서를 연구한다. 보다 구체적으로 경제학은 국민들로 하여금 어떻게 의식주를 해결하여 행복한 삶을 추구할 수 있도록 할 것인가를 연구하는 학문이다. 특히 경제학은 특정 개인의 행복한 삶을 추구하는 방법이 아니라 되도록 많은 국민들이 행복한 삶을 영위할 수 있는 최대다수의 최대행복을 추구하는 방안을 연구한다.

일반적으로 삶의 행복 정도가 개인의 부의 증대와 각자 자기의 부를 자기의 의사대로 처분할 수 있는 재량에 따라 크게 영향을 받지만, 앞에서 설명한 바와 같이 행복한 삶의 추구는 희소성이라는 한계에 직면하고 있다. 그래서 경제학은 제한된 부존자원과 불완전한 기술을 가지고 무한한 인간의 욕망을 그것도 현세대뿐만 아니라 미래세대의 욕망까지도 감안해서 최대한 만족시켜 줄 방법을 연구한다. 그러므로 경제학은 개인과 사회가 최대다수 국민의 욕망을 최대한 충족시키기 위하여 부족한 자원을 여러 가지 용도 가운데 어떤 재화와 서비스를 생산하는 데 이용할 것인가를 연구하는 학문이다.

2.3 경제학의 본질

인간은 무엇을 위해 사는가? 많이 먹고, 많이 벌고, 그리고 과시하면서 살 수 있는 물질적인 풍요로움만 있다면 행복할까? 어려운 문제이지만 여기에서는 '인간은 빵 없이는 살 수 없지만 빵만으로도 살 수 없는 존재이다'란 정도로 대답해 두자. 그렇다면 경제학의 본질은 무엇인가? 알프레드 마샬Alfred Marshall은 「경제학 원리(1890)」에서 "경제학은 일상생활을 영위하는 인간에 관해 연구하는 학문이다. 개인적·사회적 행동에서 물질의 획득과 그 사용에 매우 밀접하게 관련된 측면을 다루는 것"이라고 서술하였고, 경제학은 일종의 심리과학이자 인간과학이라고 주장하고 있다. 이런 의미에서 경제학은 어떤 면에서는 부에 관한 연구이지만, 다른 중요한 측면에서 보면 인간에 관한 연구의 일부이다. 따라서 경제학을 공부하는 데 있어서 무엇보다도 중요한 것은 인간의 본질을 충실하게 관찰하는 것이다. 경제학은 궁극적으로 인간을 위해서 존재하기 때문에 경제학이 다루고 있는 현상이 물질의 문제라고 하더라도 경제학은 인간의 본질을 충실하게 다루어야 하는 것이다. 왜냐하면 인간이 물질을 위해서 존재하는 것이 아니라, 인간이 존재하기 위해서 물질을 필요로 하고 있기 때문이다. 그러므로 경제학이 비록 경제현상을 다루더라도 그 관찰의 대상이 인간이라는 점을 항상 염두에 두어야 할 것이다. 즉 경제학은 인간이 경제적인 본능에 의해서만 움직이는 것이 아닌 점을 감안하여 인간의 본질을 종합적으로 이해하여야 한다.

2.4 경제학의 당면문제

경제학이란 '무엇을 얼마만큼, 어떻게, 누구를 위하여 생산할 것인가' 하는 문제를 다루는 학문이라고 정의하였다. 그러면 경제학의 세 가지 근본문제에 대해 좀 더 자세히 살펴보자.

첫째, 무엇을 얼마만큼 생산할 것인가? 즉 여러 생산 가능한 재화와 서비스 중에서 어떤 재화와 서비스를 얼마만큼 생산할 것인가 하는 문제이다. 먼저 무엇을 생산할 것인가 하는 문제는 생산자의 의사결정에 따라 해결된다. 그러나 근본적으로 무엇을 생산할 것인가 하는 문제는 소비자에 의해 결정된다.

둘째, 어떻게 생산할 것인가는 구체적으로 어떠한 생산요소를 얼마만큼 투입시킬 것인가 하는 생산방법의 문제를 푸는 것인데 이는 결국 생산기술 및 생산요소의 가격 등에 의해 결정된다. 예를 들면 자동차를 생산하는 데 어떤 부품이 몇 가지 다른 부품으로 대체될 수 있는 경우 생산업자는 당연히 싼 부품이 투입되는 생산방법을 선택하게 될 것이다.

마지막으로 누구를 위하여 생산할 것인가 하는 문제는 결국 소비자의 구매력에 의해 결정된다. 예를 들면 석유파동이 일어나자 석유수출국기구OPEC와 같은 석유수출국들은 구매력이 높아진 반면 일본이나 한국과 같은 석유 수입국들은 석유가격의 앙등으로 실질구매력이 떨어지게 되어 결국 OPEC 국가들은 더 많은 재화를 소비할 수 있게 된 반면 일본, 한국과 같은 국가의 소비는 줄어들게 되었다. 이 경우 세계경제는 석유 수출 국가들을 위해서는 생산을 늘린 반면 석유 수입 국가들에 대해서는 생산을 줄인 것이 된다.

앞의 세 가지 경제문제는 물론 서로 얽혀 있는 문제이다. 한 문제를 푸는 것이 다른 문제를 푸는 것과 서로 관련되어 있다. 예컨대 기계라는 자본보다 노동자를 많이 사용하여 생산하겠다고 하면 이것은 자본가 소득보다 노동자 소득을 중요시하면서, 노동자들이 생산된 상품을 더 많이 사용할 수 있도록 하는 방법이다.

3. 경제교육의 목적과 경제학 학습의 의의는 무엇인가?

3.1 경제교육의 목적

경제학이 무엇인가에 대한 대중들의 이해는 막연히 "돈을 내고 무언가를 얻는 것"에서부터 다소 진지하게 "경제학은 경제학자가 하는 것이다" 그리고 "재화와 서비스의 생산, 분배, 소비에 대한 설명과 분석에 주로 관련된 사회과학"이라는 Webster사전의 정의에 이르기까지 다양하다. 그러나 가장 좋은 설명은 존 메이너드 케인즈John Maynard Keynes에 의해 제공되었다. "경제이론은 즉시 정책에 적용할 수 있는 일련의 확정된 결론을 얻도록 돕는 학설이라기보다는 방법, 사고의 도구, 사고의 기법이다." 경제학에 대한 우리의 가르침은, 만약 우리가 경제학이 '방법', '도구', '기법'이라는 생각에 초점을 둔다면 가장 효과적일 수 있다. 그리고 경제학은 선택을 위한 필요 때문에 존재하는 학문이므로, 진정한 경제교육의 목표는 학생들에게 선택하고 결정하는 방법을 가르치는 것이어야 한다. 따라서 경제교육의 목표는 단지 학생들에게 경제학을 구성하는 사실, 개념, 그리고 일반화에 대한 지식을 얻도록 도와주는 것보다 오히려 학생들이 개인적이고 사회적인 문제에 직면할 경우 독립적인 의사결정자로서 경제학을 사용하는 능력을 획득하는 것을 도와주는 것을 통해 보다 책임 있고 효율적인 시민으로서의 행동을 할 수 있게 해 주는 것이다.

경제교육은 지혜롭고 책임 있는 소비자와 생산자, 저축자, 투자자, 투표자가 될 수 있는 민주시민 육성을 지향하며, 이를 위해서 경제적 사고 능력과 기능 및 올바른 가치 태도를 가르쳐야 된다는 점에는 경제교육 전문가들의 의견이 일치된 상황이다. 이러한 인간상은 아담 스미스Adam smith가 말하는 경제인homo economicus만이 아니라, 에밀 뒤르켐E. Durkheim이 말하는 사회인homo sociologicus도 포함하는 개념이다. 경제인이 목표 추구를 위한 수단 합리성instrumental rationality을 취한다면, 사회인은 사회규범에 따라 행동해야 된다는 목적 합리성을 지향한다. 민주시민 교육을 지향하는 경제교육이 어느 인간상을 준거로 해야 되는지는 자명하다. 알프레드 마샬이 말하는 '따뜻한 가슴과 냉철한 머리warm heart & cool head'를 가진 사람은 경제현상을 바로 볼 줄 아는 지식과 타인을 위해 배려할 수 있는 도덕성을 갖춘 사람이다. 이는 경제인과 사회인 모형을 통합한 것이기 때문에, 경제학적 지식과 윤리적 가치가 다 같이 중요하다.

3.2 경제학 학습의 의의

서양에서 발생하고 발전한 학문인 Economics 또는 Political Economy가 동양에서 경제학이라고 불러지게 된 이유는 경세제민經世濟民의 학문이라고 보았기 때문이다. '세상을 경영하고 백성을 구제하는' 지식이라는 그 어원 때문인지 모르나, 경제학은 공무원이나 정치가에게 필요한 것이라는 생각이 퍼져 있는 것 같다. 그렇다면 일반인들이 경제학을 공부하는 것은 어떤 의미가 있는가?

첫째, 경제학을 공부함으로써 우리는 자본주의 사회의 구조와 운영원리를 정확하게 이해할 수 있다. 사회구조와 그 원리를 정확히 아는 것은 실업, 인플레이션, 주택난, 교통난 등 우리가 당면하고 있는 각종 경제문제의 해결방안을 찾는 첫걸음이 된다. 그러므로 경제학 학습을 통하여 각종 문제의 심각성과 그 원인에 대해 공동의 인식을 가짐으로써 사회의 경제문제를 합리적으로 해결하는 데 필요한 합의 도출을 쉽게 할 수 있다. 이런 의미에서 경제학 지식은 공공재이다.

둘째, 경제학은 공공재로서 의의만 있는 것은 아니며, 직업인 또는 생활인으로 살아가는 일상적 시민에게도 유용하다는 것은 두말할 여지가 없다. 경제학을 공부하면 살아가면서 부딪히게 되는 수많은 경제적 선택의 갈림길에서 보다 효율적이고 합리적인 의사결정을 할 수 있다. 예를 들어 우리는 살아가면서 개인의 시간배분, 직업선택, 소비할 재화의 선택 등 생활인으로서 자원배분과 관련된 선택을 끊임없이 하게 된다. 또 우리는 직장인으로서 기업·학교·병원·정부기관·노동조합 등에서 일하면서 각 부서의 자원배분에 관한 결정에 참여한다. 여기서 합리적인 선택과 결정이 이루어지게 하고 나아가 그 조직이 효율적으로 운영되도록 하려면 경제학을 통하여 학습한 합리적 사고가 반드시 필요한 것이다.

셋째, 경제학을 공부하면 경제정책이 달성할 수 있는 것과 그 한계를 이해할 수 있다. 이는 주권행사를 정확히 하는 데 도움이 된다. 우리들은 유권자로서 사회의 자원배분을 결정할 정책을 선택하게 된다. 어떤 정책을 지지할지 결정하려 할 때 우리는 다양한 의문을 가지게 된다. 조세제도는 사회에 어떤 비용을 안겨주는지, 다른 나라와 자유무역을 하면 어떤 효과가 있는지, 환경을 보존하는 가장 효과적인 방법과 비용은 무엇인지 등의 문제를 생각하고 해결책이나 해답을 찾는 데 경제학이 유용하게 쓰일 수 있다.

넷째, 경제학이 필요한 이유는 경제현상이 복잡하기 때문이다. 경제economy란 실제 존재하는 경제현상을 말하고, 경제학economics이란 경제현상을 설명하기 위한 이론체계를 말한다. 경제현상을 올바로 이해하고 그 문제점을 해결하기 위해서 경제학이 필요한 것이다. 날마다 바뀌는 아파트의 가격, 재화와 서비스의 가격변화, 환율의 변동 등 하루하루 많은 것들이 변한다. 현대인들에게는 이러한 변화 속에서 변화를 올바르게 이해하고 그에 대처할 수 있어야 자본주의 시장경제체제에서 살아남을 수 있다. 이런 의미에서 경제학 학습은 자본주의 사회를 살아가는 모든 현대인에게 유용한 지식이라 할 수 있다.

4. 경제적 사고방식의 본질은 무엇인가?

경제학은 사회의 본질적 경제문제인 희소한 자원을 여러 용도 간에 배분하는 원칙에 관한 이론이다. 무엇을 얼마만큼, 어떻게 생산하며 누구에게 분배할 것인가 하는 3대 경제문제에 직면하여 인간의 욕망을 충족시키는 데 사용될 자원이 희소할 때, 인간은 선택을 하여야 한다. 희소한 자원이라는 제약조건하에서 인간의 선택은 어떠하며 그 선택의 대가는 무엇인가? 선택의 대가 지불과 관련된 인간의 경제행위는 어떠한 것인가? 이러한 질문에 대한 대답을 해 나가는 과정에서 경제적 사고방식의 본질을 이해할 수 있을 것이다.

4.1 희소성, 선택 및 기회비용, 합리적 선택

최근 스포츠 분야에서 대학을 거치지 않고 바로 프로팀에 입단하여 큰 활약을 펼치는 선수들이 늘어나고 있다. 40대 초반의 젊은 나이로 세계 최고의 갑부가 된 컴퓨터의 황제 빌 게이츠가 하버드 대학을 중퇴한 사실은 아주 유명하다. 이들은 왜 대학교육을 포기하는 결정을 했을까? 그리고 그들의 결정은 옳았을까? 이런 문제를 잠시 생각해 보자.

우리의 일상생활은 선택의 연속이다. 하고 싶은 것도 많고 갖고 싶은 것도 많다. 그러나 인간의 욕망을 충족시키는 데 이용할 수 있는 시간과 자원은 희소하기 때문에 어떤 것이 중요하고 바람직한 것인가를 신중히 판단해 선택해야 한다. 자원의 희소성scarcity은 개인, 기업, 정부 등 모든 경제 주체가 직면하고 있는 삶의 제약조건이다. 선택choice이란 제한된 여러 가지 용도 중에서 취할 것은 취하고 버릴 것은 버리는 행위를 의미한다. 그러나 선택하는 것은 결코 공짜가 아니다. 즉 무엇을 생산하기를 선택하는 것은 항상 비용을 수반한다는 말이다. 이러한 선택의 비용을 기회비용opportunity cost라고 한다. 이때 어떠한 선택(결정)의 비용은 포기된 기회(또는 대안)의 가치로 표시된다. 일국의 경제뿐만 아니라 각 개인의 선택도 기회비용을 수반한다.

그러나 선택을 위해 치러야 하는 기회비용은 사람마다 다르다. 대학졸업의 기회비용을 생각해 보자. 야구 선수 이승엽이 왜 대학진학을 포기하고 삼성 라이온스에 입단했을까? 프로의 세계에서 대학 졸업장은 특별한 의미를 지니지 못하며, 대학에 진학한 경우 졸업할 때까지 엄청난 기회비용이 발생한다는 사실을 감안하면 이를 이해할 수 있다. 똑같은 이유로 빌 게이츠가 명문대학 졸업생이기를 포기하고 마이크로소프트를 설립한 것은 소프트웨어 개발이라는 자신의 특출한 재능을 통해 보다 가치 있고 보람된 미래를 설계할 수 있다고 판단했기 때문이다.

경제학자들은 자원배분에 관한 의사결정자의 목적이 무엇이든 간에 의사결정자의 목적에 가장 잘 부합하는 자원배분 방법을 선택하는 행위를 경제행위라 하고, 그러한 선택을 합리적 선택rational choice이라고 한다. 합리적이란 단순히 목적과 목적을 위해서 취하는 행동이 일관적consistent임을 의미한다. 따라서 합리적 의사결정이란 희소한 자원을 효율적으로 활용하기 위해서 최소의 비용으로 최대의 만족을 얻는 것을 말한다. 그러므로 자원의 효율적 배분이 이루어지기 위해서는 기회비용이 작은 것을 선택해야 한다. 즉 선택함으로써 얻는 이익이 선택에서 제외되는 대안이 주는 이익보다 커야 한다. 다시 말하면 기회비용이 작은 것을 선택하는 것이 합리적인 선택이라 할 수 있다. 이러한 점에서 이승엽 선수나 빌 게이츠의 선택은 적어도 경제적인 의미에서는 합리적인 선택을 하였다고 할 수 있다.

4.2 경제학의 독특한 사고방식

경제적 사고란 무엇인가? 경제적 사고란 경제법칙을 인식하고 경제원칙에 따라 생각하는 것을 말한다. 경제법칙이란 어떤 선택에서 득이 있으면 반드시 실이 있다는 것이다. 그리고 경제원칙이란 어떤 효과를 최소비용으로 이룰 수 있는 것 또는 동일한 비용을 가지고 최대의 효과를 거둘 수 있는 것을 선택하는 것이다. 이러한 경제적 사고의 틀은 우리가 흔히 경제문제라고 하는 것뿐만 아니라, 겉으로 보기에는 별로 관계가 없어 보이는 문제, 예를 들면 유학을 갈까 말까 하는 문제, 결혼문제, 가족계획 문제 등에도 유용하다.

경제학의 독특한 사고방식은 무엇일까? 그것은 매우 간단하다. 어느 저명한 경제학자를 위한 파티에서 파티의 분위기가 무르익어갈 무렵, 파티 참석자 중 한 사람이 그 경제학자에게 한 마디 하라고 주문을 했다. 그러자 그가 이렇게 말했다. "경제적 진리야 많지만, 보통사람들이 이해하도록 설명하기에는 너무 복잡하고 어렵습니다. 그러나 그것들도 결국 따지고 보면 역사를 통해 거듭 증명되어 온 한 가지 단순한 사실로 귀결됩니다. 즉 세상에는 공짜 점심이란 없다는 것입니다There is no such thing as a free lunch." 여기서 알 수 있는 것은 결국 무엇이든지 대가를 치러야 한다는 것이다. 이처럼 사회가 어떠한 경제재를 새로 생산하거나 기왕의 경제재를 조금 더 생산하는 것을 추구할 때 반드시 그 대가가 지불된다는 것이다. 한 걸음 더 나아가서 이러한 상황에서 인간의 경제행위의 방식은 어떠할까라는 질문에 대한 답을 첨가하면 경제학적인 사고방식에 대한 논의가 완결된다.

사람들은 재화를 더 생산하는 데서 오는 이득과 그 대가, 즉 기회비용을 비교할 것이다. 즉 이해득실을 따지는 것이다. 만약에 일국의 경제가 어떠한 상품 한 단위를 더 생산하는 데서 얻는 이득이 이로 인해 포기되어야 하는 기회비용보다 크다면 일국 경제는 그 상품을 한 단위 더 생산할 것이다. 그렇게 함으로써 얻는 총이득은 증가될 것이기 때문이다. 따라서 경제학의 핵심적 사고방식은 한계분석marginal analysis이라고 할 수 있다. 즉 상품 한 단위를 생산함에 따라 사회가 얻는 이득(이익)을 한계편익marginal benefits이라고 하고, 상품 한 단위를 더 생산할 때 사회가 지불하는 대가를 한계(기회)비용marginal cost라고 하자. 우리가 논하는 상품의 이름을 X재라고 하면 MB_X는 X재 한 단위를 더 생산할 때 얻는 편익(이익)이며, MC_X

는 그 한계비용이다. 일국경제의 총편익의 극대화는,

$$MB_X = MC_X$$

일 때 성립한다. 이와 같이 경제학의 핵심적 사고방식은 합리적인 의사결정을 내리기 위해서는 누구나 '한계의 원리'를 따라야 한다는 것이다. 좀 더 풀어서 설명해 보면, 한계의 원리란 어떤 행동을 할 때 추가적으로 얻는 이익(한계편익)과 추가적으로 들어가는 비용(한계비용)을 비교하여 한계편익이 한계비용보다 크거나 같을 때는 그 행동을 계속하고, 반대의 경우에는 그 행동을 점점 줄이는 것이 바람직하다는 것이다.

이러한 한계분석이 왜 중요한지를 몇 가지 예를 통하여 살펴보자. 삼계탕집이나 통닭집에서 팔리는 닭들의 수명은 어느 정도가 될까? 양계장 주인은 매일 매일 사료를 먹이는 데 들어가는 비용보다 병아리가 자라남으로써 늘어나는 고기의 값이 더 많을 때는 사료를 계속 먹인다. 그러나 그 반대로 되려고 하는 순간 닭을 팔아 버린다.

다른 예로서, 주부의 일상적인 문제를 가지고 생각해 보자. 이 달에는 지난달에 비하여 가령 음식비를 얼마나 줄이고 대신 문화 및 오락비를 얼마나 더 늘리느냐, 또는 줄이느냐 하는 것이 문제일 것이다. 이것은 비용의 일부 변경을 뜻할 뿐,

그림 1-1 경제학적 사고방식의 본질

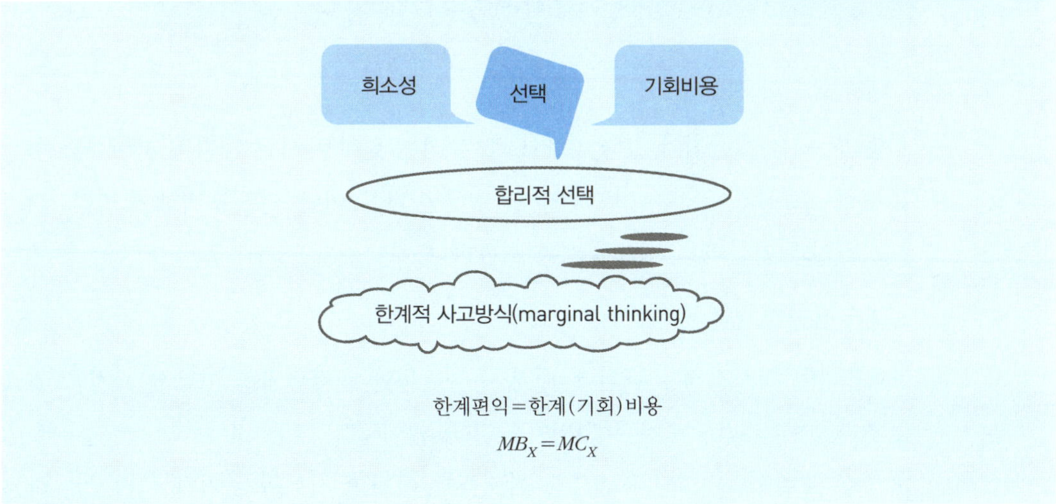

음식비 모두를 없애고 문화오락비를 대폭 증가시키는 식의 전체 지출 변경이 아닌 경우가 대부분이다. 현재 상태에서 얼마나 더 줄이고, 더 늘리는가와 같은 마진 margin, 곧 '가장자리'에서의 조정이다.

또 다른 예로, 음식점들이 음식을 만들어 파는 경우도 마찬가지이다. 음식 한 그릇을 더 만드는 데 드는 비용(한계비용)보다 팔아서 얻는 수입(한계편익)이 더 크면 만들어 파는 것이 좋다. 양자가 같아질 때까지 만들어 파는 것이 이익을 극대화하는 길이고 합리적인 경제행위가 되는 것이다. 개인이나 기업을 막론하고 합리적 경제행위에는 이와 같이 한계분석이 매우 중요하다는 것을 알 수 있다.

5. 경제적 사고능력 증진을 위한 최소한의 내용표준과 기준은?

경제학은 우리가 경제생활을 하고 있기 때문에, 어느 정도는 모든 사람을 위한 것이라고 볼 수 있다. 우리가 직면하는 대부분의 주요 문제들은 기본적으로 경제적이거나 중요한 경제적 국면을 가지고 있다. 민주주의사회에서는 정부 또는 개인들이 합리적인 의사결정을 할 때 최소한의 경제학적 능력을 요구한다. 미국 경제교육협의회NCEE는 다음 20가지의 내용 표준과 기준을 권고하고 있다.

• 내용 표준과 기준 •

내용 표준과 기준 1

생산자원은 제한되어 있다. 그러므로 우리는 원하는 모든 재화와 서비스를 가질 수 없다. 그 결과 우리는 어떤 것을 선택하면 다른 어떤 것은 포기해야 한다. 기준은 희소성과 기회비용, 상충관계를 포함한다.

내용 표준과 기준 2

효율적인 의사결정은 대안에 대한 추가비용과 추가편익을 비교하는 것을 필요로 한다. 대부분의 선택은 무엇인가를 조금 많이 혹은 조금 적게 가질 것인지에 대한 것을 포함한다. 그러나 전부를 가지든지 아니면 전부를 포기하는 결정을 하는 선택은 거의 없다. 기준은 한계분석, 편익 – 비용분석, 효용 극대화와 이윤 극대화를 포함한다.

내용 표준과 기준 3

여러 가지 다른 방법들이 재화와 서비스를 배분하는 데 사용될 수 있다. 개별적이거나 집합적으로 혹은 정부를 통해 행동하는 사람들은 다른 종류의 재화와 서비스를 배분하기 위해 사용할 어떤 체제를 선택해야 한다. 기준은 무엇을, 얼마만큼, 어떻게, 누구를 위한 것인가 하는 질문들과, 시장, 명령, 경쟁, 그리고 강제력과 같은 다양한 배분의 방법들을 포함한다.

내용 표준과 기준 4

사람들은 긍정적인 유인과 부정적인 유인에 대해서 예상한 대로 반응한다. 기준은 보상, 벌, 행동 반응을 포함한다.

내용 표준과 기준 5

자발적인 교환은 모든 참가자에게 이익이 기대될 때 일어난다. 이것은 국내외를 막론하고 개인이나 기업 간 교환에 모두 해당된다. 기준은 물물교환과 자발적 교환의 후생편익, 소비자잉여와 생산자잉여, 무역장벽, 수입과 수출을 포함한다.

내용 표준과 기준 6

개인, 지역, 국가들이 최소 비용으로 생산할 수 있는 것을 전문화하여 다른 개인, 지역, 국가들과 거래할 때, 생산과 소비는 모두 증가한다. 기준은 전문화, 노동의 분업, 상호의존, 생산성, 거래비용 그리고 비교우위를 포함한다.

내용 표준과 기준 7

시장은 수요자와 공급자가 상호 작용할 때 존재한다. 이 상호작용이 시장가격을 결정하고, 그에 따라서 희소재화와 서비스가 배분된다. 기준은 시장, 상대 가격, 균형가격 그리고 균형을 향한 시장조정을 포함한다.

내용 표준과 기준 8

가격이 수요자와 공급자에게 신호를 보내고, 유인을 제공한다. 수요와 공급이 변하면 시장가격이 조정되어 유인체제에 영향을 준다. 기준은 수요, 공급, 시장배분, 시장 상호의존, 수요의 변화, 공급의 변화, 시장 동학, 부족과 잉여를 포함한다.

내용 표준과 기준 9

판매자 간의 경쟁은 비용과 가격을 낮추고, 생산자들로 하여금 소비자들이 사고자하고 살 수 있는 상품들을 더 많이 생산하도록 촉구한다. 구매자 간의 경쟁은 상품가격을 높이고, 그 재화와 서비스를 원하면서 구매할 능력이 있는 사람에게 재화와 서비스를 배분한다. 기준은 구매자와 판매자 경쟁, 보이지 않는 손, 진입, 정보, 담합 그리고 혁신을 포함한다.

내용 표준과 기준 10

시장경제에서 제도는 개인과 집단이 그들의 목표를 수행하는 데 도움이 되도록 발전된다. 은행, 노동조합, 주식회사, 법적 체계 그리고 비영리기구는 중요한 제도들의 사례이다. 또한 재산권을 확실하게 보장하는 제도가 시장경제에 반드시 필요하다. 기준은 재정단체, 조합, 비영리기구, 주식회사 그리고 재산권을 포함한다.

내용 표준과 기준 11

화폐는 교환, 차용, 투자, 그리고 재화와 서비스의 가치 비교를 보다 쉽게 만든다. 기준은 화폐의 정의, 물물교환, 거래비용, 가치저장, 회계단위, 화폐공급, 그리고 은행의 신용창조 등을 포함한다.

내용 표준과 기준 12

인플레이션에 대해 조정된 이자율은 저축량과 차용량을 균형시키기 위하여 상승하기도 하고 하락하기도 한다. 그렇게 하면서 희소자원의 현재사용과 미래사용의 배분에 영향을 미친다. 기준은 실질 이자율과 명목 이자율, 시간선호율, 인플레이션의 예상, 위험, 그리고 저축과 투자 유인 등을 포함한다.

내용 표준과 기준 13

대부분의 사람들이 받는 소득은 그들이 제공하는 생산자원의 시장가치에 의해 결정된다. 근로자 소득은 일차적으로 그들이 생산하는 것의 시장가치와 얼마나 생산적인가에 의존한다. 기준은 인적 자원, 생산성, 임금과 봉급, 노동시장의 조정, 한계수입생산 등을 포함한다.

내용 표준과 기준 14

기업가는 재화와 서비스를 생산하기 위하여 생산자원을 조직하는 데에 위험을 감수하는 사람이다. 이윤은 기업가가 사업 실패에 따른 위험도 수용할 수 있도록 하는 중요한 유인이 된다. 기준은 기업가정신, 혁신, 새로운 기업의 형성, 위험과 유인 등을 포함한다.

내용 표준과 기준 15

공장, 기계, 신기술, 건강, 교육, 종업원 훈련에 대한 투자는 미래 삶의 표준을 향상시킨다. 기준은 생산성, 인적 자본, 물적 자본, 기술 변화, 경제 성장, 삶의 표준, 투자 대 소비, 상충관계, 연구와 개발을 포함한다.

내용 표준과 기준 16

정부정책의 편익이 비용을 능가할 경우, 시장경제에서 정부가 수행할 경제적 역할이 생긴다. 정부는 주로 국방을 담당하고, 환경에 대한 관심을 촉구하고, 재산권을 규정하고 보호하며, 시장경쟁을 촉진시킨다. 대부분 정부 정책은 소득을 재분배한다. 기준은 조세, 정부지출, 외부성, 공공재, 자연독점, 반트러스트법, 재산권, 소득 재분배, 그리고 비용-편익분석을 포함한다.

내용 표준과 기준 17

정부정책의 비용은 때때로 편익을 능가한다. 이것은 유권자, 정부관료, 공무원이 직면한 유인, 일반대중에게 비용을 부담시킬 수 있는 특수 이익집단의 활동, 경제적 효율성보다 다른 사회적 목표를 추구하는 정책 때문에 발생된다. 기준은 '정부의 실패', 집단행동의 논리, 무역장벽, 가격통제를 포함한다.

내용 표준과 기준 18

국가의 총소득, 총고용, 물가수준은 가계, 기업, 정부와 해외경제주체 간의 소비와 생산의 상호작용에 의해 결정된다. 기준은 국내총생산GDP, 승수, 경제순환, 명목 GDP 대 실질 GDP, 잠재적 GDP, 총공급, 총수요, 그리고 거시 경제적 균형을 포함한다.

내용 표준과 기준 19

실업은 개인과 국가에 비용을 부담하게 한다. 예상치 못한 인플레이션은 구매력을 임의적으로 재분배하기 때문에, 많은 사람에게 비용을 부담시키지만 다른 어떤 사람에게는 이익을 준다. 인플레이션은 국민 생활수준의 성장률을 저하시킬 수 있다. 왜냐하면, 개인과 기관은 장래 가격의 불확실성으로부터 그들을 보호하기 위해 자원을 사용하기 때문이다. 기준은 인플레이션, 노동력, 실업률, 화폐의 구매력, 완전고용, 소비자 물가지수, 예상된 인플레이션, 인플레이션의 분배효과, 인플레이션의 비용을 포함한다.

내용 표준과 기준 20

정부의 재정정책과 금융정책은 총고용, 총산출량 및 물가수준에 영향을 준다. 기준은 화폐와 인플레이션, 금융정책, 재정정책, 밀어내기 효과, 밀어넣기 효과, 예산 적자, 예산흑자, 국채를 포함한다.

6. 경제학을 어떻게 공부할 것인가?

경제학은 선택의 학문이다. 하지만 경제학은 우리에게 무엇을 선택하라고 지시하지는 않는다. 선택의 결과를 예측하고 이해하는 데 도움을 줄 뿐이다. 흔히 경제학은 어렵고 재미없는 과목으로 알려져 있으나 학습하기에 따라서는 흥미를 느끼며 쉽게 공부할 수도 있을 것이다. 『경제학원리*Principles of Economics*』를 쉽게 써서 더욱 명성을 떨치게 된 하버드 대학의 그레고리 맨큐N. Gregory Mankiw 교수는 바로 그 책에서 "경제학을 가르친다는 자체가 즐거움인데 보수까지 받고 있으니 오히려 이상한 느낌이 든다"고 피력한 바 있다. 사정을 아는 사람은 그런대로 그의 말을 수긍할 만하다. 여기서는 현실 경제 현상을 체계적으로 관찰하고 분석하면서 그 문제점 해결을 모색하여 이를 경제학적 사고의 개발로 연결시킬 학습방법을 검토해 보자.

어떻게 경제학을 공부할 것인가? 경제학을 배우기 시작하는 학생이 경제학적인 개념과 분석틀에 대한 근본적인 이해 없이 단순 지식 습득에만 매달리게 된다면 '우화 속의 타조(배운 지식을 잘못 써서 몰살당한 타조 삼형제)'가 겪은 그런 우를 다시 범하게 될 것이다. 이 우화는 경제학을 배우려는 사람에게 중요한 사실을 시사해 준다. 그것은 무엇을 어떻게 하는지만 배우고 왜 그렇게 해야 하는지 그 이유를 정확히 알지 못하면 그 지식이 아무리 좋은 지식이라 해도 필요 없을 뿐 아니라 위험하기까지 하다는 것이다.

이러한 우를 범하지 않기 위해서 우리는 어떠한 점에 주안점을 두고 학습하여야 할 것인가?

첫째, 경제학은 '따뜻한 가슴과 냉철한 머리'를 통하여 '누구나 행복한 사회'를 만들고자 하는 학문임을 이해하는 것이 중요하다. 영국의 신고전학파 경제학의 완성자인 알프레드 마샬은 120여 년 전에 '경제학자는 따뜻한 가슴과 냉철한 머리를 가져야 한다'는 명언을 남겼지만, 일반인들은 경제학을 여전히 '차가운 학문(?)'으로 이해하는 경향이 강하다. 그러나 이는 오해이다. 시장메커니즘을 무시한 채 따뜻한 가슴만 내세우면 비효율성이 발생해 결국은 모두가 못사는 사회로 전락할 가능성이 커진다. 이 같은 측면에서 '경제학'은 '따뜻한 가슴'이 설정한 목표를 '냉철한 머리'로 이룩하려는 학문이라 할 수 있다. 이런 의미에서 경제학은 궁극적으로 가장 따뜻한 학문이며, 경제학을 공부하려는 사람들은 모두 '따뜻한 가슴'을 가져야 한다.

둘째, 먼저 경제학을 배울 때 우리는 기본 개념을 아는 것, 즉 경제학에 대한 개념을 확실하게 알고 그에 대한 의견이 설 수 있도록 하는 것이 중요하다. 다음으로 이러한 기본개념을 바탕으로 실생활의 문제에 적용하여 보면 경제학에 대하여 더욱 이해가 빨라질 것이다. 그래서 경제학을 가르치는 사람들은 학생들에게 경제학의 이론을 실생활에 적용시킬 기회를 주어야 한다.

셋째, 경제현상을 알기 위한 자료를 수집해서 체계적으로 이용하는 방법으로 신문의 경제면을 이용하고, 나아가 경제신문 읽기를 권한다. 신문의 보도나 해설기사는 매일매일 일어나는 현실에 대한 충실한 기록으로서 현실파악을 위하여 가장 쉽게 접근할 수 있는 자료원이다. 일간지 이외에 경제 전문 주간지도 있고, 각 업종 및 직종별 관련 잡지도 발간되므로 시간과 금전적 여유가 있다면 이런 자료도 이용할 수 있다.

넷째, 여러 가지 경제문제에 대한 선진국의 경험을 철저히 검토하고 이를 우리의 문제인식 및 해결방안 모색에 반영하며, 나아가 학교에서 배운 경제적 사고를 현실의 의사결정과정에 적용시켜 가기를 지속하면 여러분은 이런 훈련을 받지 않은 동료와는 다르게 생각하고, 다른 결론을 내리는 경우가 흔히 있음을 발견하게 될 것이다.

참고문헌

- 김상규, 「도랑치고 경제 잡는다」(2001), 오늘의 책.
- 김승욱·이정희·허식·백훈, 「알짬 시장경제」(2002), 박영사.
- 김주형, 「지식과 가치」(1999), 주간경제 515호.
- 김준원, 「포인트경제학」(2001), 삼성경제연구소.
- 박덕제·박기성, 「경제원론Ⅱ」(1998), 한국방송통신대학교 출판부.
- 손정식·임덕호, 전정판「경제학원론 현실경제의 이해」(1998), 법문사.
- 윤구병·신홍규 엮음, 「함께 걷는 이 길은」(1993), 한샘 미네르바 문고 3, 한샘출판사.
- 이학용, 「생활경제학」(1999), 다산출판사.
- 이형, 「경제를 보는 눈」(2001), 중앙 M&B.
- 조영달 역, M. Levi, 「경제학적 사고의 이해」(1992), 집문당.
- 주만수·한홍렬 역, Paul Heyne, 「경제학적 사고방식」(1997), 자유기업센터.
- 주명건·주상영, 「경제학원론 제7판」(1998), 박영사.
- 홍금우, 「알기 쉬운 경제학원론」(1999), 학현사.
- KDI 경제정보센터, 「경제교육」 제7권 제2호 (통권 제13호), 1998.12.

읽을거리

배운지식을 잘못 써서 몰살당한 타조 삼형제

아프리카에 있는 타조 마을에 비상이 걸렸다. 어디선가 사냥꾼들이 자꾸 나타나서 타조들을 잡아가기 시작했던 것이다. 이제 머지않아 종족이 멸망될지도 모른다는 걱정으로 타조들은 밤잠을 못 이룰 지경이었다. 드디어 마을에서 씩씩하기로 소문난 타조 삼형제가 자기 마을을 지키기 위한 대책을 강구하기 위해 길을 나섰다. 마을을 떠나 한참을 가던 그들은 세 갈래 갈림길을 만나게 되었다. 큰 형 타조는 윗길을, 둘째 타조는 가운데 길을, 그리고 막내 타조는 아래로 향해 난 길을 택해서 떠나기로 했다. 그리고 1년 후 이 자리에서 다시 만나기로 약속했다.

큰 형 타조가 간 길은 산으로 난 길이었다. 거기서 그는 태권도의 고수를 만났다. 1년 후 큰 형 타조는 태권도 검은 띠가 되어 아우들과 약속했던 장소로 갔다. 둘째 타조는 평원으로 나갔다. 거기서 황영조 선수를 만나 운동화를 신고 쏜살같이 달리는 연습을 하게 되었다. 1년 후 둘째 타조는 단거리 및 중장거리의 신기록 보유자가 되어 약속했던 장소로 갔다. 한편, 막내 타조는 늪지대를 지나가게 되었는데, 거기서 둔갑술을 가르치는 도사를 만났다. 그 도사에게 막내는 둔갑술을 배웠는데, 그것은 머리를 모래 속에 처박고, 꽁지를 하늘로 향하게 함으로써 타조를 마치 평야 지대에 나 있는 관목처럼 보이게 하는 것이었다. 타조 삼형제는 마을로 돌아와 각각 30마리씩 제자를 거느리고 자신들이 익힌 것을 열심히 가르쳤다.

그러던 어느 날 드디어 사냥꾼이 나타났다. 사냥꾼은 아직 장비들이 도착하지 않아서 그냥 호신용 몽둥이 하나만을 들고 지형 정찰을 나섰다. 그런데 난데없이 타조 30마리가 나타나더니 도망도 가지 않고 앞차기, 뒤차기, 돌려차기를 하며 접근하는 것이 아닌가? 타조 다리보다 긴 몽둥이를 들고 있던 사냥꾼은 손쉽게 타조 30마리를 모두 잡았다.

다음 날 지프차와 여러 가지 사냥도구가 도착하자 사냥꾼은 정식으로 타조 사냥을 나갔다. 한참 지프차로 평원을 달리는데 이번에는 발에 조깅화를 신은 타조 30마리가 나타나더니 지프차 앞으로 달리기 시작하는 것이 아닌가? 그들의 속력은 무척 빨랐지만 자동차에 비하면 한계가 있는 법, 숨이 차 더 이상 달리지 못하게 된 타조 30마리는 모두 사냥꾼에게 잡히고 말았다. 의외의 수확을 올린 사냥꾼은 사냥 장비와 호신용 몽둥이까지도 모두 돌려보내고, 아프리카에서의 마지막 밤을 여유 있게 보내려고 작정하였다. 저녁 식사를 끝내고 텐트로 자러 들어가던 사냥꾼은 이상한 광경을 보았다. 타조 30마리가 머리를 모래 속에 처박고 꽁지만 하늘로 향한 채 꼼짝도 않고 있는 것이었다. 사냥꾼은 자루를 가져와서 이 30마리 타조마저 모두 잡아 버렸다. 타조 삼형제는 대체 무엇을 잘못했는가? 1년간 애써서 익힌 지식은 전혀 쓸모가 없는 것이었는가? 그렇지는 않다. 단지 제대로 사용하지 못했을 뿐이다. 타조들은 첫날 사냥꾼이 몽둥이만 들고 나타났을 때 달리기를 해서 위험을 벗어났어야만 했다. 둘째 날 사냥꾼이 지프차를 전속력으로 몰 때는 머리를 모래 속에 처박고 꽁지를 쳐들어 사냥꾼의 눈을 속였어야 했다. 그리고 마지막 날 사냥꾼이 몽둥이마저 없이 지내던 때에는 태권도 실력을 발휘, 사냥꾼을 사정없이 때려 눕혔어야 했다. 그런데 타조들은 그렇게 하지 못했다. 왜일까? 타조 삼형제들은 오로지 어떻게 하는지만 배우고 왜 그렇게 해야 하는지는 배우지도 못했을 뿐더러 생각조차 하지 못했기 때문이다.

출처: 최영규, 신세대를 위한 경제학 나들이(1994), 퇴설당.

Chapter 02

자본주의와 경제학자

1. 자본주의를 어떻게 이해할 것인가?
2. 자본주의는 어떻게 전개되어 왔는가?
3. 아담 스미스, 칼 마르크스, 존 메이너드 케인즈의 자본주의관은 어떻게 서로 다른가?
4. 경제학자들은 왜 그토록 논쟁하는가?
5. 자본주의와 경제학자는 어디로 가고 있는가?

개관

경제사를 돌이켜보면 경제학이 주로 관심을 가졌던 사회제도는 자본주의임을 알게 된다. 우리는 아직 경제학 자체에 대한 감각을 가지지는 못하였지만 경제학이 주로 자본주의에 관한 학문임을 이해할 수 있을 것이다.

제2장은 자본주의 경제제도가 어떤 특질을 가지고 있으며, 어떻게 전개되었고, 어디로 가고 있는가에 대한 개괄적인 검토를 통하여 자본주의 경제제도에 대한 안목을 기르고자 한다. 이러한 안목의 형성에 있어 아담 스미스, 칼 마르크스, 존 메이너드 케인즈의 자본주의관을 검토하는 것이 큰 도움이 될 수 있을 것이다. 그리고 경제학자들 간의 의견 차이가 얼마나 큰가 하는 현실 문제를 둘러싼 경제학자들의 논쟁을 이해하는 데 큰 도움이 될 것이다. 또한 그런 논쟁을 벌이는 이유가 무엇인지에 대해서도 살펴보고, 경제학자들이 동의하는 것은 과연 어떤 것이 있는지에 대해서도 알아보겠다.

내용표준과 기준

제2장에서 다룰 주요 내용은 미국 경제교육협의회(NCEE)의 〈내용표준과 기준 3〉에 해당하는 것으로 재화와 서비스를 배분하는데 다양한 방법이 사용되고 있음을 보여준다. 또한 제2장은 주로 자본주의체제에서의 재화와 서비스의 할당방법과 이에 대한 경제학자들의 인식방법들에 대해 다루고 있다. 이러한 내용표준을 충족시키기 위한 기준으로는 자본주의, 보이지 않는 손, 신자유주의, 질서자유주의 등과 같은 개념을 들 수 있다.

1. 자본주의를 어떻게 이해할 것인가?

우리는 자본주의 경제제도 안에서 살고 있다. 정치가들은 자본주의에 대하여, 혹은 자본주의라는 용어가 마음에 들지 않는 경우 시장경쟁제도에 대하여 끊임없이 언급하곤 한다. 성장과 분배, 사회양극화 문제, 노동시장의 유연화와 비정규직화, 정부개입의 범위, 자본권력과 재벌개혁, 개방과 세계화 논쟁, 사회적 전통과 공동체의 해체 등 우리 주변에서 흔히 접하게 되는 논쟁의 이면에는 궁극적으로 '자본주의와 시장'의 이슈가 자리 잡고 있다. 그렇다면 자본주의를 어떻게 이해해야만 할 것인가?

자본주의사회는 이전의 사회와는 구별되는 독특한 사회관계를 본질로 하는 역사발전의 한 단계이다. 자본주의란 시장경제와 가격기구가 세 가지의 기본적인 경제문제(① 무엇을 얼마나 생산하는가? ② 재화들을 어떻게 생산하는가? ③ 누구를 위해 재화들을 생산하는가?)를 해결하는 데 자유롭게 작용하는 경제체제를 말한다. 구체적으로 정의하면, 자본주의란 생산수단을 소유한 자본가가 이윤획득을 목적으로 노동자로부터 노동력을 사서 상품생산을 행하는 경제체제를 의미한다. 이와 같은 의미에서의 자본주의 경제는 다음과 같은 세 가지 특질을 가지고 있다.

첫째, 자본주의사회에서는 상품생산이 지배적인 생산형태가 된다. 상품생산이란 사회적 분업이라고 하는 기초 조건하에서 개별생산자들이 그들의 노동생산물을 서로 교환함으로써 상호관련을 맺는 사회적 관계를 말한다. 이 경우, 생산자는 자신의 욕망을 충족시키기 위해서가 아니라 타인의 욕망을 충족시키기 위해 생산한다. 그리고 상품의 거래는 강제에 의해서가 아니라 대등한 교환에 의해 이루어진다.

둘째, 자본주의사회에서는 노동력의 상품화가 이루어진다. 자본주의적 상품생산에 있어서는 일체의 생산수단이 직접생산자가 아니라 자본가에 의해 사유되고 있기 때문에, 노동자는 이제 자신의 욕망을 충족시키기 위해서는 자본가로부터 자신이 만든 생산물을 상품으로서 구입할 수밖에 없게 되고, 이를 위한 소득을 얻기 위해서는 자신의 노동력을 상품으로서 자본가에게 판매하지 않을 수 없게 된다.

셋째, 자본주의사회는 경제잉여의 생산과 생산의 무정부성을 그 특징으로 한다. 자본주의적 생산의 기본적 동기는 이윤의 획득이다. 이윤의 획득을 유일한 목적으로 하는 자본주의적 생산은 무한한 축적충동에 따라 생산을 행하고 있으며, 기계와 기술의 개량에 의해 다른 자본을 이기고자 하는 자본 간의 경쟁이 끊임없이 계속되고 있는 것이다. 그러므로 각 기업 혹은 각 공장에서의 생산은 계획적으로 행해지지만, 사적소유자인 자본가가 개별이윤의 획득을 목표로 하여 생산을 행하기 때문에 전체로서의 생산은 비계획적·무정부적으로 행해지며, 그 결과 생산부문간의 불균형이 심화될 수도 있다.

그러나 무정부적 생산이라고 해서 반드시 이러한 불균형 상태가 지속적으로 나타나는 것은 아니다. 그것은 시장가격이 경제 전체의 생산과 소비를 조절해 주는 역할을 해주기 때문에 비계획적·무정부적 생산임에도 불구하고 경제 전체의 균형을 어느 정도는 조정해 주는 것이다.

자본주의 시장경제가 어떤 원리로 움직이며, 또한 어떤 방식으로 운영될 경우 보다 바람직한 방향으로 사회를 변모시킬 수 있는가에 대해서는 앞으로 다루게 될 것이지만, 자본주의 시장경제체제는 어떤 경제체제보다 인류의 풍요로운 물질적 수단과 기회의 확대를 가져왔다는 점은 부인할 수 없는 사실이다. 그러나 모든 정치경제의 궁극적 목표는 '물질적 안락'을 넘어서서 '건강한 인간' 만들기에 있어야 한다는 점에서 '여러분 부자 되세요'라고 내놓고 부추기는 현실을 어떻게 바라보아야 할 것인가에 대한 숙고를 필요로 하고 있음을 인식해야 할 것이다.

2. 자본주의는 어떻게 전개되어 왔는가?

많은 사람들은 자본주의가 주변의 산천 또는 성경처럼 오래되어 인간의 속성과 일치하는 제도라고 말하곤 한다. 그러나 자본주의 초기모습은 오늘날의 자본주의와 상당히 다른 성격을 가진다는 생각은 누구나 가질 수 있다. 자본주의가 전개되어 가는 과정에서 경제가 점점 사회적인 성격을 증대시켜 왔기 때문이다. 그렇다면 19세기의 자본주의가 어떠한 과정을 거쳐 오늘날과 같이 변화하였을까?

2.1 산업자본주의

산업자본주의 경제는 어떻게 성립하였는가? 자본주의적 생산은 상품생산자의 수중에 상당량의 자본과 노동력이 사전적으로 존재할 것을 전제로 한다. 역사적으로 볼 때, 이러한 전제조건을 창출한 과정이 자본의 본원적 축적이다. 이러한 본원적 축적의 과정에서 가장 중요한 역할을 한 것이 상업자본이다.

이러한 상업자본의 역할을 강조하여 15세기 중엽 절대왕정이 성립한 이후부터 18세기 중엽 산업혁명이 개시되기 이전까지의 시기를 '상업자본주의' 또는 중상주의 단계로 규정하기도 한다. 이 시기에는 왕실과 이와 결탁한 대상공업자의 이해관계에 기초하여 중상주의 정책(중금주의, 무역차액주의, 자국산업보호주의 등)이 실시되었고, 그 결과 대내적인 경제활동에 있어서는 각종 통제와 독점체제가 유지되었다.

그러나 '시민혁명(영국은 1649년과 1688년, 프랑스는 1789년)'에 의해 절대왕정이 타도된 후 산업자본의 자유로운 발전을 저지하는 법률적·정치적 조건들은 기본적으로 소멸되었으며 여기서 비로소 자유경쟁을 기조로 하는 자본주의가 성립하였던 것이다. 그리고 보다 완전한 형태의 산업자본주의는 18세기 후반에 영국에서 일어난 '산업혁명(시기적으로 영국이 1760~1830년 사이, 프랑스·독일·미국은 19세기 전반기를 통하여 이 과정을 경험한다)'을 계기로 시작되어, 약 100년에 걸쳐 영국은 최대·최강의 자본주의국가로 만들어졌을 뿐만 아니라, 다른 나라에 퍼져 오늘날의 선진자본주의 국가들을 출현시켰다. 이런 산업혁명은 생산력을 급속도로 증대시켜 자본의 재생산을 수월하도록 만들어 주었다.

이 체제의 이론적 근거는 아담 스미스와 그가 창시한 고전학파classical school의 사상이다. 이 이론의 기본 내용은, 모든 경제주체가 각자의 이기심에 따라 자유로운 경쟁을 전개하면 이것이 시장 기구를 통해 국민경제 전체의 부와 번영을 가져온다는 것이다.

2.2 독점자본주의

산업혁명을 통하여 확립된 자본주의는 1870년 이전까지는 자유경쟁을 기조로 하여 전개되었다. 그런데 자유경쟁의 진전은 생산규모의 거대화, 즉 생산의 집적을 야기했고, 이는 자본규모의 거대화를 가져왔다. 그리하여 자본규모의 거대화는 자본의 집적과 집중에 의해 자연적으로 독점자본주의를 발생시켰으며, 1870년대에서 20세기 초에 걸쳐서 크게 보편화되었다. 그리고 그 구체적인 형태로서는 카르텔, 신디케이트, 트러스트, 콘체른, 합병 등을 들 수 있다. 이러한 독점체는 석탄, 철강 등의 중공업과 화학, 전기, 자동차 등의 신흥공업의 주요부문을 중심으로 자본주의 경제에서 확고한 지위를 확립하였다.

또한, 자본주의가 더욱 발전하게 되면서 자본주의적 독점은 단지 산업자본에서 그치지 않고 은행자본과 결합되어 보다 심화되었다. 이처럼 생산의 집적과 독점을 기초로 하여, 산업자본과 은행자본이 유착하여 양자가 일체적인 관계를 갖게 된 자본을 '금융자본'이라 하는데, 금융자본은 금융과두제(소수의 금융자본의 지주들이 일국의 경제 전체를 지배하는 형태)에 의해 일국의 전체 경제생활에 대한 지배권을 확립할 수 있으며, 나아가서는 국가기구까지도 자기의 지배에 종속시키는 금권정치를 야기하기도 하였다.

이와 같은 급격한 경제변동이 일어나는 과정에서 경제이론은 크게 변화하였다. 이른바 '한계효용학파'가 나타나 고전학파 이론을 대체하였다. 오늘날 신고전학파 Neoclassical school 이론이라고 불리는 이 이론은 '한계혁명'에 의해 시작되었다고 할 수 있다.

2.3 국가독점자본주의

1930년대 대공황과 그 후의 장기불황의 시기 이후 주요 자본주의국가에서는 국가재정의 비중이 증대되고, 관리통화제도(한 나라의 통화량을 금보유량의 증감에 관련시키지 않고 통화관리당국의 재량에 의해 조절해 나가는 제도)를 기축으로 하는 국가적 경제관리가 강화되었으며, 또한 기간산업부문에서 국영기업이 설립·확대되는 경향이 두드러지게 나타나게 되었다. 이에 따라 자본주의경제는 국가독점자본주의 단계로 나아가게 된다.

1930년대 대공황은 그 규모의 세계성과 그 정도의 심각성에 있어서 사상 최대의 대공황이었다. 이러한 대공황과 장기침체 현상에 직면하여 이제 사적 자본의 경제에 대한 자동조절기능은 완전히 마비되었고 무력화되었다. 또한 이미 거대한 고정시설을 보유한 독점적 대기업으로서는 생산의 급격한 감축이나 다른 산업으로의 전환도 결코 용이한 것이 아니었다. 그 결과 경제의 운명을 사기업의 자율적 행동에 전면적으로 위임하고 또 금본위제gold standard의 통화정책과 균형재정을 고집하는 한 경제의 장기침체 현상은 극복이 불가능하게 되었다. 여기서 사기업을 초월하는 국가의 공적 개입과 자동조절에 대립하는 계획성의 도입에 기초하는 자본주의 경제의 새로운 운영체제가 필요하였다.

공공투자에 의한 유효수요의 창출, 금본위제에서 관리통화제도로의 전환, 국가에 의한 투자의 조정 등을 통한 완전고용의 달성을 주장한 케인즈 경제학이 이 시기에 등장한 것은 바로 이와 같은 이 시기의 본질적인 의의를 잘 말해 주는 것이다.

3. 아담 스미스, 칼 마르크스, 존 메이너드 케인즈의 자본주의관은 어떻게 서로 다른가?

경제학의 기본 목적을 이해하기 위한 가장 좋은 방법은 세 명의 위대한 경제학자, 즉 아담 스미스, 칼 마르크스와 존 메이너드 케인즈의 역작을 검토해 보는 것이다. 특히 우리는 이 세 사람의 위대한 경제학자가 자본주의를 어떻게 다르게 보았는가를 검토할 것이다. 경제학은 역사의 산물이므로 각 경제학자들의 이런 견해와 그 사람이 살던 시대를 비교해가면서 살펴보면 더욱 흥미로울 것이다.

3.1 아담 스미스의 자본주의관

현대경제학은 중상주의를 반박하려는 아담 스미스Adam Smith의 노력으로부터 탄생하게 되었다. 아담 스미스의 사상체계는, 당장엔 각각의 기업이나 산업에 피해가 있든 없든, 한 국가 그리고 모든 국가들의 이익은 상호의존적인 세계경제체제 안에서 자유로운 교역의 흐름에 의해 가장 잘 충족될 수 있다고 주장하는 체계이다.

아담 스미스는, 그 유명한 「국부론: *An Inquiry into the Nature and Causes of the Wealth of Nations*」이 나오기 17년 전의 저서 「도덕감정론: *The Theory of Moral Sentiments*」에서, 우리들은 인류에 대한 어떤 압도적인 사랑 때문이 아니라 우리의 가장 중요한 욕구인 사랑과 보살핌을 받고 싶어 하기 때문에 다른 사람에 대한 동정을 느끼고 자신을 다스린다고 기술하고 있다. 그 결과 우리 개인들은 자기 자신을 만족시키기 위하여 본의 아니게 사회에 혜택을 준다는 것이다.

그리고 아담 스미스는 1776년에 발표한 「국부론」에서 국가의 부를 증대시키는 방법으로 자유시장, 자유교역, 개인적 이익추구 등을 기초로 이루어진 경제적 개념을 통하여 시장이 어떤 것인지, 경제학이 무엇인지를 세상 사람들에게 보여 주었다. 우리가 잘 알다시피 시장에서의 행동주체는 이윤을 추구하기 위한 목적으로 행동하며, 아담 스미스의 말을 빌리면 '보다 나은 생활조건'을 위해서 행동한다. 그렇다면 이기적이고 이윤을 추구하려는 개인이 자기만의 이익증진을 위해 비사회적이고 위험한 행동을 하지 못하도록 하는 사회제도는 어떻게 발생하였을까?

이에 대한 아담 스미스의 대답은 시장의 경쟁 메커니즘 때문이라는 것이다. 예컨대 다른 제조업자보다 높은 가격을 매기려는 제조업자는 구매자를 발견할 수 없고, 현재의 임금보다 더 높은 임금을 요구하는 노동자는 일자리를 얻을 수 없게 함으로써 시장 메커니즘은 그 참여자들에게 질서를 지키도록 한다. 이와 같은 시장의 압력 때문에 개인의 이기적인 행동이 '보이지 않는 손invisible hand'에 의해서 사회적으로 바람직한 방향으로 움직인다는 것이다. 따라서 자기 위주의 행동을 하여도 경쟁으로 인해서 사회적으로도 유용한 결과가 나오게 된다. 그리고 시장은 스스로 관리하기 때문에, 아담 스미스는 자기이익을 증진시키고자 하고 경쟁을 추구하는 시장구조에 방해가 되는 정부의 간섭에 대하여 반대하였다. 따라서 자유방임이 아담 스미스의 기본 철학이 되었다.

하지만 아담 스미스는 자유시장이 모든 사회문제에 대해 해결책을 제공하리라고 믿는 공상적 이상주의자는 아니었다. 자기 자신에 대한 가장 훌륭한 비평가이기도 했던 아담 스미스는 후대 경제학자들이 강조하게 될 시장의 많은 부정적 측면들을 이미 예견하고 있었다. 그는 자본가의 탐욕과 독점에 대해 경고하였고, 공장에서의 분업이 칼 마르크스가 말한 '소외'를 낳을지도 모른다고 생각하고 있었다. 계몽주의의 산물이었던 아담 스미스는 자본주의의 미래에 대해 여전히 낙관적으로 바라보고 있기는 하지만, 자본가의 횡포와 분업의 폐해를 예견한 그의 통찰력은 오늘날에도 여전히 빛나고 있다. 특히 우리나라는 지난 시절 관치경제의 수많은 불합리한 정부규제가 아직 상당히 남아 있으므로 경제규제를 철폐하여 시장경제에 활력을 살려야 한다는 아담 스미스의 가르침을 경청할 필요가 있다.

3.2 칼 마르크스의 자본주의관

칼 마르크스K. Marx는 아담 스미스와는 달리 자본주의가 모순에 휩싸인 시절을 살았기 때문에, 그는 당연히 자본주의를 추악한 것으로 보았고 사라져야만 하는 체제로 생각했으며, 자본주의 내부의 모순 때문에 자연스럽게 사라질 것이라고 주장했다. 그러므로 대부분의 사람들에게 칼 마르크스의 이름은 혁명을 연상하게 한다. 그러나 우리가 관심을 가지는 것은 칼 마르크스가 아담 스미스와는 다른 관점에서 자본주의를 어떻게 보았는가 하는 것이다. 아담 스미스는 자본주의의 질서와 발전에 대한 설계자인 데 반하여, 칼 마르크스는 자본주의의 무질서와 궁극적인 붕괴의 진단자였다.

칼 마르크스는 자본주의가 가져온 환상적인 변화(특히 생산력의 비약적인 증가)를 높이 평가하긴 했지만, 자본주의는 역사적 과정에 의해 멸망하게 되어 있다고 생각하였다. 칼 마르크스는 경제학을 "역사적으로 특정한 경제관계와 제도가 어떻게 발생되었으며, 어떻게 운용되고 변화하는가를 연구하는 학문"으로 정의하였고, 이를 바탕으로 칼 마르크스가 제시한 난제는 "자본주의를 일어나게 한 역사적 조건들이 사라지게 되면 무엇이 자본주의를 대체하게 될 것인가" 하는 것이었다. 이 문제는 전 세계를 뒤흔들었고 아직까지도 그 여파는 남아 있다.

칼 마르크스는 「자본론」에서 자본주의의 불안정성이 심화되어 마침내 시장제도가 무너진다고 하면서, 시장제도에 대해 매우 중요한 두 가지 예측을 하였다. 그 첫째는 기업의 규모는 경제의 붕괴를 가져오는 위기가 발생할 때마다 꾸준히 증대된다는 것이다. 매 위기시마다 소규모 회사는 파산하게 되고 그 재산은 살아남은 기업이 사들인다. 따라서 대규모 회사로 가는 경향은 자본주의의 중요한 특징이라는 것이다. 두 번째로 칼 마르크스는 노동력이 무산계급으로 전락함에 따라 계급투쟁이 강화되었다고 보았다. 많은 소규모 기업인들과 독립기능공들은 성장과정에서 발생하는 위기 때마다 착취된다. 왜 노동은 착취되는가? 자본가들은 노동자들이 창조해 낸 가치, 즉 이윤을 독점해 버리기 때문이다. 결국 이러한 상황은 유지하기 불가능해지고 자본주의는 스스로 파멸하게 된다.

이러한 칼 마르크스의 예언에 대하여, 칼 마르크스의 비판자들은 자본주의가 붕괴하지도 않았고 노동계층이 점점 더 빈곤해지지 않았으며 이윤율이 점차 감소할 것이라는 칼 마르크스의 예언도 증명되지 않았음을 주장한다. 물론 칼 마르크스의 지지자들은 생산수단과 노동의 분리가 지배하는 자본주의가 존속하는 한『자본론』에서 제시된 자본주의에 대한 비판적 시각은 큰 줄기에서 유효성을 가진다는 입장을 여전히 고수하고 있다.

3.3 존 메이너드 케인즈의 자본주의관

위대한 경제학자들은 모두 그 시대의 산물이다. 아담 스미스는 희망적이고 미성숙된 자본주의의 옹호자였고, 칼 마르크스는 침울한 산업사회의 희생자들의 대변인이었다면, 존 메이너드 케인즈J. M. Keynes는 대공황의 산물이었다. 1930년대의 세계경제는 사상 유례 없는 극심한 불황에 허덕이고 있었다. 이러한 시기에 케인즈는 "국가개입에 의한 수요의 창출"이 이러한 공황을 극복하는 방안이라 생각했다.

케인즈는 1937년「고용, 이자 및 화폐의 일반이론: *The General Theory of Employment, Interest and Money*」에서, 자본주의체제에서 경제활동의 전체적인 수준은 기업가의 자본투자를 할 의사의 여부에 따라 결정된다고 보았다. 때때로 이러한 기업가의 의사는 자본축적이 어렵거나 불가능할 것이라는 생각으로 추진되지 못한다. 칼 마르크스를 포함한 이전의 경제학자들은 자본축적의 실패가 일시적이며 스스로 치유할 수 있는 차질요인이라고 믿었지만, 케인즈는 시장 제도하에서 실업자가 있고 유휴장비가 있음에도 불구하고 "불완전 고용하의 균형"이라는 일종의 지속적인 불황상태가 이루어질 수 있다고 보았다. 이와 같이 케인즈 이론에서는 자본주의가 발전하도록 하는 방향으로 자본주의 스스로 수정해 가는 성향이 시장제도에 없다는 것을 혁신적으로 수용하였다. 자본축적을 자동적으로 제공해 주는 제도가 없다면 기업의 자본지출을 대신할 요소를 찾지 못할 경우 매우 심각하게 타격 받은 경제는 계속 침체상태에 있게 된다. 이 경우 경제를 자극할 수 있는 유일한 방안이 있다. 그것이 정부이다. 따라서 케인즈 경제학의 요체는 침체된 자본주의가 그 활력을 되찾기 위해서는 정부의 지출이 중요한 경제정책이 된다는 것이다. 케인즈의 처방이 효과적이었는가라는 것과 정부지출이 시장제도에 어떠한 영향을 미칠 것인가라는 것이 현대 경제학의 과제이다.

3.4 누가 옳은가?

자본주의 하면 떠오르는 이미지 중의 하나는 자본가가 노동자를 착취한다는 것이다. 그런데 역설적이게도 자본주의는 다른 어떤 체제보다 노동자들의 삶을 풍요롭게 해주었다는 사실을 부정할 수가 없다. 그렇다면 위의 경제학자들 중 누구의 주장이 옳은 것인가? 좀 우스운 대답이기는 하지만, 한 마디로 말해서 누가 옳은지 딱 잘라서 말할 수는 없다. 경제학은 시대상황에 따라 어떤 시대에는 적절했던 이론이 다른 시대에는 맞지 않을 수도 있기 때문이다. 시장제도에 대하여 아담 스미스는 자유방임주의 철학을 도입하여 시장제도가 스스로의 성장과 내적 질서를 자연적으로 유지한다고 하였다. 칼 마르크스는 전혀 다른 관점을 강조하여 불안정성과 위기가 각 경제단계마다 숨어 있다고 하였으며, 그는 자본주의를 유지하는 정책에는 관심을 두지 않았다. 존 메이너드 케인즈는 아담 스미스와도 다르고 칼 마르크스와도 다른 철학을 제시하였다. 케인즈가 옳은 경우 자유방임주의는 자본주의에 대한 적절한 정책이 아니며 경기불황일 때의 자본주의에는 더더욱 적절하지 않다. 존 메이너드 케인즈의 처방이 옳다면 칼 마르크스의 어두운 예견 역시 잘못된 것이거나, 최소한 잘못된 것이라고 간주할 수 있다. 그러나 존 메이너드 케인즈가 옳은 것인가? 아담 스미스가 옳은 것인가? 칼 마르크스가 옳은 것인가? 이러한 질문들이 오늘날 경제학의 주요 논제가 되고 있다.

4. 경제학자들은 왜 그토록 논쟁하는가?

조지 버나드 쇼George Bernard Show는 '모든 경제학자들을 드러눕혀 쭉 이어본다면, 그들은 결론이라는 곳에 도달하지 못할 것이다'라고 경제학자들을 놀린 적이 있다. 경제학자들의 애매모호한 조언에 진절머리가 났던 미국의 트루만 대통령은 '외팔이 경제학자'를 하나 찾아 달라고 측근에게 호소한 적이 있고, 레이건 대통령도 경제학자들에게 100개의 질문을 던지면 3,000개의 답변이 나올 것이라고 농담한 적이 있다. 또한 경제학자들은 하나의 그룹으로서 상충되는 의견을 제시하기 때문에 정책담당자에게 비난받기도 한다. 그렇다면 왜 경제학자들은 정책담당자에게 상충되는 의견을 주고 서로 싸우는 것처럼 보일까? 여기에는 몇 가지 큰 이유가 있다. 그 이유를 하나씩 살펴보자.

4.1 경제이론의 불완전성

수세기 전에는 과학자들이 태양계의 중심이 지구인지 태양인지를 놓고 논쟁을 벌였다. 최근에는 지구과학자들이 지구 온난화 현상이 발생하고 있는지를 놓고 논쟁을 벌이고 있다. 과학이라는 것은 우리 주위를 둘러싸고 있는 이 세상 현상에 관한 것이다. 그렇기 때문에 탐구가 진행되면서 과학자들 사이에 무엇이 진리인지를 놓고 이견이 생기는 것은 당연하다.

똑같은 이유로 경제학자들의 의견이 서로 다를 수 있다. 어떤 경우에는 경제학자들이 제시된 이론의 유효성이나 중요한 모수parameters의 값에 대한 생각이 달라서 견해를 달리하기도 한다. 예를 들어서 정부가 세금을 각 가정의 소득에 근거해서 부과해야 하는지 아니면 소비지출규모에 근거해서 부과해야 하는지에 대해 경제학자들 간의 견해가 다를 수 있다.

4.2 가치와 목적 사이의 충돌

아직도 많은 경제학자들은 특정한 형태를 띤 목적이나 가치를 '주어진 것'으로, 다시 말해서 사회 일반이나 정책입안자들에 의해 주어진 것으로 받아들여야만 한다고 여기고 있다. 그러나 이러한 자기 제한적 태도는 경제정책과 사회정책의 모든 영역에 중대한 영향을 끼치고 있는 경제학자들에게 큰 도움이 되지 않는다. 정치학에서와 마찬가지로 경제학에서도, 가치와 목적 간의 갈등이 종종 문제의 핵심이 되는 것이다.

부유한 사회가 빈곤한 사회에 대해 지니는 의무는 무엇인가? 형평이라는 것은 무엇을 의미하는가? 형평성은 효율성과 서로 상충하는 것인가? 만일 그렇다면 그 갈등은 어떻게 중재될 수 있는가? 등과 같은 문제에 대해 더 이상 경제학자들은 자유로울 수 없다. 이러한 문제에 참여하는 과정에서 경제학자들은 그들의 정치적, 윤리적 신념과, 의식적으로든 무의식적으로든 그들이 대표하는 경제적, 사회적 이익 간의 차이에서 나오는 의견 차이를 피할 수 없다.

4.3 정책의 장·단기 효과에 대한 인식 차이

일반적으로 경제정책의 효과는 단기와 장기에 따라 다르게 나타난다. 따라서 단기적인 측면에 큰 비중을 두는 경제학자와 장기적인 측면에 큰 비중을 두는 경제학자의 의견은 다를 수밖에 없다. 예를 들어 똑같은 경제상황을 놓고도 어떤 경제학자들은 한국은행이 이자율을 내려 경기를 부양해야 한다고 주장할 수 있고, 또 다른 경제학자들은 이자율을 내리면 인플레이션이 발생하므로 삼가야 한다고 주장할 수 있다. 이러한 경제학자들 간의 의견 차이는 경제학자들이 이자율 인하의 장·단기 효과를 몰라서 생기는 것이 아니라 장·단기 효과 중 어느 것을 더 중요하게 생각하느냐에 따른 결과라고 보아야 할 것이다.

4.4 얼마나 많은 의견 차이가 있는가?

경제학자 간의 견해 차이는 경제이론의 불완전성, 가치와 목적 사이의 충돌, 정책의 장·단기 효과에 대한 인식 차이 때문에 불가피하다. 그러나 이 차이를 지나치게 강조할 필요는 없다. 사실 많은 경제학자들은 일반 시민들이 생각하는 것보다 훨씬 일치된 견해를 가지고 있다.

표 2-1 경제학자들이 동의하는 명제와 동의 비율

1. 주택 임대료 규제는 주택의 수량과 품질의 저하를 가져온다. (93%)
2. 관세와 수입쿼터가 부과되면 대체로 경제적 후생수준이 낮아진다. (93%)
3. 변동환율제는 유효한 국제통화 체제다. (90%)
4. 조세 감면이나 정부지출의 증가와 같은 재정정책은 완전고용에 미달한 경제에서는 상당한 경기부양 효과를 나타낸다. (90%)
5. 미국 정부는 고용주들이 해외 근로자에게 외주outsourcing 주는 것을 막아서는 안된다. (90%)
6. 미국 정부는 농업에 대한 보조금을 폐지해야 한다. (85%)
7. 미국의 지방정부는 지역 프로 스포츠팀에 대한 보조금을 폐지해야 한다. (85%)
8. 정부재정의 균형은 매년 달성하는 것보다 경기순환 주기를 단위로 달성해야 한다. (85%)
9. 지금의 정책이 지속된다면 미국 사회보장제도의 적자 규모는 50년 이내에 감당하지 못할 정도로 커질 것이다. (85%)
10. 현금을 주는 것이 같은 값의 물건으로 주는 것보다 받는 사람에게 이득이 된다. (84%)
11. 과도한 재정적자는 국민 경제에 나쁜 영향을 끼친다. (83%)
12. 최저임금제가 시행되면 젊은 비숙련 근로자들의 실업률이 높아진다. (79%)
13. 빈곤층에 대한 소득보조는 '마이너스 소득세부의 소득세' 개념으로 개편되어야 한다. (79%)
14. 배출부과금 제도와 배출권 거래제도는 배출량 상한 규제보다 우월한 방식이다. (78%)

출처: 맨큐의 경제학(2008), 제2장 참조

〈표 2-1〉에서 보는 바처럼 대부분의 경제학자들이 동의하고 있는 의견은 많다. 그럼에도 불구하고 이런 의견들이 모두 경제정책으로 반영되지 못하는 것은, 경제학자들이 이러한 견해를 일반 시민들에게 충분히 납득시키지 못했기 때문이다.

5. 자본주의와 경제학자는 어디로 가고 있는가?

오늘날 세계경제를 상징하는 표제어는 무엇보다 '경제위기economic crisis' 현상일 것이다. 자본주의 세계경제에서 경제위기란 주기적으로 찾아오는 것임은 물론이지만, 1997년 태국을 시발로 한 아시아지역의 외환 및 금융위기가 예상 이상으로 확산되면서 아시아 전역을 휩쓸고 러시아를 거쳐 라틴아메리카에 이르기까지 전 세계가 위기의 소용돌이에 빠져들었던 적이 있다. 2008년 글로벌 위기로 미국을 비롯한 전 세계가 경기침체에 직면하고 있다. 이러한 자본주의의 위기현상을 염두에 두면서 이 장의 마지막 질문인 자본주의는 어디로 가고 있으며, 경제학자는 이에 어떻게 대처하고 있는가라는 문제로 나아가 보자. 아담 스미스의 이론은 1930년대 대공황을 거치면서 무너졌고 그 시기를 구원하기 위해 나타났던 존 메이너드 케인즈의 이론도 1970년대 스태그플레이션의 위기 속에 침몰하였다. 칼 마르크스의 자본주의관 역시 탈냉전 바람 속에서 사회주의국가들이 거의 몰락한 지금 앞으로의 대안이 되기 어렵다. 그렇다면 과연 자본주의는 몰락할 것인가? 미래는 없는가?

5.1 신자유주의와 질서자유주의는 대안이 될 수 있는가?

5.1.1 신자유주의

존 메이너드 케인즈의 국가 개입형 경제이론이 힘을 잃자 다시 시장을 중심으로 하는 견해가 주목을 받았는데 그중 대표적인 이론이 신자유주의이다. 신자유주의neo-liberalism란 사회의 자원배분을 시장원리에 위임하는 것, 결국 자원의 효율적 배분을 시장의 자유경쟁하에서 실현하려고 하는 사고방식을 가리킨다. 신자유주의는 오스트리아학파의 학자인 프리드리히 하이에크Friedrich Hayek로부터 출발하는 이론으로서 실제로 70년대 말에서 80년대 초에 미국과 영국의 경제정책에 레이거노믹스, 대처리즘의 형태로 투영되었던 이론이다. 이 이론은 한 마디로 말하자면 '작은 것이 아름답다small is beautiful'라고 할 수 있는데, 이것은 작은 정부를 지향하는 것을 의미하고 따라서 시장의 기능을 더욱 강화하려는 이론이다.

신자유주의는 어떻게 보면 아담 스미스의 자본주의관과 유사한 점도 많지만 중요한 차이점도 지니고 있다. 신자유주의학파는 한계혁명을 주도한 오스트리아학파에 기반을 두고 있으며, 시장의 자유로운 작동이 균형의 달성과 경제의 발전을 가져다 줄 것이라고 파악하고 국가의 개입을 되도록 자제한다는 점에서는 고전학파와 유사하다. 그러나 고전학파에서는 개인은 완전한 정보를 가지고 소비를 한다고 가정하기 때문에 항상 균형을 이루지만, 오스트리아학파에서는 개인은 불완전한 정보하에서 주관적인 인식에 기초하여 소비행위를 영위한다는 점에서 차이를 보인다.

70년대 라틴아메리카에서의 실험을 거쳐 신자유주의적 구조조정이 본격적으로 추진되기 시작한 것은 80년대 미국과 영국의 보수주의 정권(레이건, 대처) 아래에서이다. 이후 신자유주의는 미국에 거점을 둔 초국적 금융자본의 이해와 세계자본주의에서의 패권을 유지하려는 미국의 이해가 일치하면서 전 세계로 확장되었다. 물론 그 과정이 순조롭지만은 않았다. 신자유주의 이론도 현재까지의 결과를 분석해 보면 빈부격차만 확대시켰고, 국가의 제도적 개입장치의 축소를 야기했고, 노동생활의 질을 급속히 하락시키는 등 많은 문제점을 드러내고 있다.

5.1.2 질서자유주의(사회적 시장경제)

최근 들어 신자유주의와 대조되는 개념으로 많이 언급되는 독일의 질서자유주의Order-Liberalism는 독점과 자유방임경제의 문제점에서 출발한다. 질서자유주의는 독일 프라이부르크학파의 지도자였던 발터 오이켄Walter Eucken이 중심이 되어 주장한 이론이다. 질서자유주의자들은 정치·경제적 자유를 수호하고 사회의 안정과 발전을 도모하기 위해서는 사적 권력의 발흥을 억제할 수 있는 경쟁질서가 확립되어야 하며 이러한 질서 확립에 정부가 중심적인 역할을 수행해야 한다고 주장한다. 이 점에서 질서자유주의는 신자유주의와는 대조가 되는 이론으로 많이 비쳐지지만 따지고 보면 그렇지 않다. 기존의 경제에 대한 접근방식에 문제가 있다고 보

표 2-2 신자유주의와 질서자유주의의 비교

신자유주의	분야	질서자유주의
• 미국의 레이거노믹스 • 영국의 대처리즘	적용 국가	• 독일
• 아담 스미스식의 정부 규제 철폐와 최소화 • 정부의 인위적인 개입반대 • 시장의 활성화	원칙	• 시장경제를 강조하되 독점규제, 독점방지 등 시장질서 수립을 강조
• 사기업을 일체의 규제로부터 해방 • 근로자의 임금삭감과 근로자의 권리축소	경쟁촉진 방법	• 생산물시장과 노동시장에서 공정경쟁보장 • 시장기능 활성화를 위해 통화가치안정 필수
• 복지 프로그램의 대대적인 축소 • 사회의 최저소득층이 보건과 교육 등을 자신이 부담토록 추진	복지	• 병약자, 연소자와 노약자 복지에 최저수준의 생활지원 • 중소기업 등 낙후부문에 별도 지원
• 자본, 상품과 서비스의 자유로운 이동 보장 • 기업에 대한 정부보조금은 지원	그 외 내용	• 행위자가 결과에 대해 엄격한 책임부담 • 정부는 경제과정에 개입하지 않는 대신 사회간접자본과 환경에 투자확대

고 발터 오이켄은 각 개별적 경제 형태를 분석하고 여기서 이념형 경제 질서를 분리해 내고 이후 이 이념형 경제 질서의 작동원리를 해석하는 방법을 제시했는데 이 경제적 질서를 이루는 기본적인 구조를 시장경쟁구조(완전경쟁)라고 보았다. 즉 신자유주의론자들과 같이 완전경쟁시장을 지향했다.

하지만 질서자유주의이론이 신자유주의와 반대되는 개념으로 비춰지는 이유는 시장의 생산성원리에 대해 의견이 다르기 때문이다. 이런 완전경쟁시장은 신자유주의에서처럼 자생적으로 이루어지는 것이 아니고 인위적인 형성노력에 의해서 형성된다고 생각했다. 또한 인위적인 형성노력은 세 가지의 질서형성세력에 의해 이루어지는데 국가, 학자, 교회가 그것이다. 하지만 이 중에서 가장 중요한 형성세력은 국가라고 주장한다. 국가의 역할로는 완전경쟁을 저해하는 독점을 금지시키고 분배의 정의를 실현하기 위해 누진세 등을 적용하고 외부효과와 같은 시장의 실패를 치유하기 위해서는 개인의 자유에 제한을 가할 수도 있으며 경쟁 질서를 교란하는 비정상적인 공급행위는 규제해야 한다는 것이다. 그러나 이러한 질서자유주의도 전후 계속 이어왔던 독일에서조차 심각한 위기를 겪고 있다.

5.2 자본주의의 미래

산업혁명과 더불어 발전한 자본주의는 1930년대에 이르기까지 크고 작은 공황을 16차례나 경험했고, 19세기 자본주의의 냉혹성과 모순은 차치하고라도 20세기에 들어오면서 과거에 찾아볼 수 없었던 여러 가지 약점, 예를 들면 공해발생, 수질오염, 생태계 파괴 등과 극심한 소득분배의 불평등에 의한 빈부 간의 격차심화, 대량실업의 발생, 금융질서의 파괴 등은 실로 한 치 앞을 내다볼 수 없는 불확실성의 세계를 창출하고 있다.

최근 들어 불고 있는 세계화의 물결은 영토적 민족국가의 기반을 흔들어 놓고 있으며 "내 인생 내 입맛대로"라는 개성적 취향이 틀에 박힌 생활양식을 허물어 내고 있다. 완전고용과 평생고용의 신화도 실업사태와 비정규직 노동 때문에 구닥다리가 되었다. 전에는 몰랐던 '생태학적 재난'이 우리의 지구를 암 덩어리로 만들어 놓고 있다. 그렇다면 자본주의의 미래는 어떠한가? 자본주의 체제의 미래를 예견할 때 보는 사람마다 입장이 사뭇 다르다.

첫째, 자본주의가 오래 가지 못하리라고 보는 입장이 있다. 다소 거칠게 자본주의체제가 망한다는 표현을 쓰는 사람도 있다. 망한다는 말은 좀 애매하고, 정확하게 표현하자면 자본주의 체제가 그 수명을 다하고 성격이 다른 체제로 이행해가고 있다는 입장이다. 자본주의가 내포하고 있는 모순들이 극대화되고 그 모순들을 해소할 수 있는 제도들이 힘을 잃어 더 이상 체제를 재생산해낼 수 없다는 것이다.

둘째, 이와는 반대로 자본주의는 인간이 창조해 낸 어떤 체제보다 진보적인 체제이며, 인류 다수에게 행복을 가져다주었기 때문에 앞으로도 지속될 것이라는 입장이 있다. 이 입장은 특히 사회주의와 공산주의의 실험이 실패한 경험을 강조하면서 자본주의외에 달리 대안이 없다고 본다. 문제가 되고 있는 빈부격차와 불평등은 정책이나 제도를 통해, 생태 문제는 기술발전을 통해 해소할 수 있다고 주장한다. 자본주의 체제는 다시 한 번 유연성과 재생산 능력을 발휘하여 현재 위기적 정황을 타개하고 존속할 것이라는 주장이다.

셋째, 자본주의가 이미 변했다고 보는 입장이 있다. 노사 간에 소유 구분이 불분명해지는 사례들이 흔하고 생산현장에 있어 노사 간의 관계도 크게 변했기 때문에 이전과 같은 갈등과 충돌이 아니라 상호의존과 협력의 관계로 바뀌었다는 입장이다. 또 이 입장은 전통적 의미의 자본이 아이디어나 지식에 의해 대체되었다고 보고, 가치의 창출도 신지식과 그 활용에 좌우된다고 본다.

세계적 지성들은 지금까지의 근대화가 초래한 배타적 개인주의의 질병을 치유할 '지구적 시민사회', '도덕적 가치 규범과 개성의 조화'를 구현해야 한다고 주장하고 있다. 지금과 같은 무질서와 혼돈상태로 자본주의 체제가 상당 기간 유지될 것이라고 본다. 이러한 문제점들은 세계인류가 어떤 현실 진단 위에 어떤 도덕적 선택을 내리며, 어떤 정치와 운동을 펼치는가에 달려 있는 것이지 미리 결정되어 있는 것이 아니다. 미래는 정해져 있지 않고 우리가 정하는 것이다.

참고문헌

- 김경환·김종석 옮김, N. Gregory Mankiw, 「맨큐의 경제학」(7판, 2015), 센게이지러닝코리아.
- 김영록 옮김, R. L. 헤이부르너, 「세계를 움직인 경제학자들」(1993), 도서출판 나섬.
- 김정은 옮김, 기 소르망, 「자본주의 종말과 새 세기」(1995), 한국경제신문사.
- 레스터 C. 써로우, 「경제탐험」(1999), 이진.
- 박광서 외 4인 공저, 「세계화와 현대경제」(1999), 도서출판 두남.
- 박장환, 「경제사상사의 이해」(2000), 법문사.
- 유종구·채영철 공역, Elbert V. Borden, 「경제학은 살아 있는가?」(1992), 태진출판사.
- 일본 경제 신문사, 「내가 생각하는 자본주의의 미래」(1997), 한화경제연구원.
- 조윤수 옮김, Robert L. Heilbroner and Lester C. Thurow, 「경제를 어떻게 이해할 것인가」(1994), 까치.
- 한진수, 「쉽게 알자! 경제지식」(2002), 더난출판.

생각해 볼 문제

1. 동일한 경제현상에 대해 경제학자들은 왜 서로 상충되는 의견을 제시하는지 구체적인 사례를 가지고 논의해 보자.

2. 「장기적으로 우리 모두는 죽는다. 경제학자들의 역할이 고작 태풍이 닥치는 계절에 "태풍이 지나가고 한참 있으면 바다가 잠잠해질 것이다"라고 말하는 정도에 그친다면 그 역할은 너무 쉽고 쓸모없는 것이다」는 주장에 대해 생각해 보고, 경제학의 역할이 무엇인지 토의해 보자. (임용고사기출)

3. 칼 마르크스의 예언에 관한 지지와 반대 입장에 선 경제학자들의 주장을 제시하고, 토의해 보자.

4. 자본주의의 전개과정에 따른 경제이론의 변화를 알아보자.

5. 앞으로 자본주의의 방향과, 경제학자들의 미래경향을 제시하고 논의해 보자.

6. 세계화와 지식기반경제시대를 이해하는 데 있어 아담 스미스적 사고의 유용성과 한계는 무엇인가?

읽을거리

곤경에 처한 학자들

경제학자가 되는 일은 쉽지 않다. 기업의 임원들은 경제학자들이 비용과 이익을 정확하게 계산할 줄 모른다고 비난한다. 이타주의자들은 그들이 비용과 이익에 대해 너무 까다롭게 군다고 나무란다. 한편 정치가들에게 경제학자들은 단 한 사람의 희생도 없이 모두가 공동 번영할 수 있다는 유토피아적 공약에 찬물을 끼얹는 머저리에 바보천치들이다.(중략) 실제로 칼라일이 경제학을 '우울한 과학(dismal science)'이라고 비판한 이래 경제학자들은 정말 저주라도 받은 듯이 우울한 나날을 보냈다.

그러나 경제학자들은 이런 비난에 억울함을 호소한다. 왜냐하면 그들은 자신들이 경제라는 기상에 그늘을 드리우는 나쁜 뉴스를 만드는 장본인들이 아니라 있는 사실을 알리는 단순한 전달자에 불과하다고 생각하기 때문이다. 그들이 전달하는 메시지 또한 간단하다.(중략)

경제학은 선택의 학문이다. 하지만 무엇을 선택해야 할지 가르쳐주지는 않는다. 단지 그들은 선택이 가져올 결과를 이해시켜 줄 뿐이다.

물론 위대한 경제학자들은 단순한 전달자 역할에 만족하지 않았다. 비록 스미스는 사고뭉치(bumbler), 밀은 꼴불견(egghead), 케인스는 식도락가(bon vivant) 같이 모욕적인 별명으로 조롱과 멸시를 받기는 했지만, 그들의 순수한 동기까지 나쁘게 말해서는 안 된다. 케인스의 지적처럼 거의 모든 저명한 경제학자들이 세상을 좀 더 나은 곳으로 만들고 싶은 순수한 목적에서 그 방법을 찾아 나섰을 뿐이라고 할 때, 오늘날까지도 그들이 그런 악의적인 비판을 받고 있는 것은 아이러니다. 특히 앨프리드 마셜(Alfred Marshall)은 경제학을 빈틈없이 치밀한 과학과 사람에 대한 헌신이 한데 어우러져야 하는 전문 분야로 간주했다.(중략)

경제학과 현실 세계를 잇는 가장 강력한 연결 고리는 정치다. 실제로 20세기 이전까지만 하더라도 경제학은 '정치경제(학)(political economy)'이라는 이름으로 불렸다.(중략) 위대한 경제학자들 사이에서 우리는 불꽃 튀는 과학의 향연뿐만 아니라 굽이치는 열정의 파도를 본다. 그리고 수많은 미적분과 통계학 기호들 사이에서 우리는 그들이 남긴 자취와 숨결을 느낀다.

경제사상사를 통해 우리는 정부와 경제학자들 사이에 대치와 협력이라는 애증의 관계를 발견할 수 있다. 근대 경제학은 아담 스미스가 유럽의 군주들과 상인들 사이에 맺어진 모종의 정략적 관계를 폭로하면서 태동했다. 아담 스미스, 독일의 사회주의자이자 혁명가 칼 마르크스(Karl Marx), 노르웨이계 미국인으로 경제학자이자 사회학자인 소스타인 베블렌(Thorstein B. Veblen) 사이에 공통점이 한 가지 있다면, 그들은 상인들이 자신들의 이익을 위해 정치를 교묘히 이용했다는 사실을 깨닫고 있었다는 것이다.(중략)

경제학자들에게 있어 가장 시련의 시간은 바로 선거운동 기간이다. 정치가들이 유권자들에게 공약으로 더 풍요로운 밥상과 더 튼튼한 국방을 약속할 때마다 경제학자들은 그로 인해 초래될 나쁜 결과들을 경고해야 한다. 경제학자들은 유권자들에게 경제 문제를 이해시키고자 발 벗고 나서지만 후보자의 달콤한 공약에 묻혀버리기 일쑤다.(중략)

정치가들이 자신들에게 경제 문제에 대해 조언을 아끼지 않는 경제학자들을 오해하는 이유는 뻔하다. 경제학자들은 대중에게 이야기할 때와는 달리 서로에 대해서는 전혀 다른 언어로 이야기한다. 그들이 서로 주고받는 언어는 모델(models)이다. 정치가들에게뿐만 아니라 일반인들에게 경제학자들의 모델은 이해하기 어렵다. 오늘날 같이 수학 공식으로 가득한 경제학 모델은 그들에게 도통 이해할 수 없는 외계어와 다름없을지도 모르겠다. 경제학자들은 복잡한 세계를 설명하면서 우선 일정한 기간 동안 가장 중요한 몇 가지 요인들을 간추려 내야 한다. 왜냐하면 모든 경제 현상이란 수많은 사건들의 영향을 받을 수 있기 때문이다.(중략) 훌륭한 경제학자란 가장 오랫동안 그 효력을 입증할 수 있는 모델을 설계할 수 있는 사람이다.

물론 경제학자들뿐만 아니라 모든 과학자들은 모델을 구축해야 한다.(중략) 그렇다면 경제학은 왜 이런 '어려운(hard)' 과학보다 더 어려운가?(중략) 경제학자가 주요 원인을 분석하고, 그것이 미치는 영향을 평가하려는 순간, 그것이 미치는 영향력이 달라진다. 인간관계와 사회제도가 바뀜에 따라 과학적 의문의 대상도 동시에 바뀐다. 경제학은 '어려운' 과학이 아니다. 그러나 이것이 경제학이 쉬운 과학이라는 것을 의미하지는 않는다. 그것은 너무 유동적이기 때문에, 어떤 한 곳을 점찍어서 연구하는 것이 어렵다.(중략)

(중략) 비록 정부가 경제학자들의 충고를 항상 받아들이지는 않을지라도, 우리는 그들의 말을 귀담아 들어야 한다. 그들은 현재 우리의 생계 수준이 어느 정도인지, 그리고 그것이 어떻게 변할지 이야기해 줄 수 있다. 영국에서 산업혁명(Industrial Revolution)이 시작된 이래 미국인들은 시간이 흐를수록 더 발전하고 번영할 것으로 기대했다. 우리는 현재를 최고점(maximum)이 아닌 최저점(minimum)으로 간주한다. 그래서 미래는 지금보다 더 나을 것이라고 상상하며 스스로를 위로하는 것이다. 그런데 중단 없이 계속해서 발전하는 것이 가능할까? 역사상 그런 유래는 아직까지 없다. 매년 선진국들은 새로운 중세 시대로 접어드는 것을 가까스로 피해가고 있지만, 솔직히 말해

우리는 후퇴와 발전을 거듭하며 인류의 역사를 조금씩 갱신해 나가고 있는 것도 사실이다.(중략)

(중략) 위대한 경제학자들의 많은 가르침들이 지금까지도 우리에게 호소력이 있다는 것은 놀라운 일이다. 그들이 고심 끝에 내놓은 훌륭한 이론들은 오늘날까지 그대로 유효하다.(중략) 죽은 경제학자들을 불러내 그들의 실추된 명예를 되찾아주고, 그들이 우리에게 남겨준 교훈을 배우면서 경제학을 '우울한 과학'이라고 폄하한 칼라일에게 한 방 먹이는 것도 통쾌한 일이지 않은가?

우리가 그들의 위대한 업적을 망각하고 살아가는 것에 낙담한 나머지, 그리고 이 사회가 그들이 그토록 벗어나고자 했던 암울한 11세기로 다시 후퇴하는 것은 아닌지 하는 두려움 때문에 저세상에서도 편히 눈감지 못하고 전전긍긍하도록 만들기보다는 이렇게라도 해서 그들이 무덤 속에서 배꼽 잡고 웃으며 데굴데굴 구르게 만들어보자.

출처: 류현 옮김, 토드 부크홀츠, 「죽은 경제학자의 살아있는 아이디어」(2009), 김영사

Chapter 03

시장균형

1. 시장경제와 가격기구를 어떻게 이해할 것인가?
2. 수요를 어떻게 이해할 것인가?
3. 공급을 어떻게 이해할 것인가?
4. 시장균형을 어떻게 이해할 것인가?
5. 탄력성은 무엇이고, 왜 중요한가?
6. 시장균형을 수정하려는 정부정책을 어떻게 평가할 것인가?

개관

우리는 이제 충분하지는 않지만 경제학을 학습할 수 있는 준비가 되었다. 경제학에서 널리 사용되고 있는 경제체제라는 용어는 경제문제를 해결하기 위하여, 즉 무엇을 생산하고 어떤 투입물과 생산기술을 이용하고, 또 사람들 사이에 분배의 몫을 어떻게 결정할 것인가 하는 기본적인 경제문제에 응답하기 위해 사회에 존재하는 장치를 의미하는 데 사용된다.

오늘날의 세계의 모든 경제체제에는 기본적인 경제문제에 응답하는 세 과정, 즉 전통이라는 사회적 기구, 명령이라는 정치적 기구, 그리고 가격 기구라는 시장 과정이 혼합되어 나타난다. 그러나 이러한 결정기구 각각이 지니고 있는 역할의 중요성은 경제체제에 따라 다르다. 자본주의 시장경제체제에서는 주로 가격기구에 의해 자원배분이 이루어지므로, 제3장은 시장가격 기구의 작용원리를 이해하는 데 학습의 초점을 맞추고자 한다. 또한 스포츠, 범죄 그리고 증권시장 등 거의 모든 전문 분야에서 쓰이고 있는 단어들은 해당 전문가에게 특별한 의미를 지니고 있듯이, 경제학을 학습하는 데 있어서도 경제학 특유의 전문용어에 대한 이해가 선행되어야 한다. 학습을 통해서 하나씩 익혀보도록 하자.

내용표준과 기준

제3장은 〈내용표준과 기준 7과 8〉의 주요 내용과 기준을 다루고 있으며, 시장가격을 매개로 하여 수요와 공급이 조정되는 메커니즘에 대한 기본적인 이해를 필요로 하고 있다. 소비자와 판매자가 상호 작용할 때 시장은 존재한다. 이런 상호 작용은 시장가격을 결정하고 희소재화와 자원을 할당한다. 기준은 시장, 상대가격, 균형가격 그리고 균형을 향한 시장조정, 탄력성 등을 포함한다.

1. 시장경제와 가격기구를 어떻게 이해할 것인가?

자본주의는 시장경제라고 할 만큼 시장과 경쟁은 자본주의와 밀접한 관련을 가지고 있다. 따라서 경제학 공부는 시장의 작용을 이해하는 것과 시장의 힘을 인식하는데서 시작하여야 한다. 이는 시장을 통해 거래되는 거의 모든 제품의 가격은 시장의 수요와 공급을 통해서 결정되며, 수요나 공급이 바뀌면 가격이 달라지는 것이 당연하다는 것을 인식하여야 함을 의미한다.

이제 시장경제와 가격을 어떻게 이해하여야 할 것인가 하는 좀 더 본질적인 물음으로 들어가 보자. 시장경제는 한 사회의 구성원들이 자유의사에 따라 분업과 교환을 통해 의식주 문제를 해결하는 법과 제도, 관행과 관습, 그리고 구성원들의 의식과 의견 및 태도 등을 지칭하는 용어이다. 흔히 시장경제는 시장경제체제 혹은 자본주의라는 용어와 동일한 의미로 이해되는데, 이때 시장경제체제는 시장경제의 주요한 측면인 하드웨어hardware 부분만을 가리킨다. 그러나 시장경제는 하드웨어 그 이상의 의미를 갖는다. 시장경제는 도덕이나 윤리, 그리고 생활철학 등과 관계없이 능률만을 추구하는 도덕적으로 중립적인 경제적 방법만을 말하지는 않는다. 사람들 사이에 분업과 교환이 원활하게 이루어지기 위해서는 사회의 구성원들이 시장경제체제의 유지에 필요한 도덕적이고 문화적인 태도나 자질을 갖추고 있

그림 3-1 시장기구와 가격기구

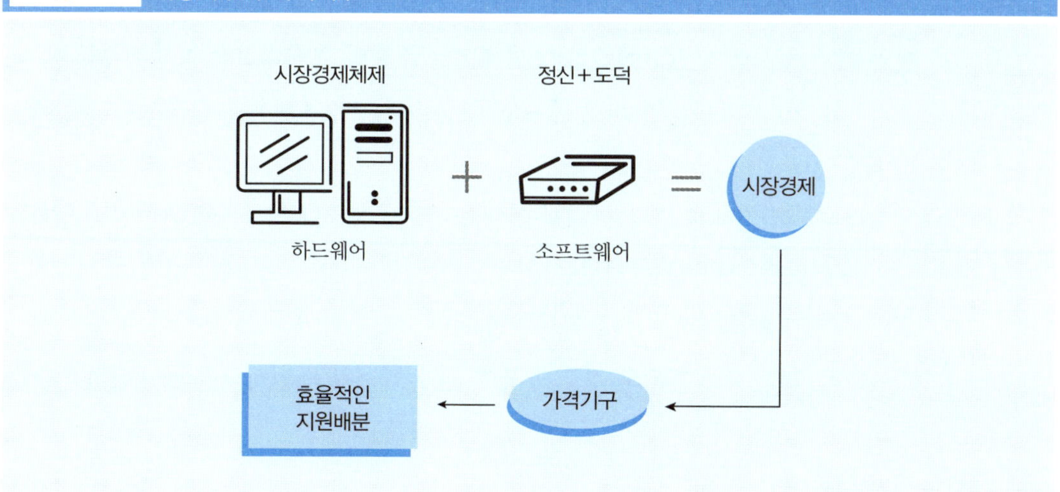

어야 한다. 따라서 시장경제를 시장경제체제와 같은 물리적인 부분, 즉 하드웨어 부분과 이를 원활하게 돌아가도록 하는 정신적이고 도덕적인 부분, 즉 소프트웨어 software 부분이 합쳐진 것으로 이해해야 한다([그림 3-1] 참조).

시장경제는 인간이 고안한 자원배분제도 중에서 가장 효율적인 제도로 알려져 있다. 이는 대부분의 경우 시장의 기능에 의해 사람들이 물질적인 행복을 더 많이 누리게 된다는 것을 의미한다. 이러한 시장경제는 수요와 공급의 변동에 따라 자율적으로 결정되는 '가격기구'를 통하여 작용한다. 2006년 월드컵 때 길거리 응원은 히트상품이었고, 붉은 악마의 머리에는 '야광뿔'이 반딧불처럼 빛나고 있었다. 그런데 이 야광뿔의 가격이 한국 대표팀의 선전 여부에 따라 수요와 공급이 요동치면서 가격이 변동하고 있었다. 당시 야광뿔은 거의 중국산으로 대략 100만여 개 정도 수입되었는데, 당초 도매가격은 800~900원이었다고 한다. 가나와의 평가전에서 우리 대표팀이 3대1로 지자 대표팀의 16강 진출을 비관하는 분위기가 조성되었고, 야광뿔의 도매가격은 개당 600~700원대로 떨어졌고 심지어는 450원까지 떨어지기도 했다. 그러나 우리 대표팀이 토고전에서 2대1로 이기자 야광뿔값이 다시 뛰기 시작하여 도매가는 개당 1,400~1,600원까지 올랐고, 프랑스전을 앞두고는 개당 1,700~2,000원까지 올랐다고 한다(○○일보, 2006.6.21). 이와 같이 '야광뿔'의 가격이 우리 대표팀의 선전 여부에 따라 수요와 공급이 요동치면서 가격이 변동하였다는 것이다. 이러한 현상들은 모두 수요와 공급의 원리에 의한 가격기구의 작동을 보여주는 예이다. 이처럼 시장경제에서 가격기구는 강력하고 거의 저항할 수 없는 힘을 행사한다. 그것은 마법처럼 자동적으로 작용한다. 이러한 시장경제와 가격기구의 역할을 이해하기 위해서는 수요와 공급이라는 용어의 이해가 선행되어야 한다. 왜냐하면 바로 수요와 공급이 시장경제체제를 움직이는 원동력이기 때문이다.

그러나 시장경제를 한다고 해서 경제와 관련하여 정부가 할 역할이 전혀 없다는 의미는 아니다. 자유로운 시장은 저절로 형성되는 것은 아니며, 질서가 지켜지고 법의 지배가 이루어지는 가운데서 형성된다. 이 법과 질서의 유지가 바로 정부의 역할이다. 다만 전통적으로 정부가 해야 할 기능이라고 인식되어온 재정정책과 통화정책이라는 영역이라 하더라도 민간의 경제활동을 방해할 정도의 적극적 역할은 삼가야 한다.

이와 같이 경제적 사고의 특성은 시장에 대한 전폭적인 신뢰에 있다. 정부가 섣불리 개입하기보다는 가능한 한 시장에서 스스로 문제를 해결하도록 내버려두는 것이 좋다는 믿음이다. 이러한 믿음은 '보이지 않는 손'의 역할과 관련이 있는데, '보이지 않는 손'을 구체적으로 해석해 보면, '시장' 또는 '가격'이라고 할 수 있고, 이러한 '시장' 또는 '가격'의 작용원리를 살펴보기 위해서는 수요와 공급에 의해 결정되는 '시장균형'이라는 경제학 개념을 이해하는 것이 중요하다.

수요와 공급에 있어서 가장 중요한 기초는 균형equilibrium이라는 개념으로서 경제학 용어로는 이른바 시장균형market equilibrium이라는 것이다. 시장균형은 한 상품의 가격변동에 의해 수요와 공급이 일치하는 균형점에서 형성된다. 그런데 이러한 시장균형은 완전경쟁시장에서 가장 효율적으로 잘 달성된다. 완전경쟁이란 한 생산물에 대한 수많은 구매자와 판매자가 존재하는 '시장구조'를 말하는데, 이는 어떤 판매자나 구매자도 '독점력'을 가지고 있지 않음을 의미한다. 제3장에서는 기본적으로 완전경쟁시장이 존재한다는 전제하에서 논의를 시작할 것이다. 소비자와 판매자가 어떻게 행동하며 서로 어떻게 상호 작용하는지를 살펴보고, 시장경제의 수요와 공급이 가격을 어떻게 결정하며 결정된 가격이 경제의 희소한 자원을 어떻게 배분하는지를 통하여 시장균형에 대한 종합적인 이해에 한 걸음 더 접근해 보기로 하자.

2. 수요를 어떻게 이해할 것인가?

시장을 분석하기 위해서는 수요와 공급이라는 간단한 이론적 도구에 대한 이해가 선행되어야 한다. 그리고 이러한 수요와 공급에 대한 이해는 경제학의 학습에 있어 가장 핵심적인 부분을 차지하게 된다. 상품에 대한 수요demand는 일정기간 동안 소비자가 구입할 의사가 있고, 돈을 지불하여 구입할 수 있는 상품의 양을 말한다. 단순히 지불능력도 없이 구입하고자 하는 양은 관념적인 것이며 경제 분석의 수요에는 포함되지 않는다. 또한 수요를 말할 때 유의할 점은 그것이 일정기간 동안에 소비자가 구입하려는 의도를 나타내는 양, 즉 유량flow이라는 점이다. 이러한

그림 3-2 개별수요곡선과 시장수요곡선

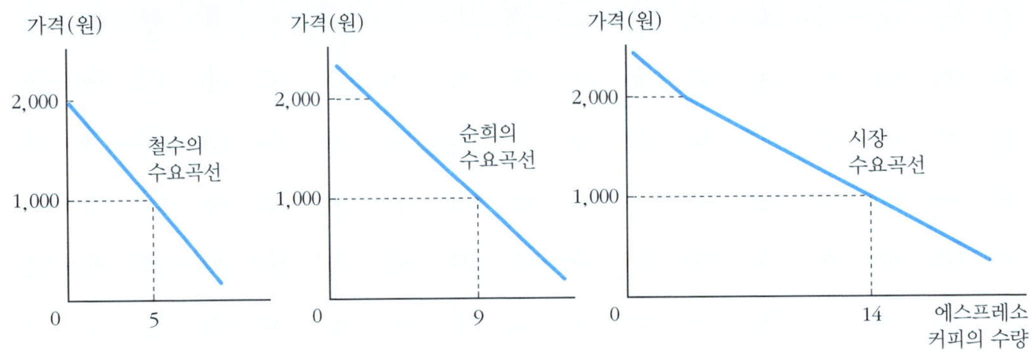

성질을 가진 수요는 시장수요market demand와 개별수요individual demand로 나누어진다. 시장수요는 시장에 참여한 모든 개인이 일정 기간 동안 구입하려는 상품의 양이며 상식적으로는 개인의 수요를 수평으로 합하여 구할 수 있다([그림 3-2] 참조).

2.1 필요, 욕구, 수요, 수요량의 구별

인간은 기본적으로 필요와 욕구를 가지고 있다. 필요needs란 기본적인 만족이 결핍된 상태를 의미하며, 이는 인간내부에서 자연적으로 발생하는 인간형성의 기본적 부분으로 배고픔, 갈등, 편안함, 애정, 자기표현 등을 말한다. 욕구wants란 필요를 충족시키기 위한 형태로, 개인이 성장하는 단계에서 형성화된 필요의 표현이다. 예를 들어 배가 고플 때 필요한 것은 음식이지만 밥을 먹을 것인지 햄버거를 먹을 것인지는 욕구와 관련된 것이다. 인간은 자신의 노력에 비하여 가장 큰 만족을 주는 상품을 선택하게 되는데, 이런 욕구가 구매력에 의해 뒷받침이 될 때 수요demand가 된다.

모든 상품은 대체재가 있다. 대체재란 현재 사용 중인 상품의 비용이 증가할 때 대신 사용될 여타 상품을 의미한다. 돼지고기는 쇠고기가격이 상승할 때 쇠고기를 대체하며, 영화 관람비가 비싸지면 영화를 보는 대신 집에서 비디오를 보게 된다.

이와 같이 상품에 대한 수요demand는 구매하고자 하는 수량과 이를 위하여 치러야 할 희생을 고려하는 개념이므로 단순한 필요needs 또는 욕구wants와는 구별되어야 한다.

그리고 경제학에서 수요란 가격과 수요량이라는 두 변수의 관계를 포함하는 개념이므로, 수요demand와 수요량quantity demanded의 차이를 분명히 하여야 한다. 예컨대 일정기간 동안에 성립할 수 있는 가격수준은 여러 가지이며 각각의 가격수준에 대응하여 소비자가 구매하고자 하는 상품 수량도 다르다. 이때 어느 한 가격수준에 대응하여 구매하고자 하는 상품의 수량이 수요량이며, 있을 수 있는 모든 가격과 수요량의 대응관계를 표시하는 것이 수요이다.

2.2 수요에 영향을 미치는 요인들

일반적으로 상품의 수요는 그 상품의 가격뿐만 아니라 관련된 상품의 가격, 소비자들의 소득, 인구, 소비자의 취향, 미래에 대한 기대 등에 의해서도 영향을 받는다. 이해를 돕기 위해 에스프레소 커피 시장을 예로 들어 생각해 보자.

① 에스프레소 커피의 가격과 관련된 상품의 가격

일반적으로 에스프레소 커피(원두를 잘게 간 뒤 높은 증기압을 이용해 추출한 커피)에 대한 수요는 에스프레소 커피가격이 상승하면 감소하고 가격이 하락하면 증가한다. 에스프레소 커피와 대체관계에 있는 인스턴트 커피나 홍차가격이 올라가면 인스턴트 커피나 홍차 대신 에스프레소 커피를 마시려는 사람들이 많아져 에스프레소 커피수요는 증가할 것이다. 에스프레소 커피와 보완관계에 있는 비스켓 가격이 올라가면 에스프레소 커피와 함께 먹는 비스켓의 소비가 줄기 때문에 에스프레소 커피에 대한 수요가 감소할 것이다.

② 소비자의 소득

소비자의 소득income이 증가하면 에스프레소 커피수요는 증가할 것이다. 소비자들은 소득이 증가할수록 기존의 인스턴트 커피에 만족하지 못하는 소비자들이 늘어나기 때문에 에스프레소 커피에 대한 수요는 증가한다. 소득이 증가할 때 수요가 증가하는 이러한 재화를 정상재normal goods라고 한다, 소득이 증가하면 소비자들은 소형아파트 대신 중대형아파트를, 모조보석 대신에 진짜보석을, 경차 대신에 중대형차를 소비하는 경향이 있기 때문에 소형아파트, 모조보석, 경차의 수요는 오히려 감소할 수도 있다. 소득 증가시 수요가 감소하는 재화를 열등재inferior goods라고 한다.

③ 인구

인구가 증가하면 수요도 증가한다. 인구가 증가하면 에스프레소 커피시장에서는 소비자의 수가 증가하여 에스프레소 커피수요도 증가한다. 또 우리나라가 매력적인 관광지가 되면 외국 관광객의 수가 증가하여 에스프레소 커피시장에서 소비자의 수가 더 증가하고 에스프레소 커피수요도 증가한다.

④ 소비자의 취향

수요를 결정하는 가장 보편적인 변수는 소비자의 취향이다. 예를 들어 사람들이 에스프레소 커피를 좋아하면 에스프레소 커피를 더 많이 소비하게 된다. 특히 인스턴트 커피(자판기 커피 또는 커피믹스)는 구수한 맛이 나기 때문에 숭늉문화의 뿌리가 깊은 우리나라에서 많이 소비되어 왔지만, 최근 젊은 층을 중심으로 에스프레소 커피에 대한 선호가 높아지고 있어 앞으로 에스프레소 커피에 대한 수요가 늘어날 전망이다. 인간의 취향은 역사적, 심리적 요인에 의해 주로 결정되므로 경제학에서는 잘 다루지 않지만, 취향이 변할 때 나타나는 현상은 경제학의 분석대상이 된다.

⑤ 미래에 대한 기대

미래에 대한 기대는 재화와 서비스에 대한 현재 수요에 영향을 미칠 수 있다. 만일 다음 달부터 소득이 증가할 것으로 기대한다면 저축의 일부를 사용하여 에스프레소 커피를 더 살 수 있을 것이다. 또한 내일 에스프레소 커피가격이 하락할 것으로 기대한다면 오늘 커피를 덜 사 먹게 될 것이다.

2.3 수요표와 수요곡선

앞에서 에스프레소 커피의 수요를 결정하는 변수가 여러 가지라는 사실을 살펴보았다. 그러나 당분간 에스프레소 커피가격 이외의 모든 요인이 고정되어 있다고 가정하면, 에스프레소 커피에 대한 수요는 에스프레소 커피가격의 변동에 따라서 변동하게 될 것이다. 따라서 에스프레소 커피의 수요는 수요표와 수요곡선으로 쉽게 나타낼 수 있다.

〈표 3-1〉은 우리나라 사람들이 한 달 동안에 얼마만큼의 에스프레소 커피를 수요하는지를 나타내는 가상적인 표이다. 이 표에서 보면 에스프레소 커피의 가격이

표 3-1 에스프레소 커피에 대한 수요표

가격(천원/kg)	수요량(만kg)	가격(천원/kg)	수요량(만kg)
0	50	4	10
1	40	5	0
2	30	6	0
3	20	7	0

0이라면(즉 공짜라면) 수요량은 50(만kg)이다. 원두커피의 가격이 kg당 1천원이면 수요량은 40(만kg)이다.

〈표 3-1〉처럼 가격과 수요량 사이의 관계를 표로 나타낸 것을 수요표demand schedule라고 한다. 이러한 수요표를 그래프로 표시하면 [그림 3-3]과 같은 수요곡선demand curve을 그릴 수 있다. 수요곡선을 살펴보면 우하향하는 형태를 갖고 있다. 이것은 보다 낮은 가격에서는 상품에 대한 수요량이 증가하며 보다 높은 가격에서는 수요량이 감소함을 나타낸다. 바로 이러한 가격과 수요량 사이의 역(-)의 상관관계를 수요의 법칙law of demand이라 부른다. 그러나 수요의 법칙은 가격이 변하면 수요량이 어떻게 변동하는가 하는 것을 말할 뿐이다. 수요가 변동하면 그에 따라 가격이 어떻게 움직이는가 하는 것까지를 말하는 것은 아니다.

그림 3-3 에스프레소 커피에 대한 수요곡선

수요곡선은 가격과 수요량의 관계를 나타낸다.

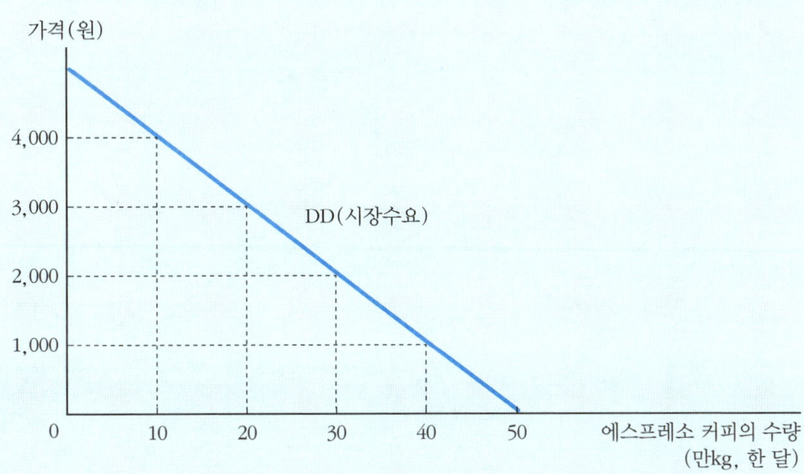

2.4 수요곡선상의 이동과 수요곡선의 이동

한 상품에 대한 수요곡선은 여타의 모든 조건이 일정불변하다는 가정하에서 수요량과 상품의 가격과의 관계를 그래프로 표시한 것이다. 예컨대 [그림 3-4]에서 점 A에서 점 B로의 이동은 수요곡선상의 이동이며 가격이 하락함에 따른 수요량의 증가increase in quantity demanded를 나타내고 있다. [그림 3-4]에서는 수요곡선 전체가 A에서 C로 이동하는 경우도 또한 표시되어 있다. 이 때 Q_1이 Q_2로 이동하는 것을 수요의 증가increase in demand라고 한다.

수요량의 변동은 하나의 수요곡선 위에서 움직이는 것이며 수요의 변동은 수요곡선 전체의 이동을 나타낸다. 이 두 개념을 구별하는 것은 대단히 중요하다. 수요의 변화는 수요곡선 자체가 이동하는 것이므로 수요의 변화에는 당연히 가격과 수요량의 변화가 동시에 수반된다. 그리고 이동한 새로운 수요곡선상에서 수요의 법칙은 여전히 작용하게 된다.

그러면 수요는 무엇에 의하여 변하는가? 예컨대 택시요금이 상승하면 자가용에 대한 수요는 어떻게 될까? 택시요금이 상승함에 따라 소비자들은 택시이용을 줄이고 자가용을 더 구입하려고 할 것이다. 그리고 공해방지를 위해 자동차 덜 타기 운동이 대대적으로 일어난다면 자동차의 수요는 줄어들 것이다. 이와 같이 수요는

그림 3-4 수요곡선상의 이동과 수요곡선의 이동

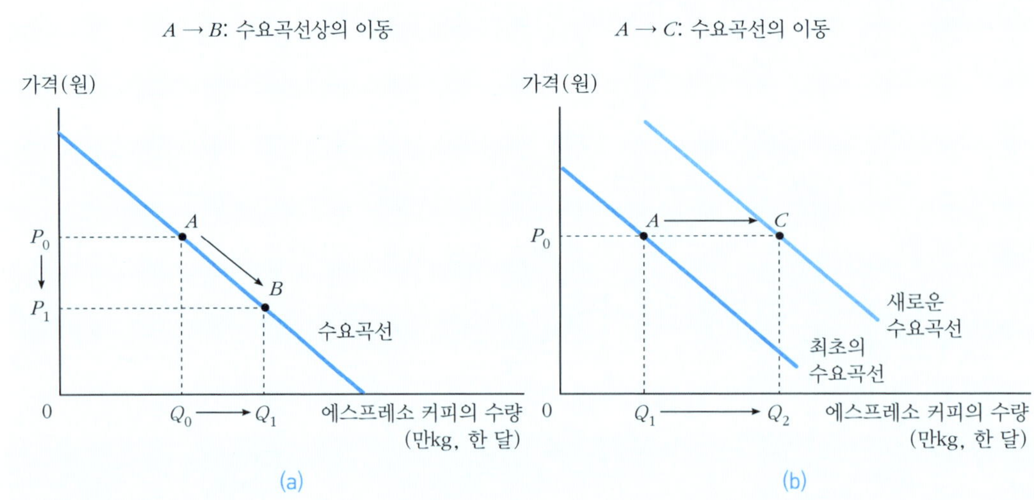

경제적 요인에 의해서만이 아니라 정치적·사회적·문화적 요인에 의해서도 변한다. 그러나 경제학자들은 경제적인 요인에 더 많은 관심을 가진다. 예컨대 소비자의 소득변화, 해당재화의 소비와 관련이 있는 재화의 가격변화, 소비자의 기호변화 등이 그것이다. 이들 요인의 변화에 따라 수요가 어떻게 변할지 여러분 스스로 한번 생각해 보라. 이에 대한 이해는 우리에게 매우 유익한 시사를 줄 것이다.

3. 공급을 어떻게 이해할 것인가?

제품의 공급supply은 일정기간 동안 주어진 가격수준에서 공급자가 팔기를 원하는 상품의 양이다. 공급 또한 유량flow이다. 이러한 성질을 가진 공급은 시장공급market supply과 개별공급individual supply으로 나누어진다. 시장공급은 시장에 참여한 모든 공급자가 일정기간 동안 공급하려는 상품의 양이며, 상식적으로 개별기업의 공급을 수평으로 합하여 구할 수 있다([그림 3-5] 참조). 자본주의 경제에서는 기업가들이 이윤추구를 위해서 생산 활동을 한다. 그렇다면 시장에서 공급을 결정하는 요인은 무엇일까 보다 큰 이윤이 생길 때는 공급은 증가할 것이고 반대로 이윤이 하락할 때에는 공급은 감소할 것이다. 이윤profit은 기업이 생산한 상품을 시장에 팔았을 때 생긴 총수입total revenue과 생산하기 위하여 노동, 토지, 자본 등의 생

그림 3-5 개별공급곡선과 시장공급곡선

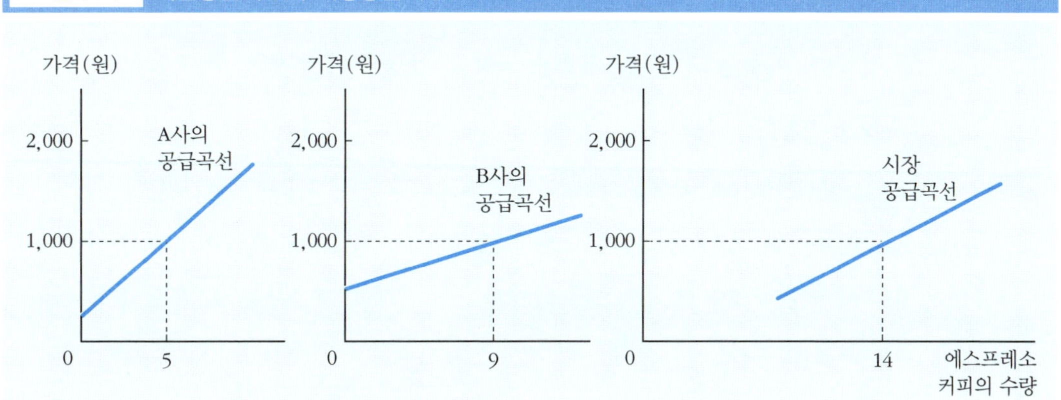

산요소에 지불한 총비용total cost과의 차액으로 정의된다.

경제학에서 수요와 수요량의 구별이 중요하듯이, 공급과 공급량의 차이를 이해하는 것도 중요하다. 예컨대 일정기간 동안에 성립할 수 있는 가격수준은 여러 가지이며 각각의 가격수준에 대응하여 공급자가 판매하고자 하는 상품수량도 다르다. 이때 어느 한 가격수준에 대응하여 판매하고자 하는 상품의 수량이 공급량quantity supplied이며, 있을 수 있는 모든 가격과 공급량의 대응관계를 표시하는 것이 공급supply이다.

3.1 공급을 결정하는 요인

일반적으로 상품의 공급은 그 상품의 가격뿐만 아니라 그 상품과 관련이 있는 상품의 가격, 생산요소의 가격, 생산기술, 정부의 정책, 미래에 대한 기대 등에 의해서도 영향을 받는다. 여러분이 에스프레소 커피를 생산, 판매하는 회사를 운영한다고 가정해 보자.

① 에스프레소 커피의 가격과 관련된 상품의 가격

에스프레소 커피의 가격은 공급을 결정하는 변수의 하나이다. 에스프레소 커피 가격이 높으면 커피의 판매수익은 높아지므로 커피 판매자는 공급을 늘리려 할 것이다. 반대로 에스프레소 커피가격이 하락하면 사업의 채산성이 낮아지므로 공급을 줄일 것이다. 에스프레소 커피를 만드는 기술자는 인스턴트 커피를 만드는 기술도 가지고 있다. 또 대부분의 에스프레소 커피 제조업자들은 인스턴트 커피 제조설비도 갖추고 있다. 만약 인스턴트 커피의 가격이 상승하면 에스프레소 커피를 만드는 제조시설의 가동을 줄이는 대신 인스턴트 커피 제조시설의 가동을 증가시킬 것이다. 이렇게 되면 에스프레소 커피의 공급은 감소한다.

② 생산요소의 가격

에스프레소 커피를 생산하기 위해서는 원두, 크림, 설탕, 커피 만드는 기계, 매장건물, 종업원 등 여러 가지 요소가 필요하다. 이들 요소가격이 상승하면 커피사업의 채산성이 낮아져 에스프레소 커피 제조업체는 생산량을 줄일 것이다. 따라서 어떤 재화의 공급은 그 재화의 생산에 투입되는 요소가격과 반대방향으로 변한다.

③ 생산기술

에스프레소 커피 생산기술은 공급을 결정하는 또 하나의 변수이다. 예를 들어 자동화된 에스프레소 커피 제조기가 발명됨에 따라 에스프레소 커피 생산에 투입되는 인력이 절감되어 비용이 낮아지면 에스프레소 커피 공급은 늘어나게 된다.

④ 정부의 정책

공급은 정부의 정책에 의해서도 영향을 받는다. 정부가 에스프레소 커피를 생산하는 기업에게 높은 세금을 부과하거나 엄격한 공해방지기준을 요구하면 에스프레소 커피 공급은 감소한다. 반대로 에스프레소 커피를 생산하는 기업에게 보조금을 지급하면 에스프레소 커피 공급은 증가한다.

⑤ 미래에 대한 기대

오늘의 에스프레소 커피의 공급은 미래에 대한 기대에 의해 영향을 받을 수 있다. 예컨대, 만일 앞으로 에스프레소 커피 가격이 오를 것으로 예상되면 공급자는 현재 생산량의 일부를 재고로 보관하고 현재 공급을 줄일 것이다.

3.2 공급표와 공급곡선

앞에서 에스프레소 커피의 공급을 결정하는 변수가 여러 가지라는 사실을 살펴보았다. 그러나 당분간 에스프레소 커피 가격 이외의 모든 요인이 고정되어 있다고 가정하면, 에스프레소 커피에 대한 공급은 에스프레소 커피 가격의 변동에 따라서 변동하게 될 것이다. 따라서 에스프레소 커피의 공급은 공급표와 공급곡선으로 나타낼 수 있다.

〈표 3-2〉는 우리나라의 에스프레소 커피 제조업체가 한 달 동안에 얼마만큼의

표 3-2 에스프레소 커피에 대한 공급표

가격(천원/kg)	공급량(만kg)	가격(천원/kg)	공급량(만kg)
1	0	5	40
2	10	6	50
3	20	7	60
4	30	8	

그림 3-6 에스프레소 커피에 대한 공급곡선

공급곡선은 가격과 공급량의 관계를 나타낸다.

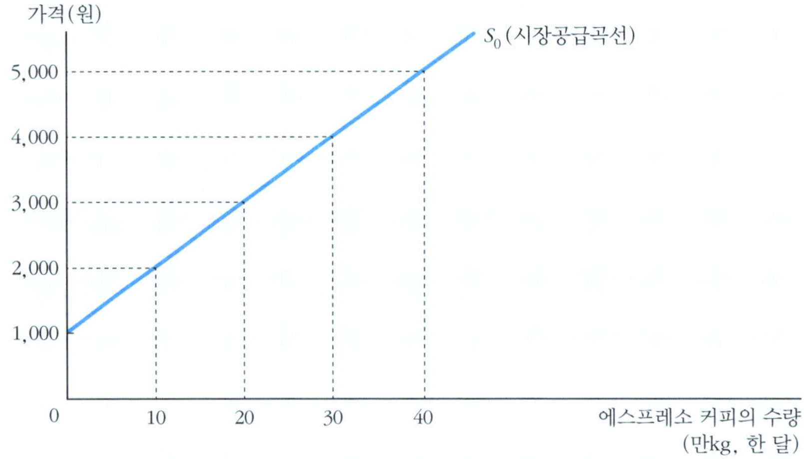

에스프레소 커피를 공급하는지를 나타내는 가상적인 표이다. 이 표에서 에스프레소 커피의 가격이 kg당 1천원이면 공급량은 0이다. 에스프레소 커피의 가격이 kg당 7천원이면 공급량은 60(만kg)이다.

〈표 3-2〉처럼 가격과 공급량 사이의 관계를 표로 나타낸 것을 공급표supply schedule라고 한다. 이러한 공급표를 그래프로 표시하면 [그림 3-6]과 같은 공급곡선supply curve을 그릴 수 있다. 공급곡선을 살펴보면 우상향하는 형태를 갖고 있다. 이것은 재화의 가격이 상승하면 공급량은 증가하고, 가격이 하락하면 공급량은 감소함을 의미한다. 이와 같은 가격과 공급량 간의 정(+)의 상관관계를 공급의 법칙law of supply이라 부른다. 그러나 공급의 법칙은 가격이 변하면 공급량이 어떻게 변동하는가 하는 것을 말할 뿐이다. 공급이 변동하면 그에 따라 가격이 어떻게 움직이는가 하는 것까지를 말하는 것은 아니다.

3.3 공급곡선상의 이동과 공급곡선의 이동

한 상품의 공급곡선은 여타의 조건이 일정불변하다는 가정하에서 공급량과 가격과의 관계를 그래프로 표시한 것이다. 예컨대 [그림 3-7]에서 점 D에서 점 E로

그림 3-7 공급곡선상의 이동과 공급곡선의 이동

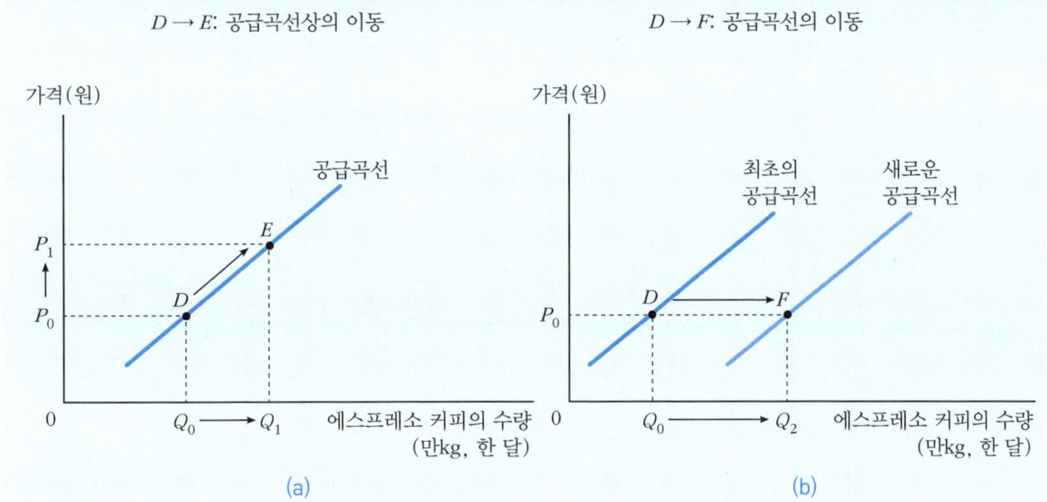

의 이동은 공급곡선상의 이동이며, 이는 가격의 변화에 따른 공급량의 변동을 나타낸다.

지금까지 일정불변이라고 묶어 놓은 여타의 조건들 중에서 하나가 변하였다고 하자. 예컨대 첫째, 임금과 같은 생산요소가격의 하락, 둘째, 새로운 제품의 개발이나 새로운 제품 공정혁신과 같은 생산기술의 진보, 셋째, 우리가 고찰하는 상품에 대한 조세감면의 혜택이나 보조금 지급 등의 세 가지 중 그 어느 하나라도 일어나면 이윤이 증가하고, 그 결과 공급의 증가increase in supply가 나타나게 된다. 이때에는 공급곡선의 전체가 우측으로 이동하게 된다. 이와 반대로 공급곡선 전체가 좌측으로 이동하면 우리는 공급의 감소decrease in supply가 있다고 한다. 예컨대 [그림 3-7]에서 점 D에서 점 F로의 이동은 공급곡선의 이동이며, 이는 가격 이외의 다른 원인의 변화에 따른 공급량의 변동을 나타낸다.

이상을 간단히 정리해 보면, 시장공급량의 증가에는 두 가지 이유가 있다. 하나는 재화의 가격상승으로 인해 주어진 공급곡선에서 공급량이 늘어났기 때문이다. 다른 하나는 공급곡선의 우측이동으로 인해 주어진 가격에서 공급량이 늘어났기 때문이다.

4. 시장균형을 어떻게 이해할 것인가?

4.1 시장균형의 결정

경제 가계의 소비결정과 기업의 공급결정이 상호 작용하여 상품의 가격과 시장에서 실제로 팔리는, 그리고 구입되는 양이 어떻게 결정되는지를 살펴보자. [그림 3-8]에는 시장수요곡선(DD)과 시장공급곡선(SS)이 함께 그려져 있다. 그림을 보면 시장수요곡선과 시장공급곡선이 만나는 점이 있는데, 이 점을 시장균형market equilibrium이라고 한다. 두 곡선이 만나는 점의 가격을 균형가격equilibrium price이라하고 거래량을 균형거래량equilibrium quantity이라고 한다.

균형가격에서 수요자(소비자)들은 원하는 수량만큼 구입할 수 있고, 공급자(기업)들은 원하는 수량만큼 판매할 수 있다. 따라서 시장균형상태에서는 수요자에게도 공급자에게도 결과(가격이나 수요량 또는 공급량)를 변화시킬 유인이 전혀 없다.

시장균형에 관해 좀더 살펴보기 위하여 먼저 시장균형이 발생하지 않을 때 무슨 일이 일어나는지 살펴보자. 만약 공급이 수요를 초과하는 경우라면 수요자를 찾지 못하는 공급자들은 결국 가격을 낮추어서라도 사람들의 구매의욕을 돋우고자 할

그림 3-8 시장균형

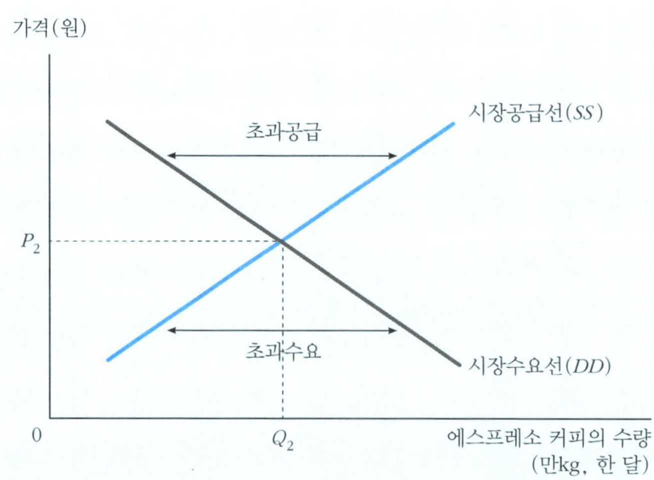

것이다. 결국 공급의 초과로 인한 가격의 하락은 그 낮아진 가격 때문에 증가하는 수요량이 공급량과 같아질 때까지 계속될 것이다. 이와 비슷한 논리로서, 만약 가격이 수요와 공급이 일치하는 수준보다 낮을 경우에는 사람들이 공급량 이상을 사들이고자 하는 현상이 일어나게 된다. 이러한 의미에서 현실의 거래는 언제나 균형가격에서 이루어지는 것은 아니며, 균형에 접근해 가는 과정의 연속선상에서 이루어진다고 볼 수 있다.

다만 경제학자들은 이론적인 완벽성을 추구하는 경향이 있기 때문에 거래가 언제나 균형상태에서 이루어진다고 가정하기를 좋아한다. 따라서 경제학자들은 시장에는 거래를 주관하는 경매인이 있어서 그가 판매자들과 구매자들로부터 각 가격에서 얼마만큼 공급하고 수요하는지를 파악하여 공급과 수요가 같아지는 어떤 가격, 즉 균형가격을 제시하기 때문에 모든 거래는 균형가격에서 이루어진다고 보는 것이다.

4.2 시장균형의 변화에 대한 3단계 분석

지금까지 우리는 시장수요와 시장공급에 의해 한 재화의 균형가격과 소비자들이 원하는 구입량, 판매자들이 원하는 생산량이 어떻게 결정되는지를 분석하였다. 그런데 어떤 사건이 시장균형에 어떤 효과를 가져오는지를 분석하기 위해서는 다음과 같은 3단계를 거치는 것이 필요하다.

1. 어떤 사건이 수요곡선을 이동시키는지 공급곡선을 이동시키는지(아니면 둘 다 이동시키는지)를 결정한다.
2. 수요곡선과 공급곡선이 어느 방향으로 이동하는지를 결정한다.
3. 수요곡선과 공급곡선을 이용하여 곡선의 이동이 균형에 미치는 효과를 분석한다.

이러한 3단계 접근법이 어떻게 활용되는지를 알아보기 위해 하나의 예를 들어보자. 우리나라 사람들의 식습관이 서구화되면서 매년 1인당 쌀 소비량이 줄어들고 라면 등의 인스턴트식품의 소비량이 계속증가하면서 식량자급도가 점차적으로 떨어지고 있어 걱정이다. 이런 상황에서 우리나라에서 주로 수입하고 있는 밀을 경작하고 있는 국가에 태풍이나 가뭄 등의 자연재해가 발생한다면 1인당 연간 라면소비량이 세계 1위인 우리나라의 경제에 어떤 영향을 미칠 것인가? 이 질문에 대한 답을 구하기 위해 시장균형의 변화에 대한 3단계 접근법을 통해 해결책을 찾아보자.

1) 태풍이나 가뭄 등의 자연재해는 밀의 생산량을 급격하게 떨어뜨려 밀의 가격을 올리고 거래량을 줄어들게 할 것이다. 그리하여 밀을 제분한 밀가루를 주원료로 하는 라면의 생산비용을 높여 라면의 공급은 감소하게 될 것이다. 그러나 자연재해는 소비자들이 구입하고자 하는 라면의 수량에는 직접적인 영향을 미치지 않으므로 라면의 수요곡선은 변하지 않을 것이다.
2) 각 가격에서 라면 제조업자들이 공급할 수 있는 라면의 수량이 감소하므로 공급곡선은 왼쪽으로 이동한다. [그림 3-9]에서 공급곡선은 S_1에서 S_2로 이동한다.
3) [그림 3-9]에서 볼 수 있는 것처럼 공급곡선의 이동으로 인해 라면의 균형가격은 P_1에서 P_2로 오르고 균형거래량은 Q_1에서 Q_2로 감소한다. 즉 태풍이나 가뭄 등의 자연재해로 인해 라면가격은 오르고 거래량은 감소할 것이다.

이러한 분석결과를 바탕으로 우리들은 어떻게 행동하여야 할까? 우리나라는 단기적으로는 밀가루가격의 폭등으로 인한 라면가격의 상승과 장기적으로는 식량자

그림 3-9 공급감소가 균형에 미치는 영향

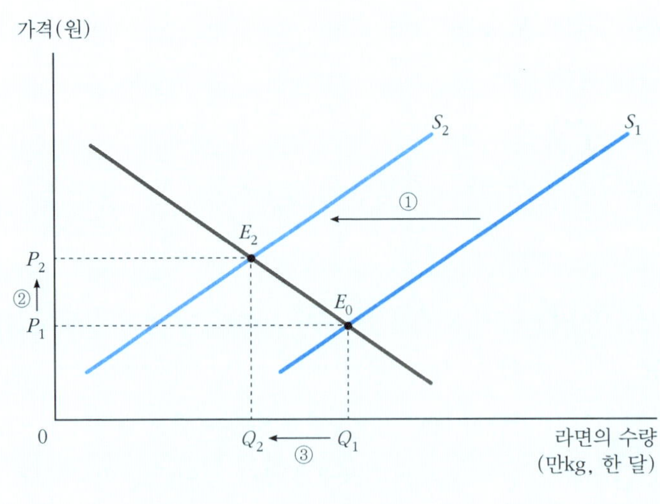

급도의 하락으로 어려움을 겪을 것으로 판단할 수 있다. 그렇다면 이들 문제를 보다 근원적으로 해결할 수 있는 방법은 없을까? 쌀을 이용한 라면의 대체재를 개발할 수 있다면 가능할 것이다. 예컨대 라면과 같이 간단하고 빠르게 조리할 수 있는 한국식 쌀국수를 개발하여 시중에 판매되고 있는 인스턴트 면류(라면이나 우동 등)처럼 포장되어 나온다면 식량의 자급도도 높이고 라면가격도 안정시키면서 국민들의 건강에도 좋은 일석 3조의 효과를 거둘 수 있을 것이다.

4.3 가격기구에 의한 자원배분

경제학자들은 가격이 수요와 공급이 일치하는 수준보다 과도하게 높은 경우 판매자들 사이에서 판매경쟁이 생겨 결국은 가격이 균형점으로 돌아오고, 그 반대의 경우에는 구매자들 사이에서 구매경쟁이 생겨 다시 시장균형이 회복되리라고 생각하고 있다. 이는 수요·공급이론의 핵심적 결론일 뿐만 아니라, 시장경제가 어떻게 재화 및 자원을 효율적으로 배분하게 되는지를 우리가 이해할 수 있도록 도와주는 유용한 지식이다. 이와 같이 가격이 재화를 배분하는 역할을 하도록 구성된 시장 조직을 가격기구price mechanism라고 한다. 자본주의 시장경제에서는 바로 이 가격기구가 재화배분의 핵심적 역할을 담당하는 것이다. 이 경우 시장에서 가격이 수행하는 주요한 역할은 다음 두 가지로 요약할 수 있다.

첫째, 재화의 가격은 시장에서의 수요와 공급의 상호작용에 의해 결정되고, 이렇게 결정된 가격은 시장에 공급된 한정된 재화를 배급하는 기능을 수행한다. 가격의 배급기능rationing function은 가격이 제로(0)일 경우를 상정해 보면 보다 분명해진다. 예를 들어 어느 중동 산유국은 오일 달러가 급증하여 한때 국민에 대한 서비스의 일환으로 장거리 전화요금을 무료로 한 적이 있다. 그 결과 전화를 안 해도 될 사람도 하게 되고, 짧게 해도 될 것을 길게 하고, 통화를 하다가 볼 일이 생기면 끊었다가 다시 하면 될 것을 끊지 않고 그냥 뒀다가 볼 일을 마치고 계속하기도 하고, 밤에 통화하다가 끊고 다음 날 하면 될 것을 그냥 뒀다가 다음 날 계속하는 경우도 있었다고 한다. 그러니 장거리 전화는 항상 통화중일 수밖에 없었고, 그 결과 정작 급하게 전화를 해야 할 사람들이 통화를 할 수 없는 비효율이 빚어졌다고 한다.

둘째, 가격은 생산자원이 경제의 여러 부문들 사이로 배분되어 가는 과정에서 신호를 전달해 주는 역할을 한다. 이것을 가격의 배분기능allocation function이라고 한다. 예를 들어 해변에 접한 토지를 배분하는 문제를 생각해 보자. 해변에 있는 토지의 양은 제한되어 있으므로 누구나 해변에 사는 즐거움을 누릴 수는 없다. 그렇다면 누가 이 자원을 사용하게 될 것인가? 누구든지 더 높은 가격을 지불하려는 사람이 해변의 토지를 차지할 것이다. 마찬가지로 가격이 누가 어느 재화를 얼마나 생산할지를 결정한다. 누가 농장에서 일하고 누가 공장에서 일할지는 근로자들의 직업선택에 의해 결정되며, 이러한 분산된 의사결정은 가격을 기초로 훌륭하게 작동한다.

4.4 거품이란 무엇인가?

지금 배운 바와 같이 어떤 상품의 가격은 기본적으로 수요와 공급의 힘에 의해서 결정된다. 수요와 공급은 시장에 참여하고 있는 경제주체들이 공유하고 있는 정보의 뒷받침을 받고 있으며 이 정보가 매우 틀린 것이 아닌 한, 상품의 가격은 어떤 기본적인 값에서 크게 벗어나지 않을 것이라고 예상할 수 있다. 그런데 현실에서는 이상한 일이 벌어질 수도 있다. 현실에서는 사람들이 매우 상이한 정보를 가지고 시장에 참여하는 것이 보통이다. 이 때문에 어떤 상품의 가격이 일시적으로나마 우리의 상식으로는 도저히 이해하기 힘든 수준까지 뛰어 오르는 현상이 나타날 여지가 있다.

이러한 현상은 특히 투기의 대상이 되는 자산의 경우에 자주 목격되는데, 우리는 이 현상을 '거품'이라고 부른다. 다시 말해 거품이란 것은 어떤 상품—특히 자산의 가격이 계속적으로 급격히 상승하는 현상을 지칭하고 있다. 이와 같은 가격상승이 일어나는 이유는 애초에 생긴 가격상승이 추가적인 가격상승의 기대로 이어져 투기의 붐이 형성되기 때문이다. 물론 이 같은 거품이 무한정 계속될 수는 없고 언젠가는 터져 정상적인 상태로 돌아올 수밖에 없다. 이때 거품이 터지는 충격으로 말미암아 경제에 심각한 위기가 닥칠 수도 있다.

「국부론」의 저자 아담 스미스는 "투기는 정상적인 경제관행이 정착되지 않는 곳에서 활발하게 이뤄진다"고 말했다. 세계 역사상 그와 같은 투기의 대표적 사례는 네덜란드에서 벌어진 '튤립 투기'였다. 1630년 이 꽃이 수출 붐을 타면서 가격이 비정상적으로 치솟았다. 튤립 한 뿌리로 밀 27톤, 호밀 50톤, 황소 4마리, 돼지

8마리, 양 12마리, 포도주 2드럼, 맥주 2통, 버터 10톤, 치즈 3톤, 장롱 하나에 가득 찬 옷가지, 은컵 1개를 살 수 있었다. 하지만 채 10년도 안돼 튤립 값은 포도주 한 병 값으로 폭락했다. 빚을 지고 튤립을 사들였던 투기꾼들은 파산했다. 마이클 대시는「튤립, 그 아름다움과 투기의 역사」란 저서의 말미에서 이 같은 튤립열풍을 "아름다움에 대한 인식과 돈에 대한 탐욕이라는 인간의 상보적인 감정을 먹이로 하는 병"이며, 앞으로도 결코 사라지지 않을 바이러스라고 단정하였다.

우리나라에서도 그와 같은 투기의 바람이 종종 심심치 않게 부는 것을 목격할 수 있다. 우리 사회에서 대표적인 거품은 1950년대 말경에 일어났던 '메추리 파동'이었다. 당시 누가 퍼뜨렸는지는 몰라도 계란 크기의 1/10 정도도 못될 메추리의 알이 계란과는 비교도 되지 않을 정도로 높은 영양가를 가지고 있다는 헛소문이 돌면서 사람들은 너도나도 메추리 사육에 뛰어들기 시작했다. 더구나 이 새는 몸집이 작아 사육에 그다지 큰 공간을 필요로 하지 않았으므로, 도시나 농촌의 구별 없이 쉽게 돈벌기를 원하는 사람이라면 모두 뛰어들게 되었다. 메추리알이 신비의 명약이 아니고 하나의 새알일 뿐이라는 진실이 밝혀지면서 거품은 터지기 시작했고, 한동안 거리에는 낙담한 사육자가 내던져 버린 메추리들의 추위에 떠는 모습이 눈에 띄기도 하였다. 지금 이 시점에서도 우리 사회에서는 거품 경제의 논쟁이 한참 열을 올리고 있는 중이다. 그러나 여기서 우리가 잊지 말아야 할 점은 시장이 거품이란 걸 알게 되는 순간부터 거품은 스스로 잦아들기 시작한다는 사실이다. 시장이 거품을 걷어내는 자정능력이 있다는 것은 1999년 말 'IT붐이 거품이 아니냐'는 지적이 나온 후 세계적 거품이 어떻게 진행되었는가를 보면 쉽게 알 수 있다.

5. 탄력성은 무엇이고, 왜 중요한가?

터널 할증료 인상은 교통난 해소에 도움이 될까? 시내버스 요금을 올리면 적자를 줄일 수 있을까? 등 거의 모든 경제학 논쟁에는 탄력성의 문제가 개입된다. 경제학자는 언제나 세상과 접해 있어야 한다고 알프레드 마샬은 경고했다. 그 어떤 절묘한 이론적 모형이라 할지라도 탄력성에 대한 고려 없이는 종이 위에서나 설득력을 발휘할 뿐이다. 따라서 탄력성의 개념을 이해함으로써 우리 주위의 여러 가지 경제현상들을 이해하는 데 크게 도움을 받게 될 것이다.

그렇다면 경제학에서 탄력성이란 무엇을 의미하는가? 탄력성은 곧 반응도를 의미한다. 반응도란 기업과 가계가 가격변화에 쉽게 반응할 수 있는가 하는 것이다. 프로야구팀이 입장권 가격을 올릴 경우에도 야구팬들은 여전히 야구장을 찾을까? 만약 그렇다면 그 때의 수요는 비탄력적이다. 그러나 반대로 가격을 올리자마자 입장객 수가 격감한다면 그 때의 수요는 탄력적이다. 즉 수요가 가격변화에 민감하게 반응하는 것이다.

알프레드 마샬은 탄력성을 측정할 수 있는 간단한 공식을 개발했다. 즉 가격의 변화율로 수요량의 변화율을 나누어서 얻은 수치가 바로 수요의 가격탄력성이다. 수식으로 표현하면 다음과 같다.

$$\text{수요의 가격탄력성} = \frac{\text{수요량의 \%변화}}{\text{가격의 \%변화}}$$

가격이 1% 변하는데 수요량이 3% 변한다면 수요의 탄력성은 3이다(수요의 가격탄력성은 실제로는 음수이지만 관례적으로 절댓값을 써서 나타낸다). 만약 프로야구팀이 입장권 티켓 가격을 10% 올렸을 때 야구고객들의 티켓 구입률이 10% 이하로 하락했다면 수요는 비탄력적이라고 말할 수 있다. 이 경우 수요의 가격탄력성은 1보다 작고, 수요가 가격에 별로 민감하지 않다는 것을 의미한다.

소비자들의 수요 측면뿐만 아니라 생산자의 공급 측면에도 탄력성의 개념이 적용된다. 프로야구팀이 충성스런 팬들이 계속 티켓을 구입하기 때문에 티켓 가격을 더 올릴 수 있다고 가정해 보자. 그럴 경우 프로야구팀은 더 자주 경기를 개최하여 더 많은 야구 서비스를 팬들에게 전달하기로 결정할까? 앞으로 살펴보겠지만 거의 모든 경제적 의사결정에 탄력성 개념이 적용된다. [그림 3-10]에서 보는 것처럼 탄력적인 곡선일수록 보다 평평한 모양을 하고 있음을 알 수 있다.

기업, 가계 혹은 정부가 가격변화에 어느 정도 민감하게 반응하는지 여부를 결정하는 요인은 무엇일까? 먼저 대체물이 얼마나 많은지 여부이다. 선택의 여지가 많을수록 소비자들이 가격인상을 피해 다른 대체물로 교체하기가 쉽다. 예를 들어 아이스크림의 수요는 우유의 수요보다 가격변화에 더 민감하다. 왜냐하면 보통의 소비자는 우유의 가격이 떨어져도 맥주를 우유로 대체하지는 않지만, 아이스크림의 가격이 떨어지면 샤베트와 냉동요구르트와 같은 좋은 대체재를 아이스크림으로 대체할 가능성이 높을 것이기 때문이다.

탄력성의 두 번째 결정요인은 대체물을 찾을 수 있는 시간적 여유가 얼마나 많은지 여부다. 석유수출국기구OPEC는 탄력성에 대한 극적인 교훈을 세계에 가르쳐 준 적이 있다. 이른바 이스라엘과의 성전 기간 동안인 1973년에 캠페인을 이끈 아랍 국가들은 배럴당 8달러였던 석유 가격을 1974년에는 배럴당 27달러까지 올려서 수출했다. 처음에 미국은 석유 소비량을 그대로 유지했다. 하지만 몇 달 후 가격에 대해 민감하게 반응하면서 탄력적으로 대처하기 시작했다. 운전자들은 보다 작은 자동차를 구입했고, 가정주부들은 난방용 기름을 천연가스로 대체했다.

마지막으로, 탄력성은 제품이나 서비스가 기업이나 가계의 소득에서 차지하는 비중에 달려 있다. 보통 가정의 경우, 자가용이나 초대형TV 등의 수요는 아직도 탄력적이다. 하지만 값싼 사소한 생활용품에 대한 수요는 대체로 비탄력적이다. 많은 가정들의 경우 이쑤시개를 사용하고 있다. 그렇다고 이쑤시개 소비량을 하루 3개에서 1개로 줄일 가정이 얼마나 있을까? 이쑤시개 수요는 비탄력적이다.

생산자들은 상품의 가격을 변화시킬 때마다 탄력성에 대해서 생각해 보아야 한다. 마찬가지로 정부도 세율을 변화시키거나 공공 서비스 요금을 변화시키기 전에

그림 3-10 탄력성 비교

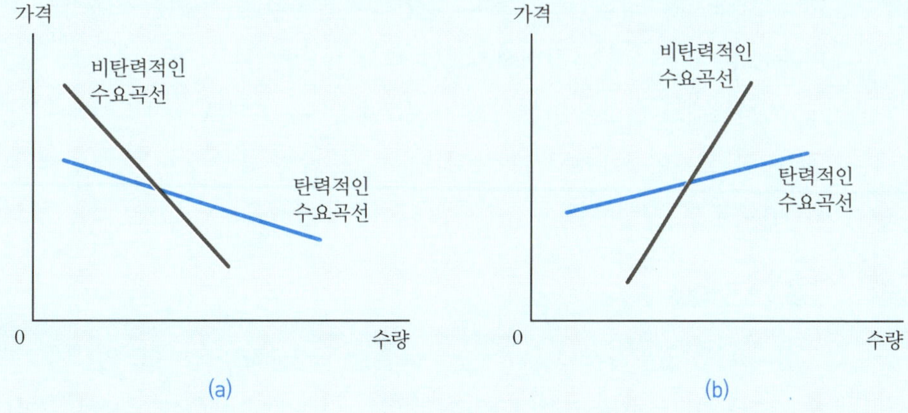

탄력성을 계산해 보아야 한다. 왜냐하면 기업이나 정부가 가격인상이나 세율인상으로 판매수입을 증가시키려고 할 경우 성공 여부는 전적으로 탄력성의 크기에 달려 있기 때문이다. 예를 들어 포장음식의 가격탄력성이 1보다 크면 가격이 1% 증가할 때 수요량은 1%보다 더 많이 감소해 버리기 때문에 포장음식의 판매수입은 오히려 감소한다. 만약 지하철 요금의 가격탄력성이 1보다 작으면 지하철 요금이 1% 증가할 때 수요량이 1%보다 더 적게 감소하기 때문에 지하철 운행의 판매수입은 증가할 것이다.

6. 시장균형을 수정하려는 정부정책을 어떻게 평가할 것인가?

경제는 수요와 공급의 법칙과 정부가 만든 법이라는 두 가지 법칙의 지배를 받는다. 이 절에서 우리는 이 두 가지 유형의 법칙이 어떻게 상호작용하는지를 살펴보고자 한다. 가격통제와 세금은 많은 시장에서 볼 수 있으며, 이들의 효과에 대한 언론 매체나 정책 당국 간의 토론도 자주 있다. 경제지식이 조금만 있어도 이들 정책을 이해하고 평가하는 데 큰 도움이 될 것이다.

6.1 가격통제에 대한 평가

정부가 시장기구에 직접 개입하는 한 방법으로 가격통제를 들 수 있다. 가격통제price control는 정책입안자들이 시장에서 결정되는 재화나 서비스의 가격이 소비자 또는 생산자에게 공평하지 못하다고 판단될 때 도입된다. 그러나 가격통제도 그 나름대로 불공평한 결과를 가져오게 된다. 임대료 통제라는 가격상한제price ceilings와 최저임금제라는 가격하한제price floors를 통하여 이를 확인해 보자([그림 3-11] 참조).

6.1.1 임대료 통제

임대료 통제는 가격통제의 흔한 예이다. 우리나라의 경우도 임대차보호법을 통해 집주인이 세입자들로부터 받을 수 있는 임대료의 상한을 통제하고 있다. 이 정

그림 3-11 실효성 있는 임금통제와 최저임금제

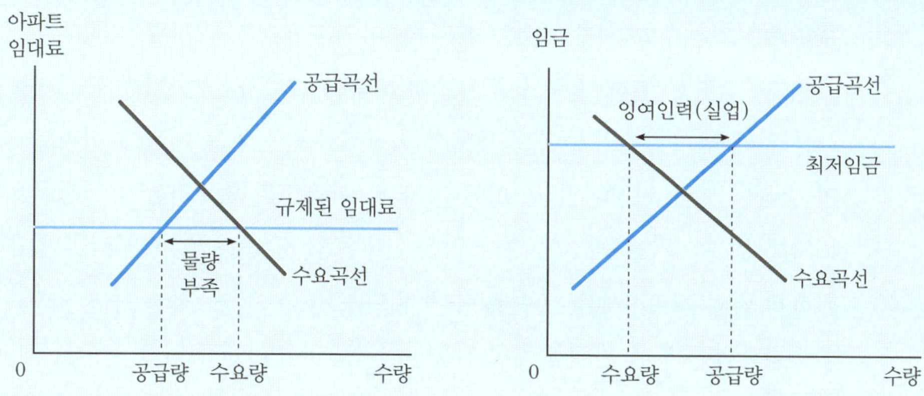

(a) 임대료 통제

(b) 최저임금제

책의 목적은 가난한 사람들의 주거비와 영세상인들의 임대료 부담을 덜어주려는 데 있다. 그러나 경제학자들은 오히려 임대료 통제가 저소득층의 생활수준을 향상시키는 데 매우 비효율적이라고 비난한다.

임대료 통제가 시행되면 임대료는 낮아지지만 임대주택 집주인들의 주택유지보수 노력을 저해하고, 집을 구하기가 어려워진다. 왜 그럴까? 임대료가 통제되면 시간이 흐름에 따라 임대주택이나 사무실에 대한 수요는 늘어나지만 공급은 줄어들게 되어 결과적으로 물량부족현상이 일어나게 된다. 임대료 통제로 인해 물량부족현상이 생기면 선착순이나 공급자의 취향에 따라 할당할 수밖에 없는데, 이러한 방식은 경제학적으로 볼 때 대부분 바람직하지 못한 결과를 가져올 가능성이 크다. 미국 뉴욕시의 경우 임대료 통제의 결과 뉴욕시의 유명인사들은 임대료 통제의 혜택을 톡톡히 보고 있는 반면, 임대주택을 구하는 신규세입자들은 집을 구하기 위해 'key money'라는 뒷돈을 지불하는 사례도 있다고 한다.

6.1.2 최저임금제

최저임금제는 가격하한제의 좋은 예이다. 최저임금제minimum wage system는 고용주가 피고용인에게 노동의 대가로 지불해야 하는 최소한의 임금수준을 법으로 규제하는 제도이다. 우리나라의 경우에도 1986년에 제정된 최저임금법에 따라 근로자들에게 최저생활수준을 보장할 목적으로 최저임금제를 도입하였다. 2017년 현재 우리나라의 최저임금은 시급 6,470원, 일급(8시간) 51,760원, 월급(주 40시간제, 유급 주휴 포함 월 209시간) 1,352,230원이다.

최저임금제로 인해 일부 근로자들의 소득은 올라가지만, 다른 근로자들은 일자리를 잃게 된다. 예를 들어 정부에서 최저임금을 올리는 바람에 아파트 경비원들의 월급이 대폭 인상되었고, 이에 따라 각 아파트의 입주자들이 자동문을 설치하고 인원을 줄이자는 의견에 따라 많은 아파트의 경비원들이 일자리를 잃을 위기에 처하게 되었다는 기사를 자주 볼 수가 있다.

그렇다면 정부의 가격통제 정책을 어떻게 보아야 할 것인가? 가격은 어떤 우연한 과정에서 형성된 결과가 아니고, 수요와 공급의 이면에 있는 수많은 소비자들과 기업들의 결정체이다. 그리하여 가격은 수요와 공급을 일치시키고 경제활동을 조정하는 중요한 역할을 수행한다. 정책당국자들이 법령으로 가격을 결정하면 경제의 희소한 자원을 배분하는 가격의 정상적인 신호기능을 흐리게 한다. 결과적으로 가격통제는 돕고자 하는 사람들에게 피해를 주는 경우가 많다.

6.2 조세와 보조금 효과에 대한 평가

가격통제가 아닌 방법으로 가난한 사람들을 돕는 방법이 있다. 예컨대 저소득층 가구들을 돕기 위해 이들에게 임대료 보조를 지급하면 임대료 통제와 달리 임대주택의 공급을 저해하지 않으므로 주택부족 현상을 야기하지 않는다. 주거 보조의 한 형태인 사회주택은 사회적기업 또는 협동조합 등이 정부로부터 택지·자금 등을 지원받아 주택을 짓거나 사들여 주거취약계층에게 공급하는 형태이다. 서유럽의 경우 오래전부터 사회주택이 활성화되어 전체 주택시장의 상당 부분을 차지한다. 네덜란드의 사회주택은 전체 주택 시장의 30%를 상회하며, 오스트리아와 덴마크, 영국 등은 약 20%에 이른다. 마찬가지로 임금보조 제도는 고용을 줄이지 않고 저소득 근로자들의 생활수준을 높일 수 있다. 임금보조의 한 예는 근로소득세 환급제도로서 저소득근로자들의 소득을 보충해 주는 제도이다. 이와 같은 대체적인 정책수단은 가격통제보다 우월하지만 이들 역시 완벽한 것은 아니다. 임대료 보조나 임금 보조에는 재원이 필요하므로 정부가 세금을 인상해야 하며 세금은 그 나름의 사회적 비용을 지니고 있다.

참고문헌

- 공병호, 「시장경제란 무엇인가」(1996), 자유기업센터.
- 권선주, 「경제 논리로 본 우리 사회」(1999), 인간사랑.
- 김경환·김종석 옮김, N. Gregory Mankiw, 「맨큐의 경제학」(7판, 2015), 센게이지러닝코리아.
- 김성태·신영수, 「경제학 원론」(1999), 형설출판사.
- 김종선, 「길거리 경제」(1999), 동아일보사.
- 박상률·곽유리, 「경제는 내 사랑」(1995), 고려원.
- 이상일, 「거꾸로 보는 경제학」(1995), 중앙일보사.
- 이성훈 옮김, Todd G. Buchholz, 「토드 부크홀츠의 유쾌한 경제학」(1996), 김영사.
- 이준구, 「열린 경제학」(1995), 삼성.
- 이토 모토시게, 조석현 옮김, 「시장의 법칙」(1999), 창해.
- 조우현·박덕제, 「경제학원론·Ⅱ」(1993), 한국방송통신대학 출판부.
- http://www.gong.co.kr/ 공병호 홈페이지.
- 전은호, 헤리리뷰, 한겨레신문, 2015.6.30.

생각해 볼 문제

1. 새로운 유전의 발견으로 원유가격이 절반으로 떨어졌다고 할 때, 그것이 생산과 소비에 어떤 영향을 미치겠는가?

2. 시장경제에서 가격의 역할에 대해 논의해 보자.

3. 정부가 휘발유 소비세를 상당히 인상하면 휘발유 가격에 어떤 영향을 주게 될까? 그 이유를 생각해 보자.

4. 자원이 희소할 때 사람들은 이 자원을 획득하기 위하여 치열한 경쟁을 벌여야 하며, 이 경우 시장경제에서는 희소한 자원의 가격이 오르게 된다. 이를 수요와 공급의 원리를 이용하여 설명해 보자.

5. 정부가 개인의 자유로운 경제 활동을 보장해주는 법질서를 마련하는 일에만 힘을 쏟고, 개인의 경제 활동을 규제해서는 안 된다는 주장에 대해 생각해보자. 이때의 정부의 역할은 무엇이라 할 수 있는가? (임용고사기출)

읽을거리

소설「상도」에서 본 가격탄력성

상도(商道)는 작가 최인호가 조선후기 최대 무역상이었던 실존인물 임상옥의 생애를 통해 '업적 철학과 도덕'을 주제로 써 내려간 대하소설이다. 소설은 임상옥에게 던져진 세 가지 과제를 한 스님이 알려준 세 가지 비결인 '죽을 사'(死) '솥 정'(鼎) '계영배'(戒盈盃)를 통해 해결하는 과정을 보여준다. 첫 번째로 연경 상인들의 인삼불매동맹을 스스로 인삼을 태우는 방법으로 물리칠 수 있었으며, 두 번째는 풍운아 홍경래의 유혹을 솥 정(鼎)자의 의미를 통해 혁명의 와중에 목숨을 살리게 된다. 마지막으로 가득 채우면 다 없어져 버리고 오직 팔할쯤 채워야만 온전한 계영배의 의미를 통해서는 스스로 만족하는 자족(自足)이야말로 최고의 상도(商道)임을 깨닫게 된다. 소설은 임상옥의 생애를 통해 '재물은 평등하기가 물과 같고 사람은 바르기가 저울과 같다'라는 임상옥의 가치관과 부의 사회적 환원에 대해서 이야기하고 있다.

그럼 소설속 주인공인 임상옥은 과연 무엇을 믿고 인삼을 불에 태웠을까. 주인공은 중국 연경으로 5천 근의 인삼을 팔러 간다. 당시 인삼은 15냥 내외로 거래됐으나 임상옥은 45냥을 요구했다. 연경 상인들의 방해로 그 가격에 인삼을 팔지 못하자 임상옥은 느닷없이 마당에 불을 피워 인삼을 태운다. 조선에서 어렵게 중국 연경까지 가지고 온 인삼을 조금이라도 더 팔아보려고 노력해도 부족한데 임상옥은 무엇을 믿고 이렇게 할 수 있었을까? 소설에서 나오듯 여기에는 가격탄력성이라는 개념이 숨어 있다.

가격탄력성이란 어떤 재화의 가격이 변화할 때 그 재화의 수요나 공급이 얼마나 변화하는지를 나타내는 수치다. 식으로는 다음과 같이 표현된다. '수요·공급의 가격탄력성=수요·공급의 변화율(%)/가격의 변화율(%)'. 예를 들어 가격이 10% 올랐을 때 수요가 15% 줄어들었다면 수요의 가격탄력성은 15%/10%=1.5가 된다. 마찬가지로 가격이 10% 올랐을 때 공급이 5% 늘어났다면, 공급의 가격탄력성은 5%/10%=0.5가 된다. 여기서 가격탄력성이 1보다 크면(가격이 변한 것보다 수요나 공급이 더 많이 변하면) '탄력적'이라고 하며, 1보다 작으면(가격이 변한 것보다 수요나 공급이 덜 변하면) '비탄력적'이라고 정의한다.

만약 가격은 10% 올랐는데 수요는 5%밖에 줄어들지 않으면 어떻게 될까? 이럴 경우 판매자가 가격을 올려서 물건을 팔면 가격을 안 올릴 때보다 판매 수입이 더 많아진다. 반대로 가격탄력성이 '탄력적'일 때 가격을 올리면 판매 수입은 오히려 줄어든다.

임상옥은 바로 이 점을 간파하고 이용했다. 당시 조선의 인삼은 약방의 감초 같은 역할을 했고 인삼이 없다면 모든 약재상들과 중약점들이 문을 닫고 폐업할 수밖에 없었던 상황이었다. 연경상인들로서는 아무리 인삼 가격이 높다고 해도 어쩔 수 없이 사야만 하는, 즉 인삼에 대한 수요의 가격 탄력성이 매우 '비탄력적'이었다. 게다가 임상옥 혼자만 인삼을 시장에 공급할 수 있었기에 그 영향력은 더 막강할 수 있었다.

출처: 정상만, 매일경제, 2010.1.19

Chapter 04

소비자 행동

1. 시장에서 소비자의 역할과 위치를 어떻게 볼 것인가?
2. 소비자의 선택기준은 무엇인가?
3. 한계효용은 왜 중요한가?
4. 소비자의 최적선택은 어떻게 달성되는가?
5. 수요곡선은 어떻게 도출할 수 있을까?
6. 소비자잉여는 어떻게 측정할 수 있을까?
7. 소비자이론을 어떻게 활용할 수 있을까?
8. 소비자의 선택에 관한 규제와 장려는 정당한가?

개관

우리는 제3장에서 시장수요곡선과 시장공급곡선에 대해 개괄적으로 살펴보고 시장균형의 경제적 의미에 대해 생각해 보았다. 제4장과 제5장은 이러한 시장수요곡선과 시장공급곡선의 배후에 있는 경제학적인 의미를 개별 소비자와 개별 생산자의 차원에서 미시적으로 살펴보려고 한다.

어떤 개인이나 집단도 제한된 자원밖에 가지고 있지 않다. 제한된 자원으로 우리의 필요를 모두 충족할 수는 없기 때문에 경제인은 여러 가지 필요 가운데서 무엇이 가장 우선하는지를 선택하게 된다. 특히 제4장은 이런 측면에서의 개인 소비자의 행동을 분석하여 경제적 함축성을 도출하려고 한다. 소비자는 경제적 자유와 경쟁하에서 선택을 하게 되는데, 이러한 선택은 소비자에게 많은 고통을 가져다주지만 많은 이점도 가져다준다. 소비자가 낮은 가격으로 좋은 품질의 재화를 소비할 수 있게 하고 과거에는 꿈에도 생각하지 못했던 온갖 재화를 소비하게 된 것도 이런 경제적 자유와 경쟁의 덕분이다. 제4장의 학습을 통하여 수요곡선의 배후에 있는 소비자의 행동 원리를 이해함으로써 합리적인 소비자로서 행동할 수 있는 능력을 갖게 될 것이다.

내용표준과 기준

제4장에서 다룰 주요 내용은 미국 경제교육협의회(NCEE)의 〈내용표준과 기준 2〉에 해당하는 것으로 "효율적인 의사결정은 대안에 대한 추가비용과 추가편익을 비교하는 것을 필요로 한다. 대부분의 선택은 무엇인가를 조금 많이 혹은 조금 적게 가질 것인지에 대한 것을 포함한다. 그러나 전부를 가지든지 아니면 전부를 포기하는 결정을 하는 선택은 거의 없다"는 것을 보여주고 있다. 이러한 내용표준을 충족시키기 위한 기준으로는 한계분석, 편익–비용분석, 효용극대화와 같은 개념을 들 수 있다.

1. 시장에서 소비자의 역할과 위치를 어떻게 볼 것인가?

우리는 생활 속에서 큰 비중을 차지하는 것이 소비행위이다. 우리는 경제생활을 하면서 소비자로서 살아간다는 것이다. 특히 세계화와 지식기반사회로 이행하면서 경제는 더욱 활성화되고 소비자에 대해서 선택의 폭이 넓어진다는 긍정적인 효과도 기대되고 있다. 그것은 동시에 소비자에게도 '자기책임하의 소비'라는 측면이 더욱 강화되는 계기를 마련해 주고 있다.

그렇다면 소비자의 역할과 위치와 관련하여 개인적, 사회적, 공간적, 시간적 측면에서 고려해 보아야 할 점은 무엇인가를 간단히 생각해 보자. 첫째, 개인적 측면에서는 희소한 자원을 어떻게 효율적으로 사용하여 개인의 효용을 극대화할 것인가가 중요한 논점이 된다. 소비자가 자기 자신의 생활목표를 설정하고, 그 목표를 달성하기 위하여 합리적인 의사결정이 되도록 하는 데 그 목적이 있다. 둘째, 사회적 측면에서는 소비자가 시민으로서 자신의 소비의 결과가 사회에 어떠한 영향을 미치는가를 생각하고, 소비자에 대해 좋은 사회의 실현을 위한 사회참여를 배우는 과정이다. 사회적 측면은 특히 소비자시민으로서의 책임과 의무를 다할 수 있는 능력의 육성이 요구된다. 셋째, 공간적 측면에서는 소비자가 좁은 의미에서의 시민을 넘어서서 글로벌 소비자로서 자신의 소비행위가 다른 나라와 지구환경에 어떠한 영향을 미치는가를 생각하고, 지구 전체의 공존과 번영을 위해서는 어떠한 노력을 하여야 할 것인가를 배우는 것이 과제이다. 넷째, 시간적 차원에서는 과거와 현재의 소비행위가 어떻게 변천해 왔으며, 미래에 있어 바람직한 소비자상은 어떤가를 추구해 보는 것이 과제이다.

소비자의 역할을 개인적, 사회적, 공간적, 시간적 차원으로 나누는 것은 소비의 다차원성을 강조하려는 의미에서 나온 것으로 일상의 소비생활을 다차원적으로 구분하는 것은 큰 의미가 없다. 오히려 소비자의 다양한 역할을 이해하고, 그와 관련된 경제개념을 활용하여 소비생활을 합리적으로 영위하는 데 필요한 도구로 사용할 수 있도록 경제적 능력을 가르는 것이 무엇보다도 중요하다.

21세기형의 바람직한 소비자의 역할과 관련하여, 소비자의 위치를 '보호받아야 하는 자'라는 측면에서 '스스로 자기 책임하에 의사결정을 하는 자'로 전환하는 것이 바람직할 것이다. 물론 소비자의 위치가 '보호'에서 '자립'으로 전환된다고 해서 정부에 의한 소비자보호가 불필요한 것은 아니고, 소비자와 생산자 간에는 정보의 비대칭성이 존재하므로 소비자의 안전 확보, 소비자계약의 적정화, 고충처리와 분쟁해결 등에 있어 정부의 적극적 역할은 앞으로도 필요하게 될 것이다.

2. 소비자의 선택기준은 무엇인가?

경제학자가 아닌 일반인들은 각자의 필요나 욕구에 따라 물건을 산다고 생각한다. 우리는 책이나 CD를 살 때, 친구들이 어떤 것을 가지고 있는지를 보면서 평소에 갖고 싶었거나 필요로 하는 것을 고른다. 이처럼 보통사람에게는 필요나 욕구라고 하는 것은 단순히 하고 싶은 것을 의미하는 경우가 많다. 그러나 경제학자에게는 '필요'나 '욕구'라는 것은 사야겠다고 결정을 하기 전에는 의미가 없다. 지구상에는 우리가 살 수 있고 사고 싶어 하는 재화와 서비스가 무수히 많다. 그러나 사람들의 소득과 시간은 제한되어 있기 때문에 하나의 재화와 서비스를 갖기 위해서는 다른 재화와 서비스를 포기할 수밖에 없다. 어떤 사람이 일정한 시간을 들여서 어떤 재화나 서비스를 실제로 사려 할 때 필요나 욕구는 비로소 경제학자들이 말하는 수요가 된다. 이와 같이 수요에 대한 경제학자들의 연구는 제한된 소득과 시간으로 희소한 상품을 소유하기 위해서는 어떻게 선택해야 하는가에 관한 것이다.

점심 식사를 할 때 어떤 사람은 설렁탕을 먹는데, 어떤 사람은 갈비탕을 먹는 이유는 어디에 있는가? 어떤 사람은 여가 시간에 축구 경기를 관전하기 위해 가는데, 다른 사람은 찻집에 가서 음악을 들으며 커피를 마시는 이유는 어디에 있는가? 왜 사람들은 다양한 반찬의 메뉴를 좋아하고 가끔씩 생활의 신선함을 즐기려 할까? 이러한 의문에 답하려면 소비자는 무엇 때문에 재화를 수요하는가를 고찰해 볼 필요가 있다. 여기에는 재미있는 경제원리가 작용하고 있다.

그렇다면 소비자는 무엇 때문에 재화를 수요하는가라는 기본적인 의문으로 들어가 보자. 경제학에서 소비자는 효용utility을 극대화하려 한다고 가정한다. 효용이란 소비자가 음악회에서 음악을 듣거나 배고플 때 음식을 먹는 것처럼 어떤 재화나 서비스를 소비함으로써 얻을 것으로 기대되는 만족이나 즐거움으로서 주관적인 것이다. 효용을 극대화하는 것이 합리적인 소비라고 할 수 있다. 소비자의 효용을 극대로 하기 위해서는 가격이 같을 때는 효용이 더 큰 제품을 소비하고 효용이 같을 때는 가격이 낮은 제품을 소비하는 원칙, 즉 최소의 비용으로 최대의 효과를 추구하는 것이 필요하다.

3. 한계효용은 왜 중요한가?

우리는 돈만 있으면 자기가 원하는 것을 할 수 있다고 생각하지만, 경제학자들은 각각의 경우에 드는 비용을 비교 판단하여 결정해야 한다고 말한다. 예를 들어 15,000원 하는 식사와 5,000원 하는 식사는 무엇이 다르고 어떤 것이 더 좋다고 하는 근거는 무엇인가? 이것은 가격의 비교를 통하여 할 수 있다. 5,000원짜리 식사보다 3배 더 좋은 식사를 할 수 있다면 15,000원 하는 식사를 선택해야만 한다. 이 문제를 좀더 경제학적인 방식으로 이해하기 위해서는 총효용total utility과 한계효용marginal utility에 대한 체계적인 연구가 필요하다.

먼저 총효용이란 어떤 개인이 한 가지 종류의 재화를 일정기간 동안 소비할 때 그 재화의 소비에서 느끼는 주관적인 만족의 총계를 뜻한다. 일반적으로 총효용은 증가하게 되나 어떤 시점이 지나면 감소하는 추세를 그리게 된다. 그리고 한계효용이란 재화 한 단위의 추가적인 소비에서 얻어지는 만족의 증가분을 말한다.

$$\text{한계효용} = \frac{\text{총 효용의 증가분}}{\text{소비량의 증가분}}$$

한계효용은 재화의 소비량이 증가할수록 감소하는 추세를 나타내게 된다. 이것을 '한계효용체감의 법칙law of diminishing marginal utilities'이라고 한다. 이는 '새 것'과 '처음'을 좋아하는 인간의 본성에서 비롯된 경제법칙이다. 예를 들어 첫사랑의 감정이 가장 소중하게 느껴지는 것도 경제학적 관점에서 보면, 같은 종류의 그 어떤 사랑보다도 첫사랑의 한계효용이 가장 크기 때문이라고 설명할 수 있다.

재화의 소비량과 총효용 및 한계효용의 관계를 그래프로 나타내면 [그림 4-1]과 같다. 그럼 이제 총효용과 한계효용을 이용한 선택의 문제에 대해서 살펴보자. 예를 들어 갑이 내일 실시될 경제학 시험에 대비하기 위하여 시험공부를 하고 있다고 하자. 이때 갑의 여자 친구인 을로부터 영화 관람을 가자는 전화가 왔다고 하자. 공부할 시간이 별로 없으므로 경제학 시험 준비를 해야 한다고 갑이 말할 때, 을은 "경제학이 나보다 더 중요하단 말이냐?"고 불평한다고 하자. 이에 대해서 갑이 경제학도라면 무엇이라고 대답할 수 있겠는가? 이에 대해 갑은 "총효용total utility은 을이 더 높지만 한계효용marginal utility은 경제학 공부가 더 높다"고 말하면 된다. 여기서 갑이 선택하려는 것은 저녁시간을 경제학에 이용할 것인가 아니면 을과의 데이트에 쓸 것인가의 선택이다. 갑이 경제학을 선택했다는 것은 그 시간을 경제학 공부에 쓰는 것이 데이트에 쓰는 것보다 효용이 높다는 것을 의미한다. 이처럼 경제학자가 보는 선택이란 특정상황에서 하는 상대적 선택이며, 우리가 실제 생활에서 하는 선택도 대부분 이러한 유형의 선택이다.

그림 4-1 총효용과 한계효용

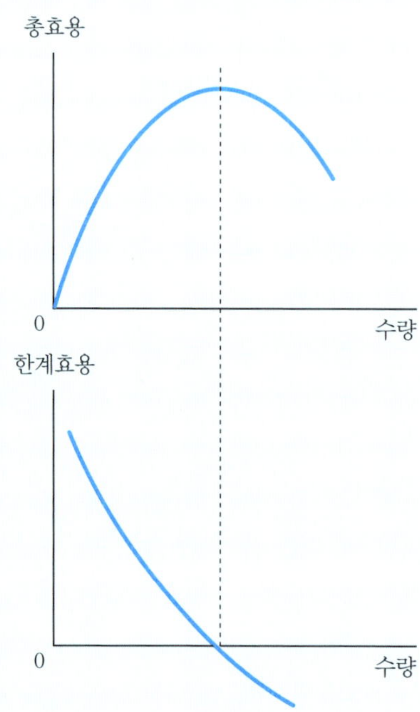

이와 같이 한계효용은 모든 상품의 가치를 평가하는 척도가 되며, 한계효용이 체감한다는 사실은 우리가 주변의 여러 가지 현상을 이해하는 데 큰 도움을 준다. 예를 하나 들어보자. 우리가 다른 집을 방문해 보면 집집마다 거의 냉장고를 갖추고 있다. 그런데 대개 1대씩이며 2대 이상인 집은 거의 없다. 왜 그럴까? 냉장고를 1대 사면 그로부터 얻는 한계효용은 매우 크다. 하지만 일단 하나 있으면 그 다음은 자리만 차지할 뿐 거의 소용이 없으므로 한계효용이 매우 작거나 마이너스가 된다. 따라서 한계효용이 매우 낮거나 마이너스인데 수십만원을 들여 1대 더 산다는 것은 합리적이지 않다. 그래서 집집마다 냉장고를 1대씩만 갖추고 있는 것이다.

다음은 한계효용체감의 법칙이 작용하는 여러 상품의 선택에 대해 생각해 보자. 소비자는 결코 자신의 한계효용보다 더 높은 가격을 지불하려고 하지 않을 뿐만 아니라 주어진 예산 제약하에서 최대의 만족을 주는 소비묶음을 선택하고 싶어 한다. 어떠한 원칙에 따라 소비하면 좋을까? 결론을 먼저 이야기하면, 우리는 1원의 한계효용이 서로 같아지도록 상품을 선택하여 소비할 때 가장 큰 효용을 얻게 되며, 이 경우를 합리적 소비라 할 수 있다. 이것은 소비자의 수요를 생각하는데 있어서 가장 중요한 경제학적 사고방식의 하나라고 할 수 있다.

최근 우리 주위에서 볼 수 있는 '분할 마케팅'은 한계효용체감의 법칙을 활용한 경영활동이다. 전집도 낱권으로, 닭도 부위별로, 케이크도 조각으로 판매하는 분할 마케팅이 인기를 끄는 것은 통째로 구입하기는 경제적 부담도 만만찮고, 불필요한 부분도 함께 살 수밖에 없는 데, 이런 소비자의 고민을 감안하여 필요한 것만 저렴한 가격으로 판매하기 때문이다.

4. 소비자의 최적선택은 어떻게 달성되는가?

이상의 분석을 통하여 우리는 주어진 예산의 범위 내에서 여러 가지 상품을 선택하게 되는 경우, 각 상품을 구매하는데 드는 1원의 효용을 모두 같게 해야만 총효용을 극대화시킬 수 있다는 것을 알 수 있다. 이를 좀 더 경제학적인 도구를 사용하여 소비자의 최적선택의 원리를 살펴보자.

4.1 소비자의 예산제약: 예산제약선

우선 소비자는 예산의 제약하에서 상품을 구입하게 되는데, 주어진 소득을 전부 사용했을 때 구입할 수 있는 재화묶음의 집합을 그림으로 나타낸 것이 예산제약선 budget constraint 혹은 가격선price line이다. 대부분의 사람들은 보다 많이, 그리고 보다 좋은 물건을 소비하기를 원한다. 그러나 사람들이 하고 싶은 모든 소비를 다 할 수 없는 것은 주어진 소득에 한도가 있기 때문이다.

먼저 소득과 지출 간의 관계를 통하여 예산 제약선을 도출해 보자. 주어진 소득을 M, 소비하고자 하는 두 재화 X와 Y의 가격을 P_X와 P_Y라 하면, 소득과 지출 간에는 다음과 같은 관계가 성립한다.

$$M = P_X \cdot X + P_Y \cdot Y$$

이를 Y에 대해 정리해 보면 다음과 같은 예산제약식을 그릴 수 있다.

$$Y = \frac{M}{P_Y} - \left(\frac{P_X}{P_Y}\right) \cdot X$$

예를 들어 소득이 10만원인 사람이 10,000원짜리 옷과 2,000원짜리 피자를 소비하는 경우 이 소비자가 선택 가능한 재화묶음의 집합을 그래프로 그려보자.

[그림 4-2]의 예산제약선과 그 아래에 있는 녹색 영역은 이 소비자가 선택할 수 있는 피자와 옷의 상품묶음을 표시해 주고 있다. 예산제약선은 이 소비자가 주어진 피자의 구입량에 대해 최대로 살 수 있는 옷의 최대량을 보여준다. 반대의 경우도 마찬가지다. 이 소비자는 언제나 예산제약선 아래에 있는 점보다 예산제약선 상의 점을 선택할 때 더 큰 만족을 얻는다. 점 E와 점 D를 비교해 보면 그 이유를 알 수 있다. 점 E에서 이 소비자는 점 D에서 보다 두 재화 모두 더 많이 소비할 수 있다. 물론 이 소비자는 피자와 옷을 더 많이 갖는 점 F에서 더 큰 만족을 얻을 수 있지만, 점 F는 이 소비자의 소득으로는 선택할 수 없는 소비묶음이다.

이를 정리해 보면 [그림 4-2]에서 소비자가 옷을 더 사면 피자를 반드시 덜 사야함을 알 수 있다. 따라서 예산제약선이라고 불리는 이 직선은 소비자가 선택할 수 있는 재화묶음의 집합이라고 할 수 있다. 이 예산제약선의 기울기는 음(—)의

그림 4-2 예산제약선

예산제약선은 피자와 옷에 대한 기회집합의 한계를 보여준다. 여기서 소비자는 점 E에서 선택한다고 하자. 점 D는 선택은 가능하지만 점 E보다 덜 매력적이고 점 F는 선택 자체가 불가능하다.

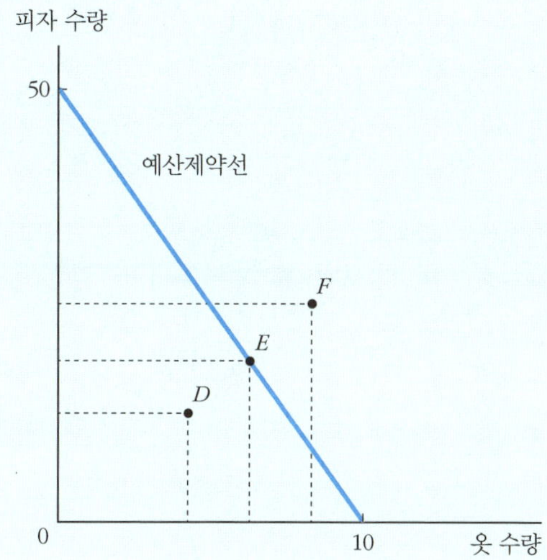

값을 갖고 있으며, 좀 더 구체적으로 말한다면 두 재화의 가격비율에 음(−) 부호를 붙인 것(−[옷의 가격(P_X)/피자 가격(P_Y)])으로 두 재화의 객관적인 교환비율을 나타낸다. 이는 재화의 가격을 소비자가 마음대로 정할 수 없다는 것을 나타낸다. 결국 소비자는 두 재화를 가지고 싶은 만큼 모두 가질 수 있는 것이 아니라 주어진 제약, 다시 말하면 쓸 수 있는 돈이 한정되어 있기 때문에 어느 하나의 소비를 늘리기를 원한다면 다른 하나의 소비는 줄여야 한다는 것을 뜻한다.

4.2 소비자의 선호: 무차별곡선

소비자는 각자 자기 선호에 따라 옷과 피자를 소비한다. 그리고 이 두 재화 소비량의 조합(재화묶음)은 예산제약 내에 얼마든지 존재한다. 이들 조합 중에서 소비자에게 동일한 총효용(만족)을 주는 재화의 묶음을 [그림 4-3]의 그래프로 나타낼 수 있는데, 이를 무차별곡선indifference curve이라고 한다. 서로 다른 무차별곡선은 다른 효용을 나타내며, 원점에서 먼 위치에 있는 무차별곡선일수록 효용이 크다. 그리고 무차별곡선은 원점에 대해 볼록하다. 그 이유는 소비자가 어떤 재화의 소

그림 4-3 무차별곡선

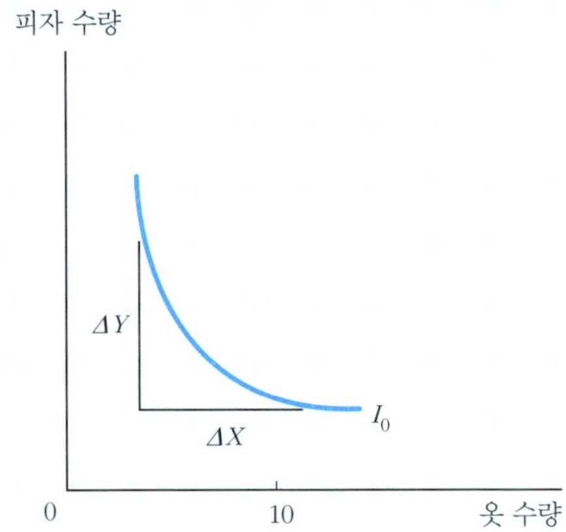

비를 늘림에 따라 그 재화를 상대적으로 덜 소중한 것으로 평가하기 때문이다.

한 무차별곡선상에서 한 재화가 다른 재화로 대체되는 비율을 한계대체율marginal rate of substitution이라 한다. 한계대체율은 두 재화의 주관적인 교환비율을 나타내고, 이는 두 재화의 한계효용의 비율과 같다.

$$MRS_{XY} = -\frac{\Delta Y}{\Delta X} = \frac{MU_X}{MU_Y}$$

예를 들어 설명해 보자. 갑에게는 옷과 피자가 어느 정도 대체가 가능한 상품이라고 하자. 갑이 옷 소비를 1개 줄여야 한다고 해도, 만약 피자의 소비량을 어느 정도 증가시킬 수 있다면 갑의 만족도는 변하지 않을 것이다. 그러면 어느 정도의 피자 소비량을 증가시키면 갑에게 옷 1개분의 소비 감소를 보충할 수 있을까? 이것은 갑이 옷과 피자를 어느 정도 좋아하는가에 달려 있다. 이처럼 옷 소비량의 감소를 보충하는데 필요한 피자의 양을, 소비에 있어서의 옷과 피자의 한계대체율이라 한다. 일반적으로 옷을 보다 강하게 선호하는 소비자일수록 옷의 피자에 대한 한계대체율은 커지게 된다. 그리고 두 재화가 서로 쉽게 대체될 수 있을수록 무차별곡선은 완만하게 볼록하며, 서로 대체하기 어려울수록 심하게 볼록하게 된다.

4.3 소비자의 최적선택: 소비자균형

소비자의 최적선택은 일정한 예산으로 소비자가 최대의 효용을 얻도록 재화를 선택한 상태에서 달성된다.

[그림 4-4]에서 보는 바와 같이 소비자는 그의 예산제약선이 가장 높은 무차별곡선과 접하는 점을 선택한다. 이 점을 소비자 균형점이라고 한다. 그러므로 소비자균형이 이루어졌을 때에는 다음의 조건이 성립된다.

$$MRS_{XY} = \frac{P_X}{P_Y}$$

위의 조건은 소비자가 주관적으로 평가하는 두 재화의 교환비율(한계대체율)과 두 재화의 시장가격 비율$\left(\frac{P_X}{P_Y}\right)$이 서로 같다는 것과 같다. 이러한 소비자행동의 최적화 행동의 결과 서로 다른 재화의 시장가격은 소비자가 그 재화의 가치에 부여한 가치를 반영하게 된다.

재미있는 예를 하나 들어보자. 집이 없는 신혼부부가 집 살 생각을 하고 있다. "작은 서민 아파트를 구입할까?" 아니면 어느 지역에 있는 재개발 아파트를 구입할까? 아니면 근사한 전원주택을 지어서 살면 얼마나 좋을까? 이러한 생각들을 하면서 부부는 열심히 일해서 저축을 하였다. 그리고 세월이 흘러 어느 정도 돈이 모였

그림 4-4 소비자의 최적의 선택

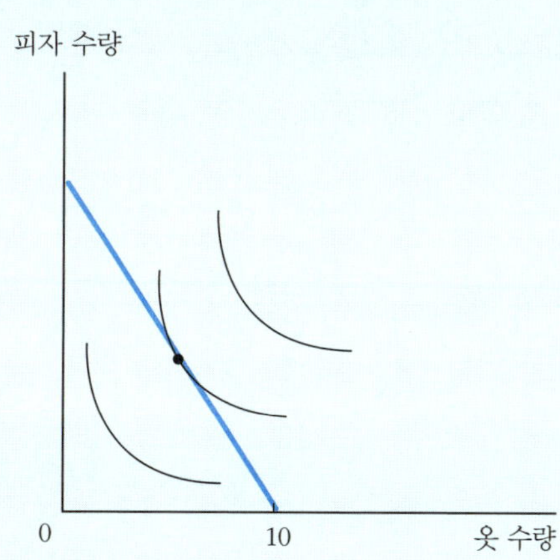

을 때 부부는 그동안 모아둔 돈과 약간의 융자를 얻어서 꿈에도 그리던 자기 집을 마련하였다면, 바로 이것이 예산제약하에서 무차별곡선과 만나는 점에서의 최적 선택과 같은 결과를 가져올 것이다.

4.4 가격의 변화가 소비자의 선택에 미치는 영향

이제 소비자 선택모형을 이용하여 한 재화의 가격변화가 소비자의 선택에 어떤 영향을 미치는지 알아보자. 옷의 가격이 P_1에서 P_2로 내렸다고 하자. 가격의 하락은 소비자의 구입가능성을 넓혀 소비자의 예산제약선을 바깥쪽으로 이동시킨다. 이러한 예산제약선의 변화가 두 재화의 소비량을 어떻게 변화시킬지는 무차별곡선의 모양에 달려 있다. [그림 4-5]에서는 더 많은 옷과 더 많은 피자를 소비하게 된 경우를 보여준다.

그림 4-5 가격변화의 효과

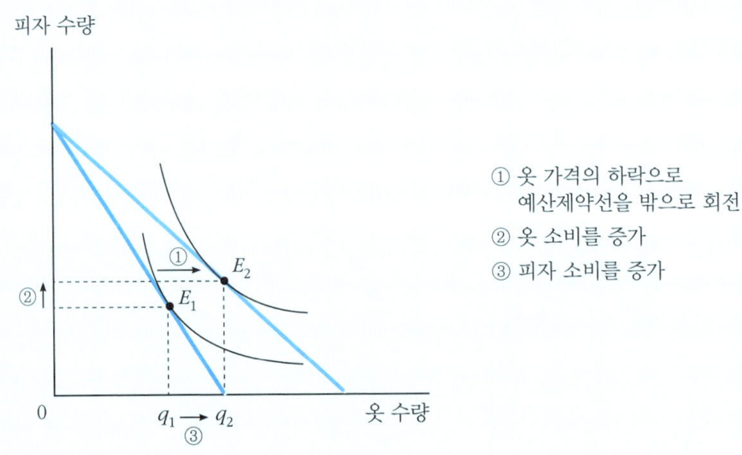

5. 수요곡선은 어떻게 도출할 수 있을까?

우리는 한 재화의 가격변화가 어떻게 소비자의 예산제약선을 변화시켜 그가 구입하는 두 재화의 양을 변화시키는지를 살펴보았다. 이러한 소비자의 의사결정을 이용하여 수요곡선을 유도할 수 있다. 한 예로 옷에 대한 수요를 나타내는 [그림 4-6]을 보자. 그림 (a)는 옷의 가격이 10,000원에서 5,000원으로 하락할 때 소비자의 예산제약선이 바깥쪽으로 이동하고, 그 결과 소비자균형점이 점 A에서 점 B로 이동해서, 옷의 소비량이 50에서 150으로 증가했음을 보여준다. 그림 (b)는 이러한 소비자의 결정에 의해 도출된 수요곡선을 나타내고 있다. 바로 이 과정이 소비자의 선택과 수요곡선이 연결되는 이론적 근거이다. 이와 같이 수요곡선은 재화의 가격변화가 그 재화의 수요량에 미치는 영향을 보여주는 곡선이다. 이러한 각 개인의 수요곡선을 수평으로 합하면 시장 전체의 수요곡선을 유도할 수 있다.

이제 우리는 일반적으로 수요곡선이 우하향하는 곡선임을 알 수 있다. 그러면 수요곡선은 왜 우하향할까? 그 배후에 어떤 원리가 작용하고 있기 때문에 그렇게 될까라는 의문에 답할 수 있는 좋은 기회를 가지게 되었다. 인간은 합리적이므로 어떤 재화를 구입할 때 그로부터 얻게 될 효용이나 편익이 구입비용보다 커야만

그림 4-6 수요곡선의 도출

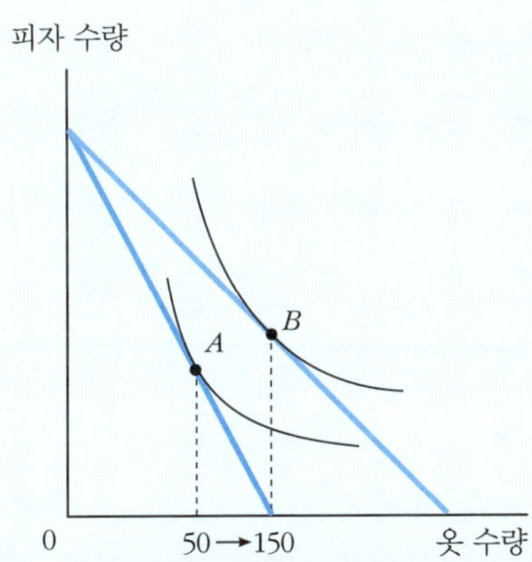

(a) 소비자의 최적선택

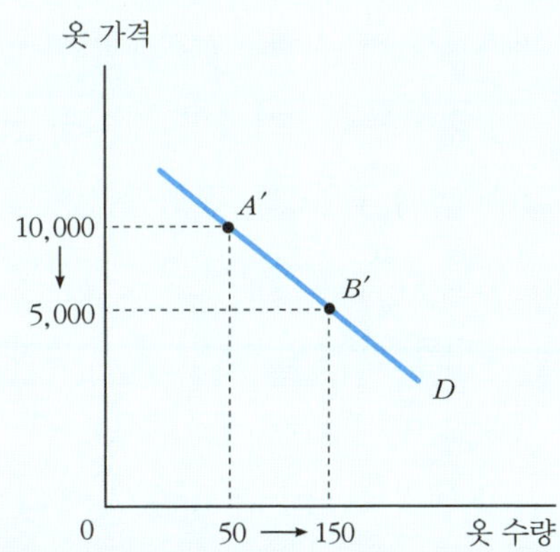

(b) 옷의 수요곡선

구입한다. 재화의 구입량을 증가시키면 그로부터 얻게 될 한계효용은 감소하는데, 가격(구입비용)이 하락하지 않는다면 사람들이 구입량을 늘리지 않는 것은 당연하다. 따라서 수요곡선이 우하향하는 것, 다시 말해 가격이 하락해야만 수요량이 증가하게 되는 것은 그 밑바닥에 한계효용체감의 법칙이 작용하기 때문임을 알 수 있다.

6. 소비자잉여는 어떻게 측정할 수 있을까?

무더운 여름날 여러분은 시원한 캔맥주를 사기 위해 동네 슈퍼에 들어갔다고 하자. 여러분은 캔맥주 하나에 1,500원을 지불할 용의가 있었지만 캔맥주 하나의 가격은 1,000원이었다. 이 경우 여러분은 캔맥주의 가격이 예상보다 싸다고 생각하게 되고, 구입을 하게 되면 큰 이득을 보았다는 느낌을 갖게 될 것이다. 이와 같이 여러분이 지불한 액수와 지불할 용의가 있는 액수와의 차이를 소비자잉여consumer's surplus라 한다.

그렇다면 소비자잉여는 어떤 의미를 가지며, 우리가 일상생활에서 소비하고 있는 상품에서 얻게 되는 소비자잉여를 계산해 볼 수는 없을까? 이 문제를 해결하는데 있어 한계효용이라는 개념은 적절한 도구가 될 수 있다. 왜냐하면 소비자는 소비하는 모든 단위에 대해 같은 가격을 지불하지만 마지막 단위 이전의 소비에서는 가격보다 더 큰 한계효용을 얻고 있기 때문이다.

합리적인 소비자라면 어떤 상품에 대한 수요곡선과 상품의 가격이 일치하는 점에서 실제 구입량을 결정할 것이다. [그림 4-7]에서 보는 것처럼 피자의 가격이 1단위당 2,500원이라면 수요곡선과 가격이 만나는 점 C에서 5단위의 피자를 실제 구입하게 될 것이다. 이 경우 소비자는 첫째 단위의 소비를 위해서는 그것의 한계효용인 6,500원을 지불할 용의가 있을 것이다. 그런데 그가 실제로 지불한 것은 2,500원밖에 안 되기 때문에 여기서 4,000원의 잉여를 얻게 된다. 한계효용이 체감하기 때문에 두번째 단위에 대해서는 5,500원을 지불할 용의가 있었지만 3,000원의 잉여를 얻게 된다. 이와 같은 방법으로 계산해 보면, 5단위의 피자를 얻기 위

그림 4-7 소비자잉여

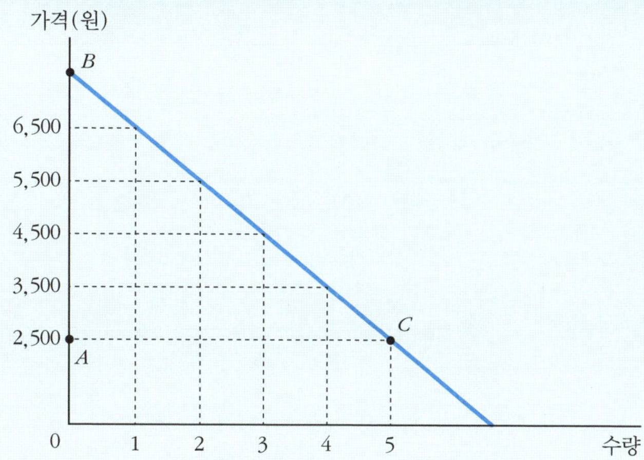

해 소비자가 지불할 용의가 있는 액수는 22,500원(=6,500+5,500+4,500+3,500+2,500)이지만, 실제 지불한 액수는 12,500원(=25,00×5)에 불과하므로, 10,000원의 소비자잉여가 생긴다.

[그림 4-7]에서 피자 5단위에 대해 지불할 용의가 있는 총액은 종축과 5 사이에 있는 수요곡선 아래의 영역이다. 즉 하늘색 영역과 회색영역의 합이다. 실제로 지불해야 할 금액은 회색의 영역(=가격×수요량)이다. 따라서 소비자잉여는 하늘색의 영역인 ΔABC가 된다.

소비자잉여는 소비자의 입장에서 소비자가 누리는 이득을 측정한 것이다. 따라서 정책담당자가 소비자의 취향을 존중한다면 소비자잉여는 경제후생을 측정하는 좋은 지표라고 할 수 있다. 그러나 어떤 경우에는 정책담당자들이 소비자 행동의 배경이 되는 소비자 취향을 존중하지 않기 때문에 소비자잉여를 별로 중요하게 여기지 않을수도 있다. 예를 들어 마약중독자들은 마약에 대해 아주 높은 금액을 지불할 용의가 있지만, 사회적 관점에서 보면 마약중독자가 실제로 낮은 가격에 마약을 구입하였다고 해서 큰 이득이 있다고 할 수는 없을 것이다.

7. 소비자이론을 어떻게 활용할 수 있을까?

'개처럼 벌어 정승처럼 쓴다'는 옛 속담을 언급하지 않더라도, 인생을 살아가면서 무슨 일을 어떻게 해서 돈을 모으느냐에 못지않게 중요한 것은 어떻게 잘 쓰느냐 하는 것이다. 어떻게 돈을 쓰면 우리가 더 행복해질 수 있을까? 돈으로 행복을 살 수 있을까? 오늘날 소비자이론의 기초는 바로 행복에 대한 연구에서 비롯된 것이다. 소비자이론에서는 소득이 높을수록 소비가능영역이 넓어지기 때문에 소비자는 보다 높은 만족을 주는 소비선택을 함으로써 암묵적으로는 더 행복해질 수 있음을 시사하고 있다. 소비자이론을 어떻게 활용할 수 있을까?

7.1 박물관 무료입장, 왜 현금으로 안줄까?[1]

경로우대제도에 따라 65세 이상의 노인은 국·공립 박물관을 이용할 때 입장료가 면제된다. 이는 박물관에 한 번 갈 때마다 입장료에 해당하는 금액을 정부로부터 보조받는 것을 의미한다. 그래서 김장수(70) 씨는 무료입장을 할 수 있는 국립중앙박물관을 한 달에 한 번씩 이용하고 있다. 그런데 정부가 김장수 씨에게 입장료에 해당하는 금액을 직접 현금으로 지급한다면, 김장수 씨의 복지에 더 도움이 될 것이라는 주장이 제기되었다.

이번 문제에서는 다음 두 가지 개념을 통하여 분석하는 것이 중요하다. 첫째는 소비자가 재화의 소비를 선택할 수 있는 자율성이 갖는 경제적 의미이다. 둘째는 정부가 특정 재화의 소비를 보조하는 경제적 근거이다.

일반적으로 소비자는 총효용이 최대화되도록 재화의 소비량을 선택한다. 이러한 소비자 선택을 통해 재화의 소비량은 각 재화의 한계효용이 모두 동일한 수준에서 결정된다. 이러한 결과를 한계효용균등의 법칙이라고 한다. 정부가 사용범위의 제한이 없는 현금 보조를 시행한다면, 보조를 받은 소비자는 한계효용균등의 법칙에 따라 최적의 소비를 선택할 것이다. 그러나 정부가 특정 재화를 현물로 보조할 경우에는 특정 재화의 한계효용이 다른 여타 재화의 한계효용과 달라지게 된다. 그

1 오승현(수원대 교수), KDI·조선일보 공동기획, 조선일보 경제배우기, 2005년 11. (http://www.chosun.com/national/news/200511/200511240382.html)

결과 현물 보조를 받은 소비자의 총효용은 현금 보조를 받았을 때의 총효용보다 낮아지게 된다. 이상이 현금 보조를 선호하는 주장의 근거다. 그러나 이러한 주장은 '정부가 현물 또는 현금 보조를 지원하는 이유'에 대한 근거가 되지는 못한다.

특정 재화의 공익성이 높아서 이 재화의 소비가 바람직하다고 정부가 판단할 경우, 정부는 이 재화의 소비를 권장하는 정책을 실시할 수 있다. 이러한 재화를 가치재라고 한다. 이러한 가치재의 대표적인 예로는 교육, 의료, 문화 및 체육시설 등이 있다. 박물관 관람도 일종의 가치재라고 볼 수 있으므로 정부는 이에 대해서 소비를 지원할 수 있는 것이다. 요약하면, 현금 보조는 소비자의 총효용 측면에서 현물 보조의 경우보다 우수하다. 그러나 보조를 지원하는 정부의 목적이 가치재의 소비를 증진시키는 데 있다면, 현물 보조를 통해서 가치재의 소비를 증진시키는 것이 바람직할 수 있는 것이다.

7.2 소비에는 어떤 심리적 법칙이 작용할까?

한정된 소득으로 소비를 하는 우리로서는 가격, 성능(품질), A/S 여부 등의 객관적인 기준과 소비자가 제품에 대해 만족하는 주관적인 기준(차량을 예로 들면 외관, 내부구조, 승차감 등)에 따라 스스로 평가한 후 가장 이상적이라고 생각하는 제품을 선택하고, 선택된 제품을 언제(어느 시기에 구매할 것인가), 어디서(제품을 판매하는 곳 중 어디서 구매할 것인가) 구입하면 좋은가를 따져 소비한다면 합리적인 소비가 될 가능성이 높을 것이다.

그런데 우리는 소비를 할 때 유행, 열풍, 사회분위기 등에 따라 꼭 필요하지도 않은 제품을 사는 경우도 많다. '다른 사람이 어떻게 내 소비에 영향을 준다는 거지?' 이렇게 생각할 수도 있지만, 실제로는 주변사람들의 소비에 영향을 받는 경우가 많다. 이와 같이 소비(혹은 경제행위)가 다른 사람들 소비의 영향을 받을 때 경제용어로 '네트워크 효과'가 있다고 말하는데, 우리 주위에서 볼 수 있는 몇 가지 사례를 통해 어떤 심리적 법칙이 작용하는가를 살펴보자(장준영, 조선일보, 2006.11.18).

어떤 제품이 유행하게 되면 다수의 행동에 따라 상품을 구입하게 되는 경우가 있는데, 이를 '편승효과bandwagon effect'라고 한다. 어찌 보면 일종의 모방 심리와도 일맥상통하는데, 친구 따라 강남 가는 우리 소비자들의 성향과 많이 닮아 보인다.

원가 10만원 정도의 시계가 수천만원짜리 명품시계로 둔갑돼 팔려 나갔던 소위 '가짜 명품시계 사건'에는 어떤 심리가 작용하였을까? 기능에 비해 가격이 비싼 제품이 날개 돋친 듯 팔리는 현상은 '베블렌 효과'라고 하는데, 가격이 오를수록 과시욕이나 허영심 등으로 구매가 늘어나는 경우이다. 이러한 '짝퉁'을 부르는 소비자의 과시심리현상을 도처에서 발견할 수 있다.

이와는 달리 다수의 소비자가 구매하는 상품을 사지 않는 경우도 있는데, 이를 '속물효과snob effect'라고 한다. 남들이 사지 못하는 값비싼 상품을 보면 오히려 사고 싶어지는 속물적인 욕망에서 유래한 용어이다. 어떤 상품이 인기를 끌면서 소위 '국민브랜드'가 되면 '난 너희와 달라!' 이런 생각을 하면서 그 브랜드를 사지 않는 경우를 말한다.

이와 같이 소비에는 알게 모르게 다른 사람들의 소비형태가 나의 소비에 영향을 줄 수 있지만, 자신의 경제능력을 벗어나는 소비는 개인뿐만 아니라 가계나 국가에도 큰 손실을 가져올 수 있다. 따라서 구매계획을 꼼꼼히 세운 후 가격과 품질, 실용성 등을 고루 살펴보고 비교한 뒤에 삶의 질을 높이는 데 보탬이 되도록 소비를 하면 소비로 인한 행복감도 높아지는 합리적인 소비가 될 수 있을 것이다.

7.3 돈으로 행복을 살 수 있을까?

인간은 살아가기 위해서는 물질을 필요로 하고, 행복해지기 위해 가능한 한 높은 수준의 의식주와 문화생활을 원한다. 우리가 생각하고 있는 것만큼 물질적으로 풍요로운 생활을 하는 사람은 그렇지 못한 사람들보다 더 행복할까? 그리고 어느 정도의 돈이 있으면 행복한 생활을 할 수 있을까?에 관심이 많다.

'돈과 행복 사이에는 전혀 상관관계가 없다'고 주장하는 사람들도 있지만, 최근의 경제학계의 연구에 의하면, 돈과 행복과의 상관관계는 복잡하기는 하지만 실제 '매우 부유한 사람'이 '매우 가난한 사람'보다 더 높은 삶의 만족도를 보인다는 결과를 내놓고 있다.

조나안 가너Jonathan Garner와 앤드류 오스왈드Andrew Oswald는 '돈으로 행복을 살 수 있는가'라는 논문을 통해 돈과 행복에 관한 실증적인 연구결과를 내놓아 주목을 받은 바 있다. 결론은 '돈으로 행복을 살 수 있고 스트레스를 낮출 수 있다'는 것이다.

많은 사람들이 복권을 사는 것도 돈으로 행복을 살 수 있다고 믿기 때문이다. 일반인들은 복권에 1등으로 당첨되기만 하면 '고생 끝, 행복 시작'일 것으로 생각하지만, 경제학자들은 돈으로 행복해질 여지는 크지 않을 것으로 보고 있다.

왜 그럴까? 경제학적으로 생각해 보면, 높아진 소득을 어떻게 처분해야 더 큰 만족을 얻을 수 있는가 하는 방법을 찾아내는 비용이 발생하기 때문에 소득이 높아진 만큼 행복도가 높아지는 것은 아니라는 것이다. 이 비용이 너무 크게 발생하는 경우에는 오히려 불행해질 수도 있다. 예를 들어 복권 당첨으로 큰돈을 탄 가족이 상금처분을 놓고 불화를 빚는 경우 복권 당첨으로 인해 더 불행해질 수도 있기 때문이다.

경제학적 가르침은 돈으로 행복을 살 수 있으며 부자가 되면 더 행복해질 가능성이 높다는 것은 인정하지만, 그렇다고 해서 부자가 될수록 더 행복해지는 것이 결코 쉬운 일이 아니라는 것이다. 우리나라는 과거에 비해 소득수준과 소비수준이 높아졌음에도 불구하고 1인당 국민소득이 1만 달러를 넘는 나라 중에서 '국민들이 제일 행복하지 못한 나라'라는 연구결과도 있다.

그렇다면 행복해지기 위하여 우리는 어떻게 해야 하는가? 모든 사람들은 주로 친구와 이웃의 부에 비추어 자신의 부를 측정하는 경향이 있다. 소위 '이웃효과 neighbors effect'를 어떻게 극복할 것인가 하는 것이 중요하다. 우리 속담에 '사촌이 논을 사면 배가 아프다'라는 말이 있다. 결국 이 속담을 뒤집어 놓고 보면 '사촌이 논을 사는 것을 배 아파하지 않아야 행복해질 수 있다'는 이야기가 된다.

이상과 같은 경제학적 사고의 교훈은 '너무 욕심 내지 않고, 다른 사람이 돈을 더 버는 것을 시기하지 않는다면, 부자가 될수록 더욱 행복해질 수 있다'는 것을 시사해 주고 있다. '인생에서 행복을 찾으려면 월급을 두 배로 올리려 애쓰지 말고 올바른 배우자를 찾는 등 인간관계의 질을 높이려 애쓰는 편이 훨씬 나을 것'이라는 앤드류 오스왈드의 충고도 경청할 필요가 있다.

8. 소비자의 선택에 관한 규제와 장려는 정당한가?

시장경제에서 '누구를 위해 재화를 생산하는가?'라는 문제에 대한 답은 간단하다. 즉 재화들은 소비자를 위해 생산된다. 따라서 소비자선택이론은 시장경제를 이해하는 데 아주 중요하다. 소비자의 소비행위가 효용극대화를 추구하는 가운데서 행한 자유로운 선택의 결과라면 이를 간섭하고 규제하는 것은 개인의 자유에 대한 간섭이 된다. 이런 의미에서 소비자의 행동에 대한 규제는 원칙적으로 불필요하며 자유에 대한 제약이다.

이러한 소비자선택이론에 따르면, 고속도로에서의 차량속도 제한은 불필요한 것이 아닌가? 하는 의문을 갖게 할 것이다. 왜냐하면, 빨리 달리는 것은 시간과 비용에 대한 소비자 선택의 결과이기 때문이다. 자유주의적 관점에서는 이러한 의문을 가질 수 있고, 그래야 한다는 주장도 없지는 않다. 그러나 고속도로에서의 속도 제한은 사고의 위험이 승객과 다른 차의 운전자 및 승객에게도 미친다는 데서 그 근거를 찾을 수 있다. 마약 등 습관성 약물 복용을 규제하는 것도 이와 같은 근거에 입각한 것으로 볼 수 있다.

그렇다면 운전자나 그 옆 좌석 승객에게 안전벨트 착용을 의무화하는 것은 필요한가? 과속운전과는 달리 안전벨트를 매지 않았다 해서 다른 운전자에게 피해를 더 가하는 일은 거의 없다. 그렇다면 안전벨트의 강제는 운전자에 대한 불필요한 규제가 아닐까 하는 의문이 생긴다. 이러한 규제의 경제적 근거를 굳이 찾는다면, 사고로 인한 피해가 결국 사회의 짐이 된다는 점을 들 수 있다.

한편 정부는 어떤 행동을 억제하거나 금지하기 위해서뿐만 아니라 어떤 행동을 장려하거나 강제하기 위해서도 개입한다. 예를 들어 의무교육이나 의료서비스 또는 주택서비스와 같은 공공재적 성격을 지닌 가치재merit goods를 시장 메커니즘을 통해 배분하려고 할 경우에는 계층 간에 불화와 갈등을 초래시킬 수도 있다. 이러한 경우 정부가 적절히 개입하여 시장의 성과를 개선할 수가 있을 것이다.

위에서 살펴본 바와 같이 소비자의 선택에 대한 규제와 장려는 어느 정도 필요하다. 소비선택의 자유를 법으로 제한할 경우에는 소비가 자신과 타인에게 미치는 영향이 극히 부정적인 경우에 국한되어야 한다. 그 정도가 지나칠 경우 소비위축이나 정부정책의 비효율성 같은 의도하지 않은 결과가 생기기도 한다. 따라서 개별소비자의 선택은 법적인 규제보다는 자율적으로 책임 있는 선택을 할 수 있도록 도와주는 것이 바람직할 것이다.

참고문헌

- 김경환·김종석 옮김, N. Gregory Mankiw, 「맨큐의 경제학」(7판, 2015), 센게이지러닝코리아.
- 김동원, 「미경제학회 이색논문」(2002), 매일경제.
- 박덕제·박기성, 「경제학원론Ⅱ」(1998), 한국방송통신대학 출판부.
- 오영수, 「31가지 테마가 있는 경제여행」(1997), 사계절
- 이준구, 「열린 경제학」(1995), 도서출판 삼성.
- 장준영, 「꼭 필요한 물건도 아닌데 왜 샀을까?」(2006), 조선일보.
- 조우현·박덕제, 「경제학원론Ⅱ」(1993), 한국방송통신대학 출판부.
- Jonathan Gardner and Andrew Oswald (2001) "Does Money Buy Happiness? A Longitudinal Study Using Data on Windfalls."

생각해 볼 문제

1. 여러분들이 평소에 즐겨 먹는 떡볶이의 가격이 1,000원에서 500원으로 내렸다면, 여러분은 어떻게 할 것인가?

2. 임금상승이 노동공급을 증가시킬까? 그 이유는 무엇인가?

3. 이자율이 상승하면 반드시 저축이 증가할까?

4. 현실에서도 과연 현금보조가 정책상 더 소비자의 후생을 증가시킬까?

5. 커피는 리필이 되는데, 맥주는 리필이 되지 않는 이유를 한계개념을 사용하여 설명해 보자.

6. 전집도 낱권으로, 닭고기도 부위별로, 케이크도 조각으로 판매하는 등 '분할 마케팅'이 인기다. 이것을 경제학적으로 어떻게 설명할 수 있을까?

7. 수요곡선의 배후에 있는 소비자의 행동원리를 간단히 설명해보자.

8. 인스턴트 커피 제조업체들이 판매증대를 위하여 머그잔을 덤으로 제공하는 경제적 근거는 무엇인가?

읽을거리

2만원을 1만 9,900원에 '폭탄세일'하는 이유

990원, 1,990원, 19,900원, 29,900원, 49,900원, 99,900원…. 우리 주변에서 흔히 볼 수 있는 가격표들이다. 누구나 한번쯤은 이처럼 어떤 규칙에 따라 정해지는 듯한 가격의 이유를 궁금해 했을 법하다. 필자 역시 이 가격들이 무척 궁금했었다. 〈가격의 경제학〉(책이 있는 마을)을 읽기 전에는. 없어도 그만인 100원 할인에 눈이 멀어 충동구매하는 소비자인 우리, 왜? 기껏해야 10원이나 100원, 200원을 깎아주고 있지만 누구나 한번쯤은 이 가격에 흔들려 충동구매를 한 경험 또한 있으리라. 사실 이렇게 깎아준 100원이나 200원의 가치는 작다. 껌 한 통 살 수 없는 금액이다. 하지만 판매현장에서 이렇게 매긴 가격들이 이끌어내는 판매 상승효과는 대단하다고 한다. (중략)

미국 콜로라도주립대 매닝 박사와 워싱턴주립대 스프로트 박사는 소비자들의 이런 심리와 관련된 연구를 하여 〈소비자 연구 저널〉이란 잡지에 재미있는 결과를 발표했다. 소비자들이 가격표의 첫째 자릿수 변화에 민감하게 반응한다는 내용의 '왼쪽자리 효과'.

2달러짜리 볼펜 A와 4달러짜리 볼펜 B를 학생들에게 우선 제시한다. 그런 후 4달러짜리 B를 3달러 99센트에 팔겠다고 한다. 이때 44%의 학생들이 B를 선택했단다. 그러나 뒤이어 2달러짜리를 1달러 99센트에 팔겠다고 하자 B를 선택하겠다는 사람은 18%.

저자는 '왼쪽자리 효과'와 관련된 또 다른 실험을 소개한다. A그룹에는 1×2×3…×8=?을, B그룹에는 8×7×6…×1=?의 문제를 제시, 시간제한 때문에 어림짐작하여 내놓은 답에 주시한다. A그룹이 내놓은 평균값은 512, B그룹의 평균값은 2,250. 곱셈의 시작이 1이냐 8이냐에 따라 예상 답에 이처럼 4배 가까운 차이가 났던 것이다.

이는 가장 앞에 놓인 숫자가 대단한 영향력을 보여주는 예이자 나아가 사람들에게 첫인상이 얼마나 중요한지를 보여주는 좋은 예가 되기도 한다. 소비든 사람과의 만남이든 사람들은 합리적으로 사고하려고 노력하지만 결국 어떤 제품에 대한 첫 인식과 어떤 사람에 대한 첫인상에서 받은 것을 쉽게 벗어나지 못하기 때문이다.

"사람들이 대개 글을 왼쪽에서 오른쪽으로 읽기 때문에 자연스럽게 숫자를 접할 때에도 맨 왼쪽자리에 집중한다. 즉 4달러짜리 펜이 3달러 99센트로 바뀌면 1센트 차이가 아니라 첫자리인 1달러의 변화로 인식해 마치 가격이 크게 떨어졌다고 느끼는 것이다."

소비자심리학자들은 이렇게 설명한다. 이를 응용해 미국의 할인점에서는 1.99달러, 10.99달러와 같이 상품에 9자로 끝나는 가격들을 많이 붙인다고 한다. 1.99달러는 실은 2달러다. 그러나 앞의 숫자 1에 주목해 1달러에 가까운 가격으로 받아들이고 예상보다 많이 구매한다는 것이다.(중략)

이처럼 가격에는 사람들의 심리나 정서 등이 크게 작용한다. 소비자인 우리들이 마땅하다고 생각하고 구매를 결정하는 모든 가격에는 어떻게든 많이 팔아 이윤을 많이 남겨야 하는 생산자들의 치열한 전략이 숨어 있는 것이다.(중략)

추석을 앞둔 어느 날 선물세트 가격에 붙은 거품에 대한 방송을 봤다. 커피나 샴푸 등의 선물세트에 포장비+반품비+인건비 등 50%가량의 가격이 더 붙었기 때문에 세트 속 물건들을 모두 합하면 개별로 사는 것보다 훨씬 비싸다는 것이다. 게다가 일반적으로 판매되는 물건보다 30g가량 용량이 적기 때문에 소비자들이 가격을 따지기 힘들게 만든다는 것이다.

책은 이제까지 우리들이 당연하다고 알고 지불했던 가격 속에 숨은 것들을 다양하게 들려준다. 어떻게 하면 구매자들이 만족스럽게 지불하게 하면서 최대한의 이윤을 남길 수 있을까? 어떻게 하면 원하는 물건을 최대한 싸게 살 수 있을까? 할인점의 수많은 물건 값들은 어떻게 정해지는 걸까? 어떤 노력을 해야 가격에 현혹되는 충동구매를 막을 수 있을까?

출처: 김현자, 오마이뉴스, 2009.10.6

읽을거리

결혼은 사치품? '가난한 사랑 노래' 현실되나
美, 젊은층 소득 낮을수록 결혼율 낮다

최근 해외에서 결혼이 과연 사치품(luxury good)인가를 두고 논란이 일고 있다. 경제학에서는 사치품을 소득탄력성(수요증가/소득증가)이 1보다 큰 재화로 정의한다. 하지만 사치품을 쉽게 설명하면 "돈 있는 사람은 살 수 있고 돈 없는 사람은 살 수 없는 상품"이란 뜻이다.

지난달 26일(현지시간) 미국 경제전문매체인 CNBC는 "먼저 사랑이 오고 나서 결혼이 온다는 오랜된 격언을 이제는 잊어야 한다"며 "오늘날에는 먼저 학벌, 좋은 직업, 집과 통장이 온 뒤에야 결혼에 대해 얘기할 수 있다"며 결혼이 사치재가 됐음을 지적했다."

매체는 이어 최근에는 대학 졸업장을 갖고 있는 사람이 그렇지 못한 사람보다 더 많이 결혼하고, 결혼 생활을 유지할 확률이 높다면서 결혼한 사람이 미혼인 사람보다 경제적으로도 더 부유한 경향이 있다고 설명했다.

실제로 이날 매체는 온라인을 통해 "결혼하기 전에 좋은 재정 상태를 유지하는 것이 중요한가?"라는 설문을 진행했다. 4일 오후 현재 약 2만 7,000명이 투표에 참가했으며 이 중 67%(1만 8,300명)가 그렇다고 응답했다.

하지만 결혼을 사치품으로 보는 것에 반대하는 시각도 있다. CNBC의 보도가 나오고 며칠 뒤인

30일 미국 시사지 〈더 애틀란틱〉의 데릭 톰슨 선임 편집인은 "결혼을 '사치품'으로 부르는 걸 멈춰라"라는 기사를 통해 반론을 제기했다.

톰슨은 "최근 결혼을 부자는 할 수 있고 가난한 사람은 못하는 사치재로 보는 많은 보도들이 있었다"며 "하지만 문제는 그렇게 단순하지 않다"고 지적했다.

그는 결혼이 만약 사치재라면 소득과 높은 상관관계가 있는 교육 수준에 따라 결혼하는 사람의 비율이 무척 달라야 하지만 실제로는 교육 수준과 상관없이 결혼율은 비슷하다고 주장했다. 그는 46세가 될 때까지 대학을 졸업한 사람의 89%가 결혼을 하며 고등학교 졸업자와 중퇴자의 경우 각각 87%와 81.3%가 결혼을 했다고 설명했다. 즉 결혼이 사치재의 특성을 띠지 않는다는 것이다.

하지만 그는 교육 격차와 결혼율에는 차이가 없지만 이혼율의 경우 교육 정도에 따라 영향을 받는다고 부연했다. 교육 정도가 낮을수록 이혼율이 높다는 것으로 46세까지 고등학교 중퇴자의 이혼율은 58.8%로 대학 졸업자의 이혼율 29.8%의 약 두 배였다.

또 흑인들의 경우 백인들에 비해 결혼하는 시기가 늦고 결혼하는 비율도 낮았다. 46세가 될 때까지 백인의 90.4%가 결혼하는 반면 흑인의 68.3%만이 결혼을 했다.

결혼은 사치재가 아니라는 톰슨의 주장에 대해 같은 날 〈더 애틀란틱〉의 또 다른 편집인 조단 웨이스만은 '유감스럽게도 결혼은 사치재가 맞다'라는 제목의 글을 게재했다.

앞선 톰슨의 주장은 2010년 기준 46세 이상의 초기 베이비부머를 대상으로 한 장기적인 통계로, 오늘날의 미국 젊은이들에게는 해당하지 않는다는 것이다. 웨이스만은 2012년 미국 인구조사 통계를 바탕으로 젊은 세대일수록 소득이 낮을 경우 결혼할 확률이 부모 세대에 비해 훨씬 낮다고 주장했다.

실제로 그가 제시한 자료에 따르면 대체적으로 소득이 낮을수록 한 번도 결혼하지 못한 남성의 비율이 높으며 젊은층일수록 그 정도가 심한 것으로 나타났다.

다만 20대 중에도 연소득이 연간 약 8,000만원 이상으로 부유할 경우 예외적으로 소득이 적은 남성보다 결혼을 하지 않을 확률이 더 높았다.

웨이스만은 결혼을 해서 결혼 생활을 유지하는 것이 중산층이 되는 가장 확실한 방법인데, 가난한 사람들은 이 기회마저 놓침으로써 안정된 삶을 살 수 있는 기회를 처음부터 얻지 못하고 있다고 지적했다.

신경림 시인의 시처럼 '가난하다고 해서 사랑을 모르지'는 않겠지만 적어도 '가난하면 결혼하기 어려운 것'은 어느 정도 사실인 셈이다.

출처: 이환주, 파이낸셜뉴스, 2013.11.19

Chapter 05

생산자 행동

1. 시장에서 생산자의 역할과 위치를 어떻게 볼 것인가?
2. 생산자의 선택기준은 무엇인가?
3. 이윤을 극대화하려면 어떤 조건이 필요할까?
4. 생산자의 최적선택은 어떻게 달성되는가?
5. 공급곡선은 어떻게 도출할 수 있을까?
6. 생산자잉여는 어떻게 측정할 수 있을까?
7. 생산자이론을 어떻게 활용할 것인가?
8. 생산자의 선택에 관한 규제는 정당한가?

개관

생산이란 인적 및 물적 자원을 사용하여 인간의 욕망을 충족시켜 줄 수 있는 여러 가지 재화와 서비스를 만들어냄으로써 인간의 효용을 증대시키는 행위를 말한다. 흔히 생산을 하는 이유를 이윤극대화, 판매액의 극대화, 경영자의 사회적 명성, 회사성장의 극대화, 사회공헌 욕구에 근거한다고 말한다.

경제학에서 생산자이론은 본질적으로 소비자이론과 차이가 없다. 두 이론 모두 의사결정자가 대안들에 직면해서 그중에서 선택을 하며, 이 선택은 비용과 편익의 비교를 반영한다고 가정한다. 그리고 생산자가 이윤의 극대화를 위해서 생산을 조절한다는 것은 소비자가 효용의 극대화를 위해서 선택적으로 소비한다는 것과 같은 맥락에서 이해될 수 있다. 이런 점에서 생산자이론과 소비자이론은 대상은 달라도, 이들의 동기유발요인의 분석에 초점을 맞추고 있으며, 이들이 특정목표를 극대화시키기 위해 움직인다는 것을 기본적인 가정으로 하고 있다. 한편 두 이론은 그런 목표를 극대화하고자 할 때 양자가 직면하는 제약을 설정하고 있는데, 소비자 측에는 소득이, 생산자 측에는 비용이 제약된다.

제5장의 학습을 통하여 우상향하는 공급곡선의 배후에 있는 생산자의 행동원리를 이해함으로써 합리적인 생산자로서 행동할 수 있는 능력을 갖게 될 것이다.

내용표준과 기준

제5장에서 다룰 주요 내용은 미국 경제교육협의회(NCEE)의 〈내용 표준과 기준 2와 6〉 가운데 기업과 관련된 부분에 해당하는 것으로 한계분석, 편익-비용분석, 이윤극대화, 전문화, 매몰비용, 생산성 등의 기준을 포함하고 있다.

1. 시장에서 생산자의 역할과 위치를 어떻게 볼 것인가?

시장에서 생산자나 소비자의 역할과 위치는 그들의 의사결정을 통해 나타난다. 소비자는 생산요소들을 공급하여 소득을 얻고 산출물을 소비하는데 그 소득을 지출한다. 따라서 소비자는 생산요소 공급에 관한 의사결정과 소비재 수요에 관한 의사결정을 한다. 그리고 생산자는 산출물 공급에 관한 의사결정과 생산요소 수요에 관한 의사결정을 한다. 생산자는 우선 어떤 산출물(공급재)을 공급할 것인지를 결정해야 한다. 물론 의사결정의 기준은 더 많은 이윤을 얻는 데 있다. 즉 어떤 산출물을 얼마만큼 생산·공급해야 가장 많은 이윤을 얻을 수 있는가 하는 것이 생산자가 결정해야 할 첫 번째 문제이다. 생산자가 결정해야 할 두 번째 문제는 어떤 생산요소들을 사용하여 생산할 것인가 하는 문제이다. 즉 재화를 생산하기로 하였다면 재화를 어떤 생산방법으로 생산할 것인가 하는 문제이다. 노동집약적인 생산방법을 쓸 수도 있고 자본집약적인 방법을 쓸 수도 있다. 노동집약적인 방법을 택하면 노동수요가 자본수요보다도 더 많을 것이다. 따라서 생산자의 생산방법에 관한 의사결정은 생산요소들의 수요에 관한 의사결정과 같다.

생산자는 생산요소를 공급받아 산출물을 공급함으로써 소득(부가가치)을 창출하는데 그 소득의 일부는 생산요소 비용으로 지출되어 가정 또는 소비자의 소득으로 귀속되고 일부는 이윤으로서 생산자의 소득으로 귀속된다. 그리고 기업소득의 일부는 조세형태로 정부소득으로 귀속된다. 시장경제에서 국내총생산GDP와 국민총생산GNP의 대부분이 이런 기업들의 경제활동에 의해 창출되고 있음은 중요한 사실이다. 자영업이나 정부의 공공재 공급에 의한 소득창출도 중요하기는 하지만 생산자들의 경제활동이 활발해야만 시장경제 전체가 활력을 갖게 된다.

2. 생산자의 선택기준은 무엇인가?

이제 생산자가 생산량을 어떠한 원리에 따라 결정하는지를 검토할 때가 되었다. 상품의 공급에 대한 경제학자들과 비경제학자들의 견해가 어떻게 다른가 하는 문제부터 다루어 보자.

어떤 사람들은 공급이 정해져 있다고 생각한다. 그런가 하면 어떤 사람들은 수요가 고정되어 있으며 생산자들은 수요에 맞추어 공급해 왔다고 이야기하기도 한다. 그러나 경제학적으로 볼 때 공급은 정해진 것도 아니며 그렇다고 얼마든지 변할 수 있는 것도 아니다. 공급은 여러 가지 요인에 의해 결정되는데 가장 영향력이 큰 요인으로는 상품의 가격을 들 수 있다. 상품의 공급은 정해져 있어서 어쩔 수 없는 경우로부터 생산조건에 융통성이 있어서 수요의 수준에 맞추어 결정하는 경우까지 다양한 조건에 따라 융통성 있게 정해진다. 공급량은 각각의 경우에 상품의 가격을 반영하여 결정되는데, 여기에는 기술의 문제와 수요조건을 생산에 반영시키는 데 걸리는 시간이 문제가 된다.

그렇다면 생산자는 무엇 때문에 재화를 공급하는가?라는 기본적인 의문으로 들어가 보자. 수요의 경우와 마찬가지로 공급에 대해서도 경제학자들은 직접적인 가정을 세우지 않는다. 경제학자들은 기업이 자신의 이윤을 극대화하기 위해 노력한다는, 보다 기본적인 가정에서 출발한다. 정치·경제적 이념에 따라서는 이윤을 문자 그대로의 의미로 파악하기보다는 자본주의사회의 문제점과 연결시켜 좋지 않은 이미지로 부각시키기도 한다. 그러나 경제학자들은 이윤이란 동기유발의 강력한 요인이며, 기업의 수입 가운데 비용을 초과하는 부분이라고 정의한다. 한 회사의 수입은 그 회사가 고객들로부터 받은 금액의 총합이며, 이 액수는 상품의 가격과 판매량에 비례해서 증가한다. 비용은 원자재, 임금, 설비, 임차료, 이자, 세금 등의 형태로 발생한다. 그리고 기업은 수입이 비용을 초과하는 액수, 즉 이윤이 최대로 될 때까지 생산량의 변화로 수입과 비용을 조절한다는 것이 경제학자들의 견해이다.

3. 이윤을 극대화하려면 어떤 조건이 필요할까?

수입이 비용을 초과한 부분을 이윤이라고 한 경제학자들의 정의에 따르면, 기업은 비용보다 수입이 큰 상품의 생산량을 늘림으로써 기업의 이윤을 늘릴 수 있다. 이윤극대화를 목표로 하는 기업이라면 어떠한 원리에 따라 생산량을 결정하여야 하는가? 무엇보다도 '합리적인 의사결정은 한계적으로 이루어진다'는 경제학의 원리를 기억해야 할 것이다. 왜냐하면 시장에 진입하기 위한 고정비용이 이미 발생한 상태에서 기업의 의사결정은 생산을 할 것인가 말 것인가의 문제가 아니라, 재화를 한 단위 더 생산할 것인가 덜 생산할 것인가의 문제이기 때문이다. 완전경쟁시장의 기업을 가정한다면 이 문제에 대한 대답은 비교적 명쾌하게 설명할 수 있다. 일반적으로 기업의 이윤을 극대화하기 위해서는 한계수입(상품 하나를 더 생산하여 판매함으로써 늘어나는 수입)과 한계비용(상품 하나를 더 생산하는 데 드는 비용)이 일치하도록 생산량을 결정해야 한다. 예를 들어 어떤 기업이 팔고 싶은 만큼의 상품을 모두 시장가격으로 팔 수 있다면 상품 하나를 팔 때마다 그 기업의 수입은 그 상품의 가격만큼씩 증가하게 된다. 여기서 각 상품의 가격이 그 상품의 생산비용보다 높게 책정되어 있으면 기업은 생산량을 늘림으로써 이윤도 증가시킬 수 있게 된다. 경제학자들의 가정에 따르면, 가격이 한계비용을 초과하는 한 생산량은 늘어나게 마련이다.

그러면, 이러한 원리를 실제로 다음과 같은 특수한 상황에 적용시켜 보자. 완전경쟁 상태에 있는 운동화 제조업체가 있다고 하자. 운동화의 시장 가격이 2만원이라면, 이 기업이 운동화 한 켤레를 추가로 생산해서 벌어들이는 수입은 항상 2만원이다. 시장에 경쟁자가 많으므로 이 기업이 운동화의 가격을 조금이라도 올리면 아무도 그 기업의 운동화를 사지 않을 것이다. 따라서 이 기업은 운동화를 한 켤레 더 생산할 때의 추가 비용이 가격과 같은 수준까지만 생산하게 된다. 이 운동화 제조업체가 운동화 한 켤레를 더 생산하는 데 소요되는 비용이 1만 8천원이라고 하면, 운동화 한 켤레를 팔 때마다 2천원의 이윤을 얻게 된다. 따라서 이 제조업체는 생산량을 계속 늘림으로써 수익을 올릴 수 있다. 그러나 생산량의 확대는 비용의 증가를 가져와 운동화 한 켤레를 팔 때마다 얻는 수입과 한 켤레를 생산할 때마다

그림 5-1 이윤극대화 생산수준

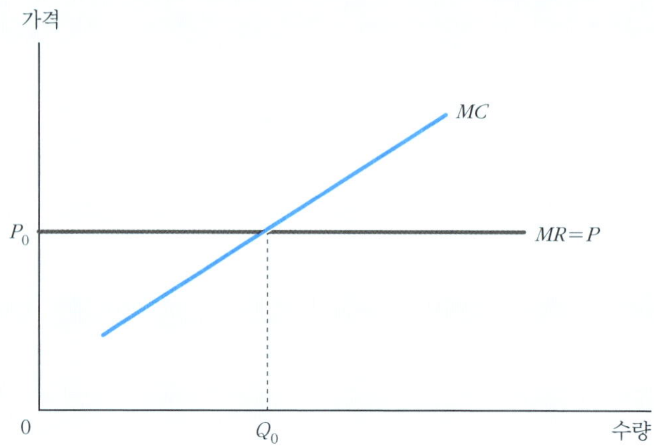

소요되는 비용을 같게 함으로써 결국 추가적인 수입이 없어지게 된다.

이상의 예에서 알 수 있듯이, 상품의 한계비용과 가격이 일치하도록 생산량을 조절할 경우에 기업의 이윤은 극대화된다. 상품의 한계비용이 가격에 미치지 못하는 경우에 생산량과 기업의 이윤은 비례적으로 증대되며, 한계비용이 가격보다 큰 경우에는 생산량을 줄이는 편이 이윤을 크게 하는 것이다.

4. 생산자의 최적선택은 어떻게 달성되는가?

4.1 생산함수와 등량선

극대이윤을 추구하는 기업가는 기업의 생산과 관련하여 어떤 선택을 할 것인가? 우선 기업의 생산요소 투입과 산출과의 관계를 살펴보아야 할 것이다. 기업이 어떤 상품을 생산하기 위해서는 생산요소를 투입해야 한다. 투입된 생산요소가 생산과정을 거친 결과 산출물이 발생한다. 이때 생산요소 투입과 산출물과는 일정한 기술적 관계가 있다는 것을 알 수 있다. 이 관계를 함수로 나타낸 것이 경제학에서 말하는 생산함수production function이다. 예컨대 어떤 기업의 생산함수를 다음과 같이 표시할 수 있다고 하자.

$$Q=2KL$$

Q: 산출량, K: 자본, L: 노동

생산함수가 이와 같다면 자본과 노동을 각각 10단위 투입할 때 산출량은 200단위가 된다는 것을 표시한다. 이와 같이 생산함수는 주어진 기술수준에서 일정한 투입요소를 결합하여 생산할 수 있는 최대 산출량을 나타내며, 이런 의미에서 이는 어떤 기업 또는 한 나라의 기술수준을 나타낸다. 이러한 생산함수를 통하여 똑같은 수준의 산출량을 생산해 낼 수 있는 생산요소 투입량의 조합들로 구성된 집합을 그림으로 나타낸 것이 등량선isoquant이다. [그림 5-2]에는 산출량 100단위를 생산하는 여러 가지 방법을 나타내고 있다. [그림 5-2]처럼 연속하는 곡선으로 나타나는 등량선은 노동과 자본사이에 대체가능성이 있고, 그 대체비율이 변한다는 것을 의미한다. 동일한 산출량을 생산할 때의 노동과 자본의 대체비율은 흔히 기술적 한계대체율marginal rate of technical substitution; *MRTS*이라고 하며, 등량선에 있는 한 점의 접선의 기울기로 나타낼 수 있다. 자본 2단위와 노동 1단위가 대체되어도 생산에 변화가 없다면 기술적 한계대체율은 2가 된다. 이와 같이 자본 2단위와 노동 1단위가 대체되어도 생산이 변하지 않는다면, 이것은 노동의 한계생산이 자본의 한계생산의 두 배가 된다는 것을 의미한다. 즉 기술적 한계대체율과 자본의 한

그림 5-2 등량선

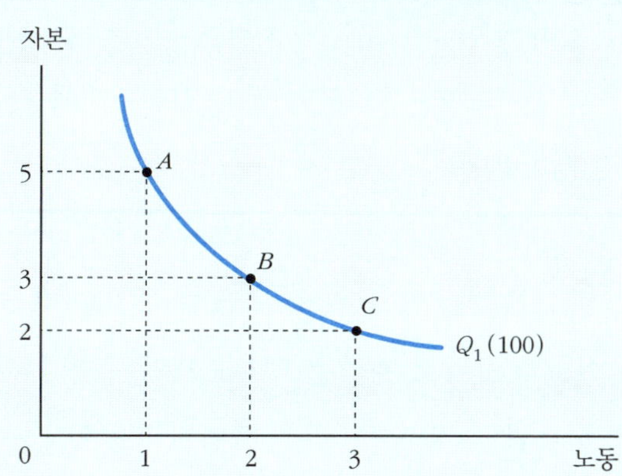

그림 5-3 등비용선

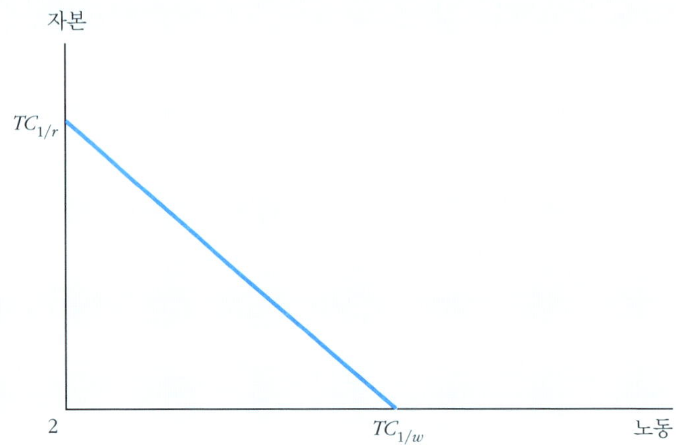

계생산(MP_K), 노동의 한계생산(MP_L) 사이에는 다음과 같은 관계가 있다.

$$\text{기술적 한계대체율}(MRTS_{LK}) = -\frac{\Delta K}{\Delta L} = \frac{MP_L}{MP_K}$$

일반적으로 등량선은 원점에 대해 볼록한데 그 이유는 무엇일까? 이는 노동투입이 증가함에 따라 기술적 한계대체율이 체감하기 때문이다. *MRTS*가 체감하는 이유는 제4장 소비자 선택 이론에서 한계대체율(*MRS*)이 체감하듯이 *MRTS* 역시 두 생산요소만 존재하고 하나의 생산요소 투입을 계속해서 증가시키면 다른 하나의 생산요소는 상대적으로 중요하게 평가되기 때문에 *MRTS*는 체감하게 된다. 또 *MRTS*가 체감하는 이유는 노동과 자본이 완전하게 대체가능한 생산요소가 아니기 때문이다. 즉 한 요소의 투입량이 점차 적어지면서 다른 요소로 대체하기가 점점 어려워지기 때문이다.

4.2 등비용선

투입과 산출의 물량적 관계는 생산요소의 가격이 주어지면 산출량과 생산비용의 관계로 나타낼 수 있다. 따라서 기업의 비용함수는 기업의 생산함수에 의해서 결정된다. 기업의 생산함수를 등량선으로 나타낼 수 있는 것과 마찬가지로 기업의 비용함수도 등비용선isocost line or equal cost line으로 표시할 수 있다. 등비용선은 일정한 총비용으로 구입할 수 있는 자본과 노동의 모든 결합을 나타낸다. 자본의 가격을 r라고 하고, 노동의 가격을 w라고 할 때, 이 개별기업의 w와 r은 주어진 것으로 간주한다. 이 때 일정한 비용 TC_1은 노동에 대한 지출(wL)과 자본에 대한 지출(rK)로 구성된다. 즉,

$$TC_1 = wL + rK$$

자본을 종축에, 노동을 횡축에 표시하면 $TC_1 = wL + rK$는

$$K = -\left(\frac{w}{r}\right) \times \frac{TC_1}{r}$$

로 고쳐 쓸 수 있고, 이 직선의 거울기는 $-\frac{w}{r}$이다. [그림 5-3]에서 직선의 기울기(엄격히는 기울기의 절댓값)의 경제적 의미는 무엇인가? 그것은 임금-자본가격의 비율을 나타낸다. 따라서 등비용선의 기울기는 노동과 자본의 가격에 의존하므로 요소가격이 변하거나 기업의 투입가능비용이 변화하게 되면 등비용선도 변동할 수 있다.

여러분은 등비용선과 소비자의 예산선이 같은 것이 아닌가라고 생각할 수도 있지만, 소비자와 기업가 간에 명백히 다른 점은 소비자의 소득은 일반적으로 주어져 있고 소비자는 소득 제약조건하에서 움직이지만 기업가는 그렇지 않다는 점이다. 즉 기업운영의 총비용은 일정불변이 아니라는 점이 서로 다르다.

4.3 총비용을 최소화시키는 생산요소의 결합

등비용선과 등량선을 동시에 놓고 분석하면 우리는 각 산출량을 생산할 때 어떠한 노동과 자본의 결합이 총비용을 최소화시키는 것인지를 알 수 있다. 결론부터 이야기하면 최소의 생산비로 최대의 양을 생산하기 위해서는 등비용선과 등량선이 접하는 점에서 노동과 자본을 결합하여야 하며, 이 점을 생산자균형점이라고 부른다. [그림 5-4]에서는 노동 L_1과 자본 K_1을 투입하여 100단위의 산출을 하는 점에서 생산자균형이 이루어지고 있음을 보여 주고 있다. 이러한 생산자균형점은 한편으로는 주어진 산출량을 최소생산비로 생산할 수 있는 노동과 자본의 결합을 나타

그림 5-4 생산자균형

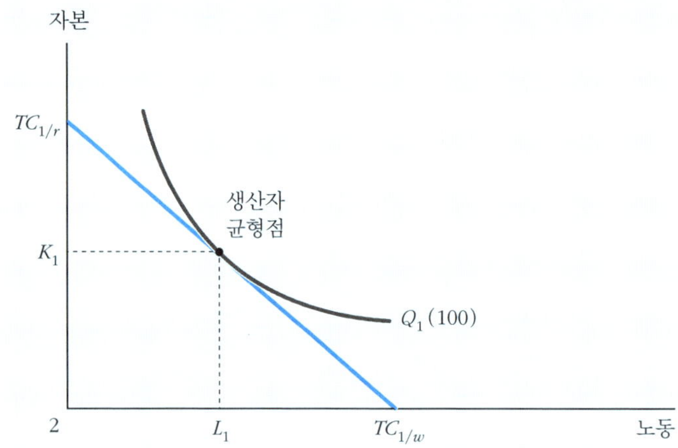

내며, 다른 한편으로는 주어진 생산비로 최대의 산출량을 달성시켜 줄 수 있는 노동과 자본의 결합을 표시하고 있다는 것을 알 수 있다.

생산자균형점이 가진 경제적 의미는 무엇일까? 생산자균형점에서는 등량선의 기울기와 등비용선의 기울기가 같다. 그러므로 한 기업이 최소비용으로 어떤 산출량을 생산할 때는 다음 조건이 충족되어야 한다.

$$MRTS_{L,K} = \frac{w}{r}$$

또한 우리는 $MRTS_{L,K}$는 투입요소의 한계생산물의 비율로 표시할 수 있음을 알고 있다. 따라서 위의 식은 다음과 같이 된다.

$$\frac{MP_L}{MP_K} = \frac{w}{r} \text{ 혹은 } \frac{MP_L}{w} = \frac{MP_K}{r}$$

이 조건은 노동의 구입에 지출된 돈 1원당 한계생산이 자본의 구입에 지출된 돈 1원당 한계생산과 같아야 비용이 극소화된다는 것을 뜻한다.

5. 공급곡선은 어떻게 도출할 수 있을까?

이상에서 논의된 바를 좀더 경제학적인 용어를 사용하여 정리해 보면, 기업은 이윤을 극대화하기 위해 한계비용(MC)과 한계수입(MR)이 일치하도록 생산량을 결정해야 된다는 것이다. 즉 $MC=MR$의 조건이 성립하지 않으면 그렇게 될 때까지 생산을 조절함으로써 이윤은 더욱 늘어나게 된다.

5.1 공급곡선의 도출

기업은 $MC=MR$이 되는 점에서 균형을 달성하게 되는데, 완전경쟁기업의 경우에는 시장가격을 수용하므로 기업이 직면하는 수요곡선은 시장가격과 같은 높이의 수평선이 된다. 따라서 $P=AR=MR$이 성립된다. 경쟁적 기업에서는 한계수입이 상품가격과 동일하므로 경쟁적 기업의 이윤극대화조건은 $P=MC$가 된다. 그러나 $P=MC$가 되는 점에서 기업이 항상 이윤을 얻고 있다는 것을 의미하는 것은 아니다. 이를 이해하기 위해서는 비용곡선에 대한 추가적인 설명이 필요하다.

[그림 5-5]는 경쟁시장에서 기업이 가격상승에 어떻게 반응하는지 보여준다. 가격이 P_1일 때 생산량은 Q_1이다. Q_1에서 가격과 한계비용이 일치하기 때문이다.

그림 5-5 경쟁시장 기업의 단기공급곡선

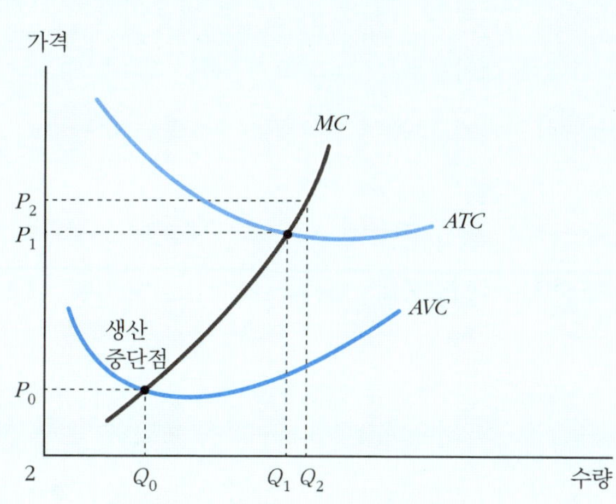

가격이 P_2로 상승하면 당초 생산량 Q_1에서 한계수입이 한계비용보다 크기 때문에 이 기업은 생산량을 증가시키려 할 것이다. 그리하여 P_2가격과 한계비용이 일치하는 Q_2에서 새로운 이윤극대화 산출량이 결정된다. 이와 같이 어느 가격에서든지 한계비용곡선에 의해 기업이 공급하고자 하는 생산량이 결정되기 때문에 한계비용곡선이 기업의 공급곡선이 된다.

그러나 경우에 따라서는 기업들은 아예 조업을 중단하고 생산을 하지 않기도 한다. 예를 들어 기업은 가격이 평균가변비용average variable cost(총가변비용을 총생산량으로 나눈 것)의 최저점보다 낮아지면 생산을 중단한다. 평균가변비용의 최저점과 같은 수준의 가격을 생산중단가격이라 하고, 평균가변비용의 최저점을 생산중단점이라고 부른다. 완전경쟁기업은 시장가격이 생산중단가격보다 높으면 가격이 한계비용과 같아지는 산출량을 생산한다. 왜냐하면 단기적으로는 생산을 하는데 항상 고정비용fixed cost(고정투입요소에서 유래하는 비용)이 들어가기 때문에 생산중단점 위쪽에서는 생산을 하는 것이 이익이기 때문이다. 그러므로 이 기업의 공급곡선은 생산중단점 위쪽에 있는 한계비용곡선과 같아진다.

이와 같은 경제학적인 사고에 의하면 이윤을 극대화하기 위해서는 한계비용과 한계수입이 일치하는 점에서 생산량이 결정되므로 매몰비용sunk cost은 생산량에 아무런 영향을 미치지 않는다는 것을 알 수 있다. 여기서 매몰비용이란 한 번 지출되고 나면 다시 회수할 수 없는 비용을 말한다. 매몰비용은 다시 수중에 들어오지 않으므로 선택의 기회를 반영하지 않는다. 다시 회수할 수 있는 것이어야 선택의 기회를 반영한다. 선택의 기회를 반영하는 비용이라야 진정한 비용이다. 매몰비용은 신중한 선택을 해야 한다는 교훈의 근거는 될 수 있지만 현재의 의사결정을 하는 데는 전혀 상관하지 않는다. 현재의 의사결정에 관련이 있는 것은 선택의 기회를 반영하는 한계비용으로서의 기회비용이다.

5.2 공급곡선이 우상향하는 이유

제4장에서 소비자의 선택이론을 논의할 때 수요곡선이 우하향하는 이면에는 한계효용체감의 법칙이 작용하고 있다는 것을 보았다. 그러면 재화의 공급에는 어떤 원리가 작용하기 때문에 공급곡선이 우상향하는 것일까? 이를 밝히기 위해서는 상품 하나를 더 만들어서 팔 때에 한계비용이 증가하거나 그 상품의 시장가격이 떨

어지는 이유를 찾아내는 것이 무엇보다도 중요하다.

첫째, 상품의 한계비용이 증가하는 것은 기업의 규모와 그 기업이 감당할 수 있는 제반 능력의 한계 때문이다. 그러면 이제는 1달에 자동차 5,000대를 생산할 수 있는 설비를 갖춘 기업이 그 이상의 수량을 생산하고자 할 때 어떤 일이 벌어질 것인지 생각해 보기로 하자.

1달 생산량 5,000대분의 설비라 하더라도 생산량을 늘릴 수 있는 방법이 없는 것은 아니다. 우선 야간이나 주말에 생산조를 추가로 투입해서 작업을 하게 하는 방법이 있다. 그러나 이 경우에는 초과수당을 지불해야 하므로 한계비용을 증가시킬 수 있다. 이와는 달리 기존의 생산조에 인원을 보강한다든지 하여 기존의 설비를 좀 더 효율적으로 이용하는 방법도 있다. 예를 들면 쉬는 시간이나 식사시간 등에도 계속적으로 그리고 좀 더 능률적으로 생산설비를 가동시키는 것이다. 그러나 생산설비가 일정한데 인원수를 늘린다고 해서 생산 설비당 적정인원이 배치된 경우에 비해 작업능률이 비례적으로 올라가는 것만은 아니다. 생산설비가 일정할 때 생산량의 증가에 따라 한계비용도 증가하는 것을 수확체감의 법칙law of diminishing returns이라고 한다.

둘째, 우리가 상품을 더 많이 팔기 위해서는 가격을 내리는 것이 일반적이다. 그렇다면 상품을 하나 더 팔게 됨에 따라 증가되는 수입, 즉 한계수입은 가격보다 낮아지게 된다. 왜 이렇게 될까? 예를 들어 스포츠카 '스팅'을 6,500대까지는 대당 1,000만원씩에 팔 수 있는데, 6,501대 이상을 팔기 위해서는 대당 판매가격을 999만 9천원에 팔아야 한다고 가정해 보자. 스팅을 6,500대 팔았을 때의 수입은 1,000만원×6,500대=65,000,000,000원이고, 6,501대 팔았을 때의 수입은, 999만 9천원×6,501대로서 65,003,499,000원이 된다. 이 계산에서 알 수 있듯이 스팅을 6,501대 팔았을 때 마지막 1대를 판데서 생긴 한계수입은 349만 9천원에 지나지 않는다. 이 액수는 자동차의 대당가격이 999만 9천원이라는데 비추어 보면 아무래도 큰 액수는 아닌데, 이 마지막 1대를 더 팔기 위해서 1,000만으로 팔 수 있는 차의 6,500대의 가격을 대당 1,000원씩 낮춘 것이다. 이렇게 해서 한계수입은 (999만 9천원×6,501대)−(1,000만원×6,500대)=349만 9천원이 된 것이다. 그렇다면 왜 이러한 가정들이 성립하게 될까? 이는 기업이 독자적으로 수량과 가격 모두를 결정할 수 없다는 사실에 연유한다. 기업이 생산량을 결정하여 생산하면 가격은 시장에 의해 정해지고, 기업이 상품의 가격을 정하는 경우에 팔리는 수량은 시장에서의 판매결과를 기다려 보는 수밖에 없을 것이다. 어떤 경우에도 생산량과 가격은 상호 독립적으로 결정되지는 못한다.

이상의 논의를 정리해 보면, 생산량이 증가함에 따라 한계비용이 증가하고 한계수입이 체감하므로, 상품의 가격이 올라가지 않으면 한계수입과 한계비용을 일치시킬 수 없기 때문에 공급곡선은 우상향할 수밖에 없다는 것이다. 즉 가격을 올려야 수지가 맞다는 소리다. 문제는 상품의 생산비용이 증가했을 때 상품의 가격이 인상될 수밖에 없는데, 이를 인식하는 시각이 경제학자와 일반시민들 간에 차이가 있다는 것이다. 일반시민들은 가격을 생산자가 결정한다고 대체로 생각하는 데 비해, 경제학자들은 가격이 시장에 의해 결정된다고 보기 때문이다

6. 생산자잉여는 어떻게 측정할 수 있을까?

이제 생산자들이 시장에 참여하여 얻게 되는 이득이 무엇인지를 살펴볼 차례가 되었다. 생산자잉여는 소비자잉여에 대응하는 개념으로 소비자잉여에 대한 분석과 여러 가지로 유사하다.

일거리를 찾고 있는 미장공이 있다고 하자. 이 미장공은 하루에 10만원만 받으면 일하려고 생각하고 있는데, 일당 15만원을 주고 일을 시키겠다는 사람이 나타났다면, 이 미장공은 이 일거리를 맡으면 큰 이득을 보았다고 생각하게 될 것이다. 이와 같이 여러분이 일거리를 구할 때 최소한도로 받아야 되겠다고 생각한 액수와 실제로 받은 액수와의 차이를 생산자잉여producer surplus라 한다.

[그림 5-6]에서 개별기업의 공급곡선 SS는 각 기업에서 기업이 공급하려는 상품량을 나타낸다. 공급곡선의 높이가 바로 공급자의 비용과 관련이 있다는 사실에 유의해서 공급곡선 SS를 분석해 보자. 예컨대 생산자가 Q_0번째의 상품을 공급할 때의 높이 AQ_0란, Q_0번째 상품을 공급하기 위해 요구하는 최소한도의 가격이다. 이 경우 가격이 OP_0보다 낮으면 기업은 Q_0번째의 생산량을 생산하지 않을 것이다. 이와 같이 개별기업의 공급곡선의 높이는 마지막 단위의 추가공급을 가능하게

그림 5-6 생산자잉여

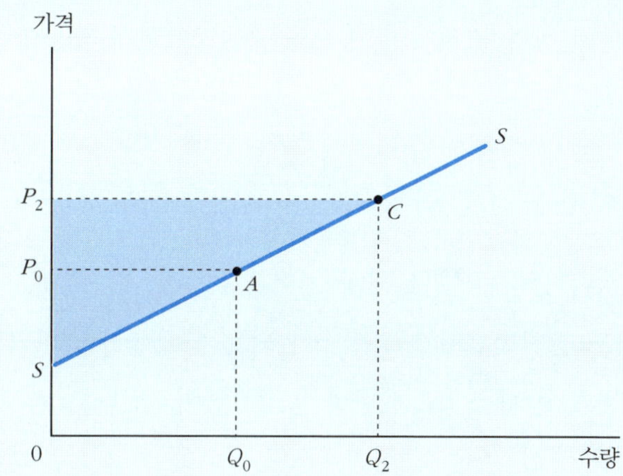

하기 위한 최소한도의 가격인 것이다. [그림 5-6]에서 OQ_2를 공급하기 위해 기업이 받지 않으면 안 되는 최소한도의 총수입은 공급곡선 아래의 면적, 즉 SOQ_2C가 된다. 각 단위의 공급량에 대해 기업이 받지 않으면 안 되는 최소한도의 가격은 공급곡선의 높이이고, OQ_2수준까지 그 크기를 합친 총액은 SOQ_2C의 면적으로 표시되는데, 이는 OQ_2를 생산할 때 기업이 받지 않으면 안 되는 총수입이 되기 때문이다.

한편, [그림 5-6]에서 상품가격이 P_2일 때 기업이 실제로 얻는 총수입은 P_2O-Q_2C의 면적으로 표시된다. 따라서 [그림 5-6]에서 회색으로 표시된 면적은 기업의 실제수입과 기업이 단기적으로 이 양을 공급하는 데 필요한 최저수입(또는 총비용) 간의 차액인 생산자잉여를 표시하고 있다.

7. 생산자이론을 어떻게 활용할 것인가?

경제학은 보통 경제주체들의 합리적인 행동을 전제로 하고 있다. 소비자는 효용을 극대화하기 위하여 행동하는 것처럼 생산자는 이윤의 극대화를 위해 행동한다.

생산자선택이론은 생산자가 어떻게 행동을 하면 이윤을 극대화할 수 있는가에 대한 연구에서 비롯된 것이다. 이 절에서는 이윤극대화를 위해 생산활동을 하는 생산자의 의사결정과 관련하여 생산자이론을 어떻게 활용할 수 있을까라는 의문에 주목해 보자.

7.1 회계적 이윤과 경제적 이윤은 어떻게 다른가?

생산자선택이론은 우리들에게 '기업은 이윤을 극대화하기 위해 생산활동을 한다고 하면서도 장기적으로 이윤이 0이 되는 상태에서 장기균형을 이룬다'는 이야기를 하고 있다. 장기적으로 이윤을 0으로 떨어뜨린다는 경제학의 가르침과 현실경제에서 많은 경쟁기업들이 정기적으로 이윤을 보고하고 있다는 사실을 우리는 어떻게 이해할 수 있을까? 이에 대한 대답은 경제학자가 보는 이윤과 회계사가 보는 이윤의 개념이 서로 다르다는 사실에서 출발해야 한다.

경제학자들은 총수입에서 총비용(암묵적 비용+명시적 비용)을 뺀 것을 이윤으로 보는 데 반해, 회계사들은 총수입에서 명시적 비용을 뺀 것을 이윤으로 본다는 점에 근본적인 차이가 있다. 이를 예를 들어 좀 더 설명해 보자.

어떤 컴퓨터전문가가 은행에 저축해 두었던 돈 1억원을 투자하여 컴퓨터회사를 인수하여 기업운영에 주당 40시간을 기업운영에 할애하여 연 6,000만원의 총수입이 발생하였고, 회계장부상 명시적 비용은 연 4,000만원이었다고 하자. 이 경우 회계사는 이 회사의 회계적 이윤은 총수입 6,000만원에서 명시적 비용 4,000만원을 뺀 2,000만원으로 본다. 그러나 경제학자는 총비용을 진정한 비용으로 보기 때문에 명시적 비용뿐만 아니라 컴퓨터회사 사장이 사업에 투자한 시간과 돈에 관계된 암묵적 비용도 고려해야 한다고 생각한다. 컴퓨터회사 사장이 다른 직장에서 주당 40시간 일하면 연 2,000만원의 소득을 벌 수 있다면 이 금액만큼을 컴퓨터 회사 사장의 시간의 기회비용으로 고려해야 한다는 것이다. 그리고 컴퓨터회사 인수에 들어간 돈 1억원을 다른 곳에 투자했을 때 획득할 수 있는 수익 500만원(1억을 연 5%의 이자로 저축하였다고 가정한 경우)도 자본의 기회비용으로 고려해야 한다는 것이다. 이러한 경제학자의 시각에서 보면 이 회사의 경제적 이윤은 총수입 6,000만원에 명시적 비용 4,000만원과 암묵적 비용 2,500만원을 뺀 −500만원이다.

그림 5-7 경제적 이윤과 회계적 이윤

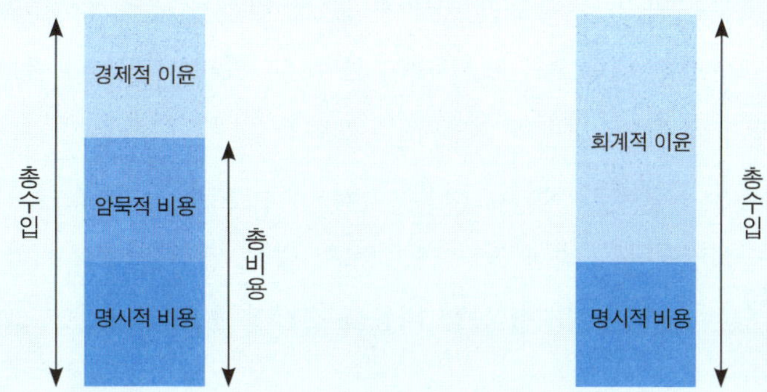

기업들이 재화와 서비스를 시장에 공급하는 이유는 이윤을 얻기 위해서이다. 이 때 경제적 이윤은 매우 중요한 의미를 함축하고 있다. 기업이 경제적 이윤을 내고 있는 경우에는 사업을 지속할 수 있고, 경제적 이윤이 양(+)인 경우에는 기존 기업의 확장과 새로운 기업의 진입 등으로 공급이 늘어나 가격이 하락하여 장기적으로 이윤이 0이 되는 점에서 장기균형을 이룰 수 있다. 이 경우에도 기업은 사업의 모든 기회비용을 총수입으로 충당하기 때문에 기업경영에 아무런 문제가 없다.

그런데 만약 위의 사례에서 보는 것처럼 기업이 회계적 이윤이 있다(즉, 플러스의 회계적 이윤)고 하더라도 경제적 손실(즉, 마이너스의 경제적 이윤)을 본다면, 이 기업의 소유주는 생산의 기회비용을 충당할 만큼 충분한 수입을 올리지 못하고 있는 경우이므로, 앞으로 이런 상황이 개선될 여지가 없다면 이 기업의 소유주는 결국 사업을 중단하고 시장에서 퇴출하는 것이 효율적인 자원배분이 될 것이다.

7.2 규모의 경제와 범위의 경제 그리고 연결의 경제

대부분의 기업들은 하나 이상의 재화를 생산한다. 어떤 재화들을 얼마나 생산하고, 어떻게 생산할 것인가에 대한 의사결정은 기업의 경영자가 직면하는 중심적인 문제들이다. 기업이 많은 이윤을 얻기 위해서는 제품의 가격을 높이거나 비용을 낮추는 것이 필요하다.

분석을 간단하게 하기 위하여 완전경쟁적 시장상태를 전제로 한다면 개별기업이 가격을 올려서 높은 이윤을 얻는 것은 불가능하기 때문에 이윤을 올리려면 비용을 낮추는 방법을 강구할 수밖에 없다. 비용을 낮추기 위하여 기업이 흔히 이용하는 방법은 대규모의 생산·거래를 통해 원가를 낮추는 규모의 경제economy of scale와 결합생산이 가능한 재화들을 개별적으로 생산하는 것보다 함께 생산함으로써 비용을 절감하는 범위의 경제economy of scope를 들 수 있다. 그리고 정보화사회로 이행되면서 무어의 법칙, 메트칼트의 법칙, 그리고 코우즈의 법칙 등으로 설명할 수 있는 연결의 경제를 통해 비용을 절감할 수도 있다.

7.2.1 규모의 경제

어떤 산업에서 경쟁의 정도는 그 산업의 비용구조에 크게 의존한다. 공장이나 설비와 같은 자본재와 노동의 투입을 늘림으로써 제품의 생산비용이 감소할 때 규모의 경제economy of scale가 있다고 한다. 이러한 경우에는 기업은 생산규모를 늘림으로써 소규모 기업에 비해 유리한 위치에 서게 된다. 예를 들어 자동차 산업의 경우에는 연간 생산이 200만 대 이상을 넘어야만 규모의 경제가 주는 이익을 극대화할 수 있다고 한다. 그럼에도 불구하고 현대자동차, 대우자동차, 쌍용자동차, 삼성자동차, 기아자동차 등이 난립하다가 빅딜이라는 형태로 자동차산업이 재편될 수밖에 없었던 이면에는 규모의 경제가 자리잡고 있었다. 이와 같이 규모의 경제가 크게 작용하는 산업(자동차나 가전제품 같은 공산품)에서는 기업은 범세계적인 차원에서 인수·합병을 통해 경쟁력을 높이려고 노력하게 된다. 이러한 규모의 경제가 주는 이점을 충분히 누리기 위해서는 세계적인 시장창출이 전제되어야 한다. 따라서 산업의 특성상 규모의 경제로 인해 독과점이 불가피한 경우에는 독과점 상태를 인정하고, 이로 인한 불공정거래가 발생하지 않도록 규제하는 것이 현명한 대응책이 될 수도 있다.

7.2.2 범위의 경제

범위의 경제economy of scope는 하나의 활동을 위해 사용된 자산이 다른 활동들과 공유됨으로써 단위당 원가가 감소할 때 발생하게 된다. 예를 들어 독립된 두 기업에서 모두 가죽을 원료로 하는 구두와 핸드백을 각각 생산하는 것보다 하나의 기업에서 구두와 핸드백을 함께 생산하는 것이 비용이 적게 들어갈 때 우리는 범위의 경제가 존재한다고 한다. 삼성전자는 5대 제품(반도체, LCD, 정보통신, 디지털 미디어, 생활가전) 복합생산전략을 채택하여 범위의 경제를 잘 활용하고 있는 사례로서 알려져 있다.

또한 최근 우리나라에 도입된 방카슈랑스는 범위의 경제의 좋은 사례가 될 수 있다. 방카슈랑스는 은행이 보험을 겸업하는 것을 말하는데, 이렇게 함으로써 은행이 넓은 고객망을 이용하여 기존 보험회사보다 유리한 조건의 보험상품을 판매할 수도 있게 된다. 왜냐하면 보험은 모집비용이 차지하는 비중이 매우 큰데 은행이 자체 점포망을 활용하고 거래고객 데이터를 활용할 경우 상당한 경쟁력을 가질 수 있고, 은행도 사업영역을 확대함으로써 경제적 이득을 얻을 수 있게 되기 때문이다. 이와 같이 범위의 경제라는 개념은 왜 동일한 기업이 종종 여러 개의 제품을 함께 생산하는지를 이해하는 데 도움이 된다.

7.2.3 연결의 경제

오늘날의 치열한 경쟁상황에서 규모만으로는 기업들의 성공을 보장할 수 없다. 기업들은 규모와 범위를 통해서 얻을 수 있는 경쟁우위를 획득하기 위하여 전략적 제휴strategic alliance에 많은 노력을 기울이고 있다. 최근 정보화 사회로 이행되면서 기업들은 연결을 통해서 경영을 합리화하려는 노력도 많이 행하고 있다.

특히 기술경영의 측면에서 보다 빠르고 값싸고 작아지는 제품들을 창출하는 무어의 법칙, 이 법칙을 보다 신속하게 전파하고자 하는 메트칼트의 법칙, 그리고 이 모두의 협력을 강조한 코우즈의 법칙은 바로 연결의 경제를 창출한다. 무엇이든 연결이 가능한 시대이다. 그것이 아톰이든 비트이든 아니면 홀론이든 유전자이든 원자든 분자든 기업을 중심으로 모든 것을 연결함으로써 이윤을 극대화하고자 한다. 고객과 연결하면 고객경영B2C이며, 직원들과 연결하면 지식경영B2E이다. 파트너, 협력업체, 공급자들과 연결하면 그것이 바로 협력경영B2B이다. 이러한 네트워킹 연결의 경영을 홀로닉 네트워크경영이라고 하고 시스코는 이를 에코시스템Ecosystems으로 표현하고 있다.

연결의 경제는 외부와의 네트워킹을 통해 원가를 줄이는 방식이다. 따라서 이윤을 추구하는 기업이 연결의 경제를 활용하려면 거래 비용이 관리비용보다 싸게 먹혀야 한다.

7.3 매몰비용과 기업의 의사결정

경제학자들은 한 번 지불되고 난 뒤 회수할 수 없는 비용을 '매몰비용'이라고 부른다. 한 번 매몰되면 그것은 더 이상 기회비용이 아니다. 한 번 매몰비용이 되면 회수할 수 없기 때문에 여러 가지 상황에서 의사결정을 할 때 매몰비용을 고려해서는 안된다. 이러한 사실은 기업의 의사결정에 있어서도 마찬가지다.

기업인에게 가장 위험한 것은 '이미 투자한 돈'에 대한 미련이다. '그동안 들어간 돈이 얼마인데!'라는 생각이 의사결정을 거르치게 한다. 소위 '본전 생각'이다. 본전 생각은 경제학 용어로는 '매몰비용'이 되는 셈이다. 매몰비용을 이해하기 위해 다음 두 가지 사례를 비교해 보자. 〈사례 1〉 만일 당신이 지난 3년간 열심히 투자하여 컴퓨터 회사를 운영했는데 여전히 적자이고, 전망도 불투명하다면, 그리하여 회사를 접을지 말지 결정해야 하는 상황에 놓였다면 어떤 선택을 하겠는가? 상식적으로는 회사를 접는 것이 옳을 것 같지만 정작 자신이 이런 상황에 놓이게 되면 그동안 들인 돈과 노력이 아까워서 회사를 접지 못하는 경우가 많다. 〈사례 2〉 교외에 나가보면 짓다 말고 버려진 흉물스런 건물들이 적지 않다. 상당수 건물들은 이미 내부골조와 시멘트 작업이 모두 끝난 채 외장만 갖추면 되는 상태이다. 이러한 건물들을 보면서 보통 사람들은 저 건물을 짓기 위해 땅도 샀을 것이고 건설비용도 적지 않게 들어갔을 터인데, 짓다말고 그만두면 그동안 투자한 돈이 아깝지 않았을까 하는 의문을 가질 것이다.

위의 두 사례를 보면서 컴퓨터 회사 사장과 짓다만 건물주인 중 누가 더 현명한 결정을 하였을까 하는 것이다. 합리적인 사람이라면 실패한 과거가 아니라 가능성 있는 미래에 투자해야 한다. 이러한 관점에서 보면 컴퓨터 회사 사장은 지금까지는 분명히 실패하고 있고, 미래의 전망도 불투명한데도 불구하고 이미 투자했거나 지출한 비용 때문에 포기할 것을 붙잡고 있다면, 이는 바로 매몰비용을 지불하고 있는 셈이다. 두 번째 사례의 건물주는 경제학적으로는 본능적으로 매몰비용이라는 개념을 이해하고 있는 것이 분명하다. 짓다만 건축물에 들어간 건설비용은 건설을 그만둔다고 해서 회수할 수 있는 비용은 아니다. 이 건물주는 남은 공사를 마무리하는 데 추가로 들어가는 미래의 비용과 완공 후 들어올 미래의 이익을 비교해서 '추가비용이 미래 이익의 현재가치보다 크다'고 판단되면 건설을 중단하는 것이 합리적인 결정이 될 것이다.

그러나 매몰비용이 크면 클수록 합리적인 의사결정을 하기 어렵게 된다는 사실을 주변에서 쉽게 찾아볼 수 있다. 소위 매몰비용의 오류에 빠지게 되는 것이다. 기왕에 들어간 돈이 크면 클수록 절대로 중간에 투자를 그만두기 어려운 심리적 함정에 빠지는 것이다. 예를 들어 1969년 프랑스와 영국이 합작 투자하여 콩코드 비행기가 만들어졌지만, 생산비가 많이 들고 마케팅도 영 시원치 않았지만, 그동안 들어간 비용 때문에 가망이 없는데도 계속 투자하다가 총 190억 달러를 쏟아부은 끝에 2003년 4월에야 운행을 중지하였다. 소위 매몰비용 효과 때문에 일어난 결과이고 소위 '콩코드 효과'라는 비웃음을 남기고 말았다.

실제로 과거에 투자한 돈이 아까워서 무리해 공장을 완공했다가 누적되는 적자를 견디지 못해 문을 닫는 기업이나 공장이 얼마든지 있다. 1997년 IMF 구제금융을 받아야 했을 때 쓰러진 수많은 기업들이 대부분 천문학적인 매몰비용을 포기하지 못해 깊은 부실의 늪으로 빠져든 경우이다. 이러한 사례에서도 볼 수 있는 것처럼 '매몰비용의 오류'에 빠지게 되면 합리적인 의사결정을 하기 어렵다. 과거는 과거일 뿐이다. 매몰비용이라는 개념은, 우리가 현재의 위치에서 어떤 결정을 내려야 할 때, 앞으로 감당해야 할 부정적인 면과 긍정적인 면의 크기를 비교해야 하며, 어떤 결정을 하든 바꿀 수 없는 부분은 고려 대상에서 제외하여야 한다는 한계적 사고의 중요성을 다시 한번 깨닫게 해 준다.

8. 생산자의 선택에 관한 규제는 정당한가?

환경·보건·산재예방·시설물 관리 등 대중의 안전과 공익에 관련된 분야나 시장기능에만 맡길 수 없는 분야에 대해서는 정부의 규제를 강화하는 것이 정부의 책무일 것이다. 그러나 이러한 경우라 할지라도 생산자의 선택에 정부가 관여하는 것이 경제적으로 과연 정당한가 하는 문제에 대해서는 검토해 볼 필요가 있다.

일반적으로 경제학을 공부하지 않은 시민들은 정부가 가격을 통제하게 되면 소비자에게 이익이 될 것이라고 생각하는 경향이 강하다. 예를 들어 정부가 아파트의 분양가를 통제하게 되면 집 없는 시민들의 주택마련에 도움이 될 것으로 생각한다. 그러나 경우에 따라서는 주택의 공급에 부족이 생기거나 거래차익을 노린 암거래상이나 투기꾼의 농간으로 통제가격과 소비자들이 실제로 지불하는 가격이 다르게 형성되어 소비자는 통제가 없었을 때보다 오히려 내집 마련에 비용이 더 들어가는 피해를 볼 수도 있다.

또한 일반시민들은 대학의 등록금이나 지하철 요금 등의 인상요인이 발생하였을 경우에도 이를 억제하는 것이 시민들에게 이득이 될 것으로 생각하지만, 이를 억제하면 결국 정부예산(국민의 세금)으로 결손 또는 투자수요를 충당하게 되어 학부모가 아닌 사람, 지하철을 이용하지 않는 사람이 상대적으로 더 많은 부담을 하게 되는 결과를 가져오기도 한다.

역사적으로 보면 술과 담배의 과다한 소비가 주민의 건강을 해치고 폭력 등 우발적 범죄의 발생을 높이고 있어 일정하게 통제하는 나라가 많다. 마약의 제조와 판매에 대한 규제나, 안전성이 입증되지 않은 식품 및 의약품 생산에 대한 규제도 같은 관점에서 볼 수 있다. 이러한 조치의 의학적 정당성이나 철학적 근거를 떠나, 경제적 관점에서 보면 담배나 술처럼 다수인이 이용하는 재화의 생산과 유통을 규제하는 데는 많은 비용이 든다는 것을 알 수 있다. 금주법 시행 당시 미국 마피아들이 술의 밀수입과 암거래를 주된 수입원으로 삼고 있었다. 이를 단속하기 위하여 많은 인력이 투입되었으며, 단속반과 마피아 간의 전투에 가까운 충돌이 빈번했다. 이런 사실은 영화 「언터처블The Untouchables, 브라이언 드 팔마 감독, 파라마운트사 1987년」에 잘 묘사되어 있다. 이런 것들이 모두 규제에 따른 비용이다.

이런 점을 고려한다면 정부 규제의 정당성을 철학과 신념에만 입각하여 판단하기는 곤란하다. 경제학적인 관점에서 보면 규제에 따른 비용이 그 효과보다 적어야만 경제적 정당성이 있는 것이다. 금주법의 시행에 따른 비용이 1,000만원이고, 이로 인한 이익이 500만원에 불과하다면 경제적 관점에서는 법의 정당성이 없는 것이다. 규제를 할 경우에도 단속비용을 최소로 하는 방법을 택할 필요가 있다. 예컨대 청소년에 대한 음주와 흡연을 규제할 경우에도 법률에 금하는 조항을 두고 이를 어길 경우의 벌칙을 정하는 것보다, 이들 제품에 부과되는 세금을 올림으로써 가격을 인상하여 소비가 감소하도록 유도하는 것이 보다 효율적일 수 있다.

참고문헌

- 김경환・김종석 옮김, N. Gregory Mankiw, 「맨큐의 경제학」(7판, 2015), 센게이지러닝코리아.
- 김상규 외 5인, 「사고중심의 경제학 강의」(1999), 형설출판사.
- 박상률・곽유리, 「경제는 내사랑」(1995), 고려원.
- 박원배, 「엄마랑 아이랑 함께 읽는 이야기 경제」(1997), 도서출판 한뜻.
- 박춘식・정진택・노상문, 「생활경제」(1999), 교육과학사.
- 오영수, 「31가지의 테마가 있는 경제여행」(1997), 사계절.
- 이준구, 「열린경제학」(1995), 삼성.
- 조영달 역, Maurice Levi, 「경제학적 사고의 이해」(1992), 집문당.
- 조우현・박덕제, 「경제학원론・Ⅱ」(1993), 한국방송통신대학 출판부.
- 최영규, 「신세대를 위한 경제학 나들이」(1994), 퇴설당.
- 홍기현・조영달, 「경제학 산책」(1992), 김영사.
- KDI 정보센터, 「이야기로 배우는 경제공부」(1999), 매일경제신문사.

생각해 볼 문제

1. 공장에서 만들어진 물건을 가게로 옮겼다. 물건을 가게로 옮기는 행위를 생산이라고 할 수 있을까?

2. 등량선이 원점에 대해 볼록한 이유는 무엇일까?

3. 공급곡선이 우상향하는 이유는 무엇일까?

4. 이윤을 극대화하는 방법은 무엇인가?

5. 기업의 측면에서 가장 합리적인 의사결정은 어떠한 과정을 거쳐서 도출되는가? 어떠한 비용이 의사결정에 영향을 줄까?

6. 생산자 이론들이 경제현상과 어떤 연관이 있는가?

7. 영화관에 가서 영화가 재미없을 때 영화를 끝까지 보는 게 경제적일까, 아니면 중간에 나오는 것이 경제적일까? (임용고사기출)

8. 공급곡선의 배후에 있는 생산자의 행동원리를 간단히 설명해 보자.

9. '규모의 경제'와 '범위의 경제'를 비교 설명해 보자.

읽을거리

무한리필의 경제학

장사하는 사람들이 흔히 하는 말 가운데 하나가 '밑지고 판다'는 것이다. 실제로 손해 보면서 물건을 판매하는 경우는 거의 없다. 고객에게 밑지고 판다는 인상을 판매할 뿐이다. 밑지고 팔 만큼 싸다는 인상을 앞세워 많이 파는 박리다매 전략이 무한리필에 숨겨진 가장 기본적인 경제법칙이다.

하지만 무한리필 음식점의 박리다매 전략은 기존의 박리다매와는 성격이 다르다. 한국음식업중앙회 한 관계자는 "유통 단계를 줄여 가격을 낮춘 것이 기존의 박리다매였다면 무한리필은 공짜를 좋아하는 심리를 활용해 매출을 늘려 가격 거품을 뺀 것이다. 치열한 경쟁에서 살아남기 위한 자구책으로 이런 기형적인 형태의 박리다매가 출현하게 된 것이다"고 말했다.

한계효용체감의 법칙과 개인이 먹을 수 있는 양이 정해져 있다는 계산도 내재돼 있다. 한계효용체감의 법칙은 어떤 재화를 소비하면 할수록 만족도가 떨어지는 것을 의미하는 경제학 용어다. 한계효용이 떨어질수록 재화에 대한 소비는 줄어든다. 특히 음식은 한 번에 소비할 수 있는 한계가 정해져 있다. 일반인의 경우 고기를 2인분 정도 먹으면 배가 불러오기 때문에 3인분 이상 먹지 못하는 것이 보통이다.

한 음식점 관계자는 "무한리필 고기집의 경우 성인 1인당 2.5인분에서 3인분 정도 먹는다는 전제 아래 단가를 맞춘다. 기본음식을 푸짐하게 제공하는 것도 이유가 있다. 기본음식을 많이 먹을수록 본음식 섭취가 줄어들기 때문이다. 본음식에서 조금 손해가 난 것은 술 판매 등을 통해 보충한다"고 설명했다.

벤치마킹도 무한리필 음식점이 추구하는 주요 전략이다. 무한리필 대상이 많아진 이유도 벤치마킹에 있다. 한 음식점이 장사가 잘 되면 곧바로 비슷한 음식점이 생겨난다. 새로 창업하는 음식점은 기존 음식점을 그대로 모방하는 것이 아니라 종목을 바꾸거나 새로운 것을 추가하는 경우가 많다. 예를 들어 장어 무한리필 음식점이 잘 되면 장어에 삼겹살을 곁들이는 무한리필 방식으로 고객들을 유혹한다. 이러한 벤치마킹 과정이 되풀이되면서 다양한 무한리필 음식점이 등장하게 됐다.

음식의 질은 어떨까. 음식점마다 최상급의 식재료를 사용한다고 주장하지만 최상급으로는 수지를 맞출 수 없다는 것이 일반적인 견해다. 그렇다고 소비자들의 입맛이 까다로워진 요즘, 단가를 낮추기 위해 무작정 싼 것을 고집할 수는 없다. 질 좋은 식재료를 낮은 가격으로 공급받을 수 있는 능력이 무한리필 음식점의 성패를 좌우하는 중요한 요인이 된다.

식재료 단가를 낮추기 위해 무한리필 음식점들이 추구하는 전략 중 하나가 체인화다. 체인화로 대량구매가 가능해지면 단가를 낮출 수 있기 때문. 무한리필 음식점이 체인점 모집에 열을 올리는 이유다. 음식업계 한 관계자는 "음식 맛 못지않게 가격도 경쟁력을 좌우하는 중요한 요소다. 무한리필이 각광받고 있는 이면에는 조용히 사라진 음식점도 많다"고 말했다.

출처: 이경달, 매일신문, 2010.7.31

읽을거리

대기업 규제와 경쟁

얼마 전부터 우리 경제에서 자주 논의되는 주제가 '대기업에 대한 규제'이다. 지난 정부 후반에 등장한 '동반성장'이란 주제도 대기업의 영업에 대한 규제가 목적이다. 그리고 대기업은 당연히 이러한 차별적인 규제에 대해 불만이 크다. 대기업도 살아남기 위해 열심히 영업을 할 뿐인데 왜 어떤 업종은 진입조차 못하게 하는지 불만이 있을 만도 하다. 더욱이 시장경제란 개인이나 기업의 자발적인 이윤추구를 통해 부(富)를 만들어 내는 경제체계 아닌가. 그렇다면 왜 자유로운 시장경제에서 대기업에 대한 규제가 필요한가.

시장경제는 개인 간의 경쟁을 통해 가장 효율적인 자원배분을 만들어 내는 경제체계이다. 경쟁이란 같은 일을 하는 여러 사람이 서로 이기기 위해 애쓰는 과정이다. 우리는 생활의 거의 모든 부분에서 경쟁을 하고 있다. 시장에서도 생산자들은 보다 많은 소비자가 다른 생산자의 상품보다 자신의 상품을 구매하도록 경쟁하고 있다. 그리고 이 경쟁에서 이기기 위해서는 소비자가 좋아하는 상품을 싸게 공급하는 것이 필요하다. 이에 경쟁에서 이기는 기업은 보다 좋은 상품을 보다 싸게 생산하는 기업이고, 이것이 경쟁의 가장 중요한 기능이다.

경쟁에서 기업이 열심히 소비자를 위해 애쓰도록 만들기 위해서는 경쟁에서 이기는 기업이 그에 대한 보상을 충분히 받아야 한다. 경쟁에서 이기는 기업은 독점력을 갖게 되고 그로부터 독점이윤이란 보상을 받게 되는데, 이 최종 상황은 시장에 더 이상 경쟁이 없음을 의미한다. 이 부분이 시장경제의 진화과정에서 어려움을 만들어 낸다. 애초에 여러 기업이 서로 좋은 상품을 싸게 만들려고 경쟁하는 과정에서는 소비자들이 경쟁의 혜택을 누린다. 그러나 경쟁에서 어느 기업이 이기게 되는 순간 다른 기업은 시장에서 사라지고, 이긴 기업은 더 이상의 경쟁이 없이 독점이윤을 누리게 되기에 소비자에게 불리한 상황이 만들어진다.

우리 경제에서 대기업에 대한 규제 이야기가 나오는 것은 바로 이러한 경쟁의 부재 때문이다. 한 기업이 대기업이 된 것은 분명히 치열한 경쟁에서 이길 정도로 뛰어난 기술력이 있어서였다. 그런데 시장경제는 경쟁이 지속돼야 앞으로도 효율적 자원배분을 만들어 낼 수 있다. 이 장면에서 대기업에 대한 차별적 규제가 생겨난다.

대기업이 새로이 태어난 중소기업과 자본력이나 기존의 시장지배력을 이용하지 않고 경쟁하는 것을 막으려는 규제는 없다. 그러나 대기업은 많은 자본과 기존의 시장지배력 때문에 새로운 시장에서는 뛰어난 기술력이 없이도 경쟁상대를 거꾸러뜨릴 수 있다. 대기업에 대한 규제는 바로 이러한 불공정한 경쟁을 막기 위한 것이다.

그런데 이렇게 대기업의 불공정한 경쟁을 막는 규제를 완벽하게 마련하기가 쉽지 않다. 무엇보다 대기업이 단순히 자본만 많은지, 기술력도 우수한지를 판단하기가 쉽지 않다. 따라서 대기업에 대한 규제는 무오류의 완벽한 규제일 수는 없고, 약간의 실수가 있더라도 전체적으로 올바른 방향이기를 기대하는 수밖에 없다. 그렇다고 대기업이 자본과 기존의 시장지배력을 가지고 시장경쟁을 무력화시키는 것보다는 차선책으로의 규제하에서 보다 나은 자원배분이 이뤄질 것이기 때문이다.

출처: 이인호, 세계일보, 2015.9.4

Chapter 06

시장구조와 산업조직

1. 우리가 흔히 말하는 시장과 경제학에서의 시장은 어떻게 다른가?
2. 시장의 형태는 어떻게 구분되며, 우리는 왜 이를 중시하는가?
3. 완전경쟁시장을 어떻게 이해할 것인가?
4. 독점시장을 어떻게 이해할 것인가?
5. 과점시장을 어떻게 이해할 것인가?
6. 독점적 경쟁시장을 어떻게 이해할 것인가?
7. 시장지배력과 독과점 문제를 어떻게 이해할 것인가?

개관

어떤 주유소에서 휘발유가격을 20% 인상하였다면 아마 그 주유소의 매상은 현저히 줄어들 것이다. 그러나 수돗물가격이 20% 인상된다고 하더라도, 수돗물 수요는 그다지 많이 줄지 않을 것이다. 이와 같이 휘발유시장과 수돗물시장의 차이는 분명하다. 휘발유를 파는 주유소는 여러 곳이지만 수돗물을 파는 곳은 하나뿐이기 때문이다. 시장구조에 따라 기업들이 생산하는 상품의 가격과 생산량이 다를 것이라는 점을 쉽게 짐작할 수 있다.

제6장에서는 시장구조와 산업조직에 관한 학습을 통하여 자본주의 체제하에서의 여러 시장의 특성을 알아보고 그 장점과 단점을 비교해 봄으로써 시장형태를 이해한다. 그리고 시장의 형태가 자원배분과 가격기구의 역할에 미치는 영향 및 가격기구의 역할을 바르게 이해해 보자.

또한 자본주의 경제는 시장을 통한 자원배분을 지향하고 있기 때문에 각 시장의 형태에 따른 자원배분의 효율성을 검토하여 올바른 자원배분을 위하여 이루어질 가장 바람직한 시장의 미래상을 예견해본다.

내용표준과 기준

제6장에서 다룰 주요 내용은 미국 경제교육학회(NCEE)의 〈내용표준과 기준 9〉에 해당하는 것으로 "판매자 간의 경쟁은 비용과 가격을 낮추고, 생산자들로 하여금 소비자들이 사고자 하고 살 수 있는 상품들을 더 많이 생산하도록 촉구한다. 구매자 간의 경쟁은 상품가격을 높이고, 그 재화와 서비스를 원하면서 구매할 능력이 있는 사람에게 재화와 서비스를 배분한다"는 것을 보여주고 있다. 이러한 내용 표준을 충족시키기 위한 기준으로는 시장구조, 완전경쟁, 독점적 경쟁, 과점, 독점, 경제적 순손실, 시장지배력 등과 같은 개념을 들 수 있다.

1. 우리가 흔히 말하는 시장과 경제학에서의 시장은 어떻게 다른가?

우리의 경제 내에는 매일 끊임없이 어딘가로 움직이고 있는 무수히 많은 재화와 생산요소들이 존재하고 있다. 이들은 도대체 무엇을 보고 어디로 움직이는 것일까? 답은 간단하다. 시장에 가면 그들은 자신이 어디로 가는 것이 가장 유리할 것인가를 알 수 있다. 그렇다면 시장market이란 무엇인가? 흔히 시장이라 하면 사람들은 보통 남대문시장이나 노량진 수산시장 등을 연상하는데 경제학에서 다루는 시장이란 사람들이 보편적으로 연상하는 특정한 장소나 공간을 의미하는 것이 아니라 수요와 공급이 만나서 거래가 이루어지는 만남의 장을 의미한다. 즉, 시장이란 어떤 재화와 서비스에 대한 수요와 공급이 규칙적으로 일어나서 재화와 서비스의 가격이 형성되고, 상호 이익을 전제로 재화와 서비스의 매매가 규칙적으로 이루어지는 추상적인 기구를 말한다. 예컨대 동대문 시장과 남대문 시장 같은 곳만 시장인 것이 아니라, 백화점·할인점·TV홈쇼핑처럼 물건을 사고파는 곳은 모두 '시장'이다. 심지어 손으로 만질 수 있는 물건(재화)이 아닌, 눈에 보이지 않는 것(서비스)을 사고파는 곳도 시장이다. 영어를 배우는 학원도, 치료받는 병원도, 주식을 사고파는 증권회사도 전부 시장이다.

시장에서는 서로 상반된 이해관계를 갖는 집단에 의한 가격기구가 작용한다. 특히 우리가 살고 있는 자본주의 시장경제에서는 수요와 공급의 법칙이 작용하며, 이러한 수요와 공급의 법칙에 의하여 어떤 재화의 균형가격과 균형거래량이 자율적으로 결정되는 것이다. 이것은 아담 스미스가 말한 '보이지 않는 손invisible hand'의 작용을 의미하며, 보이지 않는 손은 자유시장에서 수요와 공급에 의한 가격기구를 의미한다. 아담 스미스 이후 주류 경제학의 이념은 시장경제인데, 그 핵심은 시장 참여자의 자유의사에 의해 가격이 결정된다면 자원배분의 최적화가 달성된다는 것이다. 그렇다고 시장경제가 완벽하다고 주장하지는 않는다. "시장 메커니즘이 불완전하기는 하지만 더 나은 대안은 없다"는 것이다.

2. 시장의 형태는 어떻게 구분되며, 우리는 왜 이를 중시하는가?

우리는 시장을 구성하는 기업의 수, 생산물의 유사성의 정도, 진입의 난이도 등에 따라 개별기업이 직면하는 수요곡선의 형태가 달라지며, 그리하여 기업의 가격 및 산출량에 관한 의사결정, 즉 기업의 행동도 달라지게 됨을 알 수 있다. 경제학에서는 기업의 행동에 영향을 미치는 이와 같은 시장조직상의 특징을 시장구조market structure라 부르고, 기업의 수, 생산물의 유사성 정도, 진입의 난이도 등을 시장구조의 결정요인elements of market structure이라고 부른다.

이러한 의미에서 본다면 각각의 시장구조요인들을 상이한 정도로 결합시킴으로써 상이한 시장구조가 나타날 수 있고, 시장구조가 상이하면 기업의 행동도 상이하게 된다고 할 수 있다. 따라서 현실적으로는 무수히 많은 시장구조가 관찰될 수 있겠지만, 경제학에서는 〈표 6-1〉과 같이 4가지 유형으로 분류한다.

그러면 왜 우리는 시장의 형태를 중시하는가? 우리는 현재 자본주의 경제체제하에서 살아가고 있다. 자본주의 체제하에서 가격은 시장에서 결정되기 때문에 시장의 형태를 이해하여야만 비로소 가격기구의 역할을 이해할 수 있다. 또한 자본주의경제는 시장을 통한 자원배분을 지향하고 있기 때문에 각 시장의 형태에 따른 자원배분의 효율성을 검토하는 것은 중요하다. 일반적으로 기업들은 이윤을 극대화하기 위해 한계수입과 한계비용이 일치하는 수준에서 생산량을 결정한다. 그런데 기업의 수입곡선은 그 기업이 어떠한 시장에 있느냐에 따라 달라진다. 따라서 시장의 형태를 정확히 이해하기 위해서는 이들 시장의 특징과 각각의 시장에서 수요자와 공급자가 취하는 행동을 살펴보는 것이 중요하다.

표 6-1 시장 형태의 4가지 유형

결정요인 / 시장 형태	판매자수	제품의 동질성 여부	진입장벽	구체적인 시장의 예
완전경쟁	다수	완전 동질적	없음	농산물(쌀, 채소 등)
독점적 경쟁	다수	약간 이질적	없음	음식점, 이발소, 목욕탕 등
과 점	2 이상 소수	같거나 약간 이질적	강함	자동차, 가전제품 등
독 점	하나	유일한 제품	강함	전기, 철도, 수도 등

그러면 이제 시장 형태의 차이는 무엇을 의미하는지 알아보자. 일반적으로 시장에서 판매경쟁이 심하다는 말은 개별기업들의 행동이 상호 경쟁적이라는 것을 의미할 뿐, 시장 형태가 경쟁적이라는 것을 의미하는 것은 결코 아니다. 예를 들어 GM대우와 현대·기아의 승용차, 그리고 S통신과 K통신의 휴대폰 시장이 매우 치열한 판매경쟁을 벌이고 있지만, 자동차 시장이나 휴대폰 시장이 경쟁적인 시장형태를 갖고 있는 것은 아니다. 왜냐하면 대우나 현대 두 회사는 각각 생산량을 조절함으로써 자동차 가격을 인상시킬 수도 있으며, S통신이나 K통신의 휴대폰 업체 또한 휴대폰 가격에 영향을 미칠 수 있기 때문이다. 따라서 기업들 간에 서로 판매경쟁을 벌이고 있다 하더라도 자동차나 휴대폰처럼 개별기업들이 시장을 지배할 수 있는 산업은 비경쟁적 시장 형태를 갖고 있다고 말한다.

이와는 대조적으로 전라도에서 쌀을 생산하는 농부와 경기도에서 쌀을 생산하는 농부는 쌀을 팔기 위해 아무런 경쟁을 하고 있지 않으며 경쟁을 할 필요도 없다. 왜냐하면 어느 한 농부가 쌀 생산량을 줄였다고 해서 쌀 가격이 올라가지는 않는다. 다시 말해 어떤 농부도 쌀 시장을 지배할 수 없으며 시장의 수요와 공급에 의해 형성된 쌀 가격을 그대로 받아들일 수밖에 없다. 결론적으로 시장에 무수히 많은 기업(농부)들이 참여하고 있기 때문에, 어떤 개별시장이 시장을 지배할 수 없으며 또한 기업가들 간에 서로 경쟁을 벌일 필요도 없는 시장 형태를 완전경쟁적 시장 형태라고 부른다. 즉 기업들 간의 경쟁적 행동은 기업들이 참여하고 있는 시장의 경쟁행태와는 완전히 다른 개념이라는 것을 명확히 인식하여야 한다.

3. 완전경쟁시장을 어떻게 이해할 것인가?

완전경쟁시장competitive market은 시장에 참여하는 개별 생산자나 소비자가 시장 전체에서 차지하는 비중이 매우 미미해서 시장가격을 주어진 그대로 받아들여 행동하는 시장이다.

좀 더 구체적으로 설명해 보면, 완전경쟁시장이란 다음의 다섯 가지 조건들을 충족시키는 시장이다. 첫째, 다수의 수요자와 공급자가 존재한다. 시장에 다수의 수요자와 공급자가 있다는 것은 어느 한 수요자나 공급자가 시장가격에 영향을 줄 수 없다는 것을 의미한다. 둘째, 상품의 동질성이 보장되어야 한다. 즉 거래되는 상품들 간에는 품질상의 차이뿐만 아니라 판매조건도 같아야 한다. 따라서 어느 곳에서든지 제품이 일정한 품질과 조건으로 판매되기 때문에 특정한 공급자를 더 좋아할 이유가 없다. 따라서 어느 한 생산자가 시장가격보다 높은 가격을 요구하면 수요를 모두 잃게 된다. 셋째, 생산요소의 이동이 자유로워야 한다. 즉 생산요소인 노동과 자본이 자유롭게 시장에 들어오고 나갈 수 있어야 한다. 원료가 한 기업에 의하여 독점적으로 소유되지 않아야 하며 노동자는 한 지역에서 다른 지역으로 또한 한 직업에서 다른 직업으로 자유롭게 이동할 수 있어야 한다. 넷째, 기업의 자유로운 진입과 탈퇴가 보장되어야 한다. 어떠한 새로운 기업도 원하기만 하면 해당 산업에 자유로이 진입해서 생산을 참여할 수 있고 원하면 언제든지 그 산업을 떠날 수 있어야 한다. 다섯째, 시장에 참여하는 모든 수요자와 공급자는 시장에 대해 완전한 정보를 가지고 있어야 한다. 또한 새로운 정보는 아무런 비용 없이 수요자나 공급자에게 제공될 수 있어야 한다.

결국 이런 특징들 때문에 완전경쟁시장에서는 한 상품에 단 하나의 가격만이 있을 수 있는, 이른바 일물일가의 법칙이 성립된다. 또한 위의 특성 중 첫째와 둘째의 특성 때문에 공급자와 수요자는 시장 전체의 수요와 공급에 의해 결정된 가격을 그대로 받아들이는 가격수용자price-taker이며, 수요량이나 공급량만을 변동시킬 수 있는 수량조정자이다. 이는 완전경쟁시장의 가장 두드러진 특징이다. 따라서 완전경쟁시장의 공급자들은 시장에서 가격수준이 정해질 때마다 자신의 공급곡선에 따라서 공급량을 결정하고, 완전경쟁시장의 수요자들은 자신의 수요곡선에 따라서 수요량을 결정한다.

완전경쟁기업의 평균비용곡선(AC)은 수확체감의 법칙을 전제로 하면 [그림 6-1]에서 보는 바와 같이 일반적으로 U자형이라고 가정할 때, 한계비용곡선(MC)은 평균비용곡선의 최저점을 통과한다. 완전경쟁기업이 이윤을 극대화하기 위해서는 한계수입과 한계비용이 일치하는($MR=MC$) 생산량을 선택해야 한다. 한계수입이 한계비용보다 큰 경우($MR>MC$)는 상품 한 단위를 더 생산할 경우 추가 이윤을 얻을 수 있으므로 기업은 생산량을 늘리려 할 것이다. 반대로 한계수입이 한계비용보다 작은 경우에는 상품 한 단위를 더 생산할 경우 추가손실이 발생하기 때

그림 6-1 완전경쟁기업의 생산량 결정

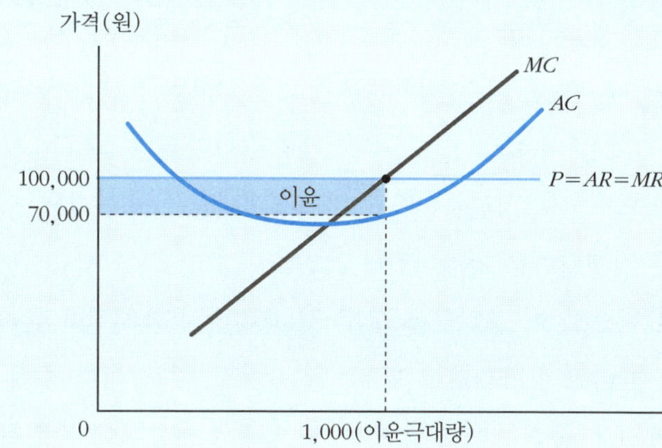

문에, 기업은 생산량을 줄이려 할 것이다. 그러므로 [그림 6-1]에서 완전경쟁기업의 이윤극대화 산출량은 *MC*곡선과 *MR*곡선이 일치하는 점에서의 생산량 1,000개이다. 이 때 기업의 이윤(π)은 총수입(*TR*)에서 총비용(*TC*)을 뺀 것이고 총수입은 가격에 생산량을 곱한 값이며, 총비용은 평균비용(*AC*)에 생산량(*Q*)을 곱한 값이므로, 이윤은 3만원(회색부문)이다.

$$\pi = TR - TC = P \times Q - AC \times Q$$
$$= 100 \times 1,000 - 70 \times 1,000 = 30,000$$

[그림 6-1]은 완전경쟁시장에서 기업이 이윤을 내고 있는 상황을 보여주고 있지만, 가격(*P*)이 평균비용(*AC*)보다 낮다면 손실을 볼 수도 있다. 그리고 단기적으로 기업이 이윤을 내거나 손실을 보게 되면 장기적으로 새로운 기업이 진입하거나 기존 기업의 퇴출을 통해 이윤이 0이 되는 생산량 수준에서 장기균형을 이루게 된다.

우리는 제4장과 제5장의 학습을 통하여 어떤 재화의 수요곡선(*D*)은 그 재화의 한계효용(*MU*)곡선이며, 어떤 재화의 공급곡선(*S*)은 그 재화의 한계비용(*MC*)곡선임을 알고 있다. 그리고 완전경쟁시장하의 균형가격은 수요곡선과 공급곡선이 만나는 곳에서 결정된다는 것도 이미 알고 있다. 이러한 논의를 종합하면 완전경쟁시장의 균형가격에서는 한계효용(MU=가격(P)=한계비용(MC))이란 등식이 자동적으로 성립하게 된다. $MU=P=MC$란 등식이 성립되는 완전경쟁시장에서는 소비자들이 가장 저렴한 가격으로 해당 상품을 소비할 수 있고, 기업들도 초과이윤(정상이윤을 초과하는 이윤을 말한다)이 없는 정상이윤(기업가에게 그 사업을 할 수 있도록 보장해 주는 이윤으로서 생산비로 간주된다)만을 획득하는 상태이므로 자원배분이 효율적으로 이루어진다. 또한 완전경쟁시장은 소비자의 후생을 극대화시키고 자유로운 경제활동을 촉진시킨다.

물론 현실적으로 이 조건들을 모두 갖춘 이상적인 시장은 존재하지 않는다. 완전경쟁시장에 비교적 가깝다고 할 수 있는 농산물시장이나 주식시장도 완전한 시장정보의 조건을 충족시키지 못한다. 기후나 주가동향에 관련된 여러 가지 기업여건의 변화를 정확히 예측한다는 것이 불가능하기 때문이다.

이러한 경쟁시장에 대해 반대하는 사람들은 항상 자신들은 이러한 경쟁이 지나치게 격렬한 경쟁으로 나타나는 것을 방지하려는 것일 뿐이라고 항변한다. 이를테면 불공정하게 낮은 값에 물건을 파는 가게, 의사들로부터 환자를 빼앗아 가는 접골원치료사들, 생산비보다도 낮은 헐값으로 물건을 덤핑하는 외국생산자들, 택시요금구조를 파괴하고 택시기사 자녀들 입에 거미줄을 치게 한다는 불법 택시 등 흉측스러운 경쟁들을 거부한다는 것이다. 요는 이렇다: 독점자는 경쟁을 혐오한다.

그러나 완전경쟁시장에 대해 한 가지 명백히 해야 할 사실이 있다. 완전경쟁시장을 하나의 이상적인 시장형태로 보는 것은 오직 효율성의 관점에서 그럴 뿐이지 공평성의 관점에서도 그렇다는 것은 결코 아니라는 점이다.

4. 독점시장을 어떻게 이해할 것인가?

독점monopoly 또는 독점시장이란 한 재화나 서비스의 공급이 단일 기업에 의하여 이루어지는 시장조직을 말한다. 시장전체에 대해 유일한 공급자를 독점기업이라 하고, 독점기업이 공급하는 재화나 서비스를 독점상품이라 한다. 우리나라에서 볼 수 있는 독점의 예로는 전력을 독점적으로 생산하는 한전, 수돗물과 지하철 수

송을 독점적으로 생산하는 서울시, 기차 내에서 음식이나 음료수의 독점판매권을 가진 한국철도유통, 담배를 독점적으로 생산하는 KT&G 등을 들 수 있다.

완전경쟁시장과는 정반대로 시장 전체에 대해서 유일한 공급자인 독점기업은 다음과 같은 특성을 갖는다. 첫째, 독점기업의 공급량은 그 상품에 대한 시장의 총공급량과 같다. 즉 독점기업이 바로 독점산업이 된다. 둘째, 독점기업은 강한 시장지배력을 갖는다. 시장지배력이란 가격이나 거래량 등 시장의 결과를 지배하는 힘을 말한다. 완전경쟁기업이 가격수용자라면 독점기업은 스스로 공급량 조절을 통한 가격결정권을 갖는 가격설정자price maker이다. 셋째, 독점기업은 다른 시장 형태와 비교해 볼 때 밀접한 대체재를 생산하는 경쟁상대기업으로부터 도전을 받지 않는다.

그러나 현실경제에서 어떤 독점상품이라도 어느 정도의 대체성을 가지는 상품이 존재하기 때문에 상품시장의 범위를 어떻게 잡느냐에 따라서 독점이 과점으로 분류될 수도 있다. 예컨대 지하철 서비스는 서울시가 혼자 공급한다는 뜻에서 독점이지만, 대중교통서비스로 시장범위를 넓히면 시내버스도 있기 때문에 서울시가 더 이상 독점기업은 아니다.

그러면 경쟁의 원리가 작용하는 자본주의 시장경제에서 독점이 어떻게 형성될 수 있을까? 어떤 시장에 독점기업 하나만 존재한다는 것은 그 시장에 다른 기업들이 진입하지 못하게 하는 진입장벽이 있다는 것을 뜻한다. 독점이 생성·유지되게 하는 요인으로는 보통 다음의 네 가지를 들 수 있다. 첫째, 시장규모가 작은 경우 공급 독점이 일어나게 된다. 한 기업이 만든 물건만으로 그 시장에서 필요로 하는 물건이 다 채워지게 되면 더 이상의 공급자가 필요 없게 되는 것이다. 둘째, 규모의 경제이다. 규모의 경제가 작용하면 생산량을 증가시킬수록 평균비용이 감소하게 된다. 이리하여 자연독점이 생기게 된다. 주로 설비투자와 시장의 규모가 상대적으로 큰 산업에서 발생하며 예로는 전력, 전신, 전화, 수도 등 공익사업을 들 수 있다. 셋째, 물건을 만드는 원재료를 독점적으로 소유하는 경우이다. 20세기 초 미국의 스탠다드 석유회사가 미국의 원유를 독점함으로써 다른 기업들이 정유산업에 진입할 수 있는 여지를 실질적으로 배제한 것이 좋은 예이다. 넷째, 정부의 보호나 규제에 의해 독점이 생기는 경우이다. 우리나라에서는 재정수입을 목적으로 정부가 담배와 홍삼의 판권을 독점하여 전매하고 있다. 그리고 기술혁신을 유인하기 위하여 발명가에게 12년의 특허권을 부여하는데 이 기간 동안 해당상품을 독점적으로 공급할 수 있다.

이상의 네 가지 이외에 한 기업이 경쟁 상대기업들을 모두 사들인다거나 획기적인 기술혁신을 이룩하여 시장을 석권한다거나 또는 불공정 거래행위로 경쟁상대기업들을 모두 시장에서 몰아내는 경우에도 독점이 발생하게 된다. 또한 어떤 기업이 새로운 상품을 시장에 내놓기 시작하여 상당한 이윤을 올리고 있지만 다른 기업이 진입하는 데 시간이 소요되기 때문에 일시적으로 독점기업의 지위를 유지하는 경우도 생각할 수 있다.

그러면 독점하의 기업은 어떻게 행동을 할까? [그림 6-2]에서 보는 바와 같이 독점은 시장에 기업이 오직 하나뿐이며 신규기업의 진입은 완전히 봉쇄되어 있는 시장구조를 말한다. 독점기업은 산업 내의 유일한 기업이기 때문에 시장수요곡선(DD) 자체가 개별 독점기업이 직면한 수요곡선이 되며, 시장수요곡선은 수요법칙에 의해 우하향하는 형태이므로 독점기업이 직면하는 수요곡선도 우하향하는 형태가 된다. 이와 같이 개별기업이 직면하는 수요곡선이 우하향하면, 이 기업은 자신의 생산물을 한 단위 더 판매하기 위해서는 가격을 낮추어야 한다. 따라서 독점기업이 생산물을 한 단위 더 판매함으로써 추가로 얻게 되는 수입, 즉 한계수입은 생산물의 가격이 이전에 판매하던 생산물의 가격보다 낮아짐으로써 생기는 손실만큼

그림 6-2 독점기업의 가격과 생산량 결정

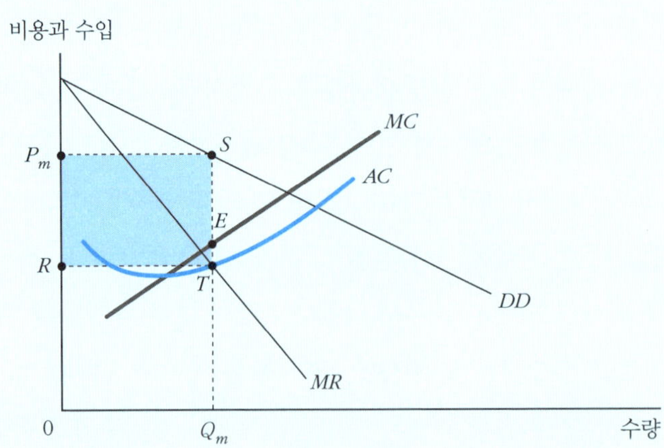

항상 작게 된다. 이러한 이유로 [그림 6-2]에서 보는 바와 같이 독점기업의 한계수입곡선(*MR*)은 시장수요곡선(*DD*)보다 아래에 놓이게 된다.

이제 이 독점기업의 평균비용 및 한계비용곡선이 각각 [그림 6-2]의 *AC*와 *MC*로 주어져 있다고 하자. 기업의 이윤은 한계비용과 한계수입이 일치할 때 극대가 되므로, [그림 6-2]에서 점 *E*를 잡아 이 점에서 수평축에 수직선을 그어 만나는 점 Q_m을 잡고 동시에 시장수요곡선(*DD*)과 만나는 점 *S*를 잡으면, 이 독점기업의 이윤이 극대화되는 가격과 생산량이 각각 OP_m 및 OQ_m임을 알 수 있다. 특히 OQ_m만큼의 생산량 수준에서 생산물 단위당 수입이 *OQS*, 비용이 Q_mT로 이 독점기업은 생산물 단위당 *ST*만큼의 양(+)의 이윤을 얻고 있지만, 완전경쟁의 경우와는 달리 독점에서는 신규기업의 진입이 완전히 봉쇄되어 있으므로 계속해서 양(+)의 이윤을 누릴 수 있다.

독점기업은 한 가지 물건에 대해 한 가지의 가격만으로 공급을 하는 것일까? 그렇지는 않다. 독점기업도 다른 기업과 마찬가지로 최대의 이윤을 얻으려고 한다. 따라서 시장이 나누어질 수만 있다면 시장에 따라 다른 가격으로 물건을 제공해 최대의 이윤을 얻으려 할 것이다. 이것을 경제학에서는 '가격차별'이라고 한다. 물론 가격차별을 하기 위해서는 시장이 두 개 이상으로 나누어질 수 있어야 하며 각 시장에서 가격에 대한 수요의 반응이 달라야 한다. 현실적으로 국내에서 가격차별이 이루어지는 경우는 거의 찾아보기가 어려우며, 다만 해외 시장에서의 덤핑(가격을 내려서 파는 것)이 이러한 가격차별에 속한다고 할 수 있을 것이다.

공급에 있어 독점이 이루어질 경우 가격은 어떻게 결정될까? 완전경쟁시장의 경우에는 파는 사람은 판매량의 증가와는 상관없이 일정한 값을 받을 수 있다. 그러나 공급 독점의 경우에는 파는 사람이 혼자이며 공급자는 가장 큰 이윤을 얻는 공급량만큼만 생산할 것이기 때문에 결국 공급 독점의 경우에는 완전경쟁시장에 비해 더 적은 판매량과 더 높은 가격에서 균형이 이루어지게 되며 공급자는 그 점에서 가장 큰 이윤을 얻게 된다. 소비자의 입장에서 보면 완전경쟁시장에 비해 높은 가격을 치러야만 물건을 살 수 있기 때문에 바람직하지 못한 일이므로 각 나라는 법률로 독점을 금지하는 경우가 많다.

독점기업의 시장성과를 어떻게 평가할 수 있을까? 어떤 사람들은, 독점으로 인하여 대기업이 연구 작업을 수행할 수 있고, 노동자의 복지에 관심을 쏟을 수 있게 되며, 그래서 결국엔 사회에 큰 이득을 주고 있다며 독점을 칭송하기도 한다. 그러나 또 어떤 사람들은 독점기업은 경쟁이라는 압력이 없기 때문에 최대한의 효율성을 추구할 동기를 갖지 못하는 X-비효율을 야기할 수도 있다고 비난하기도 한다. 뿐만 아니라 또 다른 사람들은 독점이 소비자들의 돈을 짜내고, 비단 경제력뿐만이 아니라 정치권력에 있어서까지 과도한 집중을 야기시킨다며 독점을 비난하기도 한다.

우리가 정경유착이라 부르는 현상 또한 독점시장을 배경으로 하는 경우가 흔한 것이다. 또한 독점기업이 경쟁자의 등장을 막기 위해 진입장벽을 구축하는 데 쏟아 붓는 지출 또한 상당하다. 자신의 독점적 지위를 잃지 않기 위해 엄청난 광고를 한다거나 관료들을 끌어들이기 위해 많은 돈과 정성을 들여 로비를 해서 진입장벽을 견고하게 하려는 것이다. 이러한 목적으로 낭비된 자원을 유용한 목적에 쏟아부었다면 훨씬 더 생산적이었을 것이다.

그렇다면 독점기업의 지위는 영원한가?란 명제를 독점에 가까운 업계 최대기업 또는 1등기업의 명암을 중심으로 생각해 보자. 우리 속담에 "부자는 삼대를 넘기지 못한다"는 말이 있는데, 이는 기업의 세계에도 적용되는 것 같다. 일반적으로 기업의 평균수명은 이보다 훨씬 짧아 정치·사회적으로 비교적 안정된 선진국에서도 인간의 한 세대에 불과한 30년을 넘지 못하는 경우가 많다.

독점이윤을 벌어들이는 유리한 지위가 어째서 장기간 지속되지 못하는가? 흔히 거론되고 있는 것으로 경로의존성path dependence을 지적하는 경제학자들이 많다. 경로의존성이란 기업도 개인과 마찬가지로 한번 성공하면 자만하여 과거에 성공적이었던 방식에 집착하고 이를 바꾸는 데 대해서는 거부하는 경향을 말한다. 그런데 외부환경이 바뀌면 과거에 성공적이었던 방식이 현재나 미래에는 실패하는 방식이 될 수 있다. 다윗이 골리앗을 이기는 것처럼 조그만 중소기업이 거대기업을 이기는 현상이 기업사회에서 흔치 않게 일어나고 이를 통하여 기업의 순위가 바뀌고 물갈이가 일어나는 것은 이 때문이다.

5. 과점시장을 어떻게 이해할 것인가?

과점oligopoly 또는 과점시장은 소수의 생산자가 제품을 공급하는 시장이다. 제품의 동질성 여부에 따라 과점시장은 ① 완전히 동질적인 제품을 생산하는 과점업종도 있고, ② 상당히 이질적인 제품을 생산하는 과점업종도 있다. 완전히 동질적인 제품을 생산하는 경우를 순수과점pure oligopoly 또는 동질적 과점homogeneous oligopoly라고 한다. 예를 들면 철근, 시멘트, 알루미늄 등이 여기에 속한다. 한편 어느 정도 이질적인 제품을 생산하는 경우를 차별형 과점differentiated oligopoly 또는 이질적 과점heterogeneous oligopoly이라고 한다. 예를 들면 승용차, 냉장고, 텔레비전 등이 여기에 속한다. 이러한 과점기업들은 대체로 다음과 같은 특성들을 가진다.

첫째, 일반적으로 과점기업 간에는 밀접한 상호의존관계가 있다. 어느 한 기업의 가격, 생산량의 변화는 다른 경쟁기업들에게 현저한 영향을 끼치므로 각 기업은 다른 경쟁기업들의 반응을 면밀히 고려하면서 가격과 생산량을 결정한다. 둘째, 가격의 경직성과 치열한 비가격경쟁을 들 수 있다. 한 기업의 가격은 다른 기업들의 가격에도 영향을 끼쳐 가격 경쟁을 발생시키며 그에 따라 이윤이 감소하게 된다. 그리하여 과점시장은 가격 경쟁을 회피하기 위해 광고, 판매서비스, 상품차별화 등 비가격경쟁이 치열한데, 맥주광고나 전자제품, 자동차 광고를 보면 쉽게 이해할 수 있다. 셋째, 과점시장에서는 기업들이 담합collusion과 같은 비경쟁행위를 하려는 경향이 강하다. 기업들 간 담합의 대표적 사례가 카르텔cartel인데 이는 동종제품을 생산하는 과점기업들이 특정시장의 독점화를 목적으로 결성한 기업의 연합체이다. 카르텔 형성의 주요 목적은 가격결정 또는 최저가격의 설정, 각 기업의 생산량 또는 판매량의 최고한도 설정, 판매조건의 통제 등이다. 넷째, 새로운 기업의 진입에 상당한 장벽이 존재한다. 진입장벽이 독점과 같이 완벽한 것은 아니지만 완전경쟁시장이나 독점적 경쟁시장보다는 훨씬 높다.

그러나 위와 같은 특성들을 갖는 과점시장은 몇 가지의 다른 모습으로 전개될 가능성이 있기 때문에 한 가지 설명으로 포괄할 수 없다. 하나의 기업만으로는 독자적으로 가격을 결정할 수 없으므로 서로 라이벌 기업들의 행동에 크게 의존할 수밖에 없다. 어떤 경우에는 각 기업이 독자성을 유지한 채 서로 견제하는 균형을 이루고, 어떤 경우에는 하나의 상대적으로 더 큰 대기업이 이끌어 나아가고 나머지 기업들은 이에 맞추어 따라가는 모습을 보이기도 한다. 또한 과점기업들이 명시적 또는 암묵적으로 담합함으로써 하나의 단일기업처럼 통일된 행동을 보이는 경우도 있는 것이다.

과점기업들이 담합을 이루면 독점과 같은 결과를 초래한다. 담합을 이루지 않는 경우라고 하더라도 과점시장의 가격은 시장이 경쟁적일 경우보다 더 높은 수준으로 결정된다. 그러므로 과점시장에서도 독점시장과 같은 경제적 순손실이 발생한다.

6. 독점적 경쟁시장을 어떻게 이해할 것인가?

독점적 경쟁monopolistic competition 또는 독점적 경쟁시장은 완전경쟁과 독점의 성격을 나누어 가지고 있는 시장 조직이다. 산업 내에 많은 기업이 존재하고 기업의 자유로운 진입과 탈퇴가 보장되는 점은 완전경쟁과 같다. 그러나 완전경쟁기업은 시장지배력을 가지지 못하는 반면에 독점적 경쟁기업은 독점기업처럼 완벽한 시장지배력은 아니지만 공급량을 조절하여 시장가격을 조금씩 변경시킬 수 있는 약간의 힘을 가지고 있다. 이 약간의 시장지배력은 독점적 경쟁기업들이 다른 기업들의 제품과는 약간씩 다른 차별화된 상품을 생산하는 데에서 기인한다. 예를 들어 각 음식점들은 서로 조금씩 맛이나 양이 다른 음식을 제공하며 값도 조금씩 다르다. 하지만 값을 올리거나 내리는 것은 마음대로 할 수 없다. 한 곳에서 값을 너무 올리면 손님들은 비슷한 다른 음식점으로 가게 되기 때문이다. 우리의 생활주변에서 독점적 경쟁으로 분류되는 업종으로는 이발소, 미용실, 목욕탕, 세탁소, 약국, 음식점, 서점, 여관 등이 있다.

독점적 경쟁의 특징은 다음과 같다. 첫째, 완전경쟁보다는 그 수가 적지만 다수의 수요자와 공급자가 존재한다. 둘째, 독점적 경쟁기업은 동일한 재화를 생산하더라도 다른 기업과는 약간씩 다른 차별화된 상품을 만들어낸다. 셋째, 독점적 경쟁에서는 산업으로의 자유로운 진입과 탈퇴가 보장된다. 넷째, 독점적 경쟁기업은 약간씩 차별화된 상품으로 경쟁을 하기 때문에 제품의 가격경쟁보다는 판매서비스나 광고, 애프터서비스 등으로 비가격경쟁을 한다.

독점적 경쟁기업의 수요곡선을 보게 되면, 독점시장과 같이 시장 전체의 수요가 개별 기업의 수요와 일치하지는 않는다. 반면에 상품의 이질성 때문에 개별기업의 수요곡선은 우하향하되 그 기울기가 독점기업에 비하여 완만한 모습을 보인다. 왜냐하면 수요자와 공급자가 모두 다수이기 때문이다. 따라서 독점적 경쟁시장의 균형은 완전경쟁시장의 균형과 두 가지 면에서 다르다. 첫째, 각 기업은 초과생산설비excess capacity를 갖는다. 즉 평균총비용곡선이 하강하는 곳에서 균형생산량이 결정된다. 둘째, 균형가격은 한계비용을 초과한다.

독점적 경쟁의 시장성과를 사회적 관점에서 어떻게 평가해야 할까? 정부가 시장성과를 개선할 수 있을까? 이 질문에 대한 간단한 답은 존재하지 않는다. 독점적 경쟁시장은 완전경쟁시장과 같은 이상적 시장성과를 나타내지는 않는다. 한계비용보다 높은 균형가격으로 인해 독점시장에서 발생하는 경제적 순손실deadweight loss이 발생한다. 또한 독점적 경쟁시장의 전제가 되는 제품차별화로 인하여 기업들은 경쟁의 수단으로 광고와 브랜드 이름brand name을 사용하게 된다. 광고와 브랜드 이름의 사용을 옹호하는 사람들은 기업들이 이를 통해 소비자에게 정보를 제공하고, 가격과 제품의 품질에서 더 치열한 경쟁을 하게 된다고 한다.

7. 시장지배력과 독과점 문제를 어떻게 이해할 것인가?

시장 형태가 경쟁적인가 혹은 비경쟁적인가를 구별하는 것 중의 하나가 바로 시장에 참여하는 개별기업들이 시장에서 어느 정도 지배력을 행사하고 있느냐는 것이다. 만약 개별기업들이 시장을 지배할 수 있다면, 기업들은 생산량을 조절함으로써 재화의 가격에 영향을 미칠 수 있다. 이때의 시장형태는 비경쟁적인 형태로서 독과점 기업들이 여기에 속한다. 반대로 무수히 많은 기업들이 시장에 참여함으로써 개별기업들이 시장을 전혀 지배할 수 없다면, 어느 한 기업이 생산량을 조절한다 하더라도 재화의 가격에 전혀 영향을 미칠 수 없으며 이때의 시장 형태는 경쟁적이며 완전경쟁기업들이 여기에 속한다.

독과점은 경쟁을 배제함으로써 독과점적 이윤(카르텔이윤)을 획득하려는 시장구조이다. 따라서 독과점구조는 자원배분에 있어서 비효율적이고 비합리적인 선택을 유도할 수 있다. 독과점의 폐해사례의 하나로서 은행의 경우를 간단히 살펴보자. 우리나라 은행들은 금리자유화 이전에는 카르텔 성격의 이윤이 보장되어 있어서 서로 경쟁을 하지 않았다. 그래서 대출과정에서 정치권과 정부의 입김이 영향을 미치고, 은행은 심사기능과 사후 감시기능을 제대로 수행하지 않아 국민들이 저축한 사회적 자원, 즉 자금을 효율적인 부문으로 배분하는 데 실패하였다. 그리하여 기업은 은행의 자금을 대출 받는 것 자체가 (인플레이션을 고려하면) 이익이 되므로 가장 효율적인 부문에 투자할 유인이 약하여 부실화되고, 그 결과 은행과 기업뿐만 아니라 온 경제가 혼돈상태에 빠지게 되었다. 즉, 은행산업이 독과점적이고 그 돈을 주로 대출받은 기업이 독과점적인 상태에서 자원의 최적배분에 실패한 것이다.

다시 말해서 시장구조가 완전경쟁 및 독점적 경쟁의 형태로부터 과점 및 독점의 형태로 갈수록 시장에 참가하는 기업들의 시장지배력이 커지고, 그에 따라 독점에서 나타날 수 있는 경제적 비효율, 소득분배의 불평등, 경제력 집중 등의 여러 가지 악惡효과가 초래될 가능성도 높아진다고 볼 수 있을 것이다. 이러한 의미에서 본다면 독과점 문제는 결국 시장구조가 독점 및 과점의 형태로 되면서 기업들이 시장지배력을 가지게 됨으로써 나타날 수 있는 여러 가지 바람직스럽지 못한 효과를 의미하는 것임을 알 수 있다. 이처럼 독과점시장은 비효율성을 피할 수 없으므로 세계 각국의 정부는 나름대로 독과점시장을 규제하는 정책을 펼치고 있다.

우리나라도 공정거래법을 제정하고 공정거래위원회를 설치하여 독과점 기업의 행동을 규제한다. 독과점 규제정책의 근본적 목적은 시장 지배적 지위의 남용과 과도한 경제력의 집중을 방지하고, 부당한 공동행위 및 불공정거래행위를 규제하여 공정하고 자유로운 경쟁을 촉진함으로써 창의적인 기업 활동을 조장하고 소비자를 보호함과 아울러 국민경제의 균형 있는 발전을 도모함을 목적으로 하고 있다. 공정거래위원회의 역할은 독과점적 시장구조가 장기간 유지되고 있는 상품이나 서비스의 공급 또는 수요시장에 대해서 경쟁을 촉진하기 위한 정책을 수립·시행하여 시장 효율성을 높이는 것이다.

독점규제 및 공정거래에 관한 법률에서 정의한 '시장지배적 사업자'는 일정한 거래 분야의 공급자나 수요자로서 단독으로 또는 다른 사업자와 함께 상품이나 용역의 가격·수량·품질 기타의 거래조건을 결정·유지 또는 변경할 수 있는 시장지위를 가진 사업자를 말하며, 시장지배적 사업자를 판단함에 있어서는 시장점유율, 진입장벽의 존재 및 정도, 경쟁사업자의 상대적 규모 등을 종합적으로 고려하여 판단한다. 해당 거래 분야에서 연간매출액 또는 구매액이 40억원 미만인 사업자는 대상에서 제외하고, 상품 및 서비스의 국내 연간 판매액이 500억원이 넘는 품목에 대해 상위 1개 사업자의 시장 점유율이 50%를 초과하거나, 상위 3개 사업자의 시장점유율이 75%를 넘는 경우(이때, 시장점유율이 10% 미만인 사업자는 제외)에는 시장지배적 사업자로 추정된다.

시장지배적 사업자는 지위를 이용하여 '상품의 가격이나 용역의 대가를 부당하게 결정·유지 또는 변경하는 행위', '상품의 판매 또는 용역의 제공을 부당하게 조절하는 행위', '다른 사업자의 사업 활동을 부당하게 방해하는 행위', '새로운 경쟁사업자의 참가를 부당하게 방해하는 행위', '부당하게 경쟁사업자를 배제하기 위하여 거래하거나 소비자의 이익을 현저히 저해할 우려가 있는 행위'를 할 경우 공정거래위원회의 규제를 받는다.

실제로 활용되고 있는 정책으로는 여러 가지가 있지만 우리나라에서 널리 활용되고 있는 정책으로는 가격상한제를 들 수 있다. 우리나라 정부는 독과점사업자로 분류된 기업의 상품에 대해서는 일단 그 가격상한을 정해주고 그 이후 원료가격이나 임금 등 원가를 구성하는 변수가 어느 정도 이상 변하면 심사를 거쳐 그 영향을 가격상한에 반영하도록 하는 방식을 채택하고 있다.

과점산업에 대한 규제도 여러 측면에서 이루어진다. 그러나 그 가운데 가장 중요한 규제는 독점과 마찬가지의 결과를 초래하는 담합에 대한 규제이다. 거의 모든 나라들이 카르텔과 같은 명시적 담합은 물론 암묵적 담합까지 불법화하고 있다. 우리나라도 마찬가지인데 다만 불황을 효과적으로 대처하기 위한 경우와 대대적 산업구조조정을 목적으로 하는 경우의 카르텔 그리고 수출을 목적으로 하는 카르텔 등은 예외로 인정하고 있다.

하지만 독과점 기업에 의한 경제력 집중이 반드시 나쁜 것은 아니다. 독과점 기업에 의한 경제력 집중은 규모의 경제를 이룩하고, 계열기업간 자금의 효율적인 배분과 인력풀을 통하여 기술혁신을 선도하며, 경영의 다각화로 위험을 분산시키고, 단기에 경제성장을 주도할 수 있다. 특히 우리나라의 경우 반도체개발에서 보는 바와 같이 첨단산업분야에서 이룩하고 있는 세계적인 기술혁신을 높이 평가해야 할 것이다. 우리 경제가 그동안 누려온 고도성장에 재벌이 견인차 노릇을 한 것은 부인할 수 없는 것이 사실이다.

또한 최근 무역자유화와 시장개방의 물결을 타고 세계를 향한 경쟁력 강화의 문제는 범국가적 차원에서 강조되고 있다. 세계 일류의 외국기업들과 대등한 입장에서 경쟁하려면, 막대한 자본능력과 대규모의 판매조직을 갖추어야 한다. 특히 수출을 중요시하면서 국가경제를 이끌어야 하는 우리나라는 외국 대기업과 경쟁하기 위하여 국내기업의 대형화가 요청되고 있는 실정이다.

참고문헌

- 김경환·김종석 옮김, N. Gregory Mankiw, 「맨큐의 경제학」(7판, 2015), 센게이지러닝코리아.
- 김상규 외 5인, 「사고중심의 경제학강의」(1999), 형설출판사.
- 박덕제, 「독점기업의 지위는 영원한가?」, 경제원론 Ⅱ 보충학습자료(2001),
- 한국방송통신대학교 홈페이지.
- 박상률·곽유리, 「경제는 내 생활」(1995), 고려원.
- 손정식, 「소프트 경제원론」(2001), 문영사.
- 송병락 원저, 이원복 글/그림, 「부자국민 일등경제」(2001), 김영사.
- 심경섭, 「경제학의 이해」(2000), 법문사.
- 이성훈 옮김, 토드 부크홀츠, 「유쾌한 경제학」(1996), 김영사.
- 이승훈, 「경제학입문」(1995), 영지문화사.
- 이준구, 「열린 경제학」(1995), 도서출판 삼성.
- 조동성, 「한국재벌연구」(1991), 매일경제신문사.

생각해 볼 문제

1. 완전경쟁시장에 비해 독점이 비효율적인 이유는 무엇인가?

2. 중세시대에도 독점권이 존재하였는데 그 이유는?

3. 석유수출국기구(OPEC)를 막을 독과점 금지법은 없는가?

4. 삼성자동차를 르노 회사가 인수함으로써 시장에서 공급자와 수요자 측면의 장단점은 무엇인가?

5. 기업 간의 합병이 시장구조에 미치는 영향을 어떻게 평가하여야 할까?

6. 자동차회사에서 자동차를 해외시장에 수출할 때, 자국내 판매가격보다 낮은 가격으로 판매하고 있다면, 자국내 자동차 수요자에게 경제적 부담을 주면서 해외 수용자에게 혜택을 주는 격이 된다는 주장에 대해 생각해 보고, 자동차회사들이 이러한 가격정책을 사용할 수 있는 이유에 대해 논의해 보자. (임용고사기출)

7. 독점력을 행사하는 공기업의 민영화는 과연 바람직한가? 우려되는 문제점은 없는가?

8. 미 연방정부의 마이크로소프트에 대한 반독점규제가 미 전체 경제에 미치는 영향은 이점이 클까, 손실이 클까?

9. 인플레이션이 우려될 때, 정부 당국은 독·과점적 시장구조를 갖는 기업들에게 서민 생활과 밀접한 공산품의 가격 인하를 권고하는 경우가 있다. 이에 대한 긍정적 또는 부정적 효과에 대해 생각해 보자. (임용고사기출)

10. 신경제에서는 많은 기업들이 자연독점에 빠질 가능성이 많다고 한다. 이를 어떻게 극복할 것인가?

11. 'B3만이 살아남는다'는 현실에 비추어 볼 때 독과점의 폐해를 어떻게 시정하면 좋을까?

읽을거리

추노꾼 대길이가 사례금을 다르게 받은 이유는?

추노라는 드라마가 방영된 적이 있다. 추노꾼의 이야기를 다룬 드라마로 도망친 노비를 찾아주며 사례금을 받아 살아가는 사람들의 삶과 애환을 담은 드라마였다. 특히 이 드라마에서는 주인공 이대길(장혁 분)이 기억에 남는다.(중략)

드라마 속 주인공인 대길이가 기억에 남는 또 한 가지 이유는 그의 거래 방식이 철저히 가격 차별에 입각한 거래 방식이라는 데 있다.

가격 차별(price discrimination)이란, 수요자의 유형 또는 시장이 분리될 수 있을 경우, 가격을 소비자에 따라 달리 받는 것을 말한다. 보다 구체적으로 말해 가격탄력성이 큰 시장에서는 싸게 가격탄력성이 작은 시장에서는 비싸게 판매함으로써 이윤 극대화를 도모하는 것을 말한다. 드라마 추노에서도 추노꾼 이대길은 노비를 찾아달라는 수요자가 권세 높은 집안의 양반이거나 재력을 갖고 있는 사람일 경우 사례금을 높게 책정한다. 반면, 노비를 찾아달라는 수요자가 행색이 남루하거나 사정이 딱한 사람일 경우에는 사례금을 싸게 요구한다. 즉, 동일한 노비를 찾아달라는 의뢰를 받고도 사례금에 상대적으로 둔감한 부자에게는 높은 사례금을 요구하고, 사례금에 민감한 가난한 사람에게는 낮은 사례금을 받는다.

드라마에서는 이 같은 거래 방식을 주인공 이대길이 매정한 듯 하지만 속정이 깊은 캐릭터라는 사실을 암시하기 위한 도구로 설정하였다. 하지만 경제학적 시각으로 본다면 이대길의 이 같은 가격 차별은 그에게 더 큰 이득을 가져다 줬을 가능성이 높다.

그것은 대길이가 모든 사람에게 같은 사례금을 요구했을 때보다 의뢰한 사람의 사정을 고려하여 사례금에 차등을 둘 때 더 큰 수익을 거둘 수 있기 때문이다. 가난한 사람들은 부자들에 비해서 상대적으로 사례금에 민감할 것이다. 따라서 이들은 사례금이 조금만 올라도 노비를 찾으려 들지 않을 것이다. 즉, 사례금을 올리면 수요량이 급격히 줄어들게 될 것이다. 따라서 가난한 사람들에게 높은 가격을 요구할 경우 대길이의 수입은 오히려 감소할 것이다. 반면 부자들의 경우에는 가격 변화에 상대적으로 덜 민감한 소비자이다. 따라서 부자들은 사례금을 올린다 해도 노비를 찾으려 들 가능성이 높기 때문에 수요량이 크게 줄지 않을 것이다. 이 경우 가격을 올려 부르는 것이 수익을 더욱 늘리는 방법이 될 것이다.(중략)

이 같은 가격 차별을 통한 이윤극대화는 시장 참여자 누구나 시행할 수 있는 가격전략은 아니다. 해당 시장의 공급자가 다음과 같은 특성들을 갖추고 있을 때만이 가격 차별 정책을 통한 이윤극대화를 달성할 수 있다.(중략)

첫째, 판매자가 시장지배력을 갖고 있어야 한다.

추노꾼 대길이 역시 장안에서 제일가는 추노꾼으로 시장지배력을 갖고 있었기에 가격 차별을 시행할 수 있었다.(중략)

둘째, 수요자의 유형이나 시장이 확연히 구분될 수 있어야 한다. 버스요금이 학생과 성인에게 차등하여 부과하는 경우나, 전력회사에서 가정용 전기요금과 사업용 전기요금을 차등하여 부과할 수 있는 것은 수요자의 유형이나 시장을 확연히 구분할 수 있기 때문이다.

추노꾼 이대길 역시 추노를 의뢰한 대상들이 확연히 구분되는 특성을 갖고 있었기 때문에 가격 차별이 가능했다.(중략)

이 밖에도 가격 차별이 성립하기 위해서는 확연히 구분된 시장 사이에서 상품이 재판매될 수 없어야 한다. 가격이 낮게 책정된 수요자가 상품을 구입해서 가격이 높게 책정된 수요자에게 다시 팔 수 있다면 가격 차별이 유지되기 어렵기 때문이다. 또한 가격 차별을 통한 이익이 시장을 분리하기 위한 비용보다 커야 한다. 그래야만 가격 차별을 수행할 유인이 발생하기 때문이다.

위와 같은 조건들이 구비된 상황에서도 수요자의 유형별로 혹은 시장별로 수요의 가격탄력성이 상이하지 않을 경우에는 가격 차별을 시행할 유인이 없게 되어 가격 차별은 발생하지 않는다. 따라서 가격 차별은 상이한 수요자나 시장 간에 상이한 수요의 가격탄력성을 갖고 있을 때 성립하게 된다.

이러한 내용을 종합할 때, 가격 차별은 시장에서 독점적 지위를 갖고 있는 공급자가 자신의 이윤을 극대화시키기 위한 가격정책임은 분명하다. 하지만 이로 인해 수요자 역시 이득을 얻을 수 있다. 차별화된 가격으로 제품이 공급될 경우 상대적으로 지불 능력이 좋은 부유한 사람들에게는 비싼 가격으로 제품이 공급될 것이고, 지불 능력이 적은 사람들에게는 싼 가격으로 제품이 공급될 것이다. 그러므로 이 과정의 분배 측면에서 긍정적 효과를 거둘 수도 있다. 또한, 가격 차별을 수행하지 않을 경우에는 제품 가격이 비싸 구매하지 않았을 사람들도, 싼 가격으로 제품을 구매할 수 있게 된다.

이로 인해 해당 제품의 시장이 확대되고, 생산량 증대로 인한 고용 창출과 국민소득 향상을 기대할 수 있다.

출처: 박정호, 한국경제신문, 2010.8.20

읽을거리

EU, MS에 추가 벌금

유럽연합(EU) 집행위원회는 마이크로소프트(MS)에 대해 2억 8,050만 유로(3억 5,730만 달러)의 벌금을 새로 부과한다고 12일 밝혔다. MS가 EU 집행위의 2004년의 반독점 위반 시정명령을 이행하지 않고 있기 때문이다.

넬리 크뢰스 EU 경쟁담당 집행위원은 이날 기자회견에서 MS가 윈도 운영체제(OS) 정보를 경쟁 업체들에 공개하라는 집행위 명령을 2년 이상 이행하지 않고 있는 데 대한 응징으로 벌금을 새로 부과할 수밖에 없다"고 말했다. EU 집행위가 앞선 반독점 위반 시정명령을 이행하지 않는다는 이유로 위반 업체에 추가 벌금을 부과한 것은 MS가 처음이다. 새 벌금은 하루 150만 유로씩 지난해 12월 16일부터 소급해 계산된 것으로, 당초 집행위가 경고한 하루 200만 유로 벌금보다는 50만 유로가 삭감된 것이다.

크리스 위원은 또 MS가 계속해서 윈도 소스코드 공개 의무를 이행하지 않으면 오는 31일부터 하루 벌금 액수를 300만 유로로 올릴 것이라고 경고했다. 이와 관련해 MS는 오는 18일까지 윈도 소스코드 공개와 관련한 서류를 EU 집행위에 제출하기로 약속했다. EU 집행위는 MS 하루 매출의 최고 5%에 해당하는 벌금을 부과할 수 있다. MS의 하루 매출액은 지난해 평균 1억 1,000만 달러에 달한다.

MS의 브래드 스미스 대표 변호사는 전례없는 이번 벌금 부과 조치가 정당한지를 가리기 위해 EU 법원에 항소할 것이라고 말했다. 그는 성명을 통해 "집행위의 2004년 결정이 명료하지 않은 점이 있는 데다 2년 동안 집행위 명령을 이행하기 위한 우리 노력을 감안할 때 이번 엄청난 금액의 벌금을 포함해 어떤 벌금 부과 조치도 적절하지 않다고 생각한다"고 주장했다.

한편 한국에서도 공정거래위원회가 지난해 말 윈도에 미디어플레이어와 메신저 프로그램을 끼워서 판매하는 것이 시장 지배적 지위를 남용하는 행위로 보고 325억원의 과징금 부과와 시정 조치를 내렸다. 이에 대해 MS는 소송이 끝날 때까지 효력이 정지되도록 집행정지 신청을 냈으나 이달 초 기각됐다.

업계 관계자는 이번 EU 조치가 한국 공정위와 MS간 소송에 직접적인 연관성은 없으나 재판부 결정 과정에서 MS에 긍정적이지 않은 영향을 미칠 것으로 예상된다"고 말했다.

출처: 유주연·민경현 기자, 매일경제신문, 2006.7

Chapter 07

생산요소시장과 소득분배

1. 소득분배의 두 측면과 시장경제에서 소득분배를 결정하는 원리는 무엇인가?
2. 생산요소의 수요는 어떻게 결정될까?
3. 생산요소의 공급은 어떻게 결정될까?
4. 생산요소시장의 균형은 어떻게 달성되는가?
5. 임금·지대·이자·이윤을 어떻게 볼 것인가?
6. 소득분배의 불평등을 어떻게 측정할 수 있을까?
7. 우리나라 소득분배의 불평등의 정도는 어떠한가?
8. 소득격차의 원인은 무엇인가?
9. 소득분배의 불평등을 어떻게 받아들일 것인가?

개관

제3장에서 제6장까지는 주로 생산물 시장을 중심으로 재화의 가격과 양이 어떻게 결정되는가에 초점을 맞추어 분석하였다. 이제 이를 바탕으로 제7장에서는 한 경제에서 생산되는 재화와 서비스가 경제주체들 사이에서 어떻게 나누어지는가를 생산요소시장을 중심으로 학습할 것이다.

생산물의 생산을 위한 생산요소는 아주 많다. 예를 들어, 우리가 제공할 수 있는 기본적인 노동, 토지, 자본, 원재료와 중간 생산물 등이 있는데, 제7장은 이 생산요소에 관한 수요, 공급의 일반법칙과 임금, 지대, 이자, 이윤의 의미에 대해 다루고, 소득분배와 관련하여 소득격차가 생기는 원인과 계층별 소득분배이론 중에서 가계소득의 계층별 분배 상태를 측정하는 대표적인 방법인 10분위 분배율, 로렌츠곡선, 지니 집중계수 등에 대해 정리한다.

그런 다음 소득분배의 형평성에 관한 논의에서 소득분배의 정치철학, 자산소득에 대한 비판적 시각, 복지정책의 최근의 변화추세와 그 원인, 그리고 어떤 것이 정의로운 분배인가에 관해 살펴보고자 한다. 본 장의 학습을 통하여 생산요소 가격의 결정에 대해 이해하고 가장 공정한 소득분배에 관한 각자 나름의 생각들을 정리하는 데 도움이 되었으면 한다.

내용표준과 기준

제7장에서 다룰 주요 내용은 미국 경제교육협의회(NCEE)의 〈내용표준과 기준 13〉에 해당하는 것으로 "대부분의 사람들이 받는 소득은 그들이 제공하는 생산자원의 시장가치에 의해 결정된다. 근로자 소득은 일차적으로 그들이 생산하는 것의 시장가치와 얼마나 생산적인가에 의존한다"는 것을 보여 주고 있다. 이러한 내용표준을 충족시키기 위한 기준으로는 한계요소비용, 한계수입생산물, 임금, 지대, 이자, 이윤, 인적자본, 생산성, 노동시장의 균형, 소득격차 등과 같은 개념을 포함한다.

1. 소득분배의 두 측면과 시장경제에서 소득분배를 결정하는 원리는 무엇인가?

여러분들이 학교를 졸업하고 직장생활을 하면서 받게 되는 봉급은 어떤 직종에 종사하는가에 달려 있다. 여러분이 컴퓨터 프로그래머가 된다면 주유소 직원보다는 많은 봉급을 받게 될 것이다. 이것은 놀라운 일은 아니지만, 그 이유는 생각보다 분명하지 않다. 컴퓨터 프로그래머가 주유소 직원보다 봉급을 더 받아야 한다는 법규정도 없고, 도덕적 근거도 없다. 그렇다면 왜 소득격차가 벌어지게 될까? 이에 대해 답하기란 매우 어렵다. 왜냐하면 소득격차에 대한 객관적 기준은 없기 때문이다. 그럼에도 불구하고 사회적 분업에 참여한 개인은 각각 그 사회의 고유한 분배규칙에 따라서 총생산물을 분배받게 되는데, 소득분배에서는 한 경제에서 창출된 소득이 생산에 투입된 요소별로, 또는 각 계층별로 어떤 비율로 나누어지는가에 대해 알아보는 것이 필요하다.

소득분배에는 두 가지 측면이 있다. 첫째는 기능적 소득분배로서, 생산에서 기능을 달리하는 각 생산요소의 소득분배에 관한 것이다. 예를 들어 노동에 대한 임금, 토지에 대한 지대, 자본에 대한 이자, 기업가의 활동에 대한 이윤 등이 어떻게 결정되는가를 설명하는 것이다. 경제학에서는 생산요소인 노동, 토지, 자본재 등도 모두 재화의 일종으로서 시장교환에 의해 그 가격이 결정되는 것으로 본다. 따라서 개인의 소득도 생산요소에 대한 보수로서 지급되는 가격으로서, 시장의 교환과정에 의해 그 수준이 결정되는 것으로 파악되는 것이다.

둘째로, 소득분배에서는 인적 또는 계층별 소득분배란 측면이 있다. 이는 한 사회에서 어떤 특정인이 왜 그만큼의 소득을 갖게 되었는가, 나아가 왜 잘사는 사람과 못사는 사람이 있는가를 설명하는 것에 관련된다. 따라서 여기에서는 특히 왜 어떤 사람이 어떤 종류의 요소를 많이 또는 적게 갖게 되었는가를 설명해야 하므로, 수요와 공급의 원리보다는 좀 더 넓은 시각에서 설명할 필요성이 있다. 예를 들어, '왜 어떤 사람은 땅을 많이 가졌는데, 왜 어떤 사람은 노동밖에 가진 요소가 없는가?' 등의 문제가 관련된다. 이러한 문제는 한두 가지 이유로는 설명하기 힘든 문제이므로, 우선 각 개인별 또는 각 계층별 소득의 분포를 측정하는 방법을 알아보고 평등 또는 불평등을 가져오는 요인들에 대해 살펴보는 것이 필요하다.

2. 생산요소의 수요는 어떻게 결정될까?

우리가 소비하는 생산물의 생산을 위해서는 노동, 토지, 자본, 원재료 및 중간 생산물 등이 필요하다. 생산에 필요한 이러한 요소를 총칭하여 생산요소factors of production라고 한다. 생산요소시장은 상품시장과 여러모로 유사하지만, 한 가지 중요한 차이점은 요소에 대한 수요는 파생수요derived demand라는 점이다. 즉, 기업들의 생산요소에 대한 수요는 다른 시장에 상품을 공급하기 위해 파생된 수요인 것이다. 컴퓨터 프로그래머에 대한 수요는 컴퓨터 소프트웨어의 생산과 불가분의 관계를 가지고 있고, 주유소 직원에 대한 수요는 휘발유의 공급과 불가분의 관계를 가지고 있다. 이 절에서는 완전경쟁시장에서 이윤극대화를 추구하는 기업들이 생산요소를 얼마나 수요(고용)하고자 하는지를 분석한다.

기업은 생산요소를 고용함에 있어 생산요소의 한계수입생산물(MRP)이 한계요소비용(MFC)과 같게 될 때까지 그 생산요소를 고용함으로써 이윤을 극대화하고자 한다.

$$MRP = MFC$$

한계수입생산물(MRP)은 생산요소 한 단위를 추가로 고용했을 때 추가로 발생하는 수입으로 생산요소의 한계생산(MP_F)에다 한계수입을 곱함으로써 구해진다. 특히 상품시장이 경쟁적일 때 개별기업은 가격수용자이므로 상품의 가격을 P라고 하면, 생산요소의 한계생산(MP_F)에 가격(P)을 곱한 것을 한계생산물가치(VMP)라고 한다.

$$MRP = P \cdot MP_F = VMP$$

또한 기업이 가변적 생산요소를 구입하는 생산요소시장도 경쟁적이라고 하면, 생산요소 한 단위의 고용으로 기업이 지불해야 하는 비용(MFC)은 다름 아닌 요소가격 W_F이다.

$$MFC = W_F$$

따라서 생산물시장과 요소시장이 경쟁적이라면 기업의 생산요소 고용에 있어

그림 7-1 *VMP*와 노동의 수요곡선

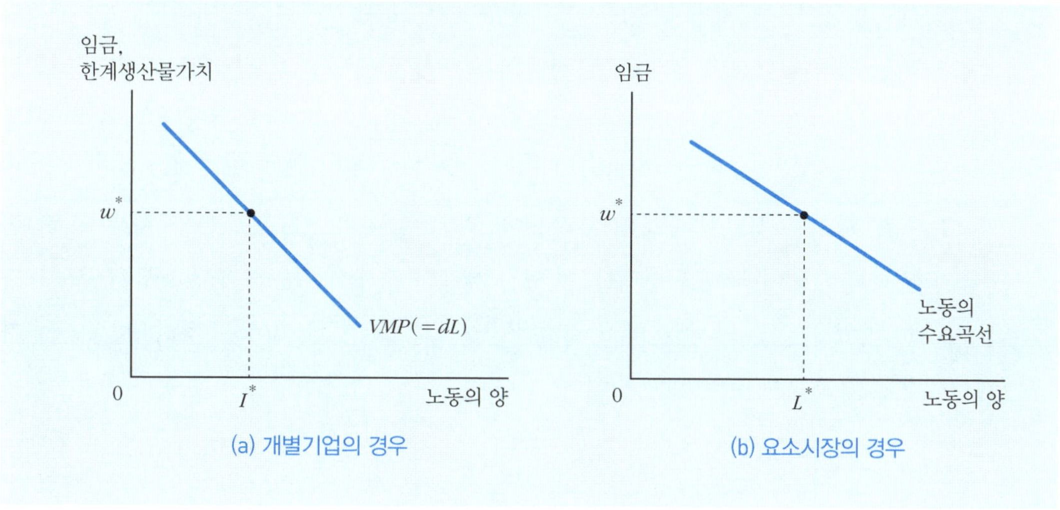

서 이윤극대화조건은 $W_F = VMP$가 된다. 예컨대 노동을 얼마나 고용할 것인가를 결정할 때 기업은 노동 한 단위를 더 고용함에 따라 생기는 이득(VMP_L)이 노동 한 단위를 더 고용할 때의 비용(w)과 같게 될 때까지 노동을 고용하게 된다는 것이다. 이러한 조건을 이용하여 우리는 노동의 한계생산물가치곡선으로부터 노동의 수요곡선을 도출할 수 있다.

노동수요곡선은 주어진 임금수준에서 기업들이 노동을 얼마나 고용하고자 하는가를 보여주는 곡선이다. [그림 7-1]의 (a)에서 보는 바와 같이 노동의 한계생산물가치와 임금수준이 일치하는 점에서 기업들은 고용량을 결정하게 됨을 알 수 있다. 그리고 이 곡선이 우하향하는 것은 한계생산이 체감하기 때문이다. 즉 완전경쟁시장에서 노동의 한계생산물가치곡선이 바로 노동의 수요곡선이다.

이상과 같은 논의를 통하여 우리가 얻을 수 있는 결론은 여타의 투입요소가 고정되어 있고 재화의 가격이 일정할 때, 우하향하는 그 투입요소의 한계생산물가치곡선은 경쟁적 기업의 그 투입요소에 대한 수요곡선이 된다는 것이다. 이러한 논의를 확장하여 개별기업에서의 한계생산물가치곡선을 모든 기업에 대하여 수평적으로 합산하면 요소시장에서의 노동수요곡선을 도출할 수 있으며, 이는 [그림 7-1]의 (b)에서 보는 바와 같이 우하향하는 곡선이 된다.

그렇다면 국내의 대기업들이 국내채용을 줄이고 해외채용을 늘리고 있는 현상을 어떻게 보아야 할 것인가? 일자리 창출의 주역들인 삼성, LG, 현대·기아차 등 대기업들이 국내보다 해외에서 더 많은 고용창출을 하면서, 국내 일자리가 공동화되는 일자리 엑서더스(대탈주)' 현상이 갈수록 심해지고 있다. 이는 여러 가지 원인이 있겠지만 무엇보다도 높은 인건비와 경직된 노사관계, 불투명한 기업 환경 등이 만들어낸 결과이다. 일자리의 해외 유출은 글로벌 경쟁 차원에서 불가피한 측면이 있지만 청년실업 등의 부작용이 심각해질 수도 있음을 간과해서는 안 된다. 따라서 기업이 국가를 선택할 수 있는 세계화 시대에 적응하기 위해서는 무엇보다도 기업을 잘 도와 '엑서더스 코리아'가 아니라 '유턴 코리아'가 될 수 있도록 투자 환경을 조성해 주어야 할 것이다.

3. 생산요소의 공급은 어떻게 결정될까?

많은 경우 시장 전체에 대한 공급의 경우에는 생산요소에 더 높은 가격을 지불해야만 시장에 더 많은 생산요소가 공급되는 것을 볼 수 있다. 다시 말해 생산요소의 시장공급곡선이 우상향하는 모양을 갖는 경우가 흔하다는 뜻이다. 그러나 생산요소의 시장공급곡선이 반드시 이와 같은 모양을 갖는 것은 아니며, 생산요소마다 각기 다른 과정을 통해 공급이 결정된다는 특징이 있다.

3.1 노동의 공급

사회 전체의 관점에서 보면 노동총량은 고정되어 있으나, 임금변화에 따라서 노동의 용도전환이 일어남에 의하여 한 산업에서 노동공급곡선은 우상향의 기울기를 가진다고 할 수 있다. 즉 임금을 많이 주는 데 몰린다고 할 수 있다. 이때의 노동량은 주로 노동자의 수로 측정한 것이지만 노동자 각 개인의 경우에도 임금이 높아지면 일하는 것이 더욱 매력적이 되어 노동시간을 늘리려고 할 수도 있다. 물론 일을 더 많이 하면 한 개인이 즐길 수 있는 노는 시간(또는 여가시간)이 줄어들 것이다. 이와 같이 노동이 다른 생산요소, 즉 자본이나 토지 등과 구별되는 특징은 노동자 자신에 의한 여가시간의 노동시간으로의 용도전환이 가능하다는 것이다.

3.2 토지와 자본의 공급

토지의 성질상 토지에 대한 공급은 토지임대료의 변화에 대하여 대단히 비탄력적인 것으로 보인다. 그러나 자본capital은 다소 특별한 의미를 가지고 있다. 경제학에서 자본은 생산과정에 사용되는 장비와 설비를 의미한다. 즉 한 경제에 존재하는 자본은 과거에 생산된 재화로서 현재 새로운 재화와 서비스의 생산에 투입되는 재화를 의미한다. 그러면 자본의 공급은 무엇에 의해서 결정되는가? 다소 직관적인 판단에 의하면 자본임대료가 올라가면 자본의 공급은 증가할 것이다.

4. 생산요소시장의 균형은 어떻게 달성되는가?

4.1 노동시장의 균형

[그림 7-2]에서 보는 바와 같이 노동의 가격(임금)도 노동시장에서 노동의 수요와 공급의 원리에 의해 결정된다. 노동의 수요곡선은 노동의 한계생산물가치를 나타내기 때문에 균형 상태에서 노동자들은 자신들이 생산한 재화와 서비스의 한계

그림 7-2 노동시장의 균형

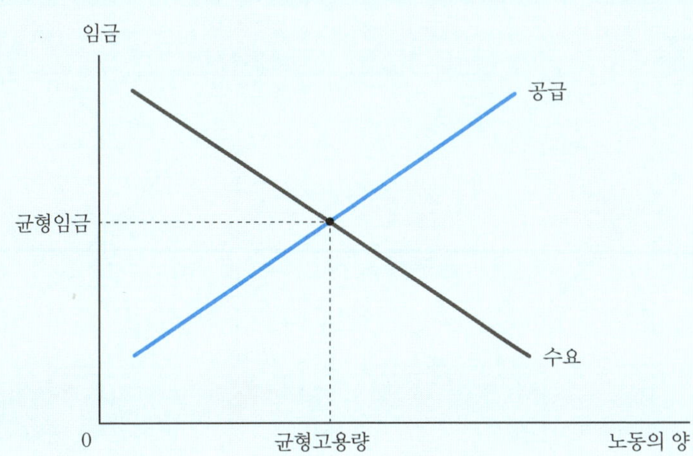

생산물가치에 해당하는 임금을 받게 된다.

그런데 미국의 농구선수들은 엄청난 연봉을 받고 있는 데 반해, 축구선수들은 형편없는 연봉을 받고 있다고 한다. 왜 그럴까? 노동에 대한 수요와 공급의 법칙을 잘 음미해 보면 해답을 찾을 수 있을 것이다. 노동자들이 기능이나 기술이 뛰어나다는 이유만으로 높은 임금을 받는 것이 아니라, 오히려 그들을 높은 임금을 주고라도 고용하려는 수요가 존재하기 때문이라는 것을 알 수 있다. 노동의 공급이 정해져 있을 경우 노동에 대한 수요가 많으면 서로 노동력을 확보하려고 경합하게 되고, 그 결과로 노동력의 기회비용이 높아져서 임금이 그만큼 올라가게 되는 것이다. 즉, 미국은 축구보다 농구에 사람들의 관심이 높기 때문에 농구에 대한 수요가 많아 비싼 연봉을 주더라도 우수한 농구선수를 확보하려고 하는 것이다.

4.2 토지시장과 자본시장의 균형

[그림 7-3]에 나타나 있듯이 토지의 임대가격과 자본의 임대가격 모두 노동시장과 마찬가지로 수요와 공급의 원리에 의해 결정된다. 그리고 두 요소에 대한 수요는 각 요소의 한계생산물가치에 달려 있다. 그런데 대도시에 인접한 농토는 별로 비옥하지 않은 데도 비싸고, 한적한 시골의 농토는 매우 비옥한 데도 싼 이유가 무엇일까? 이를 경제학적으로 어떻게 설명할 수 있을까? 토지에 대한 수요와 공급

그림 7-3 토지와 자본시장의 균형

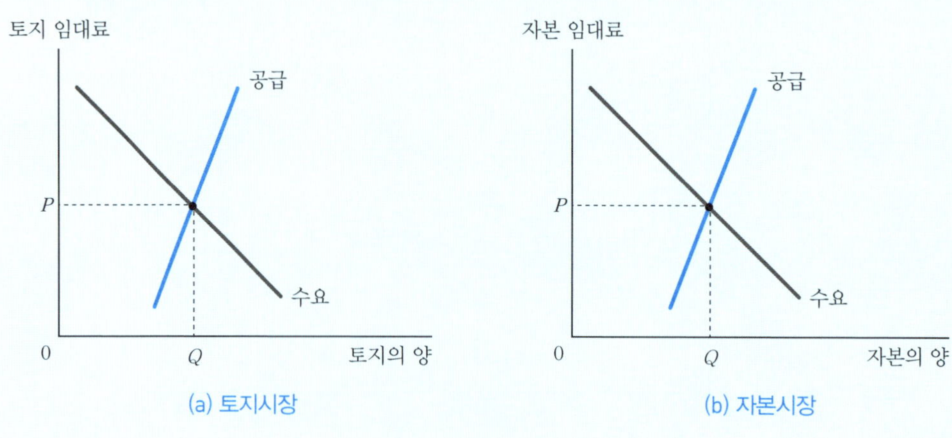

의 법칙을 음미해 보면 대도시에 인접한 토지의 가격이 한적한 시골의 토지의 가격보다 높아지는 것은 토지의 비옥도나 쓰임새보다도 높은 가격을 지불하고서라도 기꺼이 구입하려는 용의, 즉 수요가 많기 때문이다. 이러한 경제학적 지식은 당장 돈 천만원을 가지고 시골의 농토를 구입할 경우에는 상당히 많은 토지를 구입할 수 있으나 도시에서 가게를 세울 토지를 구입하기에는 상당한 어려움이 발생하는 현상을 쉽게 이해할 수 있을 것이다.

이상에서 우리는 노동과 토지와 같은 생산요소의 가격은 그 내적 특성보다는 외적 요인인 수요에 의해 크게 좌우된다는 것을 알 수 있다. 그러면 이러한 사실은 우리에게 어떤 시사를 주고 있는가? 우리가 인생에서 성공하려면 우선 성실해야 한다. 그래서 많은 경구들이 '성실하라'고 주문하고 있다. 그러나 현실은 이것만으로 성공이 보장될 수 없음을 여러분들도 이제 알 수 있을 것이다. 우리가 많은 시간과 노력을 들여 어떤 지식과 기술을 열심히 습득했다고 해도 그것에 대한 수요가 없다면 결코 빛을 볼 수 없다. 따라서 경제학의 지혜는 무엇이든 '성실히 하라'고 하는 데 있지 않고 '무엇을' 성실히 해야 할 것인지를 제시하는 데 있다고 하겠다. 따라서 경제학을 공부함으로써 미래를 준비하는 데 도움을 받을 수 있다면 경제학을 제대로 공부한 것이라 할 수 있다.

5. 임금 · 지대 · 이자 · 이윤을 어떻게 볼 것인가?

지금까지 살펴본 주류경제학인 신고전학파 분배이론neo-classical theory에 따르면 각 생산요소에 대한 보상은 그 요소의 수요와 공급에 따라 결정된다는 것이다. 이 절에서는 노동, 토지, 자본, 경영활동이 생산과정에서 담당한 역할에 대한 보상으로서의 임금, 지대, 이자, 이윤의 성격에 대해 좀 더 검토해 보자.

5.1 임금(wage)

임금은 노동이라는 생산요소가 제공하는 서비스에 대한 가격이다. 자본주의 사회에서는 크게 자본가와 노동자로 나누어지는데 대다수 사람들이 노동이라는 생산요소를 제공하고 임금을 받는 임금노동자들이다. 따라서 임금소득은 가계소득 가운데에서 가장 큰 비중을 차지하고 있으므로, 이에 대한 이해가 무엇보다 중요하다. 그리고 미시경제이론에서는 경쟁적 시장을 통해 노동에 대한 거래가 이루어지고, 수요와 공급에 따라 임금이 조절됨으로써 실업이나 노동에 대한 초과수요는 해소될 수 있다고 본다.

5.2 지대(rent)

지대란 전통적으로 토지와 같이 그 공급이 완전히 고정된 생산요소에 대해 지불되는 보수를 의미하였다. 어떤 생산요소의 공급이 고정되었다 함은 공급곡선이 수직선이라는 것을 의미하는데, 이 경우 그 생산요소의 가격은 전적으로 수요 측의 요인에 의해 결정되는 것을 알 수 있다.

자세히 보면 토지만이 공급이 제한된 것이 아니다. 공장이나 설비와 같은 자본재도 단기에는 공급이 늘어나기 어려우며, 특수한 재능을 가진 사람도 단기적으로 제한되어 있다. 이와 같이 토지 이외의 공급이 제한적인 자원의 이용비용에도 지대와 비슷한 요소가 포함되어 있다. 이를 흔히 준지대quasi-rent 또는 경제적 지대economic rent라 한다. 준지대로 인한 고소득은 우리 주변에 의외로 많다.

준지대는 지대가 불로소득이라는 생각과 관련된 개념이다. 즉 노동의 투하 없이도 주위의 경제적 조건의 변화로 공급이 제한된 경제적 재화의 가격이나 서비스의 가격이 상승함으로써 발생하는 이익을 말한다. 예를 들어 지하철이 건설됨으로써 그 주변의 아파트 또는 건물의 가격이 오르는 등의 경우에 얻게 되는 이익이 이에 해당된다. 준지대의 개념에는 인간의 천부적인 재능, 특허권에 의해 보호되는 발명, 특수기술, 독점사업 등 일체의 독점적 성질에 대해 지급되는 보수도 포함된다.

5.3 이자(interest)

이자interest란, 다른 사람으로부터 돈을 빌려 쓰고 난 뒤 일정 기간 후 갚을 때 원금 이상으로 갚는 경우 발생하는 소득을 말한다. 즉 이자는 본래 금전 같은 것을 빌려 쓴 사람이 그 대가로서 적절한 비율로 지급하는 것이지만, 실제로는 궁박한 사람으로부터 높은 이율로 받게 되는 경우가 적지 않았기 때문에 예로부터 이자를 받는 대차를 금지하거나 제한하는 경우가 많았다. 그럼에도 불구하고 상업이 발달하면서부터 이자를 주고 자금을 얻어 쓰려는 요구가 높아짐에 따라 여러 가지 편법이 생겨났다. 이와 같이 이자는 고대에서부터 널리 행해지던 것인데 왜 돈을 빌려 쓰고 일정한 기간이 지남에 따라 이자를 붙여 돈을 갚아야 하는지에 대해서 살펴보자.

첫째는 심리적 요인으로서, 대부분의 사람이 미래는 불확실하다고 생각하므로 현재 물건을 확실하게 소비하려는 형태의 시간선호time preference를 가지고 있다. 따라서 현재의 소비를 안 하는 대신 다른 사람에게 돈을 빌려주게 하려면 현재의 소비보다 더 큰 액수를 미래에 받을 수 있다는 약속을 해주어야 한다. 이때 돈을 빌려준 사람은 현재 소비를 희생한 대가로 일종의 프리미엄을 붙여 원금 이상을 받게 된다.

둘째 기술적 요인으로서, 축적된 자원을 오랜 기간 동안 생산에 활용한다면 소득이 증가된다는 것이다. 예를 들면, 맨손으로 고기를 잡는 것보다 그물을 만들어 고기를 잡는 것이 생산성이 대폭 증가한다면, 어떤 사람이 그물을 만들 동안 다른 사람에게 빌려 쓴 돈으로 생활비를 충당한 후 고기를 많이 잡은 다음, 그 이득의 일부를 이자로 갚는다면 이익이 될 것이다. 이와 같이 생산기간 또는 우회도round-aboutness가 증가한다면, 기술적으로 생산성이 증가하는 요인에 의해 실제로 돈을 빌려 쓴 사람이 미래에 이자를 지불할 근거가 마련된다.

이와 같이 심리적 요인과 기술적 요인이 작용하여 이자가 발생하는데, 빌려 쓴 돈에 대해 몇 퍼센트 정도 이자를 갚아야 하는가는 자금시장에서의 수요와 공급에 의해 결정될 것이다.

5.4 이윤(profit)

이윤은 엄밀히 말해서 생산요소를 판매한 대가로 얻는 소득은 아니다. 기업주가 기업의 총수입에서 중간재 및 투입요소의 구입에 들어간 비용을 공제하고 남은 잔여가 이윤이다. 따라서 기업이 경영을 잘하면 큰 이윤을 남길 수 있지만, 잘못하면 큰 손실을 보게 되므로 이윤을 추구하는 기업가는 커다란 위험에 노출되어 있다. 기업가가 이러한 위험을 무릅쓰고 생산 활동을 한 것에 대한 보상이 이윤인 셈이다.

이러한 이윤은 어떠한 경제적 기능을 수행하는가? 첫째, 기업은 이윤동기 때문에 생산비를 줄이려고 노력하므로 국가의 귀중한 자원이 능률적으로 사용된다. 둘째, 이윤은 국가 자원의 효율적인 배분을 위한 신호기능을 담당한다. 셋째, 이윤은 혁신을 촉진하는 기능을 한다. 넷째 이윤은 경제성장을 촉진하는 기능을 한다. 그러므로 이윤의 경제적 기능과 관련하여 중요한 것은 어느 경제에서도 기업들로 하여금 서로 공정한 분위기 속에서 경쟁을 할 수 있도록 하고, 그러한 경제 환경 속에서 이윤을 실현하는 기업을 성공한 기업으로 인정하여야 할 것이다.

6. 소득분배의 불평등을 어떻게 측정할 수 있을까?

소득격차가 발생하는 요인들을 살펴보기 전에, 한 사회에서 각 개인이 가진 소득분포의 상태를 측정하기 위한 척도가 필요한데, 이런 목적으로 사용되는 도구를 가리켜 불평등지표라고 한다. 이 지표 중에서 많이 사용되는 것이 10분위 분배율과 지니계수Gini coefficient 그리고 빈곤율이다.

6.1 10분위 분배율

한 나라의 전체가계를 소득수준에 따라 저소득에서 고소득으로 배열하였다고 하자. 이 때 첫 번째 10%를 제1분위, 다음 10%를 제2분위, …라 한다. 10분위 분배율 deciles distribution ratio은 이러한 계층별 소득분포자료에서 최하위 40% 소득계층의 소득점유율이 최상위 20% 소득계층의 소득점유율에서 차지하는 비율을 말한다.

$$10\text{분위 분배율} = \frac{\text{최하위 40\% 소득계층의 소득점유율}}{\text{최상위 20\% 소득계층의 소득점유율}}$$

10분위 분배율은 측정이 편리하고 정부의 소득분배정책의 대상인 하위 40% 소득계층의 분배상태를 직접 표시할 수 있으며 상위계층의 소득분배상태와 비교할 수 있다는 점에서 큰 장점이 있다. 이 때문에 10분위 분배율은 세계적으로 가장 널리 사용되는 소득분배 측정방법이다. 10분위 분배율은 0과 2 사이의 값을 지니는

데 값이 클수록 소득분배가 평등하다. 10분위 분배율이 0.45 이상이면 고균등분배, 0.35 미만이면 불균등분배, 그 사이를 저균등분배라고 한다.

6.2. 로렌츠곡선과 지니계수

로렌츠곡선에 의한 소득분배측정방법은 계층별 소득분포자료에서 인구의 누적비율과 소득의 누적점유율 사이의 대응관계를 그림으로 나타내는 방법이다.

[그림 7-4]는 로렌츠곡선의 모습을 보여준다. 로렌츠곡선의 특성을 감안하면 로렌츠곡선의 위치가 대각선 *OA*로부터 더 멀리 떨어져 있을수록 그 소득분배는 일부 인구에게 더 많이 집중되어 있다고 말할 수 있다.

이 특성을 이용하여 경제학자들은 소득분배의 편중도를 나타내는 수량적 지표를 개발하였다. 즉, 지표를 *G*로 정의하면,

$$G(\text{지니계수}) = \frac{\text{빗금친 초생달 } OAC\text{의 면적}}{\text{삼각형 } OAB\text{의 면적}}$$

*G*의 값은 완전균등분배일 때 0, 독점분배일 때 1의 값을 가지며, 로렌츠곡선이 대각선에서 멀리 떨어질수록 그 값이 더 커진다. 이 지표를 지니계수Gini coefficient

그림 7-4 로렌츠곡선

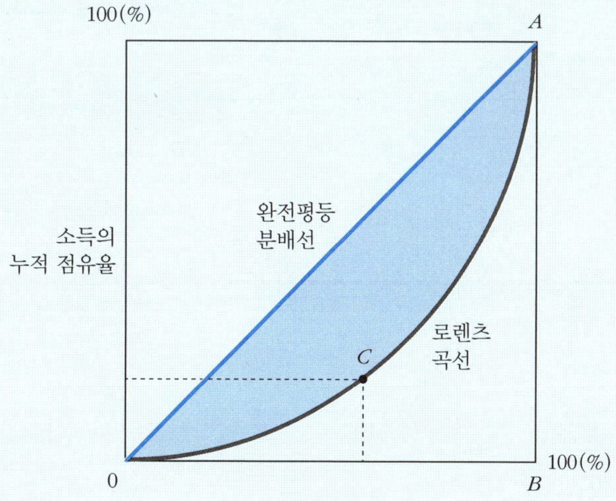

라고 한다. 지니계수 G는 0 이상 1 이하의 값으로 결정되는데 0에 가까운 값을 가질수록 소득분배가 더 균등한 것으로 해석된다. [그림 7-4]의 로렌츠곡선에서 빗금 친 부분의 면적이 크면 클수록 소득의 분배가 불평등한 것이 된다.

6.3 빈곤율

빈곤율은 상대적 빈곤율과 절대적 빈곤율 두 개의 개념이 주로 사용된다.

절대적 빈곤율은 일정한 기준의 빈곤선poverty line(육체적 능률을 유지하는 데 필요한 최소한도의 생활수준)을 설정한 후 전체가구에서 빈곤선 이하의 가구 비율을 추정한 것이다. 절대적 빈곤율의 경우 빈곤선을 어떤 기준으로 설정하느냐에 따라 빈곤율이 달라질 수 있으므로 이를 유의하여야 한다.

상대적 빈곤율은 빈곤의 정도를 상대적으로 추정하는 방법으로 각 연도 중위소득층 가구 중 소득순으로 순위를 매긴 후 정확히 가운데를 차지한 가구의 소득 50% 미만의 가구 비율을 의미한다. 상대적 빈곤율은 절대빈곤의 정도가 낮은 국가들-주로 선진국-에서 많이 사용되며, 소득불평등도가 커지면 상대적 빈곤율도 커지는 경향이 있다(『KDI 정책포럼』, 제215호(2009-08)).

그림 7-5 상대적 빈곤율 추이 (가처분소득 기준, 단위: %)

출처: 한국보건사회연구원, '2015년 빈곤통계연보'

7. 우리나라 소득분배의 불평등의 정도는 어떠한가?

먼저 분배 상태를 시장소득, 도시 2인 이상 가구를 기준으로 봤을 때 우리나라의 10분위 분배율은 1990년 0.65, 1995년 0.67, 1997년 0.65, 1998년 0.58, 2000년 0.61, 2005년 0.56, 2010년 0.52, 2013년 0.54, 2014년 0.54를 나타냈다. 이와 같이 우리나라의 계층별 소득분배추이를 10분위 분배율을 통해 살펴보면, 우리나라는 고균등분배 상태를 유지하고 있으며, 97년 외환위기 이후에 불평등이 완화되었다가 다시 심화되었고 최근 몇 년 간 불평등도가 비슷한 수준으로 유지되고 있음을 알 수 있다.

한편 2015년 경제협력개발기구(OECD)가 발행한 『In It Togeter: Why Less Inequality Benefits All』의 통계자료를 보면, 조사 대상 회원국(34개국) 가운데 한국의 빈부격차는 23위를 차지했다. 빈곤층 하위 10% 대비 부유층 상위 10%의 평균 소득이 2012년 기준 10.1배로 OECD 평균 9.6배를 상회했으며, 1위인 덴마크 5.2배의 약 2배에 달했다. 이는 1980년 7배, 2000년대 9배에서 그 격차가 계속해서 커진 것이다.

우리나라 소득의 계층별 분포의 현황을 지니계수로 살펴보면 도시 2인 이상 가구의 처분가능소득 기준으로 1990년 0.256, 1995년 0.251, 1997년 0.257, 1998년 0.285, 2000년 0.266, 2005년 0.281을 나타냈으며, 전체가구의 통계자료가 구축된 2006년의 전체가구 지니계수는 0.306, 2010년 0.310, 2012년 0.307, 2013년 0.302, 2014년 0.302, 2015년 0.295를 나타냈다.

OECD 등 주요국과 비교할 경우 한국의 지니계수는 상대적으로 양호하나 최근 상위계층의 소득 집중도가 급증하면서 금융위기 이후 한국의 소득불평등 현상이 더욱 심화되었다는 주장이 설득력을 얻고 있다. 최근 한국의 상위 10% 소득 집중도는 45.5%로 일본 40.5%와 프랑스 32.6%에 비해 크게 높은 수준이다(『KB지식비타민』, 2014.8.18.(14-64호)).

우리 사회의 소득불평등은 근로소득보다는 자산소득의 불평등 때문이라는 연구결과가 나왔다. 소득에는 임금·사업소득·이자·배당·임대료 등이 포함되는 반면, 부는 부동산 및 금융자산 등의 총액이다. 특히 자산소득은 임금소득과 비교해

그림 7-6 외환위기 전후 소득계층 분포도

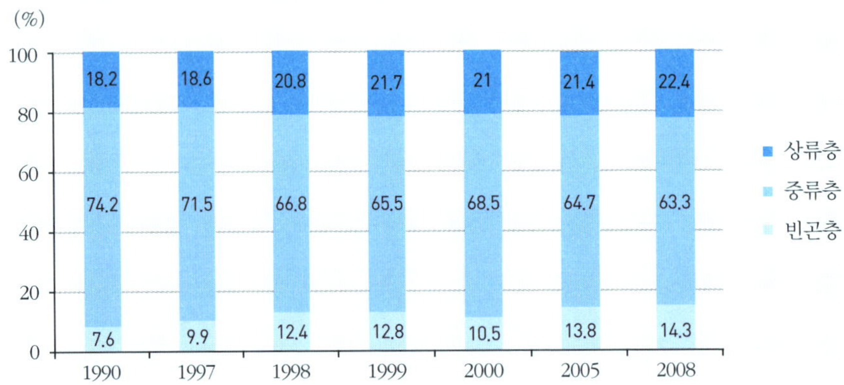

출처: 한국개발연구원(KDI)

불로소득으로 분류된다. LG경제연구원은 '자산소유편중과 소득불평등 심화'라는 보고서에서 "소득불평등 정도를 나타내는 지니GINI계수를 분석한 결과, '근로소득'보다는 이자·배당·임대료 소득을 합친 '자산소득'의 불평등이 더욱 심해지고 있다"고 밝혔다. LG연구원이 도시근로자의 소득에서 근로소득과 자산소득 항목에 대해 각각의 지니계수를 추정해 본 결과, 97년 외환위기 이후 2003년 6월까지의 자산소득 불평등 정도(평균 0.54)가 근로소득 불평등 정도(평균 0.28)보다 훨씬 큰 것으로 나타났다.

한국은행에 따르면, 2002년 저축성 은행계좌 가운데 1억원 이상 예금자는 33만 9천 명 정도로 전체 계좌의 0.3%에 불과하지만 전체 예금액의 41.9%를 차지했다. 주식은 2004년에 주식 보유자 376만 명 중 2%(7만 5천 명)가 1억원어치 이상의 주식을 소유한 것으로 알려졌다. 한국노동연구원의 노동패널 자료를 활용해 따져본 다른 결과를 보면, 소득 '하위 50%'에 속하는 가구는 근로소득의 경우 우리나라 전체 근로소득 중 26.3%를 차지하는 데 비해 부동산 소득은 전체의 8.5%, 금융소득은 전체의 8.9%를 차지하는 데 그쳤다. 반면 '상위 10%' 가구는 근로소득의 경우 전체의 26.5%를 벌어들이고 있으나 부동산소득은 전체의 52.4%를, 금융소득은 전체의 48.3%를 차지하고 있는 것으로 나타났다(『한겨레 21』, 2006.3.23, 제602호).

그림 7-7 상대적 빈곤율(도시 2인 이상 가구)

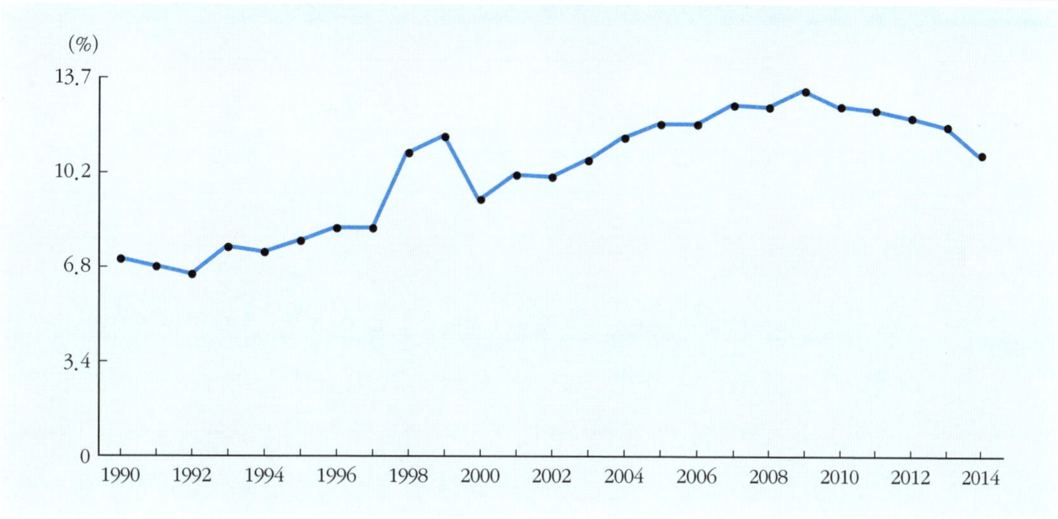

출처 :통계청, 가계동향조사

행정자치부는 '2005년 말 기준 개인별·세대별 토지 소유 현황' 자료에 따르면, 한 평이라도 땅을 소유하고 있는 비중은 총인구(주민등록인구 4,878만 명)의 27.3%에 해당하는 1,334만 명이었다. 이 가운데 상위 999명이 민유지의 3.1%를 차지했고, 상위 1만 명 미만이 9.8%, 상위 10만 명 미만이 29.1%, 50만 명 미만이 57%, 100만 명 미만이 71.8%를 차지하는 것으로 분석됐다. 이를 총인구 기준으로 환산하면 전체 인구의 약 1%인 50만 명이 전체 민유지의 57.0%를 차지해 2004년 6월 말의 57.6%와 비슷한 수준으로 나타났다.

이는 근로소득의 경우 우리 사회에서 어느 정도 평준화되어 있지만 부의 세습 등 자산소유의 불평등으로 인해 발생하는 자산소득의 편차가 심하기 때문인 것으로 풀이된다. 따라서 향후 우리나라의 소득재분배정책은 근로소득뿐만 아니라 자산소득을 중심으로 하는 제도의 개선이 필요하다고 할 수 있을 것이다.

8. 소득격차의 원인은 무엇인가?

미국 메이저리그 야구선수의 평균연봉, 의사나 변호사의 평균수입, 근로자의 평균소득은 왜 차이가 나는 것일까?

8.1 보상적 임금격차

보상적 임금격차compensating differential란 서로 다른 직업 간의 비금전적인 특성을 상쇄하기 위한 임금의 차이를 말한다. 예를 들면, ① 광부들의 임금은 비슷한 교육 수준의 다른 근로자들에 비해 높다. 이것은 그들의 직업이 고되고 위험한 데에 대한 보상이다. ② 낮에 일하는 근무자들보다 밤에 일하는 근무자들이 임금을 더 받는다. 이것은 밤에 일하고 낮에 잠을 자야 하는 불편한 생활에 대한 보상이다. 이러한 보상적 임금격차에 따른 소득격차는 반드시 불공평하다고 볼 수는 없다.

8.2 인적자본

인적자본human capital은 사람에 대한 투자의 결과로 형성된다. 그리고 사람에 대한 가장 중요한 투자가 바로 교육이다. 당연하지만 인적자본을 많이 축적한 사람의 소득이 그렇지 못한 사람보다 높다. 인적자본에 의해 발생하는 소득격차 역시 교육이나 훈련 등에 의해 발생하는 생산성의 차이로 인해 발생하는 것이므로 반드시 불공평하다고 볼 수 없다는 점에서 보상적 임금격차와 그 내용을 같이한다. 우리나라의 경우 2014년 고등학교 졸업자의 임금을 100으로 했을 때, 중졸 이하는 78.5, 초대졸이 112.4, 대졸 이상은 153.9였다.

8.3 능력과 노력

모든 사람은 저마다 다른 능력ability을 갖고 있다. 어떤 사람이 갖고 있는 능력은 유전적 요인에 의해 타고난 것일 수도 있고, 가정의 교육적 환경에 의해 배양된 것일 수도 있다. 이러한 능력의 차이는 소득격차를 가져온다. 능력과 밀접한 관계가 있는 것이 노력effort이다. 노력하는 사람과 게으른 사람 간에 임금격차가 생기는 것은 전혀 이상스러운 일이 아니다. 또한 소득의 결정에는 운chance도 작용을 한

그림 7-8 고졸자 대비 대졸자 소득비율(미국) (단위: %)

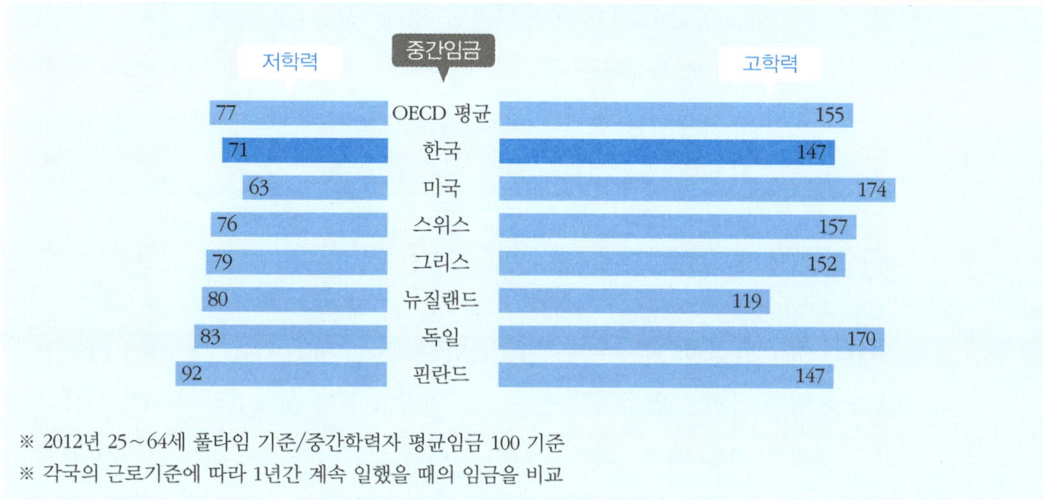

출처: OECD

다. 우리의 일상생활에서 가장 쉽게 찾을 수 있는 예로 복권의 당첨을 들 수 있다.

8.4 슈퍼스타현상

오늘날 스포츠인, 연예인 등을 비롯한 스타들은 대중매체 등을 통해 일반인의 생활 속에 깊이 들어와 많은 사람들의 관심의 대상이 되고 있다. 특히 스타 중의 스타라고 불리는 슈퍼스타들의 소득은 초미의 관심사가 되고 있다. 마이클 조던의 경우 농구계의 슈퍼스타로서 천문학적인 수입을 올리다 은퇴했다. 그가 잠시 야구선수로써 마이너리그에 있다가 다시 NBA로 복귀한다는 소문으로 미국의 주가가 올라갈 정도로 초슈퍼스타라 할 수 있다. 슈퍼스타들이 올리는 엄청난 소득을 이해하기 위해서는 먼저 우리는 그들이 속해 있는 노동시장의 특수성을 알아야 한다. 슈퍼스타가 존재하는 시장에는 다음 두 가지의 특성이 있다. 첫째, 이 시장의 모든 구입자는 최고의 생산자가 제공하는 상품을 구입하고자 한다. 둘째, 이 상품을 생산하는 기술은 최고의 생산자가 모든 구입자에게 최저의 비용으로 상품을 제공할 수 있는 기술이다. 연예계와 스포츠는 이 두 가지 특성을 모두 갖추고 있다. 소비자가 최고의 슈퍼스타를 보고 싶어 하는 욕구를 방송과 정보통신기술로 언제 어디서나 값싸게 충족시켜 줄 수 있기 때문이다.

또한 슈퍼스타 현상은 경제적 지대를 추구하는 이론으로도 설명되어진다. 다시 말해, 슈퍼스타는 공급이 대단히 제한적인 재화이므로 그 경제적 지대 또한 매우 클 수밖에 없다는 것이다. 이는 정보화, 세계화로 인해 나타나는 현상으로 사회 전체의 소득격차가 확대되는 한 요인으로 되고 있으며, 정보화·세계화가 진전될수록 이러한 현상이 여러 부문에서 나타날 것으로 보인다.

8.5 차별

임금격차가 발생하는 또 다른 이유는 바로 차별 때문이다. 차별discrimination은 비슷한 배경을 가진 사람들에게 인종, 성, 연령이나 다른 개인적 특성에 의해 서로 다른 기회가 부여될 때 발생한다. 차별은 어떤 사람들이 다른 사람들에게 가진 편견 때문에 발생한다. 선진국의 경우 사회적으로 열악한 조건의 사람들을 대학입학이나 취직에 우선함으로써 역차별이라는 논란을 불러일으키는 경우도 있다. 완전경쟁시장하에서는 이런 차별은 기업에게 긍정적 영향을 미칠 수 없다.

최근 미국에서는 남녀 간 임금격차가 줄어드는 경향을 보이고 있는데, 그 이유는 여성임금의 큰 폭 상승이 아니라 남성의 임금상승세가 둔화되었기 때문이다. 우리나라의 경우 성별 임금격차가 큰 국가로 분류되는데, OECD에서 조사한 2012

그림 7-9 OECD 내 주요국가들의 남녀 임금차 (단위: %)

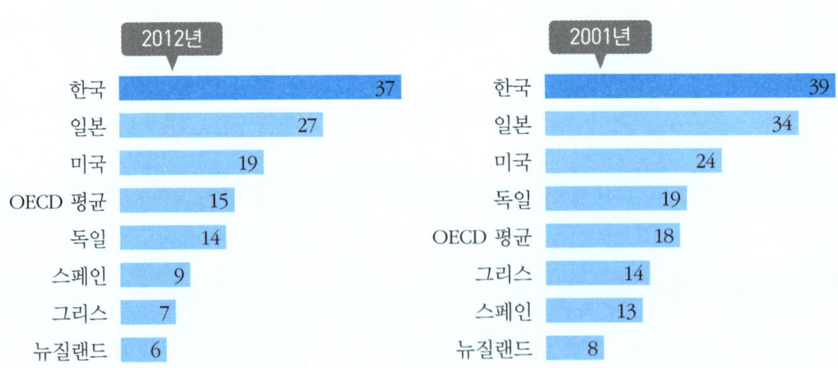

※ 남성 중간임금 대비 남녀 간 중간임금의 차이

출처: OECD

년 기준 남녀 근로자 간 임금격차는 37%를 나타낸다. 이는 OECD 평균인 15%보다 두 배 이상 높은 것이며, 점차 성별 임금격차가 감소하는 추세인 다른 나라와 비교했을 때 한국의 임금 차별이 결코 쉽게 간과할 문제는 아닌 것으로 비춰진다.

8.6 상속

소득의 격차는 상속된 재산의 개인 차이에 의해서도 발생할 수 있으며, 상속은 소득격차의 매우 중요한 요인이다. 따라서 경제가 성장할수록 조세정책, 소득재분배정책 등을 통하여 부당한 방법으로 증여 또는 상속이 이루어지지 않도록 제도를 개선하는 것이 중요하다고 할 수 있다.

8.7 외모

40대 미만의 한국여성 10명 중 7명이 외모가 인생을 좌우한다고 여기고 있다는 조사통계가 보도되었다. 이러한 현상은 좋은 외모가 노동시장에서의 취업이나 봉급수준에 상당한 정(+)의 상관관계가 있다는 암묵적 사실과도 부합된다. 또한 이러한 상관관계는 취업을 앞둔 사람들이 성형수술에 투자를 많이 한다는 현상에서도 보듯이, 경험적으로 받아들일 수 있는 부분이다. 더욱 놀라운 사실은 노동시장에서 외모가 갖는 '상당히' 유의한 수준의 영향력이 여성뿐만이 아니고, 남성 노동자들에게도 나타난다는 것이다.

9. 소득분배의 불평등을 어떻게 받아들일 것인가?

사람들은 오랜 시간 동안 사회의 소득분배에 대해 고민해 왔다. 고대 그리스 철학자 플라톤은 이상적인 사회에서 가장 부자인 사람의 소득이 가장 가난한 사람보다 네 배 이상 많아서는 안 된다고 했다. 그리고 공자도 "백성들은 가난한 것보다도 불평등한 것에 더 화를 낸다"고 말한 바 있다. 이와 같이 소득의 불평등한 분배에 대해서는 오랫동안 생각되어 왔지만 지금까지 이에 대한 만족할 만한 해결책은 제시되지 못하고 있다.

9.1 소득재분배의 정치철학

우리나라에 있어서도 국제통화기금 관리체제하에서 빈곤층의 확대재생산으로 인한 소득의 양극화 현상이 가속화되면서 '20 대 80의 사회'에 대한 우려의 목소리가 점차 높아가고 있다. 이러한 소득의 극단적인 불평등은 사회적 통합위기, 나아가서는 체제위기를 부를 수도 있기 때문에 소득불평등에 대한 올바른 인식은 대단히 중요하다. 이러한 관점에서 경제적인 접근을 넘어선 정치철학적인 입장에서는 소득재분배를 어떻게 보고 있는가? 이에 대해 간단히 살펴보자.

9.1.1 공리주의(utilitarianism)

공리주의utilitarianism는 제레미 벤담Jeremy Bentham과 존 스튜어트 밀John Stuart Mill이 주창한 것으로 정부는 사회구성원 전체의 효용이 극대화되도록 모든 정책을 입안·실천해야 한다는 것이다. 공리주의에 따르면 소득에도 한계효용체감의 법칙이 작용하기 때문에 고소득자의 소득의 일부를 저소득자에게 이전해 주는 소득재분배는 사회 전체의 효용을 증대시킨다. 그러나 공리주의 정부는 평등에서 오는 이익과 근로의욕 저하에서 비롯되는 손해를 잘 생각해 봐야 한다. 따라서 사회적 총효용을 극대화하려면 정부는 사회를 완전히 평등하게 만들어야 한다는 생각을 버려야 한다.

9.1.2 점진적 자유주의(liberalism)

소득불평등에 대한 두 번째 사상은 점진적 자유주의liberalism이다. 철학자 존 롤스John Rawls가 그의 저서『정의*A Theory of Justice*』에서 처음 이 사상을 발표하였다. 공공정책의 목표는 사회 최빈층의 복지를 증진시키는 것이 되어야 한다. 따라서 공리주의처럼 모든 사람의 효용을 극대화하는 것이 아니라 최저효용을 극대화해야 한다는 것이다. 존 롤스의 이 원칙을 최소극대화 기준maximin criterion이라고 부른다. 이는 내가 어떤 상태에 있는지 모르는 '무지의 베일'의 상태에서 가장 바람직한 의사결정 기준이다.

최소극대화 기준은 사회의 가장 불행한 계층의 복지를 강조하기 때문에 소득분배의 균등을 추구하는 정책을 정당화시킨다. 그러나 최소극대화 기준이 완전히 평등한 사회를 추구하는 것은 아니다. 정부가 사회구성원 모두의 소득을 균등하게 만들겠다고 약속하면 사람들의 근로의욕이 저하되고, 사회 전체의 총소득도 점차 감소하여 최빈층의 복지수준이 오히려 악화될 것이기 때문이다. 따라서 최소극대화 기준은 소득의 불균등을 용인한다. 그럼에도 불구하고 롤스의 철학은 사회의 최빈층에게 높은 가중치를 부여하기 때문에 공리주의자들보다도 소득의 재분배를 더 강력하게 요구한다.

9.1.3 급진적 자유주의(libertarianism)

불평등에 대한 세 번째 사상은 급진적 자유주의libertarianism이다. 철학자 로버트 노직Robert Nozick이 대표적인 사상가이다. 급진적 자유주의자들은 "정부는 특정한 목표의 소득재분배를 위해 사회구성원의 소득을 이전시키거나 변화시켜서는 안 된다"고 주장한다. 경제활동의 결과를 평가하는 대안으로 급진적 자유주의자들이 제시한 것은 이러한 결과가 나온 과정을 검토하자는 것이다. 소득분배가 부당하게 이루어지면, 예컨대 한 사람이 다른 사람의 물건을 훔쳤다면 정부는 이 문제를 해결할 권한과 책임이 있다. 그러나 소득분배과정이 정당했다면 그 결과로 이루어진 배분은 정당하다.

급진적인 자유주의자들은 '기회의 균등'이 '결과의 균등'보다 중요하다고 생각한다. 그들은 정부가 모든 이들의 재능을 발휘하고 성공할 수 있도록 기회의 균등을 보장해야 한다고 주장한다. 이런 게임의 규칙이 정립되면 소득의 분배에 대해 정부가 관여할 이유가 없다는 것이다. 즉 기회의 균등만 보장된다면 결과의 불균등은 용인될 수 있다는 것이다.

9.2 재산소득에 대한 비판적 시각

소득분배가 불평등한 상황에 대한 비판적 견해와 관련하여 재산소득 — 이자 · 지대 · 이윤 등 — 을 불로소득으로 간주하여 타파해야 한다고 보는 시각이 있다. 그러나 대부분의 재산소득의 원천은 임금의 저축, 발명에 의한 특허료, 창작에 의한 저작권료 등 자신의 연구와 노동의 대가이다. 또 유산으로 물려받는 재산도 조상의 노동과 노력에 의하여 형성된 것이므로 근로소득과 무관하다고 할 수 없다. 따라서 이처럼 재산소득을 얻는 원천인 재산이 노동과 연구 활동 등의 경제활동에 근거한 것이라면 이를 불로소득으로 매도하는 것은 정당하지 못하다. 재산소득을 부정하여 경제활동이 위축되면, 재산소득을 부정하는 것이 일시적으로 소득을 평등하게 할지 모르지만, 장기적으로는 이러한 부정적 효과로 인하여 저소득층을 더욱 곤궁하게 할 여지가 많다. 그러므로 재산소득을 단지 비판적 시각으로만 바라보지 않도록 하고, 저소득층에 대한 효과적인 지원방안을 강구하도록 하는 것이 오히려 바람직한 방향이라고 할 수 있다.

9.3 복지정책의 최근의 변화추세와 그 원인

정부가 사회보장을 실시하는 것은 결코 공짜가 아니다. 정부는 세금이나 준조세 형태로 특정집단의 사람에게 돈을 거두어서 연금과 사회보장 지출의 형태로 다른 집단의 사람들에게 그 돈을 돌려주는 것이다. 이는 일반적으로 일하는 사람에게 돈을 받아서 일하지 않는 사람에게 주는 것을 의미하는데, 이 강제적 소득재분배가 경제적으로 좋지 않은 영향을 미칠 수 있다. 최근 유럽은 늘어나는 재정적자와 실업문제로 심각한 위기에 처해 있다. 2002년에 유럽의 실업률은 스페인 11.2%, 독일 8.3%, 프랑스 8.8%에 이르고 있다. 반면에 영국은 2001년에 실업률이 5.0%에 머물러 상대적으로 매우 낮은 수준이다. 무엇이 그러한 차이를 만들어 냈을까? 프랑스의 복지수당은 시간제 근로자의 최저임금과 맞먹기 때문에 적지 않는 사람들이 시간제 근무나 최저임금을 주는 직장을 얻느니 차라리 복지수당을 받는 편이 낫다고 생각하는 경향이 많다고 한다. 반면 영국은 대처가 집권한 이후 복지제도에 대하여 대대적인 개혁을 시행한 결과 지속적인 성장국면을 유지하고 있다. 이러한 결과가 초래된 이유는 복지정책은 사회의 소득분배를 공평하게 만드는 반면, 일하는 사람에게 벌을 주고 일하지 않는 사람을 지원함으로써 사회의 경제활동을 위축시키며 개인의 저축의욕을 저하시킬 수도 있기 때문이다. 이에 더하여 재정적자가 커지는 문제가 있다.

이러한 이유 때문에 신자유주의 사상에 입각해 유럽에서는 사회보장제도의 축소현상이 나타나고, 미국에서는 민간기업에 의한 사회보장의 운영이 추진되는 등 기존의 사회보장제도가 전반적으로 변화하고 있다. 이러한 개혁작업은 장기적으로 경제적 문제인 동시에 정치적 선택에 관한 문제이기 때문에 점진적으로 추진되고 있다.

9.4 어떤 것이 정의로운 분배인가?

다소 우습게 들릴지 모르지만 우리나라 속담에 '콩 심은 데 콩 나고 팥 심은 데 팥 난다'는 말이 있다. 세상 일 뿌린 대로 거두어질 때, 사람들은 자기가 가지고 있는 능력을 최대한 발휘하려 할 것이고 그 결과에 대해서도 어떤 불만이나 이의를 달지 않을 것이다. 그렇다면 불만이 없는 공정분배를 위해서는 어떤 요건을 갖추어야 할까? 철학자들은 '어떤 것이 공평한 분배인가?'라는 물음을 '분배와 관련한 정의의 문제로 생각하라'는 답을 제시해 주었다. 그런데 정의로운 분배가 되기 위한 요건이 무엇이냐에 대한 철학자들의 생각은 조금씩 다른 것처럼 보인다. 다만 다음과 같은 네 가지가 기본적으로 포함되어야 한다는 것에는 대체로 의견이 일치하고 있다.

첫 번째 요건은 모든 사람의 정당한 권리가 보장되어 있어야 한다는 것이다. 만약 어떤 사람의 정당한 권리가 무시된 상태에서 각자의 몫이 결정된다면 그것은 결코 정의로운 분배가 되지 못한다. 예컨대 남의 재산을 빼앗아 부자가 되고 빼앗겼기 때문에 가난해지는 분배질서는 정당성을 인정받을 수 없다. 내가 땀 흘려 일한 대가를 남이 착취해 가는 일이 벌어지는 사회의 분배질서 역시 정의와는 거리가 멀다.

둘째로는 각 사람의 몫이 가능한 한 동등하게 나눠져 있어야 한다는 요건을 들 수 있다. 어떤 사람이 다른 사람보다 특별히 큰 몫을 가져야 한다면 그 사람은 그럴 만한 도덕적 가치의 소유자임을 입증해야 한다. 남들보다 더 큰 도덕적 가치를 갖지도 못하면서 더 큰 몫을 차지하는 것에 정당성을 부여할 수 없다. 인간은 서로 다른 용모, 성격, 그리고 가족배경 등을 가지고 이 세상에 태어난다. 그렇다고 해서 기본적인 도덕적 가치마저 달리해서 태어나는 것은 결코 아니다. 모든 인간이 똑같은 도덕적 가치를 가지고 이 세상에 태어난다는 사실을 인정한다면 각자가 가능한 한 동등한 몫을 가질 권리가 있음을 인정할 수밖에 없다.

세 번째 요건은 모든 사람에게 규칙을 공정하게 적용해야 한다는 것이다. 어떤 사람은 무슨 일을 하더라도 눈감아 주는 반면, 다른 사람은 조금만 트집 잡힐 일을 해도 벌을 내리는 불공정한 사회질서를 정의롭다고 할 사람은 아무도 없다. 모든 경기자에게 공정하게 규칙을 적용시킨 결과에는 승복할 수 있지만 편파적인 운영을 한 게임의 결과에는 아무도 승복하지 않는다. 어떤 분배상태가 정당성을 인정받으려면 그것이 공정한 게임의 결과여야만 한다.

마지막으로는 모든 사람이 자신의 자격에 합당한 몫을 차지하고 있는 분배여야 한다는 요건이 있다. 어떤 사람이 그럴 만한 자격도 없으면서 남들보다 수천 배나 더 큰 몫을 차지하고 있다면 그것은 정의로운 분배라고 하기 어렵다. 그렇다면 각자가 얼마만큼의 몫을 차지할 자격이 있는가는 무엇에 의해 결정되는 것인가? 자격을 결정하는 요인으로는 우선 능력이나 노력을 생각해 볼 수 있고, 또한 필요라는 것도 자격의 결정요인이 될 수 있다. 결국 어떤 사람이 얼마만큼의 몫을 받을 자격이 있는지는 여러 가지 사항이 고려되어 결정될 수밖에 없는 일이다.

이와 같이 정의로운 분배가 실현되려면 이상에서 열거한 네 가지 원칙들이 모두 갖추어져 있어야 한다. 그러나 이 네 가지 원칙들 간의 충돌로 말미암아 우리는 과연 어떤 것에 보다 큰 비중을 두어야 하는가라는 선택의 문제에 직면하게 된다.

참고문헌

- 김경환·김종석 옮김, N. Gregory Mankiw, 「맨큐의 경제학」(7판, 2015), 센게이지러닝코리아.
- 김상규 외 5인, 「사고중심의 경제학강의」(1999), 형설출판사.
- 홍기현·조영달, 「경제학 산책」(1992), 김영사.
- 이형, 「경제를 보는 눈」(2001), 중앙 M&B.
- 이준구, 「열린 경제학」(1995), 도서출판 삼성.
- http://eco119.co.kr/ 이재민의 경제학 틀만들기.
- http://www.gong.co.kr/ 공병호 홈페이지.
- http://etour.knu.ac.kr/index.html 오영수 교수 홈페이지.
- http://www.mohw.go.kr/ 보건복지부 홈페이지.
- 유경준, 우리나라 빈곤변화 추이와 요인 분석, 「KDI 정책포럼」, 제215호(2009-08).

생각해 볼 문제

1. 우리나라의 소득분배는 다른 개발도상국에 비하여 상대적으로 양호하다고 말한다. 그렇다면 왜 소득분배의 불균등이 문제가 되는가?

2. 우리나라 농촌과 도시를 구분하고 그 각각의 소득분배상태를 조사해 보면 어느 쪽이 더 불균등할까? 그 이유는 무엇인가?

3. 우리나라는 다른 나라들보다 빈곤층과 부유층 사이의 갈등이 훨씬 심하다고 할 수 있는데 그 이유를 설명하고 이를 해결하기 위한 기본방향을 제시하여 보라.

4. 과열되는 부동산투기의 상황과 그에 대한 대책을 경제지대의 개념을 이용하여 설명하여 보라.

5. 우리 사회는 아직까지 부자에 대한 편견이 심하다. 그 원인은 무엇이고 부자를 어떻게 보아야 하는지 토의해 보자.

6. 슈퍼스타현상을 어떻게 받아들일 것인가?

7. 생산요소에 대한 가격은 그 수요에 의해 결정되는 경우가 많다고 한다. 그렇다면 각자의 노동에 대한 가격을 높이기 위해 앞으로 어떠한 것을 준비해야 할지 생각해보자.

8. 최근 10년간 우리나라의 소득분배 상태를 지니계수와 10분위 분배율을 이용하여 계산해보자. 상대적으로 소득분배가 더 불평등한 연도는 언제인가? 그 판단 근거는 무엇인가? (임용고사기출)

읽을거리

도시쥐와 시골쥐

이솝우화 '도시쥐와 시골쥐'로 이야기 보따리를 풀어보려고 한다. 블링블링(Bling Bling)한 도시쥐와 촌티 풀풀 날리는 시골쥐가 우연한 기회에 친구가 됐다. 시골쥐가 식사나 함께하자고 도시쥐를 초대했다. 도시쥐는 흔쾌히 승낙했지만 막상 식사란 게 보리와 옥수수 낟알 몇 개가 고작이었다. 도시쥐는 시골쥐에게 자신의 집에는 맛좋은 음식이 풍성하다며 시골쥐를 초대했다. 시골쥐는 친구가 내준 치즈, 꿀, 콩 등 풍성한 먹을거리를 보고 자신의 운명을 한탄하는 한편 도시쥐를 부러워했다. 하지만 그들이 식사를 하려는 순간, 사람이 문을 갑자기 열고 들어오는 바람에 기겁을 하고 갈라진 틈새로 몸을 숨겨야만 했다. 시골쥐는 도시의 진수성찬이 위험과 불안이라는 값비싼 대가를 치르고 얻는 음식이란 것을 알고 고향으로 돌아간다.

가난한 시절, 우리는 이 동화를 읽은 뒤 마치 안분지족(安分知足), 안빈낙도(安貧樂道)의 삶을 깨닫기나 한 듯 도시(서울)의 화려함에 어느 정도 선을 그었다. 그리고 부(富)가 행복의 필요충분조건이 아니라며 궁핍한 현실에서도 희망을 놓지 않았다.

그러나 이 이야기는 지금의 현실에서는 설득력이 떨어진다. 도시와 시골, 서울과 지방이 공간적으로 떨어져 있을 뿐 급속한 경제성장과 함께 외형과 물질적으로는 점점 획일화되고 있기 때문이다. 이런 가운데 서울은 블랙홀처럼 지방의 인적물적 자원을 빨아들이고 있으며, 시골쥐는 서울쥐(도시쥐)를 부러워하며 상대적 박탈감과 소외감을 느끼고 있다. 지역에는 마땅한 일자리가 없고, 대기업 취업문은 바늘구멍이다. 대기업 유치는 고사하고 지역의 큰 기업들이 생존조차 힘든 지경이 됐다. 그래서 '땡빚'을 내서라도 자녀들을 서울과 수도권의 대학에 보내려고 오늘도 등골이 휘는 것을 감수하고 있다.

삼성경제연구소의 자료에 따르면 1995년부터 2008년까지 14년 동안 수도권의 일자리 비중은 49%에서 50.9%로 높아진 반면, 비수도권지방의 일자리는 감소했다.

지역 간의 격차만 문제가 되는 것이 아니다. 계층 간의 골도 깊어지고 있다. 소득분배 불평등을 가늠하는 잣대인 지니계수가 급격한 상승세를 보이고 있다. 지니계수는 0과 1 사이의 값을 갖는데, 1에 가까울수록 소득분배의 불평등 정도가 높음을 의미한다. 통상 0.35 이상이면 소득분배가 '매우 불평등하다'고 평가된다. 우리나라 도시가구의 지니계수는 2007년 0.324, 2008년 0.325, 2009년 0.345로 '매우 불평등한 수준'에 다가서고 있다. 경기 침체 여파로 서민층은 실업과 파산 등으로 소득이 줄고 있지만, 고소득층은 주식이나 부동산이 급등하면서 자산이 늘었기 때문이다.

상당수 경제학자들은 수도권과 지방, 소득 계층 간 빈부격차의 원인을 경쟁과 효율을 중시하는 신자유주의적 시장경제의 공고화 때문이라고 지적한다. 우리는 대형마트, 대기업 프랜차이즈의 진출에 따른 전통시장과 골목상권의 몰락, 일부 대기업 건설사의 대형 공사 독식, 지방 기업과 대학의 쇠퇴 등을 목격하고 있다. 시장경제가 '인간의 얼굴'을 잃을 경우 시장경제는 효율성과 성장을 위한 동기 부여의 장점에도 불구하고 사회통합이나 지속성장에 발목을 잡을 것이다. 외환위기 이후 한국경제에 급속히 이식된 경제제도들의 부조화는 경제주체 간 상생적 상호작용을 방해하고 있다. 상생경제, 동반성장을 지향하는 시장경제로의 체질 전환이 시급하다. 수도권과 지방, 대기업과 중소기업, 자본과 노동, 정규직과 비정규직 간의 동반상생의 길을 찾지 않는다면 한국의 미래는 기대할 수 없고 우리의 자녀들에게 희망을 줄 수 없다.

상생의 메커니즘을 마련하는 데 있어서 성장이냐 복지냐는 이분법적, 대립적 사고로 접근하는 것은 위험한 일이다. 부자가 가난한 사람에게 일방적으로 소득을 이전하는 기계적 평균화는 또 다른 대립과 분열을 낳기 때문이다. 서로가 성장할 수 있도록 끌어주고 밀어주는 방식, 시장제도와 복지제도가 균형적으로 발전하는 기반을 찾아야 한다. 동반상생의 시장경제는 선택이 아니라 생존의 문제다.

출처: 김교영, 매일신문, 2010.7.21

읽을거리

피케티 교수의 '21세기 자본론' 둘러싼 세계 학계 논쟁

- 보수 "불평등 심화, 통계 오류로 과장"
- 진보 "일부 실수 있어도 결론은 맞다"

"부의 불평등은 1차 세계대전 이전 수준으로 심화하고 있다." "부자들에게 소득의 최고 80%를 과세해야 한다."

토마 피케티 파리경제대학 교수가 쓴 〈21세기 자본론〉에 대한 해외 학계의 반응은 뜨겁다. 진보 성향의 학자들은 역사와 통계를 이용해 소득 불평등의 과정을 분석한 피케티의 책에 찬사를 보내고 있는 반면, 정통 보수 성향의 학자들은 일부 내용이 지나치게 과장됐다고 비판한다.

논쟁은 영국 경제지 '파이낸셜타임스(FT)'가 촉발시켰다. FT의 경제 에디터 크리스 가일스는 지난달 24~25일자 기사에서 피케티가 불평등 심화의 결론의 근거로 제시한 데이터에 '심각한 오류'가 있다고 밝혔다. FT는 "피케티가 원본 자료를 스프레드시트에 잘못 입력하거나, 부정확한 수식을 사용했다. 일부 데이터는 의도적으로 유리한 것들로만 골라 적용했고, 원자료 없이 가공되기도 한 것으로 보인다"고 지적했다. 피케티가 연구에서 사용한 데이터는 그가 주장한 '소수에 의한 부의 집중'을 증명하기엔 턱없이 부족하다는 것이다.

피케티의 열렬한 지지자이자 노벨 경제학상 수상자인 폴 크루그먼 프린스턴대 교수는 FT의 지적에 즉각 반박했다. 그는 '불평등 부정에 대하여'라는 제목의 뉴욕타임스 칼럼에서 "가일스가 문제라고 지적한 부분은 여러 종류의 자료를 인용해 진행하는 연구라면 있을 수 있는 데이터 조정"이라고 밝혔다. 데이비드 캐머런 예일대 교수도 FT에 기고문을 보내 피케티의 주장을 지지했다. 그는 "피케티가 활용한 20세기 초 몇 년간의 데이터에 일부 오류가 있었다 해도, 불평등이 심화하고 있다는 전체적인 추세는 사실"이라며 "피케티의 주장에 근거가 부족하다는 FT의 주장은 맞지 않다"고 밝혔다.

보수적 성향의 정통 경제학자들은 피케티의 주장이 지나치게 과장된 측면이 있다고 지적한다. '맨큐 경제학'으로 유명한 그레고리 맨큐 하버드대 교수는 〈21세기 자본론〉에 대해 "매우 인상적인 책이며, 책의 내용 중 불평등과 부의 역사에 관한 부분을 재미있게 읽었다"면서도, 피케티가 낸 결론에 대해선 "억측"이라며 동의하지 않았다. 맨큐는 "자본이익률이 경제성장률보다 크다는 것에서 부의 세습이 사회에서 차지하는 비중이 커졌다는 결론은 내게 너무 광범위해 보인다"고 말했다.

마틴 펠드슈타인 하버드대 교수 역시 비슷한 주장을 했다. 그는 피케티가 주장하는 '끝없이 지속되는 불평등'은 사람이 죽지 않고 평생 살 때에나 가능한 일이라고 말했다. 그는 "미국에서 소득분배에 관해 문제가 되는 것은 자신의 기술이나 훈련에 의해 돈을 많이 벌어들이는 이들이 아닌 '가난함의 지속'"이라며 "'가난의 지속'을 줄이기 위해 필요한 것은 가난한 이들을 위한 맞춤형 교육과 훈련 정책, 높은 경제성장이지, 부자의 돈을 거의 몰수하다시피 하는 세금정책이 아니다"라고 주장했다.

출처: 김한솔, 경향신문, 2014.6.8

Chapter 08

시장의 실패와 정부의 실패

1. 사회의 최적자원배분을 가져오기 위한 조건은 무엇인가?
2. 완전경쟁시장하의 자원배분은 사회적 최적배분을 보장하는가?
3. 시장의 실패란 무엇이며, 그 원인과 대책에는 어떠한 것들이 있는가?
4. 시장을 통한 교육 서비스의 공급과 정부에 의한 교육 서비스 공급의 효과는 어떠한가?
5. 시장의 실패, 정부의 개입으로 막을 수 있을까?

개관

제3장에서 제7장에 이르는 생산물시장과 생산요소시장에서는 암묵적으로 완전경쟁시장이 존재함을 가정하고 있으며, 이러한 완전경쟁시장에서는 자원이 효율적으로 배분되고 있음을 암묵적으로 전제하고 있다. 하지만 완전경쟁시장은 현실적으로 존재하지 않는다. 설사 완전경쟁시장이 존재한다고 하더라도 자원배분의 효율성이 달성되지 못하는 경우가 있다. 시장이 효율성을 상실하게 될 때 시장의 실패가 존재하고 정부개입의 정당성이 대두된다.

제8장은 시장실패의 원인과 그 구체적 유형을 살펴본다. 시장의 실패는 정부의 경제개입을 초래하는데 과연 정부의 개입이 옳은 것인가를 판단하고, 정부의 개입이 잘못되었을 경우 발생하는 정부의 실패에 대해서도 알아보도록 한다.

내용표준과 기준

제8장에서 다룰 주요 내용은 미국 경제교육협의회(NCEE)의 〈내용표준과 기준 16과 17〉에 해당하는 것으로 "정부정책의 편익이 비용을 능가할 경우, 시장경제에서 정부가 수행할 경제적 역할이 생긴다"는 것을 인정하면서도, "정부정책의 비용은 때때로 편익을 능가한다"고 지적함으로써 '시장의 실패'와 더불어 '정부의 실패'를 다루고 있다. 이러한 내용표준을 충족시키기 위한 기준으로는 사회적 한계비용, 사회적 한계편익, 시장의 실패, 외부성, 공공재, 정부의 실패 등과 같은 개념을 들 수 있다.

1. 사회의 최적자원배분을 가져오기 위한 조건은 무엇인가?

지금까지 우리는 일정한 조건하에서는 정부규제가 없는 시장경제가 최적자원배분을 초래할 수 있다는 것을 전제로 하고 논의를 하여 왔다. 각 개인의 자기 이익만을 추구하는 자본주의사회에서 아무런 규제가 없는 가운데 시장의 작용으로 사회의 최적자원배분을 항상 가져오는 것일까? 이에 대한 의문을 풀기 위하여 우선 사회의 최적자원배분optimum allocation 또는 가장 좋은 자원배분이란 무엇을 의미하는가를 한번 생각해 보자.

사적 재화와 서비스가 생산되고 소비되는 시장경제에서 사적 한계비용(PMC)과 사적 한계효용(PMU)이 같게 되는 점에서 자원이 효율적으로 배분됨을 알 수 있었다. 이를 확대해서 생각해 보면, 사회 전체의 순이익(총효용－총비용)을 극대화하기 위해서는 사회적 한계비용(SMC)과 사회적 한계효용(SMU)이 같게 되도록 자원을 배분해야 함을 알 수 있다. 즉

$$SMU = SMC$$

이어야 한다.

[그림 8－1]에서 사회적 한계비용(SMC)은 어떤 재화 한 단위를 추가로 생산하기 위하여 사회가 부담해야 할 추가비용이다. 사회적 한계효용(SMU)은 이 재화 한 단위를 추가로 소비함으로써 사회가 얻는 효용, 즉 사회적 한계효용이다. $SMU = SMC$의 조건은 산출량 Q_1에서 달성되며 다른 산출량에서는 이보다 순이익이 낮다. 예컨대 Q_3에서는 $SMU < SMC$이므로 재화의 생산이 수익보다 더 큰 비용을 부담시킨다. Q_3에서는 이 재화의 생산에 너무 많은 자원이 투입되고 있다. 반대로 Q_2에서는 너무 적은 자원이 투입되고 있다고 할 수 있다. 왜냐하면 Q_2에서는 추가적 수익이 추가비용보다 더 크기 때문에 사회는 이 재화의 생산에 더 많은 자원을 투입하더라도 수익이 커지기 때문이다. 이러한 상태는 Q_1에 도달할 때까지 계속된다. 그러면 자본주의 시장기구하에서는 아무 간섭을 받지 않더라도 $SMU = SMC$을 충족시키는 점에 도달하도록 조정되는 것일까?

그림 8-1 자원의 최적배분

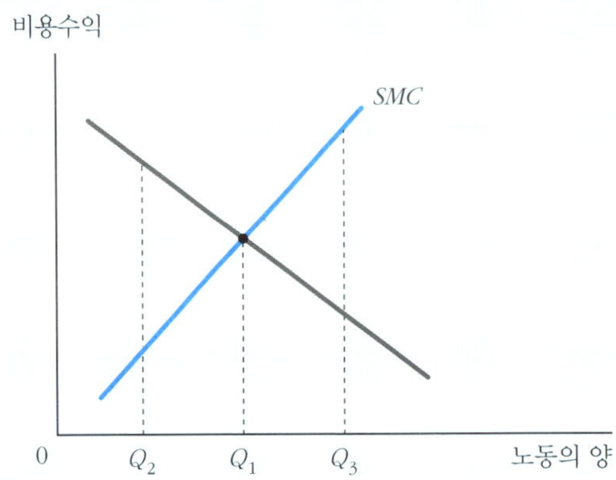

2. 완전경쟁시장하의 자원배분은 사회적 최적배분을 보장하는가?

제4장에서 수요곡선은 소비자의 한계효용을 나타낸다는 것을 공부한 적이 있으며, 따라서 우리는 소비자가 지출하는 가격은 재화의 추가적 소비에서 얻는 소비자의 이득, 즉 한계효용을 나타낸다고 가정할 수 있다. 그리고 제5장에서 공급곡선은 기업의 한계비용곡선을 합한 것임을 알았다. 이를 [그림 8-2]를 통해 확인해 보자. 완전경쟁적인 기업은 $P=MC$인 산출량을 생산할 것이다. 그러므로 수요곡선이 한계효용, 공급곡선이 한계비용을 나타낼 때에는 완전경쟁하의 균형가격은 $MU=MC$인 가격(P)이다.

만일 수요곡선이 사회적 한계효용(SMU)을 나타내고, 공급곡선이 사회가 부담하는 추가적 비용과 같다고 한다면 놀라운 결과가 나온다. 자신의 효용을 극대화하려는 소비자와 이윤을 극대화하려는 기업들이 결과적으로 사회의 최적자원 배분 조건인 $SMU=SMC$를 성립시키는 결과를 가져올 것이다. 우리는 이를 다음과 같이 요약할 수 있다.

$$SMU=SMC \quad (8.1)$$

$$SMU=PMU=P=PMC=SMC \quad (8.2)$$

그림 8-2 자원의 최적배분

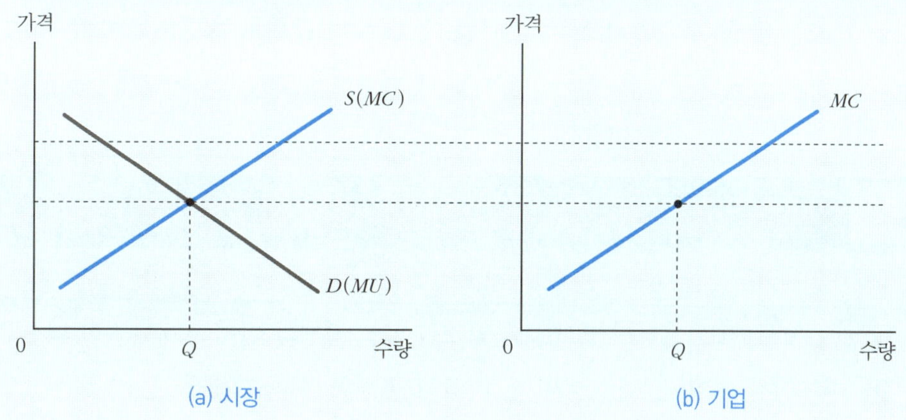

수요와 공급을 이처럼 이해하면 소비자들의 기호나 기업의 비용이 변화하면 산출량이 바뀐다는 것을 알 수 있다. 이 산출량 변동은 새로운 최적점으로의 조정이다. 예를 들어 수요가 증가하면 가격이 오르고 단기적으로 기업들이 초과이윤을 얻게 된다. 그러나 이는 다른 기업을 이 산업으로 진입할 수 있도록 유도하는 신호가 될 수 있다. 새로운 균형은 가격이 장기한계비용과 일치하여 따라서 $SMU=SMC$인 점에서 성립하게 된다.

이와 같이 완전경쟁적인 경제에서 $SMU=SMC$를 충족시키는 자원배분이 가능하기 위해서는 어떤 조건이 충족되어야 하는가? 첫째, (8.1)식이 성립되기 위해서는 사적인 비용(PMC)과 사적인 이득(PMU)이 사회적 비용(SMC) 및 사회적 이득(SMU)과 각각 같아야 한다. 즉 $PMU=SMU$, $PMC=SMC$가 되어야 한다. 이러한 조건을 충족시키기 위해서 외부효과externality가 없어야 하는데, 이는 시장성과가 오직 수요자와 공급자에게만 적용된다고 가정하는 것과 같다. 그러나 현실세계에서는 수요자와 생산자의 의사결정이 시장에 전혀 참여하지 않는 사람들에게 영향을 미칠 수 있다. 둘째, (8.2)식이 성립되기 위해서는 시장에서의 가격이 한계비용과 같아야 한다($P=MC$)는 것이다. 완전경쟁이 이루어져 있을 때에는 가격과 한계비용이 같아지지만 경쟁이 불완전할 때에는 그렇게 되지 않는다. 셋째, 아무런 규제가 없이 운행되는 시장경제가 최적자원배분을 실현하려면 공공재가 없어야 한다는 조건이 필요하다. 재화나 서비스의 이용을 위해 대가를 지불하지 않는 사람을 배제할 수 없는 경우에 그 재화를 공공재public goods라고 한다. 그러나 현실세계에서는 국방, 사회의 법질서, 가로등, 등대 등과 같은 공공재가 많이 존재하고 있다.

3. 시장의 실패란 무엇이며, 그 원인과 대책에는 어떠한 것들이 있는가?

모든 일을 시장의 힘에 내맡기기만 하면 경제가 언제나 바람직한 방향으로 움직여 나갈 수 있는 것은 아니다. 시장의 힘을 제약하고 왜곡하는 수많은 요인들이 있어 현실의 시장이 이상적으로 기능하지 못할 때가 많기 때문이다. 이와 같이 시장을 통하여 효율적 자원배분이 이루어지지 않는 경우를 시장의 실패market failure라 한다. 이하에서는 시장실패의 원인과 대책에 대해 살펴보기로 한다.

3.1 불완전경쟁

시장은 완전경쟁에 가까울수록 효율달성의 조건이 잘 충족되므로, 불완전경쟁이 존재하고 있을 때 시장의 실패가 일어나리라는 것은 너무나도 당연한 일이다. 불완전경쟁이 생기게 되는 데는 인위적 요인도 작용하지만, 순전히 기술적인 요인에 의해서 발생하는 경우도 흔하다. 기술적인 요인이라 함은 규모수익체증(increasing returns to scale, 또는 평균비용체감)의 현상이 존재하는 것을 의미하는 것으로서, 이 경우에는 자연발생적으로 독점화가 진행되어 시장의 실패를 초래하게 된다. 특히 자연독점natural monopoly의 경우에는 독점을 규제하고 기업규모를 축소하는 것은 규모의 경제성을 상실할 수도 있으므로, 독점의 규제뿐만 아니라 공유화 또는 가격에 대한 규제가 적절히 요청된다.

이러한 독점현상을 막기 위한 대책으로는 공정거래법 제정, 담합, 대기업의 중소기업에 대한 부당거래 규제, 독과점 규제법 제정, 독과점의 초과이윤을 조세로 흡수하는 것 등이 있다.

3.2 공공재와 공유자원

시장의 실패를 가져오는 여러 요인 가운데서 우선 주목해야 할 것은 공공재public goods라고 불리는 재화와 서비스의 존재이다. 공공재는 우리가 보통 생각하는 재화와 서비스와는 판이하게 구별되는 소비에 있어서의 비경합성non-rivalry과 비배제성non-excludability이라는 특성을 갖고 있다. 소비의 비경합성은 소비에 참여하는 사람의 수가 아무리 많아도 한 사람이 소비할 수 있는 양에는 전혀 변함이 없는 재화와 서비스의 특성을 말한다. 소비에 있어서의 비배제성은 재화와 서비스에 대하여 대가를 지불하지 않고 이를 소비하려고 하는 사람의 경우에도 소비를 못하게 할 수 없다는 것을 의미한다.

이상의 두 가지 특성을 갖는 재화와 서비스에는 국방·치안·일기예보·무료공원 등이 있다. 사람들은 공공재의 두 가지 특성 때문에 다른 사람의 부담에 의해 생산된 공공재를 공짜로 소비하려는 무임승차자free-rider가 되려고 한다. 또한 여러 사람이 동시에 사용할 수 있기 때문에 한 사람이 추가적으로 소비하는 데 드는 한계비용은 0이다. 그러므로 공공재의 시장에 의한 자율적인 배분은 비효율적인 결과를 가져오게 되므로, 공공재의 적절한 공급을 위해서는 정부의 적절한 개입이 요청되지 않을 수 없다. 그리고 경제활동의 범위가 넓어짐에 따라 정부의 활동만으로는 공공재가 공급되지 않는 일도 생긴다(예: 엘리뇨, 황사현상의 해결).

공공재와 엄격한 구별은 어렵지만 시장실패를 가져오는 요인의 하나로 공유자원의 경우를 살펴볼 필요가 있다. 공유자원common resources은 깨끗한 공기와 물, 땅속의 석유, 물고기, 돌고래와 같은 야생동물, 혼잡한 무료도로 등과 같이 소비에 있어 경합성은 있지만 배제성이 없는 재화를 말한다. 이들 공유자원들은 원하는 사람이면 누구나 공짜로 사용할 수 있기 때문에 시장에 맡겨두면 '공유자원의 비극tragedy of the commons(공유자원이 사회적 관점에서 볼 때 지나치게 남용되어 결국 고갈된다는 이야기)'과 같은 문제를 야기할 수도 있다.

공공재와 공유자원과 같이 시장이 적절하게 공급할 수 없는 재화와 관련하여 여러 가지 문제들이 나타날 수 있지만 한 가지 공통적인 배경은 재산권property rights이 명확하게 확립되어 있지 않기 때문에 시장이 자원을 효율적으로 배분하지 못한다는 것이다. 이러한 경우 정부는 비용-편익분석을 바탕으로 공공재의 적정공급량을 결정하거나, 지나치게 공유자원을 이용하여 고갈되지 않도록 적절한 규제를 하는 것이 필요하다.

3.3 외부효과

공공재 못지않게 중요한 시장실패의 요인으로서 외부효과란 현상이 있는데, 외부효과externality란 어떤 행동이 제3자에게 의도하지 않은 이익이나 손해를 끼치면서 이에 대해 대가를 주거나 받지 않는 경우를 말한다. 외부효과는 〈표 8-1〉에서 보는 바와 같이 이로운 것(외부경제: external economy)과 해로운 것(외부불(비)경제: external diseconomy)이 있을 수 있으며, 생산과정에서 생길 수도 있고 소비과정에서 생길 수도 있다. 자유로운 시장 기구에 내맡기는 경우, 이로운 외부효과는 사회적 최적의 수준보다 더 적게 만들어지는 한편 해로운 외부효과는 최적수준보다 더 많이 만들어지는 결과가 나타난다.

표 8-1 외부효과

	생산과정	소비과정
이로운 외부효과	꿀 생산	예방주사, 교육훈련
해로운 외부효과	오염물질	불량만화

외부효과가 존재할 경우 왜 시장은 자원을 효율적으로 배분하지 못하는가? 그 이유는 외부효과가 존재할 때 사회적 관점에서 계산된 사회적 비용(편익)과 개인적 관점에서 계산된 사적비용(편익)이 서로 다르기 때문이다. 따라서 이러한 외부효과에 대한 처방을 보면 사회적 비용과 사회적 편익을 가격체계 내로 내부화internalize하기 위해서 정부 차원에서 벌금의 부과, 피구세 또는 보조금 지급 등을 통해서 해결하고 있다. 반면에 재산권의 적절한 할당을 통해서 정부의 개입 없이도 당사자 간의 자발적 협상에 의해서 외부성의 문제를 해결하게 되는데 이를 코즈정리Coase theorem라 한다.

3.4 정보의 불확실성

완전경쟁시장은 경제주체가 완전한 정보를 가지고 있다는 것을 전제한다. 그런데 기업이나 가계가 가지고 있는 시장정보가 불완전하면 자원이 효율적으로 배분되지 않는다. 최근 경제학자들이 특히 많은 관심을 기울이고 있는 것은, 정보가 한쪽에만 존재하고 다른 한쪽에는 존재하지 않는 상황, 바꾸어 말하면 정보가 비대칭적으로 분포되어 있는 상황인데, 구체적으로는 다음 두 가지 중 하나의 형태를 취하게 된다. 첫째, 감추어진 특성이 문제가 되는 상황에서, 정보를 갖지 못한 측의 입장에서 볼 때 바람직하지 못한 상대방과 거래를 할 가능성이 높아진다. 이런 현상이 나타났을 때 역선택adverse selection이 일어났다고 말한다. 둘째, 감추어진 행동이 문제가 되는 상황에서, 정보를 가진 측은 정보를 갖지 못한 측에서 보면 바람직하지 않은 행동을 취하는 경향이 있는데, 이와 같은 행동이 나타났을 때 도덕적 해이moral hazard가 일어났다고 말한다. 물론 경제학자들의 관점에서 논의의 초점은 도덕성의 문제가 아니라 단지 유인의 문제일 뿐이다.

정보의 불확실성을 해결하기 위한 대책으로는 소비자보호기관이나 각종 소비자단체가 구매자들에게 보다 정확한 정보를 갖도록 조언하거나 제품성능시험 결과를 알려주는 것도 한 방법이다. 국가가 정보의 보급을 증진하고 지역간 및 직종간의 노동자의 가동성을 증가시키고, 여러 가지 인위적 제약을 제거하거나 감소하기 위한 정책적 노력이 요청된다. 또한 기업의 경우 경영자의 도덕적 해이를 막기 위해 스톡옵션stock option과 같은 제도를 시행할 수 있다.

3.5 분배의 형평성

시장경제는 소득의 형평성을 자동적으로 유지시키지 않을 뿐만 아니라 단기적으로는 흔히 '빈익빈 부익부'라고 표현되는 소득분배 불평등의 정도가 심화되는 현상이 나타나 빈곤계층의 삶의 질을 현저히 떨어뜨리고 이로 인한 사회불안을 야기시키기도 한다. 이에 따라 정부는 소득분배의 형평성을 높이기 위한 활동을 한다.

오늘날 대부분의 나라가 누진과세제도, 최저임금제 등의 소득재분배정책을 실시하는 것은 소득분배에 대한 시장경제의 결함을 극복하기 위한 것이다.

4. 시장을 통한 교육 서비스의 공급과 정부에 의한 교육 서비스 공급의 효과는 어떠한가?

4.1 교육 서비스의 특성과 투자주체

교육 서비스는 소비자에게 효용을 높여주는 소비재의 측면과 개인과 사회의 생산성을 높이는 투자재의 측면을 함께 가지고 있다. 새로운 지식을 배우는 데서 오는 즐거움이 바로 소비재로서의 교육이고, 투자재로서의 교육은 교육을 받음으로써 지식과 기능이 향상되고 수입도 높아질 것으로 기대하여 이루어지는 교육을 의미한다. 이러한 교육의 소비재적 효용과 교육투자에 대한 기대가 어우러져 청소년의 대학진학률이 상승하는 것이 세계적인 추세이다. 이런 추세는 한국과 같은 개발도상국에서는 특히 현저하다.

교육의 이득은 개인과 사회 모두가 향유하고 있으므로 투자의 주체는 개인이 될 수도 있고 사회가 될 수도 있다. 대부분의 선진국에서 의무교육의 비용은 사회가 부담하고 있다. 의무교육 이후의 교육비를 누가 부담하는가를 기준으로 하면 교육제도는 크게 두 가지로 구분된다. 학생이나 학부모 개인이 비용을 부담하는 대표적 국가는 미국이고, 국가가 교육비를 부담하는 나라로는 독일을 위시한 유럽 국가를 들 수 있다.

4.2 시장을 통한 교육 서비스 공급의 문제점

다른 재화의 수급과 마찬가지로 교육 서비스도 미국식으로 시장을 통하여 수급이 조절되도록 하는 제도는 많은 장점을 가지고 있다. 통계상으로 보면 미국은 다른 선진국에 비하여 높은 대학진학률을 실현하면서도 수많은 노벨상 수상자를 배출할 정도로 양질의 교육을 하고 있다.

하지만 시장을 통하여 교육 서비스를 공급하는 데는 일정한 문제가 따른다. 우선 들 수 있는 문제는 학교 간의 격차가 상존하여 공급자간 경쟁이 이루어지기 힘들다는 점이다. 이는 실제적 또는 잠재적 경쟁이 있기 때문에 한 개인의 우위가 장기간 지속되기 어려운 일반 기업 간의 경쟁과는 다른 것이다. 또 다른 요인으로 교육서비스의 수요에는 외부효과가 있다. 다시 말하면 교육받은 사람은 주변의 동료에게 교육효과를 무상으로 전파할 수 있다. 셋째, 교육 서비스 시장에는 정보의 비대칭성이 존재한다. 예를 들어 교육훈련의 수료자가 갖는 졸업장이나 자격증은 인력수요자가 중시하는 근로자의 각종 자질 — 예컨대 기능과 지식 이외에 건강·창의력·판단력·친화력·설득력·주의력 등 — 중의 일부분밖에 알려 주지 못한다. 넷째, 교육의 성과인 높은 지식과 뛰어난 기능 등은 수료자의 신체와 결합되어 있으며, 인간의 신체는 매매와 담보의 대상이 될 수 없으므로 금융지원이 원활하게 이루어지기 어렵다. 이런 사정은 교육 서비스의 공급을 시장기능에만 맡길 경우 시장의 실패가 나타날 수 있음을 의미한다.

4.3 정부에 의한 교육 서비스 공급의 문제점

유럽국가처럼 정부가 교육서비스를 공급하는 제도에도 문제점이 있다. 여기서는 대학 간의 경쟁이 결여되어 경영효율이 낮고 양질의 교육이 이루어지기 어렵다는 점을 들 수 있다. 또한 정부 부처 및 대학 교직원의 이익을 고려한 정책결정으로 사회에서 필요한 것보다 과도한 교육이나 불필요한 교육이 이루어질 가능성도 있다. 정부에 의한 교육서비스 공급에서 오는 이러한 문제점을 개선하기 위하여 많은 국가에서 교육개혁, 특히 대학개혁을 추진하고 있다. 이 개혁 작업의 내용으로는 크게 두 가지를 들 수 있다.

하나는 교육 공급자인 대학을 다양화하는 것이다. 이를 위해서 교육부의 자금지원을 받고 통제받는 대학 외에 사립대학, 다른 정부 부처의 감독과 지원을 받는 대학도 다수 설립하고 있다. 또 대학의 교육 실적이나 연구실적 — 예컨대 등록생수나 발표된 논문 편수 — 에 따라 대학에 대한 지원을 차등하여 대학 간 경쟁을 유도하는 방안이 동원되고 있다.

다른 하나는 학생들의 학교 선택권을 높이는 것이다. 대표적인 제도로 구매권제도voucher system가 있다. 이는 중등학교의 경우 학군 내의 학교에만 진학하는 규정을 철폐하여 원하는 학교 어디에 진학하건, 또 대학의 경우 공·사립을 불문하고 어떤 대학에 진학하건 학생 1인당 일정 금액의 지원금을 정부가 지원하는 것이다.

이런 교육개혁으로 무사 안일한 국립대학 운영에 상당한 충격을 주고 그 경영효율을 높이는 성과를 이루고 있다는 평가가 있다. 하지만 공급자의 다양화와 수요자에 대한 선택을 통해 준시장quasi-markets 기구를 도입하더라도 이를 통해 효율을 올리는 데는 한계가 있을 수밖에 없다.

5. 시장의 실패, 정부의 개입으로 막을 수 있을까?

시장의 실패는 정부의 개입을 정당화하는 명백한 근거로 생각될지 모르지만, 정부의 개입이 사정을 더 나쁘게 만들 수도 있다. 예를 들어, 소비자를 보호하기 위해서 독점기업에게 가격제재를 가한다고 하자. 이 독점기업은 기존의 이윤을 확보하기 위해서 제품의 질을 낮출 것이고, 장기적으로 볼 때 비효율적일 수도 있다. 이런 현상을 흔히 시장의 실패에 대비하여 정부의 실패government failure라 한다. 정부의 실패란 시장의 실패를 교정하기 위한 정부개입이 오히려 자원배분을 저해하는 상황을 말한다. 예를 들어 시장의 실패로 2억원의 외부효과가 발생하는 경우 정부의 효율적인 개입으로 이것을 모두 제거한다면, 이로 인하여 사회에 돌아가는 사회적 편익은 우선 2억원이라 할 수 있다. 그러나 그렇게 하는데 소요된 정부의 통제비용이 그보다 훨씬 더 많은 4억원이 될 수도 있다. 그럴 때는 정부개입의 비용이 사회적 편익을 초과하게 되므로 경제적으로는 비효율적이다. 이런 점에서 로버트 노직을 비롯한 자유주의자들은 정부개입은 최소한의 역할에 한정되어야 한다고 주장한다. 즉 최소국가론으로서 정부는 범죄로부터 국민보호와 시장경제를 위한 법질서의 집행하는 역할에 국한하는 것이다.

5.1 정부개입의 구체적 유형

정부개입의 유형에는 다음과 같은 것들이 있다. 먼저, 직접적 행동으로 가장 좋은 예는 특정한 재화나 서비스를 생산하여 국민에게 공급하는 일이다. 정부가 생산하여 공급하는 재화나 서비스는 그것들이 특별한 성격을 갖고 있기 때문이다. 그렇다고 해서 정부가 생산하여 공급하는 모든 것들이 공공재의 성격을 갖는 것은 아니다. 예를 들어 주택서비스나 의료서비스처럼 명백하게 사적재의 성격을 갖는 것을 공급하는 경우도 많으며, 그 사적재화 중에는 가치재의 성격을 갖고 있는 것도 꽤 많다. 가치재란 정부가 생각하기에 국민들이 그것을 소비하는 것이 바람직하다하여 소비를 권장하는 재화와 서비스를 말한다.

둘째, 유인의 제공으로 이는 정부가 직접 행동하는 것이 아니라 민간부문에 단지 유인만을 제공하여 원하는 방향으로 이끌어가는 개입방식이다. 투자촉진을 위해 조세 및 금융상의 혜택을 제공하는 것이 그 좋은 예로, 투자에 든 비용 중 일부를 돌려주면 기업은 그만큼 적은 비용으로 투자를 할 수 있다고 느껴 투자규모를 늘리려는 유인을 받게 된다. 에너지 절약이나 환경보호를 위해 특별소비세를 부과하는 것도 유인을 제공하는 방식으로 개입하는 예에 속한다.

셋째, 민간부문의 행동규제로 이는 정부가 개인이나 기업의 행동에 일정한 제약을 가하는 방식으로 세제를 실시하기도 한다. 규제의 목적으로는 소득재분배, 소비자보호, 환경보호, 국민의 건강보호, 공정거래질서 유지 등 다양하다.

5.2 정부실패의 원인

위에서 언급했듯이 정부의 개입이 정부실패를 가져올 수도 있다. 정부실패의 원인에는 어떤 것들이 있는지 알아보자. 첫째, 정보의 제약 때문에 어떤 정책을 실행에 옮기려 할 때 그것의 귀결을 완벽하게 예견할 수 없는 경우가 있다. 예컨대 화폐를 더 찍어내는 정책이 경제의 각 부문에 어떤 결과를 가져올지를 속속들이 알기는 무척 힘든 일이다. 이런 상황에서 정부의 정책은 소기의 성과를 거두기 힘들 것이 분명하다. 둘째, 정부는 민간부문이 특정한 반응을 보일 것이라는 기대 아래 어떤 정책을 수행하게 된다. 그러나 정책이 실천에 옮겨진 다음에 나타나는 민간부문의 반응은 기대한 바와 판이하게 다를 수 있다. 예를 들어 저축이나 근로의욕을 촉진시키려는 목적으로 소득세율을 과감하게 낮추는 정책을 썼으나 막상 기대했던 효과는 나타나지 않을 수 있는 것이다. 또 다른 예를 보면, 정부는 기업 간의 담합을 금지하는 정책을 실시하고 있으며, 이러한 정책의 효과를 높이기 위해 리니언시lenience 프로그램(자진신고자 감면제도)을 실시하여 카르텔을 자진 신고하는 기업은 카르텔에 대한 과징금 등의 제재 조치 시 이를 감면해 주는 제도를 시행하고 있다. 당연히 경쟁을 촉진하고 시장효율성을 높일 것이라고 예상하였다. 그러나 현실에서는 이러한 제도가 경쟁기업을 견제하는 수단으로 변질되어 사용되고 있다. 2006년 밀가루 및 주방·세탁세제 업계 1위인 C사는 1998년부터 8년 동안 동종업계 4개사와 가격담합 등의 부당 경쟁행위를 한 혐의로 제소됐으나 유독 C사만이 무거운 처벌을 면하게 되었다. 이는 정책 효과에 대한 법률적 논란을 유발하고 있다. 셋째, 상반된 이해관계를 갖고 있는 집단들이 정치적으로 타협을 모색하는 과정에서 정책이 엉뚱한 방향으로 변질될 가능성이 있다는 것이다. 환경을 보호하자는 취지의 정책이 자원을 개발하는 데 더 관심이 많은 그룹의 영향 때문에 오히려 환경을 파괴하는 정책으로 변질되는 것이 그 좋은 예이다. 넷째, 관료조직의 문제인데 관료들은 공복이란 말이 의미하듯이 국민의 종으로서 국민의 이익을 위해 열심히 일해야 하는 도덕적 의무를 갖고 있다. 그러나 관료들도 사람인지라 공익보다 자신의 이익을 먼저 챙기려고 노력할 가능성이 있다. 그리고 관료들의 도덕적 해이도 심각한 문제가 될 수 있다. 관료들이 이 같은 태도를 보일 때 정부의 정책이 기대한 성과를 거둘 수 없음은 분명하다.

5.3 정부실패의 치유책

정부실패에 대한 치유책을 살펴보면 첫째, 제도의 개혁으로 현실을 살펴보면 제도상의 결함이 비효율을 낳는 사례가 상당히 많다. 예를 들어 관료조직의 비대화, 역할부담의 불명확성, 상호견제기능의 미비 등 제도적 측면에서의 문제 때문에 비효율성이 초래되는 경우를 자주 본다. 이러한 경우라면 제도의 개혁을 통해 획기적인 개선을 기대해 볼 수 있다.

둘째, 적절한 유인의 제공으로 기업의 영업성과를 평가하는 데는 이윤이라는 뚜렷한 기준이 있다. 반면 정부부문의 경우에는 성과를 평가할 수 있는 명백한 기준이 존재하지 않아 효율적인 운영을 어렵게 만든다. 관료사회에서는 승진이나 보수 같은 처우가 매우 경직적으로 운영되고 있는데, 이것이 비효율성의 원인이 되는 경우가 많다. 나이나 경력에 의해 보수나 승진이 기계적으로 결정된다면 구태여 열심히 일해 좋은 성과를 올릴 필요를 느끼지 못해 무사안일을 추구하게 된다. 관료들이 자발적으로 열심히 일하게끔 유도하기 위해서는 열성적인 노력에 대해 후한 상을 주고 태만한 자세를 가차 없이 벌하는 유인 구조를 도입해야 한다.

셋째, 경쟁의 도입으로 민간부문의 기업들은 서로 더 많은 유인을 얻으려고 치열한 경쟁을 벌이는 데 비해 정부는 대부분의 업무영역에서 거의 독점적인 위치를 차지하고 있어 경쟁을 해야 한다는 부담을 느끼지 않는다. 정부부문의 비효율성은 경쟁이 존재하지 않는다는 사실에 그 상당한 이유가 있다. 따라서 다른 부처 또는 민간부문과의 경쟁체제를 도입함으로써 효율적인 운영을 하도록 유도하는 것이 필요하다.

이상의 논의를 종합해 보면 정부의 개입이 더 큰 비효율성을 초래할 수 있는 이유는 이로 인해 민간부문에서의 자유로운 의사결정이 교란되는 결과가 나타나기 때문이다. 그뿐 아니라 정부조직상의 특성 때문에 정부개입이 원래 의도와는 달리 오히려 효율성을 저하시키는 방향으로 효과를 낼 수도 있다. 따라서 시장실패가 일어났다 하더라도 정부개입이 효율성을 증진시킬 수 있는 경우에 한해서 개입을 시도하는 것이 현명한 대처방식이라고 할 수 있다.

그렇다면, 정부의 규제는 어느 정도가 최적인가? 일반적으로 규제의 강도를 높일수록 추가적인 편익은 줄고, 규제의 부작용이 커져 추가적인 비용은 증가하는 경향이 있다. 따라서 규제에 따른 한계비용과 한계편익이 같아지는 수준까지만 규제하는 것이 최적이다. 그런데 규제주체인 공무원들은 규제정책을 실시할 때 규제의 한계비용은 낮게 잡고 한계편익은 높게 잡는 경향이 많다. 따라서 불필요한 규제가 불필요하게 오랫동안 지속되는 경우가 흔하다. 이와 같이 정부의 실패가 일어날 수도 있기 때문에 공공규제가 시장의 원리를 완전히 대체할 수는 없다. 그러므로 정책입안자들은 장기적인 시각에서 규제의 비용과 편익을 정확히 분석하여 정부의 실패가 시장의 실패보다 크지 않는 범위 내에서 정부가 개입하도록 하고 일반국민들이 이를 감시하는 관행이 정착될 수 있도록 하여야 한다. 작은 정부를 주창하는 밀턴 프리더먼M. Friedman이 정부의 기능을 '심판관으로서의 정부', '자연독점에 대한 통제로서의 정부', '외부효과에 대한 통제로서의 정부' 등으로 제한한 점은 오늘날 한국정부에 시사하는 바가 크다고 하겠다.

참고문헌

- 김상규 외 5인 공저, 「사고중심의 경제학강의」(1999), 형설출판사.
- 조우현·박덕제, 「경제원론·Ⅱ」(1993), 한국방송통신대학 출판부.
- 오영수, 「오교수와 함께 떠나는 경제여행」(1997), 사계절.
- 이준구, 「열린경제학」(1995), 삼성출판사.
- 이준구·이창용, 「경제학원론Ⅰ」(1998), 법문사.
- 정지영, 「경제학개론」(1998), 대경.
- 이임용, 「미시경제학」(1994), 법문사.
- 이준구·이창용, 「경제학원론」(1997), 법문사.

생각해 볼 문제

1. 공공재의 본질과 시장실패가 발생하는 이유는 무엇인지 생각해 보자. (임용고사기출)

2. 외부효과란 무엇이며 외부비경제가 과잉생산을, 외부경제가 과소생산을 유발하는 이유를 설명해 보자.

3. 어떤 공단의 공장들은 생산단위당 일정한 분량의 오염물질을 대기 중에 방출하고, 폐수를 인근의 하천으로 흘려보낸다. 결과적으로, 이러한 오염 물질과 폐수는 사람들의 건강에 나쁜 영향을 줄 수 있으나, 공장의 소유자들은 이에 대하여 어떠한 비용도 지불하지 않는다. 이와 같은 사례를 경제학 용어로 무엇이라고 하는가? 이를 해결하기 위한 방안을 시장의 관점에서, 정부의 관점에서 검토해보자. (임용고사기출)

4. 다수의 편익을 위한 강제적인 규제가 어떤 개인의 자유를 침해한다면 그 규제는 정당하다고 할 수 있는가?

5. 과연 시장의 논리가 모든 경제문제를 해결할 수 있는가?

읽을거리

정부가 개입하면 '공유재의 비극'이 해결된다고?

만일 어장에서 모두가 원하는 만큼 고기를 잡게 하고, 누구에게도 속하지 않는 자원을 마음껏 가져갈 수 있게 하는 것과 같은 방식으로 경제적 이익을 취하도록 풀어 놓는다면, 여러분은 이웃과 자신을 파면시키고 말 것입니다. 출입이 자유로운 어장에서 좋은 상황은 열악한 상황으로 이어지고, 점점 많은 배들이 차츰 줄어드는 고기를 쫓으며, 점차 많아지는 사람들이 점점 줄어드는 수익을 두고 다투게 될 것입니다."

1980년 3월, 로메오 르블랑 당시 캐나다 해양수산부 장관은 전국해양수산협회 50주년 대회에서 이렇게 연설했다. 어장을 어민들에게 맡겨 놓으면 모든 어자원이 남획될 것이므로 재앙을 피하기 위해서는 어민들에 대해 효과적인 지배력을 발휘할 관리인을 둬야 한다고 그는 강조했다. 1968년 개릿 하딘이 '사이언스'지에 발표한 이후 다수의 사람들이 희소 자원을 공동으로 이용할 때 예측되는 환경의 악화를 상징하게 된 '공유재의 비극'이 캐나다의 어장에서 일어날 것이라는 얘기였다.

이 같은 '공유재의 비극'을 피하기 위해 지금까지 나온 처방은 크게 두 가지다. 중앙정부의 강력한 통제 또는 사유재산권을 설정해 시장제도에 맡기는 것이다. 학자들은 "공유재의 비극 때문에 환경문제는 자발적 협동으로 해결할 수 없다. 강제력을 행사하는 정부의 역할이 절대적"이라는 주장과 "공유재의 비극을 피할 수 있는 유일한 길은 사유재산권 체제를 확립해 공유체제를 종식시키는 것 뿐"이라는 주장으로 맞서왔다.

≪공유의 비극을 넘어≫의 저자는 시장 아니면 국가라는 이분법에서 벗어나 공동체의 자치관리라는 제3의 해법을 제시한다. 저자 엘리너 오스트롬은 '공유재의 비극' 이론이 지닌 오류를 밝히고 대안을 제시해 지난해 노벨경제학상을 받은 미국 인디애나대학 블루밍턴캠퍼스 석좌 교수다.

저자는 1990년 처음 출간한 이 책에서 오랫동안 마을에서 잘 관리되던 산림이 '공유의 비극' 논리에 따라 국유화된 후 충분한 감시인력을 고용하지 못한 데다 감시인력의 뇌물수수 등으로 오히려 산림이 파괴되는 경향이 태국, 네팔, 니제르, 인도 등에서 광범위하게 일어났음을 지적한다. 또한 어장이나 산림, 지하수 등은 사유화하기도 거의 불가능할 뿐만 아니라 단순히 소유권을 나눈다고 해서 환경 파괴나 자원 고갈을 막을 수도 없다고 설명한다. 중앙정부의 관리나 사유화는 둘 다 지나친 일반화의 오류를 범하고 있어서 한 가지 선택만으로는 적절한 해결책이 될 수 없다고 그는 말한다.

그는 최적의 제도적 해결책은 외부의 행위자 대신 사용자들이 자치적으로 관리하는 정교한 장치들이 보다 효과적 대안이 될 수 있다며 세계 도처의 사례를 제시한다. 상세한 조업규칙을 만들어 어장을 관리하는 터키의 어촌, 방목장을 함께 쓰는 스위스의 목장지대, 농사용 관개시설을 공유하는 스페인과 필리핀 마을 등 수백 년에서 1,000년이 넘는 세월 동안 공유자원을 잘 관리해온 공동체들이 발전시켜온 정교한 제도적 장치들도 소개한다.

터키 알라니아 어장의 경우 100여 명의 어민들이 여러 종류의 어망을 사용하면서 개인별로 두세 척의 어선을 가지고 고기를 잡는다. 어민의 절반은 지역 생산자 조합에 소속돼 있다. 그런데 1970년대 이 어장에서는 어민들의 무절제한 이용으로 어민 간의 갈등과 폭력, 경쟁에 따른 조업 비용 증가로 위기를 맞았다. 이로부터 10여 년의 시행착오 끝에 어민들은 매년 9월 조업할 수 있는 어민의 명단을 작성하고 정교한 규칙 체계를 마련해 문제를 해결했다.

저자는 "공유재 문제에 대해 하나의 정책 처방만 고집하는 분석가들은 다양한 제도적 장치들에 거의 주목하지 않으며 현실을 도식화해 만든 정책은 해롭다"고 지적한다.

그는 "국가나 시장이라는 해결책이 종종 위험한 것은 그런 해결책을 외부로부터 강요하려는 사람들이 문제의 구체적인 성격을 분석하지 않고 만병통치약과 같은 정책을 통해 모든 문제를 해결할 수 있다고 보기 때문"이라며 이론의 틀에서 벗어나 현실에서 출발하는 실질적인 해법을 보여준다.

출처: 서화동, 한국경제, 2010.8.20

읽을거리

또 하나의 선택, 교육감 선거

6·2 지방선거가 얼마 남지 않았다. 주민 직선으로 처음 뽑는 교육감 선거이지만 유독 주목을 받지 못하고 있다. 입후보자의 정당 공천이 배제되어서 추첨 기호 순위에 의한 '묻지마 투표'라고 말하기까지도 한다. 이제 교육감 선거는 보수와 진보의 대결구도로 선별 급식이냐 무상 급식이냐 라는 구호만이 난무하다.

오래 전에 상영된 영화 〈죽은 시인의 사회〉에서 열연한 키팅 선생님(로빈 윌리엄스)의 수업은 학생들에게 다양한 사고를 할 수 있도록 내면의 영혼을 깨우쳐 줌으로써 전통적인 입시 교육에 대한 신선한 충격을 던져주었다. 이처럼 교육에 있어서 수업방식의 다양성은 있을 수 있지만 교육이 정부나 교원단체 간의 이념적 도구로 변질되어서는 안 된다. 이번 투표의 기회를 통해서 교육의 의미를 생각해보고자 한다.

우리나라의 교육예산은 최근 총 규모로 30조원을 넘고 정부예산의 20% 정도를 차지하고 있으며 2006년 OECD의 교육지표에 의하면, 공교육비가 국내총생산(GDP) 대비 7.5%로 세계 최고 수준이라 할 수 있다. 또한 교육재정의 대부분은 초중등 교육에 투자되고 있다. 그럼에도 불구하고 공교육에 대한 불신은 여전히 높고 사교육비 부담은 매우 높은 수준에 있다.

교육은 후생경제학적 관점에서 보면, 지식과 기술을 연마하여 자신의 삶을 풍요롭게 하는 능력을 갖추는 것으로 교육 수요자들의 후생을 증진시킨다는 점에서 공공재가 아닌 사적재화이다. 이것은 교육 서비스가 시장에서 제공되는 것을 의미한다. 그러나 왜 정부가 교육을 시장에 맡기지 않고 개입하고 있는가? 특히 우리나라의 경우 정부개입은 기여 입학제, 본고사, 고교등급제의 금지라는 '3불 정책'으로 대표되고 있다.

정부가 교육에 대해 직접적으로 개입하는 정당성은 먼저 경제적 효율성 측면에서 찾을 수 있다. 교육은 긍정적인 외부효과가 존재한다는 것이다. 특히 초중등 공교육은 사회의 다른 사람들에게 사회적 편익(정치과정의 참여, 범죄율, 건강상태)을 가져다주고 또한 민주 시민과 글로벌 시민의 양성이라는 기능을 담당하고 있는 것이다.

다음으로 만약 교육이 정상재이라면 시장에서 빈부의 격차에 따라서 교육수준이 차별적으로 제공하게 되므로 형평성 측면에서 정부의 개입이 요구된다. 재화 평등주의 관점에서 의무 교육 시스템과 무상 교육은 모든 사람들에게 비용에 상관없이 이용 가능하고 공정한 일정 수준의 교육 서비스를 제공하게 되는 것이다.

교육재정지출의 궁극적 목표는 '알찬 교육' 또는 '알찬 학교'를 만드는 작업이다. 알찬 교육의 성과는 학생들의 학업성취, 행동발달 향상, 민주 시민권 함양, 교육 수요자의 삶의 질 증대 등으로 다양하게 나타난다. 특히 학업성취도는 수학능력 성적, 전국단위 일제고사 평가, 대학 진학률 등을 지역별, 학교별로 측정함으로써 서열화의 논란도 있지만 교육성과의 주요 지표이다. 그러나 단기간에 교육성과의 우열을 가르는 것은 어려운 작업이다. 공교육은 이해관계자들의 집합체인 학교조직에서 이루어진다. 이런 점에서 교육제도의 개선은 학생들과 학부모들에게는 선택과 경쟁, 교원에게는 자율과 책임을 주고, 정부는 성과유인을 제공함으로써 이해관계자들의 요구수준을 만족시키는 차원에서 강구되어야 한다.

그리스 철학자 플루타크가 "정직과 미덕의 근본과 원천은 교육에 있다"라고 기술한 것처럼 교육은 사회를 움직이는 원동력을 제공한다. 이것은 교육이 빈부, 성별, 건강, 인종, 민족, 종교의 차이를 이어줄 수 있는 보편적 가치인 것을 의미한다. 교육은 보수의 것도 진보의 것도 아니고 우리나라 미래의 비전을 아이들에게 담아줄 수 있는 사회의 공통적인 가치라고 인식될 수 있는 선거가 되기를 기대해 본다.

출처: 김일태, 광주매일신문, 2010.5.28

읽을거리

중국 지도부, 경제 운용 '감' 잃었나?

국가 경제 관리자로서 중국 지도자들은 지난 4반세기 동안 남들이 넘볼 수 없는 '자신들만의 리그'에 속해 있었다.

이들은 관료 체계의 산물로, 이 시스템은 성과 미달자를 제거하고, 성과 달성에 대해 보상을 제공하고, 경력을 높이 평가해 준다. 대다수 이러한 지도자들이 최상부에 도달할 즈음이면 국가만한 규모의 지방을 이끈다. 이들은 위기 상황에서 능력을 발휘한다는 이미지를 국내에 심어주었고, 대외적으로도 능력을 인정받아 왔다. 또한 성공적인 결과도 내놓았다. 바로 중국 경제가 역사상 그 어느 때보다도 더 빨리 성장한 것.

그러나 이제 경제 성장이 급격히 둔화되고 시장이 앞으로 다가올 수 있는 악재에 대해 우려하고 있는 가운데, 세계 2위의 경제 대국인 중국의 '집사들'의 경제 운용 능력이 떨어지고 있는 듯하다.

지난주에는 위안화가 출렁였다. 그에 앞서 올 여름 중국 정부는 증시 급락에 대한 미숙한 대응으로 빈틈없다는 평판에 손상을 입었다.

베이징에서 열린 고위급 회의의 내용을 전달받은 해외 경제 전문가들에 따르면, 규제기관들은 은행에서 증시로 유입된 막대한 자금이 거품을 부풀리고 있었다는 점을 명확히 파악하지 못했던 것으로 드러났다. 시장이 더 큰 역할을 하도록 맡겨둬야 한다고 지도부가 단언했음에도 불구하고 그 시점에 정부는 시장을 무시하고 통제하기로 결정했다.

이제 정부의 막대한 매수와 대형 투자자들을 대상으로 한 매도 금지 경고가 주가를 떠받치고 있다. 그러나 투자자들의 신뢰는 취약한 상황으로, 18일(현지 시각) 상하이종합지수는 전날보다 6% 넘게 폭락했다.

이달 통화 움직임을 둘러싼 혼란도 나타나고 있다. 표면적으로는 위안화를 1994년 이후 최대폭으로 평가절하한 이유가 보다 시장 원리가 기반한 거래 시스템을 도입하기 위한 것으로 알려지면서, 국제통화기금(IMF)이 이 조치를 조심스럽게 반겼다. 그러나 실제로는 중앙은행이 지난 수십년간 그랬던 것처럼 달러 대비 위안화의 가치에 영향력을 행사하기 위해 개입한 것으로 풀이된다.

어쨌거나 이처럼 애매한 태도가 전 세계 증시와 통화를 출렁이게 했다. 능수능란한 운용 능력이 그 어느 때보다 절실한 시점에 당국이 정책상 실책을 범하고 애매모호한 설명을 함으로써 투자자들에게 걱정스러운 신호를 보낸 것이다.

투자자들은 위안화 평가절하가 수출 활성화를 통해 경기를 되살리려는 절박한 조치라는 부정적인 시각을 갖고 있다. 평가절하는 수출업체들에게 유리하다. 일각에서는 이 조치가 중국 경제를 이끄는 지도자들이 공개적으로 밝히는 것보다 성장 둔화에 대해 더 큰 두려움을 갖고 있음을 증명하는 것이라고 믿고 있다.

게다가 지난주 톈진에서 발생한 치명적인 폭발 사고는 중국의 산업 안전 기준에 커다란 구멍이 뚫려 있다는 것을 드러냈을 뿐 아니라 정부의 위기 관리 및 의사소통 능력에도 허점이 있다는 것을 노출시켰다. 현지 관리들은 위성 영상에 의해 포착되고 지진 센서가 작동했을 정도로 어마어마했던 이 폭발 사고에 대한 정보를 발빠르게 제공하지 못했다. 중앙 정부 관료들은 사고 원인에 대한 상세한 정보를 공개하기를 꺼리는 듯했다. 리커창 총리는 폭발 사고 나흘 만에 현장을 방문했다.

소셜네트워킹 사이트 웨이보에는 "누가 사고에 대한 책임을 질 것인가?"라는 게시글이 올라왔지만 검열당국에 의해 재빨리 삭제됐다.

이 같은 비판 중 일부는 중국 경제 부문 지도자들에게 가해졌으며, 아마도 과장됐을 것이다. 자국 증시를 부양하기 위해 시장에 개입한 국가는 많다. 가깝게는 홍콩을 예로 들 수 있다. 미국을 포함, 전 세계 중앙은행들은 자국 통화 가치 하락을 유도하기 위해 최선의 노력을 기울인다. 또한 심지어 선진국에서도 비극적인 산업 재해가 발생하기 쉽다. 일본의 후쿠시마 원전 참사를 그 예로 들 수 있다.

그러나 중국의 실책은 사정이 좋지 않을 때에 나타났다. 중국 경제는 약 7%라는 국내총생산(GDP) 성장률이 시사하는 것보다 더 악화된 상황에 처해 있다고 많은 경제 전문가들은 보고 있다.

증시 활황세의 효과와 올 초 나타났던 수출 관련 이득을 걷어내면 실제 GDP 성장률은 약 5%대에 이를 수 있다는 시선도 많다.

경제 전문가들은 시진핑 주석과 그의 경제팀이 장기적이고 고통스러운 경제 개혁보다 즉각적인 임시방편을 우선시하고 있다는 징후가 더 우려된다고 지적했다. 기존의 경제 성장 동력(수출, 투자)을 대체할 새로운 동력을 창출하기 위해서는 경제 개혁을 이룰 필요가 있다.

현재까지 당국은 금융 자유화에 있어 성공을 거둬 왔지만, 미래의 성장에 가장 큰 걸림돌 중 하나인 대형 국유기업의 실패를 해소하는 데 있어서는 큰 진전을 보지 못했다. 이 같은 거대 산업 조직체가 자원을 독차지하고 있다. 또한 민영 비즈니스에 의해 변화될 시기가 무르익은 통신, 은행업 등 서비스 경제의 막대한 부분도 독점하고 있다.

데이비드 달러 브루킹스연구소 선임 연구원은 중국 지도부가 전통적인 경기부양 부문에서 실책을 범할 수도 있다고 우려한다. 그는 "지도부가 경제 개혁에 박차를 가하지 않으면 전통적인 방법으로 돌아가야 할 것"이라고 덧붙였다.

4반세기 동안 빈틈없고 기민하게 경제를 운용한 중국 지도자들은 신뢰를 받을 만한 자격이 있지만, 이제 그 신뢰가 위태로워 보인다.

출처: Andrew Browne, 월스트리트저널, 2015.8.19

Chapter 09

국민소득의 측정과 순환적 흐름

1. 국민소득은 무엇이며 어떻게 측정하는가?
2. 국민소득의 순환은 어떻게 이루어지고 있는가?
3. 국민소득 수준은 어떻게 결정되는가?
4. 국민소득 통계는 어떻게 이용할 수 있을까?
5. 국민소득 통계의 이용상의 유의점은 무엇인가?

개관

지금까지는 개별 경제주체와 개별 시장을 연구대상으로 하는 미시경제학적 사고방식을 중심으로 학습하였다. 이제부터는 한 나라 전체 경제를 연구대상으로 하는 거시경제학적 사고방식을 중심으로 학습하고자 한다. 경제적인 현상을 거시적인 눈으로 보는 일은 아주 중요하다. 그 이유는 모든 국민경제가 상호적으로 관계를 가지고 순환적으로 일어나기 때문이다. 그리고 이러한 전반적인 경제동향은 우리 모두에게 큰 영향을 미치기 때문에 언론매체를 통해 널리 보도된다. 이러한 경제동향을 나타내는 경제지표에는 경제구성원들의 총소득(GDP), 물가상승률(인플레이션율), 경제활동인구 중 직장이 없는 사람들의 비율(실업률), 총판매액(소매거래액), 그리고 다른 나라들과의 무역수지불균형(무역수지적자) 등이 있다. 이러한 거시적 경제지표 등을 활용하여 경제의 형태를 수량화하고, 이를 이해할 수 있는 능력을 기르는 일은 매우 중요한 작업이다.

우리는 제9장에서 국민소득의 의미는 무엇이며, 또 여러 가지 측정방법, 국민소득의 순환적 흐름, 그리고 국민소득통계의 이용 방안과 국민소득통계의 이용상의 유의점에 대해 살펴본다. 또한 지식 정보화 시대를 맞이하여 지금 폭발적으로 팽창하고 있는 인터넷 경제는 국민 소득계정의 어느 항목에 들어가야 하는지에 대해서도 의문을 가져보자.

내용표준과 기준

제9장에서 다룰 주요 내용은 미국 경제교육협의회(NCEE)가 제시한 〈내용표준과 기준 18〉에 해당하는 내용으로, “국민소득이 무엇이며, 어떻게 순환하며, 어떻게 결정되는가”에 대한 기본적인 원리를 주로 다루고 있다. 이러한 내용표준을 충족시키기 위한 기준으로는 GDP, 경제순환, 명목 GDP 대 실질 GDP, 잠재적 GDP, 1인당 GDP 등을 포함하고 있다.

1. 국민소득은 무엇이며 어떻게 측정하는가?

1.1 국민소득의 정의

우리는 한 나라의 경제력이나 그 국민들의 생활수준 등을 파악하기 위하여 여러 가지 경제지표를 이용하고 있다. 예를 들면 국제수지, 외환보유액, 재정규모라든가 철강 생산량 등을 통하여 한 나라의 경제수준이 과거에 비하여 얼마나 발전되어 왔는가 또는 다른 나라와 비교할 때 어느 정도 수준인가를 비교할 수 있다. 그러나 이러한 지표들은 국민경제의 한 단면만을 보여줄 뿐 종합적인 경제수준의 측정지표로는 적합하지가 않다. 즉 대만의 국제수지가 흑자라고 해서 국제수지가 적자인 미국보다 경제수준이 높다고 볼 수 없으며, 우리나라의 철강 생산량이 많다고 해서 철강 생산량이 작은 영국보다 경제수준이 높다고 보기도 어렵다.

이에 비해 국민소득은 한 나라의 경제력이나 그 국민의 생활수준 등을 종합적으로 파악하기 위해서 활용되는 대표적인 경제지표이다. 국민소득은 한 나라 안에 있는 가계, 기업, 정부 등 모든 경제주체가 일정기간에 새로이 생산한 재화와 서비스의 가치를 시장가격으로 평가하여 합산해서 산출한 것이다. 국민소득의 구성개념을 좀 더 자세하게 살펴보자.

1.1.1 재화와 서비스란?

재화와 서비스란 사람이 살아가는데 필요한 의식주 등의 생존적 욕망과 정신적, 문화적 욕망을 충족시키기 위하여 생산되는 것으로 재화는 쌀, 의복, 자동차, 건물처럼 물질적 형태를 가진 것을 말하며, 서비스는 통상 용역이라고도 하는데 의료, 교육, 문화활동 등과 같이 눈에 보이지 않는 사람의 노력을 의미한다.

1.1.2 일정기간이란?

일정기간이란 통상 1년을 말하며 일정 시점과는 다르다. 이것은 국민소득이 저량stock변수가 아니라 유량flow변수라는 의미이다. 예를 들어 재산이 1,000만원인 한 근로자가 2006년 1년 동안에 700만원을 벌어 600만원을 소비하고 100만원을 저축하였다면, 이 근로자의 2006년 중(일정기간) 소득은 700만원이고 2006년 말 현재(일정시점) 재산은 본래의 재산 1,000만원에 저축액 100만원을 더한 1,100만원이 된다.

1.1.3 새로 생산된 재화와 서비스의 의미는?

새로 생산된 가치는 공장에서 만든 물건의 판매수입과는 차이가 있다. 공장에서 물건을 만들기 위해서는 원재료가 있어야 할 것이다. 그런데 원재료는 이미 다른 데서 생산해 낸 것으로서 이 공장에서 만들어낸 새로운 가치는 아니므로 물건의 값에서 원재료 투입비용을 뺀 나머지만이 이 공장에서 새로 생산된 가치라 볼 수 있다. 이 때 물건의 판매수입을 산출액이라 하고 원재료비를 중간투입액이라 하며 새로 생산된 가치를 부가가치라고 한다. 국민소득 지표에서의 생산액이란 이와 같이 산출액에서 중간투입액을 공제한 부가가치를 뜻하게 된다. 만약 자동차 공장에서 500만원짜리 승용차 1대를 만드는데 원재료비가 300만원 들었다고 하면 이 공장의 대당 산출액은 500만원, 중간투입액은 300만원, 그리고 부가가치는 산출액(500만원)에서 중간투입액(300만원)을 뺀 나머지 200만원이 된다.

1.1.4 최종생산물의 가격과 부가가치의 관계는?

최종생산물의 가격은 생산단계별 부가가치를 모두 더한 값과 같다. 식빵을 예를 들어 생산단계별로 부가가치가 발생하는 과정을 살펴보자. 농부가 비료 등 다른 원료를 전혀 사용하지 않고 자신의 노동력으로 밀을 생산하여 5만원에 팔았다면 이 때의 부가가치는 5만원이 된다. 제분업자가 농부로부터 이 밀을 사서 밀가루를 만들어 7만원에 판매하였다면 제분업자가 새로 부가시킨 가치는 판매수입 7만원에서 농부로부터 구입한 밀가격 5만원을 뺀 2만원이 된다. 마찬가지로 제빵업자가 이 밀가루로 식빵을 만들어 10만원에 팔았다면 새로 추가된 가치는 3만원이 된다. 여기서 농부(밀), 제분업자(밀가루), 제빵업자(식빵)가 각기 생산과정에서 부가시킨 가치 5만원, 2만원, 3만원을 모두 더하면 10만원이 되는데, 이것은 최종생산물인 식빵의 가격과 같다.

1.1.5 시장가격으로 평가한다는 의미는?

국민소득은 시장가격으로 평가하므로 원칙적으로 '판매를 목적으로 생산'되어 시장에서 거래되는 재화와 서비스만이 포함된다. 그런데 유용한 재화와 서비스 중에는 시장에서 거래되지 않고 따라서 시장가격이 없는 것들도 많이 있다. 따라서 이러한 재화와 서비스를 국민소득에 포함시킬 경우에는 그 재화와 서비스의 귀속가치imputed value를 고려하여 포함시킨다.

1.2 국민소득의 측정

기업의 재무제표가 일정한 기준에 의하여 작성되어야 일반 국민들이 여러 기업들의 재무상태를 비교해 가면서 이용할 수 있는 것과 마찬가지로 국민소득통계도 국제적으로 통일된 기준에 의하여 작성될 필요가 있다. 현재 한국은행이 작성하고 있는 우리나라의 국민소득통계는 유엔에서 마련한 '개정된 국민계정체계System of National Accounts(1993)'라는 국제적 기준에 따르고 있다. 국민소득통계에서는 국민경제규모를 여러 가지 개념으로 측정하는데 그 크기와 의미가 다르다.

[그림 9-1]은 주요국민소득지표의 포괄범위를 비교하고 있다.[1] 그림을 통하여 각각의 소득지표들의 크기를 볼 수 있다. 총산출에서 중간투입액을 제외한 부분이 국내총생산GDP이 되며, 이는 GDP가 부가가치의 합으로 이루어진다는 것을 보여주고 있다. 이제 각각의 소득지표들이 의미하는 바를 자세히 살펴보자.

그림 9-1 주요 국민 소득지표(2014년 당해년 기준) (단위: 조원)

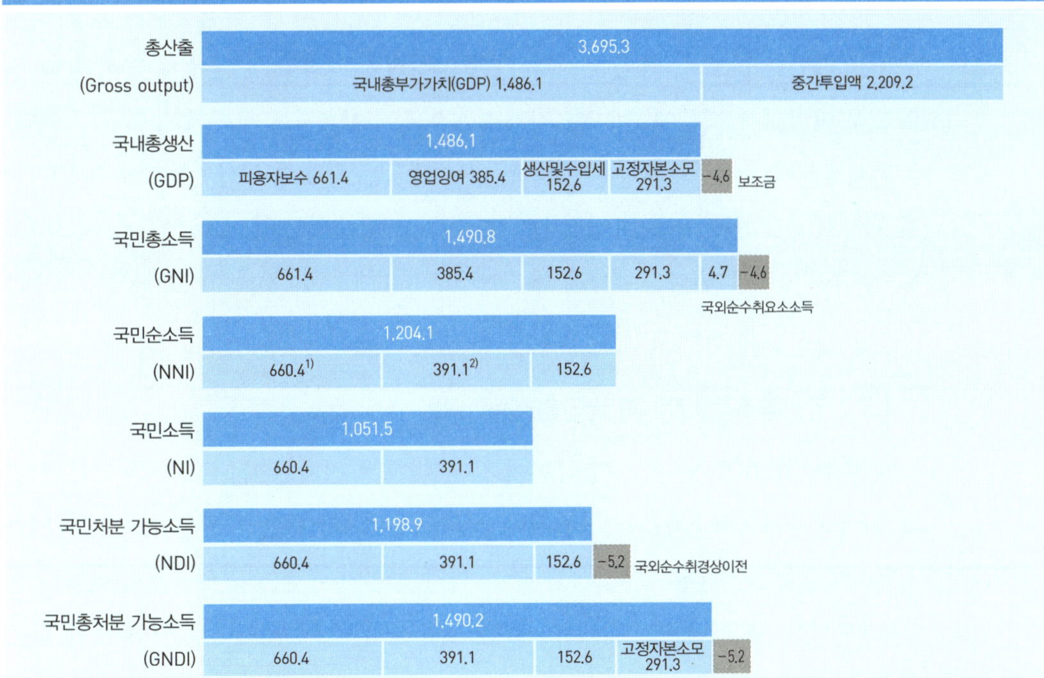

주: 1) 국외순수취 피용자보수 포함, 2) 국외순수취 기업 및 재산소득 포함

1 한국은행, 보도·공표자료(2016).

1.2.1 국민총생산(GNP)과 국내총생산(GDP)

국민총생산GNP은 한 나라 '국민'이 영토에 관계없이 국내에서는 물론 외국에서 새로 생산한 재화와 서비스의 가치를 합산한 것을 말하며, 국내총생산GDP은 한 나라 국민과 외국인이 국적에 상관없이 '국내'에서 만들어낸 부가가치를 합산한 것을 말한다. 따라서 국내총생산 중에는 국내에서 일시적으로 활동하는 외국인에게 준 임금, 외국으로부터 빌려온 부채에 대한 이자 등 해외로 지급한 소득이 포함되어 있다.

그러므로 국민총생산은 국내총생산에서 외국에 지급한 소득을 빼고 그 나라 국민이 해외로부터 받은 임금, 이자 등 소득을 더해야 한다. 이와 같은 구분이 필요한 것은 한 나라 국민이 외국에 나가 생산 활동에 참여하기도 하고 외국의 자본이 들어와 국내의 생산 활동에 쓰이기도 하기 때문이다. 이와 같이 GNI와 GDP는 본질적으로 거의 유사한 개념이지만, GNI는 소득지표로서의 개념이, GDP는 생산활동지표로서의 개념이 크다고 할 수 있다.

GNP가 국민을 기준으로 한 통계인 반면, GDP는 영토와 국경을 기준으로 경제활동을 파악한 것으로, 국가 간 교류가 활발해짐에 따라 GDP가 경제 활동을 더 정확하게 반영하기 때문에 GDP를 경제활동지표로 이용하는 국가가 늘어나고 있다. 국민계정체계System of National Accounts(1993)에서는 국내의 생산활동지표로서 GDP를 이용하고, 소득지표로서 실질 GNP 대신 국민총소득GNI을 이용하도록 권고하고 있다. 우리나라도 한국은행을 통해 GNP로 발표해 오던 것을 1994년부터 GDP로 기준을 바꾸어 통계를 발표하고 있다.

1.2.2 국민총소득(GNI) 대 국민순소득(NNI)

국민총소득GNI은 한 국가의 국민이 생산 활동에 참가한 대가로 받은 소득의 합계로 국외수취요소소득은 포함되지만, 국외지급요소소득은 제외된다. 명목국민총소득GNI은 명목 GNP와 같다. 예를 들어 어떤 농민이 금년에도 작년과 동일하게 쌀 100가마니를 생산했는데, 쌀 값이 같다면 소득이 같다. 총생산과 총소득이 같은 것이다. 즉 GNP=GNI이다. 그러나 비료값과 농약값이 작년에 비하여 크게 상승하였다면 실질소득실질 GNI은 크게 감소하게 된다. 실질 GNI는 이와 같이 교역조건의 변화를 감안한 것이므로 실질 GNP와 실질 GNI는 다르게 된다.

표 9-1 국내총생산과 국민총소득 추이 (당해년도 가격 기준, 단위: 조원)

	2010	2011	2012	2013	2014
국내총생산(GDP)	1,265.3	1,332.7	1,377.5	1,429.4	1,486.1
국외순수취요소소득	1.3	7.8	14.1	10.2	4.7
국외수취요소소득	27.8	31.9	35.2	34.2	29.3
국외지급요소소득(-)	26.5	24.1	21.1	24.0	24.6
국민총소득(GNI)	1,266.6	1,340.5	1,391.6	1,439.6	1,490.8

출처: 통계청, 통계DB

2014년 중 우리나라의 국내총생산은 1,486조 1천억원이였고, 국외순수취요소소득이 4조 7천억원이었으므로 국민총소득은 1,490조 8천억원이 된다. '국내총생산과 지출계정'으로 명목 GDP(경제규모)와 1인당 GNI 등을 구할 수 있는데, 이 지표는 국가 경제력과 국민 생활수준을 파악하는 데 이용되며, 통상 미달러화로 환산되어 국제비교에 활용되기도 한다.[2]

2014년 우리나라의 국내총생산에 포함된 국외지급요소소득은 24.6조원이고, 국외수취요소소득은 29.3조원이므로 국외순수취요소소득은 4.7조원이 된다. 〈표 9-1〉에 우리나라 국내총생산과 국민총소득의 추이를 나타내었다.

생산을 하면 생산에 사용된 기계설비 같은 자본이 닳아 없어지게 되는데 한 해 동안에 만들어진 부가가치 중 자본이 닳은 만큼을 '고정자본소모'라 한다. 그런데 국민경제가 앞으로도 같은 수준의 생산 활동을 계속하기 위해서는 생산과정에서 소모된 기계 설비를 원래 상태로 유지하여야 하므로 매년 고정자본소모만큼은 그 해의 부가가치 중에서 보충해 주어야 한다. 국민총소득은 기계가치가 닳아 없어진 부분을 계산에 넣지 않고 부가가치를 계산한 것이다. 이에 비하여 국민순소득NNI은 그 해의 부가가치 중에서 기계가치가 닳아 없어진 부분을 보충하기 위하여 차감하고 난 뒤의 부가가치를 말하며 국민총소득에서 고정자본소모를 뺀 것과 같다. 〈표 9-2〉는 우리나라 국민총소득과 국민순소득의 추이를 보여 주고 있다. 2014년 중 우리나라의 국민총소득은 1,490조 8천억원이었는데 고정자본소모가 279조 1천억원이었으므로 국민순소득은 1,160조 5천억이 되었다.

---

2 한국은행(2015), p.207.

표 9-2 국민총소득과 국민순소득 추이 (당해년도 가격 기준, 단위: 조원)

	2010	2011	2012	2013	2014
국민총소득(GNI)	1,266.6	1,340.5	1,391.6	1,439.6	1,490.8
고정자본소모(−)	232.1	252.4	267.4	279.1	291.3
국민순소득(NNI)	1,034.5	1,088.1	1,124.2	1,160.5	1,199.5

출처: 통계청, 통계DB

1.2.3 시장가격 국민소득(NNI)과 좁은 의미의 국민소득(NI)

최종생산물은 시장에 나오기까지 여러 단계에서 정부에 의해 간접세가 부과되기 때문에 생산물의 시장가격은 오르기도 하고, 생산비의 일부를 보조금으로 지원한 경우에는 생산물의 시장가격이 낮아지기도 한다. 즉, 시장가격으로 평가한 국민소득national income at market prices은 한편으로는 간접세만큼 커지고 다른 한편으로는 보조금만큼 작아지게 된다. 따라서 생산 활동에 참여하고 받은 순수한 국민소득을 알아보기 위해서는 시장가격에 의한 국민소득에서 국민이 정부에 낸 간접세를 빼고 정부로부터 받은 보조금을 더해야 하는데 이렇게 계산한 국민소득을 요소비용에 의한 국민소득NI이라 한다. 이는 결국 노동의 대가인 피용자 보수와 기타 생산요소의 대가인 영업잉여로 구성되어 있으며 좁은 의미의 국민소득이라고도 한다. 2014년 중 우리나라의 시장가격에 의한 국민소득, 즉 국민순소득NNI은 약 1,199조 4천 5백억원이었는데 순간접세가 약 147조 9천 2백억원이었으므로 요소비용에 의한 국민소득, 즉 좁은 의미의 국민소득은 1,051조 5천 3백억원이 되었다.

1.2.4 국민처분가능소득(NDI) 대 국민총처분가능소득(GNDI)

국민처분가능소득NDI은 특정 경제적 영역(주로 한 국가) 내의 거주자(주로 자국민)가 소비 또는 저축으로 자유롭게 처분 가능한 소득으로서 거주자와 비거주자 간의 소득이전이 반영된 것을 말한다. 국민처분가능소득은 시장가격 국민소득인 국민순소득NNI에 해외교포 송금처럼 생산활동과는 관계 없이 특정 경제적 영역 외부로부터 수취한 소득(국외수취경상이전)을 더하고 대외 무상원조와 같이 해당 경제적 영역의 외부로 지급하는 소득(국외지급경상이전)을 차감하여 계산한다.

국민처분가능소득에 고정자본소모를 더한 것을 국민총처분가능소득GNDI이라고 하는데 이는 저축률과 투자율, 평균소비성향, 한계소비성향 등을 작성하는데 이용된다. 국민총처분가능소득의 구성비는 피용자보수, 영업잉여, 순생산 및 수입세, 국외순수취경상이전, 고정자본소모의 국민총처분가능소득에 대한 구성비율을 의미한다. 2014년도 국민처분가능소득은 1,198조 9천억원이었으며, 고정자본소모액이 291조 3천억원이 되어 국민총처분가능소득은 1,490조 2천억원이 되었다.

1.2.5 명목국민소득 대 실질국민소득

명목국민소득은 그해의 생산물에 당해연도가격을 곱하여 산출하기 때문에 생산물의 수량과 가격 변동이 혼합되어 나타난다. 따라서 특정기준시점의 가격을 매년 똑같이 곱하여 물가변동에 의한 효과를 제거하고 생산물 수량의 변동에 의한 효과만을 보고자 할 때는 실질국민소득을 사용한다. 우리나라의 2014년 명목GDP는 1,486조 1천억원이지만, 실질GDP는 1,426조 9천 7백억원으로 조사되었다. 명목GDP와 실질 GDP의 차이는 국민경제 전체의 물가수준으로 설명된다. 이때의 물가수준을 GDP 디플레이터라고 하는데 명목 GDP를 실질 GDP로 나눈 값으로 기준년도에는 명목 GDP와 실질 GDP가 같기 때문에 GDP디플레이터지수는 100이 된다. 통상 기준년도는 2000년, 2005년, 2010년 등 매 5년을 기준으로 바뀌게 된다.

2. 국민소득의 순환은 어떻게 이루어지고 있는가?

본 절에서는 경제의 'X -레이 사진'이라고 할 수 있는 경제순환모형을 통하여 가계, 기업, 정부 등 경제활동주체가 서로 어떤 관계하에서 경제활동을 하고 또한 외국과의 경제관계는 어떠한가를 설명하고자 한다. 그리고 경제순환모형을 통해 한국경제가 실제로 어떻게 순환되고 있는가에 대해서도 알아보자.

2.1 단순한 경제순환모형

어느 한 사회의 경제활동이란, 그 사회에 부존되어 있는 자원(노동·토지·자본)을 활용하여 재화나 서비스를 생산해 내고 또한 그러한 생산활동을 계속적으로 유

그림 9-2 단순한 경제순환모형

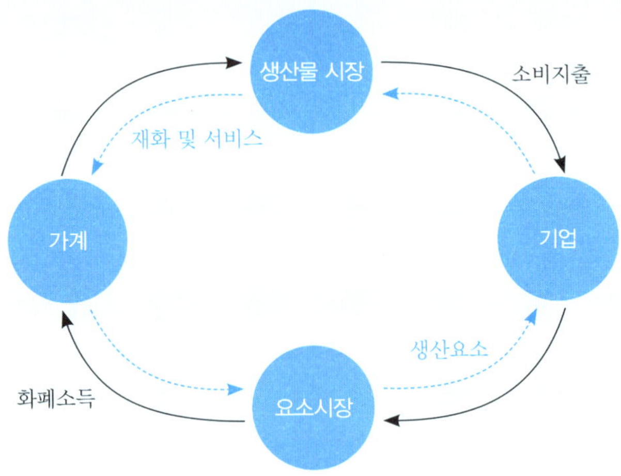

지하는 것을 말한다. 이러한 경제활동이 어떻게 원활하게 이루어지는가 하는 경제순환구조를 이해하는 데 있어 가장 유용한 도구가 바로 경제순환모형이다. 이런 경제순환모형을 이용하여 우리는 소득이나 소비지출의 흐름이 일정할 때 그것이 경제순환모형의 어느 곳을 통과하든지 그 크기가 동일하다는 사실을 알 수 있다. 먼저 정부부문도 없고 해외부문도 없는 가계와 기업만이 존재하는 가장 단순한 경제를 생각해 보자. [그림 9-2]는 이를 잘 보여주고 있다.

가계는 기업으로부터 재화나 서비스를 구입하며, 기업은 재화나 서비스의 판매대금으로 받은 돈으로 근로자들에게 임금을, 토지소유자들에게 지대를, 그리고 주주들에게 이윤을 지급한다. 이와 같이 국민소득GDP은 각 가계가 재화와 서비스 시장에서 지출한 금액을 합한 것과 같다. 즉 국민소득GDP은 또한 기업이 생산요소시장에서 지급하는 임금, 지대, 그리고 이윤의 합과 같다.

경제순환모형에서 기업이 생산한 재화와 서비스의 판매 가치를 국민생산national product이라고 하며, 기업이 요소구입의 대가로 지급하는 보수, 즉 임금, 이자, 지대, 이윤 등을 집계한 것을 국민소득national income이라 부른다. 그런데 국민생산과 국민소득은 항상 일치하게 되어 있다. 뿐만 아니라 경제순환모형은 가계부문과 기업부문에 있는 수많은 경제주체가 서로 영향을 주고받는 관계에 있다는 사실을 말해주고 있다.

2.2 확대된 경제순환모형

물론 현실 경제는 [그림 9-2]보다는 훨씬 복잡하다. 기업부문은 생산물을 국내뿐만 아니라 미국, 일본, 중남미 등 해외에 판매하고 있으며, 가계나 기업도 생산에 있어서 수입품을 사용하고 있으므로 해외경제와 매우 밀접한 관계를 맺고 있다. 또한 각 경제주체들은 소득의 전부를 소비하는 것이 아니라 집을 장만하거나 노후생활에 대비하기 위해 소득의 일부를 은행, 보험회사 등 각종 금융기관에 저축한다. 그러므로 현실적인 분석을 위해서 가계와 기업은 물론 금융시장, 정부부문 및 해외시장을 포함하는 확대된 경제순환모형 [그림 9-3]과 같이 나타낼 수 있다.

그림 9-3 확대된 경제순환모형

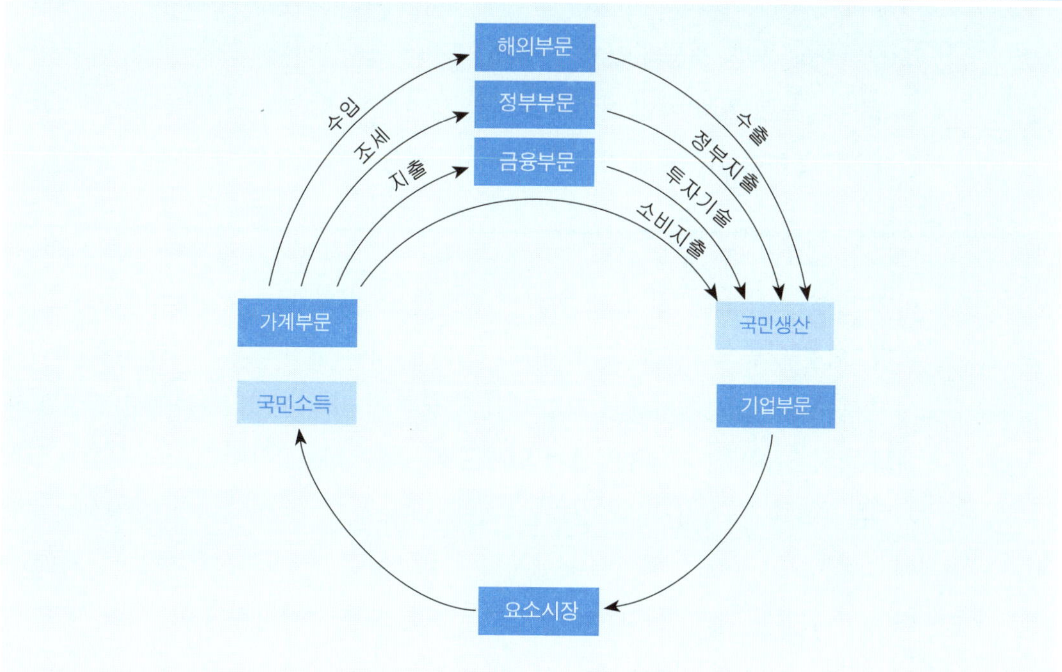

2.3 경제순환모형으로 본 한국의 경제활동

경제순환모형은 한 국민경제 내에서 가계, 기업, 정부 및 해외부문이 밀접한 연관관계를 갖는 가운데 지출 → 생산 → 분배 → 지출의 순환이 계속된다는 것을 보여준다. 우리는 이를 통해 국민경제의 흐름이 어떤 부문에서 어떤 속도로 움직이고 있는가를 대략적으로 파악할 수 있다.

먼저 기업이 노동, 자본, 토지, 경영 등의 생산요소를 투입하여 생산 활동을 수행한 결과로 부가가치, 즉 생산국민소득이 발생하면, 여기에서 생산에 참여한 근로자는 임금, 돈을 빌려준 사람은 이자, 토지를 빌려준 사람은 지대를 받게 된다. 그리고 이들 소득을 공제한 나머지가 이윤으로서 기업가에게 돌아가게 되는데, 이와 같은 소득을 모두 합하여 분배국민소득이라 한다. 따라서 생산국민소득과 분배국민소득은 같아진다. 또 분배된 소득은 개인이 물건을 구입하는 데 사용소비하거나 기업이 차기의 생산을 위해서 공장을 짓거나 기계를 사들이는 데 지출(투자)함으로써 최종생산물에 대한 수요가 나타나며 이를 지출국민소득이라 한다. 이와 같이 국민소득은 만들어서(생산) 나누어 갖고(분배) 쓰는(지출) 양이 모두 같게 되며 이를 가리켜 "국민소득 3면 등가의 원칙"이라 한다. 각각의 측면을 좀 더 구체적으로 살펴보자. 물론 생산과 분배, 그리고 지출이 동시에 이루어지는 것이 아니라 시차 등의 문제로 인해 어느 정도의 오차가 생기게 마련이다. 이런 시차와 부정확을 통계오차로 처리한다면 세 가지 측면에서 측정한 국민소득은 같게 될 것이다.

2.3.1 지출 측면에서 본 경제활동

이 방법은 최종소비자가 재화 및 서비스에 대해 얼마를 지불하느냐를 보는 것이다. 이는 국민소득은 받을 경제주체가 이를 어디에 지출(처분)하느냐를 포착하여 측정하는 국민소득이다. [그림 9-3]의 오른쪽 위에는 기업부문에서 생산된 재화와 서비스들이 각 경제주체들에 의해 구매(수요)되는 상황이 표시되어 있다. 즉, 가계부문에 의해 소비지출(C), 기업부문에 의한 투자지출(I; 총고정자본형성), 정부에 의한 정부지출(G), 해외 부문에서의 지출인 순수출(NX=수출-수입) 등의 흐름이 나타나 있다. 그런데 GDP에 포함되는 모든 재화와 서비스는 어느 누군가에 의해서 구입되어지기 마련이므로 이들의 흐름을 합계해 보면 GDP를 계산할 수 있다. 이와 같이 GDP를 지출측면에서 파악하는 것을 지출국민소득이라 한다.

〈표 9-3〉은 한국경제의 지출국민소득을 나타내고 있다. 지출 측면에서 GDP의 구성을 보면, 한국경제가 한 해 동안 무엇을, 얼마만큼 생산하였는가를 알 수 있는 동시에 무엇을 생산할 것인가에 관한 의사결정이 주로 누구에 의해서 이루어지는가에 대해 알 수 있다. 2014년의 경우 GDP 중에서 가계부문에 의한 소비지출이

표 9-3 한국의 지출 국민소득 (당해년도 가격 기준, 단위: 조원)

	2010	2011	2012	2013	2014	
민간최종소비지출	636.7	679.1	707.6	727.8	748.2	50.3%
정부최종소비지출	183.1	194.4	204.3	214.5	224.7	15.1%
총고정자본형성	385.9	403.0	407.3	418.3	433.3	29.2%
재고증감 및 귀중품 순취득	19.3	36.2	19.7	−2.3	1.8	0.1%
재화와 서비스의 수출	625.3	742.9	776.1	770.1	747.1	50.3%
(공제)재화와 서비스의 수입	585.0	723.0	737.6	698.9	669.1	45.0%
통계상 불일치	0.0	0.0	0.0	0.0	0.0	0.0%
국내총생산에 대한 지출	1,265.3	1,332.7	1,377.5	1,429.4	1,486.1	100%

출처: 통계청, 통계DB

약 50.3%를 차지함으로써 한국경제는 대체로 국내소비자들의 선호에 따라 생산하였다고 볼 수 있다. 투자지출도 약 29.2%를 나타내어 기업의 영향력도 크다는 사실을 간접적으로나마 알 수 있다. 그러나 정부지출의 비중은 15.1% 정도로 낮은 수준에 머물고 있다. 특히 해외구매자들의 선호도 무시할 수 없는 것으로 나타나고 있다. 우리 상품에 대한 해외구매자들의 구입액, 즉 수출의 비중이 약 50.3%로 높다.

2.3.2 생산 측면에서 본 경제활동

또한 GDP는 각 산업의 부가가치를 산출하여 그것들을 집계함으로써 구할 수 있다. 생산국민소득은 일국에서 주어진 기간에 생산한 재화와 서비스의 순생산물의 시장가치를 화폐로 평가하여 합산한 것이다. 생산국민소득에는 모든 재화와 서비스의 생산에서 생긴 소득이 하나도 빠짐없이 전부 포함되어야 하는데 시장에서 거래가 되지 않는 것은 누락되기 쉽다. 가령 농민의 자가농산물은 유통시장에서 나타나지 않으므로 이것은 시장가치로 계산하여 생산국민소득에 포함해야 한다. 그러나 전업주부의 가사노동은 대체로 무보수이고 평가가 곤란하므로 생산국민소득에 넣지 않는 것이 보통이다.

〈표 9-4〉에는 우리나라의 생산국민소득이 요약되어 있다. 우리나라의 2014년 생산국민소득은 지출국민소득과 동일한 금액인 1,486.1조원임을 알 수 있다. 이를 산업별로 보면 농림어업 31.6조원, 광업 및 제조업 411조원, 전기·가스 및 수

표 9-4 한국의 생산국민소득 (당해년도 가격 기준, 단위: 조원)

	2010	2011	2012	2013	2014	
농림어업	28.3	30.5	30.8	30.4	31.6	2.1%
광업	2.2	2.3	2.3	2.5	2.5	0.2%
제조업	351.8	379.5	388.0	403.7	408.5	27.5%
전기·가스 및 수도사업	25.6	24.0	26.2	30.2	37.4	2.5%
건설업	58.6	58.6	60.0	64.3	67.3	4.5%
서비스업	678.6	715.1	744.3	772.2	807.6	54.3%
총부가가치(기초가격)	1,145.1	1,210.0	1,251.5	1,303.2	1,354.9	1.2%
순생산물세	120.2	122.7	126.0	126.2	131.2	8.8%
국내총생산	1,265.3	1,332.7	1,377.5	1,429.4	1,486.1	100%

출처: 통계청, 통계DB

도 사업 37.4조원, 건설업 67.3조원, 그리고 서비스산업에서 807.6조원을 각각 생산한 것으로 나타나고 있다. 이와 같이 생산측면에서의 GDP 구성을 보면, 한국경제가 2014년 한 해 동안 어떻게 생산하였는가를 대략적으로 이해할 수 있다. 서비스산업은 도소매 및 음식숙박업, 운수 및 보관업, 금융 및 보험업, 부동산 및 임대업, 공공행정 및 국방, 교육서비스업, 보건 및 사회서비스업, 문화 및 기타서비스업, 정보통신업, 사업서비스부문을 포함하는데, 2014년 GDP 1,486.1조원 중에서 제3차 산업부문(전기, 가스 및 수도 사업, 건설업, 서비스업)에 의한 생산이 약 61% 이상을 차지함으로써 서비스 산업의 생산기여도가 가장 크다고 할 수 있다. GDP 중 농림업이 차지하는 비중은 2.1%에 불과하다.

2.3.3 분배 측면에서 본 경제활동

기업부문이 가계부문에 지급한 금액, 즉 임금, 이자, 지대, 이윤 등은 국민소득이 되며, 이들을 합계하면 GDP의 크기를 알 수 있다. 이와 같이 생산물의 가치가 분배되는 측면에서 GDP를 파악한 것을 우리는 분배국민소득이라고 부른다. 〈표 9-5〉에는 한국의 분배국민소득이 요약되어 있는데, 이를 통하여 생산물의 가치가 어느 경제주체에게 얼마만큼씩 분배되었는가를 파악할 수 있다. 2014년의 경우, 표에서 보는 바와 같이 피용자보수, 영업잉여, 고정자본소모, 간접세 등을 더한 값에서 정부가 가계에 보조한 금액을 빼 주면 GDP의 값, 즉 1,486.1조원이 나온다.

표 9-5 한국의 분배국민소득 (당해년도 가격 기준, 단위: 조원)

	2010	2011	2012	2013	2014	
피용자보수	536.4	570.4	599.3	629.4	661.4	44.5%
영업잉여	363.0	372.7	369.5	379.1	385.4	25.9%
고정자본소모	232.1	252.4	267.4	279.1	291.3	19.6%
생산및수입세	137.5	141.0	145.4	146.1	152.6	10.3%
(공제)보조금	3.6	3.7	4.2	4.2	4.6	0.3%
국내총생산	1,265.3	1,332.7	1,377.5	1,429.4	1,486.1	100%

출처: 통계청, 통계DB

이제 GDP 중에서 고정자본소모와 간접세를 뺀 부분이 어떻게 분배되었는가를 살펴보자. 〈표 9-5〉에서 보는 바와 같이 GDP 1,486.1조원의 44.5%인 661.4조원이 피용자보수라는 항목으로 근로자에게 돌아갔고, 25.9%인 385.4조원이 영업잉여란 항목으로 기업소득으로 분배되었다. 특히 피용자보수와 영업잉여를 합한 값에다가 보조금을 계상한 금액을 국민소득National Income이라고 하는데, 이는 가계 입장에서 받아들인 소득만을 측정해 준다. 2014년 국민소득은 1,042.1조원으로 이 중에서 근로자에게 돌아가는 몫, 즉 피용자 보수가 차지하는 비중은 약 63.5%이다. 이 비율을 노동소득분배율이라고 한다. 이 비율은 각 나라의 산업구조, 소득수준 및 사회제도 등에 따라 나라별로 크게 차이가 있는데, 대체로 제1차 산업의 비중이 낮을수록, 그리고 노동집약적 산업의 비중이 크고, 경제발전 정도가 높은 선진국일수록 높다. 또한 이 비율은 연차적으로 어떻게 변할지 그 추세를 파악해보면, 국민소득 가운데 노동자들이 차지하는 몫이 어떻게 변화하는가를 짐작할 수 있게 해 준다. 선진국의 경우 평균 70% 정도를 기록하고 있어서 우리나라의 경우 이 비율이 상대적으로 낮은 수준에 있다고 하겠다.

3. 국민소득 수준은 어떻게 결정되는가?

한 나라의 국민소득이 어떻게 결정되는가를 설명하는 가장 단순한 이론으로는 고전학파 모형과 케인즈 모형이라는 서로 상반되는 이론체계가 있다.

고전학파의 모형에 따르면 한 나라의 국민소득은 경제 내에 존재하는 자본량, 노동의 공급, 생산기술 등 공급 측면만에 의해 결정된다는 것이다. 그래서 공급측 이론이라고도 불린다. 이런 이론의 밑바닥에는 상품은 만드는 대로 팔린다는 생각이 깔려 있다. 이런 경제에서는 생산에 투입되지 않는 생산요소가 존재할 수 없고, 따라서 실업이 있을 수가 없다. 이러한 고전학파의 생각은 자본주의 경제가 18세기 중엽에서 19세기에 걸쳐 순조롭게 성장하던 역사적 배경을 반영하고 있다.

이에 비해 케인즈 모형에 의하면 고전학파와는 반대로 공급이 아니라 수요를 강조하여 수요가 생산을 결정한다고 주장하고 있다. 그래서 수요측 이론 또는 유효수요이론이라고도 불린다. 이런 케인즈 이론은 1929년 세계대공황이 발생하여 장기에 걸친 대량실업이 존재하게 되었던 역사적 배경을 반영하고 있다. 오늘날 우리들이 배우고 있는 국민소득이론은 바로 케인즈의 이론을 기본으로 삼고 있기 때문에 본 절에서는 케인즈의 유효수요이론을 중심으로 설명하고자 한다.

3.1 총수요의 구성요인

생산설비가 남아돌아가고 생산물의 공급이 쉽게 이루어질 수 있는 경제에서는 생산량이 사회의 총수요에 의해 결정될 것이다. 기업은 팔릴 것으로 예상되는 양만큼만 생산할 것이기 때문이다. 노동자의 고용수준도 결국 총수요에 의해 결정될 것이다. 따라서 국민소득의 결정이론에서는 총수요를 구성하는 각각의 항목들이 어떤 원리에 의해 국민소득과 연결되는지를 보는 것이 중요하다. 총수요를 구성하는 것은 소비, 투자, 정부지출, 순수출이므로 이들 항목들이 어떻게 결정되는가를 이해하는 것이 중요하다.

3.1.1 소비

소비consumption는 홍길동 가족이 레스토랑에서 점심을 먹는 것처럼 재화와 서비스에 대한 소비자의 지출을 의미한다. 이러한 가계의 소비수요를 모두 합하면 국민경제 전체의 소비수요를 얻을 수 있다. 가계의 소비수요는 소득의 변동에 따른 사전적인 소비계획을 말하는 것으로서 실제소비와는 구별되어야 한다. 여기서 케인즈는 국민소득과 소비수요 사이에는 소득이 증가함에 따라 소비수요도 증가하는 상당히 안정적인 함수관계가 성립된다고 보고 있다.

3.1.2 투자

투자investment는 장래의 생산을 위하여 기업이 생산시설을 확장하거나 원료나 부품과 같은 중간재를 사두는 것을 말한다. 이러한 기업의 투자수요는 투자하여 벌 수 있을 것이라고 기대되는 수익률, 즉 예상수익률이 투자에 필요한 자금을 빌릴 때의 이자율을 능가할 때 일어나게 되는데, 예상수익률이 높을수록, 이자율이 낮을수록 투자수요는 증가할 것이다. 투자와 관련해서 주의해야 할 점은 예를 들어 다른 사람이 지어 놓은 집을 한 개인이 사게 된다면, 그 개인에게 있어서는 투자라도 국가적으로 보면 단지 이전지출에 불과하기 때문에 투자에 포함되지 않는다는 점이다. 다만 신축주택에 대한 소비지출은 소비가 아닌 투자로 본다.

3.1.3 정부지출

민간이 주체가 되는 소비지출과 투자지출과는 달리 정부지출government expenditure은 정부가 지출의 주체가 된다. 정부지출은 해군이 잠수함을 건조하는 것처럼 중앙정부나 지방정부에 의한 재화와 서비스의 구입을 뜻한다. 그러나 실업급여, 연금, 국채이자 등 생산된 재화와 서비스에 대한 대가로 지불되는 것이 아닌 이전소득transfer payments은 제외된다. 따라서 정부예산과 정부지출은 다르다.

3.1.4 순수출

순수출net exports은 수출에서 수입을 뺀 금액이다. 삼성반도체가 미국에 반도체를 판매하는 것처럼 한 국가의 기업이 외국 소비자들에게 재화를 판매하면 순수출이 증가한다. 순수출에 영향을 미치는 요인은 무엇일까? 가장 중요한 결정요인은 각 나라의 국민소득수준과 국내가격과 외국가격과의 상대가격이다. 다만 분석의 편의를 위하여 순수출은 국내국민소득 수준과 역(−)의 관계에 있다고 가정하고 있다. 따라서 국내의 국민소득의 수준이 증가하면 수출에는 큰 영향이 없지만 수입이 증가하므로 순수출은 감소한다.

3.2 균형국민소득의 결정

한 상품의 수요와 공급이 일치할 때, 그 상품의 균형가격과 균형거래량이 결정되듯이, 균형국민소득도 생산물에 대한 총수요와 총공급이 일치하는 데서 결정된다. 케인즈 이론에서 생산물에 대한 총수요는 소비, 투자, 정부지출, 순수출의 합으로 구성된다. 그런데 분석을 간단히 하기 위하여 투자수요는 I_0, 정부지출은 G_0, 순수출은 $(X-M)_0$로 일정하다고 가정하면, 총수요곡선의 기울기는 소비수요곡선의 기울기에 의해 결정되므로 [그림 9-4]와 같은 총수요곡선을 그릴 수 있다.

다음으로 총공급곡선은 그림에서 어떻게 표현되는가? 총생산은 국민소득과 같고, 또 총생산은 총공급이라고 할 수 있기 때문에, 국민소득의 증가와 동일한 크기로 증가하는 곡선, 즉 45°선이 바로 총공급곡선이 된다. 따라서 균형국민소득은 총수요곡선과 총공급곡선이 만나는 점에서 결정된다. [그림 9-4]에서는 점 A에서 두 곡선이 교차하고 있으며, 이 때 결정되는 균형국민소득은 100이다. 하지만 실질적으로 케인즈 이론에서는 팔리는 만큼 만들어지는 것으로 가정하기 때문에 수요가 국민소득을 결정하게 된다.

그러나 여기에서 주의할 것은 균형국민소득은 현실에서 나타나는 실제국민소득과 같을 수도 있지만 다를 수도 있다는 점이다. 만일 실제국민소득이 균형국민소

그림 9-4 국민소득의 결정

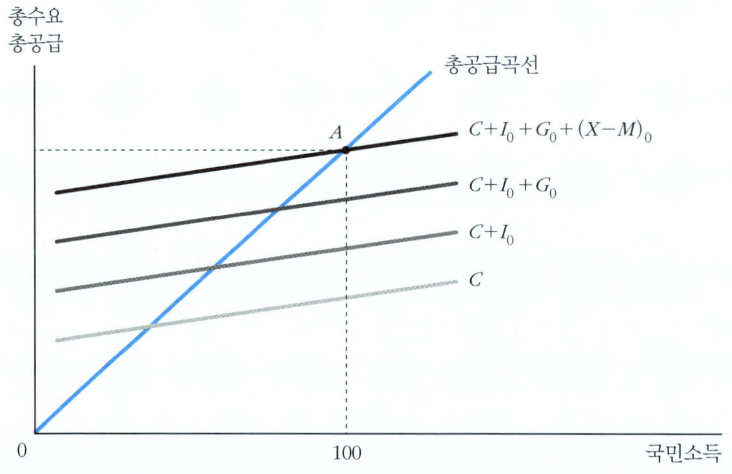

득과 다르면 어떻게 될까? 실제국민소득이 90이라면 총공급이 총수요보다 작아 초과수요가 발생한다. 기업은 생산량을 늘려 더 판매하고자 할 것이다. 이러한 생산의 증가는 실제국민소득이 균형국민소득과 일치할 때가지 계속된다. 반대로 실제국민소득이 균형국민소득보다 클 때는 초과공급이 발생하고, 양자가 일치할 때까지 생산의 감소가 계속된다. 이와 같이 균형국민소득은 실제국민소득이 그것을 향하여 움직이는 목표가 된다.

4. 국민소득 통계는 어떻게 이용할 수 있을까?

우리는 경제전문가들이 우리나라의 경제상황을 이야기하면서 경제성장률, 1인당 GDP, 저축률, 투자율 등의 용어를 자주 사용하는 것을 본다. 이러한 지표의 분석을 통해 경제의 현실을 파악하고 다른 나라와의 비교를 하며 경제정책을 수립하고 평가하게 된다.

4.1 경제성장률

경제성장률이란 실질국내총생산이 전년에 비하여 얼마나 커졌는가를 퍼센트로 나타낸 것이다. 이는 일정기간 동안 한 국가의 경제가 이룩한 성과를 측정하는 중요한 지표로서 다음과 같이 계산된다.

$$\text{GDP성장률}(\%) = \frac{\text{금년도 실질 GDP} - \text{전년도 실질 GDP}}{\text{전년도 실질 GDP}}$$

예를 들어 어떤 나라의 2003년의 실질 국내총생산GDP이 662조 6,000억원이고, 2004년의 실질국내총생산이 669조 2,000억원이라면, 경제성장률은 [(669조 2,000억원−662조 6,000억원)/ 662조 6,000억원]×100=10%가 된다.

우리나라의 경제성장률은 2010년을 기준연도로 하여 1970년대와 1980년대에는 연평균 10.5%, 1980년대에는 8.8%를 기록하였으며, 1990~95년 중에는 8.7%를 나타내었다. 2015년 현재에는 2.6%의 경제성장률을 나타내고 있다. 우리나라의

그림 9-5 우리나라의 경제성장 추이

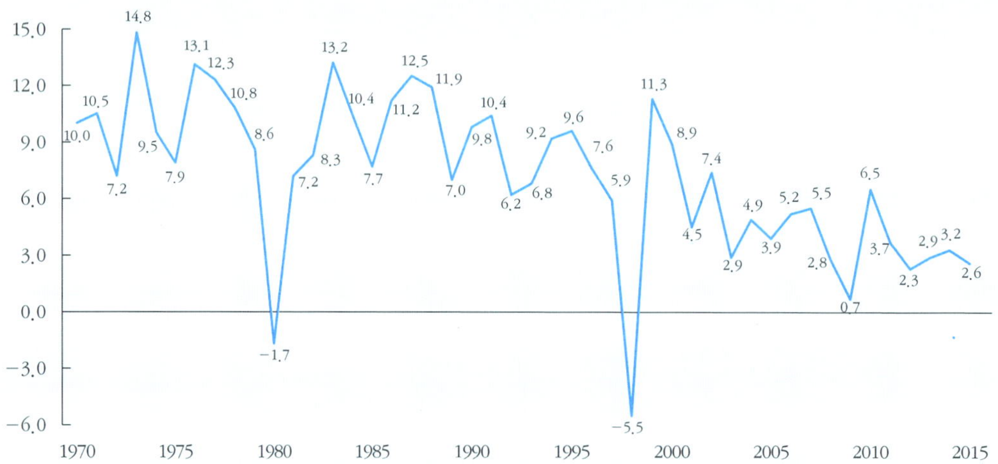

출처: 통계청, 통계DB

경제성장률과 관련하여 특이하게 마이너스 성장률을 기록한 적이 두 번 있는데, 1980년에 −1.7%를 나타내고 있는 것은 1979년 제2차 석유파동 때문이다. 참고로 1973년에는 제1차 석유파동이 있었지만 당시에는 큰 영향을 받지 않았는데, 이는 그 당시 우리나라가 산업화가 덜 되었기 때문이라고 할 수 있다. 그리고 1998년의 경제성장률이 −5.5%로 떨어진 것은 잘 알다시피 1997년 말에 있었던 IMF 외환위기 때문이다. 2009년 글로벌 금융위기의 여파로 0.7%의 낮은 성장률을 나타내기도 했다.

4.2 실질 GNI

UN, IMF, OECD 등 국제기구가 중심이 되어 국민계정체계SNA를 개정하면서 실질국민소득지표를 생산지표인 실질 GDP와 소득지표인 실질 GNI국민총소득로 명확하게 구분하였고, 우리나라도 1999년부터 국민총생산GNP이라는 애매한 소득개념 대신에 국민총소득Gross National Income: GNI이라는 분명한 소득개념을 사용하여 우리의 후생수준을 측정하고 있다.

국민총소득GNI은 무엇인가? 실질국민총소득은 생산 활동을 통하여 획득한 소득의 실질구매력을 나타내어 주는 지표인데 이는 실질국내총소득GDI에 국가 간 생산요소이동에 따른 '실질국외순수취요소소득NFR'을 합한 것이다. 그리고 실질국내총소득은 실질국내총생산GDP에 교역조건 변화를 반영한 '실질무역손익'을 합한 것이다. 그리고 교역조건변화에 따른 실질무역손익이란 총실질무역손익에서 기준년으로부터 교역조건이 변동하지 않았다고 가정하였을 때의 실질무역손익을 차감하여 산출하며 수출입가격의 변화에 따른 실질국민소득의 해외유출 또는 해외로부터의 유입을 나타낸다. 예를 들어 설명해 보면, 지난 해 우리나라가 대당 1만 달러하는 자동차 1만 대를 생산해 해외수출로 1억 달러를 벌어 이 돈으로 대당 10만 달러하는 보트 1,000대를 수입했다고 하자. 그러나 올해 수입 보트 가격이 대당 20만 달러로 배나 올랐다면 우리나라가 지난해와 마찬가지로 자동차 1만 대를 생산·수출한다고 해도 수입할 수 있는 보트 수량은 500대로 줄어든다. 이 경우 GDP는 1억 달러로 지난해와 변함이 없지만 GNI는 절반인 5,000만 달러로 대폭 감소한다. 이와 같이 실질GNI는 교역조건변화와 동일한 방향으로 변동된다.

4.3 1인당 GNI

나라와 나라 사이의 경제력을 비교해 보기 위해서는 그 나라 국민 전체가 벌어들인 명목국민총생산을 비교해 보는 것이 좋다. 그러나 국민의 생활수준을 알아보기 위해서는 국민 한 사람 소득의 크기를 나타내는 1인당 GNI를 비교해 보는 것이 좋다. 왜냐하면 전체 국민소득이 크더라도 인구가 많으면 한 사람에게 돌아가는 몫은 작아지기 때문이다.

예를 들면 2004년의 경우 우리나라의 GNI는 싱가포르의 6배가 넘지만 인구가 12배나 되기 때문에 1인당 GNI는 싱가포르의 절반도 되지 않는다. 이는 우리나라가 전반적인 경제력에 있어서는 싱가포르보다 우세하다고 볼 수 있으나, 국민들의 생활 수준면에서는 싱가포르가 우리보다 높다는 것을 보여준다. 중국은 경제규모로 보면 세계에서 가장 큰 경제규모를 자랑할지 모르지만 1인당 생산액은 그리 높지 않다는 것을 생각해 볼 수 있을 것이다.

우리나라의 1인당 GNI는 1970년에는 257달러에서 이후 고도 성장기를 맞아 큰 폭으로 늘어나 1980년에는 1,686달러, 1990년에는 6,505달러로 늘어났으며, 1995년에는12,282달러로 GNI가 10,000달러를 넘었으며 1996년 13,077달러, 1997년

그림 9-6 연도별 1인당 GNI 추이 (단위: 달러)

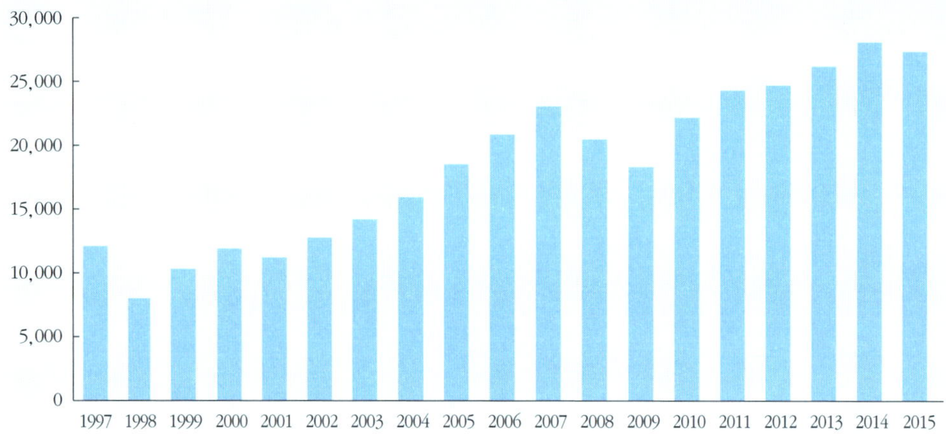

출처: 통계청, 통계DB

12,059달러를 기록하였으나, 경제위기로 인하여 1998년에는 10,000달러 이하로 하락하기도 하였다. 경제위기를 극복하고 경제가 안정화에 들어서면서부터 2001년 이후로 지속적으로 상승하여 2006년에는 20,823달러를 기록하여 국민소득 2만 달러 시대를 맞는다. 글로벌 금융위기로 국민소득도 타격을 받아 2009년 18,302달러를 나타냈으나 극복 과정에 있으며 2015년 현재 1인당 GNI는 27,339달러이다.

4.4 GDP 디플레이터

GDP 디플레이터는 GDP라는 상품의 가격수준을 나타내주는 일종의 물가지수로서 명목국내총생산명목 GDP을 실질국내총생산실질 GDP으로 나눈 값을 말한다. 그런데 GDP 디플레이터는 한 나라 안에서 거래되는 거의 모든 재화와 서비스를 대상으로 하기 때문에 생산자물가지수나 소비자물가지수 등 다른 물가통계에는 잡히지 않는 재화나 서비스를 모두 포괄하는 가장 종합적인 물가지수인 것이다. GDP 디플레이터는 다른 물가지수와 대체로 같은 방향으로 움직이기 마련인데 우리나라의 경우를 보면 석유파동으로 인하여 물가가 큰 폭으로 오른 1974년과 1980년에는 GDP 디플레이터나 생산자물가지수, 소비자물가지수가 모두 크게 오른 반면 1981년 이후는 대체로 안정된 추세에 있다.

4.5 수출입의 대GNI 비율

수출입의 대GNI 비율은 수출입(수출+수입)을 명목국민총소득으로 나누어 퍼센트로 나타낸 것으로서 무역이 어느 정도 중요한가를 알아보기 위해 이용되는 지표이다. 우리나라의 수출입의 대GNI 비율은 1970년대 40%수준이었으나 2004년에는 86% 수준으로 높아져 수출입이 경제에 미치는 영향이 커졌음을 알 수 있다.

4.6 저축률과 투자율

한 나라 국민이 소비나 저축으로 자유롭게 처분할 수 있는 소득을 국민총가처분소득이라 하는데 이는 국민총생산에 교포송금 등 생산활동과 관계없이 외국으로부터 받은 소득을 더하고 해외이주비 등 외국에 지급한 소득을 뺀 것이다. 저축은 국민총가처분소득 중 소비되지 않고 남은 부분을 말하며, 투자란 장래의 생산을 늘리기 위하여 공장이나 기계 등 생산시설 규모를 늘리는 것을 말한다. 한편 투자를 위한 자금은 우선 저축에 의하여 조달된다. 그러나 한 나라 국민이 한 저축은 국내에 투자한 금액보다 많은 경우도 있고 적은 경우도 있다.

저축이 국내투자보다 많은 경우에는 남는 부분을 외국에 빌려주게 되며 반대로

그림 9-7 저축률 및 투자율 추이

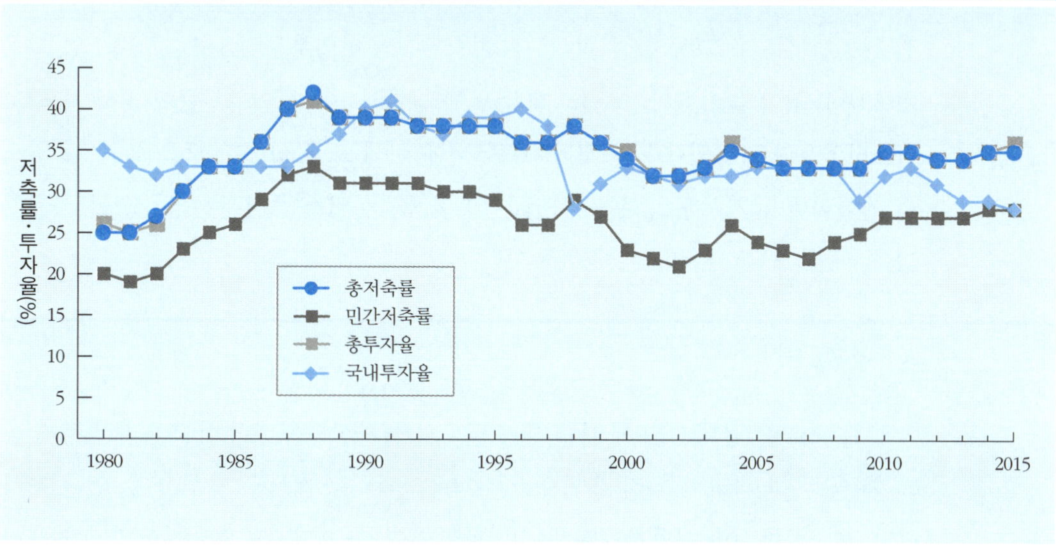

출처: 통계청, 통계DB

저축이 국내투자보다 적은 경우에는 차관과 같은 형태로 외국에서 돈을 빌려와야 한다. 이와 같은 경우 외국에 빌려준 자금은 자기 나라 국민의 저축이 외국에 투자된 부분이므로 대외투자라 한다. 따라서 국내투자와 대외투자를 합하면 저축과 일치하게 된다. 또 저축과 투자를 국민총가처분소득으로 나누어 퍼센트로 나타낸 것을 각각 저축률, 투자율이라고 한다.

[그림 9-7]은 우리나라의 저축률과 투자율의 추이를 보여주고 있다. 경제성장에 필요한 투자는 국내저축과 해외차입으로 이루어지며, 남은 저축은 해외로 투자된다고 볼 수 있다. 우리나라의 경우 1997년의 국내투자율은 약 38%였으나, 저축률은 이보다 낮은 36%로 모자라는 부분을 해외로부터 돈을 빌려와 메움으로써 대외투자율이 -2%를 기록하였다. 다만 1980년대 중반 이후 민간소비의 증가로 인해 해마다 저축률이 점점 낮아지고 있는 추세인 것은 아쉬운 점이라고 할 수 있다.

4.7 산업구조

산업구조란 농림어업, 광공업, 서비스업 등 경제 각 부문이 만들어낸 부가가치가 국내총생산에서 각각 어느 정도의 비중을 차지하고 있는가를 말한다. 우리나라의 산업구조를 보면 1970년에는 국내총생산 중 농림어업부문이 27%, 광공업부문이 23%, 건설 및 전기, 가스, 수도 사업부문이 7%, 서비스업 부문이 44%를 각각 차지하였으나, 1995년에는 농림어업부문의 경우 7%로 그 비중이 크게 감소한 반면 광공업부문이 27%, 건설 및 전기, 가스, 수도 사업부문이 16%, 서비스업 부문이 50%로 각각 높아졌다. 그리고 2005년에 들어서는 농림어업부문이 3.3%로 더욱 감소하였으나 광공업부문은 28.8%로 95년에 비해 조금 상승한 모습을 볼 수 있으며 건설이나 전기, 가스, 수도 사업은 약 9.2%, 서비스업 부문은 56.3%를 차지하였다.

4.8 잠재 GNP

잠재 GNP란 실제 GNP에 대응하는 말로서 물가상승을 유발하지 않으면서 노동과 자본 등 한 나라가 가진 생산요소를 사용하여 지속적으로 달성할 수 있는 최대 GNP를 말한다. 이를 '완전고용 GNP' 혹은 '자연 GNP'라고도 한다. 실제 GNP에서 잠재 GNP를 뺀 차이를 GNP 갭이라고 하는데 이 차이가 음(−)이면 한 경제가 최대한 생산할 수 있는 수준에 아직 도달하지 못하고 있으므로 물가상승압력을 유발하지 않으면서 생산을 증대시켜 실업률을 낮출 수 있다. 그러나 반대로 GNP 갭이 양(+)이면 실제 GNP가 잠재 GNP를 초과했다는 것으로 생산능력 이상으로 경기가 지나치게 과열되어 있어 물가상승의 위험이 있음을 나타낸다. 이와 같은 잠재 GNP는 단기적으로 달성되어야 할 최적의 GNP를 의미한다기보다는 실제 GNP 수준이 적정한가를 판단하는 지표로서의 의미가 크다고 할 수 있다. 우리나라의 경우 잠재 GNP를 공식적으로 추계하지 않고 있으나 한국은행과 학계 등 일부에서 연구목적으로 잠재 GNP를 추정하여 발표하고 있다.

5. 국민소득 통계의 이용상의 유의점은 무엇인가?

5.1 GDP 개념의 한계와 경제후생지표

GDP는 한 국가의 경제활동의 수준뿐만 아니라 국민생활의 질이나 국민후생수준을 나타내는 지표로도 널리 사용되고 있다. 일반적으로 GDP가 크면 클수록, 성장하는 속도가 빠르면 빠를수록 그 나라의 경제수준이 더 좋은 것으로 인식되고 있다. 그러나 매일 시장에서 거래되고 있는 무수한 제품이나 서비스를 생각해 보면 GDP와 그 구성요소들을 정확하게 추정한다는 것이 얼마나 어려운 일인가를 짐작할 수 있다.

통계자료가 비교적 정비되어 있고, 통계기법이 발달되어 있는 미국과 같은 선진국에서도 GDP의 각 구성요소를 추계할 수 있는 자료의 원천은 비교적 제한되어 있다. 그런데 그 자료들의 규모는 너무나 방대하여 통계와 기록이 질, 양 면에서 부정확하고 부족한 후진국에서는 만족할 만한 통계숫자를 기대한다는 것은 무리이다. 따라서 GDP는 한 나라의 경제활동규모를 측정하는 지표로서 상당히 유용하기는 하지만, 국민의 후생이라는 관점에서 볼 때는 다음과 같은 문제점과 한계성을 가진다.

5.1.1 추정되는 경제활동

각종 총생산소득지표와 실제 측정에 있어서 모든 생산, 분배, 지출과정을 직접 확인, 추적하기에는 너무나 방대한 인원과 비용이 들기 때문에 대부분 표본추출에 의한 추측통계방법에 의해 추계되기 때문에 만족할 만한 정확한 수치를 얻기가 어렵다.

5.1.2 누락되는 경제활동

GDP를 추정할 때 통계상 계산되지 않는 경제활동도 적지 않다. 첫째, 가정주부가 가족을 위하여 제공하는 식사, 세탁, 청소 등과 같은 가사를 돌보는 행위, 목수가 자신의 집을 수리하는 것, 교수가 보수를 받지 않고 학문적 논문을 쓰는 것 등은 분명히 그 나라의 국민이 복지에 기여하는 것임에는 틀림없으나 시장을 통하여 거래되는 제품이나 서비스가 아니라는 이유로 GDP 계산에서 제외된다.

둘째, GDP는 소비자가 즐기는 여가를 충분히 감안하지 않는다. 산을 좋아하는 사람이 그의 여가시간을 등산으로 즐긴다면, 그 사람의 만족도 또는 후생수준은 그가 지출한 비용보다 클 수도 있다. 하지만 이때 그가 지불한 비용만 GDP에 포함할 뿐 여가에 의해 새로이 얻는 활력은 GDP에 포함되지 않는다.

셋째, GDP는 물질적 생산만을 계산할 뿐 생산과정에서 발생하는 산업쓰레기, 환경오염, 교통 혼잡, 범죄의 증가와 같이 외부불경제로 발생하는 효용의 감소는 공제하지 않고 있다. 생활의 질을 중요시하는 오늘날에 GDP는 외부불경제를 감안하지 않음으로써 국민후생을 과장하고 있다.

넷째, 밀수, 도박, 마약거래, 사채업 등 일명 우리가 지하경제underground economy라고 부르는 부문에서 일어나는 경제활동 또한 GDP에는 계산되지 않는다. 이와 같은 활동은 불법적으로 은밀하게 이루어지기 때문에 한 나라에서 실제로 지하경제의 규모가 어느 정도인지 정확히 파악하기는 힘들다.

결과적으로 GDP는 대부분의 경우 훌륭한 후생지표이지만 모든 경우에 그런 것은 아니다. 따라서 GDP에 무엇이 포함되고 무엇이 포함되지 않는지를 명심해야 한다. 이와 같이 GDP는 국민들의 생활의 질이나 복지수준을 나타내는 데 한계가 있기 때문에 일부 경제학자들은 GDP에 가사 서비스나 여가 등의 효용가치를 더하고 공해 등 비후생적 요소들을 비용으로 환산하여 공제함으로써 국민의 복지수준을 보다 잘 나타낼 수 있는 경제후생지표MEW: measure of economic welfare의 개념을 만들어 냈다. 최근에 많이 거론되고 있는 소위 Green GDP도 그 한 예라 하겠으나 이를 객관적으로 수량화하는 데 어려움이 있어 아직은 널리 이용되지 못하고 있다.

5.1.3 환경계정(Green GDP)과 기후변화협약

18세기 산업혁명 이후 전 세계는 급속한 산업의 발달로 인한 경제성장을 경험하면서 인류는 더욱 편리한 생활을 하게 되었다. 그러나 경제성장이라는 달콤한 열매는 환경파괴와 지구온난화라는 심각한 부작용을 낳았으며, 인류의 삶을 뿌리 채 뒤흔드는 위험한 상황에까지 이르게 되었다. 이에 UN은 지구환경변화에 적극 대처하게 되었으며, 그로 인한 결정으로 환경계정 및 기후변화협약을 도출하게 되었다.

환경계정은 기존 국민계정의 편제대상이 시장에서 거래되는 경제자산에만 국한되어 환경오염이나 자원고갈 등으로 인한 경제사회적 비용을 반영하지 못하는 한계를 보완해 주기 위한 것으로서, 산림·지하자원과 같은 자연자산이나 물·공기와 같은 환경자산도 경제자산과 마찬가지로 재화와 서비스의 생산에 이용되는 자산으로 취급, 동 자산의 기초, 기말 스톡과 기간 중 변동을 국민계정구조 형식에 따라 작성토록 하고 있다. 즉 광물채굴 또는 산림벌채 등에 따른 자연자산의 감모나 환경오염에 따른 환경자산의 질적 악화 등 사회적 환경순손실을 화폐로 평가하여 이를 기존의 국민소득지표인 국내순생산NDP에서 차감, "환경요인조정 국내순생산EDP: Environmentally adjusted Net Domestic Product"을 추계하게 된다. 이와 같은 환경계정의 편제는 환경보전 없이는 지속적인 경제개발이 불가능하다는 이른바 "지속가능개발sustainable development의 관점에서 경제정책과 환경정책을 통합 운영하는데 있어 중요한 의의를 갖는다(한국은행, 『알기 쉬운 경제지표 해설』, 2006 참조). 한국은행은 환경보호지출 및 수입통계를 매년 편제하고 있으며 환경계정의 사전단계인 환경보호지출계정의 시험 편제를 추진하고 있다.

또한 환경문제와 관련하여 국제사회는 기후변화협약UNFCCC을 체결한 바 있다. 지구온난화에 따른 기후변화에 적극 대처하기 위하여 국제사회는 1988년 UN총회 결의에 따라 세계기상기구WMO와 유엔환경계획UNEP에 "기후변화에 관한 정부간 패널IPCC"을 설치하였고, 1992년 6월 유엔환경개발회의UNCED에서 기후변화협약UNFCCC을 채택하였고, 우리나라는 1993년 12월에 세계 47번째로 가입하였고 2009

년 현재 192개국 가입되어 있다. 그러나 기후변화협약에 의한 온실가스 감축은 구속력이 없음에 따라 온실가스의 실질적인 감축을 위하여 과거 산업혁명을 통해 온실가스 배출의 책임을 가지고 있다고 할 수 있는 선진국을 대상으로 1990년도 배출량 대비 평균 5.2%를 감축하는 규정을 1997년 일본 교토에서 교토의정서를 채택하여 2005년 2월 공식 발효되었다. 우리나라에서는 2002년도에 비준하였으며, 현재 132개국 비준한 상태이다. 그러나 이산화탄소 주요 배출국인 미국(세계 배출량의 25%)이 지난 2001년 교토의정서를 탈퇴하여 아직 비준하지 않은 상태에 있으며, 개발도상국인 중국과 인도 등이 미국이 가입하지 않았다는 이유로 비준하지 않고 있는 등 진통을 겪고 있다.

환경문제는 새로운 무역장벽이 되고 있으며, 선진국과 개발도상국 간의 환경정책과 경제성장정책에 대한 입장 차이를 보이고 있어 앞으로도 그 해결이 쉽지는 않을 것으로 보인다.

참고문헌

- 김경환·김종석 옮김, N. Gregory Mankiw, 「맨큐의 경제학」(7판, 2015), 센게이지러닝코리아.
- 김대식 외 3인, 「현대 경제학원론」(1999), 박영사.
- 김덕중·성태경, 「경제학과 사회」(1998), 형설출판사.
- 김상규 외 5인, 「사고중심의 경제학 강의」(1999), 형설출판사.
- 변형윤 외 3인, 「경제학개론」(1993), 한국방송통신대학 출판부.
- 심상선·이재민, 「거시경제학」(1998), 법문사.
- 이병락 옮김, N. Gregory Mankiw, 「거시경제학」(1998), 시그마프레스.
- 이준구, 「열린 경제학」(1995), 도서출판 삼성.
- 장경태, 「현대경제학의 이해」(2000), 무역경영사.
- 최현우 외 4인, 「경제학강론」(1998), 법문사.
- 한국은행,보도·공표자료. (2016.3.25), 2014년 국민계정(확정) 및 2015년 국민계정(잠정).
- 한국은행, 「우리나라의 국민계정체계」(2015).
- http://www.bok.or.kr/ 한국은행 홈페이지.
- http://www.kostat.go.kr/ 통계청 홈페이지.

생각해 볼 문제

1. 1인당 국민소득이 높다고 더 잘 사는가?

2. 국민총생산(GNP)이 국민의 경제복지 수준을 정확히 반영하기 위해서는 어떤 점을 수정하여야 할까?

3. GDP와 GNP의 격차가 시사하는 바는 무엇일까?

4. GDP 등 국민소득계정을 이용하여 우리는 무엇을 알아볼 수 있을까?

5. 각국의 생활수준을 비교하기 위하여 필요한 정보는 무엇일까?

6. IMF하에서 GDP가 과연 한국경제의 실상을 제대로 반영했는가? GNP와 GDP 중 어디에 보다 큰 비중을 두어야 할 것인가?

7. 환경보호활동의 강화가 GDP에 미치는 영향은 무엇인가?

8. GDP를 집계할 때 시장에서 거래되지 않는 재화와 서비스의 생산활동을 포함하지 못하는 이유와 그 어려움을 극복할 수 있는 방법을 생각해 보자. (임용고사기출)

읽을거리

국민소득 1만 달러의 교훈

요즘같이 IMF 외환위기 이후 '한국의 위기'라는 단어가 무성하게 오르내린 적도 없다. 이런 위기의 진원은 한국경제가 지난 8년 동안 국민소득 1만 달러도 유지하기에 급급한 반면에 국내외적으로 북핵문제, NEIS, 철도민영화 반대, 조흥은행과 화물연대 파업, 평창 동계올림픽 유치 실패 등 일련의 사태에서 보듯이 사회 각계 각층의 이해관계가 분출되고 증폭되는 상황에서 볼 수 있다. 어느 집단이나 누구도 선진국으로 가는 고통보다는 제 몫을 챙기는 데 열중하고 있다. 이런 와중에 한국은 과도한 정부규제와 과격한 노사대립, 그리고 집단이기주의로 기업하기 싫은 나라로 인식되어 가고 있다.

지난 6월 5일 "1인당 국민소득을 2만 달러로 끌어올리자"라는 국가비전을 공교롭게도 국가지도자와 한국 최고기업인 삼성의 이건희 회장이 동시에 언급하였다. 이런 발언은 국민적 실천과 기업성장만이 한국을 일류 선진국의 문턱에 도달시킬 수 있는 길임을 보여준 것이다. 이런 우려는 이미 1995년 이 회장의 베이징 발언을 통해 "우리나라의 정치력은 4류, 행정력은 3류, 기업능력은 2류다. 현 정권과 국민수준 모두 일류국가에 뒤진다"라는 것과도 일맥상통한 것이다. 불과 2년 후, 우리는 IMF 외환위기를 맞이한 것이다.

우리는 95년 1인당 국민소득 1만 달러를 달성한 후 IMF 외환위기 때 6,744달러까지 곤두박질하였고 2002년 8년 만에 1만 달러를 간신히 회복한 실정이다. 그동안 대다수 국민 모두는 고른 분배에 치중한 나머지 가계신용을 담보로 일류 선진국 수준의 삶의 질을 요구하였다. 이런 결과는 97년 이래로 총저축률의 지속적인 하락으로 나타나 소비가 소득보다 더 많이 증가하는 가계신용위험의 부담을 안고 있는 것으로 나타났다. 반면에 미국은 10년(78년~88년), 일본은 6년(81년~87년), 싱가포르는 5년(89년~94년)에 빠른 속도로 2만 달러를 돌파한 것이다. 이런 사실이 우리를 초조하게 만드는 것은 1만 달러 신화에서 추락한 남미의 현실이 우리에게도 얼마든지 다가올 수 있음을 의미하기 때문이다.

그럼에도 불구하고 현재 상황은 모든 경제주체가 용의자 딜레마 게임을 벌이고 있다. 정부와 기업, 집권당과 야당, 사용자와 노조, 중앙정부와 지방자치단체, 기업가와 고객, 각종 이익단체 등이 모두 서로에게 이익이 되는 우월한 배분이 있음에도 불구하고 집단이나 지역이익을 추구하여 각자가 독립적인 의사결정을 함으로써 서로에게 불리한 결과에 도달하고 있는 것이다.

이런 현실에서 한국이 소득 2만달러 국가로 가는 성패의 관건은 무엇보다도 우리 사회여건과 소득에 어울리는 국가시스템을 구축하여 이를 토대로 경제주체 모두가 새로운 국부를 창출하기 위한 국민적 합의를 도출하는 작업일 것이다. 이를 실천하기 위해서 우선 가계는 빗나간 근시안적 소비보다는 합리적인 소비행위로 돌아와야 한다. 정부의 정책도 과거 육성일변도의 산업입지정책에서 탈피하여 맞춤식 기업정책을 일관성 있게 추진함으로써 위험을 감수하더라도 사업하려는 기업가정신을 고취하는 데 초점을 두어야 한다. 마지막으로 기업은 그동안 보통 사람들의 시각에 비친 불식과 오해의 소지를 벗어버려야 할 것이다. 이를 위해 기업은 자회사를 포함한 그룹 전체의 재무상태를 보여 주는 연결대차대조표·연결손익계산서인 연결재무제표(consolidated statements)를 작성함으로써 투명성을 확보하고, 또한 이를 보증하는 회계법인의 책임도 적극적으로 요구해야 할 것이다. 기업가는 기업이란 이해관계자에 대한 신뢰성과 회계적 책임을 재현할 수 있을 때만 진화하게 되고 성장할 수 있다는 점을 명심해야 한다.

출처: 김일태, 광주매일신문, 2003.7.16

Chapter 10

가계, 기업, 정부의 경제활동

1. 가계의 경제활동을 어떻게 이해할 것인가?
2. 기업의 경제활동을 어떻게 이해할 것인가?
3. 정부의 경제활동을 어떻게 이해할 것인가?

개관

한국경제가 어떻게 운영되는지를 알기 위해서는 경제활동의 주체인 가계, 기업, 정부의 역할이나 행동양식에 관한 이해가 필수적이다. 이는 경제가 잘 운영되기 위해서는 경제활동 주체들의 행위, 즉 사람들 자신의 노력이나 '경제'하려는 의지가 중요하기 때문이다.

우선 가계라는 경제주체의 경제적 역할이 우리 경제에 어떠한 영향을 미치는가를 소비자, 그리고 근로자의 측면에서 총체적으로 검토한다. 둘째로 기업이라는 경제주체의 경제적 역할을 밝히고 한국경제에서의 기업의 역할과 정부와의 관계에 대해서도 밝힌다. 마지막으로 시장경제에서의 정부라는 경제주체의 역할을 어떻게 이해해야 할 것인가 하는 점에 초점을 맞추어 논의한다.

이러한 논의를 통하여 가계, 기업, 정부 등 모든 경제주체들이 시장경제에 적합한 경제문화를 창출해 나갈 수 있어야 하며, 이는 개별경제주체의 건전한 가치관의 형성을 전제로 하며, 이러한 조건들이 성숙될 때 우리나라의 경제는 한 걸음 더 성숙해 나갈 수 있을 것이다.

내용표준과 기준

제10장에서 다룰 주요 내용은 미국 경제교육협의회(NCEE)의 〈내용표준과 기준 14〉에 해당하는 것으로 "기업가는 재화와 서비스를 생산하기 위하여 생산자원을 조직하는 데에 위험을 감수하는 사람이다"는 것을 보여 주고 있다. 또한 〈내용표준과 기준 16, 17, 20〉의 일부 내용들도 충족시키고 있다. 이러한 내용표준들을 충족시키기 위한 기준으로는 소비자잉여, 근로자의 역할, 기업가정신, 혁신, 위험과 유인, 예산적자, 예산흑자, 효율성과 공평성의 상충관계, 조세의 경제적 순손실 등과 같은 개념을 들 수 있다.

1. 가계의 경제활동을 어떻게 이해할 것인가?

가계는 경제활동의 결과 얻어진 대가를 수입원으로 하여 상품의 최종적 소비활동을 영위하는 경제주체이다. 경제를 한 편의 영화에 비유한다면, 가계는 주연급 배우라고 할 수 있다. 왜냐하면 모든 경제활동은 궁극적으로 가계를 위한 것이기 때문이다. 한국의 가계는 평균 2.6명 정도의 개인들로 구성되지만, 가계는 하나의 독립적인 의사결정 단위로 행동한다. 가계는 재화 및 서비스의 수요자로서 그리고 생산요소—특히, 노동—의 공급자로서 여러 가지 의사결정문제에 직면하게 된다. 가계의 의사결정은 국민경제의 기본과제인 무엇을 생산할 것인가를 결정하는데 중요한 역할을 한다.

1.1 가계의 목표: 효용극대화

2015년도 통계청의 인구주택 총조사에 의하면, 한국의 가구수는 약 1천 9백 5십만 가구이며, 평균 가구원수는 2.6명이다. 이처럼 많은 세대의 가계는 그 소득원천의 성격에 따라서 근로자가계·일반가계(주로 상인 등 개인영업자)·농가가계로 분류하거나, 소득의 크기에 따라서 저소득 세대(또는 빈곤세대), 봉급생활자 세대, 구중산 세대(지주·상인·소기업가 등), 신중산 세대(관리직 중 중류 봉급생활자), 자본가 세대 등으로 나누어진다. 그러나 한국 경제를 구성하는 무수한 가계들은 무엇을 얻기 위하여 재화와 서비스에 대한 무수한 의사결정을 하는가? 경제학자들은 가계는 그들의 만족감 또는 행복감을 극대화하는 행동을 한다고 가정한다. 한마디로 효용극대화가 가계의 궁극적인 목표라고 보는 것이다. 그런데 효용극대화는 객관적인 기준에 의한 것이 아니라 가계 나름대로의 주관적인 가치판단에 근거하고 있다.

1.2 소비자로서의 가계

우리나라 사람 모두는 학생, 근로자, 기업가, 공무원 혹은 가정주부를 막론하고 먹고, 자고, 입으며 생활한다는 공통점을 가지고 있다. 그러므로 모든 국민의 경제행위는 일단 재화 및 서비스의 소비자란 측면에서 파악할 수 있다.

1.2.1 가계소비의 특징

가계소비는 GDP의 50% 이상(우리나라의 경우에는 53% 정도)을 차지하고 있으며, 소비지출의 크기나 그 구조변화는 경제의 흐름이나 생산구조변화에 지대한 영향을 미친다. 구체적인 예로 국민들의 식생활 관습이 변하여 라면을 많이 먹게 되니까 식품업계는 다양한 종류의 라면을 생산하게 되었다. 마찬가지로 의류, 가전, 자동차, 건설, 의료, 통신 심지어 교육까지 포함하는 대부분의 산업들이 가계의 소비활동에 의하여 직접적인 영향을 받는다. 또한 가계의 소비지출은 현재의 국민생활수준을 직접적으로 드러낸다. 따라서 국민복지수준과 관련하여 중요한 의미를 가진다.

1.2.2 가계소비의 구조와 행태

가계의 소비를 결정하는 요인은 무엇인가? 상품의 가격, 소득수준, 기호 및 취향, 가치관, 소비환경 등 여러 가지가 있으나 가장 중요한 요인은 소득수준이다. 상식적으로 보더라도 소득이 적은 가계의 소비지출수준은 절대적으로 낮을 뿐만 아니라 소비품목도 주로 의식주 문제를 해결하기 위한 것이 대부분이다. 그러나 소득수준이 점차 증대하면서 소비지출의 규모가 증가하고 소비품목도 다양화 또는 고급화될 것이다.

우리나라 가계의 소비생활도 6.25 동란 이후부터 현재에 이르기까지 소득증대와 더불어 크게 변화하여 왔다. 소비구조와 형태의 변화과정을 국민소득, 즉 1인당 GNP와 관련지어 보면 대체로 다음과 같이 구분할 수 있다.

제1단계는 1인당 GNP가 100달러 미만의 기간으로 6.25전쟁 직후부터 60년대 초반까지이다. 이 당시 가계소비의 특징은 '생계를 위한 소비'였다고 할 수 있다. 동기간 중 우리나라 민간소비지출의 50% 이상이 음식료품 구입에 치중되었고, 의복 및 주거를 위한 지출도 적지 않은 비중을 차지하고 있었다.

제2단계는 1인당 GNP가 100~500달러 사이의 기간으로 60년대 중반부터 70년대 중반까지이다. 이 시기는 소득수준이 다소 증대되면서 음식료품에 대한 소비지출의 비중이 약간 줄어드는 가운데 의복비와 주거비의 비중도 감소한 반면에 의료비, 교통·통신비, 교육·문화·오락비가 포함되는 기타 잡비의 비중이 증가하기 시작하였다.

제3단계는 1인당 GNP가 500~2,000달러 사이의 기간으로 70년대 중반부터 80년대 초반까지이다. 이 시기에는 중화학공업이 급속히 발전하기 시작하였고 이른바 '3종의 신기'라고 불리는 텔레비전, 냉장고, 세탁기가 한국의 가정에 급속히 보급되었다. 이 단계는 한국사회에 있어서 소비혁명기라고 할 수 있다. 또한 총소비지출 중 음식료품에 대한 비중이 현저히 줄어든 시기였다.

제4단계는 1인당 GNP가 2,000달러 이상 기간으로 1985년부터 현재까지이다. 이 단계에서 나타난 소비의 특징은 두 가지로 요약할 수 있는데, 하나는 과거의 추세대로 음식료비의 비중이 계속 감소되면서 서비스에 대한 지출비중이 현저하게 높아졌다는 것이다. 다른 하나의 특징은 생활수준의 향상으로 소비의 고급화·다양화·개성화가 뚜렷하게 나타났다는 것이다. 소비패턴이 종전과 달리 양보다는 질을 중시하는 경향으로 변하면서 연령별·계층별·직업별로 다양화되는 추세를 보이고 있다.

최근 우리의 씀씀이가 우리의 경제능력에 비해 너무 지나치다는 비판이 일고 있다. 그러나 안 쓰고 줄이는 것엔 한계가 있다. 또 생활의 질을 한없이 낮출 수 없는 노릇이다. 그렇다면 소비의 문제점은 과소비냐 아니냐에 있는 것이 아니라 소비행위에 대한 비합리적인 의식에 있다. 예를 들어 한번 사면 10년을 쓴다고 생각하기 때문에 비싸도 좋은 가방을 사는 사람과 하도 자주 잃어버려 싼 가방을 생각날 때마다 사는 사람 중 어느 쪽이 과소비인가를 생각해 보자. 해결책은 가계에도 기업의 경영개념을 도입하여 비용도 줄이고 생활의 질도 높이는 적극적인 개선이 필요하다는 것이다. 그렇다면 어떻게 해야 할 까? 시민단체를 활성화하여 이웃끼리 물건 나누기 운동과 같은 재활용 운동을 소그룹 단위로 해 보는 것도 한 방법일 것이다.

1997년 경제위기 이후 사회, 경제, 기술 환경의 다변화에 따라 사고·행동 범위가 넓어지고 다양한 라이프스타일을 추구하게 되면서 소비시장의 양면성이 두드러지게 나타나고 있어 이에 대한 적절한 이해와 대응책이 마련되어야 할 것 같다. 양면성ambivalence은 양면 가치나 이중 경향을 의미하는데 심리학에서는 '동일한 대상에 대해 상반되는 감정이 동시에 존재하는 상태를, 사회학에서는 '획일성과 다양성, 기술과 자연, 일과 휴식 등 상반된 가치가 동시에 나타나는 현상'으로 해석된다.

삼성경제연구소는 최근 『소비시장의 양면성과 기업의 대응(2002)』이라는 보고서를 통해 소비시장의 양면성을 강화하는 요인들을 다음 4가지로 요약하고 있다.

① 경제 요인: 소득 양극화가 양면적 소비 형태를 가속화시킴
② 기술 요인: 디지털화에 따라 소비자의 지적 능력이 성숙
③ 사회·심리 요인: 글로벌화가 급진전됨에 따라 이문화수용성이 증가
④ 인구통계 요인: 저출산, 고령화 등에 따라 라이프스타일이 변모

위에서 제시된 4대 요인에 의해 소비시장의 양면성을 보여주는 다음과 같은 양면 소비의 경향성을 보여주고 있다.

◈ 집단소비 대 개인소비

집단소비 ①: 유행을 쫓는 모방소비: “남들이 하면 나도 한다.”
집단소비 ②: 소비를 통한 집단형성: “소속감과 의식을 표현한다.”
개인소비 ①: 자기중심적 소비: “가장 중요한 것은 나”
개인소비 ②: 개성과 차별화 추구: “남과 달라야 한다.”

◈ 유목성향 대 정착성향

유목성향 ①: 모바일 라이프스타일: “움직이며 산다.”
유목성향 ②: 시간단축과 사용편리: “빠르게 움직이고 편의성을 선호”
정착성향 ①: 코쿠닝현상: “집안에서 모든 일을 해결한다.”
정착성향 ②: 과거로의 회귀욕구: “인간적이고 익숙한 것이 좋다”

◈ 이성중시 대 감성중시

이성중시 ①: 알뜰소비: “돈을 따지면서 소비한다.”
이성중시 ②: 실용성이 우선: “소유보다는 사용이 중요하다.”
감성중시 ①: 감각적 소비 추구: “아름다움과 즐거움을 소비한다.”
감성중시 ②: 소비의 상징성 중시: “소비로 부와 신분을 상징한다.”

1.2.3 가계의 저축형태

가계의 경우, 저축이란 소득 중에서 소비되지 않은 나머지 부분으로, 현재소비를 포기하는 대신 이자를 포함한 미래소비를 늘리려는 의미에서 소비의 또 다른 측면으로 볼 수 있다. 모딜리아니F. Modigliani의 생애주기소득가설life-cycle income hypothesis에 따르면, 사람들은 대체로 전 생애에 걸쳐서 소득과 소비를 결정한다고 볼 수 있는데, 유년기에는 대체로 소비가 소득을 능가하여 주로 보호자로부터 차

입에 의존하는 반면 청·장년기에는 소득이 소비보다 많아지므로 미래의 소비를 대비하여 저축하게 되며, 노년기에는 다시 소득이 줄어들어 청·장년기의 저축을 인출하여 소비를 하게 된다. 따라서 가계는 저축과 차입을 이용하여 소비를 안정적으로 향유하고 있다고 볼 수 있다.

과거 우리나라 저축형태의 특징은 무엇보다도 경제성장에 필요한 투자율(투자액/GNP)에 비해서 국내저축률(저축액/GNP)의 수준이 절대적으로 낮았다는 것이다. 이러한 국내저축률과 투자율의 갭은 해외저축, 즉 외채로 충당해 왔다. 그러나 급속한 경제성장과 함께 우리나라의 저축률은 1980년대 후반까지 최고수준을 기록하였고, 이후 2000년대에 들어서면서 30% 초반대를 유지하고 있다. 우리나라의 총저축률은 타국과 비교했을 때 평이한 수준이나 기업저축률이 상대적으로 높고 가계저축률은 낮은데, 이는 외환위기 이후 기업 소득은 증가세를 보인 반면, 가계 소득은 증가세가 둔화된 것과 관련된 것으로 나타나고 있다.

가계저축률의 하락은 미래소비여력을 약화시키고 투자수익에 대한 전망을 낮춤으로써 투자와 내수를 위축시킬 가능성이 있다. 현재 전 세계적인 경제성장의 둔화 추세에 더해 우리나라의 가계저축률의 하락은 경제성장 잠재력에 적지 않은 영향을 줄 것으로 보여 이에 대한 가계저축 비중의 확대 방안에 대한 논의가 이뤄지고 있다.

그림 10-1 주요국의 국민 총 저축률 비교

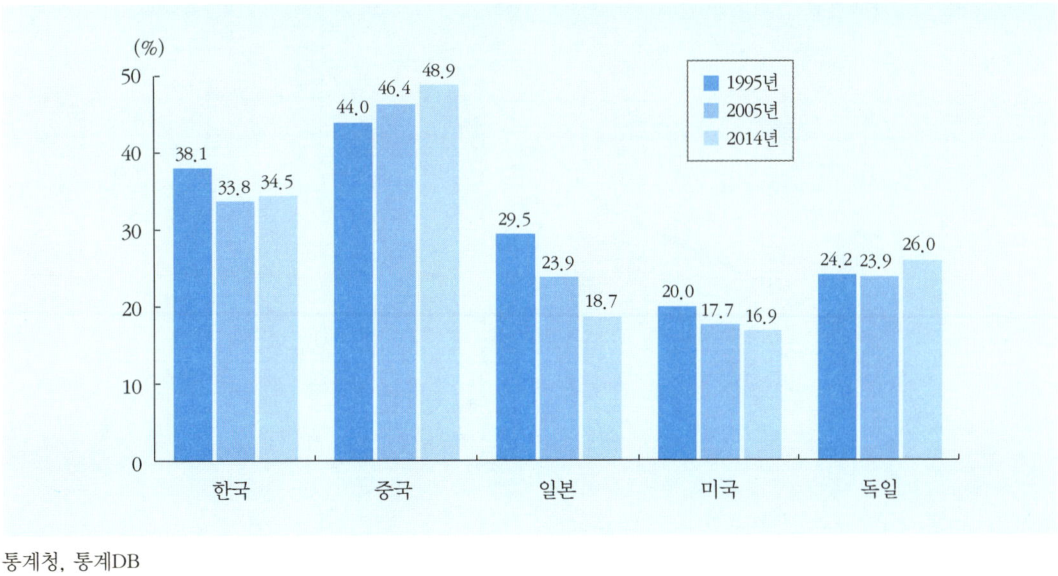

통계청, 통계DB

1.2.4 개인부문의 자산 및 부채

가계의 재무구조는 한 나라의 경제에서 중요한 역할을 하기 때문에 다양한 방식으로 안정성을 평가해 볼 수 있다. 가장 널리 사용되는 방식으로는 당장 이용 가능한 가처분소득이나 금융자산 전체에서 개인의 금융부채가 얼마만큼 차지하는지를 살펴보는 것이다.

한국은행이 발표한 '2015년중 자금순환동향(잠정)'에 따르면 2009년 말 가계 및 비영리단체 금융자산은 2014년 약 2,898조원에서 2015년 약 3,176조원으로 전년대비 9.6% 늘어났다. 금융부채는 2014년 약 1,296조원에서 2015년 약 1,423조원으로 전년대비 9.8%가 증가하였으며 2012년 이후로 상승폭이 꾸준히 증가하는 현상을 보였다.

금융자산 대비 부채의 비는 약 2.2배수 수준을 유지하고 있는데, 소득과 자산에 대한 부채비율의 상승속도가 큰 폭으로 커지는 경우에는 가계의 재무구조가 빠른 속도로 불안정해져 가계부실 정도가 급격히 약화되어 경제 전반에 나쁜 영향을 미칠 수 있기 때문에 경계를 해야 한다.

그림 10-2 개인부문 자산 및 부채 추이

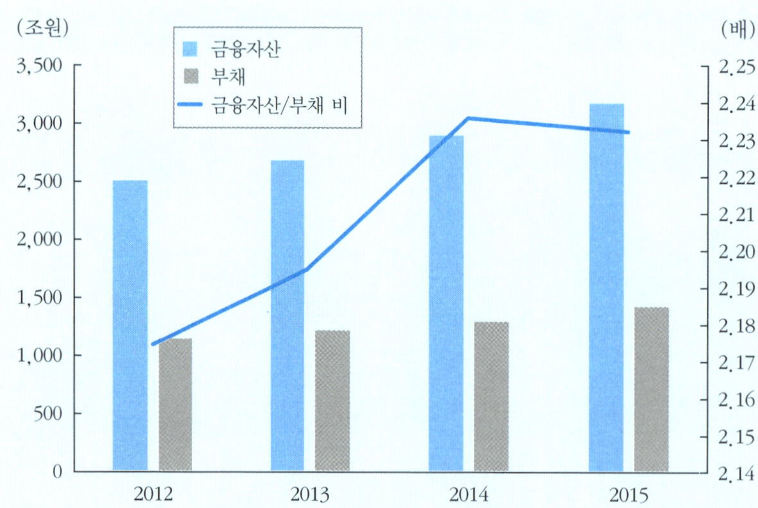

출처: 한국은행, 「2015년중 자금순환(잠정) 보도자료」, 2016

1.3 근로자로서의 가계

가계는 생산요소 중 무엇을 제공했는가에 따라서 근로자, 주주, 지주, 경영자로서의 역할을 할 수 있다. 그런데 한국의 노동소득분배율이 약 60.4% 정도이므로 1천 6백만 개에 달하는 한국가계의 대부분은 근로자계층에 속한다고 볼 수 있다.

2015년 우리나라의 15세 이상 인구는 4,301만 7천 명으로 노동시장에 참여하고 있는 경제활동인구는 2,691만 3천 명이다. 2015년 경제활동참가율은 62.6%이며, 취업자는 2,593만 6천 명이고, 실업자는 97만 6천 명으로 실업률은 3.6%로 조사되었다. 2015년 취업자 중 임금근로자의 비중은 74.1%였으며, 자영업주와 무급가족종사자의 비중은 21.4%와 4.4%로 나타났다.

2015년 농림어업 취업자 비중은 5.2%, 광공업 취업자 비중은 17.4%, SOC 및 기타 산업 취업자 비중은 77.4%로 총취업자를 10명으로 보면 농림어업: 광공업: 서비스업의 비중이 1965년에는 약 6:1:3 비율이던 것이 2015년에는 약 1:2:7로 뒤바뀌었다.

위에서 살펴본 바와 같이 우리 사회의 근로환경은 급격히 변화하고 있다. 특히 지식정보화사회로 전환되는 과정에서 많은 실업자가 발생하고 신규로 인력시장에 진입하려는 사람들에게 취업대란이 기다리고 있다. 그렇다면 근로자로서의 가계 구성원들은 어떠한 대책을 마련해야 할 것인가? 준비된 사람만이 기회를 잡을 수 있다는 말이 있다. 이러한 시대의 변화를 적극 수용하여 적극적으로 미래에 대비하는 자세가 무엇보다도 중요하다.

2. 기업의 경제활동을 어떻게 이해할 것인가?

기업은 사람을 고용해서 기계나 공장 등을 가지고 직접 재화 및 서비스의 생산을 담당하는 조직체로서, 한국경제에서 기업부문은 1,486.1조원(2014년)에 달하는 재화 및 서비스를 생산해 내고 있다.

2.1 기업의 주인과 기업의 존재이유 및 목표

2.1.1 기업의 주인

사상 또는 철학적 관점에서 보면 기업의 주인은 누구인가, 또 누가 기업의 주인이 되는 것이 옳은가에 대해서는 주주 주권론, 경영자 주권론, 공동 주권론 등의 견해가 있다. 주주 주권론은 소유주 또는 주주(법인의 경우)가 기업의 주인이라고 보는 견해이고, 경영자 주권론은 경영자가 사실상의 기업 주인이라고 보는 견해이며, 공동 주권론은 주주와 경영자와 같은 단일집단만이 기업의 주인이 아니며 기업과 이해관계를 가진 집단(채권자, 종업원, 납품업자, 소비자, 지역사회 주민) 모두가 주인이라고 보는 견해이다. 이러한 견해는 나름대로 근거를 가지고 있으며, 주주 주권 기업경영을 하는 대표적 국가는 미국이며, 공동 주권 기업경영을 하는 대표적 국가는 일본과 독일을 들 수 있다.

2.1.2 기업의 존재이유와 목표: 이윤극대화

가계도 생산활동을 할 수 있음에도 불구하고 굳이 기업이라는 독립적 경제활동 단위가 생성·발전되어온 까닭은 무엇인가? 왜 기업이 존재하는가, 기업은 어떠한 활동을 수행하는가를 설명하기 위해 "가격 메커니즘을 이용하는 데 소요되는 비용", "공개시장에서 교환수단을 통해 거래를 수행하는 데 소요되는 비용" 혹은 간단하게 "시장이용의 비용"이라는 개념을 도입할 필요성이 있다. 이러한 개념들은 경제학의 문헌에서 "거래비용"으로 알려져 오고 있다. 즉 기업의 존재이유는 바로 거래비용transaction cost(이해당사자들이 협상을 통해 합의에 도달하는 과정에서 부담하는 비용)이 존재하기 때문이다. 기업은 거래의 전문화를 통하여 거래비용을 줄임으로써 자신의 이윤을 극대화하는 것을 목표로 한다고 볼 수 있다. 이와 같이 경제학에서는 기업경영의 목표를 이윤극대화에 있다고 가정하고 있다. 물론 현실적인 관점에서 볼 때 기업경영의 목표는 이외에도 매출액 극대화, 시장점유율 극대화, 성장률 극대화, 업계 내 매출액 순위의 상승, 고용안정, 사회에 대한 봉사 등을 생각해 볼 수 있다.

2.2 기업가의 기능과 본질

시장경제체제가 계획경제체제보다 자원배분에 있어 효율성을 가진다고 흔히 가정하고 있는데, 이러한 가정 내지 가설은, 시장가격기구에서 '기업가entrepreneur는 독특한 경제적 기능을 수행하고 있다'는 것을 전제로 하고 있다. 따라서 시장경제체제에 대한 체계적인 논의를 위해서는 무엇보다도 그 기업가의 기능이 과연 무엇인가 하는 문제가 해명되어야 한다. 그러나 불행하게도 경제학에서는 기업가나 기업의 본질에 대한 제대로 된 설명을 제공하지 못하고 있다.

그럼에도 불구하고 움베르또 바레또Humberto Barreto는 자신의 저서 「미시이론에서의 기업가*The Entrepreneur in Microeconomic Theory*」에서 지적하고 있는 바와 같이 기업가의 독자적인 경제적 기능을 고찰하고 그것을 경제이론에 통합할 수 있는 가능성을 모색하려는 다양한 노력이 있었다. 이러한 다양한 견해들을, Barreto는 네 가지 범주, 즉 (1) 생산 활동을 조직하고 감독하는 책임자 또는 관리자로서의 기업가 역할을 강조하는 이론, (2) 기업가는 경제활동으로부터 야기되는 위험risk을 부담하는 역할을 수행한다고 보는 이론, (3) 소위 「시장 과정market process」을 주도하여 단기의 불균형을 조정하는 기능을 수행하는 데에서 기업가의 독특한 역할을 찾는 이론, (4) 기업가는 혁신innovation을 통해 경제발전을 주도하는 기능을 수행한다고 보는 이론으로 분류하였다.

2.2.1. 생산활동의 조직·관리 주체로서의 기업가

기업가의 역할에 관한 첫 번째의 이론은 생산 활동이 생산의 세 가지 요소인 토지를 포함하는 천연자원과 자본 및 노동을 결합하여 특정한 산출물로 변환하는 과정임에는 틀림없으나, 이러한 변환과정을 주도하는 인적주체가 다름 아닌 기업가라고 본다. 따라서 기업가의 특수한 역할은 생산 활동이 실행에 옮겨지기 위해 필수적인 다음과 같은 기능들을 수행하는 데서 찾아야 한다고 주장한다.

기업의 소유자인 기업가는, 소비자에게 유용한 생산기회의 탐색이 비용이 드는 과정이며 그 탐색의 결과가 아주 불확실함에도 불구하고 만약 그 노력이 결실을 맺는 경우에는 이윤의 기댓값이 그 탐색비용보다 크다는 확신이 있다면, 그 탐색과정에 적극적으로 참여하게 되며 효율적인 자원의 결집에 나서게 될 것이다. 또 기업가의 소득범주인 이윤은 생산물의 판매수입으로부터 다양한 자원제공자들에게 고정된 보수를 지불하고 남은 잔여이므로, 그는 가급적 이윤을 크게 하기 위해 생산 활동을 적극적으로 감독하게 된다. 뿐만 아니라 사적소유의 시장경제하에서는 기업가는 기업조직 구성원들의 자격을 종료시키거나 수정할 수 있는 권리를 가지고 있으므로, 감독의 결과에 의거하여 생산 활동이 효율적으로 이루어지도록 강제할 수 있는 구체적인 수단을 갖고 있다. 따라서 기업의 사적 소유라는 제도가 바로 이제까지 설명한 기업가의 기능을 창출해 내는 원천일 뿐만 아니라 그 기능의 적극적 수행을 촉진하는 핵심적인 장치라고 볼 수 있다.

2.2.2 위험부담자로서의 기업가

이제 여기서 주의할 점은 경제활동에는 정보의 불완전성이 존재하며 그로 인해 기업가가 얻게 되는 소득범주인 이윤은 근본적으로 확률적인 소득범주의 특성을 지니게 된다는 사실이다. 간단히 이야기하자면 기업가는 운에 따라 큰 이윤을 얻을 수도 있고 작은 이윤을 얻을 수도 있으며, 심지어는 손실을 보거나 파산할 수도 있다. 경제학자들은 이러한 이윤의 불확정성을 위험이라고 부른다. 일반적으로 많은 사람들은 소득의 불확정성으로부터 발생하는 위험을 회피하는 데 반해, 기업가는 불확정적인 이윤을 자신의 소득으로 기꺼이 받아들인다. 이러한 기업가의 특성을 강조하는 견해가 바로 경제활동으로부터 야기되는 위험부담자risk bearer로서의 기업가의 역할을 중시하는 이론이라고 생각해 볼 수 있다. 이와 같은 기업가의 특성을 강조한 사람으로는 18세기 프랑스 경제학자 리차드 캉티용Richard Cantillon과 현대경제학자 프랭크 나이트Frank Knight를 들 수 있다.

2.2.3 불균형의 조정자로서의 기업가

신오스트리아 학파의 주창자의 한 사람인 이스라엘 커즈너Israel M. Kirsner의 표현을 빌린다면 시장과정이란 개인들이 내리는「시장에서의 의사결정들이 이루고 있는 상호연결적인 네트워크에서 야기되는 일련의 체계적 변화들」로 구성되며, 시장의 중요한 기능은 경제주체들이 이러한 시장과정 속에서 서로 정보를 주고받아 경제 상태에 관해 보다 완벽한 정보를 알아내도록 하는 데에 있다. 이와 같은 시장과정은 다수가 경제적 이득을 얻기 위해 다양한 시장기회를 자유롭게 경합적으로 제시하는 경쟁과정에 의해 발생한다. 이 경쟁과정은 경제상황에 관한 특수한 감각과 직관에 기초한 독특한 인식능력과 비범한 사유능력을 이용하여 시장이 제공하는 정보에 대해 기민성을 보이는 소수의 개인들에 의해 추진되는데, 이러한 개인들이 바로 기업가인 것이다. 신오스트리아 학파는 경쟁과정을 주도할 수 있는 기업가적 자질은 보편적으로 존재하지 않는 희소한 인적 자질이라고 본다. 그 근본적인 이유는 인간의 합리적 사유능력은 제한되어 있는 데 반해 인간은 엄청난 양의 정보가 유통되고 있는 매우 복잡한 경제 환경에 직면하게 되는 데에서 찾아질 수 있다.

2.2.4 혁신자로서의 기업가

일찍이 오스트리아의 경제학자 요세프 슘페터Joseph Schumpeter는 창조적 파괴creative destruction를 주도하는 기업가가 자본주의 경제를 발전시키는 원동력이 된다고 하였다. 공중전화기를 망치로 부수는 것은 범죄적인 파괴행위이지만 값싸고 성능좋은 휴대폰을 생산하여 공중전화기 회사가 스스로 파괴하도록 하는 것은 창조적 파괴이다. 기업가는 신제품이나 아이디어, 새로운 사업방식으로 기업을 일으키는 사람이다. 대기업도 대부분 소기업으로 출발하였다. 예를 들면 스티브 잡스Steve Jobs나 빌 게이츠Bill Gates는 대표적인 기업가들이다. 1년에 약 90조원의 매출을 올리고 있는 월마트Wal-Mart 기업가 샘 월튼Sam Walton은 1962년 미국의 기존 대형 유통업체들이 대도시를 겨냥하고 있을 때 시골에서 점포 하나로 출발하였다.

2.3 한국기업의 현황

1945년 해방 직후만 하더라도 한국인이 이전부터 경영하던 기업은 경성방직 등 몇 개 정도에 불과하였으나, 통계청의 2014년 기준 전국사업체조사에 따르면 우리나라의 총사업체수는 381만여 개에 이르며, 종사자수는 1,989만여 명인 것으로 조사되고 있다.

현재 제조업의 경우 500명 이상을 고용한 대기업은 전체의 1%에 불과하나 부가가치는 전체의 약 51%를 차지하고 있다. 대기업 중에서도 "재벌(현대, 삼성, GS, SK)"이라고 불러지는 대기업집단의 영향력은 매우 크다. 이러한 기업규모분포상의 문제는 일반대기업이나 재벌에 소속된 기업군들이 많은 산업분야에서 경쟁을 제한하여 시장을 지배하게 되고, 이것이 곧 경제력이 소수집단에 편중되는 경제력 집중현상을 초래한다는 데 있다. 최근 정부는 이에 대한 조치를 강화하고 있다. 그중에서도 기업경영의 투명성과 재무구조의 개선이 가장 중요하다.

표 10-1 한국의 기업체 수(2014년)

		사업체수(개)	종사자수(명)
	전체	3,812,820	19,899,789
산업별	농림어업	3,184	36,474
	광업제조업	399,184	3,973,705
	서비스업	3,410,452	15,889,610
종사자규모별	10인 이하	3,514,339	8,224,881
	10~499인	296,802	9,630,760
	500인 이상	1,679	2,044,145
조직형태별	개인사업체	3,056,869	7,658,156
	회사법인	509,839	8,722,898
	회사 이외의 법인	115,509	2,968,531
	비법인단체	130,603	550,201

출처: 통계청, 통계DB

2.4 기업의 투자 및 자금조달의 행태

생산 활동의 주체로서 기업의 주된 활동은 투자와 이를 위한 자금의 조달이라고 할 수 있다. 이제 투자 및 자금조달이라는 측면에서 한국기업의 행태를 살펴보기로 하자.

투자는 개별기업이 성장하기 위한 기본적 활동이기도 하지만 경제성장의 원동력이 된다. 기업의 설비투자지출은 소비지출, 정부지출에 비해서 변동 폭이 크다는 특성을 지닌다.

그러면 기업의 투자자금은 어떻게 조달되었는가? 한국기업의 경우 투자자금의 조달은 내부금융방식보다는 외부금융방식에 의존해 왔다. 그리하여 조달된 총자본 중에서 자기자금의 비중을 나타내는 자기자본비율이 1990년대까지 대체로 20~30%선에 머물러 왔으며, 1997년에는 19.1%를 기록하기도 하였으나, 경제위기 이후 2000년 이후 대체로 높아지고 있다. 2009년에는 49.7%에서 2014년 현재 57.1%로 지난 5년 사이 7.4%p 상승한 것으로 나타났다.

과거에 한국기업의 자기자금비율이 낮을 뿐만 아니라 외부금융 중에서도 간접금융이나 외자의 비중이 높았던 이유는 무엇인가? 첫째, 한국기업의 역사가 짧아

자기자본의 축적이 미흡한데다가 증권시장이 적절히 발달하지 못했기 때문이다. 둘째, 정부의 저금리정책과 적극적인 외자도입정책에 따라 외부금융 중에서도 금융기관 차입과 해외로부터의 차입에 의한 자금조달이 용이했기 때문이다. 그러나 한국은 외환위기를 빠르게 극복하고 기업의 재무구조를 안정적으로 회복시키는데 성공했다.

2.5 외국인 직접투자의 중요성

우리나라에 대한 외국인 직접투자는 60년대부터 시작되었다. 휴대폰 등 무선기기를 만드는 모토로라라는 미국계 다국적기업이 1967년 754만 달러를 투자해 국내에 공장을 설립한 것이 제1호라고 한다. 물론 본격적인 외국인 직접투자는 1990년대 중반 경제협력개발기구OECD에 가입한 뒤부터 이루어졌다. 여기서 말하는 외국인 직접투자foreign direct investment는 외국인이 우리나라에 회사를 세우거나 경영참가, 기술제휴 등을 목적으로 기존의 우리나라 기업에 출자(주식취득)를 하는 것을 말한다. 이러한 외국인 직접투자는 주식시장에서 우리나라 기업의 주식을 사고 팔아 차익을 남기려는 외국인 간접투자와는 구별된다.

우리 주변에서 흔히 볼 수 있는 외국인 직접투자기업에는 어떤 것들이 있을까? 맥도날드나 피자헛 같은 패스트푸드점부터 한국 마크로와 같은 대형 할인점도 있다. 대우 자동차에는 세계 최대의 자동차회사인 제너럴모터스GM가, 한국외환은행에는 독일 코메르쯔뱅크가 각각 수천억원의 돈을 투자했다.

외국인 투자기업에 대한 우리 국민들의 인식은 어떨까? 과거에는 외국인 직접투자가 나쁘다고 생각하는 사람이 많았지만, IMF 이후 최근에는 외국인 투자기업에 대한 부정적 인식이 많이 없어지고 긍정적으로 생각하는 사람들이 많아지고 있다.

외국인 직접투자는 왜 중요할까? 첫째, 외국인 기업이 국내에 투자를 하면 우선 우리나라 사람들의 일자리가 크게 늘어난다는 점을 들 수 있다. 둘째, 제품을 생산해서 팔거나 이익을 남길 때는 우리 기업과 마찬가지로 세금을 내기 때문에 나라 살림에도 큰 도움이 된다. 셋째, 외국인 기업이 질 좋은 제품을 개발해 생활수준을 높여 줄 수 있고, 국내기업에 선진기술이나 경영기법을 전파해 줄 수도 있다.

이러한 이유 때문에 세계 각국은 자국으로 외국인 직접투자를 유치하기 위해 안간힘을 쓰고 있다. 이와 같이 많은 나라들이 투자유치를 위해 경쟁을 하다보니 외국기업들은 조건을 따져보고 좋은 곳을 골라 진출하게 된다. 값싸고 실력 있는 인력이 있는지 사회기반시설은 잘 갖추어져 있는지, 외국인이 기업을 운영하기에 좋은 풍토인지 등을 따지게 된다.

그렇다면 우리나라의 외국인 직접투자 유치환경은 어떻게 평가할 수 있을까? 우리나라의 경우 외국인 직접투자는 95년~99년 기간 중에 급증하다가 1999년 110억 달러를 정점으로 해서 2002년까지 급감하였다. 이후 증감 추세를 반복하다가 2015년 115억 달러를 기록하여 최고 실적을 이루었다. 나라별로 보면 일본을 제외한 다른 지역의 한국 투자가 모두 증가한 것으로 나타났는데, 최근 증진한 한·중 협력과 FTA 타결의 기대효과 등을 원인으로 보고 있다. 반면 일본의 경우 소비 침체와 엔화 약세 등으로 한국에 대한 투자가 감소한 것으로 설명된다.

현재 한국 경제는 물론, 세계 경제는 '불확실성'이 최대 이슈로 떠오르고 있다. 각종 인구·사회적 변화에 따른 일자리 문제와 새로운 경제성장 동력의 발굴 과제를 해결하기 위해서는 변화하는 세계의 불확실성과 국가별 상황을 고려한 투자 유치 활동을 모색하고, 기업하기 좋은 환경을 만드는 데 심혈을 기울여야 할 것이다. 기업하기 좋은 환경이란 기업에 대한 특별한 지원을 해주는 환경을 말하는 것이 아니다. 기업과 기업가, 그리고 주식회사의 본질에 충실할 수 있는 환경을 말한다. 즉, 방해받지 않는 기업 활동을 보장하는 환경이다.

2.6 기업과 정부의 관계

한국에 있어서 기업과 정부의 관계는 외국사람들이 '한국주식회사'라고 부를 정도로 밀접하므로, 이를 언급하지 않고는 한국기업의 특성을 이해하기가 어렵다.

이러한 기업과 정부의 관계는 다음과 같은 역사적 배경하에서 형성되어 왔다. 첫째, 해방 후부터 1950년대에 걸쳐 이루어진 일본인 귀속재산의 불하와 외국원조의 공개입찰이다. 둘째, 1960년대 정부의 기본경제정책인 수입대체산업의 육성과 외자도입정책이다. 셋째, 1970년대 정부에 의해 강력하게 추진된 수출증대정책과 중화학공업정책이다. 이외에도 정부가 기업에 미친 영향은 무수히 많다. 예를 들어, 정부가 기업공개를 유도한 것이라든가, 각종 재단설립을 장려한 것이라든가, 공장 새마을운동을 실시한 것 등 기업의 사회적 책임에서부터 기업인 개개인의 의

식구조에 이르기까지 모든 면에 영향을 미쳐왔다.

그러나 1980년대 이후 기업과 정부의 관계에 많은 변화가 나타나고 있으며, 과거와 같이 정부가 기업에게 '여기에 지퍼 달고 저기에는 단추 달아라'는 식의 간섭을 하기에는 한계에 도달했다는 것이다. 이를 바꾸어 생각해 보면, 앞으로 기업자체의 자발적인 창의나 노력 없이는 기업발전이 그만큼 어렵게 되었음을 뜻하는 것이라 하겠다.

3. 정부의 경제활동을 어떻게 이해할 것인가?

3.1 정부의 경제적 기능에 대한 논쟁

오늘날 개별기업과 가계를 중심으로 하는 시장이나 국민경제 전체를 논의함에 있어, 과연 정부의 적절한 역할은 무엇인가 하는 것은 커다란 논쟁거리이다.

미시적인 시장을 논의함에 있어서도, 시장이 그대로 방치되는 경우 매우 불안정하며 제대로 작동하지 않는다고 믿는 사람들은, 정부가 적극적으로 경쟁을 조장하고 교육과 같은 필요한 공공재를 공급해야 하며 공정한 소득분배를 위해 노력해야 한다고 생각한다. 반대로 정부의 적극적 시장개입을 반대하는 사람들의 경우, 상황을 악화시키는 것은 시장이 아니라 오히려 정부라고 생각한다. 그들은 시장에서 정부의 역할이 줄어들면 시장의 효율성이 더욱 높아질 것이라고 주장한다.

국민경제에 관한 논의에 있어서도 정부가 무엇을 해야 하고 할 수 있는가 하는 것은 역시 커다란 논쟁거리이다. 예를 들어 케인즈와 비슷한 사고를 가진 사람들은, 국민경제를 그대로 둔다면 그 변동이 너무 심하기 때문에, 정부는 그러한 경기변동의 폭을 줄이는 데 중요한 몫을 해낼 수 있다고 생각한다. 즉 그들은 정부가 조세나 정부지출을 조정함으로써 경기가 침체되어 있을 때 힘을 불어넣을 수 있다고 믿는 것이다. 그러나 이와 견해를 달리하는 사람들은 정부가 잘못하면 경기를 더욱 불안정하게 만든다고 주장한다.

3.2 공무원의 기능과 본질

공무원이라는 직업에 대해 더러 '철밥통'이라고 부른다. 다른 모든 직업들은 경쟁에서 밀리면 퇴출되는데 유독 공무원들만 경쟁과 상관없이 자기의 밥그릇을 철통같이 지키고 있다는 뜻이다. 본래 공무원의 정년보장은 눈치를 보지 않고 소신껏 열심히 일하라는 의미를 담고 있다. 그렇지만 시민들의 눈에 비치는 공무원의 모습은 결코 그렇지 않은 것 같다. 공무원들의 복지부동, 무사안일, 부처이기주의, 고압적 자세 …. 고인 물은 썩게 마련이다. 물을 맑게 하기 위해서는 깨끗한 물을 들여보내고 오염된 물을 내보내야 한다. 스스로 능력을 기르는 데 힘쓰지 않는 공무원들이 계속해서 자리를 지키는 것은 세금의 낭비일 뿐만 아니라 신념 있고 능력 있는 공무원에게까지 부정적인 영향을 미친다.

몇 년 전 관료사회를 시끄럽게 만든 일이 있었다. 일정분야의 고위직에 외부전문가를 30% 정도 영입하겠다고 정부가 발표한 것이다. 그런데 발표가 나자마자

그림 10-3 국가경쟁력 평가로 본 한국 순위 추이

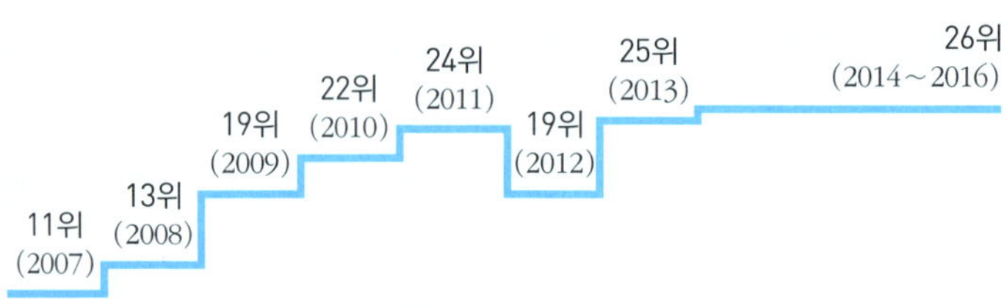

한국의 세계경제포럼(WEF) 국가경쟁력 평가 순위

구분	2015년	2016년	
정치인에 대한 공공신뢰도	94	96	↓
비정상적인 지급 및 뇌물	46	52	↓
사법부 독립성	69	72	↓
공무원 의사결정의 편파성	80	82	↓
정부 지출의 낭비 여부	70	70	–
정부 규제 부담	97	105	↓
정책 결정의 투명성	123	115	↑
기업경영윤리	95	98	↓
인재를 유지하는 국가능력	25	29	↓
인재를 유치하는 국가능력	35	40	↓
여성 경제활동 참가율	91	90	↑

국가경쟁력 평가 순위

1위	스위스
2위	싱가포르
3위	미국
4위	네덜란드
5위	독일
6위	스웨덴
7위	영국
8위	일본
9위	홍콩
10위	핀란드
⋮	⋮
26위	한국

출처: http://media.daum.net/m/channel/view/media/20160928181316010

각 부처에서는 30%가 너무 높다는 불만이 쏟아져 나왔다. 자기부처는 전문적이고 국가안보에 직결되는 업무를 하고 있기 때문에 결코 받아들일 수 없다는 반발도 있었다. 이 방안은 결국 축소 시행하는 것으로 마무리되었다. 즉 38개 중앙 부처 1~3급 고위직 725개 직위 가운데 약 18%인 129개 자리만 개방형 임용으로 결정된 것이다.

그러나 관료조직도 변해야 산다. 관료조직은 관료들을 위해 존재하는 것이 아니라 국민들을 위해 존재해야 한다. 국민들의 복리와 편익을 높일 수 있다면 외부 전문가를 영입한다는 것은 너무나 당연한 것이다. 21세기 인력충원시스템은 개방형 인력충원 시스템이다. 관료는 국가경쟁력의 핵심이다. 20세기 낡은 관료조직을 가지고서는 21세기 기업을 지원할 수 없다. 설령 관료조직이 기업조직을 선도할 수는 없다 하더라도 최소한 뒤처져서는 안 된다. 이러한 점에서 관료조직의 혁신은 더욱 필요하다. 관료조직의 혁신, 정부경쟁력의 향상은 우리나라 국가경쟁력 향상의 새로운 시금석이 될 것이다.

3.3 한국재정의 개괄

국민경제는 민간부분과 공공부문으로 구분된다. 여기서의 공공부문은, 협의의 정부와 정부투자기관으로 구성되어 있는 광의의 정부를 의미한다. 일반적으로 재정이란 국가와 공공단체가 국민들의 공공욕구를 충족시키기 위해서 수행하는 모든 경제적 활동이라고 정의된다. 이러한 재정의 정의에 의한다면 정부의 기능은 고유한 정부의 기능과 그 외 정부투자기관의 기능까지를 포함한다. 정부고유의 활동은 예산에 의해서 수행되는 정부의 경제적 활동만을 의미하며, 정부투자기관들은 예산의 제약을 받지 않는다. 전자의 경우와 같이 예산에 의해 재정활동을 하는 정부를 협의의 정부라고 한다. 협의의 정부는 다시 중앙정부와 지방정부로 구성된다. 이에 의해서 재정도 중앙재정과 지방재정으로 구분된다. 중앙재정은 예산과 기금으로 구성되어 있다. 예산은 매년 계획을 세워 국회의 심의와 의결을 거친 다음에 집행될 수 있다. 그렇지만 기금은 국회의 의결을 거치지 않고 운용된다. 중앙재정은 일반회계와 특별회계로 구분하여 처리하고 있다. 일반회계란 일반적으로 조세수입을 세입으로 하여 국방, 공공사업 등과 같이 정부가 당연히 하여야 할 재정활동에 소요되는 지출을 세출로 하고 있는 회계이다. 한편 특별회계는 특정사업과 관련된 것으로 일반회계와 별도로 관리된다.

현대 자본주의 경제에서 재정규모는 일반적으로 GDP에 대한 세입 또는 세출의 비율로 측정된다. OECD 자료에 의한 GDP 대비 재정지출은 1950~1970년대에는 30~35%선을 유지하다가 대체로 이 비율이 증가하는 추세를 보이고 있다. 이러한 추세는 국민경제에서 정부가 차지하는 비중이 점점 높아지는 것을 시사해준다. 엄밀한 의미에서 GDP 대비 재정지출에 대한 부담은 조세부담률과 국민부담률로 나누어 볼 수 있는데 조세부담률은 GDP 대비 조세규모를 의미하며, 국민부담률은 GDP 대비 조세와 사회보장세를 더한 규모를 의미한다. 통계청의 통계자료에 따르면 2014년 기준 조세부담률은 한국 18.0%, 미국 19.8%, 프랑스 28.2%, 독일 22.1%, 일본 17.9%, 이탈리아 30.5%, 영국 26.5% 수준으로 나타났다. 2014년 기준 국민부담률은 한국 24.6%, 미국 26.0%, 프랑스 45.2%, 독일 36.1%, 일본 30.3%, 이탈리아 43.6%, 영국 32.6%로 나타났다. 주로 사회복지제도가 잘 되고 있는 유럽 국가들이 국민부담률이 더 높은 것으로 보인다. 조세부담률의 국세와 지방세 규모를 살펴보면 국세가 13.8%, 지방세가 4.1%를 나타내었다.

정부재정 규모를 살펴보면, 최근 10년 사이 최고 수준인 2009년 GDP대비 26.7%를 기록하였으나 이후 감소하여 2014년 현재 23%를 차지하고 있다.

한국의 GDP에 대한 조세 비중을 보면 2007년 21.0%에서 2010년 19.3%까지 감소하다가 다시 증가하여 2012년 기준 20.2%를 나타내고 있다. 조세 중 국세와 지방세의 비중은 각각 79.0%, 21.0%로 2007년 78.8%, 21.2%와 크게 변화가 없어 국세 비중이 월등히 높은 것을 알 수 있다. 그러나 양여금, 교부금, 보조금을 고려한 국세의 지방이전을 포함한 비중을 보면 약 61%의 수준을 유지하고 있는 것으로 나타났다. 이러한 결과로 볼 때 우리나라의 지방재정은 중앙재정에 대한 의존도가 대단히 높다는 것을 알 수 있다.

3.3.1 중앙정부

① 중앙정부의 세입구조

2013년의 경우 중앙정부의 일반회계 세입은 195조 4천억원으로 내국세 수입의 96.8%를 차지하고 있다. 이 중 부가가치세가 29.0%, 소득세 24.5%, 법인세 22.5%의 순으로 비중을 차지하고 있으며, 법인세의 경우 전년대비 2.1조원이 감소하였다.

② 중앙정부의 세출구조

중앙정부의 세출은 주로 교육, 사회보장 및 국방 사업에 사업에 집중되어 있으며, 사회보장 분야의 비중은 최근 빠르게 증가해 왔다. 2013년의 경우 중앙정부의 세출은 296조 5,570억원으로 일반공공행정 6.3%, 교육 16.3%, 국방 10.9%, 사회보장 및 복지 24.65%로 구성되어 있다. 2013년과 같이 수입에 비해 지출이 초과하는 것을 재정적자라고 한다. 이와 같이 재정수입이 지출보다 부족하면, 이 금액은 국민들로부터의 차입으로 메운다. 반면에 재정수입이 지출보다 많으면 재정흑자가 발생하며 정부는 정부채무잔액의 일부를 상환하는 데 재정흑자를 사용한다.

3.3.2 지방정부

① 지방정부의 세입구조

2013년의 경우 지방정부의 세입은 196조 6,092억원이며, 중앙정부 이전재원이 41%로 높은 비중을 차지하고 있다.

② 지방정부의 세출구조

2013년의 경우 지방정부의 총 세출은 160조 6,113억원이며 일반공공행정 9.7%, 교육 7.6%, 사회복지 23.3%, 수송 및 교통 9.1%, 문화 및 관광 6.3%, 국토 및 지역개발 7.2%의 비중을 나타내고 있으며 과학기술 분야에 대한 지출의 비중은 상대적으로 낮다.

3.4 조세와 효율성

조세제도를 고안할 때는 효율성과 공평성이라는 두 가지 목적이 고려된다. 일정한 수입을 징수하면서 납세자에게 적은 비용을 부담시키는 세제가 효율적이다. 그렇다면 세금이 납세자에게 부담시키는 비용은 무엇일까? 가장 분명한 것은 세금납부액 그 자체이다. 그러나 세금은 경제적 순손실과 행정비용이라는 두 가지 추가 비용을 초래하는데, 이들 비용을 없애거나 가능한 한 줄이는 것이 바람직하다. 현행 우리나라의 조세체계(기획재정부 발간 2015년 『조세개요』 참조)는 [그림 10-4]와 같다.

그림 10-4 우리나라의 조세체계

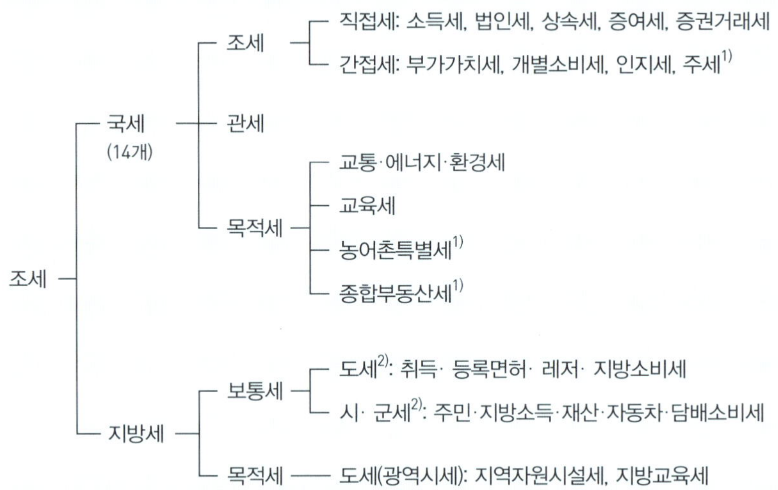

1) 농어촌특별회계 및 국토균형발전특별회계 재원
2) 광역시 자치구의 경우 등록면허·재산세(50%)만이 자치구세이고, 광역시 군의 경우 위의 군세와 동일하며, 나머지가 각각 광역시세임.

3.4.1 조세의 경제적 순손실

조세의 경제적 순손실이란 사람들이 사고 파는 재화와 서비스의 진정한 비용과 편익에 의해서가 아니라, 조세로 인해 바뀐 경제적 유인에 따라 자원이 배분되기 때문에 발생하는 비효율이다.

조세가 초래하는 경제적 순손실을 이해하기 위하여 간단한 예를 하나 들어보자. 피자 한 개에 대해 느끼는 가치가 철수는 8천원이고, 영희는 6천원이라고 하자. 피자에 대해 세금이 없을 때는 피자가격이 진정한 생산비용을 나타낸다. 피자 한 개의 가격이 5천원이고 철수와 영희는 각각 피자를 한 개씩 사먹는다고 가정하자. 이 경우 두 사람이 피자 한 개로부터 얻는 효용이 가격보다 크기 때문에 소비자잉여가 발생한다. 철수의 소비자잉여는 3천원이고, 영희의 소비자잉여는 1천원이므로 소비자잉여의 합은 4천원이다.

이제 정부가 피자 한 개에 2천원의 세금을 부과하여 피자가격이 한 개에 7천원으로 오른다고 하자. 철수는 여전히 피자 한 개를 사먹지만 소비자잉여는 1천원으로 줄어든다. 반면에 이 가격은 영희가 피자 한 개에서 느끼는 효용보다 높으므로 영희는 피자를 사먹지 않게 된다. 정부는 철수가 사먹는 피자로부터 2천원의 세금을 징수한다. 철수와 영희의 소비자잉여의 합은 4천원에서 1천원으로 3천원 감소한다. 이 경우 총소비자잉여의 감소 규모가 세금 징수액 2천원보다 많은 3천원이므로 1천원만큼의 경제적 순손실이 발생하는 것이다. 여기서 주의할 점은 경제적 순손실이 세금을 실제로 납부하는 철수가 아니라 세금을 납부하지 않는 영희에게서 발생한다는 사실이다. 왜 그럴까? 한번 생각해 보자.

또 다른 예를 하나 들어보자. 하루에 10시간 동안 일을 하던 사람이 세율의 인상으로 8시간만 일하기로 결정하였다면, 사회적으로는 생산활동이 줄어들게 되어 사회적으로 손해가 발생하게 되는데, 이 손해가 바로 경제적 손실이다.

3.4.2 조세의 행정비용

세제의 행정비용은 비효율의 하나이다. 정부는 실제 납세액만 징수하는 데 반해, 납세자들은 이 금액을 부담할 뿐 아니라 소득의 기록과 계산, 그리고 절세를 위한 시간과 돈을 소비하기 때문이다. 이러한 세제의 행정비용은 세법의 단순화를 통해 줄일 수 있다. 그러나 세제의 단순화는 정치적으로 어렵다. 남에게 이득이 되는 세법상의 허점을 없애는 데는 대부분의 사람들이 찬성하지만 자신에게 도움이 되는 허점이 없어지기를 바라는 사람은 없기 때문이다.

3.4.3 한계세율과 평균세율 그리고 정액세

세금납부로 인한 납세자의 희생이 어느 정도인지를 측정하려면 소득 중에서 세금으로 지불된 금액의 비중을 나타내는 평균세율이 적합하다. 그러나 세제가 유인을 어느 정도 왜곡시키는지를 알아보기 위해서는 한계세율이 더 의미 있는 개념이다. 왜냐하면 한계세율에 의해 조세의 경제적 순손실이 결정되기 때문이다. 한계세율은 초과 수익에 대해 세금으로 지불해야 할 비율을 말하는데 투자자는 현명한 투자결정을 위해서는 한계세율을 파악할 필요가 있다. 한계세율의 크기는 노동 공급량에 영향을 미쳐 한계세율이 높아지면 근로의욕이 감소되어 여가를 선호하게 된다. 이런 의미에서 보면 누구에게나 동일한 금액으로 부과되는 세금인 정액세는 한계세율이 0이므로 가장 효율적인 세금이다. 정액세는 납세자의 경제적 결정과는 무관하게 그 납세자의 진정한 지불능력에만 의존하여 일정액이 일시불로 부과되기 때문에 납세자가 경제적 결정을 바꾸어도 납세액을 줄일 수 없도록 고안된 조세이다. 바꾸어 말하면, 납세자의 경제적 결정은 정액세에 의해 전혀 영향을 받지 않으므로 조세에 의한 왜곡이 발생하지 않는 것이다.

3.5 조세와 공평성

3.5.1 편익원칙

조세원칙의 하나인 편익원칙benefits principle에 따르면 사람들은 정부가 제공하는 공공재와 서비스로부터 얻는 편익에 따라 세금을 내야 한다. 이 원칙을 적용하면 공공재가 사적재와 비슷해진다. 그러나 편익원칙은 정부서비스로부터 개개인이 얼마나 혜택을 받고 있는가를 파악하기가 지극히 어렵다는 현실적인 문제점이 있다. 다만 전기료, 수도료, 고속도로 사용료와 같이 개인이 받는 혜택이 분명히 가려질 수 있는 경우에는 부분적으로 수익원칙이 적용될 수 있을 것이다.

3.5.2 능력원칙

조세제도의 공평성을 평가하는 또 하나의 방법은 능력원칙ability-to- pay principle이다. 능력원칙은 세금부담능력에 따라 세금규모가 결정되어야 한다는 원칙이다. 이 원칙은 모든 국민들이 정부재정을 위해 '동일한 희생'을 해야 한다는 주장에 의해 뒷받침되기도 한다.

능력원칙으로부터 수직적 공평성과 수평적 공평성이라는 두 가지 공평성의 개념이 도출된다. 수직적 공평성vertical equity은 부담능력이 큰 사람이 더 많은 세금을 내야 한다는 원칙이다. 그러나 여기에는 능력이 증대될 때 과연 어느 정도나 세금을 늘려야 하는가에 대해 의견이 서로 다를 수 있다. 예를 들면, 소득에 비례하여 조세를 부과하는 비례세가 공평한 것인지, 아니면 소득이 증가할 때 세율도 증가하는 누진세가 좋은 것인지, 세율이 오히려 감소하는 역진세가 바람직한 것인지의 문제는 쉽게 대답할 수 없는 것이다. 수평적 공평성horizontal equity은 부담능력이 비슷한 사람들은 세금도 비슷하게 내야 한다는 원칙이다. 그러나 어떤 두 사람의 능력이 비슷한지 아닌지를 어떻게 판정할 수 있을까? 이런 질문에 대한 간단한 답은 없다. 이 두 가지 경제적 후생 개념은 널리 수용되고 있지만 이 개념들을 이용하여 조세제도를 평가하는 일은 간단하지 않다.

수직적 공평성을 위한 대표적인 조세로 누진세와 상속세를 들 수 있다. 누진세란 소득이 증가함에 따라 평균세율이 증가하는 조세를 말하는 것으로, 이를 통해 가처분소득이 어느 정도 평준화될 수 있다는 사실에서 그 과세 근거를 찾을 수 있다. 소득의 불평등은 사회의 안정성을 흔들 수 있음을 감안할 때, 이러한 누진세제에 의한 소득의 평준화 효과는 긍정적으로 평가할 수 있다. 상속세의 경우에도 비슷한 논리를 적용할 수 있다.

한편 수평적 공평성과 관련지어서, 근로소득자들의 소득세부담과 자영업자의 소득세 부담 간의 문제를 들 수 있다. 근로소득자들의 경우 소득세는 소득이 완전히 투명하게 공개되어 소득 발생에 대하여 원천 징수된다. 따라서 탈세의 여지가 없다. 그러나 비근로 소득자(자영업자나 자유직업소득자: 의사, 변호사 등)들의 경우, 세원노출을 회피하려 하므로 세원에 대한 포착이 쉽지 않다. 즉, 신고자가 자신의 소득규모를 속여서 신고한다면 이를 적발하기 어렵다.

3.5.3 조세귀착과 조세의 공평성

조세부과가 자원배분에 미치는 영향을 평가하기 위해서는 조세를 궁극적으로 누가 부담하게 되었는가 하는 조세의 귀착tax incidence문제에 우선 답할 수 있어야 한다. 예를 들어 유류세를 부과했을 때 공급자가 실제로 조세를 부담하는가 아니면 가격인상을 통해서 조세부담을 소비자에게 전가시키는가 하는 것이다. 조세의 귀착은 자원배분에 영향을 미치는 중요한 요인이다.

경제학을 공부하지 않은 사람은 돈 많은 사람들이 고가의 모피코트를 사기 때문에 이런 코트에 대한 세금은 수직적 공평성을 만족시킨다고 주장할 수 있다. 그러나 모피코트에 세금이 부과될 경우 코트를 사던 사람들이 코트 대신 다른 사치품을 산다면 모피코트의 판매량은 감소할 것이다. 궁극적으로 이 세금은 모피코트의 소비자가 아니라 생산자들이 부담하게 된다. 모피코트를 만드는 사람들은 대부분 부자가 아니기 때문에 모피코트에 대한 세금은 수직적 공평성을 만족시키지 않는다.

3.6 효율성과 공평성의 상충관계

세제의 가장 중요한 목표가 효율성과 공평성이라는 점에 대해서는 거의 모든 사람들이 동의한다. 그러나 이 두 가지 목표는 상충되는 경우가 많다. 세법개정안 중에는 효율성을 증진하는 대신 공평성을 희생하는 것이 있는가 하면, 공평성은 증대되지만 효율성을 저해하는 제안도 있다. 사람들이 조세정책에 대해 이견을 보이는 것도 사람에 따라 효율성과 공평성에 대해 서로 다른 비중을 부여하기 때문이다.

경제학만으로는 효율성과 공평성이라는 두 가지 목적의 조화를 기할 수 없다. 이 문제에는 경제학뿐 아니라 정치철학이 연계되어 있다. 그러나 경제학은 조세정책에 관한 정치적 논쟁에서 중요한 역할을 담당한다. 사회가 직면하는 교환과 선택의 문제를 분명히 알려주고 공평성의 증진 없이 효율성을 저해하는 정책을 피할 수 있도록 도와줄 수 있기 때문이다.

참고문헌

- 공병호, 「IMF 시대 당신의 상식, 뒤집어야 살 수 있다」(1999), 김영사.
- 김경환·김종석 옮김, N. Gregory Mankiw, 「맨큐의 경제학」(7판, 2015), 센게이지러닝코리아.
- 김옥암, 「경제정책론」(1999), 학문사.
- 박홍립, 「거시경제학」(2000), 박영사.
- 오종남, 「경제활동 인구연보」(2002), 통계청.
- 윤영대, 「한국의 사회지표」(2001), 통계청
- 유태현, 「재정학」(1999), 상경사.
- 재정경제원 예산실, 「한국의 재정」(1999), 매일경제신문사.
- 최현우 외 4인 공저, 「경제학 강론」(1998), 법문사.
- 허우헌, 「재정학 개론」(1997), 학문사.
- 홍기현·조영달, 「경제학산책」(1992), 김영사.
- http://www.bok.or.kr/ 한국은행 홈페이지.
- http://www.nso.go.kr/ 통계청 홈페이지.
- http://www.kipf.re.kr/ 한국조세연구원.

생각해 볼 문제

1. 가계의 소득은 어떻게 이루어지며 어떠한 소비가 합리적인 소비활동인가?

2. 기업의 경제활동의 구조는 어떠한가?

3. 정부의 조세 수입의 구조는 어떻게 이루어져 있는가?

4. 기업은 가계 그리고 정부의 조화를 위해서 어떤 노력을 하는가?

5. 정부의 조세 기준이 공정한가?

6. 개방임용제가 전반적으로 실시될 때 우리나라 공직사회에서 일어나는 순기능과 역기능에 대해서 논하라.

7. 한국재정구조는 여타 OECD국가에 비해 여러 가지 특징들을 가지고 있다. 이에 대해 토의하고 구조적 해결점에 대해 모색하라.

8. 조세의 공평성을 저해하는 요인은 무엇이 있는가?

9. 노인연금 재정에 관한 자료를 보면, 우리나라는 고령화 사회로 접어들어 미래에 노인 복지 측면에서 심각한 문제가 초래될 수 있다는 견해에 대해 논의해 보자. (임용고사기출)

읽을거리

교도소의 민영화

전통적으로 국가가 제공하는 것으로 여겨지던 많은 서비스가 민영화하고 있다. 1980년 영국의 대처주의자들이 주도한 민영화 프로그램이 보편화한 결과다.

대처주의자 — 예를 들어 키스 조지프와 같은 열렬한 자유의자 — 눈으로 민영화의 정당성을 바라보자면, 민영화는 무엇보다 보통 사람에게 소유권을 확대해 사유재산에 대한 이해 관계를 부여하는 것이다. 그렇게 함으로써 "만성적으로 적자에 시달리면서도 '노동 귀족' 등 보수적인 수혜자에게만 이익이 돌아가는 관료적인" 공기업에 생기를 불어넣겠다는 생각이었다. 실제로 당시 많은 민영화 프로그램이 지금처럼 소수 자본가가 아닌 국민주 매각 또는 임대인에게 직접 매각하는 형식으로 민영화했다.

미국이나 영국 등에서 성행하는 '교도소 민영화'를 통해 이러한 민영화 논쟁의 단면을 들여다볼 수 있다. 교도소 민영화는 다른 민간 투자사업과 유사하게 수요 증가(?)와 정부의 자금 부족 그리고 운영 효율 등을 이유로 도입됐다. 최초 사례는 1984년 미국 이민국이 '미국 교정회사'(CCA-Corrections Corporation of America)라는 사업자와 계약을 체결해 민간 교도소를 설립한 프로젝트라고 한다. 오늘날 미국의 교도소 시장(?)은 이 CCA와 '와켄허트 교정회사'(Wackenhut Corrections Corporation)가 거의 양분하고 있다.

민간 자금으로 건설, 운영되는 교도소는 통상 침대 개수마다 일정 금액을 민간 사업자에게 수수료로 내고 있다. 인권 운동가나 민영화 반대론자는 이 민간 기업들이 정부에 로비를 하면서 자신들의 영향력을 확대해 나간다고 비판한다. 특히 민간 사업자는 교도소의 운영을 독점하는 정부가 더 많은 교도소를 민간에 이양할 것을 요구하고 있다. 심지어 입법 로비 등을 통해 인종 차별적 판결과 불필요한 수감 기간 연장 등 부작용을 낳고 있다는 비판도 있다.(중략)

모든 민간 교도소가 '부패'를 이윤 창출의 기본 모델로 삼고 있는지는 알 수 없는 노릇이다. 하지만 기본적으로 수감자의 선도를 통해 재범을 방지하는 교도소 본연의 목적이 이윤과 연결되지 않는다는 사실은 확인할 수 있다.

한편, 영국에서는 민간이 교도소를 '비즈니스'하면서 이와는 다른 모델을 취하려는 시도가 진행되고 있다. 영국의 사회적 투자은행인 '소셜파이낸스'에서 시도하는 프로젝트인데, '사회영향채권'(social-impact-Bonds)을 발행해 모인 자금으로 정부와 계약을 통해 교정 서비스를 제공해 얻은 이윤을 투자자와 나눈다는 계획이다. 이런 아이디어는 2007년 고든 브라운 총리가 설치한 한 위원회에서 채택됐다.

그런데 수익 모델이 저 악명 높은 CCA나 PA차일드케어와 다른 것이 무엇일까. 그들이 달성해야 하는 서비스의 목표에서 차이가 있다. 미국 민간 기업이 더 많은 수감자를 수용해 이윤을 창출했다면 사회영향채권의 투자자와 사업시행자는 수감자의 재범률이 낮아질 때 수익률에 따라 성공 보수를 받게 된다. 확실히 이윤동기가 앞의 교도소와는 다르고 제공하는 서비스도 본래 목적에 상당 부분 부합하는 면이 있다.(중략)

한편, 교도소 민영화는 여전히 수많은 비판에 직면해 있다. 이미 우리나라의 의료서비스 민영화 추진 논란, 미국의 군대 민영화에 따른 '전쟁의 비즈니스'화, 영국의 철도 민영화에 따른 대형사고 발생 등 민영화의 어두운 그림자를 목격했다. 또 주요 기간산업에 대한 국가의 지배권 확보는 진보세력의 여전히 주요한 요구 사항이다. 하지만 점점 더 많은 국가 주도의 공공 서비스가 한계에 도달하고 있는 것이 사실이다. 각국의 재정 여력은 금융위기를 거치며 더 열악해져 신규시설이나 기존 시설의 운영이 한계 상황에 놓이는 경우도 많다.(중략)

결국 현 상황에서 고민해야 할 주제는 과연 자본주의 시스템하에서 국가의 제공해온 공공서비스의 본질, 그리고 그것이 추구하는 '공익성'이 무엇인가 하는 질문이 아닐까 싶다. 그러한 원초적인 질문을 다시 고민하고 사회적으로 합의될 때라야만 비로소 우리가 원하는 서비스를 가장 잘 제공할 수 있는 주체로부터 타당한 가격으로 제공받을 수 있을 것이기 때문이다. 비록 이번에 권좌에서 밀려났지만 사회영향채권을 지지하는 발언을 하며 고든 브라운이 그래도 옳은 소리 한번 했기에 옮겨본다.

"이제는 문제의 증상이 아니라 근본적인 원인을 다루는 데 돈이 지불될 것이다."(Money paid out now to deal at root with the causes, not the symptoms of a problem.)

출처: *Economy Insight* 2010년 6월호, "BLOGO Sphere" foog.com 운영자

읽을거리

돈은 ○○이 생명이다

경영자들의 재무감각테스트
1. 적은 자본으로 ○○ 버는 기업이 좋은 기업이다.
2. 돈은 ○○이 생명이다.
3. 대차대조표로 ○○○○을 이해한다.
4. 손익계산서로 돈의 ○○을 이해한다.
5. 이익과 ○○의 증가는 일치하지 않는다.
6. ○○○○○는 현금 움직임의 실제 모습을 나타낸다.
7. 은행은 ○○○○가 건전한 기업을 좋아한다.
8. 주주는 ○○○을 기대할 수 있는 기업을 선호한다.
9. 기업경영은 ○○로 지키고 전략으로 공략한다.
〈정답〉 1.많이 2.회전 3.자금조달(재무상태) 4.흐름 5.현금 6.현금흐름표 7.재무상태 8.고수익 9.재무

'돈은 ○○이 생명이다.' 은행은 ○○○○가 건전한 기업을 좋아한다.'

'한국CFO(최고재무책임자) 스쿨'이 최근 발간한 웹진에 실린'재무감각 테스트'가 기업 재무·회계 담당자들 사이에서 화제다. 얼핏 보면 쉬운 것 같지만 막상 정답을 내기에서는 아리송한 재무·회계 관련 상식을 담은 질문들로 구성됐기 때문이다. 총 9개 문항으로 구성된 이 테스트는 경영자나 재무·회계 담당자들의 기초 상식이지만 반드시 알아야 할 내용들에 대해 다루고 있다.

'돈은 ○○이 생명이다'라는 질문의 정답은 '회전'이다. 투입된 자본이 상품이 돼서 기업의 수익

과 매출로 돌아오는 속도를 빠르게 하는 것이 기업경영에 있어서 중요하다는 의미를 담고 있다. 대기업들은 자본회전율에 신경을 쓰지만 중소기업들은 자본회전을 등한시하는 경향이 있는 만큼 재무책임자라면 반드시 알아야 할 상식이라는 지적이다. 오너경영을 할 때에는 투입된 자본이 언젠가 오너에게 돌아오기 때문에 자금의 회전속도가 크게 중요하지 않지만 주주경영시대에는 주주들에게 빠르게 이익을 배당할 책임도 있다는 측면에서 중요한 질문이라는 설명이다.

'은행은 ○○○○가 건전한 기업을 좋아한다'라는 질문은 다음 질문인 '주주는 ○○○을 기대할 수 있는 기업을 선호한다'와 이어지는 문항이다. 은행과 주주의 기본적인 성향 차이를 묻고 있다. 정답은 '재무상태'와 '고수익'. 은행은 돈을 안전하게 돌려받을 수 있는지 여부를 가장 중요시하지만 주주는 안전성보다는 자신에게 돌아올 수 있는 수익이 어느 정도일지에 가중치를 부여한다는 의미다. 심규태 한국CFO스쿨 대표는 "기업 재무·회계의 기본적 명제들을 쉽게 이해할 수 있도록 퀴즈 형식으로 만들면 접근하기 편해질 것이라고 생각해 테스트를 고안했다"고 설명했다.

이 테스트를 접한 재무·회계 담당자들은 재미있다는 반응을 보였다. 한 대기업 재무 담당자는 "어렴풋이 알고는 있었지만 명확하지 않았던 개념을 간단한 퀴즈를 통해 접하니 기억에 명확하게 남았다"고 말했다.

출처: 박민제, 한국경제, 2010.8.20

읽을거리

썩은 기업가정신

20세기 경제학의 대가 케인즈(Keynes)는 투자를 결정하는 동물적 본능(animal spirits)으로, 슘페터(Schumpeter)는 창조적 파괴(creative destruction)로 혁신을 선도하는 기업가정신(entrepreneurship)으로 기업가가 시장경제를 발전시키는 원동력이 된다고 하였다. 한국도 생산활동을 조정하고 감독하며 불확실한 상황에서 위험을 부담하고 시장의 불균형을 조정하며 혁신으로 경제 발전을 선도하는 유능한 기업가들이 있어 고도성장의 기틀을 마련하였다. 한국의 대표적 기업가로서 정주영은 자동차 수리점 아도서비스의 인수로 시작하여 1946년 현대자동차공업사 설립에서, 이병철은 1938년 삼성 상회 개점에서, "월마트가 낭비하는 1달러는 고객의 주머니에서 나온 것"이라는 미국의 월마트 창시자 샘 월튼(Sam Walton)은 1945년 벤 프랭클린 잡화점 개장에서 창업과 도전정신으로 거대한 기업을 일구었다.

그러나 지금 벌어지고 있는 일부 기업가들의 비정상적인 상도덕은 시장경제의 자원배분 효율성은 물론 경제 발전을 저해하며 국민을 우롱하고 고객의 삶을 불행하게 만들고 있다. 그들은 손쉽게 장사하는 면세점 유치 등에만 열을 올리고 있다. 그들에게서 창업정신은 찾아볼 수 없으며 기업가 정신은 썩어 들어가고 있다.

먼저 썩은 기업가정신은 비상식적인 갑(甲)질 파문을 일으킨다. 직원과 고객을 비롯한 이해관계자들에게 폭행, 폭언 등의 논란에 휩싸인 강태선 블랙야크 회장, 조현아 전 대한항공 부사장, 김만식 전 몽고식품 명예회장, 미스터피자의 정우현 MPK그룹 회장 등 열거하기조차도 싫은 갑질 기업가들의 면면들이다. 갑질은 시장의 분배과정에서 발생한 경제적 불평등 관계를 인격적 및 도덕적 불평등 관계로 변질시키는 외부효과를 초래한다.

다음으로 썩은 기업가정신은 비자금 조성 및 횡령배임과 탈세를 자행한다. 국내 굴지의 CJ그룹, SK그룹의 비자금 조성과 효성그룹의 분식회계, 그리고 기업인들이 조세도피처에 설립한 페이퍼컴퍼니를 통한 역외탈세 의혹을 사고 있다. 비자금 조성은 시장의 정상적인 거래를 문란하게 하고 탈세는 조세 정의에 어긋난 불법이고 역외탈세는 국부의 유출이라는 점에서 반사회적 범죄이다. 그들은 각종 규제 때문에 투자가 어렵다고 불평하고 국민들의 반기업정서로 경영이 힘들다고 항변하면서 낮은 법인세율과 투자 관련 세금감면과 각종 규제 완화의 혜택을 누려왔다. 그것도 모자라서 회사 자금을 빼돌리고 거짓 회계로 기업의 실적을 분장하고 관련 세금을 회피하려고 자산을 국외로 유출하는 행위에서 기업가정신이라고는 찾아볼 수 없다.

그리고 썩은 기업가정신은 금품 로비로 이어진다. 네이처 리퍼블릭 정운호 대표의 도박과 금품 로비 의혹은 우리 사회에서 자수성가한 기업가의 처신과 기업가와 유착하여 불법과 비리를 비호하는 이익집단의 부패를 보여주고 있다. 기업의 성공은 기업가의 도전정신과 의지가 가장 필요하지만 종업원, 고객, 유통업자, 정부 등 이해관계자들의 협조 없이는 불가능하다. 그러나 그들은 돈과 재력으로 권력을 사고 금품 로비가 통하는 이익집단의 비호를 받게 된다. 바로 기업가 자신이 비효율적인 경영과 불법적인 시장 거래를 통해서 반기업적 정서를 확산시키는 비리의 장본인들이다.

마지막으로 썩은 기업가정신은 고객 배신과 거짓으로 일관한다. 영국에 본사(RB; 레킷벤키저)를 둔 다국적기업 한국 옥시는 가습기 살균제 사용으로 고객의 목숨을 앗아간 반사회적 범죄를 일으킨 살인기업이다. 신현우를 비롯한 옥시의 전현직 대표이사는 전문가 그룹과 공모하여 독성실험보고서를 조작하여 살인무기인 상품을 한국 소비자에게 판매하여 죽음의 대가로 얻은 이윤을 영국 본사로 보내고 주주들에게 배당금으로 분배하였다. 한국 옥시는 인체에 해가 없다고 항변하고 17여 년간 관련성을 부정하는 것으로 일관하였다. 이것은 미국의 저명 경제학자 크랩스(Kreps)가 반복게임의 관점에서 분석한, 기업이 명성(reputation)을 유지하는 것이 영속적인 존재라는 기업의 본질과 윤리는 사라지고 시장경제의 신뢰(trust)가 무너진 사건이다.

이런 썩은 기업가정신을 지닌 기업가들은 사회적 비난과 질타에 직면하면 머리 숙여 사과하지만 시간이 지나면 슬그머니 재등장한다. 이런 과정에서 기업의 브랜드 이미지와 자산 가치는 추락하고 피해는 묵묵히 일하는 회사 직원과 고객들에게 고스란히 전가되며 정부와 국민들은 경영 실패를 세금으로 구제하는 책임을 떠안게 된다.

이미 병든 기업가정신은 스스로 회복되기에 불가능한 시장실패이다. 이런 속임수적인 기업가의 행태가 반복되면 고객을 비롯한 국민들은 불매운동으로 해당 기업과 시장을 응징하고 이탈한다. 더불어 정부와 정치권도 철저한 진상조사를 통해서 국민의 안전과 생명을 보호하는 장치를 마련하고 사법부는 엄정한 재판을 통해 피해 보상은 물론 책임자들을 단죄하는 판결이 뒤따라야 한다.

지난 20대 총선에서 유권자들은 투표를 통해서 정치권을 준엄하게 심판하였다. 만약 고객과 국민들이 시장에서 썩은 기업가를 심판하지 않으면 일부의 기업집단과 정치세력, 변호인 및 교수, 회계법인 등의 전문가 그룹들에게 불법과 비리, 그리고 회생의 기회만을 줄 뿐이며 그들은 다시 결탁하여 고객들을 고립시키고 이윤을 가져간다. 이제 고객들은 귀중한 소비자 주권을 행사하여 썩은 기업과 기업가들을 시장에서 영원히 퇴출시켜야 한다.

출처: 김일태, 「시대정신, 시론에 담다」(2016), 마인드탭

Chapter 11

화폐와 금융

1. 화폐는 무엇이며 어떤 역할을 하는가?
2. 어디까지를 화폐로 볼 것인가?
3. 화폐는 누가 수요하고 공급하는가?
4. 통화량이 늘어나면, 경제는 어떻게 되는가?
5. 통화량은 어떻게 조절되는가?
6. 흑자경제주체와 적자경제주체는 어디서 만나게 될까?
7. 땅 밑을 흐르는 돈, 주가를 움직이는 돈, 국경을 넘나드는 돈을 어떻게 이해할 것인가?

개관

우리는 음식점에 들어가서 맛있게 식사를 한 후 그림이 그려진 종이나 은행의 이름과 자신의 서명이 담긴 종이를 주인에게 지불한다. 그리고 주인은 이 종이를 받고 음식을 대접한다. 오늘날 이러한 사회적인 관행을 이상하다고 생각하는 사람은 없다. 식당주인은 우리가 준 그 종이를 나중에 제3의 인물에게 지급하고 자기가 원하는 물건을 살 수 있다는 확신이 있기 때문이다. 이렇게 화폐를 통한 거래 관행은 거대하고 복잡한 현대사회에서 각별히 요긴하다. 현대의 복잡한 경제현상은 대부분 돈과 밀접한 관계를 가지고 있다. 돈은 발행된 이후 계속해서 국민경제 전반에 걸쳐 물가나 성장에 영향을 미친다. 때로는 지하로 숨어들기도 하고 국경을 넘나들기도 하면서 경제활동에 영향을 미친다.

오늘날 많은 경제학자들이 돈의 문제를 연구하고 있는데, 이것은 돈 그 자체의 본질을 해명하려는 것이라기보다는 오히려 돈에 대한 연구를 통해 경제현상에 대한 이해를 증진시키려고 하는 것이라고 할 수 있다. 이 장의 학습을 통하여 돈과 관련된 경제의 여러 모습들을 이해할 수 있는 기본 지식을 쌓아보자.

내용표준과 기준

제11장에서 다룰 주요 내용은 미국 경제교육협의회(NCEE)의 〈내용표준과 기준 11〉에 해당하는 것으로 "화폐는 교환, 차용, 투자, 그리고 재화와 서비스의 가치 비교를 보다 쉽게 만든다"는 것을 보여 주고 있다. 이러한 내용표준을 충족시키기 위한 기준으로는 화폐의 정의, 물물교환, 교환의 매개수단, 가치저장, 회계단위, 화폐의 수요와 공급, 그리고 은행의 신용창조와 같은 개념을 들 수 있다.

1. 화폐는 무엇이며 어떤 역할을 하는가?

1.1 화폐의 의미

우리는 깨어 있는 대부분의 시간을 돈을 벌거나 쓰는 일에 매달리고 있다고 해도 과언이 아니다. 기업이 생산 활동을 하거나 가계가 노동력과 같은 생산요소를 제공하는 것도 모두가 돈과 결부되어 있다. 국민경제의 경우도 마찬가지이다. 이와 같이 우리의 경제생활은 항상 돈(화폐)과 관련을 맺고 있으며 돈 때문에 빚어지는 우여곡절이 많아서 돈으로 행복이나 권력을 살 수 있다고 생각하는 사람이 있는가 하면 돈이 불행과 죄악의 근원이라고까지 생각하는 사람들도 있다. 비록 돈에 대한 생각은 사람마다 다르지만 돈은 모든 사람에게 중요하게 여겨지고 있다. 그러나 돈의 비밀은 간단하지 않다.

그렇다면 돈(화폐)은 무엇인가? '돈'이라고 불리는 화폐는 여러 사람의 손을 거쳐 유통됨에 따라 '돌고 돈다'고 해서 '돈'이라고 부르게 되었다고 하기도 하고, 옛날 엽전의 열 푼을 한 돈으로 하였다고 하는 데서 유래하였다고들 한다. 이에 반하여 영어의 'Money'라는 단어는 고대 로마시대 하늘의 여신인 '주노 모네타Juno Moneta'의 사원이 돈을 제조하는 주화coin 제조공장으로 사용되었기 때문에 내려온 유래로서 모든 주전소뿐만 아니라 여기서 만들어진 모든 것들을 통틀어서 'Money'로 부르게 되었다고 한다.

우리가 흔히 말하는 부자는 무엇이든지 원하는 것은 다 살 수 있을 정도로 돈이 많다는 의미이다. 여기서 돈money은 재산wealth의 의미로 사용된다. 그러나 경제학에서 말하는 돈, 즉 화폐는 다른 사람으로부터 재화와 서비스를 구입하기 위해 사용하는 몇 가지 자산들을 의미한다. 다시 말해 상품의 매매와 채권, 채무의 청산 등에서 일반적으로 통용되는 지불수단이다. 예를 들어서 설명해 보자. 우리가 지갑에 가지고 있는 10,000원 지폐로는 지금 바로 빵집에서 빵을 살 수 있지만, 보유하고 있는 시가 10,000원의 주식으로는 바로 빵을 살 수 없다. 이는 주식이 화폐로 간주되지 않기 때문이다. 즉, 지폐와 주식은 모두 10,000원의 가치를 가지고 있지만 화폐의 기능을 가지는 것은 지폐이다. 이것이 경제학에서의 화폐의 의미이다.

그리고 일상생활에서 우리는 돈이 없어서 인생살이가 고되다며 세상을 한탄하는 사람을 자주 볼 수 있다. 개인의 입장에서 보면 돈의 양은 많으면 많을수록 좋을 것이라고 쉽게 대답할 수 있을 것이다. 그러면 국가 전체의 입장에서도 돈의 양은 많으면 많을수록 좋은 것인가? 한 국민경제 내에서 유통되고 있는 돈의 양은 어떻게 결정되고 조절되는 것인가? 아울러 지하로 숨어들고, 주가를 움직이고, 국경을 넘나드는 돈의 실체는 무엇인가? 등에 관한 경제학자들의 설명을 경청해 보자.

1.2 화폐의 기능

화폐(돈)는 무엇인가에 대한 명확한 해답은 아직까지 제시되지 않고 있지만, 경제학에서는 화폐의 기능이 무엇인가를 규명하는 측면에서 이 문제를 다루고 있다. 화폐는 여러 가지 기능을 하고 있지만 크게 교환의 매개수단과 가치의 저장수단, 가치의 척도(회계의 단위)라는 세 가지 기능으로 나누어 볼 수 있다. 이러한 기능들은 화폐와 다른 자산을 차별화한다.

화폐의 가장 본질적인 기능은 교환의 매개수단으로서의 기능이다. 교환의 매개수단medium of exchange이란 어떤 재화나 서비스를 사는 사람이 파는 사람에게 주는 지불 수단이다. 상점에서 물건을 사고 주인에게 어떤 것을 지불하였을 때 주인이 이것을 받으면 이것은 교환의 매개수단으로서의 기능을 하는 화폐라 할 수 있다. 만약 돈이 없다면, 상품의 매매는 물물교환을 통해 이루어져야 할 것이고, 상업사회에서 물물교환은 지나치게 높은 거래비용을 초래하므로 교환의 방식으로 사용할 수는 없다. 예를 들어 책, 맥주, 커피, 밥이 생산되는 물물교환경제에서 책을 생산한 사람이 밥을 필요로 하는 경우를 생각해 보자. 밥을 가진 사람이 다행히 책을 원한다면 두 사람은 필요한 물건을 서로 바꿀 수 있다. 그러나 밥을 가진 사람은 맥주가 필요하고, 또 맥주를 가진 사람은 커피를, 커피를 가진 사람은 책을 원하는 경우도 있을 것이다. 이 때 책을 가진 사람이 밥을 구하기 위해서는 책과 커피, 커피와 맥주, 맥주와 밥의 순서로 세 번을 바꾸어야 한다. 그리고 이러한 물물교환의 과정은 물품의 종류가 많아질수록 더욱 복잡하게 된다.

둘째로 화폐는 가치를 저장하는 수단으로서의 역할을 한다. 실제로 우리 생활에서 필요한 재화는 책, 맥주, 커피, 밥 외에도 매우 많다. 재화가 필요할 때마다 자신이 가진 것과 여러 차례 교환하여 구하는 방법은 매우 비효율적이다. 돈이 있을 경우에는 사람마다 필요한 물건이 다르고 아무리 많은 종류의 물건이 생산된다

하더라도 필요한 거래횟수를 두 번으로 줄일 수 있다. 생산한 물건은 팔아서 돈으로 바꾸고 그 돈으로 필요한 물건을 사면되기 때문이다. 이것은 화폐가 가치의 저장수단store of value으로서의 기능을 가지기 때문이다. 가치의 저장수단이란 현재의 구매력을 미래로 이전시키는 데 이용되는 수단이다. 어떤 사람이 지금 물건을 팔고 돈을 받으면 그 돈을 가지고 있다가 나중에 다른 물건을 사는 데 사용할 수 있기 때문이다. 예를 들어, 대부분의 대학생은 점심 도시락을 싸다니지 않지만 점심을 먹을 수 있다. 점심 도시락의 가치를 지니는 돈을 가져왔기 때문이다. 도시락은 가져오지 않았지만 돈을 가져왔으니까 도시락을 가져온 것과 같은 것이다. 이 때 돈이 가치의 저장수단이다.

끝으로 화폐는 회계의 단위unit of account 혹은 가치를 측정하는 역할을 한다. 앞에서 예로 든 물물교환 경제에서는 각 재화의 가치를 나타낼 만한 기준이 없다. 책을 가지고 밥을 구하는 사람이 책으로 얼마만큼의 밥을 살 수 있는지를 알기 위해서는 다른 상품 간의 교환비율까지 모두 알아야 하는 불편한 점이 있다. 그러나 화폐경제에서는 모든 물건의 가치가 같은 화폐단위로 표시되므로 모든 상품간의 교환비율을 즉시 알 수 있다. 이것이 돈의 가치 척도 기능이다. 예를 들어 목걸이 하나의 가격이 10,000원이고 양말 한 켤레의 가격이 2,000원이라고 하자. 10,000원으로 목걸이와 양말 둘 중 하나를 사려고 할 때 그냥 둘 중 하나를 선택하는 것보다 둘의 효용을 비교하여 소비하는 것이 좋다. 목걸이의 효용이 10,000원이고 양말 5켤레의 효용이 11,000원이라면 양말을 사는 것이 현명한 소비이다. 가치의 척도로서의 돈은 재화 간의 교환비율을 알려줄 뿐만 아니라 선택하고자 하는 재화 중 효용이 더 큰 것을 선택하게 하여 현명한 소비를 돕는다.

1.3 화폐의 발달과정

가난한 자와 부유한 자를 막론하고 돈(화폐)은 아주 오랜 세월 동안 우리들의 일상생활에 없어서는 안 될 귀중한 생활수단으로, 때로는 애증의 대상으로 인류의 역사와 함께 존재하여 왔다. 인간 생활에서 어떤 물건이 화폐로 기능하기 위해서는 모든 사람들이 그것을 받아들여야 한다. 물론 인류 최초의 화폐는 지금 우리가 쓰고 있는 은행권 또는 주화와 같은 돈의 모습을 가지고 있었던 것은 아니다.

〈표 11-1〉에서 보면 당시에는 그 자체로서 가치를 지니고 있으면서 교환의 매

표 11-1 화폐의 발전과정

종 류	특 징	예
물품화폐	자체로서 가치를 지니고 있으면서 교환의 매개가 가능할 정도의 이동성과 내구성을 보유	직물, 곡물, 농기구
금속화폐	적은 양으로도 고유의 가치를 가지면서 보관, 휴대 및 운반이 편리	금화, 은화, 동화
명목화폐	화폐의 소재가치가 액면가치보다 낮은 화폐	은행권, 주화
전자화폐	IC칩이 내장된 플라스틱 카드나 PC 등 전자적 매체에 화폐가치를 전자기호로 저장한 화폐	IC카드형(몬덱스, 비자캐시) 네트워크형(E-캐시, 사이버캐시)

개가 가능할 정도의 이동성과 내구성을 지닌 직물, 곡물, 농기구 등이 그 기능을 담당하였는데 이를 물품화폐라 한다. 우리나라의 경우 삼한시대 이전부터 곡물이 물품화폐로 사용되었다고 한다. 그 후 적은 양으로도 고유의 가치를 가지면서 보관, 휴대 및 운반하기 편리한 금, 은, 동 등의 금속이 화폐의 역할을 수행하게 되었는데 이를 금속화폐라 한다.

물품화폐와 금속화폐는 그 자체만으로도 소재가치가 있어 어느 누구의 지급보증이나 유통을 위한 법적 강제력이 수반되지 않아도 사용이 가능하였다. 그러나 금속화폐의 주조권을 군주 등 국가권력이 소유하게 되면서 주조차익을 얻을 목적으로 귀금속 함유량을 감소시켜 화폐의 소재가치가 액면가치보다 낮은 주화를 제조하게 되었다. 지폐의 경우 실질가치는 종이 값과 인쇄비 정도가 고작인데, 명목가치는 수백 배, 수천 배가 될 수 있다. 가령 10,000원권 지폐의 경우에 종이 값과 인쇄비를 합쳐 100원이 들어간다고 한다면, 명목가치가 실질가치의 100배가 되는 것이다. 이와 같이 화폐의 소재가치가 액면가치보다 낮은 화폐를 명목화폐라 하는데 오늘날의 화폐는 명목화폐가 대종을 이루고 있으며 그 대표적인 예가 은행권(지폐)이다.

물품화폐, 금속화폐, 그리고 명목화폐로 발달되어 온 화폐는 현재 우리가 사용하고 있는 은행권과 주화의 형태로 자리 잡고 있으나 최근에는 정보통신 및 컴퓨터 기술의 발달로 신용카드, 전자자금이체 등 현금대체 결제수단의 이용이 더욱 보편화되면서 머지않아 전자화폐가 현재의 은행권과 주화의 상당부분을 대체하여 현금 없는 사회cashless society가 도래할 것이라는 예상도 하고 있다. 전자화폐와 관련하여 흔히 오해를 하고 있는 것이 신용카드이다. 쓰임새로 보면 신용카드와 전자화폐는 같은 것 같지만, 신용카드는 물건이나 서비스를 사면 그 즉시 돈을 지불하는 것이 아니라 한 달 단위로 모아서 나중에 결제하는 방식이고, 전자화폐는 미리 일정액의 돈을 저장해 놓은 뒤 물건이나 서비스를 살 때마다 돈을 꺼내 쓰는 방식이다. 우리가 흔히 사용하는 직불카드나 교통카드는 전자화폐의 일종이다.

그러나 이러한 전자화폐가 화폐로서의 역할을 제대로 수행하고 미래에 일반대중이 애용하는 결제수단으로 자리 잡기 위해서는 이에 대한 대중의 확고한 신뢰가 바탕이 되어야 한다. 이러한 점에서 전자화폐는 아직까지 위조 및 도용 등 보안상의 문제가 확실히 해결되지 않을 뿐만 아니라 돈 세탁 등 범죄에의 이용가능성, 국제간의 자금 이동 파악의 곤란 및 개인정보의 집적에 따른 프라이버시 보호문제 등 아직도 해결하여야 할 문제점이 많이 남아 있다.

2. 어디까지를 화폐로 볼 것인가?

2.1 유동성으로서의 화폐

화폐의 발달과정을 통해서 볼 때 화폐가 '일반적으로 교환수단으로 사용되는 물건'에서 '여타 재화를 취득하기 위하여 교환할 수 있는 자산'으로 바꾸어져 왔음을 짐작할 수 있다. 그러나 적절한 상황에서는 어떤 자산도 다른 재화를 얻기 위하여 교환될 수 있다. 따라서 모든 자산을 화폐에 포함시켜야 할 것인가? 물론 그렇지는 않다. 화폐로 구분할 수 있는 기준이 되는 또 하나의 성질은 유동성liquidity'이다. 화폐는 유동성이 있는 자산이다. 유동성이 높을수록 화폐에 가깝다. 어떤 자산이 완벽하게 유동적이라면 화폐가 갖는 성질의 정점에 달했다고 할 수 있다.

유동성이란 무엇인가? 어떤 자산의 유동성이란 그것을 다른 자산과 교환하는 데 수반되는 비용을 일컫는다. 전혀 비용을 들이지 않고 다른 자산과 교환할 수 있다면 그것은 완전히 유동적인 자산이다. 여러분의 지갑 속에 있는 지폐가 좋은 예가 될 것이다. 여러분이 정부의 채권을 소유하고 있다면 그것을 다른 자산과 교환할 수 있을 것이다. 그러나 우선 그것은 현금과 교환해 주는 은행을 방문하여 할인을 받아야 하는 비용을 치러야만 한다. 따라서 정부의 채권은 유동성이 있는 자산이지만 화폐만큼 유동적이지는 않다. 그렇다면 정부의 채권은 화폐인가? 화폐로 간주되기 위해서 과연 얼마나 유동성을 지녀야 하는 걸까? 이러한 질문은 전문가들도 상이한 견해를 피력하는 매우 어려운 문제이다.

경제학자들의 관점에서 유동성은 중요한 개념이다. 유동성이 있는 자산을 갖는다는 것은 보다 다양한 선택의 폭, 보다 나은 기회, 따라서 더 많은 부를 갖는다는 것을 의미한다. 그렇다면 어느 정도의 유동성을 갖는 자산을 화폐로 볼 것인가 하는 것은 어느 정도 자의적으로 정해지며 완전히 만족스러운 방법은 없다.

2.2 통화지표

'시중에 돈이 너무 많이 풀려 있다. 아니다, 한국은행은 돈을 더 많이 풀어야 한다. …' 등과 같은 돈과 관련된 말들을 종종 들을 수 있다. 이 경우 돈이란 구체적으로 무엇을 말하는 것일까? 현금의 총액만을 뜻하는 것일까? 경제 전체와 관련해서 돈이란 말을 사용하게 될 때는 통화량을 뜻하게 되는데 통화량의 개념과 통화량을 재는 척도인 통화지표에 관해 살펴보자.

국민경제의 안정적 성장을 위해서는 시중에 유통되는 돈의 총량을 적정수준으로 유지하는 것이 중요하다. 이를 위해서는 먼저 시중에 풀려 있는 돈의 총량을 정확하게 파악할 수 있어야 하는데, 돈의 총량을 정확하게 측정하는 것은 매우 어렵다. 왜 그런가?

흔히 화폐라고 하면 우리는 지폐나 동전 같은 현금만을 연상하기 쉽다. 그러나 현금 이외에도 자기앞 수표나 즉시 인출이 가능한 당좌예금과 같은 금융자산은 언제든지 쉽게 현금으로 바꾸어 쓸 수 있고, 또 그것을 가지고 직접 물건을 살 수도 있다. 그렇다고 이것들만 돈으로 볼 수는 없을 것이다. 은행의 정기예금이나 단자회사에서 취급하는 CMA 같은 금융자산들도 언제나 현금화할 수 있기 때문이다. 따라서 화폐의 개념을 정의하기란 그렇게 간단하지 만은 않은 일이다. 결국 여러 가지 기능이나 성격을 가진 금융자산 중에서 어디까지를 화폐에 포함시킬 것이냐에 따라 통화의 개념도 달라진다.

2.3 우리나라의 통화 및 유동성 지표

우리나라에서는 2005년 10월 26일 새로운 통화지표로서 '협의통화(신M_1)'과 '광의통화(신M_2)'를 발표하였고, 그 이후 유동성지표로서 금융기관유동성(L_f)과 광의유동성(L)을 개발하여 병행하여 사용하고 있다. 2013년 12월 현재 통화 및 유동성 지표별 구성내역에 의하면, 광의유동성은 3,350.5조원에 이르고 있다(〈표 11-2〉 참조).

$$\text{신}M_1\,(\text{협의통화}) = \text{현금통화} + \text{요구불예금} + \text{수시입출식 저축성예금}$$

협의통화(신M_1)는 가장 유동성이 큰 화폐의 개념으로서 민간부문이 보유하고 있는 현금에다 은행의 요구불예금과 수시입출식 저축성예금을 합한 것으로 정의된다. 여기서 민간부문이란 은행이 아닌 가계나 기업을 의미한다. 은행이 보유한 현금, 즉 시재금은 직접 일상거래에서 지불수단으로 사용되는 것이 아니기 때문에 협의의 화폐의 개념에서 제외되는 것이다. 요구불예금이란 말 그대로 고객이 요구할 때 은행이 즉시 지불해 주어야 하는 예금을 말한다. 우리나라에서는 당좌예금, 보통예금, 별단예금, 가계종합예금 등이 이에 속한다. 일반적으로 요구불예금에 대한 이자율은 0에 가깝다. 수시입출식 저축성예금은 수시로 입출이 가능한 저축성 예금으로 개인MMF를 포함하고 있다.

$$\begin{aligned}\text{신}M_2\,(\text{광의통화}) = {} & \text{신}M_1 + \text{단기 정기예금, 정기적금 및 부금} \\ & + \text{시장형 상품} + \text{실적배당형 상품} + \text{금융채} + \text{기타}\end{aligned}$$

광의통화(신M_2)는 신M_1에 이와 대체관계가 큰 예금취급 금융기관의 통화성부채(만기 2년 이상 제외)를 추가한 것이다. 이들 통화성부채는 지불수단으로 직접 사용되지는 않지만 약간의 이자손실만 감수하면 통화로 쉽게 전환되며, 가치저장수단으로 사용될 수 있는 예금이다. 시장형 상품에는 양도성예금증서, 환매조건부채권매도, 표지어음 등을 포함한다. 실적배당형 상품에는 금전신탁, 수익증권 등을 포함한다. 금융채는 은행이 발행하는 채권이다. 기타상품에는 투신증권저축과 종금사발행어음이 포함된다.

L_f(금융기관유동성) = 신M_2 + 신M_2 미포함 금융상품 중 만기 2년 이상 정기예적금 및 금융채 등 + 한국증권금융(주)의 예수금 + 생명보험회사(우체국 보험 포함)의 보험계약준비금 + 농협 국민생명공제의 예수금 등

금융기관유동성(L_f)은 신M_2에다 신M_2 미포함 금융상품 중 만기 2년 이상 정기예적금 및 금융채, 한국증권금융(주)의 예수금, 생명보험회사(우체국 보험 포함)의 보험계약준비금, 농협 국민생명공제의 예수금 등을 포함한 통화지표이다.

L(광의 유동성) = L_f + 정부 및 기업 등이 발행한 유동성 시장금융상품(증권회사 RP, 여신전문기관의 채권, 예금보험공사채, 자산관리 공사채, 자산유동화전문회사의 자산유동화증권, 국채, 지방채, 기업어음, 회사채 등)

광의유동성(L)은 L_f(금융기관유동성)에다 정부 및 기업 등이 발행한 유동성 시장금융상품을 더한 것으로 가장 광의의 통화지표이다. 정부 및 기업 등이 발행한 유동성 시장금융상품에는 증권회사 RP, 여신전문기관의 채권, 예금보험공사채, 자산관리공사채, 자산유동화전문회사의 자산유동화증권, 국채, 지방채, 기업어음, 회사채 등을 포함한다.

최근 우리나라를 비롯한 대다수 주요국 중앙은행은 금리를 통화정책의 운용목표로 사용하면서 통화량의 상대적 중요성이 다소 저하된 것은 사실이나 중장기 물가안정과 관련된 통화량의 역할은 여전히 중요하다. 지속적인 물가상승, 즉 인플레이션은 통화공급의 증가 없이는 일어날 수 없기 때문이다. 특히 새로운 통화지표는 IMF의 국제 기준에 따라 금융기관 구분없이 금융자산의 유동성을 기준으로 작성됨으로써, 정책지표로서의 유용성이 크게 개선될 것으로 기대된다.

표 11-2 통화 및 유동성 지표별 구성내역 (단위: 조원)

(2013년 12월 말 현재)

<table>
<tr><td></td><td></td><td></td><td>L(광의 유동성)
(3,350.5)</td></tr>
<tr><td></td><td></td><td></td><td>회사채, CP
(215.7)</td></tr>
<tr><td></td><td></td><td></td><td>국채, 지방채
(194.1)</td></tr>
<tr><td></td><td></td><td>L_f(금융기관 유동성)
(2,615.1)</td><td>기타금융기관상품
(325.9)</td></tr>
<tr><td></td><td></td><td>생명보험계약준비금
및 증권금융예수금
(503.8)</td><td rowspan="2">좌동</td></tr>
<tr><td></td><td>M_2(광의 통화)
(1,290.8)</td><td>2년 이상 장기금융상품 등
(190.5)</td></tr>
<tr><td></td><td>기타 예금·금융채
(125.2)</td><td rowspan="4">좌동</td><td rowspan="4">좌동</td></tr>
<tr><td></td><td>실적배당형금융상품
(380.3)</td></tr>
<tr><td></td><td>시장형금융상품
(32.7)</td></tr>
<tr><td>M_1(협의통화)
(515.6)</td><td>정기예적금
(867.0)</td></tr>
<tr><td>수시입출식예금
(336.3)</td><td rowspan="3">좌동</td><td rowspan="3">좌동</td><td rowspan="3">좌동</td></tr>
<tr><td>요구불예금
(126.0)</td></tr>
<tr><td>현금통화
(53.3)</td></tr>
</table>

출처: 한국은행, 「알기쉬운 경제지표 해설」, 2014

3. 화폐는 누가 수요하고 공급하는가?

근대 자본주의가 성립되기 이전에는 돈을 빌려주고 이자를 받는다는 것은 죄악으로까지 생각되었다. 그러다가 근대에 들어와서 생산활동이 활발해지자 이자는 그러한 활동의 결과로 얻어지는 이윤 중의 일부라고 생각하게 되었다. 그렇다면 이자는 과연 무엇일까? 이 같은 질문에 대해서는 아직 명확한 대답은 없다. 단지 이자란 '절약에 대한 보수이다'라든가 '자본에 대한 보수이다'라고 하는 설명이 옛날부터 있어 왔다. 케인즈는 '현금으로 가지고 있는 경우의 편리함을 포기하는 것에 대한 보상'이라고 이자를 생각하였다. 어떻든 간에 일단 '돈을 빌리거나 빌려주는 경우의 사용료가 이자이다'라고 생각할 수 있을 것이다. 이 경우에 이자율은 화폐에 대한 수요와 공급에 의해서 결정되는 돈의 가격이라고 말할 수 있다.

3.1 화폐의 수요

어떤 한 시점에서 사람들이 보유하고자 하는 화폐의 총량을 화폐수요라고 한다. 일정시점에서 사람들은 화폐뿐만 아니라 부동산·귀금속 같은 실물자산이나 주식·회사채·국공채 같은 금융자산을 가질 수도 있다. 그런데 왜 사람들은 화폐를 보유하려 하는 것일까? 케인즈의 유동성 선호이론에 따르면, 사람들은 경제활동을 하기 위해 화폐가 필요한데 그 목적은 다음 세 가지가 있다. 유동성선호란 가계나 기업들이 화폐를 보유하고자 하는 성향을 말하며, 화폐수요란 말과 동의어라고 생각하여도 무방할 것이다. 첫째, 사람들은 거래를 착수하고 또한 거래비용을 줄이기 위해서 화폐를 보유할 것이다. 이것을 거래적 동기에 의한 화폐수요라고 한다. 즉 소득을 취득하는 시점과 지출을 하는 시점이 다르기 때문에 이 기간 동안 구매력에 해당하는 유동성을 확보해 두어야 하기 때문이다. 일국 경제 전체의 입장에서 볼 때 거래적 동기에 의한 화폐수요는 명목 GDP의 크기에 비례한다. 둘째, 사람들은 미래의 예상치 못한 사건에 대비하여 화폐를 보유한다. 이것을 예비적 동기에 의한 화폐수요라고 하고, 그 크기는 소득이 높으면 많아지는 경향이 있다. 예비적 동기에 의해 화폐를 보유하는 것은 결국 일상용어로서 비상금을 의미한다. 일반적으로 소득이 많은 사람일수록 비상금의 규모도 크다. 따라서 예비적 동기에 의한 화폐수요는 소득의 증가함수라 할 수 있다. 셋째, 화폐는 미래에 주식이나 채권의 가치가 떨어질 것을 우려하여 보유되는 경우가 있다. 이것을 투기적 동기에 의한 화폐수요라 한다. 이자율이 높으면 투기적 동기에 의한 화폐수요는 감소하고, 이자율이 낮으면 투기적 동기에 의한 화폐수요는 증가하게 된다.

화폐의 수요를 예를 들어 살펴보자. 예컨대 소득이 100만원인 사람이 하루 평균 3만원을 화폐로 갖고 있다고 하자. 3만원 가운데 교통비, 점심값 등의 일상적인 거래로 1만원, 예상치 못한 일에 대비하기 위한 예비비로 3천원이 필요하다면 나머지 1만 7천원은 투기적 목적으로 보유한다는 것이다. 즉 투기적 목적으로 1만 7천원을 가지고 있다가 수익성 있는 투자기회가 생기면 바로 투자할 수 있도록 준비하고 있는 것이다. 만일 소득이 130만원으로 증가한다면 이 사람은 소득이 100만원일 때보다 하루에 평균 1만원 정도 더 쓸 수 있다. 일반버스 대신 좌석버스를 타거나 질이 나은 점심식사를 할 수 있을 것이며, 예비비도 넉넉히 준비할 수 있을 것이다. 따라서 거래 및 예비적 동기의 화폐수요는 소득이 높을수록 많아진다. 그러나 투기적 동기의 화폐수요는 소득보다는 이자율의 영향을 받는다. 왜냐하면 이자율이 화폐소유의 기회비용이므로 이자율이 낮으면 화폐소유의 기회비용이 낮으므로 화폐수요가 증가하고, 이자율이 오르면 화폐수요의 기회비용이 크기 때문에 화폐 대신 다른 금융자산(예를 들면 채권)을 선호하므로 투기적 동기의 화폐수요는 줄어든다.

특히 케인즈에 따르면 최저이자율에서는 모든 사람들이 미래의 이자율이 상승할 것으로 예상하므로 채권가격은 하락할 것으로 예상한다. 이런 상황에서는 사람들은 채권 대신 화폐를 보유하려고 한다. 이는 화폐에 대한 수요가 무한대임을 의미한다. 따라서 이자율이 매우 낮은 최저이자율 수준에서 화폐수요의 이자율탄력성은 무한대가 되어 화폐수요곡선은 수평선으로 나타나게 된다. 이 경우 통화량의 공급은 투기적 동기의 화폐수요로 흡수되어 버린다. 케인즈는 이와 같은 현상을 유동성함정liquidity trap이라고 하였으며 이런 상황에서는 통화정책은 효과가 없고 재정정책의 효과가 강하게 나타난다.

3.2 화폐의 공급

그럼 화폐의 공급은 어디서 어떻게 이루어지는가? 많은 사람들은 중앙은행인 한국은행만이 화폐를 만들어낼 수 있다고 생각한다. 사실은 그렇지 않다. 전체 화폐 가운데 중앙은행이 만들어내는 부분은 아주 작다. 우리는 이미 통화는 현금통화와 예금통화로 구성된다는 것을 알고 있는데, 이는 예금은행도 요구불예금의 창출을 통하여 화폐를 만들 수 있음을 암시하고 있다. 중앙은행인 한국은행과 예금은행의 신용창조를 통하여 화폐가 공급되는 원리를 살펴보자.

3.2.1 본원통화는 중앙은행의 부채

중앙은행의 창구를 통하여 시중에 나온 현금을 본원통화라 하는데, 이는 민간의 수중으로 들어가기도 하고 예금은행의 수중에 들어가기도 한다. 이 때 민간의 수중에 남아 있는 본원통화만이 현금통화이다. 예금은행의 수중으로 들어간 본원통화는 예금은행의 지급준비금이 되는데, 예금은행은 지급준비금을 자기금고에 가지고 있을 수도 있고 은행의 은행인 중앙은행에 예금할 수도 있다. 전자를 시재금이라 하고 후자를 지준예치금이라고 한다. 본원통화에서 이 지준예치금을 뺀 것을 화폐발행액이라 한다. 본원통화의 구성을 정리하면 〈표 11-3〉과 같다.

본원통화reserve base는 중앙은행 밖에 존재하는 현금총액인 화폐발행액과 중앙은행에 맡겨진 예금은행의 지급준비금인 지준예치금으로 구성된다. 그런데 이것들은 모두 중앙은행의 부채이다. 중앙은행의 자산과 부채는 일반적으로 정부부문, 민간부문, 해외부문 그리고 기타부문으로 나누어 분석되므로 결국 본원통화의 공급경로도 네 가지를 생각할 수 있다.

먼저 정부부문을 통한 통화 공급은 정부의 세입과 세출이 달라짐에 따라 일어난

표 11-3 본원통화의 구성

본원통화		
현금통화	예금은행 지급준비금	
현금통화	예금은행 시재금	중앙은행 지준예치금
화폐발행액		중앙은행 지준예치금

다. 정부가 각종 세금을 징수하게 되면 시중의 통화는 감소하고 공무원 봉급 등 인건비를 지급하면 시중의 통화는 증가한다. 민간부문을 통한 통화 공급은 금융기관이 개인이나 기업에 대하여 대출을 늘리면 통화량이 증가하고 대출을 회수할 경우에는 줄어들게 된다. 해외부문을 통한 통화 공급은 외국과의 거래에 따른 대금을 주고받음으로써 달라지게 된다. 수출대금을 받거나 외국돈을 들여와 국내은행에서 원화로 바꾸면 통화량이 늘어나고 반대로 수입이 늘거나 외국 빚을 갚으면 그만큼 줄어든다. 이 밖에 한국은행이 통화안정증권을 발행하여 은행이나 금융시장에 팔아 그 대가로 현금이나 수표를 받으면 통화량이 줄어들며 한국은행이 발행한 통화안정증권을 상환하거나 되사들이면 시중의 통화량이 늘어난다.

3.2.2 예금통화를 창출하는 예금은행

한편 예금통화는 한국은행이 공급한 통화를 바탕으로 은행에 의해서 공급된다. 한국은행이 공급한 현금통화는 시중에 그 일부가 현금으로 남고 나머지는 다시 은행에 예금된다. 은행에 들어온 예금 중 일정비율을 예금자가 찾아갈 것에 대비하여 지급준비금으로 한국은행에 예금하거나 현금으로 가지고 있고 나머지를 대출 등으로 다시 일반에게 공급한다. 이와 같이 일반에게 공급된 통화 중의 일부는 은행에 다시 예금으로 들어오고 이 중 지급준비금을 뺀 나머지는 또다시 대출로 나가는 과정이 되풀이된다. 그 결과 은행은 당초에 한국은행이 공급한 현금통화의 여러 배에 해당하는 예금통화를 늘리게 된다.

이러한 과정을 보다 알기 쉽게 예를 들어 〈표 11-4〉에서 설명해 보자. 우리나라에는 한국은행과 예금은행이 있는데 사람들은 현금을 가지지 않고 모두 은행에

표 11-4 대출을 통한 예금통화의 창출과정

	한국은행	A은행	B은행	C은행
본원통화	100			
예금		100	90	81
지급준비금		10	9	8.1
대출		90	81	72.9

예금하며 은행은 예금으로 들어온 자금의 10%(법정지급준비율)를 지급준비금으로 한국은행에 맡기고 나머지는 모두 대출로 사용한다고 가정해 보자. 이 경우 한국은행이 정부사업의 대금으로 국고금 100만원을 현금으로 갑이라는 사람에게 지급하였다면 갑은 이를 모두 A은행에 예금하며 A은행은 이 중 10만원은 지급준비금으로 한국은행에 맡기고 나머지 90만원을 을에게 대출하고 을은 이 돈을 다시 B은행에 전부 예금하는 과정이 되풀이 될 것이다. 이 때 통화량은 A은행 예금 100만원, B은행 예금 90만원의 순으로 늘어나 맨 나중에는 당초 예금의 10배인 1,000만원까지 늘어날 수 있게 된다. 이와 같이 예금은행은 최초의 예금을 바탕으로 하여 그 몇 배에 해당하는 돈을 창출할 수 있는데 이를 신용창조credit creation라 한다. 또 신용창조의 과정에서 추가로 창출된 예금을 파생적 예금derivative deposits이라 하고 법정지급준비율의 역수를 신용승수credit multiplier라 한다.

이상의 신용창조 과정을 요약하면 어떠한 예금은행도 중앙은행처럼 돈을 새로 만들지는 않는다. 그러나 그들은 업무수행과정에서 예금이라는 부채를 대출해 줌으로써 신용을 창조하는 것이고 이것은 '부채를 화폐화한다'는 관점에서 중앙은행이 공급한 본원적 통화와 같은 의미를 갖는다. 또한 통화 공급이 본원통화를 변동시키면 본원적 예금이 변화하여 통화량이 변화하든가 혹은 통화당국이 법정지급준비율을 변화시키면 신용승수가 변화하여 통화량이 변화하게 된다.

3.2.3 화폐에 대한 수요와 공급의 균형

화폐의 수요와 공급은 경제전체를 이해하는 데 대단히 중요하다. 즉 화폐시장에서 화폐에 대한 수요와 공급의 균형을 통하여 이자율이 결정되고, 이 이자율의 변동은 소득의 변화와 생산물시장의 변동으로 연결되기 때문이다. 이자율의 결정은 학자들 간에, 서로 다른 입장을 취하기도 한다. 고전학파 경제학자는 저축이 이자율의 증가함수라고 본다. 즉, 이자율은 사람들이 생산물을 현재 소비에 사용하지 않고 축적하게 하는 유인誘因으로 파악하여, 이자율이 상승하면 축적유인이 높아져 저축이 증가한다고 본다. 이에 비해 케인즈는 이자율이 화폐시장에서 화폐의 수요와 공급에 의하여 결정되는 화폐적, 명목적인 현상이라고 보았다. 케인즈의 화폐수요이론에 입각하여 화폐시장의 균형을 살펴보자. 금융정책 당국이 이자율 수준에 관계없이 화폐의 공급량을 일정 수준으로 유지한다고 가정하면 화폐시장의 균

그림 11-1 화폐시장의 균형

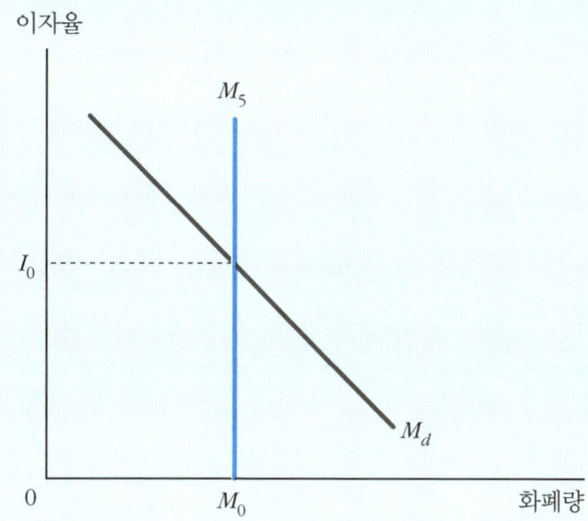

형은 [그림 11 - 1]과 같이 결정된다.

그럼 이자율의 기능에 대해 좀 더 상세하게 살펴보자. 이자율(금리)은 여러 가지 기능을 수행하고 있는데 가장 먼저 손꼽을 수 있는 것이 돈을 빌리려고 하는 자금의 수요와 돈을 빌려주고자 하는 자금의 공급을 조절하는 기능이다. 예를 들어 나라 전체적으로 자금의 공급보다 수요가 많으면 더 높은 이자율을 주려고 해야 돈을 빌려 쓸 수 있기 때문에 이자율은 오르게 된다. 한편 이자율이 오르면 돈을 빌리는 데 드는 비용이 커지기 때문에 자금에 대한 수요는 점차 줄어드는 반면 돈을 빌려주는 데 대한 대가로 받는 이자가 많아지기 때문에 자금의 공급은 늘어나게 되어 결국 수요와 공급이 같아지게 된다. 이자율이 가지고 있는 또 다른 중요한 기능은 자금의 배분 기능이다. 앞에서 설명한 것과 같이 금리가 오를 경우에는 자금의 공급이 늘어나는 한편 화폐를 잘 이용하여 더 많은 이익을 낼 수 있는 산업부문은 더 높은 이자를 줄 수 있기 때문에 결국 이자율은 이익을 많이 낼 수 있는 산업으로 자금이 흘러가도록 함으로써 나라 전체적으로 자금이 보다 효율적으로 사용될 수 있도록 한다.

4. 통화량이 늘어나면, 경제는 어떻게 되는가?

우리의 경제생활을 보면 상품이나 서비스와 같은 실물과 통화의 흐름이 서로 반대방향으로 움직이고 있음을 알 수 있다. 이러한 과정에서 통화량이 달라지면 경제에 여러 가지 영향을 미치게 되는데 가령 통화량이 늘어나는 경우에는 어떻게 되는지 살펴보자. 우선 통화량이 늘어나면 이는 개인이나 기업 또는 금융시장으로 흘러 들어갈 것이다. 개인의 경우 집을 늘리거나 좀 더 좋은 생활필수품을 사는 등 씀씀이를 늘리게 된다. 이러한 지출증가에 맞게 국내 생산이나 수입이 늘어나면 물가에는 영향이 없지만 그렇지 못하면 물가가 오르게 된다. 기업의 경우에는 늘어난 통화로 생산을 위한 원료를 더 많이 사거나 임금을 올려주는 데 사용하고 공장을 확장하는 등 투자를 늘리기도 할 것이다. 또한 통화가 금융시장으로 흘러들어가면 자금 사정이 좋아지므로 돈을 보다 쉽게 빌릴 수 있게 되고 이자율도 떨어지게 되므로 기업은 더 많은 투자를 하려고 할 것이다. 이러한 투자 증가는 생산을 증대시키고 수출능력을 키우며 일자리도 늘리는 효과가 있는 반면 이에 필요한 기계 등의 가격을 올려 생산제품의 원가가 올라감으로써 물가를 올리는 결과를 가져올 수도 있다.

이와 같이 통화량의 변화가 나라 경제에 미치는 영향은 광범위하고 다양할 뿐만 아니라 당시 경제 상황에 따라 다르므로 한마디로 단정 지어 이야기하기는 어렵다. 그러나 대부분의 경제학자들은 과거의 경험에 비추어 통화량이 필요한 양 이상으로 늘어나는 경우 장기적으로 물가가 오른다는 데는 같은 견해를 보이고 있다.

만일 통화량이 지나치게 늘어나 물가가 오를 경우에는 토지, 건물과 같은 재산이 많은 사람은 득을 보지만 재산이 적고 일정한 봉급으로 생활하는 사람은 같은 월급으로 종전보다 적은 물건을 사게 되므로 실제로 봉급이 줄어드는 결과가 되어 빈부격차가 더욱 커진다. 뿐만 아니라 물건을 사는 값과 파는 값의 차익을 노리는 투기꾼들이 나타나 사재기, 되팔아 넘기기 등이 성행하게 되므로 물가오름세를 더욱 부채질하게 된다. 한편 국내물가가 오르면 우리나라 상품이 외국물품에 비하여 상대적으로 비싸지게 되므로 수출은 줄고 수입은 늘어나게 된다. 또한 우리나라의 통화가치가 외국통화의 가치보다 떨어지게 되므로 외국통화 한 단위를 기준으로 한 우리나라의 환율은 올라가게 된다. 따라서 한 나라의 경제가 물가안정을 토대로 건전하게 발전하기 위해서는 그 나라 경제의 움직임에 알맞게 통화를 공급하는 것이 무엇보다 중요하다.

5. 통화량은 어떻게 조절되는가?

통화는 우리 경제생활을 편리하게 해 주는 유용한 수단이나 그 기능을 제대로 발휘하기 위해서는 통화가치, 즉 물가가 안정되어야 하므로 그 양을 알맞은 수준으로 조절하여야 한다. 이는 마치 물이나 불을 우리 생활에 유용하게 사용하기 위해서는 이를 잘 관리하여야 하는 것과 마찬가지다. 그러므로 우리나라의 중앙은행으로서 통화금융정책을 수립, 집행하는 한국은행은 통화량을 적정수준으로 유지하기 위하여 통화량의 규모를 나타내는 통화지표를 작성, 그 움직임을 항상 지켜보고 있다가 필요한 경우 통화량을 적절히 조절하기 위하여 여러 가지 수단을 강구하고 있다.

5.1 간접조절수단

먼저 중앙은행이 은행이나 금융시장의 자금사정에 영향을 줌으로써 통화량을 적정 수준으로 유지하는 간접적 조절방식이 있는데 공개시장조작, 재할인율정책, 지급준비율정책 등이 이에 해당된다. 예를 들어 통화량이 팽창된 경우 중앙은행이 증권시장에서 국공채를 매각하고, 법정지급준비율과 재할인율을 인상하게 되면 통화량은 감소하고 이자율은 상승하게 된다.

공개시장조작open market operation이란, 중앙은행이 은행이나 금융시장을 대상으로 국채 등의 유가증권을 매매함으로써 통화량을 조절하는 수단이다. 그동안 우리나라에서는 이를 본격적으로 활용하지 못하였으나 IMF 이후 경상수지의 흑자 또는 외국자본의 유입증가로 해외부문을 통한 통화의 공급이 크게 늘어남에 따라 이를 흡수하기 위해 통화안정증권을 비롯한 통화조절용 채권을 발행하는 등 보다 적극적으로 이런 형태의 관리방식을 활용하고 있다.

재할인율정책rediscount rate policy이란 중앙은행이 자금이 부족한 은행에 대하여 그 은행이 기업으로부터 할인하여 사들인 상업어음을 다시 할인하거나 동 어음을 담보로 대출을 해 주는 제도인데 재할인 대상어음의 종류나 재할인 규모를 변경시킴으로써 은행에 공급하는 자금량을 조절할 수 있으므로 중요한 통화조절수단으로 사용되고 있다.

지급준비율정책reserve requirements policy은 당초 예금자를 보호하기 위해 예금액의 일부를 중앙은행에 예치하도록 한 제도이지만 오늘날에는 통화량을 조절하는 정책 수단으로도 유용하게 활용되고 있다. 왜냐하면 예금은행이 중앙은행에 예치하여야 할 지급준비금의 비율을 변경하면 예금은행이 대출할 수 있는 자금의 양이 달라지므로 결국 통화량을 조절할 수 있기 때문이다.

5.2 직접조절수단

다음으로 중앙은행은 금융기관별 또는 자금종류별로 공급한도를 정하여 이 범위 내에서만 시중에 돈이 풀려 나가도록 예금은행의 대출을 통제하는 등 통화 공급량을 직접 조정할 수 있다. 이 방법은 통화조절의 효과가 강력하고 신속하다는 이점이 있으나 통화의 자연스러운 흐름을 방해하여 꼭 필요한 부문에 자금을 제때에 공급하지 못하게 되는 등 부작용을 초래할 우려가 있다. 따라서 이러한 방식은 물가가 급히 오르는 경우와 같은 특수한 경제사정하에서 많이 사용된다.

이상과 같이 통화량을 조절하는 데는 직접 및 간접적인 수단이 있으며 두 개 이상의 수단을 함께 사용하는 경우도 많은데 구체적으로 어떤 방식을 택하는가 하는 문제는 나라마다 당시의 경제상황에 따라 달라진다. 우리나라의 경우 중앙은행인 '한국은행'에서 통화정책을 수립하고 결정하는 기구는 '금융통화위원회(의장을 겸임하게 되는 한국은행 총재와 경제 각 분야를 대표하는 6명 등 대통령이 임명하는 총 7명의 위원으로 구성, 임기는 4년)'이며, 1980년대 초까지만 해도 통화량의 조절을 직접 규제수단에 주로 의존해 왔었으나 최근에는 금리자유화 및 금융시장 개방 등에 따라 통화량 조절에 공개시장조작과 같은 간접조절수단을 주로 활용하고 있다.

6. 흑자경제주체와 적자경제주체는 어디서 만나게 될까?

가계나 기업은 여유자금이 생기면 자금을 맡겨두거나 굴릴 곳을 찾게 되고 자금이 필요하면 빌릴 곳을 찾게 된다. 이 경우 자금의 수요와 공급을 매개하는 기관을 총칭하여 금융기관이라고 하고, 또한 자금의 수요와 공급에 의하여 자금거래가 계속적으로 이루어지는 조직이나 기구를 필요로 하게 되는데 이것이 금융시장이다. 그리고 금융시장에서는 화폐 이외에도 수표, 어음, 주식, 채권 등의 각종 금융자산이 거래된다. 이와 같이 금융시장에서 금융이 이루어지려면 자금의 수요자와 공급자, 금융수단인 금융증권, 금융기관이 필요하게 된다.

6.1 금융기관

국제통화기금IMF의 기준에 따르면 금융기관이란 다른 부문을 위하여 금융자산을 창조하고, 또 이들에게 필요한 자금을 빌려주는 역할을 하는 경제단위를 말한다. 이러한 금융기관은 그 기능에 따라 중앙은행, 예금취급기관, 기타금융중개기관, 보험회사 및 연금기금, 금융보조기관으로 구분된다.

금융기관은 인간이 만들어낸 훌륭한 발명품이기는 하지만, 경제상황에 따라 '뱅크런' 또는 '은행예금인출사태'가 일어날 수 있는 불안요인도 함께 가지고 있다. 이러한 상황에 대비하여 우리나라는 1997년 1월 1일부터 예금보험제도(금융기관이 문을 닫게 되면, 보험회사가 예금을 대신 지급해 주는 보험제도)를 시행하고 있으며, 이 역할을 하는 기관은 예금보험공사이다.

예금보험공사는 평소에 은행을 포함한 금융기관으로부터 보험료를 받아 기금을 적립한 후, 금융기관이 예금을 지급할 수 없게 되면 금융기관을 대신하여 예금을 지급해 주는 역할을 하게 된다. 우리나라는 현재 1인당 5천만원까지만 예금을 보장해 주고 있다.

표 11-5 우리나라의 금융기관

중앙은행	한국은행	
은행	일반은행	시중은행
		지방은행
		외국은행 국내지점
	특수은행	한국산업은행
		한국수출입은행
		중소기업은행
		농업협동조합중앙회
		수산업협동조합중앙회
	은행신탁	
비은행 예금취급기관	종합금융회사	
	상호저축은행	
	신용협동기구	신용협동조합
		새마을금고
		상호금융
	우체국예금	
금융투자업자	투자매매중개업자	증권회사, 선물회사
	집합투자업자	자산운용회사
	투자자문일임업자	투자자문사
	신탁업자	신탁회사
보험회사	생명보험회사	
	손해보험회사	손해보험회사
		재보험회사
		보증보험회사
	우체국보험	
	공제기관*	
	한국수출보험공사	
기타 금융기관	여신전문금융회사	리스회사
		신용카드회사
		할부금융회사
		신기술사업금융회사
	벤처캐피탈회사	중소기업창업투자회사
		기업구조조정전문회사
	증권금융회사	
금융보조기관	금융감독원	
	예금보험공사	
	금융결제원	
	신용보증기관	신용보증기금
		기술신용보증기금
	신용평가회사	
	한국자산관리공사	
	한국주택금융공사	
	한국증권선물거래소	
	자금중개회사	

* 농업협동조합공제, 순산업협동조합공제, 신용협동조합공제, 새마을금고공제

출처: 한국은행, 금융생활 길라잡이(2010)

6.2 금융시장

금융시장은 제도금융시장을 중심으로 그 규모와 성격에 따라 장기금융시장(자본시장)과 단기금융시장(화폐시장)으로 구분된다. 장기금융시장은 국가, 공공단체, 기업 등이 장기자금 조달을 목적으로 채권이나 주식 등 만기 1년 이상의 증권을 발행하고 발행된 증권이 유통되는 시장으로 단기금융시장인 화폐시장money market에 대응하여 자본시장capital market이라고도 일컬어진다. 금융기관으로는 증권회사, 증권거래소, 증권금융회사, 증권감독원 등이 있다.

단기금융시장은 단기자금의 수요자와 공급자 간의 자금수급불균형을 조절하기 위하여 통상 1년 미만의 단기 금융자산이 거래되는 시장을 말한다. 이 시장은 기업의 시설 자금이나 장기운전자금 조달을 목적으로 발행되는 주식, 채권 등이 거래되는 자본시장에 대응하여 화폐시장이라고도 불린다. 현재 우리나라에는 콜시장, 기업어음시장, 양도성예금증서certificate of deposits: CD시장, 환매조건부채권매매repurchase: RP시장, 통화안정증권시장, 무역어음시장 등이 있다.

국제금융시장은 세계적인 금융기관들이 지점 또는 현지법인의 형태로 영업망을 집중시킴으로써 국제금융거래가 지속적으로 이루어지는 장소로 외환시장Foreign Exchange Market, 단기금융시장Money Market, 중장기금융시장Capital Market, 주식시장Equity Market 및 파생금융상품시장Financial Derivatives Market 등을 포괄하는 의미이다. 전통적 국제금융시장은 상대적으로 우월한 경제규모, 자국 통화의 국제 통용력 및 고도로 발달된 국내금융시장을 바탕으로 국제자본의 유출입거래 등을 위하여 자연발생적으로 형성된 국제 금융활동의 중심지로서 런던, 뉴욕, 동경 금융시장이 대표적이다.

6.3 금융자산

금융거래에는 대차관계가 발생하게 되는데 금융자산이란 이때의 금융적 청구권을 말하며 금융시장에서 이를 매개로 자금이 거래되므로 금융수단이라고도 한다. 금융시장에서는 화폐 외에도 수표, 어음, 주식, 채권 등의 각종 금융자산이 거래된다.

6.3.1 수표

물건 값이 비싸면 돈을 많이 들고 다녀야 하기 때문에 불편하고, 다른 사람에게 돈을 빌리거나 갚을 경우에도 많은 돈을 들고 다니는 것은 위험하므로 수표가 필요하다. 수표를 발행하려면 은행에 가서 수표를 발행할 수 있는 통장을 만들어야 한다. 이 통장을 '당좌예금'이라고 하는데 은행이 아무에게나 당좌예금을 만들어 주지는 않는다. 그 사람의 신용을 조사해서 신용이 좋다고 판단되면 통장을 만들어 주고 수표용지를 나누어준다. 만약 통장에 1,000만원이 있다면 언제든지 1,000만원 범위에서 수표를 발행할 수 있다. 통장에 든 금액보다 더 많은 금액의 수표를 발행해야 하는 경우도 있는데 그럴 때는 은행과 '당좌대월'이라는 계약을 맺으면 된다. 물론 은행은 그 사람의 신용도가 충분히 좋다고 판단해야 당좌대월 계약을 맺어준다. 수표를 받은 사람은 언제든지 은행에 가서 현금으로 바꿀 수가 있다. 수표에는 당좌수표와 가계수표가 있는데, 당좌수표는 기업이 당좌예금을 개설한 뒤 발행하는 수표이고, 가계수표는 개인이 당좌예금을 개설한 뒤 발행하는 수표이다.

또한 은행이 발행 및 지급자가 되는 '자기앞수표'도 있다. 자기앞수표는 우리나라에만 있는 특수한 종류의 수표이다. 이는 발행은행이 지급처이면서 동시에 지급보증을 선다. 은행에서 지급보증을 서는 만큼 안전도면에서 확실한 수표이다. 따라서 발행은행이 부도가 나지 않는 한 자기앞수표에 부도수표란 발생하지 않는다. 다만 발행자가 분실 또는 도난을 당했을 때는 사고수표로 처리되어 지급이 정지된다.

6.3.2 어음

어음은 미래의 일정한 날짜를 정하여 어디서, 얼마를, 누구에게 무조건 지급할 것을 약속하는 내용을 적어 상거래에 쓰는 증권이다. 어음은 크게 은행도어음과 문방구어음(자가어음)으로 구분된다. 은행도어음은 은행이 어음용지를 인쇄하여 당좌거래를 개설한 기업에게 제공하면, 기업은 필요한 사항(발행일, 만기일 등)을 기입하여 거래처에 구입대금으로 지급하게 된다. 그러면 만기일에 어음을 은행에 제시하여 현찰로 인출할 수 있다. 문방구어음은 어음의 형태를 갖춘 것에 불과하고 일종의 차용증서이다. 따라서 문방구어음은 결제일에 어음을 발행한 사람에게 이를 제시하고 돈을 받는다. 은행도어음은 공공성이 있는 은행이 지급을 보증하고 있기 때문에 기업이 자신의 명의로 발행하는 문방구어음에 비해 신용도가 높다고 할 수 있다.

우리나라의 경우 대기업들은 중소기업이나 납품업자로부터 상품이나 원자재 부품을 납품받고 물품대금으로 현금 대신 주로 어음을 발행한다. 지급조건은 보통 3개월이다. 한편 납품한 기업의 입장에서는 이를 현금화하여 자금을 융통하는 것이 필요하므로 은행에 찾아가 어음할인을 요청한다. 그리고 은행은 다시 한국은행에 가서 어음을 재할인한다.

6.3.3 주식

주식은 주식회사에 대한 출자증명서이다. 주식을 산다는 뜻은 결국 그 금액만큼 그 기업에 투자한다는 것이다. 기업이 당신이 소유한 주식 수만큼 당신 것이 된다는 뜻이다. 주식은 증권회사를 통하여 누구라도 자유롭게 매매할 수 있다. 다만 주식의 시장가격은 액면가에 관계없이 시세에 의해 가격이 오르고 내린다. 주가는 호경기가 오면 대부분 상승하게 되어 봉급생활자는 물론 주부까지도 주식을 사고 파는 데 여념이 없게 된다. 주식으로 수입을 올리는 방법에는 두 가지가 있다. 먼저 배당이익income gain으로 회사에 이익이 생기면 갖고 있는 주식 수에 따라 주주에게 지불되는 배당금이 곧 그것이다. 또 하나는 자본이득capital gain으로 주식매매를 통한 시세차익이다. 대부분의 사람들은 시세차익을 목적으로 주식에 투자한다.

6.3.4 채권

사람들이 남에게서 돈을 빌릴 때는 '얼마를 언제 빌렸다'는 사실을 문서로 적어 건네주곤 한다. 돈을 빌려 쓰는 일을 한자어로 '차용借用'이라고 하고 차용 사실을 적은 문서는 '차용증서(신용증서)'라고 부른다. 말하자면 빚 문서이다. 차용증서는 은행에서 융자를 받기 위해 담보로 맡긴다든지 제3자에게 팔아넘길 수 없다. 이런 차용증서를 일반 투자자끼리 팔고 살 수 있도록 유가증권으로 만든 것이 채권이다. 채권은 기본적으로 남의 돈을 빌려오기 위해 발행한다. 따라서 채권은 발행할 때 원금을 되돌려주는 일자와 이자율을 정해 놓는다. 발행자는 채권만기일에 채권을 사들여 갖고 있는 사람에게 약속한 원금을 돌려줘야 하고 정해진 이율과 기간에 따른 이자를 지급해야 한다. 채권이 차용증서와 다른 점은 만기 전에 남에게 팔아넘길 수도 있고 담보로도 쓸 수 있다는 점이다. 원금을 돌려받는다는 조건이 붙기 때문에 주식과도 다르다. 주로 정부나 지방자치체, 금융회사, 기업 등이 자금을 마련하기 위해 발행한다.

7. 땅 밑을 흐르는 돈, 주가를 움직이는 돈, 국경을 넘나드는 돈을 어떻게 이해할 것인가?

돈은 발행된 이후 계속해서 국민경제 전반에 걸쳐 물가나 성장에 영향을 미친다. 때로는 지하로 숨어들기도 하고 국경을 넘나들기도 하면서 경제활동에 영향을 미친다.

7.1 땅 밑을 흐르는 돈

제도금융시장이 고도로 발달되고 전문화된 선진국가에서는 비제도금융시장이 차지하는 비중은 거의 무시할 정도이다. 그러나 우리나라는 아직 비제도금융시장이 존재하고 있으며 꽤 높은 비중을 차지하고 있는 실정이고, 이들 비제도시장을 중심으로 땅 밑을 흐르는 돈은 지하경제의 온상이 되고 있다. 우리나라의 지하경제의 규모는 2005년도의 경우 GDP의 20% 정도인 160조원 안팎으로 추정되고 있으며, GDP 대비 지하경제의 규모는 1980년대 평균 37%, 1990년대 평균 24%와 비교하여 2000년 이후에는 20%로 하락하는 추세를 보이고 있다. 지하경제는 소득분배의 왜곡, 재정수입 감소, 과세불공평 등 많은 부작용을 일으키므로 이에 대한 적절한 대책이 필요하다고 볼 수 있다.

비제도금융시장이란 정부당국에 의해 정식으로 해당 금융행위를 하는 것이 인정되지 않는 사채업자에 의해 금전의 대부, 중개 등의 금융거래가 이루어지는 시장으로서 거래되는 금융자산의 유형이나 거래조건 또는 탈세현상이 발생하는 금융시장을 의미한다.

비제도금융시장은 제도금융시장이 융통하지 못하는 자금수요를 충족시켜 제도금융시장의 보완적 역할을 수행하기도 하지만, 불로소득과 탈세의 온상이 되며 변칙금융의 뒷거래 과정에서 파생되는 왜곡된 자금흐름으로 시장 경제 질서를 위협하는 등 그 부작용이 너무 크기 때문에 이에 대한 적절한 대책이 마련되어야 한다.

금융실명제는 돈에 꼬리표를 달아 불법적인 행위가 드러나도록 함으로써 탈법행위를 예방하고 건전한 경제활동이 이루어지도록 하기 위한 조치로서, 지하경제를 축소하여 공정한 규칙에 따라 경제활동이 이루어지도록 함으로써 우리가 지키고자 하는 건전한 자본주의가 유지되도록 하는 데 매우 좋은 제도이다. 금융실명제가 철저히 지켜져서 땅 밑을 흐르고 있는 돈이 땅 위를 흐를 수 있도록 하는데 우리의 노력을 모아야 할 것이다.

7.2 주가를 움직이는 돈

주식시장은 흔히 '자본주의의 꽃' 또는 '자본주의가 만들어낸 최대의 오락'이라고 불린다. 기업의 성장성과 수익성뿐만 아니라 정치, 경제, 사회적인 모든 환경적 변수가 어우러져 주가의 등락을 연출해낼 뿐만 아니라 '사자', '팔자' 간의 철저한 수요·공급의 원칙에 기초한 공정한 가격이 형성됨으로써 자본주의 시장경쟁원리가 가장 적나라하게 반영되는 곳이 바로 주식시장이다. 이 같은 주식시장은 투자자들에게 투기적 요소가 어느 정도 가미된 스릴 있는 저축수단을 제공하고 있다. 한편 기업들에게는 투자재원을 조달해 주고 그 이익을 배당이라는 형식으로 다시 투자자들에게 환원케 함으로써 부의 형평을 가져오게 하는 것이다. 그럼에도 불구하고 우리 주변에는 주식투자를 하는 사람을 투기꾼 정도로 취급하고 주식시장을 투기의 장으로 여기는 사람이 있다. 왜 그럴까? 주식시장을 둘러싼 환경이 불안정할 뿐만 아니라 불공정한 거래가 빈번하게 이루어지고 있기 때문이다. 내부자거래, 큰손들에 의한 주가조작, 물타기 증자뿐만 아니라 오로지 객관적 입장에서 공정해야 될 증권사들의 불공정거래까지 한데 어울려 주식시장의 불확실성을 높이고 있다. 이와 같은 불공정 게임이 보편화되면 증권시장은 부의 분배를 실현할 수 있는 '자본주의의 꽃'이 아니라 부익부 빈익빈 현상을 조장하는 '사회불안의 온상'이 될 수도 있을 것이다.

이러한 현실을 감안할 때 공정한 경기규칙을 세우는 것과 동시에 정부의 주식시장개입이 불가피하다. 그렇다고 해서 정부의 시장개입이 반드시 바람직한 것은 아니다. 정부의 직접적인 시장개입은 될 수 있는 대로 줄여 나가야 한다는 데는 이견이 있을 수 없다. 될 수 있는 대로 정부는 증시주변의 환경개선, 특히 주식시장의 공정질서를 확립하기 위한 각종 제도개선 및 감독 기능 강화 등에 관심을 기울여야 할 것이다. 증시주변의 환경개선을 논할 때 빼놓을 수 없는 것이 기업공시제도의 문제이다. 기업공시제도란 기업으로 하여금 자금의 공급자인 주주나 채권자에게 기업에 관련된 제반 정보를 적시에 공정하고 완벽하게 그리고 계속적으로 전달케 하는 제도이다. 우리나라에도 기업공시제도로서의 규제 장치가 증권거래법 및 상법에 명시되어 있을 뿐만 아니라 기업공시의 실효성을 높이기 위해 여러 가지 보완적 장치를 마련해 놓고 있다. 주식회사 중 사업연도 말의 자본금이 5억원 이상이거나 자산총액이 30억원 이상인 경우에는 반드시 외부감사인으로부터 회계감사를 받도록 하는 의무가 그 좋은 예이다. 그러나 공시자료들이 지나치게 획일적이고 형식에 치우쳐 있어 투자자의 의사결정에 별 도움을 주지 못하고 있다는 지적이 높다. 더욱이 회사와 감사인이 결탁하여 허위공시를 함으로써 많은 선의의 투자자들에게 손해를 입히는 경우까지 발생하고 있다. 따라서 정부에서는 현행 기업공시제도의 문제점을 잘 보완하여 본래의 기능이 잘 발휘되도록 해야 할 것이다.

7.3 국경을 넘나드는 돈

돈은 한 나라에만 머물지 않고 나라와 나라 사이를 이동한다. 어느 나라든지 외국에 돈을 빌려주기도 하고 때로는 외국으로부터 돈을 빌리기도 한다. 다른 나라에게 돈을 빌려주는 자본수출은 외국에 대한 투자이기 때문에 해외투자라고도 하며 다른 나라로부터 돈을 빌리는 자본수입은 곧 외자도입을 의미한다. 그러나 돈이 국경을 넘나드는 이유는 해외투자나 외자도입 때문만은 아니라 단기차익을 노린 핫머니가 끊임없이 전 세계의 국경을 넘나드는 것이다. 핫머니hot money는 국제 정세의 급변, 사회적·정치적 불안, 환율 변동 등이 예상되는 경우 주로 각국의 단기금리차이 및 환율차이에 의한 투기적 이익을 목적으로 국제금융시장을 돌아다니는 유동성 단기자금을 말한다.

투기 목적의 단기자금이동은 그 매매대상에 따라 외환, 유가증권 그리고 상품투기의 세 가지로 구분할 수 있는데, 일반적으로 가장 문제가 되는 것은 환시세 변동에 의한 투기이윤을 얻고자 하는 환투기이다. 특히 1971년 8월 15일 미국의 닉슨 대통령이 '금과 달러의 교환을 정지한다'고 발표한 이후 고정환율제가 변동환율제로 이행됨에 따라 환율변동이 심해져 환차익을 노리는 환투기가 성행하게 되었다. 한편 투기적 이동과 같이 적극적인 이익 추구를 목적으로 하지 않고 소극적으로 화폐가치보전만을 목적으로 단기자금이 이동하는 것을 자본도피라고 한다. 국내 정세의 불안, 전쟁의 위험, 금융실명제와 같은 개혁조치, 송금중단과 같은 외환관리의 실시가 예상되는 경우에 화폐가치 상실의 위험을 회피할 목적으로 정치, 경제, 사회적인 안정성이 높은 나라로 자본을 도피시키는 경우이다. 따라서 어떤 형태를 취하던지 핫머니는 원조나 차관, 무역결제, 투자와 같은 정상적인 자금이동과는 그 성격이 판이하다. 돈의 흐름이 일시에 대량으로 이루어지면서 그 흐름이 매우 유동적이기 때문에 핫머니는 외환의 수급관계를 크게 교란시키고 국제 금융 시장의 안정을 저해하는 등 많은 부작용을 가져오는 것이다.

참고문헌

- 강형문・송양민, 「경제기사는 돈이다」(1996), 거름.
- 김경환・김종석 옮김, N. Gregory Mankiw, 「맨큐의 경제학」(7판, 2015), 센게이지러닝코리아.
- 김형규, 「모래돈과 바늘돈」(1994), 문이당.
- 박충식・정진택・노상문, 「생활경제」(1999), 교육과학사.
- 백용호, 「경제는 돈이다」(1994), 대한금융경제연구소.
- 신현준, 「거시경제학」(1998), 만파서적.
- 김대식・노영기・안국신, 「현대 경제학원론」(1994), 박영사.
- 오영수, 「31가지 테마가 있는 경제여행」(1997), 사계절.
- 이학용, 「생활경제학」(1998), 다산출판사.
- 정균승, 「일상생활의 경제학」(1996), 한울.
- 탁승호, 「알기쉬운 전자화폐 이야기」(1998), 영풍문고.
- 주만수・한홍렬 역, Paul Heyne, 「경제학적 사고방식」(1997), 자유기업센터.
- http://epic.kdi.re.kr/ KDI(한국개발연구원) 경제정보센터 홈페이지.
- http://www.bok.or.kr/ 한국은행 홈페이지.
- http://www.samsungfn.com/ 삼성증권 홈페이지.

생각해 볼 문제

1. 신용카드는 수표처럼 지불수단으로 사용되고 있지만 화폐로는 분류되지 않고 있다. 왜 그럴까? 신용카드가 수표와 어떻게 다른가?

2. 이자율의 기능과 우리 생활에 끼치는 영향에 대해 생각해보자.

3. 중앙은행이 통화량을 완전히 통제할 수 없는 이유는 무엇일까?

4. 비제도금융시장의 규모와 그것이 화폐의 흐름에 끼치는 영향에 대해 알아보자.

5. 통화량이 팽창되어 소비자 물가가 급격히 상승하고 있다면, 중앙은행에서 통화정책의 수단을 어떻게 운용해야 하는가? (임용고사기출)

6. 현금통화를 왜 중앙은행이 독점적으로 공급하게 할까? 각국의 통화당국이 위조지폐의 출현에 세심하게 대비하는 이유를 설명하라.

7. 이자율이 최저 수준으로 떨어져서 투기적 화폐수요는 최대가 되고, 화폐수요곡선은 수평이 되어 무한 탄력성을 가지는 국면을 무엇이라고 하는가? 이를 타개할 수 있는 경제 정책은? (임용고사기출)

읽을거리

리먼 파산 예측했던 루비니가 말하는 '금융위기 이후'

2006년에는 미친 사람 같더니 2007년에는 선지자가 되었다."

미국 뉴욕대의 세계적인 경제학자 누리엘 루비니 교수를 두고 하는 말이다. 루비니 교수는 2006년 9월 국제통화기금(IMF) 강당에 모인 경제학자들에게 이른바 '12단계 붕괴론'으로 회자되는 경제위기 시나리오를 제시했다.

그는 전무후무한 주택시장 붕괴, 오일쇼크, 급격한 소비경기 위축, 그에 따른 장기적인 경기침체로 국가경제가 곧 큰 타격을 받게 될 것이라고 경고했다. 또한 주택 소유자들이 수조 달러에 이르는 주택 대출금을 상환하지 못하고 그에 따라 세계 경제시스템이 흔들리게 될 것이라고 예측했다. 이렇게 시작되는 위기가 헤지펀드와 투자은행을 무너뜨리고 정부의 지원을 받는 페니메이와 프레디맥 같은 거대 기업을 위험에 빠트리게 될 거라고 그는 단언했다.

청중들은 그의 전망에 회의적인 반응을 보였다. 비관론자라고 해서 '닥터 둠(Dr.Doom)'이라는 별칭까지 붙었다. 그러나 그 후 1년 반이 지나자 루비니 교수의 예측은 사실로 드러나기 시작했다. 2008년 초 대부분의 경제학자들은 미국이 유동성 위기의 영향을 거의 받지 않을 것이라고 고집했지만 루비니 교수는 더 무서운 신용위기가 가정과 회사를 덮칠 것이며 무엇보다 금융회사에 큰 타격을 줄 것이라고 예언했다.

그의 예측은 놀라울 만큼 정확하게 맞아떨어졌다. 2개의 주요 중개회사, 즉 투자은행이 무너질 것이라는 그의 말대로 베어스턴스와 리먼브러더스가 파산했고, 메릴린치는 뱅크오브아메리카에 합병됐다. 모건스탠리와 골드만삭스는 강제 구조조정에 따라 은행지주회사로 바뀌어야 했다.

≪위기 경제학≫은 루비니 교수가 스티븐 미흠 조지아대 교수와 함께 미국발 금융위기의 원인과 그 이후를 전망한 책이다. 그는 이 책에서 1630년대 네덜란드의 튤립투기부터 최근의 금융위기에 이르기까지 경제위기의 역사를 살펴보고 위기의 원인과 탈출을 위한 해법을 모색한다.

저자들은 위기란 예외적인 현상이 아니라 일반적인 현상이며 경제위기란 대부분 거품경제에서 시작되는 일반적이며 상대적으로 예측하고 깨닫기 쉬운 현상이라고 규정한다.

최근의 금융위기 역시 예측 가능한 경로를 따라 진행된 것이며 그 여파가 수십년은 아니더라도 최소한 몇 년은 지속될 것이라고 진단한다. 향후 세계 경제가 속도가 더디고 체감효과가 적은 'U자형'으로 회복할 것이라고 전망하는 것은 이런 까닭이다.

금융위기 이후의 전망 가운데 눈에 띄는 것은 한국에 관한 내용이다. 브라질·러시아·인도·중국(BRIC)으로 대표되는 신흥경제국 대열에 들어갈 가장 강력한 경쟁자로 한국을 꼽았기 때문이다. 이들은 "만일 BRIC 국가에 한국이 포함된다면 BRIC은 BRICK이 되어야 할지도 모른다"면서 "한국은 정교한 첨단기술로 무장한 경제 대국이자 혁신적이며 역동적이고 숙련된 노동력을 보유한 국가"라고 높이 평가했다.

머지않아 중국이 일본을 밀어낼 것이라는 이들의 전망은 지난 4~6월 중국의 국내총생산(GDP)이 일본을 앞지르면서 기정사실이 됐다.

출처: 서화동, 한국경제, 2010.8.20

Chapter 12

국제무역과 환율제도

1. 상호의존적인 세계에서 국제거래는 왜 중요한가?
2. 자유무역은 거래당사국 모두에게 왜 이익이 되는가?
3. 보호무역을 주장하는 사람들의 논리를 어떻게 이해할 것인가?
4. 경상수지 흑자는 항상 좋은 것인가?
5. 환율은 무엇이며 어디에서 어떻게 결정되는가?
6. 환율은 왜 변동하며 경제에 어떤 영향을 미치는가?
7. 어떤 세계통화제도가 바람직할까?

개관

지금까지의 경제학적 사고는 재화와 서비스의 생산·교환·소비 등에 관련된 경제활동이 한 국민경제의 영역 안에서 이루어진다는 가정하에서 진행되었다. 그러나 한 국민경제의 활동이 국제적인 교류 없이 자급자족으로만 이루어질 수 있다는 것은 생각할 수 없다. 오늘날 한 나라의 국민경제는 반드시 상품·서비스 및 자본의 거래를 통하여 다른 나라의 국민경제와 상호 긴밀한 의존관계를 맺고 있다. 따라서 국제간에도 국민경제 내부의 경제활동과 마찬가지로 상품·자본·노동·서비스 등이 활발하게 거래되고 있다. 이러한 지구촌사회에서는 국제거래는 매우 중요하며, 자유무역은 거래 당사국 모두에게 이익이 된다는 사실을 잘 이해하고, 이의 유지를 위해 실천적 노력을 기울일 수 있는 시민의 자질이 크게 요망된다.

제12장에서는 자유무역이 왜 중요한가에 대한 경제학자들의 생각을 살펴보고, 국제거래의 결제에 필요한 외환과 관련하여 국가 간 통화의 교환비율인 환율의 결정요인, 환율제도와 국제통화제도의 변천과 바람직한 세계통화제도의 대안에 대해서 알아본다.

내용표준과 기준

제12장에서 다룰 주요 내용은 미국 경제교육협의회(NCEE)의 〈내용표준과 기준 5〉에 해당하는 것으로서, “자발적 교환은 모든 참가자에게 이익이 기대될 때 일어난다”는 것을 보여주고 있다. 또한 〈내용표준과 기준 6, 7, 8〉 중 국제무역과 관련된 일부 내용들을 충족시키고 있다. 이러한 내용표준을 충족시키기 위한 기준으로는 상호의존, 비교우위, 국제수지, 환율, 변동환율제도 등과 같은 개념을 들 수 있다.

1. 상호의존적인 세계에서 국제거래는 왜 중요한가?

우리가 먹는 콩나물, 간장, 된장의 원료인 콩은 거의 수입품이다. 빵과 토스트, 라면에 사용되는 밀, 학생들의 책상이나 의자의 원료인 원목, 그리고 책, 공책 등의 원료도 수입품이다. 생고무는 물론 우리에게 없어서는 안 되는 중요한 자원인 석유는 전량 수입에 의존하고 있다. 이와 같이 우리는 더 이상 수입품이 없이는 살아가기가 어렵게 되었다. 왜 이런 현상들이 생기는 것일까? 품목은 서로 다를 수 있지만 다른 나라들도 마찬가지의 실정이다. 그렇다면 왜 세계 각국이 폐쇄경제 하에서 자급자족하는 경제를 운영하는 대신 서로 무역을 하는 것일까? 그 주된 이유는 지구상의 자원이 균등하게 분포되어 있지 않기 때문이다. 사우디아라비아에는 석유가 많은 반면 농토가 적다. 우리나라는 대부분의 자연자원이 희소하다. 호주는 엄청난 철광석을 보유하고 있다. 인도네시아에는 석유, 목재가 많다. 이렇게 주요자원이 불균등하게 분포되어 있기 때문에 각국은 없는 것을 얻기 위해 무역을 해야 한다. 즉 모든 나라가 산업 활동에 필요한 주요자원이 부족하므로 다른 나라와 무역을 하는 것이 중요하다는 것이다. 그리고 각국의 기후, 노동력, 기타 부존자원 등이 어느 재화는 적은 비용으로 생산할 수 있게 해주지만 그렇지 못한 재화도 있기 때문이다. 또한 특정한 재화를 집중적으로 생산하는 특화는 다른 나라의 필요도 충당할 수 있도록 대량으로 생산하게 하므로 규모의 경제를 거둘 수 있게 해준다. 여러 가지 이유로 오늘날 지구상의 모든 나라들은 서로 물건을 사고파는 등 수많은 거래를 하고 있으며 그 규모도 해마다 증가하고 있다.

2. 자유무역은 거래당사국 모두에게 왜 이익이 되는가?

국제거래와 관련하여 몇 가지 잘못된 신화를 우리는 가지고 있다. 그중의 하나는 '누구나 다 인정하고 있듯이 수입은 국내기업을 해치고 일자리를 없애며, 반면에 수출은 국내생산자의 이윤과 추가적인 일자리를 창출한다'는 것이다. 따라서 수입을 억제하고 수출을 지원하는 정책은 수세기 동안 정치적으로 강한 호소력을 가져왔으며, 불황으로 판매가 줄어들고 실업수준이 증가할 때는 더욱 그러하였다.

수입이 일자리를 없앤다는 주장은 직관적인 호소력을 가지고 있다. 우리나라 사람이 일본산 카메라를 구입하면 국내에서 생산된 카메라가 그만큼 판매되지 않는다. 카메라 수입의 증가는 따라서 국내 카메라 산업에 생산의 축소와 해고를 가져온다. 카메라를 제조하는 기업주와 고용인들은 수입을 제한해야 할 분명한 이해관계를 갖고 있다. 그들은 카메라 수입에 대하여 세금이나 수량규제를 하는 것이 우리나라의 일자리를 보호하며 국익에 도움이 된다고 주장한다. 그러나 이러한 주장은 잘못된 것이다. 왜 그럴까?

경제학적으로 생각해 보면, 수입할당제와 관세제도는 이로 인해 보호되는 특정 분야의 고용수준을 유지하고 해당분야 종사자들의 수입을 증대시킴으로써 다른 분야 종사자들을 상대적으로 빈곤하게 하리라는 결론에 이르게 된다. 이러한 결론은 일찍이 19세기의 경제학자인 데이비드 리카도David Ricardo로부터 비롯된 비교우위론Theory of comparative advantage에 근거한 것이다. 비교우위론에 따르면, 각 국가는 비교우위를 갖는 상품을 생산해야만 한다. 이러한 원칙은 모든 상품에 절대우위를 가지고 있는 국가의 경우에도 적용된다.

한국과 미국의 자동차와 밀 생산의 예를 들어보자. 미국과 한국이 1단위의 밀과 1단위의 자동차를 생산하는 데 필요한 노동력이 〈표 12-1〉과 같다고 하자. 이 두 가지 상품을 한국에서 생산할 때 드는 비용이 미국에서 생산할 때 드는 비용보다 많은데, 밀의 경우가 자동차의 경우보다 더 많은 비용이 발생한다고 가정하면, 한국은 자동차를 생산하고 미국은 밀을 생산해야 한다는 것이 리카도의 이론이다. 이는 두 가지 상품의 생산에서 한국이 미국에 비하여 절대적으로 열세에 있지만, 한국에서 자동차를 생산하는 편이 밀을 생산하는 것보다는 유리하기 때문이다. 비교우위란 미국이 특정상품을 생산하는 것과 기타 상품을 생산하는 것을 비교하는 상대적인 개념으로서 한국은 자동차를 생산하는 것이 비용 면에서 보다 유리한 것이다. 왜 그런지 한번 생각해 보자.

미국이 자동차를 생산하기 위한 생산비는 한국의 생산비의 5/10=0.50, 즉 50%가 필요한 데 비해, 밀의 생산비는 한국의 생산비의 4/16=0.25, 즉 25%에 지나지 않는다. 결국 미국은 한국에 대해 자동차와 밀 모두에 절대우위를 가지지만, 한국

표 12-1 미국과 한국의 생산비(노동투입량) 비교

	자동차 1단위	밀 1단위
미국	5	4
한국	10	16

의 생산비와 비교하여 밀의 상대적 생산비(0.25)가 자동차의 상대적 생산비(0.5)보다 더 작다는 의미에서 미국은 밀의 생산에 비교우위를 가지고 있다. 역으로 한국은 자동차의 생산에 비교우위를 가지고 있음을 알 수 있다. 왜냐하면 한국의 밀 생산비는 미국의 16/4=4배인 데 비해 자동차 생산비는 미국의 10/5=2배에 지나지 않기 때문이다.

이제 각국은 자신들이 비교우위가 있는 재화만을 생산한 다음 서로 무역을 한다고 하자. 그리고 밀과 자동차의 교역비율이 1:1이라고 하자. 이렇게 되면 양국 모두 무역을 통해 이익을 얻게 된다. 먼저 미국의 경우를 살펴보자. 무역을 하기 전에는 미국은 자동차 1단위를 얻기 위해 5단위의 노동이 필요하였지만, 밀만을 생산하여 이것을 한국의 자동차와 1:1로 교환하는 무역을 하게 되면 자동차를 4단위의 노동만으로 얻을 수 있게 된다. 왜냐하면 4단위의 노동으로 밀 1단위를 생산한 다음 그것을 한국에서 생산한 자동차 1단위와 교환할 수 있기 때문이다. 따라서 1단위(5단위−4단위)의 노동을 절약할 수 있다. 한국 역시 마찬가지이다. 한국에 비교우위가 있는 자동차만을 생산하여 미국에서 생산한 밀과 1:1로 교환하면 무역 이전에는 16단위의 노동으로 얻던 밀을 무역을 통해서는 10단위의 노동으로 얻을 수 있는 결과가 되어 6단위(16단위−10단위)의 노동을 절약할 수 있다. 즉 미국은 밀을, 한국은 자동차를 수출함으로써 양국 모두 이익을 얻을 수 있다.

얼핏 보면, 한국이 절대적으로 불리한 위의 두 가지 상품 가운데 어느 한 가지를 생산한다는 것은 어리석은 일인 것처럼 보일지도 모른다. 그러나 비교우위론은 한국의 노동자와 기계들이 조업중지 상태로 있는 것보다는 무엇인가를 생산하고 있는 편이 낫다는 것이다. 그리고 무슨 상품인가를 생산해야 한다면 그 상품이 무엇이든 간에 상대적으로나마 유리한 상품을 생산해야 한다는 것이다. 그렇게 되면 한국과 미국, 양국 노동자들의 산출이 늘고 나아가 양국 국민들에게 조금이라도 많은 분배가 가능하게 된다.

그런데 여기서 하나의 의문이 남는다. 한국과 미국 간에 거래가격(자동차와 밀의 교환비율)이 어떻게 결정되어야 양국 간에 교역의 이익이 발생하느냐의 문제이다. 위의 예에서 한국과 미국은 자동차 1단위와 밀 1단위와 교환한다고 가정을 했는데, 이 거래가격은 자동차와 밀에 대한 한국의 기회비용(자동차 1단위당 밀 10/16단위)과 미국의 기회비용(자동차 1단위당 밀 5/4단위) 사이에 있음을 알 수 있다. 따라서 양국 간의 거래에 있어 이익이 발생하려면 거래가격(두 재화의 교환비율)이 두 재화에 대한 양국의 기회비용 사이에서 결정되어야 함을 알 수 있다.

위의 예는 비교우위의 논리가 우리에게 주는 메시지를 명확하게 보여주고 있다. 만약 모든 국가가 가장 효율적으로 생산할 수 있는 산업에 집중하게 된다면, 세계의 생산과 소득은 증가할 것이고, 따라서 모든 사람의 삶의 수준도 향상될 것이다.

3. 보호무역을 주장하는 사람들의 논리를 어떻게 이해할 것인가?

리카도의 비교우위의 이론에 따르면, 교역을 통하여 모든 국가는 각자 자기네들이 가장 잘하는 일에 특화할 수 있기 때문에 교역에 참여하는 모든 국가는 이득을 본다는 것이었다. 그럼에도 불구하고 세계 각국은 이런 저런 이유들로 인하여 자유무역에 대한 장벽을 쌓고 있다. 이러한 보호무역론자들의 주장을 어떻게 이해할 것인가?

첫째, 자유무역에 반대하는 사람들은 외국과의 무역이 국내 일자리를 파괴할 것이라고 주장한다. 예컨대 우리나라 카메라 시장의 개방은 국내 카메라 가격의 하락을 가져와 카메라 생산을 줄이고 카메라 산업의 고용을 줄이게 될 것이다. 그 결과 우리나라 카메라 시장 근로자들은 일자리를 잃게 될 것이다. 그러나 자유무역은 한편으로 일자리를 파괴하면서 다른 한편으로 일자리를 창출한다. 우리나라가 다른 나라들로부터 카메라를 수입할 때, 다른 나라들은 우리나라가 비교우위가 있는 다른 재화를 수입하고자 할 것이다. 우리나라의 카메라 근로자들은 카메라 산업으로부터 우리나라가 비교우위가 있는 다른 산업으로 이전해야만 할 것이다. 단기적으로 이런 변화는 일부 근로자들에게 고통을 주겠지만, 우리나라 전체 국민들은 더 높은 생활수준을 누릴 수 있게 될 것이다.

둘째, 어떤 산업이 외국과의 경쟁으로 생존의 위협을 받을 때 자유무역의 반대론자들은 그 산업이 국가안보에 필수적인 산업이라는 주장을 하기도 한다. 어떤 국가라도 전시에 약점이 될 수도 있는 중요한 물품을 수입한다는 것은 전략적으로 허용할 수 없는 일이다. 이는 방위산업뿐만 아니라 주요 기간산업 등도 국가안보와 관련지어 생각해 볼 수 있으며, 핵심 에너지 산업이나 쌀 등의 식량산업도 이런 맥락에서 보호할 필요가 있다는 것을 인정한다. 그러나 이러한 주장들은 소비자들의 희생을 대가로 이득을 얻고자 하는 생산자들이 주로 내세우고 있다는 점을 경계해야 할 것이다.

셋째, 새로 시작한 산업들은 그들이 제대로 경쟁할 수 있을 때까지 일시적으로 무역장벽을 통해 보호를 받아야 한다고 주장한다. 이러한 주장은 수입제한 조치가 새로운 산업이 자리를 잡는 데 도움이 된다는 것이다. 무역상의 보호조치가 없었더라면 다수의 우리나라 기업을 포함한 수많은 산업체들이 오늘의 수준에 이르기는 고사하고 살아남기나 했을 것인지를 생각해 보면 이러한 논리가 타당한 것임을 알 수 있다. 그러나 어떤 산업을 보호할 것인지 선택하는 문제, 보호한 산업이 결국에 이익을 남기면서 살아남게 될지, 이 산업이 살아남게 될 때 발생하는 이득이 산업보호를 위해 소비자들이 치러야 하는 대가를 능가하게 될지를 판단하는 일이 쉽지 않다는 점이다. 그리고 또 다른 문제는 기업의 성장에 따라 보호조치를 어떻게 해제할 것인가에 있다.

4. 경상수지 흑자는 항상 좋은 것인가?

경상수지가 적자를 기록하면 정부에는 비상이 걸리고 여론과 언론에서는 걱정을 표명한다. 즉 '경상수지 흑자=경제대국'이라는 인식이 있기 때문이다. 단순히 경상수지 흑자는 좋고 경상수지 적자는 나쁘다고 말하는 데는 분명히 문제가 있다. 왜냐하면 경제상황이 좋아도 경상수지는 적자일 수 있고 국민의 생활수준이

나빠지고 있는데도 경상수지는 흑자일 수 있기 때문이다. 우리나라의 경우 경상수지는 해방 이후 외환위기까지 70년대와 80년대의 고도성장기에는 자주 적자를 내다가 오히려 투자가 줄고 성장이 둔화된 1999년 이후에 대규모의 흑자로 전환되고 있다. 이러한 현상을 어떻게 설명하면 좋을까?

경제적 사고는 경상수지의 흑자와 적자가 갖는 의미에 대해서도 중요한 실마리를 던져 준다. 경상수지 흑자는 상품과 서비스의 수출액에서 수입액을 뺀 것임은 일반인들도 대부분 알고 있지만, 계속해서 경상수지 흑자를 기록하는 것이 좋지 않다는 것은 일반인들이 거의 인식하지 못하고 있는 사실이다. 왜 그럴까? 국제수지란 개념을 사용하여 국제수지의 균형문제를 이해하면, 그 해답을 찾을 수 있을 것이다.

4.1 국제거래를 표시하는 방법

한 나라의 국제무역 및 금융거래를 한눈에 보여주는 것이 바로 국제수지표이다. 국제수지표란 일정기간 동안에 있어서 우리나라의 가계, 기업, 정부가 국경을 넘어서 행한 모든 대외거래를 체계적으로 분류·정리·기록한 것으로서 기업의 손익계산서와 같은 것이다. 국제수지를 이해하기 위해서는 국제거래를 표시하는 방법과 관련하여 몇 가지 선행지식이 필요하다. 우선 재화(상품), 서비스(용역), 자본차용증서 등의 수출은 외환의 수취권리를 의미하며, 반대로 재화, 서비스 및 자본차용증서의 수입은 외환의 지불의무를 발생시킨다. 그리고 국제수지표란 일정기간 동안에 발생하는 외환의 수취권리와 지불의무에 관한 대차대조표를 말하는 것으로 유량流量변수이다. 또한 국제수지란 외환의 수취권리와 지불의무의 발생에 관한 것이므로 실제 외환의 이동과는 차이가 있을 수 있다. 예컨대 2006년 12월에 상품은 세관을 통과하여 외환의 수취권은 발생되었으나 실제로 외환수입은 발생하지 않을 수도 있으며, 또 반대로 외국에서 상품은 세관을 통과했으나 외환지급은 2006년에 발생하지 않을 수 있다. 〈표 12－2〉는 국제수지표의 주요 구성항목의 현황을 보여주고 있다.

국제거래가 국민경제에 미치는 영향을 고려하는 데 있어서 국제수지계정은 유용하지만 잠재적 오해의 여지가 있는 방식이다. 그렇지만 국제수지는 항상 균형이라는 사실을 명심하고 있으면 오해를 피할 수 있다. 왜 그럴까? 그 이유를 살펴보자.

표 12-2 국제수지표의 주요 구성항목

- 경상수지
  - 상품수지
    - 수출
    - 수입
  - 서비스수지
    - 가공서비스
    - 운송
    - 여행
    - 건설
    - 보험서비스
    - 금융서비스
    - 통신, 컴퓨터, 정보서비스
    - 지식재산권사용료
    - 유지보수서비스
    - 기타사업서비스
    - 개인·문화·여가서비스
    - 정부서비스
  - 본원소득수지
    - 급료 및 임금
    - 투자소득
  - 이전소득수지
    - 일반정부
    - 기타부문
- 자본수지
  - 자본이전
  - 비생산·비금융자산
- 금융계정
  - 직접투자
  - 증권투자
  - 파생금융상품
  - 기타투자
  - 준비자산
- 오차 및 누락

출처: 한국은행, 「알기쉬운 경제지표 해설」, 2014

한 국가의 국제수지를 간단히 요약할 때 모든 거래를 상품거래, 서비스거래, 채권거래, 그리고 일방적 이전거래 중 하나로 나눌 수 있다. 상품거래는 상품의 수출과 수입을 의미한다. 서비스의 거래는 선박이나 항공기의 운송서비스, 보험서비스, 그리고 관광객들이 해외를 여행할 때 구입하는 각종 서비스를 포함한다. 그러나 국제적으로 거래되는 서비스는 노동서비스만도 아니며 이것이 주된 것도 아니다. 한 나라의 사람이 다른 나라 사람에게 제공하는 가장 중요한 서비스는 자본재의 서비스이다. 투자자들이 다른 나라에 자본을 공급할 때 매우 중요한 서비스를 제공하는 셈이 된다. 이러한 서비스에 대하여 투자자들은 투자소득을 대가로 받으며 해외투자소득은 국제수지계정의 '서비스' 부문에서 가장 큰 몫을 차지하기 때문에 다른 서비스와 구분하여 투자소득 수입과 투자소득지출로 분리하고 있다. 채권의 교환은 모든 종류의 부채, 즉 증권, 기업 또는 정부채권, 저당권, 약속어음, 예금, 지폐 등을 포함한다. 일방적 이전거래는 송금이나 기부금 또는 정부의 무상원조처럼 아무런 대가없이 주고받는 한쪽 방향으로의 거래를 나타낸다.

각 범주의 모든 거래는 한 국가로 지불이 들어오거나 나가게 만든다. 수출과 그 밖에 외국에서 돈이 들어오게 하는 거래는 대변에 기록된다. 수입과 그 밖에 외국으로 지불해야 하는 거래는 차변에 기록된다. 따라서 현대가 소나타를 미국에 팔면 한국 내의 누군가에게 돈이 지불되어야 하고 한국의 국제수지계정의 대변에 기입된다. 미국의 곡물상이 밀을 한국의 수입상에게 팔면, 한국의 수입상은 외국에 지불해야 하고 한국의 국제수지계정의 차변에 기록된다. 한국은 소나타를 포기하고 미국은 밀을 내주었다. 그러나 국제수지계정은 지불을 발생시킨 재화가 아니라 지불 그 자체만을 기록한다. 만약 국제수지계정을 작성하는 통계수집자가 모든 국제거래에 대해 완벽하고 정확한 기록을 갖고 있다면 차변과 대변의 금액은 정확히 같을 것이다.

4.2 국제수지의 균형과 불균형

모든 국제거래는 반드시 이를 상쇄하는 다른 거래를 수반하기 때문에 차변과 대변은 항상 정확히 일치한다. 한 국가의 국제수지에 흑자도 적자도 있을 수 없다면, '무역적자'를 걱정하고 이를 줄이지 않으면 파국이 닥친다고 경고하는 사람들은 무엇에 대하여 근심하는 것일까?

먼저 경상수지의 균형문제를 경제적 사고를 통하여 재음미하여 보자. 무역에서 흑자를 낸 나라는, 외국에서 생산된 상품과 서비스의 국내소비량보다 많은 양의 상품과 서비스를 외국의 소비를 위해 생산한 셈이 되는데, 생활수준이 낮은 국가에서 이를 감수할 이유가 없다. 흑자무역국은 수입을 위해 지출한 것보다 많은 금액을 받게 되고 이는 금이나 외환의 형태로 비축된다. 금이나 외화를 쌓아놓았다가 나중에 쓴다는 것은 그다지 나쁘지 않은 생각이라 여겨질지 모른다. 그러나 경상수지가 흑자가 되면 기업이나 개인들이 벌어들인 외화를 우리 원화로 바꾸게 되면서 물가상승압력으로 작용할 수도 있고, 우리나라가 흑자를 내고 있는 상대국의 경우 우리나라 상품이나 서비스에 대해 수입규제를 가하는 등 무역마찰을 초래할 가능성도 높아지게 된다. 따라서 경상수지 흑자도 적정한 수준에서 유지하는 것이 바람직하다는 것이 경제적 사고를 통한 결론이다.

다음은 자본수지의 균형문제를 경제적 사고를 통하여 재음미해 보자. 비전문가들은 자본의 유입을 유익하다고 생각하는 경향이 있으나 경제적 사고를 통해서 보면 반드시 그렇지는 않다는 결론에 다다르게 된다.

자본은 어음이나 채권투자 등 부채debt의 형태 혹은 주식이나 자산 구입 등 소유권equity의 형태로 유입된다. 그렇기 때문에 자본이 들어오는 동안 이들을 매각하는 측에게는 이익이 생긴다. 그러나 길게 보면 이러한 이익은 부채상환금이나 배당금 혹은 임대료의 형태로 되돌려주게 된다. 부채나 소유권에 따라서 자본이 유출되는 것은 여행, 운송, 보험 등의 분야에서 외국업체를 이용한다거나 외국에 자본을 의뢰하는 경우에 국내자금이 국외로 빠져나가는 것과 마찬가지이다.

자본의 유입은 투자의 형태로 이루어지기도 하는데, 이러한 경우에는 이자나 배당금으로의 지출이 투자에서 얻은 이익과 상쇄될 수 있다. 그러므로 자본유입의 문제는 해외자금의 투자에 있는 것이 아니라 유입된 자금이 얼마나 효율적으로 잘 운용되고 있는가에 달려 있다.

4.3 우리나라의 국제수지

우리나라는 1986~1989년까지 3저 호황으로 3년간 경상수지 흑자를 낸 적도 있지만, 그 이후 경상수지 적자로 돌아서서 1996년에는 230억 달러의 경상수지 적자를 보았다. 이러한 경상수지 적자의 누적으로 1997년 말 1,500억 달러의 총외채를 지게 되었고, 1997년 말 외환위기를 겪게 되었다.

1990년대에 들어서 우리나라의 기업들은 과잉중복 투자에 열을 올렸고, 개인들은 소득수준을 초과하는 소비생활을 즐겼다. 이러한 것은 우리나라의 수입이 수출보다 많아 상품수지가 적자인 상황을 야기시켰다. 또한 외국에의 관광, 유학, 로얄티 지급 등의 과다로 인하여 서비스 수지 적자폭이 매우 커지게 되어 이 둘을 합한 경상수지의 적자는 더욱더 컸다. 이러한 국제수지 적자의 결과는 자본수지 흑자로 메워지게 되었다. 이는 외국으로부터의 장단기 외채를 들여와서 그 돈으로 기업들은 투자를 하고 개인들은 소비를 하였음을 의미한다. 특히 외채 중에서 장기외채보다도 단기외채의 비중이 커서, 경상수지적자에도 불구하고 종합수지는 흑자 혹은 균형을 맞추어 온 것이다. 그런데, 이러한 우리의 경제상황은 외국의 투자가나 자본가들이 우리에게 돈을 빌려 줄 때는 외채의 액수가 커지는 것으로만 나타날 뿐 다른 문제는 발생하지 않는다. 만일 외국의 자본가들이 우리나라의 경제에 대해서 장기적으로 상당히 가능성이 크고 좋게 볼 때는 장기외채를 들여오기가 쉬울 것이다. 장기외채의 경우에도 언젠가는 상환해야 하지만 당장 갚지 않아도 되기 때문에 외환위기를 당장 불러오지는 않는다. 그러나 이미 1997년 초부터 많은 경제학자들이 지적하고 걱정했듯이, 우리나라의 은행이나 기업들은 단기외채를 너

그림 12-1 우리나라의 경상수지 추이 (단위: 억 달러)

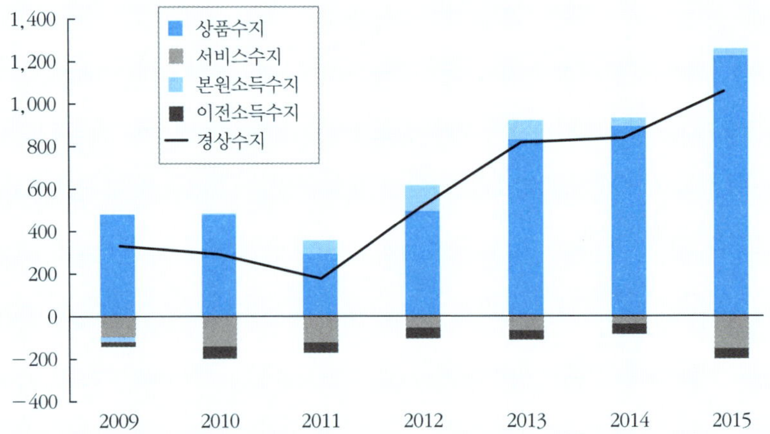

출처: 통계청, 통계DB

무 많이 빌려다 쓰고 있었다. 이는 1년 이내에 갚아야 하는 부채로서 1997년의 경우 단기외채의 비중이 총외채 중에서 60% 이상을 상회하였다. 이러한 경우, 상환시기가 되었을 때 외국의 자본가들이 이를 연장해 주면 아무런 문제가 없으나 우리의 현실은 그렇지 못했다. 외국자본이 우리의 경제를 문제가 있다고 보고 돈을 회수하기 시작한 것이다. 이로 인해 우리의 외환위기가 갑자기 닥쳐온 것이다. 그러나 사실 이러한 결과는 몇 년에 걸친 국제수지(경상수지) 적자의 누적이 그 원인이라고 할 수 있다.

우리는 1997년 외환위기 이후 우리나라의 국제수지에 대하여 많은 관심을 가지고 경상수지의 흑자와 자본의 유입에 심혈을 기울이고 있다. 그러나 IMF 외환위기는 우리의 경제현실을 반영한 결과이지 그 원인은 아니다. 따라서 우리가 실제로 어떤 국가적 침체를 겪고 있다 하더라도 국제수지의 흑자에서 처방을 찾으려 해서는 안 된다. 〈표 12-3〉은 우리나라의 국제수지표 현황을 보여주고 있다.

표 12-3 우리나라의 국제수지표 (단위: 백만 달러)

항목별	2010	2011	2012	2013	2014
경상수지	28,850.4	18,655.8	50,835.0	81,148.2	84,373.0
상품수지	47,915.4	29,089.9	49,406.0	82,781.0	88,885.4
서비스수지	−14,238.4	−12,279.1	−5,213.6	−6,499.2	−3,678.5
본원소득수지	489.9	6,560.6	12,116.7	9,055.7	4,150.8
이전소득수지	−5,316.5	−4,715.6	−5,474.1	−4,189.3	−4,984.7
자본수지	−63.2	−112.0	−41.7	−27.0	−8.9
자본이전	10.8	−0.4	−4.1	2.9	1.0
비생산비금융자산	−74.0	−111.6	−37.6	−29.9	−9.9
금융계정	23,190.0	24,315.8	51,582.4	80,104.6	89,334.0
직접투자	18,782.5	19,931.7	21,136.2	15,593.2	18,765.6
증권투자	−42,364.7	−13,142.7	−6,747.8	9,344.5	30,608.9
파생금융상품투자	−828.9	1,031.3	−2,627.8	−4,410.3	−3,826.9
기타투자	20,630.5	2,542.7	26,637.3	43,281.1	25,900.6
준비자산	26,970.6	13,952.8	13,184.5	16,296.1	17,885.8
오차및누락	−5,597.2	5,772.0	789.1	−1,016.6	4,969.9

출처: 통계청, 통계DB

5. 환율은 무엇이며 어디에서 어떻게 결정되는가?

5.1 환율의 정의

오늘날 지구상의 모든 나라들은 서로 물건을 사고파는 등 수많은 거래를 하고 있으며 그 규모도 해마다 증가하고 있다. 우리나라 또한 경제가 발전하면서 외국과의 거래규모가 크게 확대되고 있다. 이러한 국가 간의 거래과정에서 사람들은 거래대금을 결제하기 위해 자기 나라 돈과 외국 돈을 바꾸거나 외국 돈과 외국 돈을 바꾸는 등 서로 다른 두 나라 돈을 교환하게 된다. 외국과의 거래나 해외여행 등을 위하여 서로 다른 두 나라 돈을 교환할 때에는 항상 교환비율이 있게 마련인데 이 교환비율을 환율이라고 한다. 예를 들어 원화와 미국 달러화와의 환율이 1,000원/달러이라면 이는 달러화와 원화의 교환비율이 1 : 1,000이라는 것으로 1달러와 1,000원이 서로 교환된다는 것이다. 이와 같이 환율은 두 나라 돈의 교환비율을 나타내는 동시에 한 나라 돈의 대외가치를 나타낸다. 예를 들어 우리나라 사람이 미국에서 1달러짜리 볼펜을 사려 할 경우 환율이 1,000원/달러일 때는 1,000원만 지급하면 되지만 우리나라 돈의 가치가 떨어져 1,050원/달러가 되면 50원이 더 늘어난 1,050원을 지급하여야 한다.

5.2 환율이 결정되는 곳

환율은 외환의 거래가 이루어지는 외환시장에서 결정된다. 외환시장에는 은행, 기업, 개인, 중앙은행 등이 참가하며 이들은 각각 다양한 목적으로 외환시장에 참가한다. 은행은 주로 고객이 필요로 하는 외국 돈을 사거나 고객으로부터 매입한 외국 돈을 팔기 위하여, 또는 외국 돈의 매매 이익을 얻기 위해 외환시장에 참가한다. 기업, 개인 등 고객은 수출입거래, 해외여행 등을 위하여 외환시장에 참가한다. 외환시장은 시장참가자가 누구냐에 따라 은행 간에 거래가 이루어지는 은행 간 시장과 개인, 기업 등 고객과 은행 사이에 거래가 이루어지는 대고객 시장으로 나누어지는데 보통 외환시장이라고 하면 은행 간 시장을 말한다.

외환시장, 즉 은행 간 시장의 거래는 증권거래소와 같은 특정장소에서 이루어지기보다는 대부분 은행이나 외환중개업자의 거래실dealing room에서 이루어진다. 거래참가자들은 각자의 거래실에서 전화나 컴퓨터단말기로 사거나 팔려고 하는 외국 돈의 가격을 제시하여 제시가격이 서로 일치하는 상대와 거래를 하게 되는데 이렇게 거래가 이루어질 때마다 환율은 시시각각 변동하는 것이다.

오늘날 외환거래가 가장 많이 이루어지는 곳은 뉴욕, 런던, 동경 등 3대 국제외환시장이며 이들 국제외환시장에서 미국 달러, 유로, 영국 파운드, 일본 엔 등 주요국 돈의 환율(국제환율)이 결정된다. 우리나라의 원화와 외국 돈의 환율은 원화가 국제적으로 통용되지 않고 있어 국제외환시장에서 결정되지 않고 우리나라의 외환시장(은행 간 시장)에서 결정된다. 외환시장에는 국내은행, 외국은행 국내지점, 종합금융회사 등의 금융기관과 한국은행 등이 참가하고 있는데 이들의 거래는 대부분이 원화와 미국 달러화의 거래로 금융결제원(자금중개실)의 중개를 통하여 이루어지고 있다. 또한 원화와 일본 엔화의 거래도 중개되고 있다. 한편 중앙은행(한국은행)은 은행 간 거래나 대고객 거래 결과 발생하는 외환의 수요와 공급 불균형을 최종적으로 조절하기 위해 외환시장에 참가함으로써 외환거래가 원활하게 이루어지도록 하고 있다.

5.3 환율의 결정원리

환율은 어떠한 환율제도를 채택하느냐에 따라 나라마다 그 결정방식이 다르다. 환율제도는 크게 고정환율제도와 변동환율제도로 나눌 수 있는데 오늘날 주요 선진국들은 변동환율제도를 채택하고 있다. 고정환율제도는 정부가 환율을 일정수준으로 고정시키는 제도를 말하며 변동환율제도는 환율이 외환시장에서 외환의 수요와 공급에 의해 결정되도록 하는 제도를 말한다. 따라서 오늘날 주요 선진국에서는 상품의 가격이 시장에서 수요와 공급에 의해 결정되듯이 환율도 기본적으로 은행, 기업, 개인 등이 참가하는 외환시장에서 외환의 수요와 공급에 의해 결정된다. 즉 외환시장에서 한 나라 돈에 대한 수요가 공급보다 많으면 그 나라 돈의 가격이 상승하고 공급이 수요보다 많으면 그 가격이 하락한다. 그러므로 환율은 1달러=800원과 같이 자국통화표시법으로 표시한 경우 원화환율의 상승은 원화가치의 하락을 의미하며 반대로 원화환율의 하락은 원화가치의 상승을 의미한다.

우리나라의 현행 환율제도는 「자유변동환율제도」로서 외환시장에서 외환의 수

그림 12-2 일본 엔화에 대한 원화환율 산출(예시)

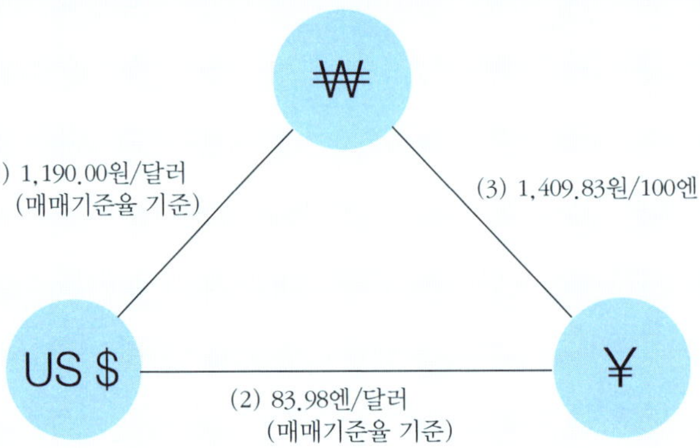

요와 공급에 의해 환율이 자율적으로 결정된다. 이에 따라 금융기관들은 외환시장에서 형성된 환율을 기준으로 대고객 거래 등 외환거래 시에 적용할 환율을 자율적으로 결정하게 된다. 한편 미국 달러화 이외의 다른 나라 돈에 대한 원화 환율은 금융결제원을 경유하여 그날 중 은행 간에 거래된 미국 달러화에 대한 원화 환율을 거래량으로 가중 평균하여 산출한 「시장평균환율」과 국제외환시장에서 형성된 달러화와 다른 나라 돈의 환율을 이용하여 [그림 12-2]와 같이 산출한다. 금융결

그림 12-3 우리나라의 국제수지와 원/달러 환율

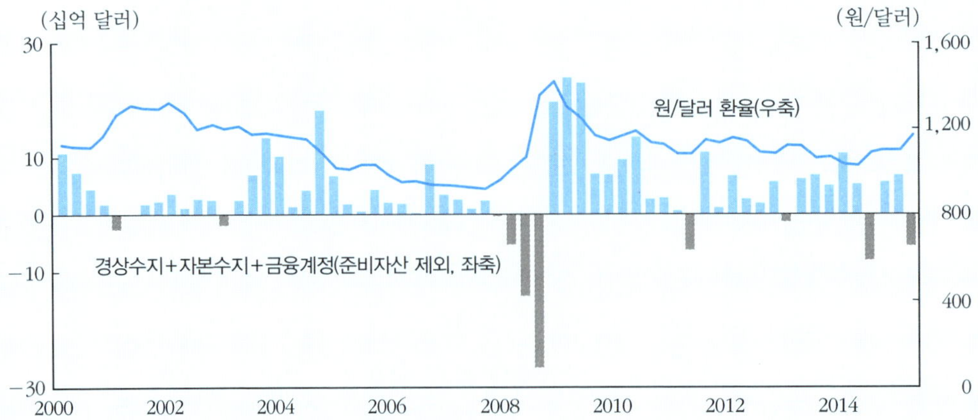

출처: 한국은행, 「한국의 외환제도와 외환시장」, 2016

제원에서는 현재 일본 엔화, 독일 마르크화, 영국 파운드화, 유로화 등에 대한 원화 환율을 매일 산출하여 발표하고 있다. [그림 12-3]은 국제수지와 원/달러 환율 변동 추이를 보여주고 있다.

6. 환율은 왜 변동하며 경제에 어떤 영향을 미치는가?

6.1 환율의 변동원인

환율은 무엇에 의해 변동될까? 변동환율제도하에서 환율은 외환의 수요와 공급에 영향을 주는 대외거래, 물가, 경제성장, 통화량 등 경제적 요인과 정치·사회적 요인 등 여러 가지 요인에 의해 변동한다.

6.1.1 환율은 기본적으로 대외거래 결과에 따라 변동

환율은 기본적으로 개인, 기업, 금융기관 등의 외환시장 참가자들이 수출과 수입 등 외국과의 거래에 따라 외환시장에서 어느 정도의 외환을 필요로 하고 어느 정도의 외환을 외환시장에 공급하느냐에 따라 그 수준이 결정된다.

우리나라 외환시장에서 달러화를 필요로 하는 경우는 해외에서 상품을 수입하고 그 대금을 지급할 경우, 기술용역대가, 여행경비, 차관이자 등을 달러화로 지급할 경우 등을 예로 들 수 있는데 이들 경우에는 외환시장에서 달러화를 사려고 하는 사람들이 늘어나게 된다. 반대로 달러화가 공급되는 경우는 우리나라가 상품을 수출하고 그 대금을 받을 경우, 외국에 나가 일을 하고 그 대가를 받을 경우, 외국인 관광객들이 한국에 와서 달러화를 사용할 경우, 외국인이 국내에서 주식투자를 하기 위해 달러화를 들여오는 경우 등을 예로 들 수 있는데 이들 경우에는 외환시장에서 달러화를 팔려고 하는 사람들이 늘어나게 된다.

일반적으로 외국과의 거래결과를 나타내는 국제수지가 흑자이면 외환의 공급이 수요보다 많아져 환율이 하락하게 되며 국제수지가 적자이면 외환의 수요가 공급보다 많아져 환율이 상승하게 된다.

6.1.2 물가, 경제성장, 금리 등도 환율을 변동시키는 주요한 요인

한 나라 물가수준이나 경제성장률, 통화량이나 금리 등도 환율을 변동시키는 주요한 요인이 된다. 예를 들어 우리나라의 물가가 외국보다 많이 오르게 되면 우리나라 수출상품의 가격이 상대적으로 비싸지는 반면 수입 상품의 가격은 상대적으로 싸게 되어 그만큼 수출이 감소하고 수입이 증가하게 된다. 이에 따라 우리나라가 수출로 벌어들이는 외국 돈의 양보다 수입을 위해 지출하는 외국 돈의 양이 많아져 외국 돈이 귀해짐으로써 환율이 상승하게 된다. 그리고 우리나라의 경제성장률이 다른 나라보다 높으면 국내 소득수준이 전반적으로 높아지게 되고 이에 따라 외국상품의 수입이 늘어나 환율을 상승시키는 요인이 된다. 그러나 다른 한편으로는 경제성장률이 높으면 우리나라 경제에 대한 신뢰도가 높아지고 우리나라에 투자할 경우 투자수익률이 높을 것이라는 예상으로 외국인의 투자가 늘어나 외환시장에 외국 돈이 많아짐으로써 환율을 하락시키는 요인으로도 작용할 수 있다. 이 밖에 우리나라의 통화량이 증가하면 우리나라 돈의 가치가 하락하여 환율이 상승하게 되며, 우리나라의 금리수준이 외국보다 높으면 높은 이자수익을 얻기 위해 외국투자자들이 우리나라 은행에 예금을 하거나 우리나라 채권을 사려고 할 것이므로 외국 돈의 공급이 늘어나 환율이 하락하게 된다.

6.1.3 정치·사회적 요인, 외환투기 등도 환율에 영향을 미치는 요인

환율은 정치·사회적 요인에 의해서도 영향을 받는다. 예를 들어 정치가 안정된 나라의 돈은 가치가 올라가는 반면 정치가 불안정한 나라의 돈은 가치가 떨어지는 경향이 있다. 뿐만 아니라 국가 간 분쟁 등으로 국제정세가 불안할 때에는 안정성이 높은 미국 달러화의 가치가 상승하는 경향이 있다. 또한 국제외환시장에서는 나라간의 금리차나 환율변동을 예상한 투기거래가 이루어져 환율움직임을 불안정하게 하는 원인이 되기도 한다.

이와 같이 환율은 여러 가지 요인에 의해 변동하는데 이러한 요인은 환율에 반드시 한 방향으로만 작용하는 것은 아니며 같은 요인이라 하더라도 서로 다른 방향으로 작용하기도 한다.

6.2 환율변동이 경제에 미치는 영향

경제전문가가 아닌 사람들은 무역수지의 면에서 흑자를 내는 것이 좋다고 생각하는 것과 마찬가지로, 환율이 이른바 평가절하를 통하여 올라가는 것이 좋은 것이라고 생각하는 경향이 있다. 환율인상에 관한 일반인들의 견해는 옳을 수도 있으나 경제적 사고를 통해 검토해 보면 환율인상이 좋은 것인지 그렇지 않는 것인지를 한 마디로 말하는 것은 매우 어려운 문제임을 이해할 수 있을 것이다. 환율변동은 국제수지, 물가, 경제성장 등 경제변수에 많은 영향을 미치게 되므로 이들 영향들을 종합적으로 검토하여 판단하여야 할 것이다.

6.2.1 국제수지에 미치는 영향

일반적으로 환율이 상승하면 그 효과가 곧바로 나타나지는 않지만 기간이 지나면서 수출이 증가하고 수입이 감소하는 등 국제수지를 개선시키게 된다. 왜냐하면 환율이 상승하면 수출업자는 수출의 대가를 같은 금액의 외국 돈으로 받더라도 원화로는 더 많은 금액을 받게 되므로 수출을 더 늘리려고 하게 되며 원화로 더 많이 받는 만큼 수출품을 보다 싼 가격에 팔 수도 있어 수출량을 늘릴 수 있기 때문이다. 또한 수입업자는 환율이 상승하면 수입품을 사는 데 더 많은 원화를 지급하여야 하므로 수입을 줄일 것이기 때문이다.

이와 반대로 환율이 하락하면 수출업자의 원화수익이 감소함에 따라 수출품의 가격을 올리게 될 것이며 이렇게 될 경우 수출량이 감소할 가능성이 많다. 또한 수입의 경우에는 환율이 하락하여 원화가치가 높아지면 외국상품을 사는데 그만큼 적은 원화를 지급하여도 되므로 수입이 늘어나게 된다.

6.2.2 물가에 미치는 영향

환율이 상승하면 원자재, 부품 등을 수입하는 데 더 많은 원화를 지급하여야 하므로 국내 물가수준을 높이게 되며 반대로 환율을 내리면 수입품의 가격이 싸져 국내 물가를 낮추게 된다. 그러나 환율변동에 따라 국내물가가 상승 또는 하락하는 정도는 해외로부터 얼마만큼의 물품을 수입하느냐에 따라 다르다. 우리나라와 같이 수입의존도가 높은 나라의 경우에는 환율변동이 국내물가에 미치는 영향이 그만큼 크다고 할 수 있다.

6.2.3 경제성장률에 미치는 영향

환율변동이 경제성장 및 고용에 미치는 효과는 국제수지에 미치는 효과와 그 방향이 같다. 즉 환율이 상승하여 수출이 증가하면 생산이 증대되어 경제성장을 촉진하고 고용을 증대시킨다. 반면에 환율이 하락하면 수출이 감소하고 이에 따라 생산이 줄어들어 경제성장이 둔화되고 고용사정이 어렵게 된다.

6.2.4 외채상환부담에 미치는 영향

환율변동은 대외채권 및 채무에도 영향을 미친다. 우리나라 사람이 해외로부터 외국 돈을 빌린 경우 환율이 상승하면 더 많은 원화를 주고 외국 돈을 사서 갚아야 하므로 그만큼 외국에 진 빚을 갚는 부담이 늘어난다. 반면에 환율이 하락하면 그만큼 적은 돈의 원화로 외국 돈을 사서 갚을 수 있게 되므로 외국에 진 빚을 갚는 부담이 줄어든다. 우리나라 사람이 해외에 외국 돈을 빌려 준 경우에는 환율이 상승하면 빌려 준 외국 돈의 원화금액이 그만큼 증가하게 된다.

6.3 환율쇼크 비명 속에 숨어 웃는 업종들

비가 오면 짚신장수는 울지만 우산장수는 웃는 법이다. 원-달러 환율이 가파른 속도로 떨어지면서 숨을 몰아쉬는 기업도 있는가 하면 가만히 있어도 수익이 늘어나는 기업도 있다. [그림 12-4]는 원/달러(엔/달러) 환율 변동의 시나리오를 구성하고 환율 변동 시나리오에 따른 주요산업의 영업이익률 변화를 그림으로 나타낸 것이다. 그래프를 보면 시나리오 Ⅰ에서 시나리오 Ⅲ까지 원/달러 환율이 하락할수록 전기·가스업을 제외한 산업의 영업이익률이 떨어지는 것을 확인할 수 있다. 특히 우리나라 조선업의 경우 환율 하락에 따른 영업이익률 감소 정도가 다른 산업에 비해 가파르게 나타나 환율변동에 크게 영향을 받는다는 것을 짐작할 수 있다.

6.4 환율변동으로 인한 손실을 방지하는 방법

환율은 여러 가지 요인에 의하여 시시각각 변동함으로써 외화자산이나 부채를 보유하고 있는 개인이나 기업, 금융기관 등의 손익에 영향을 미치게 된다. 예를 들어 우리나라 수출업자가 환율이 1달러=800원일 때 미국에 1백만 달러어치의 자동차를 수출하고 그 대금을 한 달 후에 받기로 계약을 맺었다고 하자. 한 달 후에도

그림 12-4 환율 변동 시나리오에 따른 주요산업의 영업이익률 변화

		원/달러 환율(원)	엔/달러 환율(엔)
2012년 평균		1,127	80
2013년 평균	시나리오 I	1,100	100
	시나리오 II	1,000	110
	시나리오 III	950	120

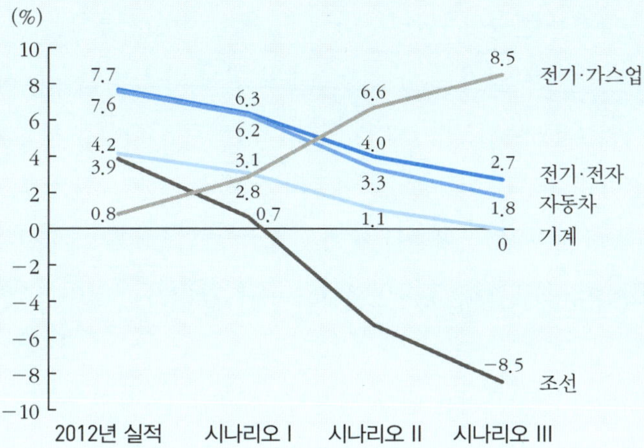

출처: 우리금융경영연구소, 금융경제분석 경제연구, 2013-01, 2013

환율이 1달러=800원이면 계약시점과 같은 8억원(1백만 달러×800원=8억원)을 받게 되지만 한 달 뒤에 환율이 하락하여 1달러=750원이 되면 7억 5천만원을 받게 되어 5천만원의 손실(환차손)을 보게 될 것이다. 이와 반대로 환율이 상승하여 1달러=850원이 되면 8억 5천만원을 받을 수 있어 5천만원의 이익(환차익)을 보게 될 것이다.

이와 같이 환율의 상승 및 하락은 개인이나 기업 등의 손익에 영향을 미치게 되는데 특히 최근에는 외환자유화의 진전으로 민간의 외환보유 및 거래가 늘어나고 있어 환율변동으로 인해 손실을 입을 가능성도 그만큼 커지고 있다고 할 수 있다. 물론 환율변동을 정확히 예측할 수 있다면 손실을 입지 않고 이익을 볼 수도 있다. 그러나 환율을 정확히 예측하기란 전문가들에게도 매우 어려운 것이 현실이다. 따라서 환율예측에 관해 전문지식이 없는 개인이나 기업 등은 환율예측을 잘하여 이익을 보려고 하기보다 환율변동으로 인한 손실을 어떻게 피할 수 있는가를 연구하

는 것이 보다 현명한 태도라 할 수 있다.

환율변동으로 인한 손실, 즉 환위험을 피하기 위해서는 선물환거래, 통화선물, 통화옵션거래 등을 통하여 환위험을 금융기관 등에 전가시키는 방법을 이용할 수 있는데 이 중 우리나라에서 가장 널리 쓰이고 있는 방법이 선물환거래이다. 선물환거래란 미래의 일정시점에 주고받게 될 외국 돈의 가격(환율)을 현재시점에서 미리 결정해둠으로써 미래의 환율변동으로 인한 손실을 회피하는 방법이다. 예를 들어 수출업자가 환율이 1달러=800원일 때 미국에 컴퓨터를 수출하고 3개월 뒤에 수출대금을 달러로 받기로 한 경우 3개월 뒤에 환율이 1달러=800원 이상으로 상승하면 이익을 보게 되지만 800원 이하로 떨어지면 손실을 보게 된다. 따라서 수출업자가 환율이 800원 이하로 될 경우의 손실을 피하기 위하여 3개월 뒤에 은행에 달러를 1달러=800원의 환율로 팔기로 하는 계약(3개월 만기 선물환 매도계약)을 현재시점에서 미리 체결해 둔다면 3개월 뒤에 환율이 하락하더라도 손실을 보지 않게 된다.

한편 환위험을 금융기관 등에 전가시키는 거래를 하지 않고도 환위험을 피할 수 있는데 이러한 방법으로는 개인이나 기업 등이 환율변동에 대비하여 외국 돈의 수취와 지급시기를 일치시키거나matching 또는 그 시기를 앞당기거나 지연시키는leading and lagging 방법 등을 예로 들 수 있다. 즉 수출업자는 환율상승이 예상될 경우 수출품의 선적 시기나 수출환어음의 매도시기를 가능한 한 지연시킴으로써 이익을 증대시킬 수 있으며 수입업자는 반대로 수입대금을 가능한 한 앞당겨 지급함으로써 수입대금의 지급부담 증가를 방지할 수 있다. 이와 같이 환위험을 관리하는 방법은 여러 가지가 있으며 최근 그 종류가 점점 다양해지고 기법도 크게 발전하고 있다. 따라서 개인이나 기업 등은 다양한 방법으로 환율변동에 따른 위험을 관리할 수 있으나 이를 위해서는 전문 인력을 확보하고 있는 금융기관 등을 이용하는 것이 보다 바람직하다고 하겠다.

6.5 환율변동과 가격전가율

기업은 환율이 변동할 때 수출단가를 어느 정도 조절해야 하는가? 즉 가격전가율을 어느 정도 조정해야 할 것인가가 중요한 문제이다. 가격전가율pass-through이란 환율변동 시 기업들이 수출단가에 이를 어느 정도 반영하는지를 나타내는 지표이다. 가령, 환율이 1 : 1,500에서 1 : 1,000으로 되었다면 채산성이 크게 감소된다. 따라서 기업은 그 감소된 부분을 보전하기 위하여 수출가격을 인상, 즉 1달러짜리를 2달러로 인상하여 가격을 전가할 수도 있다. 예를 들어 가격전가율이 0.5%라면 원·달러 환율이 1% 하락할 때 수출단가를 평균 0.5% 인상했다는 의미가 된다. 국내기업들이 수출채산성을 높이기 위해서는 원·달러 환율이 하락할 때에는 가격전가율을 높이고, 환율 상승 시에는 가격전가율을 낮추는 것이 중요하다.

7. 어떤 세계통화제도가 바람직할까?

20세기의 세계적인 인플레이션과 세계적 채무위기를 겪으면서 환율이 고정되고 안정될 수만 있다면 경제상황을 더욱 개선시킬 수 있고 국제무역을 더욱 확대할 수 있을 것이라고 생각하는 사람들이 많다. 그런데 한 나라의 국제수지 적자는 다른 나라의 국제수지 흑자를 의미하므로 국제수지 조정의 문제는 각 국민경제의 입장에서뿐만 아니라 세계 전체의 입장을 고려하지 않으면 안될 것이다. 이와 같은 세계 전체적인 입장에서 국제수지 조정의 문제를 다루는 제도를 세계통화제도라고 할 수 있는데, 결국 이것은 환율제도와 연결 지워 생각하여야 할 문제이다. 어떤 세계통화제도가 이런 문제를 해결할 수 있을까?

7.1 고정환율의 세계통화제도

대공황 이후의 혼란했던 국제경제 질서를 수습하기 위하여 제2차 세계대전 후에 서방국가들이 국제통화기금IMF을 세운 것은 안정적인 환율체제를 만들어내는 것이 주된 목적이었다. 1944년의 브레튼우즈 협정은 국제통화기금에 가입하는 모든 국가들에게, 그 나라가 실제로 금을 보유하고 있건 없건 간에, 금으로 표시되는 자국통화의 평가가치를 정하도록 요구하였다. 세계 금 보유고의 대부분을 차지하고 있던 미국은 달러의 평가가치를 1달러당 금 1/35온스로 유지하겠다고 발표하였고, 이에 따라 공식적으로 금 1온스는 35달러의 가치를 지니게 되었고, 나머지 다른 나라들은 자신들의 화폐를 달러와 금에 연계시켜 평가가치를 정하게 되었다. 이와 같이 브레튼우즈 체제의 목적은 고정환율제도이었다. 그리고 각국은 공식적으로 확정된 환율을 유지하기 위하여 자국의 통화를 매매하기로 되어 있었다. 이 모든 것이 국제무역의 확대를 가져올 것으로 기대되었고, 실제로 브레튼우즈 체제하에서 국제무역이 크게 증가하였다.

브레튼우즈 체제는 미국경제와 달러의 강세, 그리고 미국의 국제수지 적자라고 하는 기반 위에서 가능한 제도였지만, 달러화의 강세와 미국의 국제수지 적자는 서로 양립할 수 없는 모순을 가지고 있었다. 미국의 지속적인 무역적자는 달러화의 지속적인 해외유출을 야기시켰고, 이는 금이나 다른 화폐들에 연계된 달러의 가치를 손상시켰다. 그것은 또한 달러, 금 그리고 다른 통화들 간의 고정환율제와 강력한 달러화의 기초 위에 이룩되었던 전후 세계통화제도의 붕괴를 가져왔다. 그리하여 1971년 8월 15일 미국은 달러를 금으로 교환하는 것을 거부함으로써 금에 대해 달러가치를 고정시키려는 노력을 근본적으로 포기하였으며 다른 나라들도 어쩔 수 없이 자국의 통화와 달러간의 고정환율을 유지하겠다는 약속을 포기하게 되었다. 이리하여 환율은 느슨하게 풀려나 공급자와 수요자의 기대에 반응하여 떠돌 수 있도록 허용됨으로써 브레튼우즈 체제는 종언을 고하게 되었다.

7.2 변동환율의 세계통화제도

1971년 8월 15일 미국의 금태환 정지로 세계통화제도는 큰 혼란의 상태에 빠져들게 되자, 이를 수습하기 위해 1976년 1월 자메이카 킹스턴에서 열린 IMF 제5차 잠정위원회에서 각국은 자국의 경제실정에 적절한 환율제도를 선택할 수 있을 뿐만 아니라 종전의 SDR특별인출권을 보강하는 새로운 세계통화제도를 탄생시키기에 이르렀다.

이 새로운 세계통화제도에 있어서 각국이 채택하고 있는 현행 환율제도는 각 환율제도가 허용하고 있는 환율변동의 신축성과 허용방식에 따라 달러 또는 SDR에 연계되어 있는 '페그pegged'제도와 변동환율제도의 두 가지로 크게 나눌 수 있다. 우선 '페그'제도는 '페그'된 통화와의 환율이 1% 이하로 극히 제한된 경우이다. 한편 변동환율제도는 기본적으로 외환의 수요와 공급에 의해서 환율이 결정되는 제도이다. 여기에는 환율변동의 신축성 정도에 따라 관리변동환율제도와 자유변동환율제도로 나눌 수 있다. 우리나라를 비롯하여 미국, 일본, 영국 등 주요 선진국과 필리핀 등 19개국은 자유변동환율제도를 채택하고 있다.

7.3 세계통화제도의 대안

현행 세계통화제도는 장기적인 차원에서 세계통화의 완벽한 질서를 수립하고 있지 않으며, 이 역시 일종의 과도기적인 타협에 불과하다고 볼 수 있다. 그렇다면 대안으로 거론될 수 있는 세계통화제도는 어떤 것이 있을까?

최근 세계 환율목표제exchange rate target zone가 세계금융계의 핫 이슈로 부상했다. 목표환율제는 달러·엔·유로 등 주요 통화의 환율변동범위를 정해 이 범위 안에서만 움직이도록 하자는 일종의 준고정환율 제도이다. 세계금융시장의 혼란을 막고 안정적인 경제성장을 도모하자는 게 목적이다.

전반적으로 각국 중앙은행들은 반대하고 재무부와 일부 민간경제학자들은 찬성하는 분위기다. 초기에는 반대세력이 강했지만 최근에는 찬성론자들의 목소리도 점차 커지고 있다. 목표환율제는 각국의 긴밀한 정책협조가 전제조건이다. 무엇보다 금리의 공조가 필수적이고, 시장 개입의 공조도 필요하다. 이것 없이는 목표환율제는 유명무실하게 된다. 문제는 이 같은 국제공조가 결코 쉽지 않다는 데 있다. 목표환율을 지키려면 각국이 경제상황과 동떨어진 금리정책을 펴야 하는데 이것은 현실적으로 불가능하다.

2000년대 세계통화제도의 기본 개선방향은 다음과 같은 점들을 고려하여야 할 것이다. 첫째, 과도한 환율의 변동성을 줄일 수 있는 제도적 장치가 마련되어야 한다. 둘째, 세계 각국의 자국이익을 목적으로 한 무모한 거시경제정책 운용을 견제하며 장기적인 균형 환율 수준에서 이탈한 환율운용수준을 방지하고 환율의 안정성을 높이기 위해서는 각국의 거시경제정책을 조정하고 감시하는 기능을 전담하는 공식기구의 역할이 강화될 필요가 있다. 마지막으로 현재와 같은 민간신용 시장주도의 국제신용체제를 보완해 주기 위해서는 공적인 국제신용공급체계의 개선도 고려되어야 할 것이다.

참고문헌

- 김경환·김종석 옮김, N. Gregory Mankiw, 「맨큐의 경제학」(7판, 2015), 센게이지러닝코리아.
- 김상규 외 5인, 「사고중심의 경제학 강의」(1999), 형설출판사.
- 박상률·곽유리, 경제는 내 생활(1995), 고려원.
- 변형윤 외 4인, 「경제학개론」(1993), 한국방송대학교 출판부.
- 연태훈 옮김, L. Silk, 「풀어쓴 경제학」(1994), 동인.
- 이준구, 「열린 경제학」(1995), 도서출판 삼성.
- 조영달 역, Maurice Levi, 「경제학적 사고의 이해」(1992), 집문당.
- 홍성수, 「외환·환율 이것만은 알아두자」(1994), 새로운 제안.
- http://www.bok.or.kr/ 한국은행 홈페이지.
- http://www.nso.go.kr/ 통계청 홈페이지.

생각해 볼 문제

1. 무역흑자가 계속된다는 것이 왜 실질적으로 좋지 않다고 생각하는가?

2. 환율변동의 원인과 환율의 변동이 우리나라 경제 전반에 미칠 수 있는 영향에 대해 생각해 보자. (임용고사 기출)

3. 국제수지균형, 물가안정, 경제성장의 세 목표는 동시에 달성하기가 매우 어렵다고 하는데 그 이유는 무엇일까?

4. 우리나라 경제와 같이 무역의존도가 높은 경우에 발생하는 문제점을 생각해 보자.

5. 경상수지와 환율과의 관계는 어떠한가?

6. "환율의 변동은 수출입에 영향을 미칠 것이다"라는 주장과 "수출입은 환율에 영향을 미칠 것이다"라는 주장에 대해 토의해 보자

7. 고정환율제도와 자유변동환율제도의 장·단점을 설명하고, 각각의 환율제도에 따른 경제정책의 효과를 논의해 보자.

8. '국제수지는 흑자가 좋다'는 명제의 진위를 밝히고, 그 근거를 제시하시오.

읽을거리

메이드 인 차이나? 착각!

'애플이 캘리포니아에서 디자인하고 중국에서 조립함.' 아이폰이나 아이팟이나 뒷면에 새겨진 이 문구를 보면, 자칫 중국이 애플의 주력 상품 판매 호황의 최대 수혜자인 것처럼 비쳐질 수 있다. 하지만 현실이 꼭 그런 것만은 아니다. 캘리포니아대학의 그레그 린든, 케네스 크레머, 제이슨 데드릭 연구팀이 실시한 한 연구조사에 따르면, 미국에서 299달러짜리 아이팟 한 대가 판매될 때마다 중국은 흑자를 내면서 미국은 150달러의 무역수지 적자를 낸 것으로 나타났다. 그러나 실제론 중국 내 부품 조립으로 창출된 부가가치는 4달러가 채 되지 않는다고 한다. 아이팟의 주요 부품이 대개 일본이나 한국 혹은 다른 미국 기업에서 납품받은 제품이기 때문이다. 더욱이 중국 내에서 아이팟을 조립하는 공장도 실은 중국이 아닌 대만계 기업이다. 중국 경제가 겉으로 비치는 것만큼 아이팟 성공의 혜택을 톡톡히 누리고 있는 것은 아니다.

고용 분야의 사정도 별반 다르지 않다. 또 다른 연구팀이 실시한 연구 결과에 따르면, 아이팟의 생산과 판매로 창출된 일자리 수는 2006년 4만 1천 개에 달했다. 미국 내에 1만 4천 개, 국외에 2만 7천 개 대부분 생산직 공장 근로자에 한정돼 있다. 특히 중국의 실태가 그렇다. 반면 대다수의 기술직과 간부직, 판매와 관련된 일자리는 미국에 몰려 있다. 아이팟으로 인해 생긴 해외 일자리 수가 미국 내보다 두 배 많지만 임금 총액으론 미국이 해외보다 훨씬 높은 것으로 나타났다.

출처: Economy Insight 2010. 7월호, 마르크 슈발리에(Marc Chevallier, 알테르나티브 에코노미크) 기자

읽을거리

완만한 위안화 절상은 중국에 보약

중국은 6월 19일 달러화 페그제를 포기하고 앞으로는 복수 통화 바스켓을 기준으로 위안화를 좀 더 신축적으로 관리하겠다고 발표했다. 중국 정부가 실제로 위안화의 평가절상을 용인한다면 무슨 일이 벌어질까? 어떤 사람들은 중국의 성장률이 급격히 하락해 수출 부문과 금융시장이 부정적 영향을 받을 수 있다고 경고한다. 그들은 1970년대와 1980년대에 일본 엔화가 평가절상됐던 경험을 돌아봐야 한다고 말한다. 1970년대에 엔화가 절상된 뒤 일본 경제의 성장률이 급격히 하락했고, 1980년대에는 '잃어버린 10년'이 시작됐다는 것이다.

또 다른 사람들은 그런 비교는 과장됐다고 말한다. 이들은 2005년부터 2008년까지 진행된 위안화 절상이 중국의 수출과 경제성장에 부정적 영향을 미쳤다고 볼 만한 증거가 없다고 지적한다. 그러나 이에 대해서는 당시 위안화 평가절상의 지속 기간과 절상폭이 제한적이었다는 반박이 제기된다. 당시 위안화는 달러화에 대해 여간 7%정도씩 평가절상됐을 뿐이고 그 과정도 3년 만에 중단됐다. 따라서 당시의 경험에서 일반적인 경론을 끌어낼 수 없다는 것이다.

우리는 고정적인 페그제를 포기한 나라가 그 뒤로 달러화나 국제통화기금 특별인출권(SDR)에 대해 자국 통화가 평가절상되는 경험을 한 27건의 사례를 찾아냈다. 그 사례들을 살펴보면, 페그제 상향 이탈 직후 1년간 통화 평가절상폭의 평균은 2005~2008년 중국 위안화의 연평균 평가절상폭인 7%와 별로 다르지 않았다.

페그제 이탈 직후 5년간의 연평균 경제성장률은 직전 5년간의 연평균 경제성장률보다 1%포인트 낮아진 것으로 나타났다. 성장률이 급락하는 사태는 일어나지 않았다. 페그제 상향 이탈이 해당 국가의 경제를 일본식의 '잃어버린 10년'에 빠뜨리지도 않았다. 더 일반화해 말하면, 페그제 상향 이탈이 경제적, 금융적 피해를 입혔다는 증거를 찾아내기 어려웠다.

수출 증가율은 연평균 9.5%에서 5.5%로 떨어졌지만, 수입 증가율도 거의 같은 정도로 떨어졌다. 그런데 페그제 상향 이탈을 한 나라들은 그렇지 않은 다른 나라들에 비해 그 직전 5년 동안 인플레이션을 5%포인트 정도 더 높았다. 이런 사실은 '경제 과열'을 문제 삼는 견해와 부합한다. 이런 인플레이션을 격차는 '득이 높은 나라가 물가수준이 더 높은 경향이 있다'는 이른바 '발라사-새뮤얼슨 효과'로 설명하고 잊어버릴 수 있는 정도를 넘는다.

그렇다면 경제성장률의 하락을 설명해주는 가장 직접적인 원인은 무엇일까? 수출 증가율과 수입 증가율은 같은 정도로 떨어지는 것으로 나타났으나 순수출 변화가 경제성장률의 하락과 관련이 있다고 볼 수는 없다. 투자나 정부지출의 증가율에 의미 있는 변화가 있었던 것도 아니다. 이보다는 가계소비 증가율 하락이 의미 있는 변화였다. 수출 증가율이 낮아진 나라에서는 수입품과 국산품 둘다 소비 증가율이 낮아졌다. 이런 변화는 경제 과열을 피하고 지속 가능한 수준으로 성장률을 낮추는 건전한 조정이라고 할 수 있는 것이었다.

중국 정부가 과도한 성장 감속의 위험을 줄이고자 한다면 정부 지출의 수준을 어느 정도 유지해 나가는 동시에 민간 소비 증가율을 높이기 위한 노력을 강화하면 된다. 중국 내의 지출이 클수록 무엇보다 수입품에 대한 지출도 크다고 한다면 그런 중국 정부의 노력은 글로벌 리밸런싱에 중국이 기여하는 결과를 가져올 것이다.

출처: Ecomnomy Insight 2010년 7월호, 앤드루 로즈(Andrew K. Rose),
캘리포니아 버클리대학 하스 경영대학원 국제경영학 교수 © Voxeu

Chapter 13

총산출량과 물가수준의 결정

: 총수요와 총공급 모형

1. 경제전체의 균형을 어떻게 분석할 것인가?
2. 총수요곡선은 무엇이며, 총수요곡선의 모양과 이동을 결정하는 요인은 무엇인가?
3. 총공급곡선은 무엇이며, 총공급곡선의 모양과 이동을 결정하는 요인은 무엇인가?
4. 거시경제적 균형은 어떻게 달성되는가?
5. 총수요·총공급 모형의 역사적 배경과 한계점은 무엇인가?

개관

경제활동수준은 매년 변한다. 어떤 해에는 재화와 서비스의 생산이 지난해에 비해 크게 증가하기도 하고, 또 어떤 해에는 기업이 만들어낸 재화와 서비스를 다 판매할 수 없어서 생산을 줄이기도 한다. 이와 같이 경제활동이 단기적으로 변동하는 이유는 무엇일까? 생산의 침체로 인한 소득의 하락과 실업의 증가를 초래하는 경기침체를 막는데 유효한 정책이 있을까? 있다면 어떤 정책일까? 경기침체나 불황이 닥칠 경우 정책담당자들은 어떻게 하면 그 기간과 고통을 줄일 수 있을까? 단기 경기변동의 분석방법에 대해서는 경제학자들 사이에 이견은 있지만 대부분의 경제학자들은 총수요·총공급 모형을 사용한다. 따라서 여러 가지 사건과 경제정책을 분석하기 위해 이 모형을 이해하는 것이 중요하다.

물론 거시경제에서 다루는 것은 개별상품에 대한 수요와 공급이 아니라 한 나라 전체의 총생산물에 대한 총수요와 총공급을 다루며, 이를 통해 결정되는 변수도 한 나라 전체의 균형실질산출량 또는 국민소득과 물가수준이다. 그러면 물가수준과 국민소득 간에는 어떠한 관계가 있는가?

개별 상품시장에서와 같이 물가가 올라가면 총수요량이 줄어들고 총공급량이 늘어나며, 물가가 하락하면 총수요량은 늘고 총공급량은 줄어드는 것일까? 이에 대한 보다 세심한 관찰과 논의가 필요하다.

내용표준과 기준

제13장에서는 미국 경제교육협의회(NCEE)가 제시한 〈내용표준과 기준 18〉에 해당하는 것으로 "국가의 총소득, 총고용, 물가수준은 가계, 기업, 정부와 해외경제주체 간의 소비와 생산의 상호작용에 의해 결정된다"는 것을 주로 다루고 있다. 이러한 내용표준을 충족시키기 위한 기준으로는 총공급, 총수요, 그리고 거시경제적 균형을 포함한다.

1. 경제 전체의 균형을 어떻게 분석할 것인가?

경제학에서 경제현상을 분석하고 설명하는 가장 기본적인 방법은 경제현상의 중심에 있는 어떤 재화나 서비스를 상정하고, 그 재화나 서비스에 대한 시장을 전제로 하여 수요와 공급의 측면에서 살펴보는 것이다.

글로벌한 경제환경 속에서 한 나라 안에 존재하는 재화나 서비스는 무수히 많을 뿐만 아니라, 그것들을 거래하는 데 필요한 시장도 무수히 존재하고 있다. 그런 경우에도 나라 전체를 '하나의 거대한 시장'으로 보고 통합적으로 분석할 수 있을까? 그리고 한 나라의 경제현상을 전체적으로 가장 잘 설명해 줄 수 있는 변수는 무엇일까? 첫 번째 질문에 대해서는 경제학자들은 '그렇다'라고 대답하고 있다. 두 번째 질문에 대해서는 한 마디로 답하기는 어렵지만 대부분의 경제학자들은 한 나라의 경제상황을 가장 잘 대변할 수 있는 변수로서 총산출량과 물가수준을 들고 있다.

총산출량은 경제 전체적으로 얼마만큼 생산하는가를 나타내 주는 지표이며, 보통 한 나라 안에서 일정기간 동안 생산된 재화와 서비스의 총량을 뜻하는 '실질산출량' 혹은 '실질 GDP'로 이해해도 좋을 것이다. 실질산출량 혹은 실질 GDP가 개인별로 어떻게 분배되는지는 물론 중요한 문제이지만 '국가경제생활의 총규모를 결정하는 실질산출량의 크기가 어떻게 결정되는가?'라는 문제도 대단히 중요하다. 물가수준은 한 나라 안에서 생산되는 재화와 서비스의 가격이 어느 정도인가를 나타내 주는 지표이며, 일반적으로 소비자물가지수CPI나 GDP 디플레이터로 측정된다. 그리고 한 나라 안에서 생산되는 재화와 서비스의 총산출량과 이것에 대한 국가경제 전체의 수요가 전반적인 물가수준에 영향을 끼칠 것이다. 따라서 실질산출량과 물가수준이 어떻게 결정되는가를 이해하는 것은 매우 중요한 일이다.

그런데 나라 경제 전체 차원에서 총산출량과 물가수준은 어떻게 결정되는가? 이를 위해서는 개별시장의 분석을 위해 시장수요곡선과 시장공급곡선을 사용하듯이, 거시경제의 분석에서도 수요와 공급의 개념을 활용할 수 있다. 다만 나라 전체의 수요와 공급은 헤아릴 수 없이 많은 재화와 서비스에 대한 수요와 공급을 '총'합한 것이므로 총수요AD와 총공급AS이라고 한다. 총수요와 총공급 모형에서는 실질 GDP로 측정한 재화와 서비스의 산출량과 CPI나 GDP 디플레이터로 측정한 물가

그림 13-1 총수요와 총공급

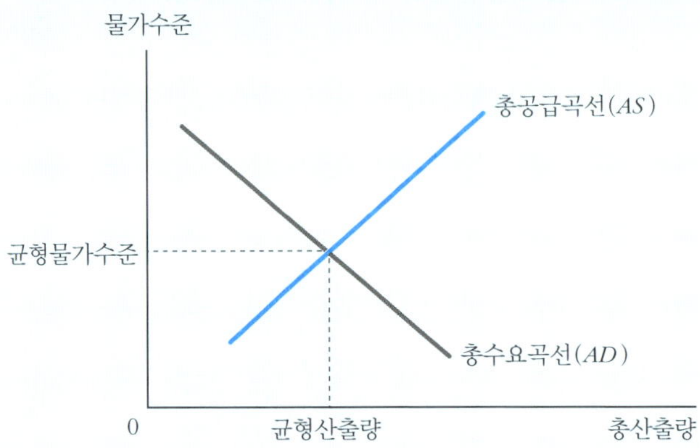

수준이란 통합변수aggregation variable에 초점을 맞추어 두 변수의 관계를 중점적으로 분석한다.

총수요와 총공급 모형은 [그림 13-1]에 표시되어 있는 바와 같이, 그래프의 세로축은 경제의 전반적인 물가수준을 나타내며, 가로축은 재화와 서비스의 총산출량을 나타낸다. 이 모형에서는 총수요와 총공급이 일치하도록 물가와 산출량이 조정된다. 따라서 총수요곡선이 왜 우하향하며 총공급곡선이 왜 우상향하는 기울기를 갖는지를 이해하는 것이 주요한 거시경제변수들의 결정요인을 설명하는 데 있어 중요하다.

2. 총수요곡선은 무엇이며, 총수요곡선의 모양과 이동을 결정하는 요인은 무엇인가?

2.1 총수요의 결정요인

총수요곡선aggregate demand curve은 각 물가수준에 대응하는 한 나라 경제의 모든 재화와 서비스의 총수요량을 나타낸다. 여기서 총수요aggregate demand란 소비자, 기업, 정부, 해외구매자가 있을 수 있는 물가수준에 대응하여 구입하고자 하는 상품 및 서비스의 양, 즉 실질국민생산을 보여주는 예정표이며, 민간소비지출,

투자지출, 정부지출, 순수출의 합으로 구성된다. 총수요를 식으로 적어 보면 다음과 같다.

$$총수요(AD) = 소비지출(C) + 투자지출(I) + 정부지출(G) + 순수출(X-M)$$

위의 식으로 정의되는 총수요의 결정요인은 무엇인가? 결국 소비지출, 투자지출, 정부지출, 순수출을 결정하는 요인들이 총수요를 결정할 것이다. 예를 들어 가계의 소비지출은 가계가 보유하고 행사할 수 있는 구매력과 물가수준에 의하여 영향을 받을 것이다. 기업의 투자지출은 무엇보다도 기업가의 사업전망과 투자에 소요되는 자금조달비용인 이자율에 크게 영향을 받을 것이다. 정부지출은 그대로 총수요에 반영된다. 그리고 순수출은 내국인의 수입품에 대한 수요와 외국인의 국산품에 대한 수요에 의해 결정될 것이다.

2.2 총수요곡선이 우하향하는 이유

다른 조건이 일정하다고 하면 물가수준이 높을수록 가계, 기업, 정부, 해외구매자가 구입하기를 원하는 실질산출량은 적어지고 물가수준이 낮을수록 구매하고자 하는 실질산출량은 많아진다. 즉, 물가수준과 수요되는 GDP와는 부(−)의 관계를 갖는다. 총수요와 물가수준 사이의 관계를 그래프로 표시하면 [그림 13-2]가 보여주듯이 총수요곡선은 우하향하는 기울기를 갖는다. 이는 물가수준이 변할 때 다음

그림 13-2 총수요곡선

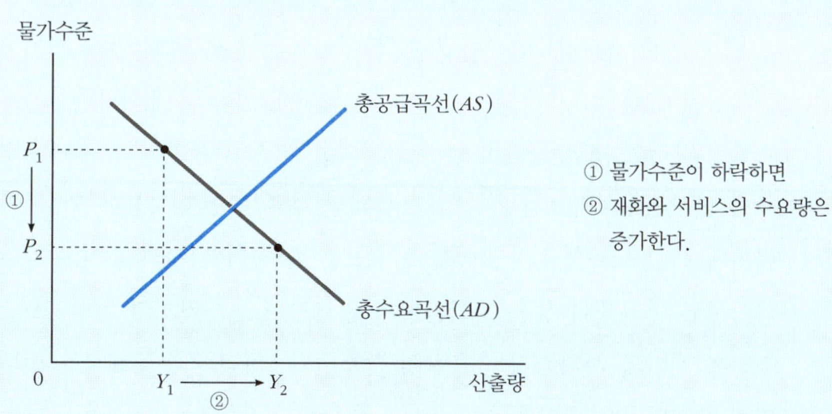

세 가지 효과를 갖기 때문이다.

2.2.1 피구의 자산효과

이 효과는 물가수준이 상승하면 민간이 보유하고 있는 화폐, 주식, 국공채 등 금융자산의 실질가치(또는 구매력)가 하락할 것이라는 생각에 바탕을 두고 있다. 이러한 자산효과는 피구라는 경제학자가 처음으로 강조하였기 때문에 피구효과Pigou effect라고도 불린다. 즉, 물가가 하락하면 그 돈으로 더 많은 재화와 서비스의 소비가 가능해지므로 소비자는 부자가 된 듯 느껴져 소비를 늘리게 되고, 물가가 상승하면 같은 돈으로 그보다 적은 재화와 서비스를 소비하게 되므로 소비를 줄이게 된다.

2.2.2 케인즈의 이자율효과

높은 물가수준은 화폐수요를 증가시켜 이자율을 상승시키고, 이자율의 상승은 소비지출수요와 투자지출수요, 즉 수요되는 실질산출량을 감소시킨다. 이러한 이자율효과는 케인즈에 의해 처음으로 강조되었기 때문에 케인즈 효과Keynes effect라고 부른다.

이자율이 급등하여 투자지출수요가 급감한 것은 IMF 경제위기 이후 우리 경제가 경험한 바 있다. 경제위기가 발생하자 IMF와 우리 정부는 1년 이자율을 최고 25%로 제한했던 이자율상한제를 폐지했다. 그 결과 한때 이자율이 급등하고, 기업의 투자는 급감한 바 있다.

2.2.3 먼델–플레밍의 환율효과

우리나라의 물가가 상승하면 이자율이 상승하고, 이에 따라 외국의 투자가들은 수익률이 높은 우리나라의 국채를 사기 위해 달러가 우리나라로 몰려오게 된다. 이렇게 달러에 대한 공급이 늘어나면 환율은 떨어지게 되고 원화의 가치는 달러에 대해 절상된다. 원화의 가치가 절상되면 우리나라의 상품은 외국상품에 비해 더 비싸지게 되므로 수출은 줄어들고 수입은 늘어난다. 이와 같이 우리나라의 물가가 상승하면 이자율이 상승하고 환율이 떨어져서 원화가치가 절상되며, 순수출이 감소하여 재화와 서비스의 수요량이 감소한다. 이러한 환율효과는 먼델과 플레밍에 의해 강조되었다.

모든 수요곡선에서와 마찬가지로 총수요곡선을 그릴 때도 다른 조건이 일정하다고 가정한다. 앞에서 총수요곡선이 우하향하는 세 가지 이유를 설명하면서 통화량은 고정된 것으로 가정하였다.

2.3 총수요곡선이 이동하는 이유

총수요곡선이 우하향한다는 것은 물가가 하락하면 전반적으로 재화와 서비스의 수요량이 증가한다는 뜻이다. 이처럼 비물가 요인을 묶어 놓은 상태에서 물가요인만 변할 때 총수요가 변하는 것을 총수요량의 변화라 한다. 그러나 물가수준 말고도 재화와 서비스의 수요량에 영향을 미치는 다른 요인들이 있다. 물가요인을 묶어 놓은 상태에서 소비지출의 변동, 투자지출의 변동, 정부지출의 변동, 해외요인의 변동, 재정정책과 금융정책 등 비물가요인 중 하나 혹은 그 이상이 변했을 때 총수요가 변하는 것을 총수요의 변화라 한다. 몇 가지 예를 들어보자.

2.3.1 소비지출의 변동

물가 이외에 가계부문의 부wealth가 증가하거나, 소득 또는 물가상승을 예상하거나, 이자율이나 소비재에 대한 세금 하락 등 외생적 요인이 변동하면 가계부문의 소비를 증대시킬 것이므로 총수요곡선은 우상향으로 이동한다.

예를 들어 우리나라 사람들이 갑자기 노후에 대비해 저축의 필요성을 느껴 소비를 줄인다면, 각 물가수준에서 재화나 서비스의 수요량이 적어지므로 총수요곡선은 왼쪽으로 이동한다.

2.3.2 투자지출의 변동

기업들의 미래에 대한 예상, 예컨대 장래 판매고가 증가할 것으로 예상하거나, 경기국면이 호황국면에 접어들고, 이자율 하락, 기업에 대한 영업세나 법인이윤세와 같은 세금감면 등은 기업의 투자수요를 증대시킬 것이므로 총수요곡선은 우상향으로 이동한다.

예를 들어 기업들이 장래의 사업여건을 낙관적으로 생각하게 되어 투자를 늘리면 총수요곡선은 오른쪽으로 이동한다.

2.3.3 정부지출의 변동

정부당국이 총수요곡선을 이동시킬 수 있는 직접적인 방법은 정부지출의 증감이다. 예컨대 정부가 새로운 미사일 시스템을 개발한다거나 대학교육의 재정지원을 확대하면 정부지출이 증대하므로 총수요가 증가한다. 또한 세율인하나 세금액을 감축하면 민간부문의 가처분 소득의 증대로 인해 소비지출이 증가할 것이므로 총수요곡선은 우상향으로 이동한다.

2.3.4 해외요인의 변동

총수요를 변화시키는 마지막 비물가요인은 해외요인으로서, 이는 순수출에 영향을 미친다. ① 외국의 국민소득수준이 증가하면 외국사람들은 한국제품을 더 사려고 할 것이다. ② 환율이 상승(원화의 평가절하)하면, 미국 소비자들은 달러가격으로 계산되는 한국제품이 더 싸졌다고 느끼고, 반대로 한국의 소비자들은 일정량의 원화로 미국상품을 조금밖에 살 수 없음을 발견하게 되고, 따라서 수출이 증가하고 수입이 감소할 것이다.

2.3.5 재정정책과 금융정책

재정정책은 총수요의 일부분인 정부지출을 증가(감소)시키거나, 혹은 조세를 감면(인상)하여 민간소비를 증가(감소)시켜 총수요를 증가(감소)시키는 정책이다. ① 정부지출의 변화는 직접적으로 총수요의 변화를 가져오는 비물가 요인이다. 각각의 물가수준에서 상품 및 서비스에 대한 정부구입의 증대는 그것이 조세와 이자율을 변화시키지 않는 한, 총수요를 증가시킬 것이다. ② 정부에 의한 조세의 삭감과 보조금의 증대는 총수요를 증가시킨다. 개인소득세가 감소되면 소비자가 마음대로 처분할 수 있는 소득이 증가하고, 이는 각각의 가능한 물가수준에서 소비자의 상품구입을 증대시킬 것이다.

금융정책은 통화량의 증가(감소)를 통한 이자율의 인하(인상)를 유도하여 민간투자를 증가(감소)시키는 정책으로, 재정정책과 마찬가지로, 총수요를 증가(감소)시키는 정책이다. ① 통화공급량은 한국은행과 일반 시중은행에 의해서 결정되는데, 통화공급량이 증가하면 총수요는 증대된다. ② 다른 사정이 일정한 한, 물가수준 이외의 다른 요인에 의한 이자율의 상승은 소비지출과 투자지출을 감소시켜 총수요를 감소시킬 것이다.

3. 총공급곡선은 무엇이며, 총공급곡선의 모양과 이동을 결정하는 요인은 무엇인가?

3.1 총공급의 결정요인

총공급곡선aggregate supply curve은 주어진 물가수준에서 한 경제의 모든 기업들이 생산, 판매하려는 재화와 서비스의 총공급량을 말해준다. 여기서 총공급aggregate supply이라 함은 상이한 물가수준에서 공급가능한 실질산출량을 나타내는 예정표이다. 총공급이 어떻게 결정될 것인가를 생각해 보자.

주로 노동력, 자본의 보유수준 및 자연자원, 기술수준, 그리고 사람들의 일하려는 의욕 등이 경제 내의 총공급을 결정하는 데 중요한 역할을 할 것이다. 예를 들어 새로운 생산기술이 개발되거나, 노동의 생산성이 높아지거나 또는 자본수준이 증가할 때 총공급은 증가할 수 있다. 그리고 사람들의 일하려는 의욕이 증가하거나, 교육이나 훈련을 통하여 일과 관련된 기술을 높이게 될 때에는 총공급 수준은 크게 증가될 수 있을 것이다. 여기서 이러한 총공급 수준을 좌우하는 이상과 같은 요소들이 일정할 때 총공급 수준은 그 경제 내의 가격수준의 변화에 크게 영향을 받게 된다. 예를 들어 생산활동의 수익성은 결국 가격체계의 구조에 의하여 결정되므로, 생산요소의 가격수준에 비하여 최종재의 가격수준이 높을수록 생산활동은 확대되고 총공급도 증가할 것이다. 그리고 가격체계가 일정할 경우에는 기업활동에 대한 각종 규제나 보호조치의 내용이 달라지면 총공급에 영향을 미칠 것이다.

그런데 대부분의 경제학자들은 물가와 총공급량 사이의 관계는 분석기간이 단기인지 장기인지에 따라 달라진다고 보고 있다. 이러한 경제학자들의 견해를 종합해 보면, 총공급곡선은 장기에는 수직이고 단기에는 우상향의 기울기를 갖는다. 그렇다면 단기와 장기는 어떻게 구분될 수 있는가? 일반적으로 제품의 가격이 변화해도 제품생산에 사용된 투입물의 가격(특히 임금)이 변화하지 않는 상태로 남아 있는 한 기간에 상관없이 단기short run라고 한다. 장기long run는 투입물의 가격, 특히 임금이 제품가격변화를 전부 반영하여 변화하는 기간이다. 장기는 모든 투입물의 가격이 변화하는 기간이다.

3.2 장기 총공급곡선이 수직인 이유

장기적으로 산출량은 노동과 자본의 양, 그리고 이들 생산요소를 이용하여 산출물을 만들어내는 생산기술에 의해 결정된다. 재화와 서비스의 총공급량은 물가수준의 영향을 받지 않으므로 장기 총공급곡선은 [그림 13-3]에 표시된 것처럼 자연산출량 수준에서 수직이다. 장기 총공급곡선이 수직인 것은 산출량이라는 실질변수가 물가수준이라는 명목변수에 의해 영향을 받지 않는다는 고전학파의 전제인 경제의 이분성과 화폐의 중립성의 적용사례에 불과하다. 여기서 경제의 이분성 dichotomy이란 실질변수는 실물부문에서, 명목변수는 화폐부문에서 각각 독립적으로 결정되는 현상을 지칭하며, 화폐의 중립성neutrality of money이란 통화량의 변화가 국민소득, 고용량, 이자율, 실질임금률 등과 같은 실질변수의 균형값은 변화시키지 않고, 다만 물가수준, 명목임금률, 명목국민소득, 명목화폐수요 등과 같은 명목변수의 균형값을 통화량의 변화와 같은 비율로 변화시킬 뿐이라는 고전학파의 주장을 말한다.

그렇다면 '개별재화와 서비스의 공급곡선은 우상향하는데 어떻게 장기 총공급곡선은 수직인가?' 하는 의문을 가지게 된다. 어떻게 설명할 수 있을까? 개별재화나 서비스의 공급은 개별재화의 가격에 의해 결정되기 때문에 개별재화와 서비스의 가격이 상승할 경우 그 공급량도 증가하게 된다. 그러나 경제 전체의 재화와 서비스의 공급량은 한 경제가 지닌 자본, 노동 그리고 생산기술의 제약하에서 재화

그림 13-3 장기 총공급곡선

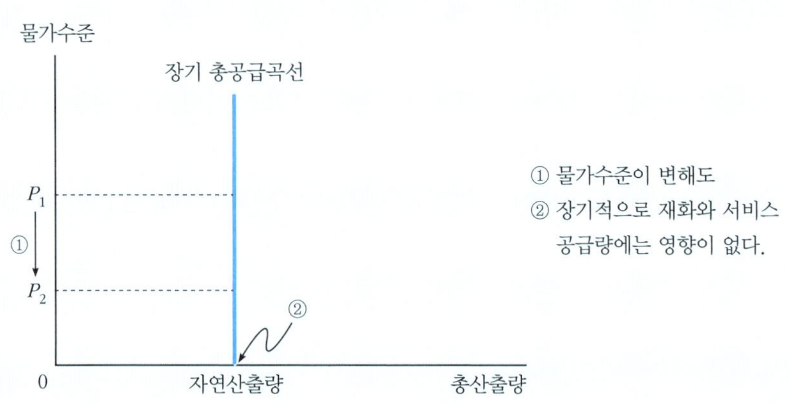

와 서비스의 상대가격에 의해 결정되므로 모든 재화와 서비스의 가격이 동시에 상승할 경우 전반적인 재화와 서비스의 공급량은 변하지 않게 된다.

3.3 장기 총공급곡선의 이동

장기 총공급곡선의 위치는 고전학파의 거시경제이론에 의해 예측되는 재화와 서비스의 생산량에 의해 결정된다. 따라서 어떤 요인에 의해 자연산출량이 변하면 장기 총공급곡선이 이동한다. 몇 가지 요인을 살펴보자.

① 어느 경제에 노동인구가 증가하면 재화와 서비스의 생산량이 증가하고 따라서 장기 총공급곡선은 오른쪽으로 이동한다. 반면에 저출산률과 노령화로 인해 노동인구가 줄어들게 되면 재화와 서비스의 생산량이 감소하고 따라서 장기 총공급곡선은 왼쪽으로 이동한다.

② 경제의 자본스톡이 증가하면 생산성이 높아져 재화와 서비스의 장기생산량이 증가하고 이에 따라 총공급곡선은 오른쪽으로 이동한다. 이러한 논리는 물적 자본뿐만 아니라 인적 자본에도 똑같이 적용되기 때문에 대학의 졸업생의 수가 늘어나도 재화와 서비스의 생산능력이 커지기 때문에 장기 총공급곡선은 오른쪽으로 이동한다.

③ 한 나라의 산출량은 토지, 광물, 기후 등 자연자원뿐만 아니라 수입 등으로 획득할 수 있는 획득자원의 양에 따라 영향을 받는다. 우리나라가 현재 부존자원은 빈약하더라도 다른 나라에서 새로운 자원을 공동개발하거나 수입할 수 있게 되면 장기 총공급곡선은 오른쪽으로 이동한다.

④ 오늘날 우리 경제가 50년 전에 비해 더 많은 재화와 서비스를 생산할 수 있는 가장 중요한 원인은 기술진보일 것이다. 예컨대 새로운 기술의 개발은 주어진 노동, 자본, 자연자본을 이용하여 더 많은 재화와 서비스를 생산할 수 있게 함으로써 장기 총공급곡선은 오른쪽으로 이동한다.

⑤ 자연실업률이 변하면 자연산출량도 변함으로 장기 총공급곡선은 이동한다. 예컨대 최조임금이 인상되면 자연실업률이 상승하여 각 물가수준에서 생산되는 재화와 서비스의 양이 줄어든다. 따라서 장기 총공급곡선은 왼쪽으로 이동한다.

3.4 단기 총공급곡선이 우상향하는 이유

총수요와 총공급 모형은 경제의 장기균형을 설명하는 데 사용될 수도 있지만, 본래 이 모형은 단기적으로 경제가 장기균형으로부터 이탈하는 현상을 설명하기 위해 고안된 것이다. 단기와 장기 사이의 중요한 차이점은 총공급곡선의 모양이다. 단기에는 총공급곡선이 [그림 13-4]처럼 우상향의 기울기를 갖는다. 단기에 물가수준이 P_1에서 P_2로 하락하면 재화와 서비스의 총공급량은 Y_1에서 Y_2로 감소한다. 이처럼 물가수준과 산출량이 같은 방향으로 움직이는 이유를 설명하는 이론에는 세 가지가 있다.

3.4.1 새 고전학파의 착각이론

새 고전학파의 착각이론에 따르면 예상치 못한 물가하락이 공급자들로 하여금 그들이 공급하는 재화의 상대가격이 낮아진 것 같은 착각에 빠지게 하고, 결국 생산량을 줄이게 만든다는 것이다. 즉, 전반적인 물가수준의 하락을 상대가격의 하락으로 잘못 인식하여 공급자들이 재화와 서비스의 공급량을 줄이게 되기 때문에 물가가 하락하면 공급량이 감소하는 것이다.

3.4.2 케인즈의 임금 경직성 이론

케인즈의 임금 경직성 이론에 의하면 예상치 못한 물가의 하락은 일시적인 실질

그림 13-4 단기 총공급곡선

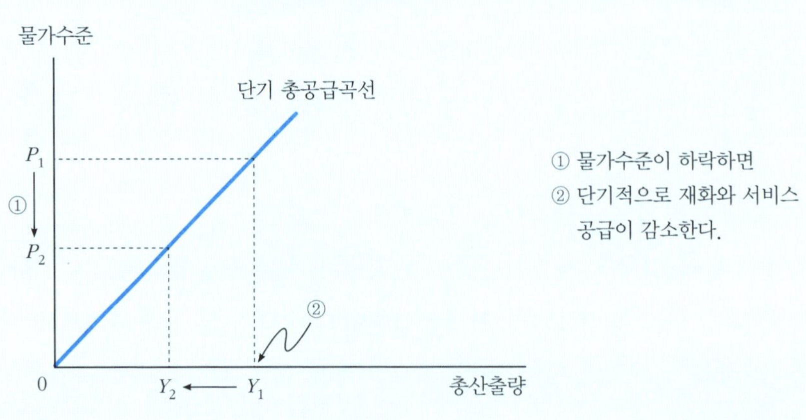

임금의 상승을 초래하고 따라서 기업은 고용과 생산을 줄인다는 것이다. 명목임금이 경직적이고 자유롭게 변동하지 않는 이유는 그것이 장기계약에 의해 결정되고 임금의 결정에 영향을 미치는 사회적 규범이나 공정성에 대한 인식이 천천히 변하기 때문이다.

3.4.3 새 케인즈학파의 가격 경직성 이론

새 케인즈 학파의 가격 경직성 이론에 의하면, 물가가 예상치 못하게 하락할 경우 일시적으로 너무 높은 가격을 유지하는 기업들이 있으며 이런 기업들의 매출이 줄고, 결국 생산량도 줄게 된다는 것이다. 새 케인즈 학자들은 경제여건이 변함에 따라 명목임금뿐 아니라 일부 재화와 서비스 가격도 천천히 조정된다는 사실을 강조한다. 왜냐하면 가격을 조정하는 데 비용이 들기 때문인데, 이러한 비용을 '메뉴비용'이라 한다. 메뉴비용에는 상품목록을 새로 인쇄하고 배포하는 비용과 가격표를 바꾸는 데 들어가는 시간이 포함된다.

이 세 가지 중 어느 것이 옳은가에 대해서는 경제학자들 사이에 논란이 있다. 그러나 이 세 가지 이론에는 하나의 공통점이 있다. 그것은 실제 물가가 사람들이 예상한 수준과 다르면 산출량이 자연산출량과 달라진다는 사실이다. 물론 이 세 가지 이론이 강조하는 상황은 일시적인 것이다. 영원히 지속될 수는 없으며 결국 사람들의 생각이 바뀌고, 착각이 해소되고 조정이 이루어질 것이다. 따라서 장기적으로는 총공급곡선은 수직이 된다.

3.5 단기 총공급곡선이 이동하는 이유

단기 총공급곡선은 각 물가수준에서 단기적으로 공급되는 재화와 서비스의 양을 말해준다. 단기 총공급곡선이 우상향한다는 것은 물가가 상승하면 전반적으로 재화나 서비스의 공급량이 증가한다는 뜻이다. 이처럼 비물가요인은 묶어놓은 상태에서 물가요인만 변할 때 총공급이 변하는 것을 총공급량의 변화라 한다. 그러나 물가수준 말고도 재화나 서비스의 공급량에 영향을 미치는 다른 요인들이 있다. 물가요인을 묶어놓은 상태에서 ① 투입물 가격의 변화, ② 생산요소의 가용량의 변화, ③ 기술변화와 생산성의 증가, ④ 법적·제도적 환경의 변화 등 비물가요인 중 하나 혹은 그 이상이 변했을 때 총공급이 변하는 것을 총공급의 변화라 한다. 몇 가지 예를 들어보자.

장기 총공급곡선을 이동시키는 요인들은 단기 총공급곡선도 이동시킨다. 그러나 단기 총공급곡선의 위치에 영향을 미치는 중요한 변수가 또 하나 있다. 바로 물가수준에 대한 사람들의 예상이다. 예컨대 사람들은 물가가 높을 것으로 예상되면 노사간의 임금협상에서 임금을 높게 책정하고, 임금이 높게 책정되면 생산비가 증가하여 공급량이 감소하므로 단기 총공급곡선은 왼쪽으로 이동한다.

4. 거시경제적 균형은 어떻게 달성되는가?

4.1 경제의 장기균형: 균형산출량과 물가수준의 결정

공급곡선과 수요곡선이 만나는 점에서 개별상품시장이 균형을 이루듯이, 국민경제의 균형도 총수요와 총공급이 같아지는 지점에서 달성된다. [그림 13-5]는 경제의 장기균형을 나타낸다. 그림에서 균형점은 점 A이며 이 점에서 총수요곡선과 장기 총공급 곡선이 만나 균형물가수준과 균형산출량이 결정된다. 여기서 산출량

그림 13-5 장기균형

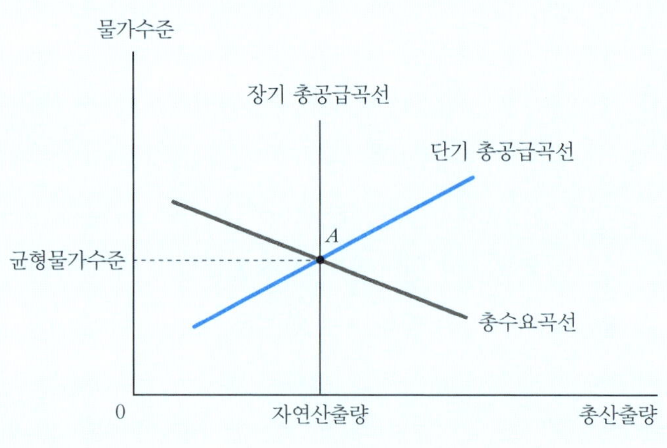

이라는 개념은 현실적인 용어를 빌려 표현하면 '불변가격 국민소득'을 지칭한다고 할 수 있다. 점 A의 균형산출량은 자연산출량과 같다. 단기 총공급곡선도 장기균형점인 A를 통과하므로 사람들의 인식과 임금, 물가가 모두 장기균형에 도달하도록 충분히 조절된 상태임을 알 수 있다. 즉, 경제가 장기균형 상태에 있을 때에는 사람들의 판단과 임금, 물가가 모두 조정되어 총수요곡선과 단기 총공급곡선이 만나는 점이 총수요곡선과 장기 총공급곡선이 만나는 점과 일치한다는 것이다.

4.2 거시경제적 균형의 변화: 총수요곡선 이동의 효과

경제에 대한 비관적인 전망으로 인해 각 물가수준에서 가계와 기업이 구입하려는 재화와 서비스의 양이 감소하여 [그림 13-6]에 표시된 것처럼 총수요곡선이 AD_1에서 AD_2로 (왼쪽으로) 이동한다. 단기에는 경제가 최초의 단기 총공급곡선 AS_1을 따라 점 A에서 점 B로 이동하므로, 산출량은 Y_1에서 Y_2로 감소하고 물가는 P_1에서 P_2로 하락한다. 산출량이 감소한다는 것은 경기침체를 의미한다.

이러한 경기침체가 닥쳤을 때 정책담당자들이 할 수 있는 일은 무엇일까? 한 가지 방법은 총수요를 확대하는 것이다. 만일 정책담당자들이 신속하고 정확한 정보를 바탕으로 행동을 취한다면 총수요곡선을 AD_2에서 AD_1으로 다시 증가시켜 경제를 점 A로 되돌려 놓을 수 있을 것이다. 다른 방법은 아무런 행동을 취하지 않아

그림 13-6 총수요의 감소

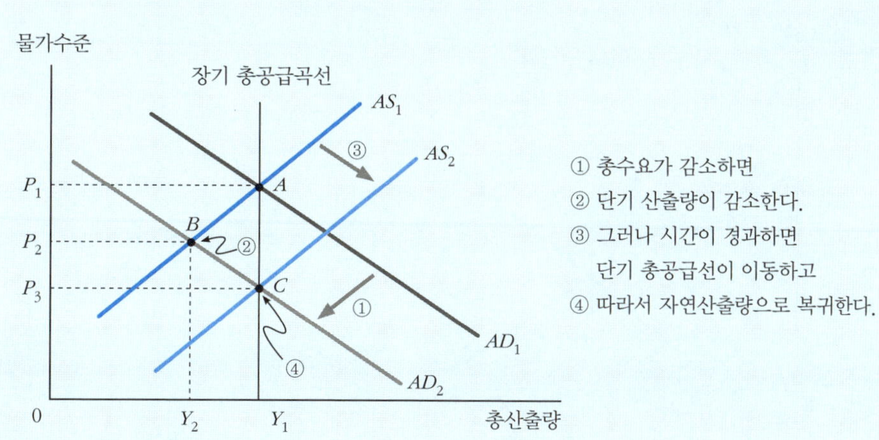

궁극적으로 스스로 해결되도록 내버려 두는 것이다. 그러면 시간이 흐름에 따라 경제주체들의 판단과 임금 및 물가가 조정되어 단기 총공급곡선이 AS_1에서 AS_2로 (오른쪽으로) 이동한다. 따라서 물가는 P_3로 하락하고 산출량은 자연산출량 수준인 Y_1으로 복귀한다. 장기적으로 경제는 새로운 총수요곡선이 장기 총공급곡선과 만나는 점 C에 접근한다. 장기에는 총수요곡선 이동의 효과가 전적으로 물가수준에만 영향을 미치고 산출량에는 전혀 영향을 주지 않는다.

요약하면, 총수요곡선의 이동은 다음과 같은 두 가지 중요한 시사점을 준다. ① 총수요곡선이 이동하면 단기적으로 재화와 서비스의 산출량이 변한다. ② 장기적으로 총수요곡선의 이동은 물가에는 영향을 주지만 산출량에는 아무런 영향을 미치지 않는다.

4.3 거시경제적 균형의 변화: 총공급곡선 이동의 효과

총수요는 변화하지 않는 상태에서 총공급이 감소하는 경우를 살펴보자. 우리나라는 IMF 외환위기 직후 환율이 급등하여 수입품(석유, 식량 등) 가격이 폭등했다. 그 결과 총공급이 감소하여 단기 총공급곡선은 [그림 13-7]에 표시된 것처럼 AS_1에서 AS_2로 (왼쪽으로) 이동한다. 단기에는 경제가 최초의 총수요곡선을 따라 점 A에서 점 B로 이동하며, 이에 따라 산출량은 Y_1에서 Y_2로 감소하고 물가는 P_1에

그림 13-7 총공급의 감소

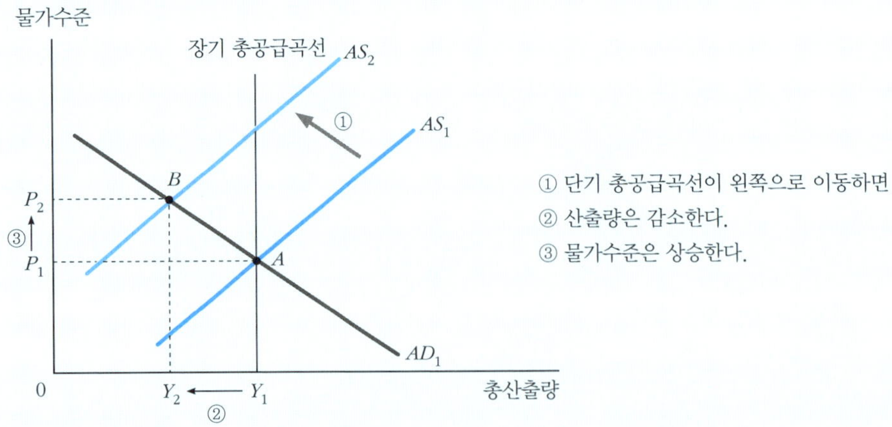

서 P_2로 상승한다. 이처럼 경제의 산출량이 감소하고 동시에 물가는 상승하는 상황을 스태그플레이션stagflation이라고 한다. 이는 우리가 IMF 경제위기 직후 경험한 바 있다.

이러한 스태그플레이션에 직면했을 때 정책담당자들은 어떻게 해야 할까? 한 가지 방안은 아무런 개입을 하지 않는 것이다. 이 경우 산출량은 당분간 Y_2라는 낮은 수준에 머물지만 궁극적으로 경기침체가 스스로 해결된다. 시간이 흐름에 따라 사람들의 판단, 임금, 가격이 더 높아진 생산비에 맞추어 조정되기 때문이다. 예컨대 산출량이 감소하여 실업이 증가하면 임금이 낮아지고, 임금이 낮아지면 재화와 서비스의 공급량은 증가한다. 따라서 시간이 흐름에 따라 단기 총공급곡선은 AS_1으로 다시 이동한다.다른 대안은 재정정책이나 금융정책을 이용하여 총수요곡선을 이동시켜 총공급곡선의 이동을 상쇄하는 것이다. [그림 13-8]에서처럼 단기 총공급곡선이 AS_1에서 AS_2로 (왼쪽으로) 이동할 때 정부가 총수요를 확대하여 총수요곡선을 AD_1에서 AD_2로 이동시킬 수 있다. 경제의 균형은 점 A에서 점 C로 옮겨간다. 이러한 정책은 단기적으로 산출량의 감소를 막을 수 있지만 그 결과 물가는 P_1에서 P_2로 영구적으로 상승한다.

요약하면, 총공급곡선의 이동은 다음과 같은 두 가지 중요한 시사점을 준다. ① 총공급곡선이 왼쪽으로 이동하면 경기침체(산출량의 감소)와 인플레이션(물가의 상

그림 13-8 총공급 감소에 대응한 총수요 확대정책

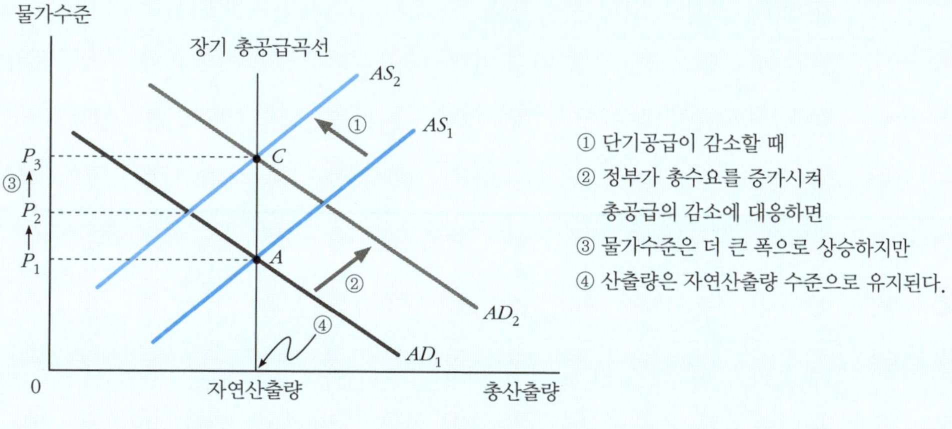

승)이 동시에 나타나는 스태그플레이션을 초래할 수 있다. ② 정책담당자들은 총수요의 조절을 통해 경기침체와 인플레이션을 동시에 해소할 수 없다.

5. 총수요·총공급 모형의 역사적 배경과 한계점은 무엇인가?

이제 총수요·총공급 모형에 대한 기초지식을 습득하였으니 이 모형의 역사적 배경을 살펴보는 것도 의미가 있을 것이다. 사실 이 모형은 1930년대 대공황의 부산물이다. 존 메이너드 케인즈는 『고용, 이자 및 화폐에 관한 일반이론(1936)』이라는 책을 통해 일반적인 단기 경기변동과 대공황에 대한 설명을 시도하였다. 그는 재화와 서비스에 대한 총수요가 감소하면 경기침체나 불황이 일어날 수 있다고 주장하였다. 『일반이론』을 발표하기 몇 년 전에 존 메이너드 케인즈가 고전학파 경제이론에 대해 쓴 글에는 다음과 같은 대목이 있다.

장기분석은 현재 벌어지고 있는 상황을 이해하는 데 도움이 되지 않는다. 장기에는 우리 모두가 죽는다In the long run we are all dead. 경제학자들의 역할이 고작 태풍이 닥치는 계절에 "태풍이 지나가고 한참 있으면 바다가 잠잠해질 것이다"라고 말하는 정도에 그친다면 그 역할은 너무 쉽고 쓸모없는 것이다.

존 메이너드 케인즈의 이 말은 경제학자들뿐 아니라 정책담당자들을 겨냥한 것이기도 했다. 즉 장기적으로 경제문제는 해결될 수 있다고 하더라도, 그 사이에 일어나는 희생이 크다는 것이다. 존 메이너드 케인즈는 이러한 희생을 최소화하기 위해 바로 이 시점, 즉 단기에 있어서의 정부의 정책이 필요하다고 주장하였던 것이다. 세계경제가 높은 실업에 시달리고 있을 때 케인즈는 공공사업에 대한 재정지출을 포함한 총수요 부양정책을 주장하였다. 이러한 총수요를 중심으로 국민경제를 분석하려는 시각은 존 메이너드 케인즈의 『일반이론』에 의해 널리 보급되었다. 그러나 그 후 밀턴 프리더먼과 같은 학자들은 인플레이션을 분석하는 데 있어서 이러한 존 메이너드 케인즈의 생각은 적합하지 않다고 지적하였다. 이후, 흔히 합리적 기대론자라 불리는 로버트 루카스R. Lucas나 토마스 사전트T. Sargent 등도 객관적인 경제에 관한 자료뿐만 아니라, 미래의 경제활동과 정부정책에 관한 사람들의 기대를 고려함으로써 국민경제를 분석하는 데 커다란 공헌을 하였다. 오늘날 국민경제 전체의 분석은 이러한 발전에 힘입어 존 메이너드 케인즈 이후에 중요시된 총수요 측면과 함께 총공급 측면을 모두 고려하는 방향에서 이루어지고 있다.

다만 여기에서 유의하여야 할 점은 총수요·총공급분석은 생물학적인 분석이 아니라 해부학적인 분석이라는 사실이다. 그럼 해부학적인 분석의 의미는 무엇인가? 예를 들어 사람의 심장, 췌장, 신장, 뇌 등의 기관의 성분을 분석하면 모든 것이 단백질, 비타민, 무기질 등 거의 같은 성분으로 구성되어 있음을 발견하게 된다. 그러나 이들 요인이 각각 다른 형태로 모이게 되면 상이한 기관이 되는데, 왜 그렇게 되는가를 해부학적인 분석을 통해서는 이해하기 어렵다. 또한 사람들의 마음이나 희노애락의 감정을 몸의 어느 부분에서 나오는지 해부를 통해서는 이해할 수 없다. 이와 같이 해부학적인 분석은 생명체의 생동원리를 구명하는 데는 한계가 있는 것이다. 이와 같은 해부학적인 분석의 한계를 고려하면서 총수요·총공급 분석을 경제문제를 분석하는 도구로서 활용하여야 할 것이다.

참고문헌

- 김경환·김종석 옮김, N. Gregory Mankiw, 「맨큐의 경제학」(7판, 2015), 센게이지러닝코리아.
- 김덕중·성태경, 「경제학과 사회」(1998), 형설출판사.
- 김준영, 「거시경제학」(2000), 법문사.
- 송병락, 「글로벌시대의 경제학」(2006), 박영사.
- 신장섭, 「한국경제 제3의 길」(1999), 중앙 M&B.
- 심경섭, 「경제학의 이해」(2000), 법문사.
- 이병락 옮김, N.Gregory Mankiw, 「거시경제학 제4판」(2000), 시그마프레스.
- 이승훈, 「경제학 입문」(1995), 영지문화사.
- 홍기현·조영달, 「경제학산책」(1992), 김영사.

생각해 볼 문제

1. 다음의 변화는 거시경제적 균형에 대하여 어떻게 영향을 끼치는가?
(1) 현대투신의 부실채권편입문제
(2) 남북정상공동선언(6.15 선언)

2. 단기에는 총공급곡선이 왜 수직선이 아닌가?

3. 총수요곡선을 이동시키는 요인은 무엇인가?

4. 총수요와 총공급에 대한 케인즈학파와 고전학파의 차이점에 대해 토의해 보자.

5. 지금 OPEC 증산합의에도 불구하고 유가가 상승하고 있다. 1970년대의 오일파동을 연상케 하고 있는데 이러한 것이 우리나라 경제에 미치는 영향은 무엇일까?

6. 이자율이 높아져 모든 가계에서 소비보다는 저축에 더 많이 돈을 쓴다면 총수요와 총공급은 어떻게 될 것인지에 대해 생각해 보자.

7. 총수요의 감소로 인해 불황이 계속되고 있을 때 정부, 기업, 가계는 각각 어떻게 대처해야 하는지에 대해 생각해 보자.

8. 한 나라의 경제의 미래가 결국 개개인의 미래에 대한 예측과 행동에 있다고 할 때, 경제를 일정 방향으로 유인하는 것은 가능한 일인가?

9. 한국의 현 경제상황을 AD-AS 모델을 이용하여 설명하고, 처방책을 제시하여 보시오.

읽을거리

똑똑한, 또는 아둔한 '케인즈주의'

"우리는 이제 모두 케인즈주의자이다." 30여 년 전 리처드 닉슨 미국 대통령이 대공황을 극복하는데 기여한 영국의 경제학자 존 메이너드 케인즈의 이론을 이렇게 칭송한 말이 요즘처럼 세계 각국 경제 정책에 어울리는 말이 없을 것 같다. 공공 투자와 감세 등의 재정 확대 정책을 통한 유효수요 창출을 갈파한 케인즈의 이론은 미국발 금융위기로 세계경제가 급랭하면서 레이건 대통령 이래 미국 경제 정책의 근간을 이루어온 신자유주의를 밀어내고 세계 각국의 화두가 됐다.

30일 파이낸셜타임스는 지난 11월 워싱턴에서 열린 G20 정상회담의 공동선언문에 각국의 재정 확대와 내수 부양책에 합의한 순간 새로운 케인지안 컨센서스가 성립했다고 지적하면서 2009년에는 세계 각국에 케인즈 정책이 풍미할 것으로 전망했다. 이와 관련 지난달 영국의 고든 브라운 총리는 "전 세계 모든 나라가 경기부양책을 실시해야 한다"고 촉구했다. 프랑스의 니콜라 사르코지 대통령도 최근 경기부양책을 내놓으며 "이번 위기의 대응책은 대규모 투자일 수밖에 없다. 이 길만이 성장을 이끌고 일자리를 보전할 수 있다"고 밝혔다.

미국은 버락 오바마 당선인 인수팀이 다음 달 초 6,750억 달러에서 7,750억 달러에 달하는 경기부양책을 내놓을 것으로 보이는데 이는 평균치 7,250억 달러를 기준으로 보면 미국 GDP의 4.98%에 달한다. 워싱턴 정가에서는 오바마 정부의 부양안이 상·하원을 거치면 GDP의 5~7%선인 8,500억 달러에서 1조 달러까지 커질 것으로 보고 있다.

그러나 지금 케인즈주의가 능사는 아니라는 반론도 만만치 않다. 지난 1970년대에 정부 재정 정책을 통한 경기부양책이 결국 고용 확대와 경제 회복에 효과를 내지 못한 것으로 드러나면서 한계를 보였다. 독일 분데스방크 부총재 출신인 유르겐 스타크 유럽중앙은행(ECB) 이사는 각국의 케인즈주의 정책이 지난 1970년과 같은 실패를 반복할 "충분한 위험"이 있다고 우려하면서 "과거에 비효과적으로 판명이 난 재량 재정정책이 왜 이 시기에 쓰여지는지 이유를 모르겠다"고 지적했다. 장 클로드 트리셰 ECB총재도 최근 FT와의 인터뷰에서 각국의 경기부양책으로 인한 재정적자 증가가 결국 세금 인상에 대한 우려로 이어져 소비자들의 신뢰를 감쇄할 수 있다고 지적했다. 소비 진작보다 소비 심리 하락으로 인한 손해가 더 클 수 있다는 지적이다. 선진국 중 독일은 특히 대규모 경기부양책에 원칙적 반대를 표명해왔다. 피어 스타인브룩 재무장관은 영국 브라운 총리가 추구하는 정책을 "아둔한 케인즈주의"라고 지적하며 "수십억 달러를 낭비하며 결국 다음 세대에 부채를 안기고 있다"고 비판했다.

출처: 고지희, 해럴드경제, 2010.4.1

Chapter 14

경제위기와 경제안정화정책

1. 경제안정은 왜 필요한가?
2. 인플레이션을 어떻게 볼 것인가?
3. 불황과 실업을 어떻게 볼 것인가?
4. 실업률과 인플레이션율의 상충관계를 어떻게 이해할 것인가?
5. 총수요관리정책의 수단과 효과는 어떠한가?
6. 총공급관리정책의 수단과 효과는 어떠한가?

개관

보통 사람들이 경제적인 문제를 생각할 때 가장 먼저 떠올리게 되는 것이 인플레이션과 실업이다. 이러한 경제문제가 생기면 사람들은 진단과 처방을 여론에 구하려고 한다. 그리고 이렇게 형성된 여론은 국민정서로 결집되어 다시 정책으로 나타나게 된다. 그런데 이렇게 정치적으로 결정된 정책이 경제학자들이 제시하는 정책과는 일치하지 않는 경우가 많다. 그렇다면 사람들은 병이 나면 의사에게 진단과 처방을 부탁하듯이, 경제문제에 대해서는 경제학자들의 진단과 처방을 비판적으로 수용해 보는 것은 어떨까?

이 장에서는 거시경제의 안정화정책의 필요성을 살펴보고, 인플레이션과 실업을 어떻게 이해하여야 할 것인가에 대해 논의한다. 그리고 안정화정책에 대한 경제학자들의 관점의 차이도 살펴보자.

내용표준과 기준

제14장에서 다룰 주요 내용은 미국 경제교육협의회(NCEE)의 〈내용표준과 기준 19와 20〉에 해당하는 것으로 "실업은 국가와 개인에게 비용을 가져오지만, 예기치 않은 인플레이션은 많은 사람들에게 손실을 가져다주지만 몇몇 사람들에게는 이익이 될 수도 있다. 이러한 실업과 인플레이션의 영향을 이해하기 위해서는 금융정책과 재정정책의 효과를 알아야 한다"는 것을 보여 주고 있다. 이러한 내용표준을 충족시키는 기준으로는 실업, 실업률, 완전고용, 인플레이션, 인플레이션의 효과, 인플레이션의 비용, 재정정책, 금융정책, 구축효과, 스태그플레이션과 같은 개념을 들 수 있다.

1. 경제안정은 왜 필요한가?

경제성장, 고용안정, 물가안정, 국제수지의 균형, 적절한 소득 분배 등 한 나라가 경제정책을 세우고 추진하는 데는 여러 가지 목표가 있다. 그런데 그중에 고용 안정과 물가 안정은 여러 나라에서 가장 중요한 경제 정책의 목표가 되어 왔다. 그 이유는 고용 안정과 물가 안정이라는 목표를 달성하지 못할 때 발생하는 '실업'의 문제와 '인플레이션'의 문제가 국민생활과 경제에 미치는 영향이 매우 크기 때문이다. 따라서 일반시민들은 어떤 경제문제보다도 인플레이션과 불황에 대해 깊은 관심을 가진다. 왜냐하면 일반시민들에게 있어 인플레이션은 생계비의 상승을 의미하며, 사람들은 생계비를 인상시키는 어떤 요인에 대해서도 관심을 가질 수밖에 없기 때문이다. 또한 불황은 소득과 직업의 상실을 초래하며 왜 이것이 문제로 되는지에 대해서는 거론할 가치가 없을 정도로 중요하다. 그러나 시민들의 이러한 인식처럼 인플레이션과 실업, 그리고 불황은 중요한 문제지만 그 해결책은 그렇게 간단하지 않다.

대개의 사람들은 경제활동을 할 때 장래를 예측하고 계획을 세우고 최적의 결과를 얻으려고 한다. 그런데 갑자기 일자리를 잃게 되면 계획에 따라 행동할 수 없다. 이러한 때 사람들의 경제생활은 불안하게 된다. 경제안정화란 일반대중의 안정된 경제생활을 할 수 있는 환경을 조성하는 것이다. 경제의 안정이란 인플레이션, 높은 실업률, 실질 GDP 성장률의 급격한 변동, 그리고 국제수지의 불균형을 피하는 것이다. 경제의 안정을 달성하기 위한 거시경제정책을 경제안정화정책이라고 한다.

그런데 시장경제체제를 표방하는 경제에서는 소비자, 근로자, 기업 등의 경제활동주체가 각각 독자적인 의사결정을 하므로 경제운용의 과정에서 어느 정도의 물가상승(인플레이션)과 실업은 존재하기 마련이다. 그러므로 한국경제에서 물가상승이 진행되거나 실업이 존재한다고 하여 그 자체가 나쁘다고 단정할 수 없다. 다만 물가상승의 속도가 지나치게 빠르거나 실업이 과대하게 발생하여, 경제 사회적 문제를 야기시켜 궁극적으로는 지속적 경제성장에 장애가 되기 때문에 경계의 대상이 되는 것이다. 그렇다면 어느 정도의 물가상승과 실업을 받아들일 수 있을까?

2. 인플레이션을 어떻게 볼 것인가?

2.1 인플레이션이란 무엇이며 어떻게 이해할 것인가?

인플레이션의 유래는 남미의 소장수로부터 나왔다. 어느 날 소장수가 물먹인 소를 팔기 위하여 소에게 소금을 억지로 먹였다. 소금을 먹은 소는 목이 말라 물을 몽땅 먹을 수밖에 없었다. 물먹인 소의 팽팽해진 배, 그것을 영어로 인플레이트 inflate(부풀리다, 팽창시키다)라고 표현했으며, 인플레이션은 여기서 유래되었다. 그렇다면 경제학에서 사용하고 있는 인플레이션이란 무엇인가?

인플레이션이 무엇인지 알려면 인플레이션의 정의부터 짚고 넘어가야 할 것이다. 시장에서 거래되는 많은 상품들의 가격은 대부분이 시장상황에 따라 늘 움직인다. 따라서 우리가 상품 전체의 물가동향을 파악하자면 시장에서 거래되고 있는 많은 상품들의 가격변동을 평균한 종합적인 물가수준을 알아야 하며 이 물가수준이 과거에 비해 오르거나 내릴 때 흔히 물가가 상승하거나 하락한다고 말한다. 그런데 시장에서 상품에 대한 수요가 공급보다 크거나 원자재가격, 임금 등이 상승하여 생산원가가 오르면 상품의 가격이 오르기 때문에 물가는 상승하며 이와 같은 상승은 일시적일 수도 있고 혹은 오랫동안 지속되기도 한다. 후자에서처럼 물가가 지속적으로 상승하는 경제현상을 인플레이션이라고 정의하며 이것은 돈의 가치가 지속적으로 떨어지고 있다는 것을 의미한다.

그리고 인플레이션이 생계비 상승을 초래한다는 것은 전혀 사실이 아니다. 인플레이션은 기본적으로 비용의 증가가 아니라 화폐의 구매력 감소를 의미한다. 다른 측면에서 생각해 보면, 인플레이션이란 재화의 화폐가격 상승이라고 할 수 있고, 굳이 말한다면 화폐로 환산한 생계비의 상승인 것이다. 그러나 인플레이션이 화폐가 존재하지 않는 상황에서는 발생할 수 없다는 사실을 상기한다면 화폐와 인플레이션 사이의 핵심적인 연계성을 보다 쉽게 파악할 수 있다.

만약 인플레이션이 실제로 생계비를 증가시키는 것이 아니라면 그것이 왜 문제가 되는 것일까? 왜 모든 사람들이 인플레이션에 대해 그토록 걱정을 하는가? 문제가 되는 것은 화폐의 가치가 떨어진다는 사실보다는 화폐의 미래가치가 예측될 수 없다는 사실이라고 할 수 있다.

인플레이션은 사회에 실질적인 부담을 지운다. 이것은 부를 재분배하고, 사람들로 하여금 인플레이션의 영향을 예상하는데 자원을 사용하게 만들고, 맞건 틀리건 인플레이션으로 피해를 입었다고 믿는 사람들에게 불만족과 갈등을 조장한다. 이 모든 효과는 사람들이 미래의 가격을 추정하는 데 있어서 인플레이션이 가져오는 불확실성의 증가에 기인한다.

2.2 인플레이션은 우리에게 어떤 영향을 주는가?

물가가 전혀 예측할 수 없게 진행되면, 가계나 기업이 합리적인 계획을 세우고 이에 따라 행동할 수 없게 함으로써 정상적인 경제활동을 방해한다. 특히 투기자들은 상대가격의 변화 차이가 가장 빠른 곳으로 자원을 이동시켜 새로운 재화를 생산하는 것보다 더 많은 이윤을 얻으려고 행동한다. 이제 이와 같은 인플레이션이 우리에게 미치는 영향에 대해 알아볼 좋은 시점이 되었다.

2.2.1 부와 소득재분배에 미치는 영향

인플레이션의 경제적 효과는 경기침체보다는 소득재분배효과가 더 크다. 특히 예측되지 못한 인플레이션의 가장 큰 폐해는 사람들이 처한 입장에 따라서 부와 소득을 임의적으로 재분배한다는 것이라 하겠다. 예를 들어, 봉급이나 연금 등 정액소득을 받는 사람들이 손해를 보는 것이다. 이는 물가가 오르게 되면 고정적 소득으로 구매할 수 있는 상품의 양이 줄어들어 실질적으로 소득이 감소한 것과 동일한 결과를 초래하기 때문이다. 또한 인플레이션은 화폐의 가치를 하락시켜 현금을 가지고 있는 사람, 은행에 예금한 사람 그리고 채권자들에게는 손해를 끼치는 반면, 채무자나 주택 등의 실물자산을 가진 사람에게는 이득이 된다.

예상된 인플레이션은 문제가 되지 않는다 하더라도 그 정도가 심하면 심각한 문제를 야기시킨다. 가령 연간 인플레이션율이 100%로 예상된다면 사람들은 화폐를 보유하는 대신 아파트, 그림, 부동산 등 물건을 구입하려 할 것이다. 기업들도 인플레이션을 기대하여 생산을 위한 자본설비를 구입하기보다는 부동산 구입에 열을 올리게 된다. 이러한 활동은 사회적 관점에서 보면 생산적 자원의 낭비이며, 인플레이션이 초래하는 가장 큰 비용이라고 할 수 있다.

2.2.2 생산에 미치는 영향

기업이 생산계획을 수립하거나 설비투자를 할 경우에는 물가가 안정되어 다른 상품가격과 상대가격이 크게 변화하지 않는 것을 전제로 한다. 그런데 인플레이션이 진행되면 기업들은 이미 수립한 생산계획보다는 인플레이션에 따른 시장수급 구조의 변화에 맞추어 생산을 하게 된다. 따라서 인플레이션이 완만하게 진행되면 수요가 증대되고 기업가들은 낙관적인 기대를 하게 되어 생산과 투자도 늘어나게 된다.

그러나 인플레이션이 진행되는 과정에서 각 상품의 가격이 상승하는 시기와 폭이 다르므로 기업들은 당장 가격인상이 가능한 상품을 우선적으로 생산하고 투자도 이들을 중심으로 이루어진다. 그러므로 인플레이션이 가속화되면 먼저 가격이 오르는 상품의 생산은 급격히 증대되는 반면에 그렇지 않은 상품의 생산은 크게 감소되어 생산구조가 왜곡되게 된다. 또한 가격인상이 예상되는 상품에 대해서는 투기행위가 일어나게 되어 기업들이 정당한 생산활동을 통한 이윤추구보다는 부동산 투기와 같은 방법을 통해서 부를 축적하려고 하여 건전한 사회기반을 무너뜨려 경제성장과 사회발전을 저해하게 된다.

2.2.3 고용에 미치는 영향

인플레이션이 진행되면 수요의 증대와 함께 기업가들에게 낙관적인 기대를 갖게 하여 상품의 생산이 늘어나고 이에 따라 투자와 고용의 증대가 이루어진다. 그러나 이러한 현상은 인플레이션이 완만히 진행되는 경우에 국한되며, 만약에 격심한 인플레이션이 진행되면 투기행위와 같은 자원의 낭비를 초래하는 투자가 일어나 생산과 고용은 축소될 수도 있다. 반대로 물가의 하락이 지속되는 디플레이션이 일어나면 기업은 생산을 감소시키게 되고 이에 따라 실업이 증대되는 등 경제활동은 침체상태가 된다.

2.2.4 국제수지에 미치는 영향

인플레이션은 국제수지를 악화시켜 국내 생산활동과 경제성장을 저해하는 요인으로도 작용한다. 즉 국내에서 인플레이션이 진행되면 외국제품에 비해 국산품의 가격은 상대적으로 상승한다. 그러면 사람들은 상대적으로 더 싸진 외국제품을 선호하게 되므로 수입은 증대한다. 반면에 상대적으로 비싸진 국산품은 해외시장에서 덜 팔리게 되므로 국내생산은 위축되고 수출은 감소하게 된다. 그러므로 인플레이션은 수입을 증가시키고 수출을 감소시킴으로써 국제수지를 악화시키는 효과를 나타내며 결국은 생산활동을 위축시켜 경제성장을 저해하게 된다.

2.2.5 가계의 소비생활에 미치는 영향

소비자는 일상생활을 영위해 나가면서 물가의 변동은 소비생활 수준이나 구조를 변화시키는 결정적 요인임을 늘 피부로 느낀다. 우리는 물가 변동이 소비생활에 미치는 영향을 알기 위해서 소비자물가지수를 이용하게 되는데, 소비자물가가 상승한다면 우리가 일정한 소득으로 구매할 수 있는 상품이나 서비스의 양은 줄어들게 되므로 소비수준이 낮아진 것으로 판단하며 소비자물가가 하락한다면 그 반대로 생각한다. 그러나 물가가 오르는 경우라도 우리의 소득증가율이 물가상승률보다 높다면 우리가 살 수 있는 상품이나 서비스의 양은 줄어들지 않는다. 다시 말하면 실질소비지출은 감소하지 않기 때문에 이 경우 소비생활수준은 오히려 향상된다고 볼 수 있지만 소득수준의 증가율이 물가상승률보다 낮을 때는 실질소비지출이 줄어들게 되어 소비자들은 생활의 위축을 느끼게 된다.

2.2.6 인플레이션이 기업에 미치는 영향

기업은 그 목적달성을 위하여 공장을 건설하고 원자재, 노동력 등 생산요소를 구입하여 제품을 생산하고 있으므로 일반물가의 상승은 필연적으로 기업이 시장에서 구입하는 각종 생산요소가격의 상승을 가져올 뿐만 아니라 기업이 구입한 각종 자산의 명목가치를 상승시킨다. 이와 같이 물가상승은 직접 또는 간접적인 경로를 통해서 광범위하게 기업의 원가상승요인을 발생시켜 가격인상을 불가피하게 하고, 이를 통하여 이윤의 증대를 도모할 수 있기 때문에 기업의 경영합리화 노력보다는 투기활동을 조장하며, 대외적으로는 국제경쟁력을 약화시킴으로써 기업경영을 저해하는 요인으로 작용한다고 볼 수 있다.

2.2.7 정치 및 사회에 미치는 영향

인플레이션이 진행되면 사람들은 투기행위를 하여 떼돈을 벌 수 있다는 불건전한 생각을 하게 함으로써 경제풍토를 해치게 된다. 따라서 성실히 절약하며 살아

온 퇴직자들이나 정액소득으로 생활하는 사람들은 가격의 지속적인 상승과 기업이 이윤이 높은 고가품을 많이 생산함으로써 야기되는 상품의 감소에 의해 생활수준이 저하되고, 좌절감과 욕구불만을 갖게 된다.

또한 지속적인 인플레이션은 정부에 대한 신뢰감을 떨어뜨려 정치체제를 약화시킨다. 먼저 인플레이션은 조세에 대한 불만과 기피풍조를 만연시킨다. 예를 들어 세원이 정확히 포착되는 임금소득자들의 소득은 세금을 부담하게 되지만 투기와 같이 비정상적인 경제행위로 얻게 된 소득은 세원포착이 어려우므로 탈세를 할 여지가 커지게 된다. 또한 지속적인 인플레이션으로 인하여 실질소득이 계속 떨어지게 되면 노동자들은 임금인상을 위해 노동조합활동에 적극 참여하게 되고 이 과정에서 노사관계가 완만히 이루어지지 못할 경우 경제정책 수행을 위한 정부의 노력이 결실을 맺기 어렵게 될 수도 있다.

2.3 소비자물가(통계물가)와 체감물가는 왜 다른가?

'작년 한 해 동안 물가가 몇 % 올랐다고 생각하십니까?'라는 질문을 가지고 설문조사를 해 보면 항상 통계청에서 발표하는 물가상승률, 즉 소비자물가상승률보다 높게 나타난다고 한다. 가령, 2004년의 경우 소비자물가지수는 3.6% 올랐지만 사람들이 일반적으로 느끼는 물가상승률은 이보다 훨씬 더 높다는 것이다. 왜 그런가?

2.3.1 소비자물가(통계물가)와 체감물가의 정의

사실 이러한 질문은 소비자물가지수와 체감물가지수가 어떻게 작성되는가를 살펴보면 어느 정도 해결할 수 있다.

소비자물가지수는 기준연도를 정해두고 그 기준연도에 도시소비자들이 일정기준 이상 소비 지출한 바 있는 품목을 선정해서 이들의 가격움직임을 조사해서 구하게 된다. 현재는 2005년의 소비지출구조를 토대로 정하게 된 489개 조사대상품목에 대해 지출비중이 클수록 높은 가중치를 두면서 소비자물가지수를 산정·발표하고 있는데 조사대상품목과 가중치는 5년마다 한번씩 조정될 때까지 고정돼 있다.

이에 비해 우리가 느낌으로 받아들이는 물가를 체감물가라고 하는데, 흔히 생활물가지수라고 하기도 하는데 일상생활에서 소비자들이 자주, 그리고 많이 구입하는 생활필수품을 대상으로 작성된 소비자물가지수의 보조지표로 1998년 4월부터 체감물가를 파악하기 위해 도입되었다. 품목은 식료품 60개, 외식 및 숙박 16개, 피복 및 신발 14개, 교통 7개 등 총 152개 생활필수품을 대상으로 한다. 보통 소비자물가지수보다 높은 수치를 나타내며, 측정방법에서도 차이난다. 이는 정부가 공식적으로 발표하는 소비자 물가지수는 489개의 상품과 서비스를 대상으로 각 품목에 대한 평균적 소비 지출 비중에 따라 가중 평균한 것이지만, 체감물가는 주부들이 자주 구입하는 품목을 단순 평균한 것이기 때문이다. 이 체감물가 가운데 가공식품을 신선어패류, 신선채소, 신선과일, 기타 등 총 51개 품목으로 구성된 지수를 신선식품지수라고 한다.

2.3.2 소비자물가(통계물가)와 체감물가의 괴리 원인

기획재정부 산하 통계청에서 조사 발표하는 소비자물가(통계물가)와 소비자가 실제 피부로 느끼는 장바구니 물가와는 차이가 크다고 한다. 그렇다면 왜 그런가? 첫째, 소비자물가지수의 조사대상품목에는 오로지 소비성지출과 관련된 품목만 포함되어 있다. 그러므로 정기예금이나 주택부금, 각종 세금과 사회부조금, 그리고 주택이나 토지와 같은 재산구입에 따른 대출금의 이자지출 같은 것은 비소비성 지출이기 때문에 소비자 물가지수에 반영되지 않는 것이다. 따라서 이자나 세금과 같은 비소비성 지출부담이 큰 가계는 비록 소비자물가지수가 오르지 않더라도 높은 물가상승으로 인해 생계비 지출이 늘어난 것으로 느끼게 되는 것이다.

둘째, 가계별로 소비지출구조가 모두 다르다는 점도 체감물가와 소비자물가지수와 차이를 나타내는 하나의 원인이다. 가령 학생이 많은 가계의 경우 수업료나 등록금이 상승했을 때 지출에 큰 영향을 받지만 학생이 없는 가계는 전혀 영향을 받지 않는다. 따라서 학생이 많은 집의 경우 물가상승률이 매우 높은 것으로 느낄 수밖에 없다. 이와 같이 소득수준, 연령구성, 사는 지역, 소비성향 등이 모두 다르기 때문에 특정 상품이나 서비스 요금이 상승했을 때 그 상승의 정도를 가계별 소비지출 구조에 따라 다르게 느끼게 되는 것이다.

셋째, 체감물가의 경우, 상품별 가중치는 무시된 채 구입 빈도가 높고 주로 값이 많이 오른 상품들의 가격을 단순 산술평균해서 느낌으로 받아들이는 물가이다. 가령, 쌀, 돼지고기, 배추는 각각 30%씩 올랐는데 냉장고와 중형승용차의 가격은 하나도 안 올랐다고 하면 소비자 물자지수 계산방식에 의하면 물가상승률은 30%에 훨씬 못 미치게 나온다. 왜냐하면 냉장고와 중형승용차는 구입단가가 큰 물건이므로 가중치가 크기 때문이다. 그러나 소비자들은 구입 빈도수가 큰 쌀, 돼지고기, 배추의 3가지 품목만을 고려해서 30%의 물가상승이 있었다고 느끼게 되는 것이다. 특히 가정주부들은 자주 구입하는 채소, 생선류 등 신선식품이 작황부진 등으로 가격이 오를 때 공식적인 통계물가보다 훨씬 물가상승률이 높다고 느끼게 된다.

넷째, 소득증가에 따른 소비의 고급화 추세와, 구입 빈도의 증가, 자녀의 성장 및 가구원수가 늘어나는 데 따른 생활비 증가를 물가상승 때문인 것으로 느끼게 되는 경향이 있다는 점도 지적될 수 있다.

다섯째, 기준연도가 고정되어 있기 때문에 기준연도에서 멀어짐에 따라 조사대상품목이 소비패턴의 변화를 제대로 반영하지 못하게 된다. 따라서 경제성장속도와 소비패턴의 변화가 빠를수록 점점 통계상의 물가상승률과 피부로 느끼는 물가상승률의 차이는 커질 수밖에 없게 되어 있다.

2.3.3 지표로 본 소비자물가지수와 체감물가와의 차이

현재 주지표로 작성하고 있는 소비자물가지수와 보조지표인 생활물가지수, 신선식품지수를 통해서 2010년, 1년 동안 일반 소비자들이 느끼는 물가수준의 차이를 파악해 보면 소비자물가지수(460개 품목)는 2.9% 상승한 반면, 구입빈도가 높은 생필품 위주로 구성된 생활물가지수(141개 품목)는 3.4% 상승하여 체감물가 수준

표 14-1 소비자물가지수와 체감물가지수 상승률

	소비자물가지수	생활물가지수	신선식품지수
가중치(품목수)	1000.0(460)	551.6(141)	40.3(50)
2008년 평균(%)	4.7	5.3	−5.8
2009년 평균(%)	2.8	2.1	7.6
2010년 평균(%)	2.9	3.4	21.3
2011년 평균(%)	4.0	4.4	6.3
2012년 평균(%)	2.2	1.7	5.9
2013년 평균(%)	1.3	0.7	−1.3
2014년 평균(%)	1.3	0.8	−9.3
2015년 평균(%)	0.7	−0.2	2.1

출처: 통계청, 통계DB

이 소비자물가지수보다 높은 것을 간접적으로 알 수 있다. 주부들이 많이 구입하는 신선식품을 별도로 집계한 신선식품지수도 21.3%나 상승한 것으로 나타나 주부들이 느끼는 체감물가수준이 가장 높았음을 알 수 있다.

3. 불황과 실업을 어떻게 볼 것인가?

불황은 예상치 못한 총생산과 소득증가율의 파괴적인 하락을 말한다. 수요가 급속히 감퇴되어 생산이나 투자가 최저점에 달하고 고용이 감소하여 경제성장률이 후퇴한다. 불황시 생산의 감소와 판매부진이 뒤따르게 되는데 이것은 곧바로 기업의 수익을 떨어뜨리는 원인이 된다. 따라서 기업의 소유자나 경영자들은 그들이 생산하고자 하는 적정량을 생산할 수 없고 그들이 정한 가격으로 제품판매를 할 수 없게 된다. 특히 생산된 제품이 제대로 팔리지 않아 재고가 쌓이게 되면 수익을 기대하기 어렵고 오히려 투입된 요소비용만 늘어나게 된다. 즉, 생산비용이 수익을 앞서 가기 때문에 기업들은 경영상 타격을 입게 되고 조만간 생산 활동이 둔화되거나 멈추게 된다.

이와 같이 불황으로 기업들이 생산을 줄이거나 조업을 중단하고자 할 때 이를 해소하기 위한 많은 대안 중 가장 먼저 생각할 수 있는 대안은 무엇일까? 대부분 고용을 줄이는 것이라고 생각하게 된다. 이렇게 고용을 줄이게 되면 노동자들이 일자리를 잃게 되므로 자연히 실업이 유발된다. 만약 불황이 심화되고 장기화되면 대량실업이 발생하여 한 나라 경제에 치명타를 줄 수 있다. 그래서 불황이 시작되면 맨 먼저 고려해야 될 중요한 문제가 실업이다. 이는 불황이 실업발생의 적신호이자 서곡이기 때문이다.

그러나 실업이 당초 전혀 존재하지 않는 상황에서 증가하는 것도 아니고 불황이 끝난다고 해서 실업이 완전히 사라지지도 않는다. 실업은 노동의 수요자와 공급자 모두의 복잡한 의사결정의 산물이며, 이것은 의사결정에 따르는 예상기회비용을 주의 깊게 검토하게 만든다. 결과적으로 문제가 되는 실업과 그렇지 않는 실업으로 나눌 수 있다. 즉 '실업자'와 단순히 '비고용 상태에 있는 사람'을 분명하게 구별할 수 있어야 한다. 또한 실업은 스스로 원해서 실업상태일 수도 있고, 원하지 않지만 실업상태에 놓일 수도 있다는 점에서 이를 구분하는 것이 필요하다. 구체적으로 경기변동에 의한 경기적 실업과 경제구조의 변화에 의한 구조적 실업의 경우는 비자발적 실업이라고 할 수 있으며, 일시적으로 이직 등의 요인에 의한 마찰적 실업은 자발적 실업이라 할 수 있다. 고용통계는 현재 고용되지 않는 상태에 있으면서 적극적으로 일자리를 구하는 사람을 실업자로 계산한다. 인구그룹별로 다른 실업률은 각 그룹별 인구에 대한 노동수요의 차이만을 단지 반영한 것은 아니다. 각기 다른 실업률은 각각의 사람들이 일자리를 찾거나, 일자리를 받아들이거나, 또는 일자리를 유지하는 데 들어가는 비용의 다양함을 반영한다.

실업은 개인적 입장에서는 물질적 생존기반의 상실을 가져올 뿐만 아니라 사회적으로 볼 때에도 가용자원의 낭비를 의미한다. 즉, 고용되었다면 생산할 수 있는 것을 상실하게 되어 잠재산출량에서 실제 생산량을 차감한 만큼의 산출량 감소를 가져와 경제적 손실을 크게 한다. 실업에 의한 경제적 손실에 대한 미국의 한 연구에 의하면, 1975~1984년 기간 중에 1996년 가격으로 1조 2,500억 달러 이상의 생산량 손실을 경험하였다고 한다. 이는 우리나라의 1997년 GDP가 약 4,400억 달러 정도인 것을 감안하면 미국의 경제규모가 크다고는 하지만 엄청난 손실이 아닐 수 없다. 그러나 금액으로 표시된 이러한 실업의 비용은 지속적인 실업상태가 가져오는 인간적·사회적·심리적 손실을 잘 반영하지는 못한다. 실제 실업상태에 있는 사람들이 느끼는 좌절감·불안감은 개인적으로나 사회적으로 엄청난 영향을 가져온다. 실업이 정신적·육체적 건강의 악화를 가져와 심장병, 알코올 중독, 자살이 늘어나고 있다는 연구결과도 있다. 이러한 경제적·사회적 이유로 실업의 퇴치는 중요한 정책목표가 된다.

4. 실업률과 인플레이션율의 상충관계를 어떻게 이해할 것인가?

사실상 최근 선진국을 비롯한 대부분의 국가에서는 물가안정과 완전고용이 동시에 달성된 예는 거의 없음을 보여주고 있다. 심지어는 인플레이션과 실업이 동시에 전개되는 '스태그플레이션'의 현상이 나타나고 있다.

총수요가 증가함에 따라, 고용과 물가는 동시적으로 상승할 뿐만 아니라 고용의 증가속도는 점점 느려지는 반면에, 물가의 증가속도는 점점 빨라지는 것이 일반적이다. 그러므로 인플레이션 때문에 실업을 쉽게 줄이지 못하는 '딜레마'에 빠지게 된다. 이와 같이 물가와 실업간의 상충관계가 나타나는 기본적 이유는 총수요 외에 다른 요인이 물가와 고용에 영향을 미치기 때문인데, 이제 그 이유를 찾아보고 이에 대한 대책을 논의해 보자.

4.1 필립스곡선의 기원과 의미

1958년 영국의 경제학자 필립스A. W. Phillips는 1861~1957년 간의 영국의 자료를 이용하여 통계적으로 분석한 결과 실업률과 명목임금상승률이 서로 반대 방향으로 변화하면서 매우 안정적인 관계를 갖고 있음을 밝혔다. 이러한 필립스의 연구결과는 2년 후 미국의 경제학자 사뮤엘슨Paul Samuelson과 솔로우Robert Solow에 의해 미국에서도 입증되었으며, 그들은 인플레이션과 실업률 간의 마이너스 상관관계를 필립스곡선Phillips Curve이라고 명명하였다.

사뮤엘슨과 솔로우가 필립스곡선에 흥미를 갖게 된 것은 필립스곡선이 정책담

그림 14-1 필립스곡선

인플레이션율과 실업률 사이의 마이너스 상관관계를 나타낸다.

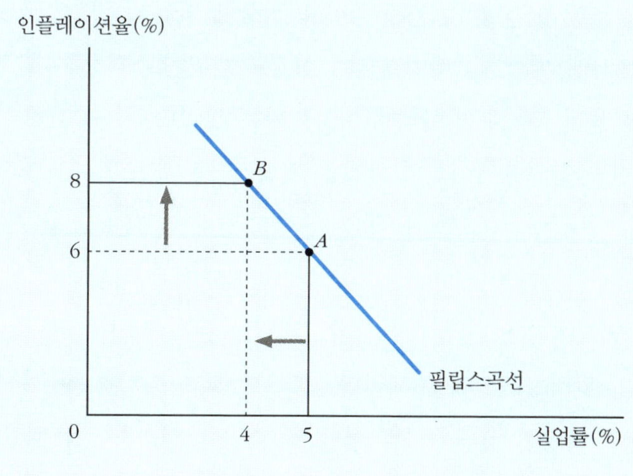

당자들에게 인플레이션과 실업률 간의 다양한 경제적 성과의 선택 메뉴를 제공할 수 있을 것으로 믿었기 때문이다. 예컨대 [그림 14 - 1]의 점 A는 실업률이 높고 인플레이션이 낮은 상태인 반면에, 점 B는 실업률이 낮고 인플레이션이 높은 상태를 나타낸다. 이 경우 정책담당자들은 인플레이션과 실업률 간의 상충관계에 직면하며, 사회 전체적으로 최상의 상태라고 생각하는 필립스곡선상의 점을 선택하는 것이 가장 중요하다고 보았다. 예를 들어 [그림 14 - 1]에서 현재의 상태가 점 A에 있을 때 정책담당자들이 점 B를 더 바람직한 상태라고 판단한다면 확대 재정정책과 확대 금융정책을 이용하여 경제를 점 B로 이동시킬 수 있다고 보았기 때문이다.

4.2 단기 필립스곡선과 장기 필립스곡선

초기의 필립스곡선은 정책담당자들에게 인플레이션과 실업률의 여러 가지 가능한 결과로 이루어진 메뉴를 안정적으로 제공하는 것처럼 보였지만, 1960년대 후반 특히 1970년대에 오면서 매우 불안정하게 움직이기 시작하였다. 급기야 인플레이션과 경기침체가 동시에 증가하는 스태그플레이션 현상이 나타나자 일부 경제학자들은 필립스곡선이 안정적이지 않고 이동을 한다는 것에 주목을 하게 되었다.

이러한 필립스곡선의 이동에 대해 많은 경제학자들이 관심을 보였으나 가장 설득력 있는 설명은 프리드만M. Friedman과 펠프스E. Phelps에 의해 제시된 예상부가 필립스곡선expectations augumented Phillips curve 또는 자연율 필립스곡선natural rate Phillips curve이라는 것이었다. 이것은 사람들의 예상인플레이션율(전반적인 물가상승에 대한 사람들의 기대치를 나타냄)이 변화함에 따라서 필립스곡선이 이동한다는 것이다. 예컨대 예상인플레이션율이 상승하면 필립스곡선이 위로 이동하고 예상인플레이션율이 하락하면 아래로 이동한다는 것이다.

이러한 예상인플레이션의 역할을 필립스곡선에 도입하게 되면 필립스곡선은 단기 필립스곡선short run Phillips curve과 장기 필립스곡선long run Phillips curve으로 구분하는 것이 가능하게 된다. 단기 필립스곡선SRPC은 사람들의 인플레이션율에 대한 예상치가 주어져 있는 상태에서의 필립스곡선을 말하며, 이 경우에는 우하향하는 안정적인 필립스곡선이 존재한다. 그리고 장기 필립스곡선LRPC은 사람들의 예상이 완전히 달성된 상태에서의 필립스곡선을 말한다. 단기 필립스곡선SRPC과 장기 필립스곡선LRPC을 나타낸 것이 [그림 14 - 2]이다.

그림 14-2 단기 및 장기 필립스곡선

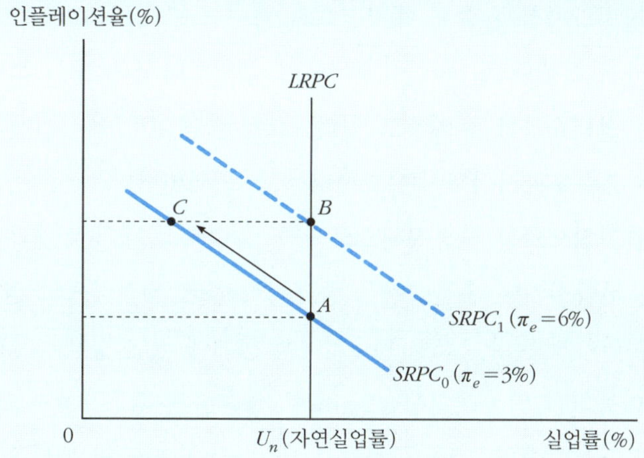

[그림 14-2]에서 $SRPC_0$는 예상인플레이션율(π_e)이 3%로 주어져 있는 경우의 필립스곡선이며 이 예상인플레이션율이 변화하지 않는 한 단기적으로 이 곡선상의 어느 점으로든 이동할 수 있다. 만약 예상인플레이션율이 더 높아져서 6%로 상승한다면 단기 필립스곡선은 위로 이동하여 $SRPC_1$으로 된다. 그리고 *LRPC*가 장기 필립스곡선인데 이것은 자연실업률(U_n)에서 수직으로 주어져 있다. 이 자연실업률은 자연산출량(잠재적 산출량)에 대응하는 실업률을 나타낸다. 그러면 자연실업률이란 무엇인가? 자연실업률natural rate unemployment이란 다양한 노동시장에서 발생하는 임금에 대한 상승압력과 하락압력이 상쇄되어 균형이 되는 상태의 실업률이다. 자연실업률은 마찰적 실업과 구조적 실업으로 구성되고, 현실경제에서는 상당한 정도의 마찰적 실업과 구조적 실업이 존재하므로, 자연실업률은 항상 0보다 높다. 따라서 자연실업률은 인플레이션을 더 이상 가속화시키지도 감속화시키지도 않는 상태에서 한 나라가 달성할 수 있는 가장 낮은 실업률, 즉 안정적 인플레이션을 유지하면서 달성가능한 가장 낮은 실업률이라고 할 수 있다.

단기 필립스곡선(*SRPC*)이 장기 필립스곡선(*LRPC*)과 만나는 점(예컨대 점 *A*나 점 *B*)에서는 사람들의 예상인플레이션율과 실제인플레이션율이 동일하므로 예상이 실현된 장기상태를 나타낸다. 따라서 이러한 장기상태의 점들을 모두 연결한 수직선이 바로 장기 필립스곡선이다.

4.3 장기 필립스곡선과 정책적 시사점

단기 필립스곡선은 확대 재정정책과 확대 금융정책의 실시로 총수요가 증가하여 예상하지 못했던 실제 인플레이션이 발생하면 실업률이 하락하여 총산출량이 증가하는 정책효과를 보여주고 있다. 그것은 적어도 예상인플레이션이 불변하는 단기에는 총수요관리정책이 유효하다는 것을 의미한다.

비록 단기적으로는 확장정책으로 인한 총수요 증대가 인플레이션을 발생시키고 실업률을 하락시키며 총산출량을 증대시키지만, 장기적으로 경제는 또 하나의 조정과정을 거치게 된다. [그림 14-2]에서 점 A에 있던 경제가 총수요 증대정책으로 점 B로 이동되면 인플레이션율이 6%로 상승하게 되고, 장기적으로는 노동자들이 실제실질임금이 예상실질임금보다 낮다는 것을 깨닫게 된다. 그러면 노동자들은 예상인플레이션을 실제인플레이션에 맞추어 6%로 상향조정할 것이다. 이에 상응하는 단기 필립스곡선은 $SRPC_1$으로 된다. 그러면 노동자들은 실질임금의 하락을 보상받기 위해 명목임금 인상을 요구할 것이고, 이것은 비용상승을 초래하여 총공급을 감소시켜 실업률은 다시 자연실업률 수준으로 돌아오게 된다. 이리하여 경제는 점 C에서 점 B로 이동하게 되고, 장기적으로 필립스곡선은 [그림 14-2]와 같이 수직선의 형태를 갖게 된다.

[그림 14-2]의 수직선 형태의 장기 필립스곡선은 매우 중요한 정책적 함의를 가지고 있다. 그 이유는 정부가 팽창적인 재정정책과 금융정책을 통해 총수요를 증대시키는 정책을 취하더라도 장기적으로 실업률을 자연실업률 이하로 감소시킬 수 없다는 총수요관리정책의 무력성policy ineffectiveness을 시사하고 있기 때문이다. 그런데 자연실업률이 너무 높으면 이로 인한 사회적 비용이 너무 높기 때문에 이때는 자연실업률 그 자체를 낮추는 별도의 정책이 필요하게 된다.

프리드만과 펠프스에 의하면 자연실업률을 감소시키기 위해서 취할 수 있는 거시경제적 정책은 아무것도 없으며, 다음과 같은 미시경제적 정책이 중요하다고 주장하고 있다. 첫째, 노동시장에 대한 정보서비스를 개선하여 마찰적 실업을 줄이는 방안들이 필요하다. 둘째, 정부의 훈련프로그램의 강화를 통해 마찰적 실업과 구조적 실업을 줄이는 노력이 필요하다. 셋째, 정부의 노동시장에 대한 제약을 제거하여 노동시장의 유연성을 높임으로써 마찰적 실업과 구조적 실업을 감소시킬 필요가 있다. 이러한 미시경제적 정책들이 자연실업률을 줄이는 데 다소 도움이 될 수 있지만, 그 효과를 크게 기대하기는 어렵다.

5. 총수요관리정책의 수단과 효과는 어떠한가?

인플레이션이나 불황, 실업과 같은 경제의 불안정한 현상에 대해 정부는 어떠한 형태로든 처방을 내리고 적절한 정책수단을 동원하게 된다. 총수요측면의 정책은 총수요곡선을 이동시키는 데 사용되는 정책이라고 할 수 있다. 그러한 정책수단으로 많이 사용하는 것이 재정정책과 통화정책이다.

우선 경제가 침체되고 실업률이 적정 수준 이상으로 상승할 경우에는 정부지출증대, 조세감면확대, 재정적자폭의 증대 등 팽창적 재정정책을 통하여 완전고용을 꾀할 수 있을 것이다. 반대로 경제가 과열되어 인플레이션이 발생할 경우에는 정부지출삭감, 조세증가, 재정 흑자폭의 확대 등의 긴축적 재정정책으로 총수요를 감소시켜 물가상승 압력을 해소할 수 있을 것이다. 한편 경기 침체시에는 팽창적 통화정책으로 돈줄을 풀고, 반대로 경기 과열시에는 긴축적 통화정책으로 돈줄을 조임으로써 경제안정을 꾀할 수 있다.

이와 같이 완전고용과 물가안정을 달성함에 있어서 재정정책과 통화정책은 상호경쟁적이 아니라는 것만은 분명하다. 그러나 경제학자들은 재정정책과 통화정책의 상대적인 효과에 대하여 20세기 중에도 몇 번이나 그 견해를 바꾸어 왔기 때문에, 이에 대한 이해를 어떻게 하는 것이 좋은지는 정말 어려운 일이다.

5.1 케인즈학파와 통화정책에 대한 비판자들의 견해

케인즈학파Keynesian school란 케인즈혁명 이후에 형성된 경제사상의 한 학파이다. 존 메이너드 케인즈의 『고용·이자 및 화폐의 일반이론(1936)』의 영향을 강하게 받은 알빈 하베이 한센A. H. Hansen, 폴 A. 새뮤엘슨Paul. A. Samuelson, 로렌스 로버트 클라인L. R. Klein 등 1940~50년대의 미국 케인지언 그룹에 주어진 명칭이다. 그러나 오늘날 이런 뜻으로 사용되는 경우는 거의 없다. 현대의 경제학은 존 메이너드 케인즈의 영향을 벗어날 수 없었기 때문에 최근에는 케인즈학파 대신 포스트케인즈학파, 케임브리지학파, 네오케임브리지학파 등 보다 한정적인 뜻을 지닌 명칭으로 사용되고 있다.

케인즈학파와 통화정책에 대한 비판자들은 화폐에 대한 수요가 예측불가능하기 때문에 통화정책이 효과가 없다고 주장하였다. 통화량의 증가는 민간이 보유하고자 하는 화폐량이 동시에 증가함에 따라 상쇄되어 버릴 수도 있다. 경제의 장래에 대한 불안이 증가할 때 사람들은 유동성 자산을 확보하려 하기 때문이다.

한편 재정정책의 효과는 1940~44년 사이의 '재정실험'에 의하여 과시된 것으로 보인다. 얼마 전만 해도 동네 한복판에 있는 펌프 주위에 마을 사람들이 모여 있는 모습을 흔히 볼 수 있었다. 물이 마른 펌프에 물을 한 바가지 부어 넣고 손잡이를 부지런히 움직이면 이내 시원한 물이 쏟아져 나왔다. 존 메이너드 케인즈는 불황에 허덕이는 경제를 마른 펌프에 비유하고 정부의 재정지출을 쏟아부어 말라버린 펌프에서 물이 다시 나오도록 만들어야 한다고 역설했다. 펌프에 부어넣은 한 바가지의 물이 몇 지게의 물로 늘어나듯이, 재정지출도 몇 배나 되는 소득의 증가로 이어질 수 있다는 것이다. 재정지출이 이렇게 몇 배나 큰 소득의 증가로 이어지는 것을 '승수효과'라고 부른다.

낮은 수준의 소비 및 투자지출, 그리고 어정쩡한 정부의 대응에 의하여 촉발된 10년 간의 공황이 끝난 후의 제2차 세계대전은 실제로 정부로 하여금 거대한 재정적자를 내도록 만들었다. 정부지출은 세수보다 훨씬 빨리 증가하였으며 경제는 괄목하게 회복되었다. 거대한 규모의 정부지출이 투입되어 경제가 재건되자, 종전 이후 정부지출의 급속한 하락으로 생긴 불경기를 소비와 투자가 메울 수 있었다. 이것이 적어도 케인즈학파들이 하는 이야기이다.

5.2 케인즈의 분석과 재정정책적 처방에 비판적인 통화주의자들의 견해

통화주의Monetarism자들은 화폐공급이 경제활동의 중요한 결정요인이라고 주장하는 경제사상의 한 학파이다. 미국의 경제학자 밀턴 프리드먼은 일반적으로 통화주의의 대표자로 간주된다. 이들은 케인즈의 분석과 재정정책적 처방에 문제를 제기하고 화폐수요의 안정성이라는 중요한 문제에 대하여 연구를 진행하였다. 이들 경제학자들은 통화정책이 막강한 무기일 뿐만 아니라 재정정책이 갖고 있다고 생각되는 효과들도 실제로는 재정정책에 수반한 통화정책의 결과임을 보여주려고 노력하였다. 그리고 상황에 따라서는 정부의 재정적자는 민간지출을 보충하기보다는 구축crowding out할 수 있다고 보았다.

실질적으로 통화정책이 무효하다는 케인즈학파의 믿음은 1930년대에 자라났는데, 이는 제2차 세계대전 후 통화정책이 인플레이션의 통제에 중요하고 나아가서는 심하지 않는 불황에 대처할 수 있는 힘이 있다는 사실이 드러나자 점차 사라져갔다.

5.3 어느 견해가 맞는 것일까?

케인즈학파와 통화주의자들의 서로 상이한 견해는 결국 총공급곡선과 총수요곡선을 보는 두 학파의 관점이 서로 다른 것을 반영하고 있다. 통화주의자들은 생산요소가격이 생산물가격변동에 신속하게 조정되기 때문에 총공급곡선이 수직이거나 수직에 가깝다고 보고 있다. 이 경우에는 총수요곡선을 이동시키는 경제안정화정책이 생산에 별로 영향을 미치지 못한다.

이에 반하여 케인즈학파들은 생산요소가격이 생산물가격의 변동에 부응하여 신축적으로 움직이지 못하기 때문에 총공급곡선이 완만하게 우상향한다고 보고 있다. 이 경우에는 안정화정책이 총수요곡선을 이동시키는 폭이 크고, 구축효과가 있더라도 무시할 수 있을 정도로 작기 때문에 생산에 큰 영향을 미칠 수 있다.

총수요관리가 효과적인 안정화 수단이 될 수 있으려면, 총수요관리정책의 효과에 관한 문제뿐만 아니라, 적절한 타이밍이 절대적으로 중요하다. 그러나 여러 가지 이유로 인하여 재정정책과 통화정책의 적절한 타이밍을 맞추는 것은 엄청나게 힘든 일이다.

그렇다면 어느 학파의 이론이 옳은가? 이는 선험적으로 판단할 성질의 것이 아니라 어느 이론이 더 현실적합성이 있느냐에 따라 판단할 성질의 것이다. 그런데 어느 이론이 더 현실적합성이 있느냐는 각 사회와 시대에 따라 달라진다.

6. 총공급관리정책의 수단과 효과는 어떠한가?

총공급 측면의 정책은 무엇을 말하는 것일까? 그것은 총공급곡선을 이동시키는 데 사용되는 정책이라고 할 수 있다. 즉 정부가 총공급곡선의 변동요인인 노동력의 양과 질, 투자 및 자본축적, 기술진보 등에 영향을 주기 위해 펴는 일련의 정책이다. 공급 측면의 정책도구들로는 조세정책, 규제완화, 민영화, 산업정책 등이 있다.

6.1 조세정책

총공급 측면에서 볼 때 조세의 변화는 근로의욕, 저축의욕, 투자의욕, 기술혁신 의욕의 변화를 초래한다. 이와 같은 조세의 영향과 관련하여 중요한 것은 한계세율marginal tax rate이다. 근로자와 기업경영자는 한계세율을 보고 추가적으로 더 일할 것인가, 아니면 추가적으로 더 투자할 것인가를 결정하기 때문이다.

① 한계소득세율을 낮추면 근로의욕이 증가한다. 한계소득세율이 높으면 의사, 변호사, 회계사 등과 같은 고소득자들은 노동을 덜하는 대신 세금을 적게 내기 위하여 탈세 등 비생산적인 활동에 전념하기도 한다. 따라서 정부가 사람들로 하여금 더 많이 그리고 더 열심히 일하게 하기 위해서는 — 즉, 노동의 총공급을 증가시키기 위해서는 — 근로소득에 대한 한계세율을 감소시켜야 한다.

② 저축이 있어야만 투자가 가능하므로 총공급을 증대시키기 위해서는 이자소득에 대한 한계세율을 낮추는 정책이 필요하다.

③ 정부가 투자를 촉진시키기 위해서는 한계법인세율을 낮추어서 세후수익률을 크게 하면 될 것이다. 한계세율이 낮아지면 저축과 투자가 증가하고 궁극적으로 노동자들은 더 많은, 그리고 더 효율적인 기계 및 장비를 가지고 생산에 임할 수 있다. 이는 노동생산성의 향상을 가져와 단위당 노동비용을 하락시킬 것이다.

④ 투자유인을 증가시키기 위한 조치로서 투자세액공제제도와 가속감가상각제도가 있다. 투자세액공제제도란 투자액의 일정비율을 법인세에서 공제해 주

는 제도로서 기업의 투자를 촉진시키고 노후화된 기계설비를 현대화된 기계설비로 대체하도록 한다. 그리고 가속감가상각제도란 기계가 물리적으로 쓸 수 없게 되어 폐기되는 정상적인 수명보다 더 짧은 수명연수로 감가상각할 수 있게 하는 방법이다.

6.2 규제완화

혼합경제체제인 우리나라 경제에서는 정부가 규제의 형태로 민간의 경제활동, 특히 기업의 생산활동에 간여한다. 그러나 규제는 생산성이나 생산비용에 부(−)의 영향을 미친다. 자유기업 자본주의는 일반적으로 규제받지 않는 시장의 규범에 따른다. 규제는, 주로 규제가 없다면 완전자유시장이 공공이익을 충족시킬 수 없는 시장실패를 극복하기 위해서만 정당화된다. 최근 우리나라에서도 규제완화를 통한 총공급 능력의 확대정책이 주목을 받고 있다.

6.3 민영화

민영화란 정부가 수행하는 활동을 민간기업에게 이양해 주는 과정이다. 그 범위는 주식의 판매에서 경영계약이나 민간기업과의 임대협약에까지 이르는 것으로 정의된다. 민영화가 생산의 효율성을 제고하여 총공급 능력을 확대시킨다는 것은 아무래도 정부부문보다는 민간기업의 활동이 더 효율적이라는 생각에 바탕을 두고 있다. 즉, 정부조직은 관료화되어 공무원 또는 공기업직원들이 최선을 다하지 않는 이른바 'X-비효율X-inefficiency'이 존재한다는 것이다.

6.4 산업정책

산업정책이란 정부가 총공급능력을 확대하기 위하여 산업의 구성비율이나 그 구조를 재편함에 있어서 직접적이고도 적극적인 역할을 수행하는 과정이다. 이러한 산업재편을 위한 정책에는 기술정책과 인력정책 등이 포함된다. 기술정책이란 기술진보를 촉진시키기 위해 R&D 지출에 대해 각종 재정적 혜택을 주는 것이다. 인력정책은 산업이 재편되는 과정에서 발생하는 구조적 실업을 해결하는 정책이다.

참고문헌

- 김덕중·성태경, 「경제학과 사회」(1998), 형설출판사.
- 김문욱, 「인플레이션 이야기」(1986), 한국경제신문사.
- 김상규 외 5인, 「사고중심의 경제학 강의」(1999).
- 오영수, 「31가지 테마가 있는 경제여행」(1997), 사계절.
- 안철원·이근식, 「경제원론 B」(2001), 한국방송통신대학교출판부.
- 이명재, 「거시경제학」, 박영사(2000).
- 이상일 외 4인, 「새로운 경제학원론」, 세종출판사.
- 이웅 역, Maurice Levi, 「이야기 경제학교실」(1994), 한울.
- 이준구, 「열린 경제학」(1995), 도서출판 삼성.
- 주명건·주상영, 「경제학원론」(1998) 제7판, 박영사.

생각해 볼 문제

1. 인플레이션은 가진 자의 금고를 살찌우는 마법인가?

2. 기존에 확고하게 자리잡고 있었던 필립스곡선이 경제적 상황이 변하면서 어떻게 변화되어 가는가?

3. 인플레이션이 나타날 경우 저축하는 사람들을 보호하기 위한 방법을 토의해 보자.

4. 통화주의학파는 '화폐만이 중요하다'라고 주장하면서도 정부가 적극적인 금융정책을 시행하는 것을 반대하는 이유는 무엇인가?

5. 경제안정화 정책은 반드시 필요한 것인가? 자유방임주의에 따라 그냥 놔두면 안되는 것인가?

6. 경제안정화정책이 정부의 규제를 필요로 하는 것이라면 공산주의의 정부규제와 무엇이 어떻게 다른가?

7. '한국은행은 독립하여야 한다'는 주장을 어떻게 생각하는가?

읽을거리

불황과 상도

전 세계가 불황의 우울한 그림자가 드리워지면서 지구촌 각국마다 소비를 살리기 위해 안간힘을 쏟고 있다. 수출이 안 되니 자국내 경기를 살리는 길 외에는 방법이 없다는 고육지책이다. 소비자의 호주머니에서 나온 돈으로 경기의 불씨를 꺼뜨리지는 않겠다는 것이다. 각국 정부는 이를 위해 금리를 낮추고 세금을 내려주는 한편으로 정부 예산을 조기 집행하는 등 금융·재정정책을 총동원하고 있다고 해도 과언이 아니다. 소비가 미덕인 세상이 된 것이다. 이와 같은 각국 정부의 노력도 나라마다 반응이 다르다. 미국민들은 혜택 받은 만큼 쓰는 것으로 나타나 올 하반기에는 불황탈출이라는 기대를 갖게 만들고 있다. 소비심리가 식지 않고 있고 조만간 좋아질 것이라는 지표들이 속속 나오고 있기 때문이다. 반면 이웃 일본은 정부가 나서 공짜쿠폰도 나눠주며 돈을 쓰라고 국민을 설득하고 애걸하지만 전혀 그럴 기미가 보이지 않고 있다. 일본이 3월 위기설이 불거져 나오는 근본 이유 중 하나이기도 하다. 불황의 그림자는 미국, 일본에만 한정된 것이 아니다. 유럽과 아시아, 남미 지구촌 전체가 불황 탈출이 최대현안으로 등장했다. 아르헨티나는 결국 이 와중에서 다른 나라에서 빌린 돈을 못 갚겠다고 선언해버렸다. 나라마다 상황이 다를지라도 세계 동시불황이라는 최악의 시나리오만큼은 피하자는 공감대가 지구촌 전체에 형성돼 있다. 오죽했으면 미국이 나서 일본의 경기추락을 막는 방안으로 엔저를 용인하는 사태까지 나왔겠는가.

우리나라를 비롯, 타이완·말레이시아 등 수출을 성장의 동력으로 삼는 아시아국가들의 상황은 더욱 심각하다. 이들 국가들도 미국 등 선진시장이 호전될 때까지는 소비로 돌파구를 찾겠다는 점에서는 대동소이하다.

최근 한국증시에서 뜨는 종목이 대개 내수업종에 몰려 있는 사실에서 우리나라의 상황을 잘 대변해준다. 홈쇼핑업체나 식품업체의 주가가 급등하고 있다. 내수 위주의 정부정책이 주가로 반영된 셈이다.

다행스러운 점은 우리나라가 이머징 마켓 국가 중 가장 안정적이라는 평가를 받고 있다는 것이다. 여전히 문제를 안고 있지만 구조조정도 상대적으로 잘 추진되고 있고 직접금융시장도 상승여력이 충분하다는 지적이 해외에서 먼저 나오고 있을 정도다.

국내시장을 들여다보면 백화점 세일기간에는 인산인해를 이루고 아파트 청약과 재건축에도 돈이 몰려 강남지역에는 서슬 퍼런 세정의 칼날이 휘둘려질 정도로 부동산 열기가 뜨겁다. 시중 돈 중 일부는 언제든 주식시장으로도 뛰어들 채비를 갖추고 있는 것 같다.

그러나 우리나라 사람들의 의식 속에는 아직도 소비가 미덕은 아닌 것 같다. 돈 있는 사람들의 소비는 사치로 치부되고 외제차를 모는 사람들은 매국노는 아닐지라도 애국심이 결여된 인간으로 비쳐지고 있는 분위기다. 백화점 명품점의 매출이 는다고 세무조사 운운하는 상황이라면 어떤 부자가 국내에서 돈을 쓰려고 하겠는가. 개방된 경제에서 외국산 제품을 사용하는 것 자체가 나쁜 것은 아니다. 가진 사람들의 소비가 부정돼서는 안 된다.

우리나라 부자들에게는 축재과정의 불투명성과 튀는 과시욕으로 남들의 손가락질을 받고 있는 것 또한 사실이다. 부러워할지언정 존경받는, 본보기가 되는 부자들이 거의 없는 게 현실이다.

소설 〈상도〉의 주인공 임상옥이 최근 장사로 큰 돈을 버는 역정이 지상파를 통해 전해지면서 국민들의 관심을 끌고 있다. 권모술수와 모략이 난무하는 속에서 임상옥은 소위 장사의 정도(?)만을 걸으며 대부호가 돼 가난한 사람들을 도와주었다는 얘기다. 우리나라 사람들의 감성에 딱 들어맞는 권선징악적인 내용이다. 임상옥은 우리나라 부자들의 본보기가 되는 입지전적인 인물이다.

그러나 완전무결하게 보이는 주인공은 현실과는 동떨어질 수밖에 없다. 임상옥이 원칙에서 크게 벗어나지 않는다면 혼탁한 현실과 어느 정도 타협했을 것이라는 개연성을 부정할 수는 없을 것이다.

하지만 그가 추구했던 상도 '장사는 이문을 남기는 것이 아니라 사람을 남긴다'라는 말은 오늘날에도 통할 수 있는 금언이 아닐까. 사람을 중시하는 그의 장사철학은 부자들뿐만 아니라 우리나라 기업경영 원칙으로 통할 수 있을 것이라는 생각이 든다. 불황일수록 인간중심경영은 빛을 잃지 않는다는 게 고금동서의 선례다.

출처: 조희제, 서울경제신문 (http://www.sedailycom), 2002.1

읽을거리

위기와 기회의 경제학

이제 총선이 얼마 남지 않았다. 그동안 정치권은 당청 간의 잦은 마찰, 행정부와 입법부 간의 정면충돌, 그리고 당파 간에는 갈등의 도를 넘어 증오심마저 보인다. 당파의 이익에 따라 어떤 안건도 무조건 반대하고 심지어 2012년 통과한 국회선진화법과 법에 명시된 필리버스터(무제한토론)도 선악의 모습으로 갈라진다.

지금 집권 여당이나 야당 모두는 컷 오프를 통한 후보자 공천으로 몸살을 앓고 있다. 여권은 정권과 계파 이익을 극대화하기 위해 막말과 살생부라는 전략이 활개를 친다. 야권은 국민에게 새 정치의 희망을 준다는 명분으로 탈당과 창당, 그리고 야권 연대라는 전략을 반복하고 있다. 이런 현상은 정당이 지역의 정치시장에서 공천이 당선이라는 공식으로 성립하는 독점의 구조를 지니고 전국적으로는 거대 양상이라는 복점(duopoly)의 구조로 시장 균형에 안주하려는 상황에서 발생하게 된다.

독과점 정당들은 정치적 시장에서 수요자인 유권자의 선호나 성향을 무시하고 전략공천이나 단수추천으로 강매, 소수 정치세력에 의존하여 시장을 황폐화시킨다. 따라서 정치적 시장에서 독과점은 정치적 비용을 상승시키고 새로운 인물의 진입을 가로막아 국민의 사회적 후생을 막대하게 손상시킨다. 오바마 대통령도 올 1월 12일 발표한 연두 교서에서 미국 정치 시스템에 대해 "보통의 유권자들이 자신의 목소리가 더 이상 중요하지 않다고 느낄 때 민주주의는 붕괴하게 되며 정치 시스템은 부유하거나 힘 있는 소수의 이익 계층들에게 유리하게 조작된다고 대부분의 시민들을 느낀다"라는 점을 언급하고 있다. 이제 한국 정치도 "민주주의는 사회 구성원들 간의 기본적인 신뢰관계를 필요로 한다"(오바마 대통령의 연두교서에서)는 평범한 진리로부터 정치적 시스템을 과감히 개혁하여 회복시키는 기회를 찾아야 한다.

정치권의 소용돌이 와중에서 우리의 안보와 경제 상황도 밝은 편은 못된다. 북한의 핵실험과 장거리 미사일 발사로 촉발된 개성공단 폐쇄와 유엔 안보리 대북 제재, 그리고 남북한의 군사적 긴장감은 한반도를 둘러싼 강대국들의 이해관계의 대립을 초래하여 급격하게 한반도 상황을 악화시키고 있다. 지금의 글로벌 경제도 한국 경제에게 유리하지 못한 상황이다. 유럽과 일본은 경기 회복을 위해 금리 인하와 양적 완화로 대응하고 있으며 중국도 성장 속도를 6%대로 정하여 급격한 경기둔화 국면을 조정하고 있다.

이런 글로벌 경제 여건으로 한국 경제는 신흥국 경기 침체로 주력업종에서 수출이 부진하고 엔저 등으로 경쟁국가와의 수출 경쟁력도 약화되어 저성장에 직면하고 있다. 또한 지역경제도 2015년 자동차, 가전제품, 기계류, 타이어, 철강제품, 화공품, 석유제품 등 주력 업종의 대다수가 수출 부진과 더불어 비용 상승과 내수 시장의 성장 한계로 일부 생산라인의 해외 이전으로 활력을 회복하지 못하고 있다.

그러나 세계 각국은 경기 회복을 위한 경제전쟁에 돌입하고 있다. 선진국인 미국마저도 상상할 수도 없는 인센티브 제공으로 외국기업의 공장 유치에 열을 올리고 있다. 미국은 현대차를 알라바마주의 몽고메리, 기아차를 조지아 주의 웨스트포인트에 유치하였다. 이미 국내 자동차시장은 내수 시장의 확장이 어렵고 생산비용도 높아가고 노동 생산성도 미국의 GM과 일본의 토요타에 밀리고 있다. 이런 상황에서 현대기아차는 중국, 미국, 유럽에 공장 이전으로 50% 이상을 해외에서 생산하고 있다

지난 1월 중 미국 대학 파견 중에 기아차 조지아 공장을 견학하는 기회를 가졌다. 조지아 공장은 2006년에 기공하여 360,000대 생산능력을 갖추어 생산가동률 99%로 시간당 68대로 뉴 소렌토, 옵

티마, 산타페(현대차 위탁)를 생산하고 있다. 조지아 주정부는 기업 유치를 위해 양질의 노동력이 풍부하고 하츠필드-잭슨 애틀랜타 국제공항과 사바나 항구, 그리고 I-85 고속도로 주변에 근접한 교통이 양호한 지역에 893만ha에 달하는 부지를 단돈 1달러로 25년간 임대해주고 가스관, 도록(Kia High Way Road), 철도 등 기반시설도 제공하였고 기아차 구매 우선 방안도 마련하였다. 이런 정책과 노력들의 결과로 미국은 지난 6년간 제조업에서 90만 개의 일자리를 창출하였고 자동차 산업도 최적의 성과로 보여 가장 강력하고 튼튼한 경제를 갖추었다고 연두교서에서 밝히고 있다.

미국의 드넓은 평지에 우뚝 선 기아차 공장을 바라보면서 새삼 한국 경제의 자부심을 느끼면서도 완성차 업체의 해외 이전으로 협력 업체와 지역경제의 어두운 활로가 떠오르는 만감이 교차하였다. 지금 필요한 것은 정부를 비롯한 경제주체들이 세계각국이 처한 위기의 해결 방안을 통해서 한국경제와 지역경제의 위기를 활력을 찾기 위한 동기와 기회로 전환하는 것이다.

이제부터라도 우리 사회가 정치, 경제, 사회 전반의 위기로부터 기회를 얻고 미래를 창조하기 위해서 국가의 부흥과 지역의 번창에 걸림돌로 작용하는 기득권과 지대를 과감하게 제거하는 변화와 혁신을 두려움 없이 실천하여 모든 계층에게 건강한 삶과 일자리, 교육을 누릴 수 있는 자유와 동등한 기회를 제공해야 한다.

출처: 김일태, 「시대정신, 시론에 담다」(2016), 마인드탭

Chapter 15

경기변동, 경제성장과 경제발전

1. 경기변동을 어떻게 이해할 것인가?
2. 경제성장을 어떻게 이해할 것인가?
3. 경제발전을 어떻게 이해할 것인가?

개관

우리는 이제 경제의 보다 동적인 면을 살펴볼 차례가 되었다. 제15장의 학습을 통하여 이러한 동적인 흐름을 이해함으로써 과거 반세기 동안의 경제의 주요한 흐름을 통하여 미래 경제흐름에 대한 감각을 익히는 것이 필요하다. 한 나라의 경제활동수준은 시간이 경과함에 따라 달라지는데, 장기적으로 보면 경제규모가 확대되는 경향을 갖는다. 이러한 측면을 다루는 것이 경제성장론이다. 그러나 단기적으로 보면 한 나라의 경제규모가 언제나 확대되는 것만은 아니며, 성장하는 속도가 둔화되거나 심지어 경제규모가 축소되는 경우도 있다. 이러한 현상을 경기변동 혹은 경기순환이라고 한다. 결국 자본주의경제란 일정한 속도로 꾸준히 성장하는 것이 아니라, 상승과 하강의 파동을 동반하면서 장기적인 성장을 달성하는 것이다.

또한 저개발국은 경제발전을 위하여 상품, 자본, 기술 등 모든 분야에서 선진국과의 경제적 관계를 필요로 하며, 또 그 비중이 매우 크다. 그러면서도 이러한 관계의 심화가 저개발국의 선진국에 대한 종속을 가져올 위험을 결코 외면할 수 없을 것이다. 따라서 근대화이론뿐만 아니라 종속이론이라 불리는 자립화 이론에 대해서도 좀 더 생각해 보아야 할 것이다.

내용표준과 기준

제15장에서는 미국 경제교육협의회(NCEE)가 제시한 〈내용표준과 기준 3과 15〉에 해당하는 일부 내용들을 포함하고 있으며 경제체제의 선택과 관련된 문제들을 포괄적으로 다루고 있다. 이러한 내용표준을 충족시키기 위한 기준으로는 경기변동, 삶의 표준, 경제성장, 경제발전, 사회주의 경제체제 등과 같은 개념을 포함한다.

1. 경기변동을 어떻게 이해할 것인가?

1.1 경기변동과 경제활동

자연계에 사계절이 순환하듯이 경제활동도 순환과정을 겪으면서 변화한다. 한 나라의 경제는 국민소득, 고용, 물가, 이자율 등 여러 경제변수들이 상호 작용하여 변동되어 가는 것이다. 우리는 일상생활에서 '경기가 좋다' 혹은 '경기가 나쁘다'라는 말을 자주 사용한다. 이 때 경기라는 말을 쓰는 사람에 따라 다소의 차이가 있지만, 대체로 경기가 좋다는 것은 판매가 잘되어 생산활동이 활발한 것을 말하고, 경기가 나쁘다는 말은 판매가 부진하고 생산활동이 저조한 경우에 사용한다. 따라서 경기란 경제활동의 활발한 정도를 뜻한다고 볼 수 있다.

한 경제에서 경기변동이 일어나면, 어떤 경제주체도 그 영향권에서 벗어나기 어렵다. 왜냐하면 경제순환모형에서 살펴본 바와 같이 경제주체(가계, 기업, 정부, 해외)는 서로 맞물려 있기 때문에 '상품을 파는 사람과 사는 사람', '돈을 빌려주는 사람과 빌리는 사람' 가운데 어느 한쪽의 경제활동이 둔화되면 연쇄적으로 다른 쪽도 영향을 받기 때문이다. 우리는 흔히 음식점이나 술집에서 "경기가 좋지 않아서 장사가 잘 안 된다"라는 말을 들을 수 있는데, 이는 피부로 느끼는 경기변동의 영향을 표현한 것이라고 볼 수 있다. 물론 개별경제주체와 부문이 경기변동에 의해 영향을 받는 정도와 방법은 다양하여 일률적으로 말할 수는 없다.

1.2 경기변동의 주요 국면

경제활동의 양적 변화가 일정한 주기를 가지고 반복하는 것을 경기변동 혹은 경기순환business cycle이라고 한다. 경기순환은 크게 확장과 수축으로 나눌 수 있고, 확장은 회복과 호황국면으로, 수축은 후퇴와 불황국면으로 나눌 수 있다. [그림 15-1]은 경기순환의 국면을 보여주고 있는데, 경기의 순환과정에서 총체적 경제활동이 가장 둔화된 상태를 계곡 또는 저점trough, 가장 활발한 상태를 정상 또는 정점peak이라고 한다.

계곡에서 경기가 회복되고 호황을 누려서 정상이 될 때까지 경기확장국면, 정

그림 15-1 경기순환

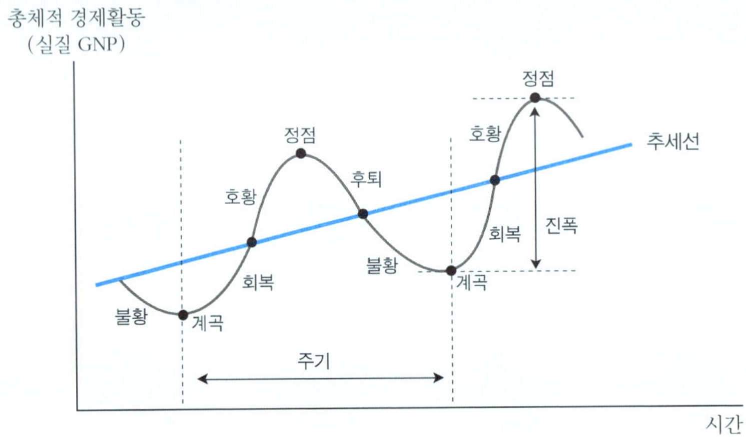

상에서 경기후퇴를 거쳐 불황이 심화되어 다시 계곡이 될 때까지를 경기수축국면이라고 한다. 계곡에서 다음 계곡까지 혹은 정상에서 다음 정상까지를 경기순환의 한 주기라 한다. 그리고 한 주기 내의 계곡에서 정상까지를 진폭이라고 한다. 경기순환은 호황, 후퇴, 불황, 회복의 4국면으로 구분된다.

호황국면은 전반적인 경제활동이 평균적인 경제활동의 수준을 넘어서 활발하게 이루어져 생산 활동과 고용, 소비, 투자 등이 확대되는 국면이다. 이에 따라 재고와 실업이 감소하며 기업이윤은 증가한다.

후퇴국면은 호황이 지속되어 정상에 도달한 후 경기가 대체로 둔화되는 국면을 말한다. 경제활동이 평균수준 이상은 유지되지만 점차 둔화된다. 생산활동도 둔화되기 시작하고 소비·투자·고용 및 소득이 점차 감소한다. 물가와 임금 및 이자율은 오름세를 그치고 내림세로 반전된다. 불황은 경기후퇴가 심화되어 경제활동이 평균수준 밑으로 내려가고 생산·투자·소비·고용 등이 계속 감소하며, 기업의 이윤도 전반적으로 격감하여 도산하는 기업이 늘어나고 물가·이자율·임금 등이 낮은 수준에 머무는 국면을 말한다. 불황기에는 처음에는 재고가 많이 쌓이지만 생산 활동을 축소시킴에 따라 나중에는 줄게 된다.

회복국면은 불황이 계속 진행되어 경기의 밑바닥인 계곡에 이른 후 경제활동이 다시 활발해지는 국면을 말한다. 계곡에서는 재고수준이 낮고, 임금과 이자율도 낮아 투자를 유발시킬 수 있다. 투자의 증가에 따라 고용과 소득이 늘어나고 생산 활동이 활발해진다. 이러한 회복국면이 본궤도에 오르면 다시 호황국면으로 접어든다. 그러나 때로는 간단히 호황은 고비용과 인플레이션으로, 불황은 실업과 디플레이션으로 표현되는 수도 있다.

1.3 경기종합지수

예상치 못한 경기변동은 경제 상황에 대한 불확실성을 높여주기 때문에 경제주체로 하여금 합리적인 선택을 하지 못하도록 하여 사회적 비용을 유발한다. 따라서 경기변동을 예측하여 사전적 또는 사후적 대책을 강구하는 것이 필요하다. 이때 경제주체는 국민경제가 경기변동의 4국면의 어디에 위치하는가를 판단하기 위해서는 무엇을 지표로 사용하면 되는가? 이러한 요청에 응하기 위하여 만들어진 것이 경기종합지수composite indexes of business indicators이다.

생산, 소비, 투자 등 각 부문의 통계지표의 움직임을 통합하기 위하여 작성되는 경기종합지수는 각 개별지표의 전월대비 변동률을 산출하고, 이러한 여러 가지 변동률을 가중 평균한 지수이다. 이러한 경기종합지수는 경기의 움직임과 비교하여 동행계열, 선행계열 및 후행계열에 대해 작성된다.

동행지수는 현재의 경기상태를 나타낸다. 지표는 국민경제 전체의 경기변동을 반영하는 산업생산지수, 제조업가동률지수, 비농가취업자수, 건설기성액(실질), 서비스업활동지수(도소매업제외), 도·소매업판매액지수, 내수출하지수, 수입액(실질) 등으로 구성된다. 선행지수는 장래의 경기를 예측하는 지표로서, 소비자기대지수, 구인구직비율, 재고순환지표(제조업), 국내기계수주액(실질, 선박 제외), 자본재수입액(실질), 건설수주액(실질), 종합주가지수(월평균), 총유동성(L_f), 장단기금리차, 순상품교역조건 등 열 개 지표로 구성된다. 후행지수는 경기의 움직임에 뒤이어 따라가는 경제지표로서 이직자수(제조업), 상용근로자수, 생산자제품재고지수, 도시가계소비지출(전가구), 소비재수입액(실질), 회사채유통수익률 등이 포함된다.

또한 경제주체들의 경제심리지표도 경기분석에 유용한 도구로 사용될 수 있는데 경제주체들에 대한 설문조사를 토대로 작성되는 지수로서 대표적인 경제심리지표로는 소비자를 대상으로 소비자동향지수CSI: Consumer Survey Index와 기업가를 대상으로 기업경기실사지수BSI: Business Survey Index가 있다.

기타 경기변동을 설명하는 사회지표로 여러 가지가 있으며 경제학에서 많이 인용되는 대표적인 것만 소개하면 다음과 같다. 문화인류학자 클로버의 경기와 여성들이 치마길이에 대한 조사에 따르면 경기가 좋아질수록 여성들의 치마길이가 짧아진다는 것을 발견하였다. 또한 실업률이 하락하면 범죄발생률이 낮아진다든가, 개인들의 소득이 많아지면 소비자의 관심을 끌어서 소비를 유도하기 위해 TV 코믹광고가 많아진다든가, 배관공 등 잡역부를 부르기 쉬어지면, 즉 서비스 응답속도가 빨라지면 경기가 불황이라고 판단하는데, 그 이유는 일거리가 줄었기 때문이다. 이외에도 간접적으로 경기를 예측해 볼 수 있는 다양한 사회지표들이 이용되고 있다.

1.4 경기변동의 유형과 원인

경기순환은 하나의 순환 또는 한 주기의 기간을 대체로 얼마동안으로 보느냐에 따라 단기 순환, 중기 순환 및 장기 순환으로 나누어진다. 단기 순환이나 중기 순환은 한 나라의 경제에 국한하여 경기변동을 분석하지만 장기 순환은 국제적인 파급효과가 주요시되는 경기순환이다.

1.4.1 단기 순환(키친순환)

가장 주기가 짧은 순환(약 40개월)을 단기 순환이라고 하며 소순환이라고도 한

그림 15-2 경기변동의 종류와 모습

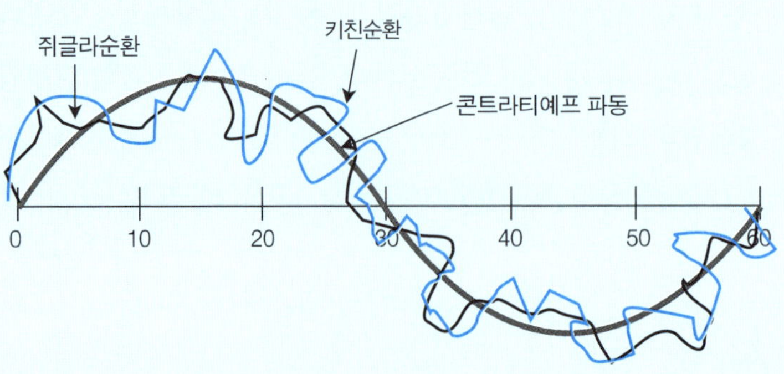

다. 단기 순환은 키친J. A. Kitchin에 의해 처음으로 발견되어 키친 순환이라고도 불리운다. 단기 순환은 기업의 적정재고와 실제재고와의 차이를 조정하는 과정에서 발생한다고 보아 재고순환이라고도 한다.

1.4.2 중기 순환(쥐글라 순환)

경기순환 중에서 가장 중심적인 순환으로 볼 수 있는 중기 순환은 주순환이라고도 불리운다. 중기 순환은 프랑스의 클레망 쥐글라Clement Juglar가 1862년에 주기가 약 10년인 순환이 있음을 발견하여 쥐글라 순환이라고도 한다. 이러한 변동의 주원인은 대개 기업의 설비투자의 변동으로 보고 있으므로 중기 순환을 설비투자 순환이라고도 한다.

1.4.3 장기 순환(콘드라티예프 순환)

자본주의 경제가 발전해 오는 과정에서 세계적인 규모의 장기파동이 발견된다고 한다. 이러한 장기 순환은 50~60년을 주기로 하는 경기순환으로 1926년 모스크바대학의 콘드라티예프N. D. Kondratiev에 의해 발견되었다. 콘드라티예프는 장기 순환의 원인으로 전쟁과 혁명 같은 사회변동이나 기술의 발명, 지리상의 발견 등을 들었다. 장기 순환은 보통 그의 이름을 따서 콘드라티에프 순환이라고 한다.

1.5 우리나라의 경기변동

해방 이후 우리 경제는 10년을 주기로 하여 호황과 불황을 겪게 되는 놀랄 정도의 규칙성을 보여 왔다. 1950년대 초에는 한국전쟁으로 인해 폐허상태가 되었던 것이 후반에 이르러서는 원조 등 전쟁복구 노력에 의해 호황기로 돌아섰다.

1960년대 초반에는 다시 원조의 감축과 정치변혁에 의한 혼란으로 불황이 계속되었으나, 60년대 후반에는 '성장 이데올로기' 정책과 월남전 특수에 힘입어 호황을 맞게 되었다. 그러나 1970년대 초반 오일쇼크(1973년 제1차 오일쇼크)로 다시 위기를 맞게 되었으나, 1970년대 후반에 중동 건설 붐 등의 영향을 받아 다시 기사회생의 전기를 마련하게 되었다.

1980년대 초반에 이르러서는 1979년에 찾아 온 제2차 오일쇼크 후유증으로 또 다시 극심한 불황을 겪게 되었으나, 80년대 후반에 이르러서는 3저 현상(저금리,

저유가, 저달러 현상)으로 사상 유례 없는 호황을 누리게 되었다.

그러나 이러한 현상도 일시적이었을 뿐 1990년대 초반에 이르러서는 1980년대 후반부터 시작된 노사분규 등의 영향으로 다시 한 번 불황에 빠지게 된다. 그러다가 90년대 중반에 신3저 현상과 반도체 경기에 힘입어 잠시 회생국면을 보였으나, 이후 일관성 없는 정부정책과 급변하는 국내외 정세에 신속히 대응하지 못해 결국 굴욕적인 IMF 구제 금융을 받는 최악의 불황에 빠지게 되었다. 이후 2000년대에 들어서 서서히 회복국면에 접어들어 있다.

1.6 불황의 대응책

우리나라 불황을 극복하고 장기적인 성장기반을 튼튼히 하기 위해서는 구조조정을 통해 우리 경제의 고비용·저효율구조를 개선할 필요가 있다. 정부는 기업 활동에 장애가 되는 경쟁제한적인 규제를 철폐하고, 금융, 노동시장이 시장원리에 따라 움직일 수 있도록 구조조정 정책을 지속적으로 추진해 나가야 할 것이다. 또한 임금, 금리, 땅값 등 생산요소 비용을 안정시키는 것이 경쟁력 강화의 관건이라는 점에서 경제안정화 정책기조를 굳게 지켜나가야 한다. 기업은 정부에 의존하던 타성에서 벗어나 재무구조의 개선, 수익성 위주의 경영을 통해 자력으로 세계 일류 기업과 경쟁할 수 있는 기반을 갖추어야 할 것이다. 근로자들도 비용절감, 품질향상 등 경영합리화 노력에 능동적으로 참여하고 근검절약하는 생활 자세를 길러야 한다.

2. 경제성장을 어떻게 이해할 것인가?

자본주의 경제를 되돌아 볼 때 두드러지게 나타나는 특징 중의 하나는 경제성장이다. 경제의 폭이 넓어졌으며 광범위한 종류의 생산물이 생산되고 있다. 따라서 경제성장에 대한 올바른 이해가 필요하다.

2.1 경제성장의 의미

경제성장이란 한 국가의 잠재적 국내총생산, 또는 잠재적 실질 GDP의 증대, 즉 생산을 위한 경제력의 확장을 의미한다. 그러므로 경제성장률은 실질 GDP 성장률을 나타낸다. 실질 GDP 성장률은 국가 전체의 규모 확대를 나타내 주는 지표이고, 1인당 실질 GDP 성장률은 국가와 국가, 지역과 지역의 규모 확대를 비교할 때 쓰이는 지표이다. 따라서 우리가 해야 할 첫 번째의 일은 우리나라 국내총생산의 가치가 기록적으로 상승된 것을 보여 주는 [그림 15-3]을 검토하는 것이다. 이 그림은 실질국내총생산GDP 추이를 나타낸 것이다. 실질 GDP가 매년 증가하였으며, 지난 30년 동안 모든 생산물의 가치는 약 100배 정도 상승하였음을 보여주고 있다. 이와 같이 우리나라는 선진국들이 오랜 세월에 걸쳐서 이룩한 경제성장을 단기간에 이룩하였는데, 이런 의미에서 우리나라의 경제성장을 압축발전compressed development이라고 평가하기도 한다.

왜 경제성장이 중요한 것일까? 경제성장은 1년간의 국민경제의 총생산물이 증가하는 것이고 총생산물이 증가하면 국민의 욕구충족이 그만큼 늘어나는데, 국민의 욕구는 소비, 교육, 공해문제 등 생활전반의 여러 가지 문제에 걸쳐 다양하게 나타나기 때문이다. 경제성장은 이러한 다양한 국민의 욕구를 물질적으로 충족시켜 주는 역할을 해주기에 중요하다.

그림 15-3 한국의 경제성장추이

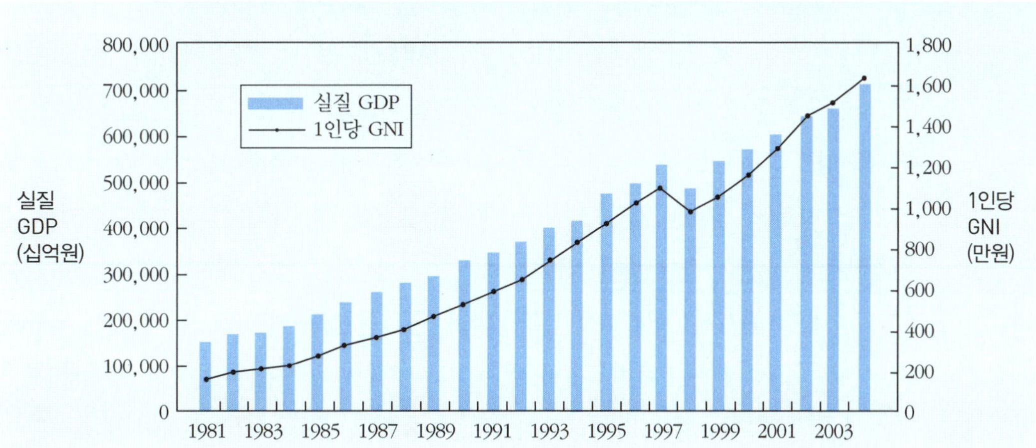

출처: 통계청, 통계DB

2.2 경제성장의 요인

장기적으로 경제는 성장추세를 보이고 있는데, 이러한 추세적인 성장을 가져오는 요인은 무엇일까? 근본적으로 경제가 성장하려면 수요·공급측 요인의 조화 있는 성장이 필요하다. 공급측 요인은 경제의 생산능력 수준을 결정한다. 그러나 공급측 요인이 아무리 풍부하게 존재하더라도 수요측 요인이 이에 맞게 증가되지 않으면 공급측 요인은 완전 가동되지 못하므로 경제는 생산능력을 다 발휘할 수 없게 된다. 이들 두 요인에 대해 간단히 살펴보자.

2.2.1 수요측 성장요인

수요측 성장요인은 투입·산출표input-output table를 근거로 하는 투입-산출모델input-output model에 의해 분석된다. 주요한 수요측 요인으로는 소비증가, 투자증가, 수출증가, 수입대체, 투입-산출계수의 변화 등을 들 수 있다. 이들 요인들 간의 상대적 중요성은 기간에 따라 큰 변화를 보이고 있으나, 우리나라의 경우 수출이 최종수요 전체에서 차지하는 비율은 1963년 4.6%에서 1988년 38.9%, 2006년 약 43%로 급증하였다.

2.2.2 공급측 성장요인

공급측 성장요인은 크게 '생산요소의 증가'와 생산요소 전체의 생산성, 즉 '총요소생산성TFP' 또는 종합요소 생산성 증가의 두 가지로 나누어진다. TFP 증가를 기술진보technical progress라고도 한다. 생산요소는 다시 크게 노동·자본·토지 등으로 나누어지며, 총요소생산성 향상은 ① 지식의 진보, ② 자원배분의 개선 및 ③ 규모의 경제 등에 의하여 결정된다. 그리고 생산요소 중 노동은 다시 노동자의 수, 연령구성, 교육수준 및 노동시간 등 노동의 양과 질을 결정하는 세부요인으로 분류된다. 자본도 그 생산기능에 따라서 직접 생산에 사용되는 공장·기계장치 등의 직접생산자본DPC, 수송·통신·전력·용수 등 DPC를 간접 지원하는 사회간접자본SOC, 그리고 주거시설 등의 주거환경자본 등으로 나누어진다. 이와 같이 노동과 자본 및 생산성의 세부결정요인을 찾아내고 이들이 경제성장에 각각 얼마나 기여하는가를 규명하는 것이 경제성장의 공급측 요인에 관한 대표적인 분석방법이다.

우리나라의 경우에는 1963~82년 기간의 경우 생산요소의 증가가 생산성 향상 또는 기술진보보다 성장에 더 큰 공헌을 한 것으로 조사되었으며, 이는 제2차 세계대전 이후 가장 모범적인 경제성장을 한 일본과 독일의 경우와는 정반대의 결과이다. 이는 앞으로의 계속적인 성장과 관련하여 세밀하게 검토하여 보아야 할 문제이다.

2.3 경제성장과 국민생활

경제가 성장한다는 것은 한 나라 안에서 생산되는 상품의 양이 증가하고, 그 가치가 증대된다는 것을 뜻한다. 이는 경제성장이 생활수준의 향상을 가져온다는 것을 의미한다. 또한 경제성장은 새로운 요구를 충족시키고 사회경제문제를 해결하는 데 더 나은 상태에 있게 한다. 실질임금이나 봉급소득의 증가는 다른 기회로부터의 만족을 희생하지 않고 해외여행이나 모든 자녀의 대학교육과 같은 새로운 기회를 만들어준다. 그리고 빈곤타파와 같은 새로운 프로그램을 수행하기 위해 필요한 자원을 투입할 수 있게 한다. 다시 말하자면, 경제성장은 희소성의 부담을 줄여줌으로써 현재의 경제목표를 충분히 실현할 수 있게 한다. 다만 한 가지 유의할 것은 경제성장이 이루어지더라도 모든 국민의 생활이 균일하게 향상되는 것은 아니라는 사실이다.

2.4 경제성장의 비용

경제의 성장은 인간생활에 있어서 직접적으로 인간의 행복을 증진시킨다기보다 사람들이 사용할 수 있는 경제적인 재화나 용역에 대한 선택의 폭을 넓혀주는 것이다. 같은 맥락에서 재화의 양적 증가가 반드시 인간의 행복을 보장해주지는 않는 것처럼, 경제성장 역시 그 자체가 인간의 복지를 그대로 향상시켜 주지는 않는다. 예를 들어 방글라데시는 우리가 알고 있기에 경제적 부를 가지지 못한 나라로 알고 있다. 하지만 방글라데시 사람들의 행복지수를 조사한 결과 세계 1위로 대부분의 사람이 행복하다고 말했다고 한다. 여기에서 우리는 경제의 성장이 그 이면에 상당한 비용을 수반하고 있다는 것을 생각할 수 있다.

우선, 자본주의 경제사회에서의 경제성장은 사람들로 하여금 상당한 정도로 물질적인 부의 축적에 집착하게 한다. 이러한 물질적 측면으로의 편중은 결과적으로 그 경제사회가 지니는 정신적인 측면에서의 좋은 점들을 크게 손상시키게 될 것이다. 아담 스미스의 '보이지 않는 손'에 의한 경제행위는 결국 개인의 이익을 추구하게 하는 것이기 때문이다. 이러한 개인주의적 사고방식의 확산은 나아가 전통적인 미풍양속과 협동적인 의식을 상실하게 한다.

그리고 산업의 발전과 공장의 건설 등 공업화를 진행하는 과정에서 자연환경을 파괴하고 공해를 발생시키는 것 역시 경제성장이 가지는 커다란 비용이라 하겠다. 자연은 인간에게 필요한 정서적인 공간을 제공하고, 인간의 건강을 유지하는 데 매우 중요하다. 이러한 자연환경의 파괴는 경제성장이 가지는 심각한 비용이 아닐 수 없다. 이것은 공해의 경우에도 마찬가지이다. 이러한 경제성장이 지니는 비용 역시 실제로 성장의 과정에서 고려해야 하는 매우 중요한 것이다. 오늘날 우리 사회에서 이야기되고 있는 도덕성의 회복이나 환경오염 및 공해의 문제 등은 이러한 경제성장의 비용이란 측면과 밀접하게 연결된 것이라 할 수 있다.

3. 경제발전을 어떻게 이해할 것인가?

3.1 경제발전의 의미

오늘날 경제발전은 경제성장과 혼용되기도 하지만 경제성장이란 경제전체의 규모가 양적으로 확대되는 과정을 뜻하는 반면, 경제발전은 국민경제에 내재된 힘에 의해 이루어지는 경제의 질적인 진보로 규정할 수 있다. 슘페터는 경제발전을 기업가의 혁신에서 비롯된 질적 변동으로 보아 이를 인구나 부의 증가에 의한 양적 진보로 파악한 성장과 명백히 구별하였다.

경제성장의 과정은 일반적으로 공급구조와 수요구조의 변화를 수반하는데, 이 구조적 변화에 의거하여 경제성장의 과정을 파악한 것이 경제발전이라고 할 수 있다. 먼저 공급구조의 변화로는 노동력의 증가, 자본축적, 기술혁신, 새로운 자원의 개발 등을 들 수 있고, 수요구조의 변화로는 인구 증가, 연령별 인구구조의 변화, 소득 수준 또는 분포의 변동, 기호의 변화 등을 들 수 있다. 앞에서 말한 바와 같이 슘페터는 이들 변화 중에서 공급구조의 변화가 주도적인 것으로 보고, 그중에서도 특히 기업가의 혁신에서 일어난 질적 변동을 중요하게 보았다.

선진국의 장기적인 경제문제는 사회구조를 그대로 유지하면서 생산 및 고용을 지속적으로 증대시켜 나가는 것이므로 경제성장이론으로 다룰 수 있다. 그러나 저개발국의 경제문제는 생산 및 고용의 증대를 사회전반의 구조적으로 질적인 변화와 함께 고려하여 해결방안을 찾아야 하므로 경제성장이론뿐만 아니라 경제발전이론이 필요하게 된다.

3.2 경제발전의 조건

우리 사회는 바야흐로 탈공업화 사회, 즉 하이테크의 사회로 나아가면서 이전의 공업화사회와는 다른 다각적이고 근본적인 변화가 일어나고 있다. 이러한 시기에 지속적으로 발전을 성공시킬 수 있는 최소한의 조건이 무엇인지를 살펴보자.

3.2.1 경제하려는 의지

서인도의 작은 섬 세인트 루시아 태생으로 1979년 노벨상을 받은 아서 루이스 William Arthur Lewis는 저개발국이 경제발전을 이루기 위해서는 그 나라 사람들 사이에 '경제하려는 의지'가 있어야 한다고 했다. '경제하려는 의지'는 각 개인이 물질적인 부를 추구하려는 의욕뿐만 아니라 모든 부문에서 낡고 비효율적인 생활관습이나 부를 추구하려는 의욕, 그리고 모든 부문에서 낡고 비효율적인 생활관습이나 사고방식을 합리적인 방식으로 개선하려는 적극적인 의지, 미래를 향한 진취적인 자세, 새로운 지식이나 기술을 습득하려는 욕구, 목표달성을 위하여 어려움을 참는 인내 등을 모두 포함한다. 가계가 소비를 할 때나 노동을 기업에 제공할 때 합리적으로 의사결정을 하며, 기업이 생산 활동을 하고 시장에 공급자로 참여할 때의 모든 합리적인 의사결정이 경제하려는 의지와 연관된다.

3.2.2 기업가정신

기업가정신은 혁신을 통하여 이윤을 얻을 수 있다는 확신을 가질 때 혁신을 실제로 행동에 옮기며 실패로 인한 손실이나 위험을 기꺼이 받아들이려는 정신이다. 저개발국이 경제발전을 진행하는 과정에는 여러 가지 부족한 것이 많지만 그중에서도 유능한 기업가의 부족이 가장 심각한 애로요인이라고 할 수 있다. 유능한 기업가란 '기업가정신'을 가진 기업가를 말한다. '기업가정신'이란 개념은 슘페터에 의해 주장된 것인데, 혁신하는 정신을 의미한다. 혁신은 기업가가 새로운 기술을 이용하여 신제품을 생산하며, 새로운 생산기술을 고안하고 이용하는 것이다. 아울러 새로운 자원을 개발하고 이용하며 경영방법을 개선하여 이윤을 추구하는 것을 말한다.

3.2.3 정부의 역할

경제발전의 잠재력을 키우는 것은 중요한 정부의 역할이다. 이를 위해 교육을 확대하고, 과학기술과 지식을 배양하는 등 여러 관련 정책을 능동적으로 수행해 나가야 한다. 선진국들이 경제발전을 급속하게 진행시켰던 시기와 비교할 때, 경제발전에 있어서 정부의 능동적인 역할은 더욱 커졌다.

3.2.4 저축과 투자

경제발전은 생산의 증가를 통해서 이루어지는 것이 중요하고 생산의 증가를 가져오려면 지속적인 투자가 이루어져야 한다. 지속적인 투자를 가능하게 하는 것은 저축이다. 따라서 경제발전의 원동력은 저축이라고 할 수 있다. 그러나 저축이 투자화되려면 투자환경이 조성되어야 한다. 즉 낮은 이자율과 장래에 대한 기대수익률이 높아야 한다.

또한 저축이 투자화되려면 금융기관 또한 잘 발달되어 있어야 한다. 즉 개인의 저축이 모아져서 기업의 생산에 투자자금으로 공급되려면 상업은행이 잘 발달되어 있어서 금융자금의 수요와 공급을 중개하는 역할을 수행해 주어야 한다.

3.3 경제발전론의 여러 흐름들

경제발전론은 현실적으로 개발도상국 또는 저개발국들이 처해 있는 가장 중요한 문제인 경제발전의 문제를 다루는 분야이다. 즉 개발도상국들의 후진성 또는 저개발의 원인을 분석하고 경제발전을 이룩하기 위해서 필요한 경제정책을 제시하는 분야라고 볼 수 있다. 이러한 경제발전론과 선진국의 장기간에 걸친 경제성장 경험에서 발견한 특징적인 사실들을 설명하려고 하는 경제성장이론과는 구별할 필요가 있다. 왜냐하면 선진국을 분석대상으로 하여 지속적인 성장을 계속해서 달성하기 위하여 필요한 조건을 찾아내려고 하는 경제성장이론은 아직 지속적 성장을 달성해 보지도 못한 개도국에 있어서는 그 유용성의 한계가 있기 때문이다.

3.3.1 균형성장론과 불균형성장론

1950년대의 초기 경제발전론에서는 자본이 경제발전의 관건으로 간주되었고, 자본부족이 경제발전에 대한 주된 또는 유일한 제약조건으로 파악되었다.

① 균형성장론(theory of balanced growth)

넉시R. Nurks에 의하면, 저개발국은 자본부족으로 인해 가난하기 때문에 더욱 가난할 수밖에 없는 '빈곤의 악순환vicious circle of poverty'에 빠져 있다고 한다. 이러한 악순환은 투자의 수요와 공급의 양면에서 작용한다. 수요측면에서 보면 저개발국은 소득이 낮아 시장이 협소하며, 좁은 시장은 자본수요가 작아 결국 이러한 작은 투자수요는 생산성이 낮고 또 소득이 낮아지는 악순환이 계속되며, 공급 측면에서 보면 소득이 낮아서 저축이 작고 또 저축이 작으니 자본공급이 작고 이러한 자본이 부족하여 생산성이 낮고 또 낮은 저축을 유발하는 악순환이 계속되는 것이다.

특히 넉시는 자본축적의 수요 측면에서 문제를 제기하여 수요 측면의 낮은 투자유인을 해결할 수 있는 길은 찾고자 했다. 넉시에 의하면 그 해답은 시장 확대 문제를 해결해야 하는데 이를 위해서는 투자재원을 모든 산업에 동시에 투입함으로써 해결될 수 있다는 것이다. 경제의 모든 부문이 골고루 성장하여 상호수요 혹은 보완적 수요를 일으킴으로써 판로부족 때문에 산업별로 과부족이 생기는 비효율을 제거하고 시장수요능력과 공급능력의 균형을 유지하는 것이다. 이처럼 넉시는 일거에 대량의 자본투자big push를 통해 광범위한 산업들을 동시에 개발할 필요성을 강조하였으며, 따라서 넉시의 이론을 균형성장론이라 한다.

② 불균형성장론(theory of unbalanced growth)

허쉬만A. O. Hirshman에 의하면, 자본이 부족한 저개발국이 광범위한 산업에 균형적으로 동시에 투자하는 것은 현실성이 없으며, 또한 비효율적이라고 한다. 따라서 허쉬만은 저개발국이 부족한 자본을 유효하게 사용하기 위해서는 발전을 위한 선도적 부문leading sector을 선정하고, 이 부문에 집중 투자함으로써 발전의 거점으로 키워 나가야 한다고 주장한다. 그런 다음 이 부문이 다른 부문의 투자를 유발시킴으로써 다른 부문에까지 성장이 전파되어 나간다는 것이다. 허쉬만은 이것을 투자의 연관효과linkage effect라고 부른다. 연관효과는 전방연관효과와 후방연관효과로 나눌 수 있는데, 전자는 투자된 산업에서 생산되는 제품을 수요하는 산업에서의 성장과 투자를 유발하는 효과를 말하며, 후자는 투자된 산업에서 수요하고 있는 투입물을 생산하는 산업의 성장과 투자를 유발하는 효과를 말한다. 특히 허쉬만은 저개발국개발에 있어서는 전방연관효과보다는 후방연관효과가 더 중요하다고 주장하여 농업보다 공업의 우선적 개발을 주장한다. 따라서 그는 특정산업에 중점적으로 투자하여 불균형상태를 만든 다음 연관 산업들을 이끌어 올려 또 다른 균형점을 모색하게 되는데 이것이 올바른 경제개발의 전략이라고 보는 것이다.

③ 두 이론의 비교

균형성장론과 불균형성장론은 완전히 대립되는 주장처럼 보이지만 실제로는 그렇게 큰 차이가 있는 것은 아니다. 단기에 저개발국들은 대개 투자 우선순위를 정하여 투자를 해야 하지만 장기에 있어서는 여러 산업들이 어느 정도의 균형을 이루면서 성장해야 제대로 경제발전이 가능한 것이다. 그러나 단기에는 저개발국이 가지고 있는 투자재원이나 숙련인력 등 여러 가지 제약으로 불균형성장론을 따를 수밖에 없다. 단기에 있어서 중요한 문제는 균형성장과 불균형성장 중에서 어떤 것을 선택해야 하는가보다는 어떤 산업에 우선적으로 투자하는 것이 바람직한가를 결정하는 일이다. 균형성장론과 불균형성장론은 각각 그 나름대로 일리가 있는 이론이다. 장기에 있어서는 균형성장론이 더 타당하고 단기에는 불균형성장론의 주장이 현실에 부합된다고 볼 수 있다. 결국 두 이론은 상호배제적인 것이 아니라 구체적인 상황 속에서 각각 부분적인 타당성을 갖는 것으로 보아야 할 것이다.

3.3.2 이중구조적 발전이론(dualistic model of development)

자본축적 다음으로 경제발전론의 관심의 대상이 되는 것은 농촌지역에 누적되어 있는 과잉상태의 인적자원을 어떻게 효율적으로 이용할 수 있는가의 문제였다. 이를 명시적으로 논의한 최초의 이론이 아서 루이스에 의한 이중구조적 발전이론이다.

대부분의 개발도상국은 이중경제의 구조적 특성을 가지고 있는데, 아서 루이스에 의하면 노동을 전통적 농촌의 생존부문으로부터 근대적 도시의 자본가부문으로 이전시킴으로써 자본축적이 증대되어 경제성장을 하게 된다는 것이다. 이 아서 루이스의 이론은 1960년대 개도국의 개발정책의 토대가 되었다. 아서 루이스 모델에서 경제발전의 열쇠는 자본가의 잉여의 사용에 있다. 자본가의 생산확대를 위해 잉여를 재투자하면 도시산업부문의 자본량이 증대되며 이는 노동수요의 증가를 가져와 생존부문의 잠재실업자가 점점 더 많이 도시산업부문에 흡수 고용된다. 이 과정에서 자본가의 잉여는 점점 더 커지게 되며 따라서 자본축적도 점점 더 증대되는데 이러한 성장과정은 과잉노동이 더 이상 존재하지 않을 때까지 계속된다. 즉 루이스 모델에서는, 잉여노동의 이동 → 자본가잉여의 발생 → 그 생산활동에 재투자 → 고용증가 → 자본가잉여의 증가라는 과정이 경제발전의 메커니즘이 된다.

3.3.3 전통적 경제발전론에 대한 반성

경제발전론은 1950년대와 1960년대에 황금기를 맞았으며, 이와 함께 저개발국의 경제발전전망에 대한 낙관적 견해가 광범위하게 유포되었다. 그러나 저개발국의 현실은 여전히 빈곤, 소득불평등, 대외의존 등의 문제로부터 크게 탈피하지 못한 가운데 1970년대에 들어 경제발전론의 분위기는 바뀌었고, 이와 더불어 경제발전론에 대한 실망 내지 무관심의 분위기가 팽배하게 되었다. 이러한 가운데, 저개발국의 실제 경험에 비추어 다음과 같은 몇 가지 중요한 반성이 경제발전론의 내부에서 제기되었다.

첫째, 전통적으로 경제발전론이 지니고 있는 경제발전과정에 대한 단선적 역사인식에 대한 반성이다. 둘째, 경제발전의 추진력으로서 자본축적을 지나치게 강조하는 점에 대한 반성이다. 셋째, 공업화가 곧 경제발전이라는 맹신에 대한 반성이다. 넷째, 농업경시정책에 대한 반성이다. 다섯째, 소득분배의 무관심에 대한 반성이다.

3.4 저개발국의 자립화 이론

전통적 경제발전론에 대한 불만은 특히 저개발국 내부로부터 강하게 제기되었으며, 그 결과 선진국 학자의 시각을 통해서가 아니라 저개발국 스스로의 시각에서 저개발의 원인과 그 극복방법을 모색하고자 하는 움직임이 1960년대 후반 이후 뚜렷이 나타났다. 특히 1960년대 후반에 들어와서 주로 라틴아메리카의 사회과학자들은, 전통적 경제발전론이 선진국의 시각에서 바라본 견해라고 비판하고, 오히려 저개발국의 외부, 다시 말해서 선진국들은 저개발국의 잉여가 이전되는 것에서 저개발사회가 빈곤한 원인을 찾았다.

3.4.1 종속이론의 구조와 전개

전후 저개발국가에서는 과거의 식민지 종주국으로부터 정치적 독립에 고무되어 서구 중심적 가치관으로부터 탈피하고자 하는 노력이 나타났으며, 이러한 노력은 저개발국 자체의 저개발문제를 인식하기 시작하면서 본격화되었다. 이러한 일련의 움직임은 종속학파라 불리는 라틴 아메리카 사회과학자들을 중심으로 시작하였는데, 주요 내용을 간단히 살펴보자.

① 저개발의 개발(development of underdevelopment) 모델

이 모델은 프랑크의 초기 저작에서 제기된 것으로 프랑크A. Frank는 저개발을 선진국의 발전이 수반하는 불가피한 이면임과 동시에 그 역사적 산물로 보며, 중심부의 계속적 발전은 결과적으로 위성지역의 저개발을 심화시키게 된다고 주장하였다. 한편 프랑크는 저개발의 정치적 귀결도 강조하였다. 저개발의 개발에 있어서는 주변부의 저개발을 영속화시킴으로써 이득을 얻는 특수한 종류의 현지지배계급이 등장하기 쉬우며, 이들은 주로 룸펜 부르주아지로서 저개발정책 또는 '룸펜적 발전'을 추종한다. 따라서 저개발을 종식시키고 발전을 이룩하기 위해서는 세계 자본주의 체제와의 관계를 끊고 혁명을 통해 사회주의적 발전방식을 추구해야 한다고 프랑크는 주장한다.

② 신종속(new dependency) 모델

도스 산토스는 종속의 개념과 내용을 새로이 정립함으로써 신종속이론을 전개하였는데, 그에게 있어 종속개념은 "일국의 경제가 다른 나라 경제의 발전과 확장에 의해 조건 지워지는 상황"으로 이해된다. 그는 제국주의 중심부의 확산과 그것의 세계시장에 대한 지배라고 하는 마르크스주의 이론을 수용하면서도 주변부의 내적 발전을 도모할 수 있는 이론이 필요함을 주장했다. 그는 이것을 '결합적 발전combined development'이라고 불렀다.

그는 '새로운 종속'으로서 다국적기업의 자본투자에 의해 이루어지는 기술·산업형 종속을 강조하였는데, 다국적기업의 활동에 의한 종속관계의 과정과 결과를 다음과 같이 주장하였다. 기술종속은 다국적기업의 투자에 의해 진행되며, 자본·기술 등의 투자로 인해 주변부는 국제체제 속으로 흡수되어 자국의 경제가 '제약적 상황'에 놓이게 된다. 이러한 제약적 상황에 의한 종속관계는 또한 종속국의 정치발전에 여러모로 영향을 주며 국가의 경제개입을 적극화시켜 국가 자본주의를 낳게 된다고 한다.

③ 종속적 발전(dependent development) 모델

종속적 발전 모델은 카르도스F.H. Cardoso, 팔레토A.E. Faletto, 에반스P. Evans 등에 의해 구체화된 것으로 그 내용은 종속적 상황 속에서 자본주의적 발전이 이룩될 수 있다는 절충적 시각을 중심으로 하고 있다.

카르도스는 한 나라의 경제가 세계체제의 구조적 위치에 의해 규정된다는 생각을 기계론적 견해로 규정하고 비판하면서, 자본축적의 논리에 의한 내부적 도출과정을 지양하고 내적 요인의 구성에 의해 일국 경제의 변화를 파악하려 했다. 외적 요인이 구조적 측면이라면, 내적 요인은 인간의 정치적 행위로 이루어지는 과정적 측면이라고 볼 수 있기 때문에 구조와 과정의 동시적 파악을 강조하였던 것이다.

이러한 주장을 기초로 그는 이른바 '연계종속적 발전associated dependent development'의 논리를 전개하는데, 그 개념은 국제자본의 역동성에 일국 경제를 종속시키고 국제화된 부르주아, 군부, 기술관료, 중간계급의 일정한 타협 위에서 그 역동성이 유지되어 나가는 것으로 파악된다. 즉, 그는 내외적 요인 간의 분석을 통해 현실적 발전이라는 문제는 그 종속되어 있는 상황을 배제하고서 달성될 수 있는 것이 아니라, 오히려 종속적 상황에서 추진될 수 있는 것으로 파악하고 있으며, 이러한 역설적 입장을 '연계종속적 발전'이라는 연결고리로서 설명했던 것이다.

④ 주변부 자본주의(peripheral capitalism) 모델

이 모델은 홉슨J.A. Hobson, 부하린N.I. Bukharin, 레닌Vladimir Il'ich Lenin 등의 고전적 제국주의론의 재구성을 통하여 저개발국의 종속과 저개발을 설명하려는 시각으로서 아민S. Amin이 그 대표적인 학자이다.

아민은 프랑크 등에 의해 제기된 자본주의의 세계적 모순구조를 중심-주변, 착취-피착취의 대립관계로만 보지 않고, 중심·주변을 각기 구성하고 있는 국민경

제의 내부구조에 매개시킴으로써 중심-주변 간의 유기적 경제관계, 주변부 내의 계급구조를 통일적으로 파악하고 있다.

이러한 논의의 연장선상에서 아민은 주변부사회의 발전을 위해서는 주변부사회의 식민지적·봉건적 유산을 청산하는 광범위한 국내적 개혁이 이루어져야 하지만 세계 자본주의 체제 속에서 주변부의 자본주의적 개혁은 한계를 지닐 수밖에 없으며, 결국 "주변부의 발전은 민족주의적·인민주의적 혹은 사회주의적 방식에 의해 이루어져야 한다"고 주장한다.

⑤ 세계체제론(world-system) 모델

넓은 의미에서 볼 때 제3세계 이론의 대부분, 특히 프랑크나 아민 등도 세계적 시각을 지니고 있는 것으로 볼 수 있으나, 월러스타인I.Wallerstein, 홉킨스, 골드프랑크 등에 의해 전개되는 세계체제론은 그들과는 구별되는 특이한 시각을 지니고 있다.

이들 중 가장 대표적인 이론가인 월러스타인은 유럽의 경험을 돌이켜 보면서 16세기 이후부터 자본주의 경제체제가 발전됨에 따라 세계체제는 중심(북서유럽), 주변(동유럽과 남반구) 및 반주변(지중해 유럽)으로 재편성되었다고 하였다. 이러한 관점에서 월러스타인은 강력한 국가기구를 가지고 자유로운 임금노동에 기초하여 공산품 생산에 주력하는 중심부는 허약한 국가기구를 가지고 1차 산품 생산에

그림 15-4 월러스타인의 세계체제론 모델

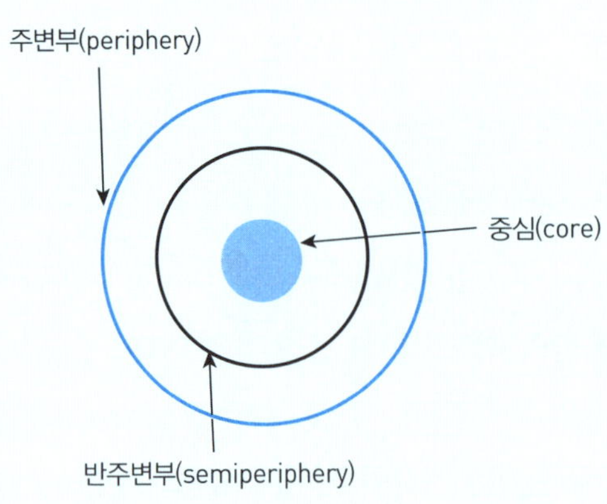

주력하는 주변부로부터 국제교역을 통한 잉여수탈을 행하며, 이때 반주변부semi-periphery는 중심부에 수탈당하면서 동시에 주변부를 수탈하는 중간적 입장에서 모순의 완충지대를 이루는 것으로 파악된다. 결국 세계체제 내에서는 그 기능면에서 불평등한 교환관계를 통해 잉여가치가 중심부에서 주변부로 이전되어 불균등한 발전이 이루어지는 것이다. 이 점에 주목하여 월러스타인은 부르조아와 프롤레타리아의 사이에서 빚어지는 착취와 피착취의 관계가 세계체제 내에서도 존속하게 되며, 그 궁극의 결과는 국제적 계급투쟁의 한 양태라고 보았던 것이다. 그리고 이러한 과정의 진행상 세계체제는 자본주의에서 사회주의로의 필연적인 전환을 겪게 된다고 생각하였다.

3.4.2 자립화이론의 의의와 한계

자립self-reliance이라고 하는 것은 외부의 간섭이나 지배를 배격하고 스스로 자신을 보존하며 발전시키는 것을 의미한다. 따라서 한 국가의 경제자립은 국민경제가 대외적으로 종속되지 않거나 그것을 극복하고 국내의 분업관련과 시장에 기초하여 자기완결적인 재생산구조를 확립하여 시장에 기초하여 자기완결적인 재생산구조를 확립하여 자신의 논리에 의하여 운영되는 것을 말한다. 이러한 의미에서 볼 때 종속이론으로 지칭되는 자립화이론은 적어도 저개발문제를 저개발 스스로의 입장에서 보려고 하는 시각을 가졌다는 것은 종래의 경제발전론에 비해 참신한 것이라 할 수 있다.

그러나 이 이론은 아직도 이론구성상 내부적으로 많은 문제점을 지니고 있을 뿐만 아니라, 그것이 주로 라틴아메리카의 경험적 현실을 바탕으로 한 이론이라는 점에서 아시아나 아프리카 지역의 저개발 상황을 분석하는 데는 한계를 지닐 수 있다. 그러한 한계 중에서도 가장 흔히 지적되는 것은, 이 이론이 지나치게 외부적 교환관계만을 강조한 나머지 저개발국의 원인을 전적으로 중심부에 의한 주변부의 잉여수탈에만 돌리고 있다는 점이다. 또 하나의 비판은, 이 이론이 세계자본주의 자체의 동태적 움직임을 제대로 파악하지 못한 채 아직도 정태적 분석수준에 머무르고 있다는 지적이다.

3.5 새로운 경제발전론의 필요: 환경문제와 디지털 경제의 대두

경제발전론을 주도해 왔던 근대화론에 대해 자립화 이론과는 다른 각도에서 비판이 일어나고 있다. 최근 환경문제에 대한 관심은 GDP의 증가나 산업화의 진전이 경제발전의 척도로서 유용한가에 대해 의문을 제기해 왔다. 이는 산업화가 자연자원의 고갈을 초래한다는 이전부터의 우려와도 결부되어, 단기적인 성장이 아닌 지속가능한 발전으로 경제발전의 중점이 이동되어야 한다는 '지속가능한 발전론'을 구상하기에 이르렀다. 여기에서 지속가능한 발전론은, 자연자원이나 환경을 포함한 생산적인 기반을 훼손함으로써 현재의 물질적 생활수준을 유지하거나 증대시키고자 하는 경제발전의 정책이나 프로젝트를 거부하고 대안적인 발전방식을 제안한다. 최근 들어 자연자원을 대체하는 에너지의 개발과 환경친화적인 경제개발이 부쩍 논의되고 있는 것도 바로 이 지속가능한 발전론과 같은 맥락에 있다고 할 수 있다.

한편 오늘날의 경제발전론의 의미를 디지털 경제의 대두란 관점에서 재조명해 볼 필요가 있다. 과거에는 경제발전 및 성장의 주요변수는 노동(L)과 자본(K)이었지만 최근 들어 경제의 중심이 '디지털 경제digital economy'로 이전되면서, 중심축이 지식knowledge과 정보information로 이동하고 있다는 것이다. 특히 국내의 경우 이러한 측면의 중요성이 더욱 중요시되고 있다는 점이다. 즉 디지털 경제의 다음과 같은 특성들을 유의하여야 할 것이다. ① ICT 산업의 발달과 인터넷의 보급으로 네트워크가 진전되면서 개인과 기업, 정부가 전자적으로 연결되고 경제 및 사회구조가 바뀌고 있다는 것, ② 가치창출방식이 바뀌고 있다. 즉 부가가치가 정보와 아이디어에 의해서 만들어지고 제품이 보다 서비스화되고 있으며 이로 인해 전통제조업에 기반을 두고 있는 기업까지 혁신과 새로운 경영이 요구되고 있는 것이다. 즉 지식기반경제의 출현을 의미한다. ③ 교역자유화가 진전되고 있다는 것이다. 무역장벽 및 정치적 장벽이 사라지고 경쟁이 글로벌화되고 심화되고 있다. 이러한 사회경제적 패러다임의 변화는 지금까지 경제발전 현상과는 다소 다른 것이며 따라서 경제발전론의 패러다임 역시 변화되어야 할 필요가 있을 것이다.

참고문헌

- 김대환, 「경제발전론」(1990), 한국방송통신대학교.
- 김덕중·성태경, 「경제학과 사회」(1996), 형설출판사.
- 김상규 외 5인, 「사고중심의 경제학 강의」(1999), 형설출판사.
- 김인철, 「경제발전론」(1998), 박영사.
- 변형윤 외 3인, 「경제학개론」(1993), 한국방송대학교출판부.
- 송병락, 「한국경제론」(1992), 박영사.
- 심경섭, 「경제학입문」(1998), 교문사.
- 심상선·이재민, 「닻 내리기 거시경제학」(1999), 법문사.
- 이관두, 「경제학원론」(1996), 청목출판사.
- 이은섭, 「우리 삶을 푸는 열쇠 – 새로운 경제학」(1988), 친구.
- 이한경, 「이야기 한국경제」(1991), 사계절.
- 장동학, 「누구나 함께하는 경제 여행」(2000), 무역경영사.
- 조윤수 옮김, 로버트 하일브로너, 레스터 서로, 「경제를 어떻게 이해할 것인가」(1994), 까치.
- 주명건·주상영, 「경제학원론」(1998), 박영사.
- http://bok.or.kr

생각해 볼 문제

1. 경기순환은 항상 일정한 유형을 가지는 것일까?

2. 우리나라의 현재 불황의 대응책에는 어떤 것들이 있을까?

3. 만약 우리나라가 균형성장론을 처음부터 채택했더라면, 현재 어떤 상황이 되어 있을까?

4. IMF 구제금융이 우리 경제에 미치는 영향은 어떠한 것들이 있는가?

5. 경제성장과 경제발전의 개념을 비교하라.

6. 경제발전과 그에 따른 환경의 질적 저하를 어떻게 이해해야 하는가?

7. 주요 선진국의 성장규제 정도와 환경관계법규는 어떠한가?

읽을거리

크루그먼 '제3의 불황 진입'

"세 번째 불황은 이미 시작됐다. 각국 정부가 무조건적인 긴축재정에 나선다면 그 대가는 실업자 양산으로 이어질 뿐이다."

2008년도 노벨경제학상 수상자인 폴 크루그먼 프린스턴대 교수가 현재의 경제 상황을 역사상 세 손가락 안에 들어갈 수 있는 위기라고 강조했다.

그는 28일(현지시간) 뉴욕타임스에 기고한 칼럼을 통해 "경기침체는 흔하지만, 불황은 드물다." 면서 "지금까지 불황이라고 할 만한 역사적 사례는 1873년 공황 이후의 장기 불황과 1929~1931년 금융위기 이후 이어진 대공황뿐"이라고 밝혔다. 이어 "두 불황 모두 경기가 지속적으로 떨어진 것은 아니지만, 중간에 나타난 경기회복세가 불황의 타격을 극복할 정도로 충분하지 않아 결국 더블딥에 빠지게 된 것"이라고 분석했다.

크루그먼 교수는 현재의 경제 상황을 세 번째 불황의 초기 단계로 봐야 한다고 주장했다. 특히 1929년의 대공황보다는 1873년과 닮아 있다고 설명했다. 그는 "2008년 글로벌 금융위기 때 각국 정부는 대규모 지출을 기반으로 한 정책을 내세워 지난해 여름 경기침체에서 벗어난 것으로 보인다" 면서 "그러나 훗날 역사학자들은 지금의 경기회복기가 제3의 불황의 끝이라고 기록하지 않을 것"이라고 경고했다.

크루그먼 교수는 각국 정부가 펼치고 있는 정책에 대해 강력히 비판했다. 과거의 정부들이 균형 잡힌 지출과 긴축으로 위기를 극복해 나간 반면 최근 위기를 맞고 있는 국가들은 하나같이 긴축에만 신경 쓰고 있다는 것이다. 결국 이는 실업으로 이어질 뿐이라는 것이 크루그먼 교수의 주장이다. 특히 그는 "장기 실업이 늘고 있는 미국과 유럽은 긴축재정으로 인해 일본이 겪었던 긴 경기침체를 곧 경험하게 될 것"이라고 전망했다.

출처: 박건형, 서울신문, 2010.6.30

Chapter 16

세계경제환경의 변화와 국제경제기구

1. 최근 세계경제환경은 어떻게 변화하고 있는가?
2. WTO 체제하의 뉴라운드와 대응방안은?
3. 주요 국제경제기구에는 어떤 것이 있는가?
4. 세계경제 환경변화에 대한 우리의 대응전략은 무엇인가?

개관

최근 세계경제는 세계경제환경과 질서의 재편으로 그 변화가 가속화되고 있다. 각국의 경제구조는 세계경제에 더욱 기능적으로 통합되고, 교통·통신이 발전함에 따라 더욱 세계화되어 가고 있다. 이와 같은 추세는 무역, 금융, 경영 등의 분야뿐만 아니라 우리 생활의 모든 분야에서 보편화될 것이다. 이리하여 각국의 생활태도와 양식은 보다 세계주의(cosmopolitan)화 될 것이고 지구촌(global village) 개념이 널리 받아들여지게 될 것이다.

세계는 지금 국가주의(nationalism)와 지역주의(regionalism)를 거쳐 범세계화(globalization)의 시대로 접어들고 있으며, 앞으로 그 전환속도는 더욱 빨라질 것임을 알 수 있다. 이러한 세계화의 추세가 거스를 수 없는 대세라면 오히려 세계화의 환경에 적응하여 우리 국가와 국민의 이익을 더 많이 추구하는 것이 현실적으로 합리적인 방안이 될 것이다.

제16장은 세계화가 심화되어 가는 환경에 적응하고 대응하기 위해서는 우리의 학생들이 어떤 경제학적 지식을 가져야 하는가에 초점을 맞추어 논의를 진행하고자 한다. 이러한 관점에서 본 장은 세계경제환경의 변화와 이에 따른 새로운 통상 이슈에 대해 알아보고, 그 속에서 이루어지는 한국경제의 대응방향을 검토해 본다.

내용표준과 기준

제16장에서 다룰 주요 내용은 미국 경제교육협의회(NCEE)의 〈내용표준과 기준 10〉에 해당하는 것으로 "제도는 개인과 집단이 그들의 목표를 달성하는 것을 돕기 위해 시장경제 내에서 진화한다"는 것을 보여주고 있으며, 특히 세계 경제 환경의 변화에 따른 국제경제기구에 대한 폭넓은 이해를 강조하고 있다. 이러한 내용표준을 충족시키기 위한 기준으로는 지역주의, 뉴라운드, IMF, WTO, OECD와 같은 개념을 포함한다.

1. 최근 세계경제환경은 어떻게 변화하고 있는가?

오늘날과 같은 세계화시대에 한 국민국가의 경제는 좋든 싫든 세계경제의 영향을 배제할 수 없다. 특히 한국경제처럼 대외거래 비중이 높은 체질의 경우에는 세계경제의 동향을 모르고서는 그 나라의 경제를 이해하기 어렵다.

최근 세계경제를 보면 각 국가 간의 관계가 더욱 긴밀해지고 있는 듯이 보이면서도, 그 반면에 서로 간의 이해관계가 첨예하게 대립되는 양상을 보이고 있다. 최근 관찰되고 있는 세계경제환경의 변화는, WTO 체제의 출범과 새로운 무역질서의 형성, 경제블록화의 확산, 경제활동의 범세계적 확산과 국가 간 경쟁의 심화 등으로 대별할 수 있다.

1.1 WTO 체제의 새로운 무역질서 확산

1948년 1월 1일 공식 발효하여 국제무역질서를 이끌어 오던 관세 및 무역에 관한 일반협정GATT은 1986년부터 1994년까지 제8차 우루과이라운드UR를 끝으로 정식 해체되고, 1995년 1월 1일을 기하여 세계무역기구WTO: World Trade Organization가 정식 출범하여 새로운 다자간 무역질서를 구축하는 역할을 담당하고 있다. 종래의 GATT 다자간 협상이 주로 상품분야의 관세, 비관세 장벽을 완화하는 데 중점을 둔 데 반해, 제8차 UR협상은 상품 이외에 최근 국제무역에서 비중이 커지고 있는 농산물, 서비스, 지적재산권 분야까지도 그 협상범위를 크게 확대시켰다. 또한 관세, 비관세 장벽의 완화는 물론 종래 소홀히 다루어진 반덤핑, 상계관세, 긴급수입제도 등 보호주의 수단의 남용을 억제하고 객관적인 분쟁해결 절차를 도입함으로써 자의적인 무역규제의 여지를 축소시켜 세계무역의 자유화와 세계경제의 활성화를 위한 국제적인 틀을 완비하고자 하는 협상이었다. WTO 회원국은 2015년 4월 기준 161개 국가가 참여하고 있으며, 많은 비회원국이 참관국으로 참가하고 있다.

1.2 경제통합과 지역주의

UR협상의 타결로 인하여 역외국을 차별하기 위한 지역주의화 경향은 다소 감소될 것으로 전망되지만, 그럼에도 불구하고 인접국 또는 경제적 이해를 같이하는

표 16-1 경제통합의 형태

	회원국	비회원국	대표사례
자유무역지역 (Free Trade Area)	자유무역	회원국이 개별관세	북미자유무역협정 (NAFTA)
관세동맹 (Customs Union)	자유무역	회원국이 동일관세	남부아프리카관세동맹 (SACU)
공동시장 (Common Market)	자유무역, 생산요소의 자유로운 이동	회원국이 동일관세	중미공동시장(CACM) 아랍공동시장(ACM)
경제동맹 (Economic League)	자유무역, 생산요소의 자유로운 이동, 재정금융정책의 상호협조	회원국이 동일관세	유럽연합(EU)

국가 간의 지역주의 또는 지역내 협력강화 움직임은 당분간 지속될 것으로 전망된다. 이에 따라 향후 세계경제는 지역적인 경제협력에 의하여 크게 영향을 받을 것으로 전망된다. 경제통합은 회원국 상호간의 자유무역을 얼마만큼 확대할 것이며, 비회원국과의 무역에서는 어떠한 혜택과 제재를 공동으로 줄 수 있는가에 따라 〈표 16-1〉의 4가지 형태로 구분된다.

주요한 지역적인 경제협력체로는 유럽의 유럽연합EU, 북미의 북미자유무역협정 NAFTA, 아시아 태평양지역의 아·태경제협력체APEC 등을 들 수 있다.

1.2.1 유럽연합(EU)

1992년 마스트리히트(네덜란드)에서 체결된 조약은 기존공동체를 하나의 유럽연합European Union: EU으로 묶었다. 마스트리히트조약의 발효와 함께 유럽공동체EC는 공식적으로 막을 내리고 1993년 11월 1일을 기해 유럽연합EU이 탄생하게 되었다. 유럽공동체의 설립목적은 단일 화폐의 창설을 통한 경제통합과 방위 및 외교 분야에서 공동의 행동을 위한 기반 마련에 있다.

유럽연합은 역내국 상호간 재화 및 서비스뿐만 아니라 노동, 자본과 같은 생산요소의 자유로운 이동을 보장하며, 가맹국 상호간의 재정(조세), 금융, 사회복지 등 모든 경제정책을 상호 조정하여 운영하게 될 것이며, 또한 경제발전의 단계가 비슷한 국가 간의 수평적 의존관계에서 이루어지는 수평적 통합이라 할 수 있다. 이런 점에서 수직적 보완관계에서 이루어지는 북미자유무역협정과는 차이가 있다. 2017년 현재 유럽연합은 브렉시트(영국의 EU 탈퇴)로 기존회원국 14개국(벨기에, 덴마크, 프랑스, 독일, 그리스, 아일랜드, 이탈리아, 네덜란드, 룩셈부르크, 포르투갈, 스페인, 오스트리아, 핀란드, 스웨덴)과 2004년 가입국 10개국(폴란드, 체코, 슬로바키아, 헝가리, 슬로베니아, 리투아니아, 라트비아, 에스토니아, 몰타, 키프로스), 2007년 가입국 2개국(루마니아, 불가리아), 그리고 2013년 가입국(크로아티아)으로 총 27개국을 회원으로 가지고 있다.

한편 유럽연합은 유럽통합의 실질적이고 구체적인 단계로 99년 1월부터 통화동맹European Money Union: EMU을 실시하였고, 2015년 19개 국가(오스트리아, 벨기에, 키프로스, 핀란드, 프랑스, 독일, 그리스, 슬로바키아, 아일랜드, 이탈리아, 룩셈부르크, 몰타, 네덜란드, 포르투갈, 슬로베니아, 스페인, 에스토니아, 라트비아, 리투아니아)가 유로EURO를 유럽단일통화로 사용하고 있다. 이와 같이 유로를 국가통화로 사용하는 국가나 지역을 통틀어 유로존Eurozone이라 부른다. 유럽 통화동맹은 가맹국이 각국의 정치적 독립을 유지하면서 단일통화를 도입하는 것으로, 이는 경제적으로는 1993년 1월에 출범한 유럽 단일시장을 보완하고, 경제의 글로벌화에 대비하며 유럽의 경제안정과 지속적 성장을 추진하기 위한 것이다. EMU의 출범에 따른 단일통화 도입으로 유럽의 시장통합이 더욱 촉진되어 유럽은 하나의 거대한 단일시장으로 바뀌어 갈 것이며, 유럽 기업들은 한층 더 강화된 경쟁 속에서 대외경쟁력을 강화해 갈 것으로 보인다. 이에 따라 유럽기업과 경쟁관계에 있는 국내기업들은 무역 및 통상관계에 있어서 보다 치열한 경쟁에 직면하게 될 것으로 보인다. 특히 우리나라와 직접적인 경쟁관계에 있는 자동차, 전기전자, 철강제품의 경우 유럽기업들은 유로화 도입에 따라 상당한 경쟁력을 제고될 것으로 보인다. 또한 유럽연합에 가입하지 않은 스위스, 노르웨이, 아이슬란드는 유럽자유무역연합European Free Trade Association: EFTA에 가입했다.

1.2.2 북미자유무역협정(NAFTA)

북미자유무역협정North American Free Trade Agreement: NAFTA은 미국・캐나다・멕시코 간의 관세 및 비관세장벽의 철폐를 통한 경제교역의 확대 목적으로 1992년 12월 17일 정식으로 조인하였고 1994년 1월부터 발효되었다. 이 협정 발효로 미국과 멕시코는 농산물을 비롯한 공업제품이 관세 없이 교역 가능해졌다. 미국의 자본과 기술, 캐나다의 자원, 멕시코의 노동력이 결합되어 지역경제를 발전시키는 원동력이 되고 있다.

북미자유무역협정은 경제규모면에서 유럽연합은 능가할 뿐만 아니라, 향후 주요 교역 대상국들인 미주 34개국(쿠바 제외)은 미주자유무역지대 FTAAFree Trade Area of Americas의 창설을 계속 추진함으로써 세계 최대의 경제블록으로 확대·발전될 전망이다.

그리고 북미자유무역협정은 역내국간의 무역장벽의 철폐와 원활한 상품 및 서비스의 이동, 공정한 경쟁조건의 배양, 투자기회의 확대, 지적재산권의 충분하고 효율적인 보호, 협정의 시행운용 및 분쟁해결에 관한 절차 마련, 그리고 협정의 혜택을 확대·촉진하기 위한 협력체제의 구축을 목표로 하고 있다.

1.2.3 아시아 태평양 경제협력체(APEC)

아시아 태평양 지역에는 세계인구의 약 37%인 22억이 살고 있으며, 세계 전체 GDP 및 교역량에서 차지하는 비중은 각각 57%와 45%이다. 이러한 아시아 태평양 지역의 역동적 경제발전에 부응하고 유럽연합, 북미자유무역협정 등 세계경제의 지역화·블록화 추세에 대응하기 위해 1989년 11월 호주의 캔버라에서 아시아·태평양 경제협력체Asia-Pacific Economic Cooperation가 공식출범하였다. 2006년 기준 아시아 태평양 경제협력체에 가입하고 있는 국가는 미국, 캐나다, 멕시코, 일본, 중국, 한국, 호주, 뉴질랜드, 싱가포르, 말레이시아 등 21개국이며, 사무국은 싱가포르(1993.2.12 설치)에 위치하고 있다. 아시아·태평양지역은 세계인구의 36.6%, 국민총생산의 51.7%, 교역량의 39.6%를 차지하는 광대한 지역으로, 태평양국가라는 공통점을 제외하고는 역사·문화·경제발전단계 등이 모두 상이하다.

따라서 이 지역의 경제협력과 무역자유화 촉진을 목적으로 한다. 러시아가 정식회원국이 됨에 따라 미·일·중·러 등 한반도 주변 4강이 모두 함께하는 장이 되고 있다. 따라서 아시아 태평양 경제협력체는 우리의 입장을 알리고 이익을 챙길 수 있는 다자의 장이 될 수 있다. APEC의 주요사업으로는 ① 자유무역원칙의 지지, ② 역내 무역·투자 및 기술이전 촉진, ③ 역내의 교통·통신·사회간접자본의 확충을 검토할 위원회 구성, ④ 무역·투자 및 사업기회에 관한 데이터 시스템 구축 등으로 되어 있다. 향후 APEC을 통해 우리의 개방정책을 대외에 알리고 경제구조 조정과 무역투자 자유화 조치에 대한 투명성과 신인도를 제고하는 장으로 활용해야 한다.

1.3 경제활동의 범세계적 확산과 국가 간 경쟁의 심화

WTO 체제의 출범에 따른 교역장벽의 완화 및 철폐는 80년대 중반 이후 ① 다국적기업의 활동영역 확대, ② 교통 및 통신의 발달에 따른 정보전달 체계의 초고속화, ③ 자유무역지대FTA의 확산, ④ 구사회주의 국가의 시장경제 정착과 중국의 WTO 가입 등의 요인에 의해 야기된 경제활동의 범세계화 현상을 더욱 가속화함으로써 이제 세계경제가 하나의 시장으로 통합되어 가는 과정에 있는 것으로 평가된다. 이에 따라 세계무역이 세계경제의 성장속도보다 빨리 신장될 것이며, 세계 모든 국가의 무역의존도가 높아짐으로써 국가경제의 상호의존성 또한 빠른 속도로 증대되고 있다. 그리고 이러한 국가 간의 상호의존성은 UR협상의 타결로 자유교역의 범위가 공산품에서 농산물, 서비스, 지적재산권 등 여타 분야로 확대됨에 따라 더욱 심화되고 있다.

이러한 최근의 세계경제 환경 변화는 궁극적으로 경제적 실리를 확보하기 위한 국가 간의 경쟁을 더욱 치열하게 만드는 요인으로 작용하고 있으며, 이러한 추세는 앞으로도 계속될 것으로 전망된다.

2. WTO 체제하의 뉴라운드와 대응방안은?

WTO 시대에는 UR합의사항뿐만 아니라 새로운 통상이슈를 해결하기 위한 뉴라운드협상이 이루어지게 되고, 이에 따라 우리나라 기업들이 직면하게 될 새로운 국제규범도 마련될 것으로 예상된다. UR협상과 더불어 현재까지 논의되고 있는 바에 따르면, 환경, 노동, 경쟁정책, 기술정책, 투자정책, 조세정책 등이 새로운 무역협상의 주요 의제로서 다루어지고 있으며, 2001년 카타르 도하에서 개최된 제4차 WTO 각료회의에서 출범한 제9차 다자간 무역협상인 도하개발아젠다Doha Development Agenda가 진행 중이다.

2.1 무역협상의 주요 의제

2.1.1 환경과 무역(GR)

환경문제는 단순히 무역에만 연관된 것이 아니며, 전 세계가 공동으로 그 시급성과 필요성을 느끼고 있는 분야다. 환경라운드Green Round: GR는 환경보전을 주제로 한 다자간 국제협상을 말한다. 기본적으로 지구환경을 오염시키는 반환경적인 무역정책, 나아가서는 정부의 산업정책과 기업정책에 대한 공동의 규범을 마련하자는 데 그 의의가 있다. 즉 환경 친화적인 경제활동의 규범을 세우자는 것이다.

2.1.2 노동조건과 무역(BR)

노동라운드Blue Round: BR는 인권에 반하는 노동정책으로 인해 국가 간의 비교 우위에 왜곡이 생기는 것을 방지하기 위해 노동문제에 대한 공동규범을 마련하자는 협상이다. 이에 대한 구체적인 내용은 죄수노동이나 소년 노동과 같은 '노동주체' 뿐만 아니라, 경제성장 수준에 따르지 못하는 사회보장제도, 노동 관련법의 부당한 적용, 저임금 등 일반적인 '노동조건'까지도 포함하고 있다. 이러한 움직임에 힘입어 국제적인 노동규약 제정에 앞장서고 있는 '국제노동기구ILO'의 위상이 높아질 것이며, 이를 중심으로 각국의 의견이 교환될 것으로 보인다.

2.1.3 경쟁정책과 무역(CR)

경쟁정책라운드Competition Round: CR란 무역에 영향을 미치는 각국 무역정책의 국가 간 상호 조화를 통해 궁극적으로 국제적인 기업 간 경쟁을 촉진시키되, 공정한 게임규칙을 만들자는 데 그 의의를 두고 있다. 미래는 국가를 배제한 기업과 기업 간의 국경을 초월한 경쟁이 예상되므로, 이 때 발생할 수 있는 기업 간의 마찰에 대비해 논의의 중요성이 커지고 있다. 하지만 공정한 경쟁을 위해 시장을 평준화해야 한다는 CR은 나라마다 다른 경쟁 법률과 관행, 즉 상법, 공정거래규정, 외환관리법 및 상행위 관행 등에서 오는 상이한 기준이 무역을 왜곡하고 있기 때문에 이를 시정하고 무역 분쟁을 효과적으로 처리하기 위한 CR의 필요성을 주장하고 있으나, CR 역시 선진국들의 후진국에 대한 압력 장치가 될 가능성이 높다.

2.1.4 기술정책과 무역(TR)

기술정책라운드Technology Round: TR란 개별국가의 기술개발정책과 이에 관련한 정부의 지원정책이 타국과의 공정경쟁에 영향을 미치게 되고, 이는 자유무역과 기업 간 공정경쟁에 영향을 미친다는 인식에 그 바탕을 두고 있다. 이와 관련한 주요 대상은 개별 기업의 기술개발이나 공동 기술개발에 대한 직접적인 보조금 지급 및 조세 감면 등 금전적인 지원과 국가개발기술의 민간 이전, 기술개발을 위한 독점적 행위 인정, 정부의 차별적인 우선 구매 정책 등을 포함하고 있다.

2.1.5 디자인과 무역(DR)

산업디자인과 브랜드상표의 중요성이 최근 들어 더욱 크게 강조되고 있다. 요즘 심각한 문제가 되고 있는 우리 상품의 가격경쟁력 약화를 보완해 주는 강력한 수단으로 디자인과 브랜드가 떠오른 것은 기술평준화 시대에는 더 이상 제품의 품질이나 기능만으로는 국제시장에서 경쟁을 할 수 없기 때문이다. 이러한 추세를 반영하듯 90년대 중반으로 들어서면서부터 디자인라운드Design Round: DR 시대가 본격적으로 막을 올린 이래 눈에 보이지 않는 무역장벽이 생기기 시작했다.

2.1.6 다자간 반부패라운드(기업윤리 라운드)

반부패 라운드는 국제경쟁력우위 확보 차원에서 미국이 1995년부터 추진해 온 기업윤리 라운드Ethics Round: ER가 그것의 시작이었다면, 본격적인 윤리라운드가 OECD를 통해서 추진되고 있다. 국내에서도 "국제거래에 있어서의 외국 공무원 뇌물방지법(1998.12.28)"을 공포함으로써 반부패라운드가 시작되었다. 윤리라운드의 구체적인 목표는 "비윤리적인 방법으로 원가를 절감시켜 제조한 제품의 국제간 거래는 '불공정거래'에 해당되기 때문에, 기업윤리강령이 있고 윤리를 실천하는 기업의 제품만 국제거래가 되도록 하자"는 것이다. 2000년부터는 국제거래에서 제품의 품질(ISO 9000), 제품의 환경관리정도(ISO 14000)와 함께 제조업자의 윤리수준이 국제거래의 요건이 되도록 하기 위한 준비를 하고 있다. 이 "국제공통윤리강령"은 강제규정은 아니지만 여기에 동조하지 않는 나라 또는 기업은 국제거래에서, 특히 미국에 의해서 차별을 받을 것이다.

2.1.7 도하개발아젠다(Doha Development Agenda: DDA)

2001년 11월 카타르 도하에서 개최된 제4차 WTO 각료회의에서 출범한 제9차 다자간 무역협상인 도하개발아젠다Doha Development Agenda는 WTO 출범 후 첫 번째 다자간 무역협상이며, 개도국의 영향력이 커지면서 개도국의 요청으로 개발에 중점을 두자는 의미에서 'Development'가 명칭에 포함되었다. 당초 협상기간은 2002년 1월 1일부터 2004년 12월 31일까지 3년간이었으나, 합의점을 찾지 못하고 결렬된 후, 몇 차례 소규모 경제통상장관회의, WTO 각료회의 등이 개최될 때마다 협상을 제기하는 문제가 거론되어 왔다. 2005년 12월 홍콩에서 제6차 WTO 각료회의가 개최되어 다시 한번 진전을 위한 노력이 시도되었지만, 자유화세부원칙 타결에는 이르지 못하였다.

2007년부터 더욱 가속화된 DDA 협상은 농업, NAMANon Agricultural Maket Access 및 규범 의장들이 각각 자유화세부원칙의 초안을 제출하고 이를 개정하면서 조금씩 진전을 이루어 나갔다. 2008년 7월 개최된 소규모 각료회의에서는 농산물 및 NAMA 관세 감축수준과 농업보조금 감축수준을 포함한 잠정타협안에 의견이 수렴되는 듯한 모습을 보여 타결이 기대되기도 하였으나, 개도국의 농산물 수입급증시 긴급관세를 부과하는 메커니즘을 포함한 몇몇 쟁점에 대한 이견을 해소하지 못해 합의를 도출하지 못하였다.

2009년 12월 제네바에서 개최된 제7차 WTO 각료회의에서는 2010년 DDA 협상 타결을 목표로 1/4분기중 DDA 협상 현황을 점검키로 합의하였다. 이에 따라 2010년 3월 개최된 협상점검회의에서는 WTO 사무총장이 제시한 향후 협상 프로세스에 합의하고 현재 다각적으로 협상을 계속 진행중이다.

DDA협상은 ① 시장개방 관련 의제로 농업, 서비스, 공산품, 임수산물 시장개방 문제, ② 규범 관련 의제로 반덤핑, 보조금/수산보조금, 지역협정, 분쟁해결을 위한 기존 규범을 개정하고, 무역원활화를 위한 신규범을 제정하는 문제, ③ 환경, 지적재산권에 대한 문제, ④ 협상과 병행하여 개도국 개발 문제에 대해 협상하고 있다.

우리나라는 대외무역이 GNP의 70%를 차지하는 국가로서 자유무역 체제가 강화되는 것이 우리에게 유리하다는 판단하에, DDA협상에 적극적으로 참가하여 다른 나라들의 무역장벽을 억제하고 공산품, 서비스 분야에서의 실질적인 시장개방 확대를 추구하고, 서비스 등의 개방을 통한 국내 제도 개혁 및 소비자 후생 확대하는 한편, 농업분야 등 국내적으로 어려운 분야에 대해서는 자유화의 폭과 속도를 적절히 조절하도록 점진적인 관세감축입장을 가지고 협상에 임하고 있다.

2.2 각 라운드의 공통점

각 라운드의 논의 배경과 진행과정 및 전망에는 몇 가지 공통점이 있다. 첫째는 그것이 선진국에 의해 제기되고 있다는 것이다. 그 이유는 일단 선진국의 경우 뉴라운드와 관련된 제도·관행이 어느 정도 자리를 잡고 있으며, 이를 배경으로 자신들의 경쟁력 상실에 대응하자는 전략적인 의도가 숨어 있기 때문이다.

둘째, 이러한 이유 때문에 개도국들은 뉴라운드의 논의에 대체로 냉담하거나 반발하고 있다는 점이다. 개도국들의 주된 논점은, 선진국들이 자신들의 과거는 문제 삼지 않고 현재 개도국의 문제만 대상으로 한다는 것이다.

셋째, 각 규범이 새로운 교역장벽으로 작용하는 경우 그 제재가 개별 기업을 대상으로 행해질 수 있다는 것이다.

마지막으로 각 라운드의 논의가 국제기구에서의 논의, 다자간 논의, 그리고 선진국의 일방적인 규범 적용 등 다양한 차원으로 전개된다는 점이다.

2.3 우리나라의 대응

공정경쟁과 무역의 자유화를 내세우고 있는 뉴 라운드는 선진국의 논리가 지배하고 있는 현재의 국제경제 상황을 고려할 때 도저히 피할 수 없는 엄연한 현실이 되었다. 이러한 뉴 라운드는 신흥공업국인 우리나라에게 불리하게 작용할 것만은 분명하지만 그렇다고 뉴 라운드를 기피할 수 없기 때문에 여기에 정면 대응하여 경쟁력을 갖추는 방법 외에는 다른 대안이 있을 수 없다. 결국 피할 수 없는 엄연한 국제현실이 될 뉴 라운드에 대하여 개방 및 채택하여야 할 부문은 철저하게 채택과 개방을 하되 정치·외교적으로는 국제무대에서의 협상력과 공신력 강화를 통하여 생산성향상, 기술혁신, 생산원가 절감뿐만 아니라 경영합리화와 품질제고 노력을 통하여 우리나라 상품의 국제경쟁력을 배양하여야 할 것이다.

3. 주요 국제경제기구에는 어떤 것이 있는가?

세계 제2차 대전 이후 세계경제의 운영을 담당해 온 기본 틀을 살펴보면 금융 면에서는 국제통화기금IMF이며, 투자 면에서는 국제부흥개발은행IBRD(일명 세계 은행이라고도 함)이고, 무역 면에서는 '관세 및 무역에 관한 일반협정GATT'이었다. GATT는 1995년 이후 세계무역기구WTO로 대체되었다. 그 외 경제협력개발기구 OECD 등의 역할도 컸다.

3.1 국제통화기금(IMF)

국제통화기금International Monetary Fund은 가맹국들이 공동의 기금을 만들어 회원 국들이 이용하게 함으로써 각국의 외화자금 부족을 덜고 외환의 흐름을 원활하게 하기 위해 1947년 3월에 설립된 국제기구로서 브레튼우즈Bretten Woods 협정에 설립근거를 두고 있으며 본부는 미국 워싱턴DC에 두고 있다. 세계무역의 안정된 확대를 통하여 가맹국의 고용증대, 소득증가, 생산자원개발에 기여하는 것을 궁극적인 목적으로 한다. 세계은행과 함께 2대 국제금융기구로 꼽히며 가맹국은 각국의 출자금에 비례하여 총회에서 의결권을 갖고 있으나, 실제 미국이 18%의 기금을 내고 있어 그만큼의 의결권을 소유, 전체적으로 미국의 영향력이 적지 않음을 알 수 있다. 국제유동성을 확충하기 위해 지난 1956년과 1965년에 출자금을 각각 증액했으며 1968년 4월에는 IMF 협약을 개정하고 '제3의 통화'로 불리우는 특별인출권 special drowing right, SDR을 만들기도 했다. 창립 당시의 기능은 국제수지가 일시적인 불균형에 처한 나라에 신용을 제공함으로써 국제통화제도의 안정을 도모하는 것이었으나 1973년 변동환율제의 이행으로 그 기능이 변화, 개발도상국 및 구 사회주의권에 대한 구제 금융에 치중하고 있다.

우리나라는 1955년 8월, 14조 국가(경쟁력 미비로 국제수지가 불안정한 가맹국은 IMF 당국에 통고한 후 경상거래에 관한 제한변경을 허용한 IMF 협약 제14조에 따른 예외를 인정한 국가)에 가입한 후 1988년 11월 8조 국가(경상지급에 대한 외환규제철폐, 외국에 대한 차별적 통화정책 폐지, 통화의 자유 호환성 보장 등을 규정한 IMF 협약 제8조 규정을 준수키로 한 국가)로 옮겼다. IMF는 매년 초 가맹국들의 경제정책과 관련한 보고

서를 작성하여 이사회에 보고하고 있다. 2017년 현재 가맹국은 189개국이다.

3.2 국제부흥개발은행(IBRD)

국제부흥개발은행International Bank for Reconstruction and Development과 그 자매기구인 국제개발협회IDA, 국제금융공사IFC, 국제투자보증기구MIGA, 국제투자분쟁해결본부ICSID를 묶어서 흔히 세계은행World Bank이라고도 부른다. 국제부흥개발은행은 개발도상국의 투자자금조달을 목적으로 하는 국제은행이며 세계은행이다. 1944년 브레튼우즈 협정에 의해 1946년 9월에 창립되었으며, 전쟁 후의 각국의 부흥과 개발 촉진에 그 목적을 두고 있다. IBRD에서 대출을 받으려면 차입국의 정부보증이 필요하다. 미국의 워싱턴DC에 본부를 두고 있으며 국제통화기금과 긴밀한 관계가 있고 우리나라는 1955년에 가입한 바 있다. 2017년 현재 189개의 가맹국이 있으며, IMF가맹국은 자동 가입된다.

3.3 관세 및 무역에 관한 일반협정(GATT)

GATTGeneral Agreement on Tariffs and Trade체제는 세계 제2차대전 이후 1946~48년 사이에 있었던 수차례의 국제회의에서 각국이 1930년대에 경험한 국제무역의 혼란과 침체를 반복하지 않겠다는 공동인식과 합의를 통해 이룩한 경험의 산물이라고 볼 수 있다. GATT는 1948년 1월 1일 제네바에서 탄생하였으며 우리나라는 1967년에 가입하였다.

GATT는 3가지 원칙(무차별원칙, 상호호혜주의 원칙, 비관세장벽 금지원칙)을 천명하였다. 첫째 무차별원칙은 나라와 나라 사이에 혜택의 차별을 두어서는 안 된다는 원칙으로서, 어느 한 나라가 다른 특정국에 특혜를 주었으면 이 동일한 특혜가 GATT 가입국 모두에게 동등하게 주어져야 한다는 원칙이다. 이를 다른 말로 최혜국대우treatment of most favored nation라고 한다. 그러나 이 조항은 선진국에 의하여 많은 예외 조항을 둠으로써 계속 마찰을 불러일으키기도 했다. 둘째의 상호호혜주의 원칙은 가입 외국인에게 자국 내에서 경제활동을 할 때 자국민과 동일한 대우를 받도록 해줘야 한다는 원칙인데, 이를 내국민대우원칙national treatments이라고 한다. 셋째 비관세장벽 금지원칙은 관세 이외의 장벽인 수출입 허가제나 할당제와 같은 비관세장벽을 금지한다는 원칙이다. 이러한 이념 아래 GATT는 그동안 여러 차례의 다자간협상MTN을 통하여 무역자유화에 공헌하였다. 즉 1960년대의 Kennedy Round, 70년대의 Tokyo Round, 그리고 90년대 Urguay Round를 통해 관세 인하와 무역장벽의 완화를 추진함으로써 세계무역의 증진에 크게 기여했던 것이다. 가장 최근에 진행된 UR 협상의 결과 1995년부터 GATT를 대신하여 좀 더 강력한 구속력을 갖는 WTOWorld Trade Organization체제가 출범하게 되었다.

3.4 세계무역기구(WTO)

세계무역기구World Trade Organization는 WTO 설립협정에 의하여 설립되어 2015년 기준 161개국이 회원국으로 활동하고 있으며 본부는 스위스 제네바에 있다. 이 기구는 법인격을 가지며 기능수행에 필요한 법적 능력을 부여받고 있다. 여기에서 법인격을 가지고 있다는 뜻은 WTO가 국제법상의 권리 및 의무이행의 주체가 되고 법적 구속력을 갖는 행위를 할 수 있음을 의미하는 것이다.

결국 WTO의 출범은 과거 1960~70년대의 자유무역체제가 80년대에 와서 보호무역주의로 변질되어 가던 것을 다시금 자유무역체제로 회복시키는 중요한 계기가 될 것으로 여겨진다. 우선, WTO의 출범으로 GATT 당시 공산품에 한정되었던 시장개방이 서비스, 지적재산권 등 경제 전 부분으로 확대될 것이며, 이에 따라 세계경제는 경쟁과 협력이 공존하는 독특한 교역환경하에서 본격적인 경쟁시대로 이행하게 될 것으로 예상된다.

3.5 경제협력개발기구(OECD)

경제협력개발기구Organization for Economic Cooperation Development는 시장경제 체제와 민주정치 체제를 갖추고 있는 국가들이 세계경제발전과 자유무역의 확대를 위해 설립한 경제정책 협의기구이다. 그러나 엄격한 의미에서는 경제협의체로서 WTO와 같은 강력한 국제기구는 아니나 세계경제에 미치는 그 영향력은 대단하다. 또 OECD는 범세계적인 경제개발기구로의 이행을 모색하고 있다. 다른 무역기구가 무역, 환경, 통화, 개발 등 특정분야만을 다루는 데 비해, OECD는 경제정책, 경쟁, 에너지, 소비자보호 등 모든 경제, 사회복지 문제를 포괄하는 종합적인 협의체이다. 일명 선진국 그룹이라고도 한다.

OECD 하부기관으로 경제정책위원회, DAC, 무역위원회의 3개 주요위원회와 다수의 전문 위원회가 설치되어 있다. 우리나라는 96년 12월 12일 OECD에 가입, 29번째 정회원국이 되었다. 2016년 34개국의 OECD의 의사결정은 회원국의 다수결이 아닌 만장일치로 성립되며 어느 회원국이 반대의사를 표명하는 사항에 대해서는 어떠한 결정이나 권고를 내릴 수 없게 되어 있다.

4. 세계경제 환경변화에 대한 우리의 대응전략은 무엇인가?

우리 경제가 최근의 세계경제 환경의 변화에 적극적으로 대처하여 21세기에 세계경제에서 중심적인 위치를 차지하기 위해서는 경제 주체들 간의 효율적인 분업체계의 구축이 필요하다. 이러한 분업체계의 구축이야말로 한국경제가 새로이 대두되고 있는 환경, 노동, 경쟁정책, 기술 등 통상 이슈에 적절히 대응하여 선진국으로 진일보할 수 있기 위한 가장 중요한 전제조건이 될 것으로 생각된다.

4.1 가계 차원의 대응전략

가계의 경쟁력이 국가적 경쟁력으로 나타나기 위해서는 그것이 우리 전체의 경쟁력으로 피어날 수 있는 문화로 묶어질 수 있어야 한다. 이것이 최근 교육계 일각에서 일고 있는 인성 교육이나 도덕 교육으로 회복되는 것인지는 자신 있게 말할 수 없다. 명심보감을 읽히고 선을 가르쳐 해결된다면 그것은 쉬운 일이다. 그러나 인성 교육 위주의 고전만 읽었던 옛날이라고 해서 언제나 질서가 잡혔다는 얘기는 들어보지 못했다. 그러기 위해서는 원칙과 질서와 소박한 아름다움을 존중할 수 있는 문화를 만들어 내야 한다. 정부에 앞서 우리의 모든 가정이 각자 세계적 경쟁 상대를 설정하고 변화를 설정했으면 한다. 그리고 여러 가지 일상생활에서부터의 경쟁력을 키워 나갈 수 있는 많은 노력이 필요할 것이다. 가정의 경쟁력을 키움으로써 세계화 시대에 앞서 나갈 수 있는 고급 인력을 창출하여 세계화의 조류에 대응할 수 있는 기반이 될 것이다.

4.2 기업 차원의 대응전략

경제활동의 범세계화와 국제경쟁력의 향상 및 첨단 마케팅 기법 등을 통해 선진국의 유수한 기업들과의 경쟁에서 이길 수 있는 경쟁상의 우위를 확보하는 데 노력하여야 할 것이다.

4.2.1 세계자원의 활용

'무한경쟁'의 여건하에서 기업들이 국내외시장에서의 경쟁력을 확보하기 위해서는 노동, 토지, 자본, 기술 등 세계의 가용한 모든 자원을 활용하여 세계 최고품질과 최저가격의 상품 및 서비스를 생산·공급할 수 있는 방향으로의 경영혁신이 필요하다. 필요하다면 개별기업이 독자적인 결정에 따라 생산기지, 마케팅 거점, 심지어 경영본부까지도 최적의 경영여건을 제공하는 곳으로 이전함으로써 '세계경영'을 실현한다는 보다 적극적인 자세가 필요할 것으로 판단된다.

4.2.2 세계경영관의 확립

세계자원의 활용은 기업들이 국내시장만을 주요시장으로 생각하는 보수적이고 폐쇄적인 사고에서 벗어나 세계시장을 상대로 영업활동을 벌이는 이른바 '세계경영관'의 확립과도 일맥상통한다. 종래 정부의존적인 경영관이 다수 있었으나, 이제 이러한 소극적인 사고에서 탈피하여 보다 적극적으로 세계시장을 상대로 한 영업활동을 벌여야 할 것이다. 특히 개별기업이 속한 해당산업의 세계적 추세에 대한 심층연구·분석 및 향후 발전방향에 대한 전망도 대부분 개별기업 단위로 이루어질 수 있도록 해야 할 것이며, 정부로서는 이러한 능력을 갖추지 못한 우량 중소기업의 정보수집·분석 활동을 지원해 주는 보조적인 역할만을 수행하는 것이 바람직한 것으로 판단된다.

4.2.3 세계 일류상품의 개발

기업들은 새로운 세계경제 환경 속에서는 세계 최고의 품질과 가장 저렴한 가격조건을 제공하는 상품과 서비스, 그리고 이를 공급하는 기업만이 살아남을 수 있음을 명심해야 한다. 이를 위해서는 특히, 개별기업 차원에서의 독자적인 기술개발체제의 확립과 이를 통한 신기술·신제품 개발 및 상품의 고부가가치화 경쟁이 국내에서부터 활성화될 수 있는 여건이 마련되어야 한다. 국내경쟁의 활성화는 우리 기업의 거시적 차원에서의 세계 환경 변화에 대한 적응력 제고는 물론, 최근 세계의 주요산업에서 관찰되고 있는 미시적 차원의 다품종 소량생산체제 강화 등 시장변화 추세에 대해서도 능동적으로 대처할 수 있는 능력을 향상시킴으로써 전반적인 경쟁력 제고에 큰 도움을 줄 것으로 기대된다.

4.2.4 인력관리방식의 개선

개별기업체 내에서 가장 중요한 생산요소라고 할 수 있는 근로자 계층에 대한 적절한 관리방식의 개발도 매우 중요하다. 특히, 우리는 지난 80년대 말부터 노사간의 첨예한 대립이 개별기업의 국제경쟁력 악화로 이어져 우리 경제 전체가 성장잠재력의 악화·무역수지적자 등 부정적인 영향을 받아온 사실을 상기하여, 이 같은 전철을 다시 밟지 않도록 해야 할 것이다.

이제는 세계경영을 지향하는 새로운 세계경제 여건 속에서 노동자와 사용자가 운명공동체라는 인식하에 동반자관계의 구축을 위해 노력해야 할 것이다. 이를 위해서는 고기능 숙련노동자의 창의성을 적극 개발·활용하고 인력재교육 및 국제적 감각을 지닌 근로자 계층의 형성을 적극 유도하는 한편, 근로조건의 선진화를 통해 생산성 향상이라는 최종목표의 달성을 위해 노사가 다함께 노력해야 한다.

4.2.5 획기적인 리스트럭처링 노력

개별기업의 획기적인 구조개선restructuring은 경쟁력을 향상시키기 위한 개별기업 차원의 결정과도 직결되는 과제이다. 특히, 단기적으로 가격경쟁력의 확보가 중요하나, 궁극적으로는 제품경쟁력이 기업 전체의 존폐를 결정한다는 인식이 중요한 것으로 판단된다. 창의성, 신축성, 그리고 효율성의 제고는 다른 어느 기업과의 경쟁에서도 당당히 맞설 수 있는 가장 효과적인 방법이 될 것이다.

4.3 정부 차원의 대응전략

4.3.1 제도와 정책의 선진화

우리나라 경제정책 및 제도의 실질적인 선진화는 아직 초기단계에 머물러 있는 것으로 판단된다. 정부의 정책이 기업차원에서 일어나고 있는 경제활동의 범세계화 노력을 지원할 수 있기 위해서는 다음 네 가지 분야에 대해 정부의 우선순위가 두어져야 할 것이다. ① 개방경제의 운영능력 향상, ② 행정의 효율성 제고, ③ 국내시장에서의 경쟁여건의 조성, ④ 기업 차원의 경쟁력 강화 노력 지원.

4.3.2 새로운 통상 현안에 대한 적극적 대비

무역과 환경의 연계에 관해서는 WTO 내에 이미 무역환경위원회가 설치되었고 유엔환경개발위원회UNCED 등의 국제기구에서도 본격적인 논의가 진행 중이며, 특히 선진국들은 환경문제를 이유로 국제무역에 대한 규제를 강화할 것으로 보인다. 이에 우리나라는 환경기술의 개발, 환경산업의 육성, 국내 환경제도의 개선 등 내부적인 준비를 철저히 함과 동시에, 외부적으로는 각종 국제협상 및 국제회의에 적극적으로 참여하여 우리 국익을 반영시킬 수 있도록 만반의 준비를 다하여야 할 것이다.

4.3.3 대외경제협력의 강화

각국은 자국의 경제적 이익을 위한 실리외교에 전념하고 있는바, 우리도 주요 국가 및 지역을 대상으로 경제협력의 강화를 위한 다각적인 노력이 더 한층 필요시 되고 있는 것으로 판단된다. 이에 있어서 우리나라는 WTO에 적극 참여함으로써 공정·자유무역질서의 확립을 위한 국제적 노력을 지원하여 세계 12대 무역국에 걸맞는 국제적 책임과 의무를 다하여야 할 것이며, 이를 통하여 다자간 자유무역질서의 발전에도 기여해야 할 것이다. 세계적인 지역주의 강화 추세에 대해서는 미국, 독일 등 경제 강대국을 중심으로 형성된 NAFTA, EU가 역외 국가들에 불리한 영향을 주는 배타적, 차별적인 무역 블록화를 하지 않도록 예의 주시하는 한편, 개방적 지역주의를 표방하고 있는 APEC을 중심으로 구축되고 있는 아시아·태평양 지역의 경제협력 강화노력에 적극 참여하여, 신흥 공업국인 우리나라가 선진국과 개도국간의 중간자적 입장에서 양자 간의 이견을 조정하는 역할을 담당함으로써, 국제사회에서의 우리 위상을 제고시키는 노력도 기울일 필요가 있을 것으로 판단된다.

참고문헌

- 경제산업연구회 편, 「개방시대 한국경제」(1997), 도서출판 청양.
- 박광서 외 3인, 「세계화와 현대경제」(1999), 도서출판 두남.
- 박준경·김정호, 「2010년의 산업구조 전망」, 한국개발연구(1995) 제17권 제1호, 한국개발연구원.
- 배연수·김무형, 「국제경제학」(1997), 법문사.
- 전정남, 「우리나라 중소기업의 국제화 추진 방안」, 한일월보(1992), 한일은행.
- 최영진 외, 「뉴 라운드」(1995), 지식산업사.
- 최용일, 「뉴라운드와 한국의 대응」, 한국개발연구원 국민경제교육연구소, 경제교육(1994.7) 제3권 제1호.
- 한국은행, 「세계 속의 한국 경제」(1994).
- 황해두, 「경제학원론」(1999), 법경사.

생각해 볼 문제

1. 우리나라의 OECD 가입에 대해 생각해 보자.

2. WTO체제 출범에 따른 뉴라운드에 대한 우리의 대처방안에 대해 토의해 보자.

3. 세계경제환경의 변화 속에서 우리나라의 대응방안에 대하여 생각해 보자.

4. 각 국제기구의 차이점과 공통점에 대하여 논의해 보자.

5. IMF가 우리나라에 미친 영향에는 어떤 것들이 있을까?

6. 최근의 세계화는 과학 기술의 발달을 기초로 한 생산의 국제화와 금융의 국제화로 특징되고, 지구촌이 단일 시장으로서의 성격을 띠게 됨에 따라 자유로운 경쟁과 활발한 교류가 일어나고 있는데, 이러한 세계화의 배경과 이를 비판하는 시각에 대해 논의해보자. (임용고사 기출)

읽을거리

IMF는 어떻게 탄생했는가?

1944년 7월 뉴햄프셔 주의 작은 도시 '브레튼우즈(Bretton Woods)'에서 전후 세계경제질서를 주도하는 역사적인 회의가 열렸다. 참석한 나라는 미국, 영국을 비롯한 연합국 44개 국가. 이들은 여기에서 지구촌 경제를 이끄는 3개의 국제기구를 설립하기 위한 협상을 마무리 지었다. 3개 국제기구란 바로 국제통화기금(IMF), 국제무역기구(ITO), 국제부흥개발은행(IBRD) 또는 세계은행(World Bank) 등이다.

일시적인 국제수지 적자상황에 직면한 국가에 단기성 외화자금을 공여해 주는 역할은 IMF가, 전후부흥과 경제성장을 지원하기 위해 장기성 개발자금을 지원하는 역할은 IBRD가 맡기로 했다. ITO는 전쟁 전에 만연했던 보호무역주의적 무역전쟁을 피하고 국가 간 자유로운 교역을 신장시키기 위한 국제기구인데 이상에 치우쳤다는 참가국의 비난이 일자 50년 12월 미국이 비준을 포기함으로써 설립이 무산되었다. 그러나 ITO의 설립정신은 아직도 살아있다.

미국의 제안으로 관세와 무역에 관한 일반협정인 GATT가 48년 1월 1일부터 발효됐으며 우루과이라운드 협상이 끝난 95년 1월 1일부터 세계무역기구(WTO)가 그 자리를 대신하고 있다. 이처럼 아직 전장의 포성이 가시기도 전인 44년 연합 국가들이 머리를 맞대고 국제기구 설립을 논의한 것은 국제통화질서가 심각한 위기에 처했기 때문이다. 당시 세계경제의 중심국임을 자처하던 영국과 미국은 이러한 상황을 해결하기 위한 대안을 모색했다.

영국은 케인즈가 만든 국제청산동맹안을 43년 4월 발표했으며 그해 7월 미국은 국제환안정기금 초안을 발표했다. 영국은 케인즈안, 미국안은 당시 미 재무부차관보의 이름을 따 화이트안이라고도 불린다. 1년간 협상을 거쳐 44년 브레튼우즈에서 채택된 국제통화기금 설립협정(Agreement of the International Monetary Fund)안은 화이트안을 기본으로 케인즈안의 일부 내용을 반영한 형태로 만들어졌다. 그 후 45년 12월 27일까지 이 협정의 발효요건인 총쿼터의 80%를 웃도는 35개국이 이를 비준함으로써 IMF가 정식 발족했다.

워싱턴에 본부를 둔 IMF는 47년 3월 1일 최초로 업무를 시작했다. 출범 이후 IMF 역사는 크게 △73년 유럽공동체가 공동변동환율제 채택을 발표하기 전까지의 브레튼우즈체제, △ 변동환율제하의 70년대, △ 외환위기인 80년대, △ 90년대 등 네 시기로 나눠 살펴볼 수 있다.

당초 IMF 체제 아래서는 미국만이 대외 지불 수단을 모두 금으로 보유한 금본위국이며 다른 회원국은 모두 금과 미국의 달러화를 대외 지불 수단으로 보유토록 돼 있었다. 달러만이 기축통화로서 금과 일정한 교환비율을 정하고 다른 나라들은 달러화를 통해 간접적으로 금과 교환비율을 갖게 한 것이다. 그러나 세계교역량 증대에 따라 국제유동성 부족문제가 발생했으며 미국과 여타 국가 간 국제수지 불균형이 발생하면서 통화질서의 혼란이 발생했다. IMF는 협정문을 개정(제1차)해 70년부터 특별인출권(SDR)이라는 국제결제수단을 창출, 국제유동성 부족문제를 해결했다. 결국 IMF 발족 당시 케인즈가 주장했던 신용창조 기능이 부활한 것이다.

닉슨 대통령은 71년 8월 미 달러화의 금태환 정지를 공식 선언함으로써 브레튼우즈체제는 와해되기 시작했다. 그 후 78년 개정으로 회원 국가는 환율 제도를 자유롭게 선택할 수 있다는 제2차 협정문 개정이 나올 때까지 새로운 국제통화 제도를 모색하는 기간이었다. 73년 유럽공동체가 공동변동환율제 채택을 발표했으며 76년 1월 자메이카의 킹스턴체제로 넘어갔다. 킹스턴체제는 또 금 대신 SDR을 국제통화결제의 기준으로 삼았다.

82년 멕시코 등 많은 개도국이 외채상환불능의 위험에 당면하자 IMF는 일부 개도국의 도산 사태가 야기할 수 있는 국제금융기구의 붕괴위기를 막고자 노력했다. 외채위기관리는 IMF가 그동안 세계경제발전을 위해 한 일 중 가장 뛰어났다는 평가를 받는다.

출처: 매일경제신문, 1997.12.5

읽을거리

저탄소 녹색성장을 위한 '동아시아 기후포럼 2010'

지난 16일 '동아시아 기후포럼 2010'이 세계 각국의 환경·경제 전문가 450여 명이 참석한 가운데 서울 신라호텔 다이너스티홀에서 열렸다. 특히 올해로 2회째인 이번 포럼에서는 글로벌녹색성장연구소(Global Green Growth Institute, GGGI)가 출범해 국내외의 이목이 집중됐다. UNEP, ESCAP, ADB, OECD, ASEAN, 몽골, 중앙아시아 참석자들뿐만 아니라 국내 관계부처와 업계 및 학계 관계자들은 글로벌 녹색성장 정책이 당면한 과제의 해결기구로서의 GGGI 출범을 반겼다. 또한 각국 관계자들은 전 지구적 차원의 기후변화가 자국 이익과 직결된 사안임을 인식하면서 저탄소 녹색성장을 위한 각국의 정책을 비롯, 경험의 교류와 국제 협력 강화 방안을 놓고 함께 고민했다.

김형국 녹색성장위원장은 개회사에서 "GGGI는 각 나라에 적합한 녹색성장 전략을 제시, 개발도상국의 녹색성장을 지원하는 전문 연구기관"이라며 "올해 포럼은 연구소 출범을 알리는 중요한 자리가 될 것"이라고 말했다.

반기문 UN사무총장도 "GGGI가 UN이 추진하는 다양한 기후변화 활동에 큰 도움이 될 것"이라고 강조했으며, 영국 정경대(LSE) 니콜라스 스턴 경은 "기후변화·에너지 시대에 GGGI는 새 성장

패러다임을 제시하는 글로벌 씽크탱크가 될 것"이라고 밝혔다.

GGGI 이사장 한승수 전 국무총리는 "세계적으로도 녹색성장이 새 패러다임으로 자리잡는 추세"라며 "이 이니셔티브를 세계적으로 확대하려고 한국에서 시작한 GGGI는 경제성장이 환경지속가능성과 맞교환돼야 한다는 낡은 패러다임을 벗고 기후변화 문제가 지속가능한 성장을 이루고 빈곤까지 퇴치할 수 있다는 인식으로 글로벌 파트너십이 절실한 상황에서 출범했다"고 강조했다.

이보 드 보어(Yvo de Boer) 유엔기후변화협약(UNFCC) 사무총장도 "금융위기 과정에서 저탄소 기술 투자가 감소 중인데 이 분야 투자가 촉진될 필요가 있다"며 "올해 말 열릴 칸쿤(Cancun) 회의(COP16)에서는 코펜하겐 회의 후 최고의 의제로 부상한 기후변화 실행과제도 구축해 기후변화에 모든 국가가 적극적으로 대응토록 할 예정"이라고 밝혔다. 그는 "석유 의존도가 감소할 기미가 보이지 않고 현재로서는 수요가 늘고 있다"며 "2020년 경이면 중국이 최대 수입국이 될 가능성이 높지만 금융위기 여파로 에너지 사용이 감소해 온실가스 농도를 낮출 기회가 열렸다"고 강조했다.

스탠포드대 토마스 헬러(Thomas C. Heller) 교수도 "GGGI는 코펜하겐 회의 이후 각국 실행과제 도출에 도움을 주게 될 것"이라며 "각국의 노력에 개별 국가 상황에 맞춰 기술을 지원하게 된다"고 말했다.

그는 향후 GGGI 활동 전개에서 금융위기로 인한 현재의 경제적 힘의 변화나 정치적 변화처럼 급변하는 세계 상황이 난관으로 작용할 수도 있을 것이라고 지적했다. GGGI는 먼저 팀을 구성한 후 개도국에는 기술지원이나 역량 구축, 그리고 각국이 자체적인 결과물을 내도록 도울 것이라고 설명했다.(중략)

ESCAP 전래권 지속개발환경국장은 "녹색성장에서 정부주도하에서 민간부문은 기회를 포착해야 하며 일반 국민은 생태적 가격을 지불할 준비가 돼있어야 할 것"이라고 강조했다. 또 도시설계 등 인프라를 바꾸고 녹색 기술 및 사업을 지원하며 생활방식을 저탄소 사회로 전환해야 한다고 지적했다. 세계은행 발레리 드코스타(Valerie D'Costa) infoDev 담당자는 "기후혁신센터(Climate Innovation Center, CIC)는 중소기업의 발전을 중시한다"며 "프로그램 진행 과정에서 수많은 혁신기업이 성장하는 것을 지켜봤다"고 말했다. 좁은 영역을 접근하는 CIC와 모든 것을 포괄하는 GGGI는 녹색 전환에서 협력할 수 있다고 강조했다. UN의 녹색경제 달성 과제도 언급됐다. 주유엔 신부남 차석대사는 녹색경제－지속가능발전 간 연계성 강화 등을 직면 과제로 꼽고 녹색경제에서 틀 구축을 유엔의 역할로 언급했다.

출처: 이호영, 에너지경제신문, 2010.6.23

Chapter 17

경제학의 위기와 새로운 경제원리의 탐색

1. 세계화와 지식기반경제사회의 실체는 무엇인가?
2. 신경제현상이 경제학의 위기를 초래하는가?
3. 경제학계는 경제학의 위기에 어떻게 대응하고 있는가?
4. 새로운 경제원리들을 경제교육에 어떻게 수용할 것인가?

개관

'경제학은 우울한 과학(dismal science)이다.' 영국의 문명비평가인 칼라일(T. Carlye)은 19세기 중반의 경제학을 위와 같이 평하였다. 왜냐하면 그의 눈에는 당시의 경제학이 '돈벌이'를 옹호하고 정당화하기 위한 학문으로서 돈벌이에 열중한 나머지 인간 마음의 황폐화나 건강의 위기, 윤리의 저하에 대하여 어떤 유효한 대책도 세우지 않는 비정한 학문으로 비춰졌기 때문이다. 일부 사람들이 흔히 얘기하듯 '경제학을 공부하면 인간성이 나빠진다'는 말은 갖가지 기하학과 수학으로 오염된 경제학에서 인간을 보다 풍요롭고 백성을 구제한다는 가치론적 의미는 사라지고 단지 자본의 자기증식을 위한 수학논리만으로 치장되어 사회를 황폐하게 하고 인간의 마음을 메마르게 한다는 뜻에서 나온 말인 듯 하다. 오늘날에도 경제학은 '기업, 행정 또는 조직의 효율'을 지나치게 추구한 나머지 인권, 공정, 윤리와 같이 인간성의 근본에 관련되는 문제를 경시하고 있는 것은 아닌가 하는 의문과 비판을 자주 받는다.

뿐만 아니라 세계화의 확산과 지식기반경제로의 전환은 기존 경제학으로는 설명하기 어려운 새로운 경제현상(지식·정보 상품과 신경제)을 야기시켰다. 이러한 변혁의 시대에 있어 경제교육이 그 모태로 삼아야 하는 경제원리는 과연 어떠한 것이어야 하는 가에 관한 논의는 대단히 중요하다.

제17장에서는 최근 경제사회가 세계화와 지식기반사회로 이행되면서 기존 경제학으로는 해명되지 못하는 현상을 설명하기 위해 등장하고 있는 새로운 경제 원리들에 대해 탐색해 보기로 한다. 그리고 경제학적 사고방식은 사회의 작동과 관련하여 무엇을 밝혀주고 있는가? 어떤 중요한 것을 빠뜨리고 있는가? 라는 근본적인 물음으로 되돌아가서 경제학적 사고의 한계와 경제학의 미래에 대해 곰곰히 생각해 보자.

1. 세계화와 지식기반경제사회의 실체는 무엇인가?

저명한 미래학자인 앨빈 토플러Alvin Toffler는 그의 저서 『미래의 쇼크』에서 "인간이 격심한 변화 상황에 부딪쳤을 때 도대체 어떠한 상태에 이르게 될 것인가? 그리고 어떻게 하면 미래의 변화에 적응할 수 있으며 어떠한 경우에 적응할 수 없는가? … 바야흐로 우리의 현실 경제에서는 변화의 물결이 요란한 소리를 내면서 밀어닥치고 있다. … 사회구조를 뒤엎고 가치관을 변화시키며 우리의 생활신조까지도 파괴해 버린다. 오늘날에 있어 나날이 가속도를 더해가는 변화의 힘은 본질적인 것이다. … 사회전반이나 사적인 일에 있어서의 변화의 정도는 그것을 재빨리 이해하고 컨트롤하는 방법을 모르고 있으면 머지않아 어떻게도 적응할 수 없게 되어 버린다"고 말하고 있다. 이는 미래사회를 예측하고 대응하는 것이 필요하다는 것을 단적으로 보여주고 있다. 오늘날 21세기의 사회변화를 주도하고 있는 두 개의 큰 흐름은 '세계화'와 '지식기반사회'라고 이야기할 수 있을 것이다.

세계화와 지식기반사회에 기초를 둔 오늘날 자본주의는 20세기 산업 자본주의와 질적으로 어떻게 다른가?라는 물음에 어떻게 대답하느냐에 따라 21세기 지식자본주의를 이해하는 시각이 본질적으로 달라질 것이다. 이 물음에 직접적으로 답변을 하기보다는 새로운 패러다임의 등장과 관련하여 논의되고 있는 세계화와 더불어 지식기반경제, 디지털 경제, 신경제, 인터넷 경제 등 다양한 이름으로 불리고 있는 새로운 경제현상의 실체가 무엇인지에 대해 살펴보자.

1.1 세계화의 개념과 특징

1.1.1 세계화의 개념

경제의 세계화는 1970년대 이후 세계 자본주의 경제가 직면한 위기에 대한 전지구적 범위에서의 대응의 산물이다. 물론 엄밀하게 말하자면 그것은 과거완료형이 아니라 현재진행형 혹은 미래진행형이라고 말하는 것이 옳을 것이다. 그에 따라 세계적인 범주에서 현재 진행되고 있는 세계화에 대한 다양한 논의가 진행되고 있다.

세계화라는 용어가 세계인의 주목을 받게 된 것은 1980년대 중엽 하버드 대학의 마이클 포터Michael E. Porter 교수가 미국산업의 경쟁력에 관한 미국 대통령 자문위원회 보고서에서 '세계화와 경쟁우위'라는 개념을 소개하면서 세계화globalization라는 용어를 사용한 데서 비롯되었다고 볼 수 있다. 또 다른 측면에서, 국제통화기금IMF은 세계화를 단순히 재화와 서비스 및 금융자본, 그리고 기술이 무제한으로 국경을 넘어 거래되는 양과 양상의 증대(1997)라고 정의하고 있는데, 세계화는 이러한 국제관계의 변화에 의해 지구 전체가 하나의 통합체로 구축되어 가는 과정에서 단일시장이 형성되며, 이러한 단일화된 세계시장에서는 하나의 공통된 규범, 즉 세계규범global standard이 광범위하게 적용되는 추세를 의미한다고 할 수 있다.

다시 말해서, 세계화란 각국 경제에 있어 더 이상 국경이라는 개념이 존재하지 않는 세계경제borderless world economy화를 의미한다. 국경 없는 세계경제란 일국의 경제활동, 즉 생산·판매·투자·소비·저축 등이 어느 특정 지역에서 벗어나 전 세계를 대상으로 이루어지는 것을 지칭하며, 국제 간의 자본이동·무역거래·서비스·생산 활동 등이 최적의 기회optimum opportunity를 제공하는 지역을 찾아 자유자재로 이동될 수 있다는 것을 의미한다.

1.1.2 세계화의 특징

세계화의 과정은 단선적이고 일면적인 과정이 아닌 중층적이고 복합적인 과정으로 이해될 수 있다. 즉 세계화는 다양한 영역간·인종간·지역간에 상이한 전개과정 속에 진행된다. 이러한 전개과정 속에서 세계화의 특징은 다음 네 가지의 과정으로 파악해 볼 수 있다(신경환 외, 1997).

① 사회의 정보화·지식화

정보기술부문의 비약적 발전은 자본·자원에 기초한 문명에서 지식·정보에 기초한 문명으로의 전환을 가속화시키고 있다. 이 지식기반문명에서 인간의 생활은 크게 변화한다. 고도의 정보통신 네트워크를 통해 사회의 모든 관계가 혁신되고 있다. 정보통신혁명은 시간과 공간을 결정적으로 압축시키고 있어서 모든 분야의 사람들을 국경을 초월하여 직접 연결시키고 서로 대화할 수 있게 만드는 쌍방향 통신시대를 가능하게 하고 있다. 정보의 양과 속도가 이전과는 비교할 수 없을 정도로 거대해지고 빨라지고 있다. 따라서 우리 생활의 모든 부분이 정보화에 의해 변화되고 있다고 할 수 있다.

지식정보화사회에서는 정보통신부문의 기반구축이 사회의 가장 중요한 인프라스트럭처가 된다. 국가 행정·기업 경영·교육·환경·복지·문화, 그리고 개인 생활의 모든 영역에서 정보시스템의 구축이 필수적인 과제가 된다. 이에 따라 정보를 효율적이면서도 저렴하게 구입·생산·이용할 수 있는지의 여부가 국가경쟁력의 척도가 되고 있다.

따라서 국가경쟁력의 제고 및 장기발전전략은 새로운 사회간접자본으로서 정보통신 기반의 체계적 구축에 달려 있다고 볼 수 있다. 정보고속도로로 지칭되는 이러한 정보통신기반은 한 나라에만 국한되는 문제가 아니라 지구촌 전 세계의 정보고속도로로 신속히 확장되어 지구촌 전체의 시간적·공간적 제한을 무너뜨릴 수 있는 전 세계가 함께 해결해야 될 과제로 부상되고 있다.

② 경제·기술의 초국적화

세계가 시장경제로 통합되면서 기업들의 초국적화가 급속도로 진행되고 있다. 세계경영체제를 구축한 기업들은 기업의 조직을 고도로 분화시켜 최적의 투자지역을 찾아 전 세계 곳곳으로 진출하고 있다. 따라서 세계화 시대의 기업들에게 중요한 것은 국적이 아니라 수익성·성장성·안정성 측면에서의 최적의 투자지역이 주목의 대상이 된다. 상품에 있어서도 무국적 상품이 대세를 이루며 인력·정보·상품·자본이 최적의 조건을 찾아 전 세계 각국을 자유롭게 드나들고 있다. 과거에는 경제가 국제화한다고 하더라도 경제적 영토주권이 국가에 귀속되어 있었으나 세계화 시대에는 이러한 개념이 많이 희석되고 있다. 이러한 추세는 개별 국민경제 상호간의 상호의존성과 통합성을 증대시키는 방향으로 진행시킨다.

예를 들면, 유럽연합EU·북미자유무역협정NAFTA·아시아태평양 경제협력체APEC 등이 지역적 수준의 상호 의존성과 통합을 지칭한다면 세계무역기구WTO는 범세계적인 수준에서의 상호 의존성을 나타낸다. 이러한 추세의 특징은 상호 의존성의 증대가 경쟁을 배제하는 것이 아니라 경쟁을 심화시키는 것이다. 이러한 경쟁의 심화는 기업에 한정되어 있지 않고 정부·지방행정·교육·개인 등 거의 모든 분야에서 경쟁력을 자율적으로 제고시켜야 하는 시대가 되고 있다.

이러한 맥락에서 세계경제는 상호의존과 무한경쟁이라는 딜레마에 놓여 있는데 이에 따라 경쟁을 상호의존의 틀과 조화시킬 수 있는 새로운 규칙의 제정이 필요하다. 실제로 무역과 투자의 자유로운 이동을 저해하는 각국의 장벽이 상당 부분 제거됨에 따라 경쟁의 게임규칙에 대한 경제주체들 간의 합의가 그 어느 때보다 중요하게 부각되고 있다. 이러한 게임규칙은 제로 섬zero-sum이 아닌 포지티브 섬positive-sum의 원칙하에 설정되어야 한다는 데 세계 각국은 대체적으로 인식을 같이하고 있다.

③ 지구환경의 중요성

지구 온난화, 오존층의 파괴, 대기 및 수질의 악화, 토양오염, 생물종의 감소, 지구의 허파 구실을 하는 열대우림의 파괴, 그리고 이상 기후의 만연 등이 지구환경의 위기를 심화시키고 있는 주요 요인들로 지적할 수 있다. 이러한 지구환경의 위기는 인류의 생존에 대한 자각과 환경파괴에 대한 경각심을 불러일으키고 있다. 그러나 이러한 환경위기의 극복은 일국 또는 일부 국가들의 노력만으로는 안 되며 전 지구적 공동노력이 없이는 해결불가능하다는 데 문제의 심각성이 있다. 즉 '환경적으로 건전하고 지속가능한 발전'이 세계화 시대의 전 지구적 과제가 되고 있다. 이러한 과제를 달성하기 위해서는 각국의 생산시스템을 포함한 전반적인 경제시스템과 각자의 소비양식이 에너지를 효과적으로 소비하면서 환경친화적으로 전환되어야 한다. 이와 함께 지식정보문명의 성과를 환경문제의 해결에 폭넓게 이용하는 것이 중요한데, 예를 들면 공해를 유발하지 않는 깨끗한 기술clean technology, 녹색환경산업의 중요성이 부각되어야 하며 각국은 이의 장려를 위해 노력을 기울여야 한다.

한편, 전 세계의 환경관련 상품제조와 관련한 국제기준의 강화 및 이러한 제품의 수요가 증대함에 따라 환경 관련 산업의 부가가치는 점점 높아지고 있는데 이에 따라 각국에서는 정보기술혁명의 성과를 환경 분야에 적용시키려는 노력이 광범위하게 이루어지고 있으며 이 분야의 국제경쟁도 심화되고 있다. 그린라운드Green Round와 관련하여 환경이 새로운 국제경쟁의 무대가 되고 있다.

④ 문화의 중요성

세계화의 진전에 따라서 문화의 중요성이 더욱 크게 인식되고 있다. 근로시간의 단축에 따른 근로자의 여가시간이 증가하고 자아실현에 대한 개인적인 욕구와 문화활동에 대한 욕구가 확대되면서 문화는 개인적 삶의 부차적 영역이 아닌 중심적 영역이 되어가고 있다. 즉 문화생활의 영위가 개인적 삶의 질을 결정하는 핵심적 요소가 되고 있다고 할 수 있다.

문화는 환경과 마찬가지로 국가의 새로운 고부가가치산업으로 변모하고 있다. 경제와 문화의 상호연관성은 해가 갈수록 더욱 커지고 있으며 대중매체·영상·음악·게임·디자인·문화적 유산 등을 포함한 문화산업은 국가의 경쟁력을 제고시키는 새로운 고부가가치산업이 되고 있다. 이에 따라 지식정보문명에 부응하는 문화인프라스트럭처를 효율적으로 구축하는 것이 국가의 중요한 과제가 되고 있다.

한편 정보통신혁명의 진전 및 교통수단의 비약적인 발전으로 국제교류가 급속도로 증가되고 있어서 미국을 중심으로 한 선진국의 생활양식·욕구·가치·규범 등이 전 세계로 확산되어 가고 있다. 이러한 선진국의 생활양식·가치·규범 등의 전파가 개발도상국·후진국들 시민들의 의식을 선진화시키는 등 긍정적인 측면도 있지만 서구의 바람직하지 못한 저급문화가 이들 국가들의 청소년층들에게 급속도로 전파되고 있어서 부정적인 측면도 크다고 할 수 있다. 따라서 세계화는 이러한 이질적인 문화들을 서로 융합하면서 각 민족과 국가 또는 지역의 문화적 차이를 초월하는 통합적 기능을 하여야 된다.

이러한 맥락에서 세계문화란 단편적·획일적인 문화를 의미하는 것이 아니라 다원적인 민족적·국지적 문화들의 조화가 이루어진 개방된 문화가 되어야 한다는 것이다. 즉, 세계화 시대에 세계문화, 특히 타문화에 대한 이해에 있어서 중요한 것은 자기 문화의 고유성에 대한 관심과 자긍심은 가지되 타문화에 대해서도 폐쇄적 태도에 빠지지 않고 열린 마음으로 이해할 수 있어야 한다는 점이다.

1.2 지식기반사회의 실체와 지식·정보상품의 특성

1.2.1 지식기반사회의 도래

'지식기반사회knowledge based society'라는 용어는 대체로 1990년대 후반에 이르러 기존의 경제활동의 원리와 구분되는 새로운 경제활동 양상들을 지칭하기 위하여 빈번하게 사용되고 왔으며, 우리나라에서는 1998년부터 사용되기 시작하였다. 특히 피터 드러커의 '지식기반사회'에 대한 정의를 중심으로 지식경영, 지식경제라는

그림 17-1 지식기반사회 도래의 사회적 배경

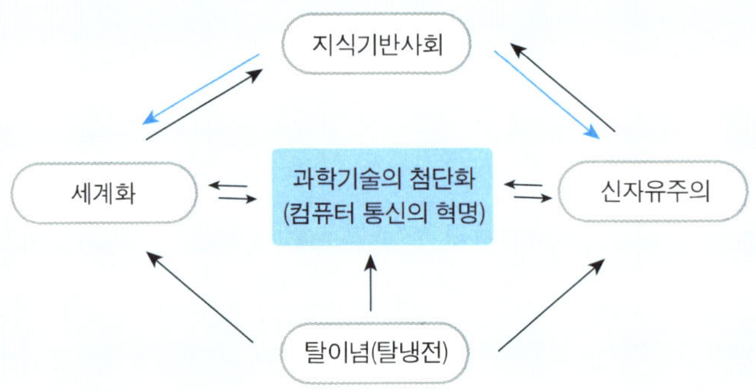

출처: 강창동, 「지식기반사회와 학교지식」(2003), 문음사, p.40

주제에 많은 관심을 두게 되면서 '지식기반사회'라는 용어가 새롭게 사용되어지고 있다.

[그림 17-1]에서 보는 바와 같이 지식기반사회의 도래는 컴퓨터 통신의 발달이 직접적이지만, 양극화 이념의 종식, 세계화 현상, 신자유주의 같은 사회적 조건들이 성숙되었기 때문이다. 이러한 제 현상들이 유기적 관계를 맺음으로써 지식기반사회의 도래를 촉진시킨 것이다.

1.2.2 지식기반사회의 실체

지식기반경제는 부를 창출하는 원천이 정보와 지식이라는 점을 분석의 출발로 하고 있기 때문에 정보사회와는 다른 개념으로 해석될 수 있으며, 정보와 지식이 디지털로 통합된다는 점에서 디지털 경제에 기초하고 있다. 이러한 정보사회에서의 정보의 성격은 반드시 디지털 정보를 의미하는 것은 아니다. 또한 정보사회는 정보를 중심으로 하는 정치, 경제, 문화 등 제반 사회를 대상으로 하기 때문에 지식·정보의 창출능력이 반드시 부를 발생시키는 것을 의미하지는 않는다.

정보사회에서 시작된 지식·정보의 창출능력은 인터넷의 출현과 이용의 확대에 기인한 전자상거래의 급속한 발전과 통신, 방송 및 가전 부문에서 급속하게 전개될 것으로 예상되는 디지털 경제의 가속화에 따른 부의 창출을 가져옴으로써 지식기반경제가 본격적으로 출현하게 되었다. 즉 사회적 환경에서 부를 창출하는 데에 이르기까지에는 약간의 시차가 필요하였던 것이다([그림 17-2] 참조).

그림 17-2 정보사회와 지식기반사회

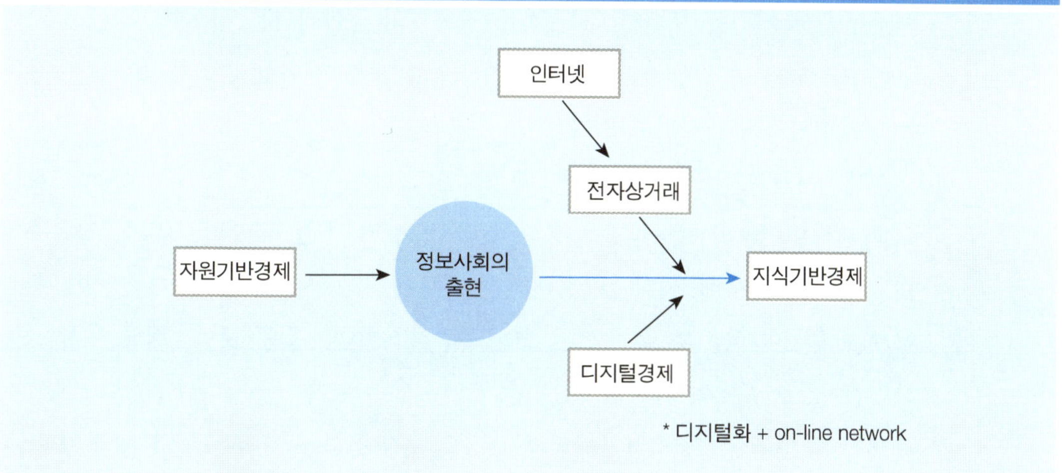

출처: 김범환, 「지식정보사회의 경제적 모형 설정 및 사례연구」(2002), 집문당, p.37

1.2.3 정보·지식 상품(정보재)의 특성과 전자상거래

지식기반경제는 주로 디지털 경제를 기반으로 하고 있기 때문에 그와 관련된 몇 가지 특성을 가지고 있다. 우선 지식기반경제에서는 기존의 경제학 이론과 산업생산의 토대가 되는 유형의 재화가 아닌 디지털화된 정보·지식상품(정보재)이 사회의 근간을 이루고 있다. 그리고 가상공간에서의 경제행위(예를 들면 전자상거래)가 점점 커지고 있는 현상과 관련된다. 이와 관련하여 기존의 경제학으로는 설명할 수 없는 몇 가지 문제가 제기되고 있는 실정이다.

첫째, 지식기반경제의 핵심적인 쟁점은 자본주의의 상품화 경향이 정보, 지식과 같은 무형재로 확산되었을 뿐만 아니라 무형상품이 경제의 지배적인 영역으로 되어가고 있다는 것과 관련이 있다. 이는 마치 산업혁명 이후 사회의 근간을 이룬 재화가 농산물에서 제조품으로 변하는 것과 마찬가지 현상으로 설명할 수 있다. 우리나라도 90년대 이후 산업구조의 중심축이 IT산업으로 이동하며, 경제의 디지털화가 가속화되고 있다. GDP 대비 IT 산업비중이 90년 3.2%에서 2002년 2/4분기 16.6%로 큰 폭으로 확대되었으며, 이는 경제의 디지털화를 선도하고 있는 미국의 IT 생산비중(2000년 8%대로 추정)에 비해서도 상당히 높은 수준이다.

둘째, 디지털화된 정보·지식상품은 기존의 대량생산 제품과는 달리 수확체감의 대상이 아니고 네트워크상에서 수확체증이 나타나므로 전통적인 경제원칙의 적용을 받지 않는다는 점에서 기존 경제학에 큰 위협이 되고 있다. 특히 네거티브 피드백negative feedback을 토대로 하는 전통 경제학의 균형개념은 네트워크상에서 나타나는 포지티브 피드백positive feedback 현상으로 인해 더 이상 쓸모가 없다고 주장하는 경제학자들도 나타나고 있다.

셋째, 지식기반경제의 또 다른 핵심적인 논점은 가상공간에서의 경제행위라는 점과 관련이 있다. 전자상거래 혹은 인터넷 비즈니스는 '디지털 혁명'의 자본주의적 적용임과 동시에 '지식기반경제'라는 새로운 경제구조를 현실화하는 첨병이다. 현재 전자상거래는 유통은 물론이고 금융, 주식거래, 경매, 오락, 택배 서비스 등 산업전반으로 빠르게 확산되고 있다.

전체 상거래에서 전자상거래의 비중이 높아짐에 따라 가격구조, 시장의 효율성, 기업의 경영전략 등의 측면에서 어떠한 변화를 가져올 것인가 하는 문제가 경제학의 새로운 문제로서 부상되고 있다. 과연 전자상거래가 일부 학자들이 주장하는 것처럼 18세기 산업혁명이 경제를 변혁시켰던 것과 같은 파괴력을 갖고 현재의 경제를 변혁시킬 것인가? 아니면 수십 년 전에 시어스 로벅Sears & Roebuck이 도입하였던 카탈로그쇼핑이나 통신판매, 전자데이터교환EDI 수준의 기업 간 거래망 수준에서 그칠 것인가? 이는 바로 경제학자가 관심을 가져야 할 커다란 문제가 아닐 수 없다.

2. 신경제현상이 경제학의 위기를 초래하는가?

정보사회에서 시작된 지식·정보의 창출능력은 인터넷의 출현과 이용의 확대에 기인한 전자상거래의 급속한 발전과 통신, 방송 및 가전 부문에서 급속하게 전개될 것으로 예상되는 디지털 경제의 가속화에 따른 부의 창출을 가져옴으로써 지식기반사회가 본격적으로 출현하게 되었다. 아직은 현실공간의 경제행위가 대부분을 차지하고 있지만 점점 가상공간의 경제행위의 비중이 커지면서 기존 경제학의 설명력이 가속적으로 약화되고 있다. 이러한 과정에 초기비용은 많이 들어가지만 일단 상품이 생산되고 나면 추가 생산비가 거의 들어가지 않는 정보·지식상품의 비중이 점점 커지면서 기존 경제학을 점점 코너로 몰아가고 있다.

2.1 필립스곡선과 신경제현상

경험적으로 고성장과 저실업이 지속되는 경기호황은 거의 예외 없이 높은 물가상승을 수반했다. 이 같은 실업과 물가 간의 상충관계trade-off로 인해 경기호황은 장기간 지속되기가 어렵다. 그런데 미국경제는 1991년부터 경기확장을 시작해 연 4%에 가까운 높은 성장세를 지속하면서도, 물가는 2%대를 유지하는 매우 이상적인 모습을 보였다. 실업률은 1970년대에 연평균 6.1%, 1980년대에 7.2%에 달했으나, 그 후 지속적으로 낮아져 1990년 말에는 4.0%를 기록해 고성장·저실업·저물가가 동시에 구현되는 이른바 '신경제 현상'이 나타나게 되었다. 이러한 미국의 신경제 현상은 "실업과 물가가 반비례의 관계가 있다"는 실증적 분석에 의해 정립된 경제이론(필립스곡선)에 배치될 뿐만 아니라, 실업률이 자연실업률(5~6%) 이하로 떨어지면 물가상승의 압력을 받는다는 경제이론(NAIRU 가설)과도 맞지 않기 때문에 기존의 거시경제원리로는 설명하기가 어렵다는 주장이 제기되면서 소위 신경제를 둘러싼 경제학계의 논란이 계속되고 있다. 신경제는 지난 20여 년 전부터 급격히 성장하기 시작한 정보통신기술ICT을 토대로 하였음은 주지의 사실이다.

신경제현상은 IT의 발달이 견인하고 있기 때문에 디지털경제와 연결되고 있는 것은 분명하지만 신경제가 곧 디지털경제라고는 할 수 없다. 왜냐하면, 신경제라는 용어는 정보통신기술에 대한 많은 투자와 경제의 구조조정을 통해 산업의 생산성이 향상되고 이로 인해 저물가·고성장이 장기간 지속되는 경제를 특징짓고자 생성된 것이며, 새로운 디지털 기술혁명에 의한 생산성 향상에 초점을 맞춘 개념이기 때문이다.

신경제론의 핵심내용은 지속적인 생산성 향상이 인플레이션 없는 안정성장을 가능케 한다는 것이다. 이러한 신경제론은 논자에 따라 다양하게 나타나나 대체로 다음과 같이 정리될 수 있다. 첫째, 90년대에 들어 미국 경제는 정보통신기술 및 경제의 글로벌화의 장점 등을 효율적으로 활용하여 생산성이 급격히 향상됨에 따라 기업의 이익 및 투자수익률이 상승하고 물가상승압력이 적절히 흡수되는 시스템으로 변환하고 있다는 것. 둘째, 그 결과 미국 경제는 기업의 새로운 설비·기술개발투자를 유발하고 이는 다시 수익성 및 생산성을 향상시키는 선순환virtuous cycle이 구조적으로 정착되어 전통적인 경기변동론이 더 이상 적용되지 않고 있다는 것. 셋째, 이러한 미국 경제의 구조적 변화로 잠재성장률이 상승하고 생산성을 감안한 단위노동비용이 하향 안정화함과 동시에 실업률도 낮은 수준을 유지하는 등 장기에 걸쳐 인플레이션 없는 성장이 지속 가능한 새로운 패러다임이 정착하였다는 내용이다.

한편 OECD(2000)에서는 90년대 이후 미국의 신경제현상은 ICT산업의 발달에 의해서 나타난 것만이 아니고 1980년대의 레이거노믹스(구조조정)와 1990년대의 클린터노믹스(IT투자)의 합작품이라고 보고 있다. 즉 신경제현상이 나타난 것은 경제구조조정, IT 인프라 구축, IT 투자 확대 때문이라는 것이다. 1981년 레이건 행정부 출범 이후 경제구조조정에 주력한 결과, 지식기반산업의 토대가 마련되어 기존 제조업의 경쟁력이 회복되었고, 1993년 클리턴 행정부가 들어선 이후 정보인프라 투자확대로 경제의 디지털화가 촉진되었으며, IT의 발달로 생산성 향상과 경제성장이 견인되었다는 것이다.

이와 같이 1990년대 미국의 신경제현상은 19세기 말의 철도도입과 전기발전기의 도입과 비교될 만한 획기적인 실적으로 평가되고 있다.

2.2 경제학의 위기

경제학은 100년 단위로 커다란 변화를 경험하고 있다. 18세기 후반부터 1세기 동안이 산업사회의 등장과 함께 새로운 경제현상을 설명하기 위한 고전학파 경제학의 시기였다면, 그다음 1세기는 한계혁명이라는 새로운 패러다임을 제시한 신고전학파의 시기라고 할 수 있다. 경제학은 21세기라는 새로운 밀레니엄을 맞이하면서 다시 한번 위기에 처하게 되었다. 신경제 현상에 대한 경제학자들의 다양한 해석과 설명에도 불구하고 신경제로 인한 경제학의 위기에 대해 목소리를 높여가고 있다.

박명호의 조사에 의하면 우리나라의 언론에 보도된 대부분의 기사는 "경제학 교과서 다시 쓴다(한경, 1999.5.3)", "20세기 지식, 정보산업혁명 경제학 원론까지 바꾼다(중앙, 1999.12.31)", "미, 신경제 회오리로 기존 경제이론 틀 흔들(한경, 2000.1.20)" 등과 같이 신경제 관련기사를 기존 경제학의 위기와 연계시켜 작성한 내용을 담고 있다. 반면 신경제현상을 기존 경제원칙으로 잘 설명할 수 있다는 내용으로는 배리언 교수의 논문을 다룬 기사 "신경제, 구경제의 기본적인 원칙 그대로 답습(매경, 2000.3.17)"이라는 1편에 불과하였다고 한다(박명호, 2000).

이러한 언론의 지적은 경제학의 위기를 다소 과장한 점은 인정되나 경제학자들이 시대의 흐름에 좀 더 민감하게 반응하여 길거리를 활보하는 수많은 사람들의 궁금증을 해소시켜 줄 수 있게 보다 많은 노력을 기울여야 할 때이다.

3. 경제학계는 경제학의 위기에 어떻게 대응하고 있는가?

산업시대의 자본주의 경제현상을 해명하고자 노력해 왔던 전통적인 경제학에서는 경제성장과 발전은 주로 얼마만큼의 자본을 축적할 수 있는가에 달려 있다고 주장해 왔다. 자본의 축적능력은 다른 말로 하면 사회의 저축능력과 일치하는 것으로 이는 산업사회의 원동력이 각 경제주체의 근면과 성실로 인한 저축, 그리고 과학기술의 진보로 인한 투자기회의 확대이었음을 말해주고 있다. 그러나 경제가 발전해 나감에 따라 상대적으로 투자할 기회가 축소되어짐에 따라 사회전반의 잉여는 축소되고 그 결과 저축은 감소하여 경제성장은 점차 줄어들게 된다. 이는 다른 말로 하면 경제성장에 따라 자본 및 노동이 증가하면서 자본 및 노동의 한계생산성은 자연스럽게 감소되어진다는 것이 경제학의 기본원리로서 받아들여져 왔다.

그런데 지식·정보가 그 자체로서 일종의 상품 및 서비스가 되어 높은 부가가치를 창출하는 지식기반사회가 도래하면서 지식·정보 상품의 한계비용이 급격히 떨어지는 현상이 나타나게 되었다. 이러한 지식기반경제에서 나타나는 최근의 경제현상을 반영하여 기존의 경제학 원리를 수정하거나 근본적으로 부정하는 새로운 논의들이 전개되고 있다. 마르크스 경제학에서는 노동가치론이 지식기반경제현상을 설명할 수 있느냐를 둘러싸고 논쟁이 벌어지고 있으며, 근대경제학 쪽에서도 몇 가지 기본원리에 대해 의문을 제기하고 있다. 아담 스미스가 『국부론』에서 언급한 '보이지 않는 손invisible hand'이라든가, 폴 A. 새뮤엘슨이 『경제학』에서 언급한 '희소성의 법칙'이라든가, 생산이론에서의 '수확체감의 법칙' 등이 그것이다.

3.1. 노동가치론에 대한 정치경제학적 성찰

우선 지식기반경제하에서 마르크스 경제학의 이론적 근거인 노동가치론의 유효성을 둘러싼 쟁점을 우선 정치경제학적인 관점에서 검토해 보자. 정치경제학의 기본 목적은 '물物과 물物'의 관계의 배후에 존재하는 인간과 인간의 「사회적 관계」를 해명하는 것이다. 이러한 관점에서 칼 마르크스는 '노동가치설'에 입각하여 「자본론」에서 자본주의 사회의 기본법칙인 '잉여가치법칙'을 규명하고자 했다. 과연 지식기반경제에서도 이러한 경제원리는 타당한 것일까?

마르크스의 노동가치론에 대해서는 정보나 지식에 대한 관점의 차이에 따라 크게 3가지 입장, 즉 노동가치론의 적용을 거부하거나 새로운 가치개념을 주장하는 〈부정론〉, 노동가치론이 더욱 철저히 관철된다는 〈옹호론〉, 그리고 기본적으로는 칼 마르크스 방법론을 견지하면서도 노동가치론을 재개념화하려고 하는 〈수정(변용)론〉으로 나누어 볼 수 있다. 김종한 교수의 설명을 빌려 이를 살펴보면 다음과 같다(김종한, 2000).

3.1.1 부정론: 새로운 가치론으로서의 관심경제(attention economy)

지식·정보 상품은 다른 여러 가지 지식·정보 상품과 결합될 때 더 큰 부가가치를 획득할 수 있을 뿐만 아니라, 사용하는 사람들의 활용능력에 따라 상이한 가치를 갖기 때문에, 노동가치론을 일률적으로 적용하기가 어렵다는 비판이 정치경제학계 내부에서도 나오면서 새로운 가치론으로서 관심경제attention economy가 주목받고 있다.

지식기반사회에서는 케빈 켈리Kevin Kelly가 주장하는 '풍족성의 법칙the law of plentitude'과 '관대함의 법칙the law of generosity'에 의해 '공짜free'가 많아지게 되는데, 이러한 경제상황에서 기업들이 어떻게 살아갈 수 있을까에 의문을 제기하면서, 미첼 골드하버Michael H. Goldhaber 등에 의해 새로운 가치 개념으로서 '관심attention'이 제시되었다.

지식·정보 상품은 무료로 배포하면 할수록 '관심'을 좀 더 많이 점유하게 되고, 결국 그것은 시장점유율 증가로 귀착되어 더 많은 시장가치를 낳게 된다는 논리이다. 이처럼 '관심'의 개념은 오늘날 네트워크상에서 회원수와 접속횟수를 늘리기 위해 수십억대의 공짜 경품이 제공되고, 다이얼 패드나 스카이프라는 회사처럼 공짜로 인터넷 전화를 걸게 하는 등과 같은 경제현상을 이해하는 데 도움을 준다. 이러한 현상을 설명하는 예로서 골드하버는 스타와 팬의 관계를 들어 설명하고 있다. 팬의 주목을 많이 받을수록 스타의 가치는 증대되고, 더 많은 부를 축적할 수 있다는 것이다.

3.1.2 옹호론: 잉여가치법칙의 관철

일부 정치경제학자들은 현대 자본주의에서 진행 중인 정보혁명이 노동가치론을 폐기시키는 것이 아니라 오히려 노동가치론에 의해 더욱 잘 설명되어질 수 있다고 주장하면서 정보혁명이 노동가치론에 대해 제기하고 있는 다양한 문제제기에 대해 노동가치론으로 응답하고 있다.

예컨대 지식정보화사회에서 정보가 노동보다 더욱 중요해지는 현상의 본질이 무엇이며, 소프트웨어와 같이 한계(추가)생산비가 거의 0이 되는 상품을 가치론적으로 어떻게 설명할 것인가에 대해 다음과 같이 답하고 있다. 자본주의 사회의 상품화(기존에 상품이 아닌 형태로 제공되던 사용가치를 상품의 형태로 전환하는 경향) 경향과 정보기술 혁신에 의한 상품화 비용의 급속한 감소로 인해 정보가 노동보다 더욱 중요해지는 현상이 일어나며, 가치는 과거의 투하된 노동량에 의해 결정되는 것이 아니라 재생산을 위해 투하되는 노동량에 의해 결정되기 때문에 '자유생산재(최초의 한 단위를 만드는 데에는 엄청난 비용이 들어가지만 그다음 단위부터는 거의 비용이 들어가지 않는 재화)'의 가격이 0에 가까워진다는 것은 가치법칙의 관철상 당연한 것이라고 주장하고 있다(강남훈, 1999).

3.1.3 수정(변형)론: 가치론의 재개념화와 변용

『반자본론*Anti-Capital*』의 저자이며 마르크스주의 경제학자인 보진 다코빅Vojin Dakovic은 마르크스의 노동가치론을 「정보가치론」으로 변용하여 칼 마르크스의 방법론을 그대로 계승하면서 지식정보화사회를 해명하고자 했다.

만약 기술혁신으로 공장이 자동화되고, 디지털 기술에 의해 한계생산비용이 거의 0에 가까워진다면 노동가치론이 어떻게 될까?라는 물음에 대해, 보진 다코빅Vojin Dakovic은 "생산과정에서 기술 역시 노동력의 일부분이 되어 잉여 혹은 사용노동use-labor을 창출한다"고 주장하였다. 그리고 "'사용노동'이 더욱 값싸고 빨라질수록 그리고 인간노동보다 더 효율적일수록 노동자를 대체한다는 것이다. 이러한 현상이 상품시장은 물론 노동시장에도 영향을 주므로, '글로벌화'와 항구적인 고용침체를 야기하게 된다"고 주장한다.

이와 같은 지식정보사회에서의 가치창출메커니즘에 대해 다음과 같은 설명을 제시하고 있다. M → I → (il, mp) → I1 → M1 즉, 화폐자본(M)으로 생산수단(mp)과 지적 노동(il)이 부가된 정보(I)를 구매하여 개선된 정보(I1)를 만들어 판매하면 더 많은 화폐자본(M1)을 만들어낼 수 있다. 이것은 투기적 시장뿐만 아니라 정보교환이 지배적이며 동태적으로 성장하는 부문에도 적용된다. 정보가 물질적 상품 혹은 사회적 서비스의 개선으로 이용될 때는 투기적 가치보다 사용가치가 생산된다. 보진 다코빅에 따르면, 세계경제는 상품생산, 이윤율, 임금 노예상태가 붕괴되고, 기술적 노동의 역사적 번성에 기초한 새로운 시대로 이동하고 있다는 것이다. 그는 이것이 바로 세계경제가 사용가치에 기초한 공산주의로 가는 단계라고 주장하고 있다.

최근 영국 옥스퍼드 대학 정치경제학 교수인 니얼 퍼거슨N. Ferguson은 19세기 마르크스 시대의 '계급 간 갈등'이 노동자와 자본가 간의 갈등이라면 현대의 그것은 '중산층 내부의 갈등'이란 점에서 차이가 나지만 '부익부 빈익빈 현상'이 앞으로 더욱 가속화되리란 점에서 마르크스가 예언한 자본주의의 위기는 여전히 유효하다고 주장하고 있다. 특히 지식을 가진 자와 지식을 가지지 못한 자의 소득격차가 급속히 일어나고 있어 이에 대한 마르크스주의자들의 대응이 주목되고 있는 실정이다.

3.2 네트워크의 외부효과와 시장실패의 경제학

정보기술 산업을 다른 산업과 구분하는 가장 큰 특성 중의 하나는 네트워크의 외부효과network externalities가 강하게 존재한다는 사실이다. 네트워크의 외부효과 또는 네트워크 효과는 특정 재화로부터 소비자들이 얻는 효용이 그 재화의 사용자들로 구성된 네트워크의 크기에 정비례한다는 것이다.

Wired의 편집장인 케빈 켈리는 '네트워크 경제Network Economy'라는 새로운 경제에서 나타나는 12가지의 새로운 규칙들(접속의 법칙, 풍족성의 법칙, 지수적 가치의 법칙, 팁핑 포인트의 법칙, 수확체증의 법칙, 역가격결정의 법칙, 관대함의 법칙, 충실의 법칙, 상속의 법칙, 치환의 법칙, 동요의 법칙, 비효율성의 법칙)을 제시하고 있는데, 이 가운데 기존의 기본적인 경제원리인 '희소성의 법칙'과 '수확체감의 법칙'을 정면으로 뒤집고 있는 '풍족성의 법칙'과 '수확체증의 법칙'에 대해 좀 더 상세하게 살펴보면 다음과 같다(김종한, 1999).

기존의 경제학에 따르면 가치는 희소성에서 나온다. 다이아몬드, 금, 석유 등은 희소하기 때문에 귀중하다. 또한 어떤 물건이 많아지면 그것의 가치가 떨어지는 것은 당연한 것일 것이다. 그러나 네트워크의 논리는 이러한 산업시대의 교훈을 완전히 뒤집어버리고 있다. 팩스 기계의 가치가 도처에 흩어져 있음으로서 증가하는 것과 마찬가지로 네트워크 경제에서 가치는 풍족함으로부터 파생되는 것이다. 미래에는 산업재화 역시 그것들을 부가적으로 생산하는 복제비용이 급격히 감소함에 따라 '풍족성의 법칙'을 따르게 될 것이다. 즉, 네트워크 경제에서는 희소성이 한계비용의 축소에 의해 압도될 것이다.

한편 수확체증의 법칙은 산업시대 규모의 경제economies of scale의 개념을 훨씬 뛰어넘는 것이다. 수확체증의 법칙과 규모의 경제 둘 다 호순환positive feedback loops에 의존하고 있지만, 수확체증의 법칙은 네트 파워라는 경이로운 힘에 의해 추진되고 있다는 점에서 서로 다르다. 산업사회에서 규모의 경제가 가치를 산술급수적으로 증가시켰다면, 네트워크 경제에서 수확체증의 법칙은 가치를 기하급수적으로 증가시킨다. 예를 들면, 그 차이는 돼지저금통과 복리이자 만큼이나 크다. 더욱 중요한 것은 산업시대의 규모의 경제는 단일조직의 괴력으로부터 나온 것임에 반해, 네트워크화된 수확체증은 전체 네트워크에 공유됨으로써 창출된다는 점이다. 수많은 중개자, 이용자, 경쟁자들이 모두 함께 네트워크의 가치를 창출하는 것이다.

이러한 네트워크의 외부효과에 주목하여 브래드포드 드 롱J. Bradfod De Long과 미첼 프롬킨A. Micheal Froomkin은 정보를 기반으로 하는 정보화 경제하에서는 시장경제의 붕괴 가능성이 커지고 있다고 주장하는데, 그 이유는 다음과 같다. 먼저 그들은 250여 년 전에 아담 스미스가 은유적으로 표현한 '보이지 않는 손'이란 곧 자유시장체제인데, 현대 기술이 그러한 시장기구의 작동원리를 침해하기 시작했다고 주장한다. 시장경제는 기본적으로 배제성excludability, 경쟁rivalry, 투명성transparency이라는 세 가지 기본 축에 의지해 왔으며, 지금까지도 그러한 원리가 잘 적용되어 왔으나, 21세기에는 그럴 가능성이 점점 낮아지고 있다고 지적하고 있다. 왜냐하면 시장경제시대에는 외부효과externality가 2차적 현상이었으나 앞으로는 1차적 현상으로 되기 때문이다.

먼저 정보를 기반으로 하는 경제에서는 상품의 소유자가 상품을 이용하거나 즐기려는 사람들을 더 이상 배척할 수 없다. 왜냐하면 정보와 데이터는 값싸고 쉽게 복제할 수 있기 때문이다. 배제성이 없다면 생산자와 소비자의 관계는 구매자와 판매자의 관계보다는 선물교환gift-exchange 관계에 더 가깝다고 할 수 있다. 또한 정보를 기반으로 하는 경제에서 정보 기반 상품의 이용은 더 이상 경쟁을 필수적인 것으로 요구하지 않는다. 이 역시 정보화 재화의 무한 복제 가능성 때문에 그렇다. 투명성의 문제는 이미 오늘날 많은 경제부문에서도 존재하지만 앞으로의 경제, 특히 소프트웨어부분에서는 더욱 심각해질 우려가 있다는 것이다. 이러한 소프트웨어 상품의 투명성 결여 문제를 해결하기 위해 셰어웨어shareware(견본을 다운로드 받아서 기본 내용을 보고 좋으면 정품을 구입하여 매뉴얼 등을 받는 방법), 퍼블릭 베타public-beta(기간이나 사용횟수가 제한된 소프트웨어 제공), 듀얼 트랙dual-track(일반용과 전문가용을 구분하여 일반용은 무료공개하고, 그들로 하여금 전문가용을 사용하도록 유도하는 방법) 등이 나타나고 있다. 결국, 정보 기반의 경제하에서 이와 같은 배제성, 경쟁, 투명성의 결여는 '시장체제의 경제학'에서 '시장실패의 경제학'으로 전환시킬 가능성이 크다. 그러나 이들의 논의는 '인터넷 경제학' 연구자들처럼 근본적으로는 기존의 경제학 분석 틀 자체는 부정하고 있지는 않는 것 같다.

3.3 지식기반경제화와 수확체증의 법칙

최근 지식기반사회에서 화두가 되고 있는 '수확체증현상'은 실증의 문제를 넘어서 신고전학파의 시각, 나아가서는 시장이론의 기본적인 인식체계에 대한 심각한 변화를 불가피하게 만들고 있다. 이러한 현상에 대해 이재민 교수는 다음과 같이 설명하고 있다(이재민, 2001).

3.3.1 지식기반경제의 수확체증

지식기반경제는 지식과 정보의 창출, 확산, 활용이 모든 경제활동에 핵심이 될 뿐만 아니라, 국가의 부가가치 창출과 기업과 개인의 경쟁력의 원천이 되는 경제를 말한다. 이러한 지식기반경제에서는 신고전학파의 세계에서 상정되는 수확체감현상보다는 수확체증현상이 보편적으로 형성되고 있다.

요시노리 시오자와Yoshinori Shiozawa는 수확체감현상은 장단기를 막론하고 보편성의 현상이 아니라고 주장하고 있다. 그는 원재료·직접노동 등에 있어서는 생산량이 늘어남에 따라 비용이 비례하여 증가하는 수확불변현상이 나타나지만, 설비·기계 등에 대해서는 단기에도 그 용량의 한계에 이를 때까지 수확이 증대된다고 보고 있다. 이렇게 되면 단기에 한계비용이 불변한다 하더라도 평균비용은 생산량이 늘수록 감소하게 될 것이다. 또 장기에도 생산설비를 포함하여 모든 투입물을 동일률로 늘릴 때 생산성이 하락한다는 논리적 근거는 없다. 예를 들어, 현재의 생산라인을 두 배로 늘린다고 할 때 비용이 기존설비 이상으로 든다고 하더라도 더 성능이 좋은 설비를 사용하게 되므로 생산성은 비용증가분 이상으로 높아지는 것이 일반적이기 때문이라는 주장이다. 예외적으로 토지와 같이 생산요소가 완전히 고정된 경우는 다르다.

한편 브라이언 아서W. Brian Arthur은 지식기반경제에서 특히 하이테크 제품을 중심으로 수확체증현상이 나타나는 이유를 다음 세 가지로 정리하면서 수확체증의 메커니즘은 모든 산업분야에서 수확체감의 메커니즘과 병존하여 존재한다고 주장하였다. 대체로 수확체감의 메커니즘은 전통 경제 분야, 즉 제조업에서 특히 지배적으로 나타나고 반대로 수확체증은 새로운 분야인 지식주도형 산업에서 주로 적용된다고 보았다.

수확체증현상이 일어나는 첫째 이유는 막대한 초기 투자비용up-front cost 때문이다. 의약품, 컴퓨터 하드웨어, 항공기 및 미사일, 통신장비, 생명공학 등과 같은 첨단기술제품은 디자인 되어져서 시장에 나오기까지 그 과정이 매우 복잡할 뿐만 아니라 단위당 생산비가 일종의 고정비용의 성격을 가짐으로써 이들 제품의 생산에 투입되는 물적 자원과 노하우의 초기 투입비용은 막대하다.

둘째, 네트워크 효과network effects를 들 수 있다. 팩시밀리처럼 더 많은 상대방이 그 제품을 사용하고 있을 때 더욱 유용성이 증가하는 효과를 네트워크 효과라고 한다. 워드프로세스인 훈글이 MS워드의 공략에도 불구하고 시장을 내주지 않은 것도 네트워크 효과 때문이다. 다른 사람이 훈글을 사용하고 있기 때문에 훈글로 문서를 작성해야만 서로 자료의 교환이 용이하기 때문이다.

셋째, 사용자의 타성customer groove-in을 들 수 있다. 지식을 기반으로 생산된 하이테크 제품을 사용하기 위해서는 일정수준의 사용지식이 요구된다. 따라서 한번 사용이 익숙해진 제품을 다른 제품으로 대체하는 데 곤란을 겪게 된다. 그러나

DOS의 경우에서 볼 수 있는 것처럼 기술에는 수명이 있기 때문에 이러한 우위가 영원히 지속되는 것은 아니다.

3.3.2 수확체증과 산업구조

신고전학파 세계에서는 생산 측면에서 수확체증 현상이 나타나면 균형이 유지되지 못하고 장기적으로 자연독점으로 진행된다고 보고, 현실 경제에서 자연독점이 흔하지 않기 때문에 수확체감의 법칙이 작용한다고 전제하고 있다. 그러나 수확체증이 지배하는 정보재information goods 산업에 대한 최근의 연구들은 수확체증 경제에서도 시장구조는 다양한 요인들에 의해 결정될 수 있음을 보여 줌으로써 신고전학과의 시장이론에 대해 이의를 제기하고 있다.

여기서 말하는 정보재란 디지털하거나 컴퓨터화 될 가능성이 있는 것을 전부 포함하는 개념으로 CD, 음반, 프로그램, 서적, 영화 등이 대표적인 예들이다. 이들 정보재 시장의 지배력을 결정하는 요인들 중 몇 가지를 살펴보자.

첫째, 네트워크 효과이다. 브라이언 아서는 기업내부에서 수확체증이 발생하는 것을 전제로 해서 균형 패러다임을 무너뜨린 다음, 수요자 간에 나타나는 외부효과인 네트워크 효과를 도입하여 시장불균형의 가속화를 설명하였다. 이 이론은 상품 질의 다양성이 전제되므로 보다 현실적이라고 할 수 있다. 시장에서 최고의 점유율을 먼저 획득한 제품이 사실상 표준de facto standard이 되어 시장을 완전히 점유해 버린다는 논리이다. 일단 시장에서 사실상의 표준이 되면 그 제품은 더욱 잘 팔리고 그 자리를 잃은 제품은 완전히 위축되어 버리는 현상이 나타나기 때문이다. 브라이언 아서(1996)는 이러한 현상을 포지티브 피드백positive feedback 메커니즘이라고 정의하였다.

이러한 주장과는 달리 레이보비츠와 마고리스(Leibowitz와 Margolis)는 규모의 경제가 존재한다고 해도 네트워크 효과에 따른 외부효과가 자연독점을 촉진시키는 것은 아니라고 지적하였다. 네트워크가 커져서 소비에서 외부경제 효과가 나타나면 설사 기업내부에서 규모의 불경제가 나타난다고 해도 시장은 독점화될 수 있다. 그러나 반대로 네트워크가 확대되면서 소비에서 외부불경제 효과를 갖게 되면 기업내부에 규모의 경제가 나타난다고 해도 시장점유율은 제한되기 마련이다. 즉 신고전학파이론에서 전제하는 것처럼 기업내부의 수확체증 현상이 시장구조와 직접관련을 갖는 것은 아니라는 주장이다.

둘째, 소비자 기호의 다양성이다. 이제 소비자의 기호가 다양한 경우를 생각해 보자. 비록 네트워크 효과가 존재한다 하더라도 소비자의 기호에 따라서는 점유율이 낮은 정보재를 수요하게 될 가능성도 존재한다. 물론 네트워크 효과가 클수록 소비자의 기호보다는 네트워크 효과의 크기가 시장점유율을 결정할 가능성이 높다. 이 때문에 한번 사용한 제품군을 지속적으로 사용하도록 만드는 소비에서의 경로의존성이 높은 제품을 생산하는 기업은 상품의 질을 차별화할 뿐만 아니라, 동시에 초기에는 매우 낮은 소개가격introductory pricing에 의해 시장점유율을 높이려는 가격차별화 전략을 실시하게 될 것이다.

경로의존성이나 교체비용에 따른 잠금현상lock-in이 존재하면 한 번 시장을 석권한 기업이 독점력을 지속적으로 유지할 것으로 보이지만, 소비자 기호의 다양성이라는 현실 상황에서는 소비자의 선호분포와 선호의 변화패턴이 시장구조를 결정하는 중요한 요인으로 부각될 수도 있을 것이다.

이 밖에도 수확체증 현상의 존재 여부를 떠나서, 시장구조를 결정하는 중요한 요인은 자금의 조달가능성과 수요의 창출능력이다. 설사 기업내부에서 수확체증이 나타난다고 하더라도 기업이 자금을 조달할 능력이 없으면 시장을 지배하지 못하는 것은 당연하며, 기업의 수요창출능력에 맞추어 생산규모를 조정해 나가는 것이 일반적이다. 그런데 전통적인 신고전학과 이론에서는 수요와 공급이 독립적으로 결정된다고 전제함으로써 이러한 현상을 간과하는 경향이 있다.

3.4 신성장이론과 인적 자본론

자본축적으로 경제성장을 설명할 수 있다는 기존의 신고전학과 경제성장이론은 세계 각국의 경제성장 과정을 실증 분석하는 과정에서 경제성장에 영향을 미치는 다양한 요인의 존재 가능성이 시사되면서 비판받기 시작했으며, 신성장이론과 인적 자본론은 이 과정에서 자연스럽게 대두되게 되었으며 지식기반경제를 설명할 수 있는 대안의 하나로서 주목받게 되었다.

3.4.1 신성장이론

신성장이론은 무엇보다도 새로운 기술과 인적 자본에 대한 투자에 기초한 지식축적을 통한 수확체증을 강조하고 있다. 내생적 성장이론이라고도 불리는 신성장이론은 기술혁신을 내생변수로서 취급하고 기술혁신의 근본요소로서 지식을 들고 있다. 여기서 말하는 지식은 아이디어, 경험, 인적 자본에 대한 투자, 조직 내 축적된 노하우, 기계 및 설비에 체화되어 있는 기술 등을 포괄하는 개념으로, 기술진보를 가능케 하는 모든 요소를 가리킨다.

신성장이론에서는 생산요소로서의 지식이 노동과 자본과 같은 물적 생산요소와는 다른 특징(지식의 비경합성, 지식의 매우 강한 경제적 외부효과)을 가지고 있기 때문에 물적 생산요소가 가진 물리적 한계, 즉 수확체감의 제약을 극복할 수 있다고 주장한다.

특히 신성장이론에서는 지식의 공공재적 성격과 수확체증의 특성 등으로 인해 지식의 창출, 확산, 활용이 순전히 시장 메커니즘에 의해 효율적으로 이루어질 것으로 기대하는 것은 무리라고 본다. 이는 지식투자의 외부효과으로 인하여 지식투자의 사적 수익률과 사회적 투자 수익률 간의 차이가 발생하기 때문이다. 이는 신고전학파에서 말하는 전형적인 시장실패로 지식 창출과 확산과 관련된 정부 개입의 논리적 근거가 되기도 한다(이선 외, 2000).

3.4.2 인적 자본론

신성장이론과 밀접한 이론적 관련을 갖고 있는 인적 자본론은 기술진보가 물적 자본의 축적, 인적 자본에 대한 투자, 연구·개발 등에 의해 내생적으로 일어난다는 것을 주장한다. 사람들의 지적 능력과 같은 인적 자원의 변화가 경제 성장의 중요한 요인인 동시에 생산 과정의 핵심요소라는 인적 자본론자들의 주장은 이미 오래전부터 인정되어져 왔으나 최근 다시 주목받고 있다.

인적 자본론에서는 개개인이 인적 자본 투자의 주체라는 점을 강조한다. 이는 물적 자본론에서 기업을 투자의 주체로 강조하는 것과 마찬가지이다. 인적 자본론에서는 개개인의 입장에서 볼 때 교육투자에 적지 않은 비용이 수반되어 단기적으로는 금전상 부담이 되지만 다가올 미래에 더 나은 소득을 얻기 위해 기꺼이 투자할 만한 가치가 있는 투자라고 가정한다. 인적 자본론에서는 개인의 교육과 훈련의 함수인 노동 수요를 검토함으로써 개인 소득의 변화와 수준을 설명한다. 이 때 교육과 훈련 투자에 의해 형성되는 인적 자본은 여러 가지 점에서 물적 자본, 금융자본과 유사한 자산으로 간주된다.

한편 인적 자본에 대한 투자가 지속적으로 일어나면 노동의 생산면에서 수확체감의 법칙이 작용하지 않으므로, 인적 자본에 대한 투자가 많을수록 장기적으로 경제성장률이 높게 나타나게 될 것이다. 따라서 각국은 우수한 인적 자본을 유치하기 위하여 국적에 관계없이 자국의 노동 시장을 개방하고 있고 따라서 노동의 유동성이 높아지고 있다.

3.5 진화론적 성장이론

진화론적 성장이론은 신고전학과의 경제이론과는 근본적으로 다른 미시경제학적 가정에서 출발하였을 뿐만 아니라 혁신과 경제성장과의 관계, 그리고 정부의 정책적 개입의 근거와 방식 등 여러 가지 측면에서 신고전학파적 경제이론과는 상당히 다른 결론을 내리고 있다. 이렇게 경제 성장의 진화적 접근을 취하는 일련의 학자들은 분석의 범위를 경제성장의 원인 규명에 국한하지 않고 혁신과 기술 진보, 변화의 전 과정으로 확장하고 있다.

진화론적 성장론은 기술변화와 기술혁신을 내생변수로서 다루고 있는 점과 생산요소 간의 상당한 수준의 상호작용을 전제하고 있다는 점에 있어서는 신성장이론과 비슷하지만, 진화론적 성장론은 경제성장과 경제의 역동성의 원천으로 학습과 새로운 아이디어의 발견 과정에 주목하고 있다는 점에서 차이가 있다.

진화론적 성장론자들은 기술적·경제적 변화는 경제학에서 말하는 최적화의 과정이라기보다는 서로 이질적인 경제 및 혁신 주체에 의한 상호 경쟁과 선택, 그리고 무엇보다도 시간 경과에 따라 학습 등 일련의 과정을 거쳐 이루어진다고 주장한다. 바로 이러한 이유로 해서 이들의 견해와 주장은 진화론적이라는 평가를 받고 있다.

이와 함께 진화론적 경제성장론에서는 현재 우리가 사용하는 기술과 선택 메커니즘이라는 것도 사실 이미 이전의 기술 및 경제 환경에 많은 영향을 받게 마련이며, 일단 한번 결정되면 다시 번복하기가 어려운 비가역성과 자기 스스로 기술 및 경제 환경을 조직해 나가는 자기 강화적 요소가 포함되어 있다고 보고 있다. 이는 곧 기술 및 경제 환경의 변화 경로는 아무도 미리 예측할 수 없는 기술진보와 경제활동, 그리고 각종 제도적 장치 간의 다이내믹한 상호작용의 결과라는 것을 의미한다. 한편, 이러한 진화적 성장이론에서 투자는 경제 구조 내 내생적으로 결정되는 경제활동의 한 부분으로 간주된다. 경제 및 기술 변화에 있어 혁신의 중요성에 대해 많은 업적을 이룬 진화적 성장론자인 Dosi는 지식의 축적성과 암묵성으로 인해 혁신은 기업 내부의 기술궤적을 따르게 된다고 주장한다(이선 외, 2000).

3.6 복잡계 패러다임과 생태경제학

오늘날 생태계 문제는 자연환경에 국한된 문제가 아니라 인간과 사회를 포괄하는 문제이며, 생태계의 위기는 근대사회와 근대문명의 위기이자 '단순화 패러다임'의 위기이다. 그러므로 그것은 근대과학의 위기이자 경제학의 위기이다. 이런 점에서 생태계 위기는 경제학 패러다임에 대한 반성을 요구한다.

경제학에서 생태계의 위기를 설명하고자 하는 이론 틀로서는 신고전학과 환경경제학파 신맬더스주의자들의 주장이 대표적이다. 신고전학파 환경경제학의 경우, 환경문제는 '시장실패'이며 그 원인은 외부효과 때문이라 하였다. 외부효과는 자연환경에 대해 재산권이 설정되지 않았기 때문에 발생하는 것으로, 이런 상황에서는 시장 메커니즘만으로 경제 합리성이나 효율성 기준을 충족시키지 못한다. 이것이 시장실패이다. 그래서 신고전학파 환경경제학자들은 외부효과의 발생원인을 제거해서 환경에 대해 가격을 설정할 수 있다면, 환경문제에 대해 효율적인 대안을 도출할 수 있다고 믿고 있다. 이렇게 환경을 가격 메커니즘에 포함시키는 방식을 '외부효과의 내부화'라 부른다. 이렇듯 신고전학파 환경경제학은 생태계의 위기를 시장 메커니즘과 합리성의 논리로 해결할 수 있다고 보고 있다.

신맬더스주의자들은 인간과 외부 자연환경의 양적 균형관계를 중시한다. 이들은 경제성장과 인구성장을 자연환경에 적합한 수준으로 통제해야만 성장과 환경이 조화를 이룰 수 있다고 믿고 있다. 이런 성장 방식은 자연환경, 인구, 경제성장의 양적 균형관계에 대한 이상적인 추론의 산물이다. 브란트란트 보고서에 제시된 '지속가능한 발전' 개념도 여기에 속하는 것처럼 보인다. 지속가능한 발전은 장기적으로 환경과 성장의 양적 균형관계를 확보함으로써 경제 합리성과 환경문제를 동시에 해결하려는 것이다.

그렇지만 위와 같은 방식으로 환경문제나 생태계 위기를 근본적으로 해결할 수 있을지는 의문이다. 기존 경제학이 전제하고 있는 단순화 패러다임과 경제 합리성의 논리에 대해 반성하면서 여기에 대한 대안으로 제시되고 있는 것이 '복잡계 패러다임으로서의 생태학적 경제학'이다.

복잡계 패러다임을 따를 경우, 생태경제학은 다음과 같은 방향에서 가능성을 확보할 수 있을 것이다. 우선 생태경제학은 윤리와 경제학의 통합을 추구하면서 윤리적 책임성에 비추어 합리성 논리를 반성하고 비판할 수 있는 길을 모색하며, 이를 통해서 인간과 자연, 개인과 개인, 사회와 사회의 공존과 공생을 지향하는 것을 지표로 삼는다.

그러나 복잡계 패러다임이 생태경제학에 새로운 가능성을 제공한다고 해도 복잡계 패러다임의 수용이 곧 바로 생태친화적인 가치관을 보장하는 것은 아니다. 복잡계 패러다임은 다양한 가치관의 공존과 공생을 강조할 뿐, 특정한 가치관을 보장하지는 못하기 때문이다. 따라서 생태경제학은 민주주의와 결합될 수밖에 없다. 생태경제학은 민주주의를 매개로 하여 윤리적인 경제학과 윤리적인 주체를 통합하고, 여기에 덧붙여 다양한 가치관과 윤리적 책임성에 대해 열린 경제학, 열린 주체를 지향해야 하기 때문이다. 이런 점에서 생태경제학에 있어 열린 경제학이란 새로운 기회이기도 하고 도전이기도 하다(이상호, 2000).

4. 새로운 경제원리들을 경제교육에 어떻게 수용할 것인가?

인간의 경제행위는 인류의 역사와 함께 시작되었지만 본격적인 경제학의 역사는 자본주의 산업사회의 역사와 그 행로를 같이하고 있다. 250여 년 전 탄생한 아담 스미스의 고전학과 경제학은 산업사회와 운명을 같이했고, 위기마다 변신을 거듭하면서 새로운 학파와 패러다임을 창출해 왔다. 케인즈는 언젠가 경제학자를 '문명발전의 가능성의 수호자들'이라고 칭송하였다. 문명발전의 가능성, 그것이 전부이다. 효율적인 자원의 분배와 복잡한 업무에 대한 효과적인 사회적 협조는 가능성의 영역을 확장하였다. 그러나 이것들 자체가 문명의 발전을 보장하지는 않는다. 잘 조정되고 원만하게 작동하는 사회는 개인에게 선택권을 늘려주지만, 좋은 선택을 보장해주지는 않는다. 특히 민주주의하에서 경제학적 사고방식은 중요한 출발점이다. 그러나 그 이상은 아니다.

대부분의 경제학자들은 자신이 사용하는 개념이 연구대상인 현실을 가끔씩 왜곡한다는 것을 인정한다. 그리고 기꺼이 자신들의 분석과 결론을 합리적인 검정에 맡긴다. 그러나 사회과학뿐만 아니라 물리학과 같이 어떠한 탐구에도 어느 정도의 관점이 불가피하게 개재된다. 경제학적 사고방식이 가끔 왜곡과 잘못된 강조, 그리고 명백한 오류를 낳는다면, 이성적으로 비판하는 것이 적절하게 바로잡는 길이다. 요즘의 경제학적 현상 중에는 기존의 경제학적 이론과 상충되는 새로운 현상들이 속속 등장하고 있다. 소위 '신경제현상'이라는 것으로 기존의 경제학적 근간을 뒤흔들어 놓을 것으로 추측되고 있다. 어떤 경제이론도 현실상황에서 완전할 수 없고 계속적인 연구와 이론의 재정립으로 경제현상을 연구해 나가야 할 것이다. 얼마간의 혼란은 예상되지만, 지금까지 우리는 오류를 시정함으로써 경제학의 결론을 빈번하게 수정해 왔다. 아마 미래에도 그러할 것이다.

첫째, 어떤 경제원리가 e-시민과 글로벌 전자민주주의에 조화를 이룰 수 있을까에 대한 검토가 필요하다. 기존의 경제학에서 양대 산맥으로 군림해 왔던 신고전학과 경제학, 케인즈 경제학 등으로 이어져 온 '근대경제학'과 마르크스 경제학을 중심으로 하는 '정치경제학'은 이제 급변하는 세계화와 지식기반경제를 적절히 설명하기에는 너무나 불완전하다는 데에는 많은 경제학자들이 동의하고 있는 것 같다. 그리고 대안이론으로 제시되고 있는 여러 이론들도 기존 패러다임의 대체 패러다임으로 받아들이기에는 현실 설명력이 약한 것도 사실이다.

우선 새로운 경제원리가 지식기반사회에서 자리 잡기 위해서는 e-시민과 글로벌 전자민주주의가 조화를 이루어 글로벌 시민성의 이상을 꽃피울 수 있느냐 하는 것이 학교 경제교육에서는 대단히 중요하다. 왜냐하면 시장경제의 논리와 민주주의의 논리는 서로를 강화하면서 발전해 왔고, 앞으로도 그렇게 되어야만 시장경제의 논리에서 빗어질 수 있는 부작용을 최소화할 수 있기 때문이다. 그러므로 지금은 글로벌 시장경제와 글로벌 전자민주주의를 조화롭게 발전시킬 수 있는 글로벌 시민성의 계발이 중요한 시점이다. 세계화는 모든 나라에게 경쟁력을 강화하도록 요구하고 있다. 이러한 논리를 수용하는 이유는 이 방법에 의해 세계 모든 나라의 부를 증대시킬 수 있고 인류의 보편적 삶이 더 윤택해지리라 믿기 때문이다. 따라서 한 국가의 국제경쟁력을 이야기할 때 글로벌 시민성을 전제하고 있다는 것을 잊어서는 안 된다. 특히 글로벌 지식기반경제에서 벌어지리라고 예상되고 있는 지식을 가진 자와 지식을 갖지 못한 자 간의 지식격차 내지 이로 인한 소득격차의 문제를 어떻게 해소할 것인가 하는 것은 우리에게 주어진 중요한 과제 중 하나이다.

둘째, '큰 기업과 작은 정부의 가르침'을 진지하게 수용해야 할 것이다. MIT 교수인 레스트 서로우Lester Thurow는 「글로벌리제이션: 지식기반경제의 산물」이라는 글에서 세계화는 지식기반경제의 산물이라는 사실을 주장하고 있다. 그런데 세계화는 글로벌기업TNC, 글로벌 은행 및 국제기구들이 적극 추진한 결과이기도 하다. 다시 말하자면 앞으로의 국가경쟁력은 글로벌 기업의 국제경쟁력에 좌우될 것이라는 것이다. 또한 글로벌 기업일수록 세계경제환경에 적응하기 쉽다는 이야기가 상식이 되고 있다. 이 시점에서 그동안 말이 많았던 우리나라의 재벌은 새로운 기업환경에서 없어져야 할 기업형태인가를 논의해 볼 필요가 있을 것이다.

경기불황 속에서 시장 과점현상이 전 세계적으로 심화되면서 업종별 상위 3개사만이 살아남는다는 '빅3의 법칙Rule of Three'이 더욱 강화되고 있고, 글로벌 시장경제에서 나타나는 네트워크의 외부효과가 2차적인 현상이 아니라 1차적인 현상으로 보편적인 것이라면, 네트워크의 외부성이 시장경제에 주는 영향은 산업조직론에 대한 우리의 생각에 커다란 수정을 요구하고 있다. 게다가 미국의 GE주식 4분의 1이면 금융기관을 제외한 국내 상장기업 전부의 경영권을 인수할 수 있을 정도로 국내기업의 규모가 세계기준의 대기업에 비해 작은 현실을 감안한 산업조직정책이 필요한 것이다. 이제 더 이상 대기업이란 명목 때문에 비난 받아서는 안 된다. 대기업의 경쟁력이 우리의 삶을 좌우하는 시대가 되었다. 그만큼 대기업의 역할은 중요하다고 할 수 있으며, 그런 만큼 대기업의 사회적 역할과 책임도 점차 커지고 있는 현실을 인식해야 한다. 21세기에는 지금까지 공공부문이 떠맡고 있었던 역할의 상당부문을 기업이 공유해야 할 것이다. 즉 기업은 생산, 경쟁, 이윤과 같은 것의 집중에서 벗어나 지구의 환경과 생태계를 보호하며 사회의 요구나 필요에 부응하고 가치를 창출해야 한다는 의식의 전환이 필요하다.

셋째, 신고전학과 패러다임의 전제조건인 수확체감의 법칙에서 자유로워질 필요가 있다. 지식기반경제에서는 수확체증의 현상이 적용되는 산업은 지식 정보재 산업을 포함하여 여타산업으로 더욱 확산될 것으로 보인다. 따라서 이제 경제이론도 전통적인 수확체감의 법칙에서 자유로워져야 한다. 그러면 완전경쟁시장에서의 균형가격이라는 환상에서 벗어날 수 있는 길이 보일 것이다.

전통적인 미시경제이론에서는 완전경쟁을 가정하는 것이 보통이었으므로, 개개의 기업은 수요와 공급이 결정하는 시장가격을 따르는 가격 수용자price taker가 된다. 그러나 그것은 현실과 상당한 차이가 있다. 공기업은 독점인 경우가 많고, 민간기업의 대부분의 경우는 과점 혹은 독점적 경쟁의 상태에 있다. 그렇게 보면 정도의 차이일 뿐 모두가 가격결정력을 가지고 있다고 할 수 있다. 세계화·지식기반경제가 확산되면서 경쟁이 강화되는 측면도 있지만, 시장에서 경쟁력을 확보하기 위한 수단으로 가격을 사용하는 경우도 많으므로 개별기업의 가격결정력을 어느 정도 수용하는 것이 보다 현실적인 이론이 될 것이다.

또 수요와 공급에 의해 가격이 결정된다는 사실은 진실이지만, 이보다 더 중요한 것은 시장의 수요와 공급을 결정하고 변화시키는 요인 및 변화의 시기를 되도록 정확히 알아내는 것이다. 현실에서 많은 기업들은 상품의 기능, 품질 혹은 고객서비스의 '차별화'를 위해 부단히 노력하고 있다. '차별화'란 바로 독특함을 갖추고자 하는 노력이다. 차별화에 성공하면 일단 남달리 높은 이익률을 성취할 수 있다. 하지만 시간이 지남에 따라 경쟁업체가 모방하면 초과이윤은 상실하게 된다. 빼어난 성과를 위해서는 새로운 차별화가 필요해진다. 그래서 '끊임없는 혁신'만이 장기적으로 기업 성공을 보장해 줄 수 있다고 할 수 있다(안영도·박덕제, 2002).

개별기업이 효과적으로 경쟁에 대처하고자 하는 노력을 경영학에서는 경쟁전략이라고 부른다. 하버드 대학의 마이클 포터M. Porter는 1980년 저서『경쟁전략*competitive strategy*』에서 두 가지 범용전략으로서 비용우위전략과 차별화전략을 제시했다. 이러한 개별기업의 전략을 소개하면서 현실적으로 가격이 어떻게 결정되고 있는가를 학교에서 가르치는 것이 보다 효과적일 것이다.

이러한 주장을 받아들인다면 학교 경제교육에서 우선적으로 수정할 필요가 있는 부문은 수요와 공급의 원리를 설명하는 과정에서 우하향하는 공급곡선의 모양도 수용하는 것이다. 그렇게 된다면 현실 경제에서 일어나고 있는 많은 경제현상들을 논리적으로 설명할 수 있을 것이다. 예를 들어 컴퓨터의 경우 수요가 대폭 증가하면서 기능은 더욱 개선되었지만 값은 계속 하락하여 왔다.

물론 우하향하는 공급곡선은 $P=MC$란 전통적인 가격 결정 원리하에서는 항상 손실이 발생할 수밖에 없기 때문에 마크업 가격결정원리·경합시장이론·관리가격이론·가격차별화원리 등과 같이 현실적 가격설정 형태를 담아낼 수 있는 이론들을 같이 수용해야 할 것이다.

넷째, 지식노동자의 중요성을 인식하고 인적 자원 개발에 과감하게 투자해야 한다. 신성장이론과 인적 자본론은 인적 자본에 대한 투자에 기초한 지식축적이 경제성장에 결정적으로 중요하다는 점을 우리에게 시사하고 있다. 지식이나 정보는 물질적 자산과는 달리 남과 함께 공유해서 쓰면 쓸수록 그 가치가 증폭한다. 정체된 지식이나 정보의 가치는 현격히 감소한다. 지식이나 정보는 부단히 흘러 다니면서 새로운 가치를 창출하는 공공재라 할 수 있다. 따라서 지식기반경제에서는 이러한 새로운 가치를 창출할 수 있는 지식을 창출해 낼 수 있는 지식노동자가 중요하며, 이러한 지식노동자를 길러낼 수 있는 교육투자 또한 중요하다.

또한 우수 인력의 경제, 사회적 기여를 인정하고 그에 상응하는 대우를 해줌으로써 우리 경제 전반에 선순환이 이루어질 수 있다는 점을 잊어서는 안 될 것이다. 더욱이 미래 사회에는 숙련 인력의 국경 간, 기업 간 이동이 빠른 속도로 확산되어질 것이므로 무엇보다도 우리 사회에 능력 있는 기업과 우수 인력이 오랜 기간 머물 수 있는 사회적 수용체제를 갖추는 노력 역시 강화해야 할 것이다. 일부 기업에서 최고경영자의 연봉 서너 배를 받을 수 있는 고급인력의 확보에 주력하고 있는 현상은 이런 흐름의 한 단면을 보여주고 있는 것이다.

다섯째, 정부와 비정부기구NGO의 역할에 관한 재평가가 이루어져야 할 것이다.

그림 17-3 우하향하는 공급곡선

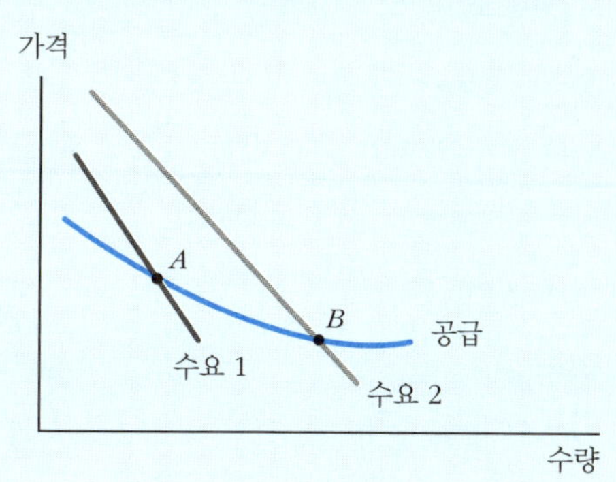

진화적 성장이론이 우리에게 시사하고 있는 점은 정부나 비정부기구 등과 같은 사회 제도의 역할과 관련된 것들이 많다. 예를 들어 지식기반경제하에서 글로벌리제이션이 가속화된다면 국가 혹은 국민정부의 장래는 어떻게 될 것인가. 우선 기존의 경제이론에서 '개방' 경제 혹은 '폐쇄' 경제라는 논의는 무의미하게 될 것이다. 또한 네트워크 경제하에서는 '국제무역'이란 용어는 사라지고 단순히 '교역' 혹은 '거래'란 용어만 남을지 모른다. 또한 경제를 측정하기가 더욱 어려워짐에 따라 정부 역시 세금을 매기거나 규제하기가 더욱 어려워지게 될 것이다. 그 결과 경제적인 측면에서 정부의 역할은 점점 축소될 가능성이 크며, 세계적인 차원에서 자본가 계급과 노동자 계급의 대립구도의 강화로 이른바 명실상부한 '세계정부'의 성립 가능성이 증대할지도 모른다.

지식기반경제시대에는 국가의 기획가적 역할이 요구된다. 이제 정부의 역할은 민간부문과 동반자적 관계 아래 그것을 간섭하기보다 육성시켜 주는 조정자의 성격으로 바뀌어야 한다. 또한 현대사회에서 사유화되는 지식을 '공공재'로 활용하여 증대된 자유와 참여 아래, 지역·계층·세대 사이의 갈등을 넘어 사회통합이 가능한 더욱 건전한 미래를 열어가는 데 있어 정부의 적극적인 역할이 무엇보다 중요하다.

여섯째, 경제원리는 환경윤리와 통합된 원리로 승화되어야 한다. 경제교육을 통해 '선량한 시민good citizen'이라는 관점을 넘어서는 '책임성 있는 시민responsible citizen'으로 길러내기 위해서는 우리의 학생들이 새로운 경제현실과 경제윤리를 잘 연결하여 '공동선'을 함양해 낼 수 있는 논리의 개발이 필요하다. 이러한 작업에 복잡계의 경제학으로서의 생태경제학은 많은 시사점을 던져 주고 있다.

21세기 미래사회에서는 단순한 물질적 풍요만으로 인간의 행복조건이 충족될 수 없으며 정신적 가치와 삶의 질 향상이 무엇보다 중요할 것이므로 문화와 환경의 비중이 다른 어느 것보다 커질 전망이다. 따라서 21세기의 변화에 대응하기 위해서는 무엇보다 시급한 과제가 글로벌한 사회공동체의 재건이다. 이러한 21세기 현상을 잘 이해하고, 한국경제의 천민성을 타파하여 윤리적 전환을 가져오기 위해서는 무엇보다도 부에 대한 진정한 이해를 통하여 공동선을 키울 수 있는 능력을 배양하여야 할 것이다.

그렇다면 진정한 부는 어떻게 정의할 수 있을까? 진정한 부는 물질적인 관점에서만 아니라 지식, 윤리, 정치적인 면과도 관련 지워 고려되어야 한다. "오늘날 부의 가장 중요한 형태는 농장이나 광산, 숲, 수로, 혹은 바다 속의 원유에 있다기보다는 이런 비가공품에 본질적이고 심미적인 가치를 더하기 위해 사용되는 지식과 기술에 달려 있다. 우리 문화의 미래를 만들어 가는 사람들은 생산자이든 소비자이든 사람들의 지식과 상상력을 사용하는 능력을 고양시킴으로써 부를 창조해 낼 수 있을 것이다. 그들은 경제성장을 추진시킬 두 가지의 강력한 인적자원인 직장윤리(덕을 포함)와 지식(기술을 포함)을 사용함으로써 이런 일을 성취해 낼 것이다." 우리나라 사람들은 교통시설·환경시설·교육시설·의료시설·휴식공간·문화시설·복지시설 등과 같은 사회재산의 축적에는 소홀히 하면서 개개인의 자기재산 축적에만 열중하는 경향이 있다. 이는 우리의 부를 보는 관점이 크게 잘못되어 있음을 반영하고 있다. 이 때문에 개인은 부유하지만 사회는 가난하고, 그래서 국민들은 다같이 잘살지 못하고 있는 것이다. 앞으로 공동선과 경제윤리 교육을 통해 부를 보는 관점을 재조명함으로써 우리의 학생들이 사적인 부와 공동의 부 모두를 창조할 수 있는 힘을 가진 학자, 예술가, 시민으로 점차 계발되어야 할 것이다.

세계화와 지식기반경제로 지칭되는 현대사회의 경제교육은 '경제학을 위한 학습'이 아니라 개개인에게 그리고 사회 전체에게 행복과 보람을 열어주는 '경제생활을 위한 학습'이 되어야 한다. 이러한 관점에서 세계화와 지식기반사회에서의 '경제생활을 준비하는 학습'과 '경제생활을 위한 학습'에 기여할 수 있는 경제 원리들을 추출하여 이를 학교교육을 통하여 익혀서 실생활에서 활용할 수 있도록 하는 것이 중요하다. 그렇다면 세계화와 지식기반사회가 보편화되면서 나타난 경제 원리들의 변화를 경제교육에 어떻게 도입하여야 할 것인가? 위에서 살펴본 바와 같이 새로운 지식기반사회에 적합한 경제원리의 개발과 교육이 경제학계에 주어진 최대의 과제이고 미래이다.

기존의 경제학, 특히 신고전학과 경제이론은 시장기구가 비개입적이라는 산업사회의 시민적 이상과 잘 조화를 이루어왔기 때문에 그 이론적 결함에 대한 논란에도 불구하고 학교의 강단에서 가르쳐져 왔다. 따라서 경제원리의 변화를 그대로 학교에서 가르치는 데는 많은 논의가 선행되어야 할 것이다. 그 옛날 멋진 우아함으로 작위까지 수여받았던 정일품 소나무, 오늘날은 왜 초라한 병색으로 볼품이 없게 되었는지 생각해 본 적이 있는가? 경제는 흔히 생명체라 한다. 그렇다. 경제는 생명체인 나무와 유사하다. 정말, 나무는 기업과 같고 또한 나무와 숲은 나라의 경제와 흡사한 면이 많다. 무늬만 나무인가? 그렇다면 죽은 나무거나 나무가 아니다. 경제도 마찬가지다. 자기수정은 소극적 DNA 측면과 적극적인 진화를 위한 것이다. 풍부한 자양분과 비옥한 토양, 이를 통해 굳건한 뿌리와 풍성한 가지의 수목을 가꾸어내는 일, 바로 경제학이 나아가야 할 미래이다.

참고문헌

- 강남훈, 「정보혁명과 노동가치론」(1999), working paper.
- 강창동, 「지식기반사회와 학교지식」(2003), 문음사.
- 김범환, 「지식정보사회의 경제적 모형 설정 및 사례연구」(2002), 집문당.
- 김종한, 「디지털 경제시대의 도래와 경제학의 새로운 과제」(1999), 상경연구 제15집 2호, 경성대학교 산업개발연구소.
- 박광서 외 4인 공저, 「세계화와 현대경제」(1999), 도서출판 두남.
- 박명호, 「21세기 경제학의 과제」(2000), 경제교육 제9권 제1호, KDI 경제정보센터.
- 손병락, 「글로벌·지식·경제시대의 경제학」(2001), 박영사.
- 안영도·박덕제, 「기업경제학」(2002), 한국방송통신대학교출판부.
- 이상호, 「복합성 패러다임과 생태경제학의 가능성」(2000), 경제학의 역사와 사상 3호.
- 이선 외, 「지식 기반 경제의 이론과 실제」(2000), 을유문화사.
- 이재민, 「수확체증, 무너지는 균형의 세계」(2001), (www.eco119.pe.kr).
- 주만수·한홍렬 역, Paul Heyne, 「경제학적 사고방식」(1997), 자유기업센터.
- 주명건 옮김, 폴 오머로드 지음, 「경제학의 부할」(1993), 세종서적.

생각해 볼 문제

1. 정보·지식상품(정보재)는 어떤 특성을 가지고 있는가?

2. 구경제와 신경제의 차이점은 무엇인가?

3. 네트워크의 외부효과는 수확체증의 법칙과 어떤 관계가 있는가?

4. 수확체증의 법칙과 우상향하는 공급곡선은 양립할 수 있는가?

5. 21세기의 지식노동자는 20세기 산업노동자와 어떤 점에서 다른가?

읽을거리

깨진 창

가능한 한 가장 단순한 예부터 시작해보자. 바스티아(Bastiat)를 흉내 내어 '깨진 창'의 예를 들어 보겠다.

젊은 깡패가 제과점 유리창에 벽돌을 던졌다. 가게 주인이 화가 나서 달려 나갔으나 그 깡패는 도망가버렸다. 구경꾼들이 몰려들어 뚫린 구멍과 산산조각이 나서 빵과 파이 위에 흩어져 있는 유리 조각들을 바라보기 시작한다. 잠시 후 구경꾼들은 냉정한 반성의 필요성을 느끼고 불행도 어떻게 보면 밝은 면을 가지고 있다고 서로에게 또는 가게 주인에게 확신시킨다. 그 사건은 유리 가게 주인의 사업을 도와줄 것이다. 새 유리창을 끼우려면 얼마의 비용이 들어갈까? 250달러? 아무튼 꽤 큰 돈일 것이다. 그러면 유리가게 주인은 다른 상인에게 지출할 250달러를 더 가지는 것이고, 이것은 다른 상인이 또 다른 상인에게 지출할 250달러를 더 가지는 것이며 이것은 무한히 계속된다. 깨진 창은 점점 확산되는 순환 과정을 통해 계속 화폐와 고용을 제공할 것이다. 만약 구경꾼들이 결론을 내렸다면, 이 모든 것으로부터 얻게 되는 논리적인 결론은 벽돌을 던진 깡패 소년이 대중의 위협이기는커녕 대중의 은인이었다는 것이다.

이제 다른 면을 살펴보자. 구경꾼들이 처음 내린 결론은 최소한 옳다. 이 작은 만행(vandalism)은 우선 유리가게 주인의 사업에 도움이 된다. 장의사가 사망 소식을 듣는 것이 다행인 것처럼 유리가게 주인에게는 그 사고 소식이 다행스럽게 들렸을 것이다. 그러나 제과점 주인은 그가 새 양복에 지출할 계획으로 가지고 있었던 250달러를 날릴 것이다. 유리창을 갈아야 했기 때문에 그는 양복(또는 동일한 가치의 필수품이나 사치품) 없이 지내야 할 것이다. 유리창과 250달러를 가지게 된 대신에 그는 이제 단지 유리창만 가지고 있다. 또는 그가 바로 그날 오후에 양복을 살 계획이었다면 유리창과 양복을 가지게 된 대신에 유리창은 가지고 양복은 가지지 못한 것에 만족해야 한다. 만약 우리가 그를 사회의 한 부분으로 생각한다면, 사회는 그 사건이 없었더라면 생겨났을 새 양복을 잃었고 그만큼 가난해졌다.

결국 유리가게 주인의 이득은 단지 재단사의 손실일 뿐이고, 어떤 새로운 '고용'도 추가되지 않았다. 구경꾼들은 제과점 주인과 유리 가게 주인 양자만의 거래를 생각했다. 그들은 잠재적인 사업자 재단사를 잊어버렸다. 그들은 재단사가 지금 등장하지 않았기 때문에 완전히 잊어버린 것이다. 그들은 다음날이나 그 다음날에 새 유리창을 볼 것이다. 또한 그들은 양복이 만들어지지 않았기 때문에 결코 그 양복을 보지 못할 것이다. 그들은 바로 눈앞에 보이는 것만 본 셈이 된다.

출처: 전동균 역, 헨리 헤즐릿, 경제학 1번지(2006), 행간

읽을거리

경제의 포스트모던적 변화

주류경제학은 근본적으로 매우 특수한 현상인 (영국)산업혁명의 결과물이다. 다시 말해 주류경제학, 즉 시장(가격)이론은 "제조과정을 중심으로 조직된 경제체계의 요구에 부응하는 이론"이다. 따라서 시장이론은 제조과정을 중심으로 조직된 경제체계의 특성을 그대로 반영하고 있다. 반면 최근의 경제는 '탈소재화'와 '무중량성'의 경향을 보이고 있다. 다시 말해 팔리는 것은 제조에 들어간 소재가 아니라 아이디어(무형자산)가 되고 있다는 것이다. 전지구적 시장을 주도하는 '금융경제화' 및 '경제의 서비스화'가 바로 '탈소재화'의 상징이 되었고, 무형자산이 경제적 부를 창출하는 중요 요인이 되고 있다. 이러한 현상들은 경제에 있어서 '포스트모던적 변화'를 담고 있다. 그런데도 현재 인문학과 사회과학을 통틀어 유독 경제학만이 '포스트주의'에 초연한 모습을 보여주고 있다.

포스트모던(post-modern) 사회의 핵심적 특징은 '다원화'이다. 다시 말해 모더니티(근대성, modernity)에 기초를 둔 중심과 권위가 해체되고 대비의 경계가 불분명해지고 있다. 또한 경계가 허물어진다는 것은, 예를 들어 트랜스젠더의 문제에서 보듯, 소수(minority)의 정체성(identity)이 확보된다는 것을 의미하고 이는 다원화 경향을 강화한다. 탈중심과 다원화는 상호의존과 침투를 강화하고 복잡성과 경제의 불분명을 특징으로 만들었다. 현실세계와 가상공간, 주체와 객체, 생산(자)와 소비(자), 고용주와 피고용자, 노동과 자본, 인간과 제품, 질서와 혼돈, 기업업과 기업 등 양자 간의 경계가 불투명해지는 경제를 일컫는 '불투명 경제(Blur Economy)'시대가 전개되고 있는 것이다.

출처: 최배근, 네트워크 사회의 경제학(2003), 한울아카데미

찾아보기

기타

【저자소개】

김일태(金逸泰)

현, 전남대학교 경제학부 교수
서울대학교 산업공학과 졸업
University of Georgia 경제학과(경제학 박사)
Purdue University 경제학과 방문교수
전남대학교 경영대학장 역임
한국경제통상학회 회장 역임
한국지역경제학회 회장 역임
인문사회 기초학문육성 10년 대표성과 인증패(2012, 교육과학기술부 장관)
제26회 광주광역시민대상(학술부문) 수상(2012)
제14회 용봉학술상 수상(전남대학교, 2010)

주요 저서 및 논문

『시대정신: 시론에 담다』, 마인드탭, 2017.
『기업이론과 기업의 소유지배구조』, 아산재단 연구총서 제105집, 집문당, 2003. (공저)

"Demand for Financial Assets for Changes in Risk under Risk aversion," *The Journal of Finance and Knowledge Studies*, Vol. 12(3), 2014, 253-267. (공저)
"Conjectures in Cournot Duopoly under Cost Uncertainty," *Seoul Journal of Economics* 24(1), 2011, 73-86. (공저)
"The Effect of Uncertainty on the Voluntary Private Provision of Impure Public Goods," *The Singapore Economic Review* 54(1), 2009, 61-73.
"Employment Risk and the Substitution between Saving and Unemployment Insurance," *The Manchester School* 74(5), 2006, 617-625.
"Portfolio Choice for Increases in Risk and Prudence Revisited," *Journal of Economics* 86(3), October 2005, 293-300. (공저)
"The Private Provision of Public Goods under Uncertainty: A Symmetric-Equilibrium Approach," *Journal of Public Economic Theory* 8(5), 2006, 863-873. (공저)
"Left-side Strong Increases in Risk and Their Comparative Statics," *Theory and Decision* 57(1), August 2004, 59-68. (공저)
"On the Theory of the Price- and Quality-Setting Firm with Uncertain Demand," *The Manchester School* 71(6), 2003, 626-649.
"Comparative Statics Predictions for Changes in Uncertainty in the Portfolio and Saving Problem," *Bulletin of Economic Research* 53(1), 2001, 61-72. (공저)
"지역 경제변수와 지역 고용성장 간 관계," 『국토연구』, 제86권, 2015, 3-15. (공저)
"사회적 지출과 지역경제성장의 관계분석," 『경제연구』, 제32권 제4호), 2014, 213-236. (공저)
"재정이전과 위험분산," 『재정학연구』, 통권 제65권(제3권 제2호), 2010, 185-206. (공저)
"지역의 사회간접자본과 생산의 효율성," 『국토연구』, 제59권, 2008, 103-17. (공저)
"지식기반사회의 한국경제문화와 경제교육의 역할," 『경제연구』, 제24집 제3호, 2006, 77-96. (공저)

조병철(曺秉徹)

현, 한국경제교육학회 이사 · 경북대 평화문제연구소 연구위원
경북대학교 사범대학 사회교육과 졸업
경북대학교(경제학 석사) · 영남대학교(경제학 박사)
한국방송통신대학교 · 한국교원대학교 전임연구원
대구광역시 시민교육원 교수 · 중부대학교 겸임교수
통일부장관 표창(2005)

주요논문 및 저서

"정보소양과 경제윤리의 실태와 경제교육의 과제", 정보학연구, 제8권 제3호, 한국정보기술전략혁신학회, 2005, 117-129. (공저)
"정보격차와 사회적 불평등의 순환기제", 창업정보학회지, 제8권 제4호, 2005, 67-83. (공저)
"기업가 경제교육의 내용과 방법에 대한 탐색과 적용", 사회과 교육연구, 제13권 3호, 한국사회교과교육학회, 2006, 167-194. (공저)
"외국인 노동자문제를 활용한 초등학교 경제수업안의 개발과 적용을 위한 연구", 학습자 중심 교과교육연구, 제6권 제2호, 2006, 447-471. (공저)
"지식기반사회의 한국경제문화와 경제교육의 역할", 경제연구, 제24집 제3호, 2006, 77-96. (공저)
"학교 경제교육내용의 스트랜드와 표준안에 대한 전문가 델파이 조사", 연구 제13권 제1호, 2006, 203-232,(공저).
"사범대학생들의 경제의식 · 경제지식 · 경제행동에 관한 연구", 중등교육연구, 2006, 197-222.
사회과와 연계된 경제교육(번역서), 문창사, 1995.
국제적 시각의 경제교육(번역서), 문창사, 1997.
효율적인 학교 경제교육(번역서), 문창사, 1998.
경제학적 사고방식의 이해(저서), 문창사, 2000.

경제학입문

초판 인쇄　2017년 8월 10일
초판 발행　2017년 8월 20일

지은이　김일태 · 조병철
펴낸이　박노일

총괄기획　김중용 · 최준규
편　집　심성보

펴낸곳　pnc publishing and culture 피앤씨미디어
경기도 고양시 일산동구 강송로 153 310-1501
등록 제396-2012-000203호
전　화　070)7550-3758　팩　스　02)718-8554
홈페이지　www.pncmedia.co.kr　이메일　pnc@pncmedia.co.kr
ISBN　979-11-5730-418-9　93320

정 가　26,000원